岳麓文库
法律系列

公用事业垄断经营
法律规制研究

ON LEGAL REGULATION TO
MONOPOLY ABOUT PUBLIC UTILITIES

肖海军　著

社会科学文献出版社
SOCIAL SCIENCES ACADEMIC PRESS (CHINA)

Contents

目　录

第一章　绪论

一　选题背景与研究意义

（一）选题的社会背景与政策依据

1. 选题的社会背景

公用事业经营体制和公共产品供给机制的深化改革和制度创新，涉及国家经济安全、市场经济秩序、企业经营自主和民生普遍福利等诸方面的问题。

公用事业是指那些涉及公共利益及有限公共资源配置并具有自然垄断特点的行业，一般包括电力、自来水、通信、公共交通、天然气、煤气、集中供暖、城市道路、桥梁、绿化、环境卫生、垃圾处理等行业。这些行业为满足社会公众的日常生活需要而提供特定公共产品或公共服务。[1] 在传统经济学、垄断效用的制度语境与分析框架下，公用企业垄断经营的初衷是提高公用事业的经营效益，维护公众利益和普遍福利。然而，高投入、高成本、低效率、劣供给成了传统公用事业经营模式的最大消极面和表象特征，公用企业或公用事业经营者利用合法垄断地位损害公共利益、侵蚀公共福利，公众消费者的普遍福利明显下降，其正当性、合理性、合法性和有效性均受到了公开质疑和严峻挑战。[2] 自 1990 年代以来，涉及国民经济命脉、国家安全、社会利益、公共利益的行业，如通信业、航空业、银行业、铁路业、石油业等公用事业垄断纠纷案逐年增多。此类诉案与纷争的适当处理与妥善解决，对规制公用企业的垄断经营行为、维护社会公共利益、提高民众生活福利无疑具有重要的社会意义。

---

[1]　参见张红凤、周燕《基于国际经验的公用事业治理模式探析》，《理论学刊》2009 年第 5 期。

[2]　参见周小梅、王俊豪《论自然垄断产业有效竞争的若干问题——兼与彭武元、方齐云先生商榷》，《华中科技大学学报》（社会科学版）2005 年第 3 期。

就我国而言，在相当长时间里，政府及相关职能部门对部分公用事业实行行政管治式垄断经营，没有理顺公用事业的公共性与公用企业主体的私法性身份之间的区别。① 既有公用企业对公用事业的垄断经营者排斥、限制甚至禁止市场的公开、公平竞争，既破坏了自由、公平、竞争、有序的营商环境，也严重损害了社会公众消费者的合法权益和基本福利。可见，针对公用事业垄断经营制订必要的法律规制，不仅是公用事业领域平等准入与公平竞争的需要，也是化解公用企业或公用事业垄断经营者与社会公众矛盾与冲突、提高社会公众普遍福利的需要。

与西方发达市场国家不同，1949 年以降，我国公用事业投资与经营方式脱胎于传统的计划经济体制，在相当长的时间里形成以政企不分为实质、以国有国营为经营形式、以国有公用企业为载体的行业垄断经营格局。1990年代中期以来，虽然我国在公用事业领域启动引入竞争的投资体制改革，但这些改革基本上都遵循行政主导模式，未以立法或对现行法律修改的形式进行。就制度供给层面而言，现实中推动公用事业竞争的动力主要来自政府主管部门，能不能引入竞争，如何引入竞争，往往由政府经济主管部门或行业行政部门"自由裁量"。在规制和调控公用事业垄断经营中尚无具体可行法律规范可依的情况下，政府对公用事业领域的改革就具有很大的随意性。由于传统计划经济与行政主导的惯性，公用事业垄断经营者与主管部门、监管者在事实上常常形成共同利益同盟，公众消费者利益难免一再受损。虽然 2007 年《中华人民共和国反垄断法》（以下简称《反垄断法》）第 7 条涉及这方面的问题，但其规定十分抽象，不具有操作性。因此，从法治的视角来思考公用事业的反垄断问题，从制度安排、立法技术上细化政府有关公用事业、垄断行业改革的既有政策，使《反垄断法》第 7 条有关行业垄断和第五章有关行政垄断的规定具有更好的操作性和适用性，真正实现我国公用事业经营由以行政本位为主导的管理向以法律调整为主导的模式转变，以达到既克服自然垄断引发的市场失灵又避免规制行为所导致的政府失灵的目的，使公用事业反垄断规制更具科学性和创新性。

2. 选题的政策法规依据

自 20 世纪 80 年代以来，我国公用事业经营体制和公共产品供给机制的

---

① 参见王继军、王士亨《公用企业改革与市场规制法》，《山西大学学报》(哲学社会科学版) 2005 年第 3 期。

改革经历了"国家垄断经营"→"国家授权经营"→"政府特许经营"这三大理论与制度变迁的阶段。公用事业和垄断行业的改革一直备受学者和中央最高决策层的关注。党的十六大以来，公用事业领域投融资体制的改革和垄断行业的法律规制，以较高频率出现在党的有关纲领性文件中；国家权力机关与行政机关陆续颁发一系列涉及公用事业垄断、行政垄断的政策性文件或法律法规。① 这些政策性文件和法律法规虽然在抑制公用事业垄断经营上起到重要作用，但政策的宣示性和规范的原则性，使其不具有实际操作性，加之地方政府、相关部门或行业的特殊情况与利益的关联性，许多政策出台后并未见到公用事业领域改革与反垄断局面的根本改观，公用事业垄断经营的状况和行政垄断式的监管方式仍然没有大的转变。这些问题就亟待业界、学者直面并作出回应，自然也就成为本课题研究的重点和难点。

（二）选题的理论价值与现实意义

1. 选题的理论价值

（1）为公用事业领域改革奠定坚实的理论基础。本课题从公用事业的营业准入和公用企业的营业行为两个方面整体考虑公用事业垄断经营的制度成因和形成机制，从多角度进行调查和分析，为我国转型期公用事业反垄断研究奠定坚实的理论基础。

（2）开创公用事业领域反垄断的全新视角。本课题致力于实现学科的有效结合和研究方法的大胆创新，采用公共经济学、政府经济学、产业经济学、管制经济学、公共管理学、行政管理学、投资学、宪法学、民法学、经济法学、商法学、行政法学、诉讼法学等多学科理论，利用法学的逻辑与规范分析法、经济学的博弈分析法等，集中反映公用事业经营体制和公共产品供给的实质，为我国公用事业反垄断研究开创全新的理论视角。

（3）丰富公用事业领域反垄断的理论体系。本课题具体研究公用事业的投资主体，公用事业领域的营业准入与市场开放，公用事业的营业特许经营权的取得与行使，以及公共产品定价权的控制，通过对比分析遴选出法律规制的目标和重点，全面衔接国家的相关政策建议和制度设计，可极

---

① 参见邹东涛《中国改革开放 30 年（1978～2008）》，社会科学文献出版社，2008 年。

大丰富、发展我国公共事业反垄断理论体系。

2. 选题的现实意义

本课题研究集中反映了公用事业经营体制和公共产品供给机制这一经济、社会问题的实质,是我国公用事业经营体制和公共产品供给机制改革必须解决的核心课题。对此一课题进行深入、专门的研究,从实践上可以细化党的十六大报告特别是十八届三中全会《关于全面深化改革若干重大问题的决定》所提出并正在推行的公用事业和垄断行业领域的改革设想,对推进我国国有资本投融资立法、市场规制立法(反垄断法)、国有企业立法、国家宏观调控立法(如价格法)的不断完善,均具有现实指导意义。

二 本课题国内外研究现状

(一) 国外文献关于公用事业垄断经营规制的研究

公用事业在西方国家被称作"自然垄断"(Natual Monopoly)行业。一直以来,公用事业承载着两个目标:既要照顾社会福利的最大化,又要满足企业利润的最大化,而这两个目标几乎是不可兼容的。为了协调二者之间的矛盾,20世纪70年代以前,绝大多数国家对公用事业采取公用企业或公共企业垄断专营的模式。关于公用事业形成垄断经营的理论依据主要来自经济上的自然垄断学说和政治上的公共利益保护学说。古典经济学认为,公用企业是一种典型的自然垄断经营实体,由于效率与福利的需要,不宜将其列为反垄断法所规范的对象,因此,一般理论界与立法文献中,常常把具有自然垄断性质的行业与经营者列入反垄断的豁免对象。1848年,英国古典经济学家约翰·穆勒在《政治经济学原理》中提到"自然垄断"就包括煤气、自来水供应以及公路、运河、铁路运输等,公用事业第一次被称作"自然垄断"行业。穆勒认为,英国伦敦的某些公共设施不应该进行竞争性经营,如果由一家企业经营特定的公共设施,按当时的利润率定价就可以大大降低收费价格。[①] 传统政治经济学理论也认为,公用事业方面的产品或服务由谁经营,事关国计民生、国家主权与经济安全,非一般竞争性行业可类比。因而,一旦开放市场,允许自由竞争,就不能完全保证社

---

① See Mill, J., *Principles of Political Economy*, New York: The Colonial Press, 1848.

会公共利益与国家安全不受损害。如托马斯·法勒（1902）、查德·T. 伊利（1937）就认为铁路、公共设施等公共事业因业务特性而具有自然垄断性质;[①] 伊利（1937）也认为最重要的自然垄断就是铁路和公共设施。[②]

从 20 世纪 70 年代开始，西方发达资本主义国家出现的高失业率和高膨胀率并存现象，使凯恩斯主义在西方经济学中的主流地位受到极大挑战，公共企业垄断专营受到了越来越广泛的批评。这些理论包括新自由主义经济学、可竞争市场理论、公共选择理论、委托—代理理论、政府管制经济学、芝加哥经济学派等。

反对政府干预、推崇市场自发力量和私人产权的新自由主义经济学、芝加哥经济学派，在有关公用事业领域的基本观点和核心内容，可归纳为如下四大原则：（1）在所有领域尽可能运用市场机制；（2）鼓励能促进效率和以消费者为导向的有效竞争；（3）强调个人选择优先；（4）把政府干预控制在最小的范围内。[③] 20 世纪 80 年代以降，英国等发达市场经济国家对公用事业的民营化改革便是这种理论的一次重大实践，英国政府为了解决英国电信公司的融资问题，允许向公众出售该公司的股份、实行民营化改革便是这样一种途径。在英国电信产业实行民营化改革并取得成功后，其他如铁路等自然垄断产业也相继实行了民营化改革。在日本，政府于 1980 年代中期开始对原来国有的"日本电信电话公社"（简称 NTT）、"日本国有铁路"进行民营化改革，[④] 90 年代又启动对邮政行业的改革。1968 年，埃得温·查德威克关于公共产品特别是水供给的研究，对现代自然垄断行业规制定价理论具有开创性意义。他在公共产品供给中应用了竞争原理，基本符合现代规制理论的逻辑。[⑤]

继之而起的潘则、韦利格等所提出的可竞争市场理论（Contestable Market Theory）推翻了自然垄断行业必然属于反垄断豁免的结论。[⑥] 公共选

---

① See Shleifer, Andrei, A Theory of Yardstick Competition, *The Rand Journal of Economics*, 1985, 16（3）：319-27.

② 参见王俊豪《政府管制经济学导论——基本理论及其在政府管制实践中的应用》，商务印书馆，2001，第 67~86 页。

③ See Norman, Flynu, The New Right and Social Policy, *Policy and Politics*, 1989, 17（2）：97-109.

④ 参见植草益《微观规制经济学》，中国发展出版社，1992，第 254 页。

⑤ See Demsets, H., Why Regulate Utilities? *Journal of Law and Economic*, 1968.

⑥ See Baumo, W. J. Panzar, and R. D. Willig, *Contestable Markets and the Theory of Industry Structure*, New York：Harcourt Brace Jovanovich, 1982.

择理论则认为，"没有任何逻辑证明公共服务必须由政府官僚机构来提供"，"摆脱困境的最好出路是打破政府的垄断地位，采取市场化的取向，以提高公共服务质量和效率"。① 新公共管理理论也提倡"将市场机制引入公共服务组织的运作中来，实行公共服务的市场化"。② Haskel 和 Szymanski（1992）提出委托—代理理论，说明私有制比公有制具有更为有效的监督机制，它更能刺激企业经理加强管理，努力减少成本，从而提高生产效率。③ Beesley 和 Littlechild（1994）则认为，所有制变革有利于提高对消费者的服务质量，民营企业与竞争具有先天的共存性，政府对民营企业比国有企业能更有效地实施竞争政策。④

以斯蒂格勒为代表的政府管制经济学认为，由于公用企业的垄断利润和战略意义，企业有足够的动力花费成本通过劝说、施加压力等方式影响政府的决策。这迫使政府制定出更加符合企业利益的政策，从而导致资源配置扭曲，降低企业生产效率和社会分配效率。⑤ 李特查尔德教授认为，政府管制虽是防止滥用垄断力量的必要手段，但它毕竟不能替代竞争。⑥ 1994年，世界银行在"为发展提供基础设施"的世界主题发展报告中要求在公用事业领域进行商业化运营和引入竞争机制。Thynne（1995）认为，公共企业有充分理由实施不完全的自治，并因受到公众的管制而建设性地将其目标利益整合到公共利益之中。⑦ Farazmand（1996）认为，管理自主权不受政治干预是一个公共企业进行正常经营的必要条件，其目的是实现管理效率和商业目标的最大化。⑧ Yeung（2005）认为，公共企业是政府的业务形式，政府拥有全部或部分特定的组织，直接生产或提供商品和服务，以

① 周志忍：《当代国外行政改革比较研究》，国家行政学院出版社，1999，第 4 页。
② See Kieron Walsh, *Public Service and Market Mechanism*, Macmillan Press LTD, 1995.
③ Jonathan Haskel and Stefan Szymanski, *Privatization and the Labour Market：Acts，Theory and Evidence*，In M. Bishop, J. Kay, C. Mayer, and D. Thompson（eds），*Privatization and Regulation：The UK Experience*，Oxford University Press, 1992.
④ Michael Beesley and Stephen Littlechild, Privatization：Principles，Problems and Priorities，*Lloyds Band Review*，1994.
⑤ See Thomas Hazlett, *The Curious Evolution of Natural Monopoly Theory*, Lexington Books, 1985.
⑥ Littlechild, S., *Regulation of British Telecommunications Profitability*，London：H. M. S. O, 1983.
⑦ Thynne, The State and Governance：Issues and Challenges in Perspective, *International Review of Administrative Sciences*，2000，66：227-240.
⑧ Farazmand, A., *Public Enterprise Management：International Case Studies*，Westport, CT：Greenwood Press, 1996.

满足社会群体的需要；公共企业在其实现经济和运营效率最大化的同时，也实现社会或政策目标，对民众负责。①

美国芝加哥经济学派对西方各国公用事业领域规制政策的制定产生重大了影响，突破了哈佛学派 SCP 框架理论体系的限制，② 提出如下新的代表性观点：（1）私人垄断的相对优越性；（2）在公用事业领域实施超额利润税；（3）公用事业的经营许可采用竞标制；（4）委员会规制体系存在重大缺陷等。

（二）国内（含港澳台）文献关于公用事业垄断经营规制的研究现状

就国内（含港澳台）学界而言，公用事业的垄断经营，特别是我国转型时期公用企业的垄断经营，是管理学界、经济学界、法学界甚至社会学界研究的热门课题之一。管理学界、经济学界在 1990 年代以来，从制度成本、公共产品供给理论、不完全竞争市场、代理理论、交易费用理论、博弈理论等角度对公用事业的垄断经营进行了较为深入的分析。在这方面，王俊豪、戚聿东等学者的研究成果及观点最具代表性。

王俊豪、戚聿东等学者认为，公用事业或垄断行业的产品和服务往往通过有线或无线电、管道、公路、铁道等网络来提供，网络建设耗资费时巨大，同样的网络难以重复建设以开展平行竞争，因而具有自然垄断特性，应对其进行特殊规制；③ 重点应改革现行城市公用事业政府管制体制和基本规则，④ 其中突破口应是改革我国市政公用事业管制体制，打破行业垄断、地区垄断，建立与社会主义市场经济体制相适应的公用事业管制体制，实行政府对公用事业的有效管制；⑤ 在改革过程中，公用事业民营化又不失为

---

① Rikkie L. K. Yeung, Public Enterprise Governance：KCR Corporation and its Governance Controversies, *Public Management Review*, 2005, 7（4）：565-587.

② 哈佛学派 SCP 框架，即由著名经济学家梅森等提出的市场结构—市场行为—市场绩效分析框架。

③ 参见王俊豪《论自然垄断产业的有效竞争》，《经济研究》1998 年第 8 期；戚聿东《我国自然垄断产业分拆式改革的误区分析及其出路》，《管理世界》2002 年第 2 期。

④ 参见王俊豪《城市公用事业政府管理体制改革的政策思路》，《浙经论坛》2001 年第 5 期。

⑤ 参见王俊豪《我国市政公用事业管制机构的设立与职能》，《发展和改革》2006 年第 23 期。

一种比较有效的制度方案;① 更由于公用事业可分为两种类型,不同类型的城市公用行业具有不同的可竞争性,在网络型城市公用行业中又分为自然垄断性和竞争性业务领域,因此,应对城市公用事业实行分类民营化政策。② 龚军姣、王俊豪(2011)分析了民营企业进入城市公用事业的主要壁垒,构建起以"企业家能力-突破进入壁垒-获取稀缺资源(进入城市公用事业)"为基本内容的分析框架。③ 近年来,经济学界、管理学界从公共产品、④ 公共服务、⑤ 公用企业、⑥ 市政公用事业、⑦ 垄断行业、⑧ 行业垄断、⑨ 自然垄断、⑩ 公共基础设施⑪等角度,对公用事业垄断经营规制展开了比较深入且有针对性的研究,发表或出版了一系列成果。

不难看出,经济学界和管理学界对公用事业垄断经营的研究集中于垄

---

① 参见王俊豪《中国城市公用事业民营化的若干理论问题》,《学术月刊》2010 年第 10 期。
② 参见王俊豪《深化中国城市公用事业改革的分类民营化政策》,《学术月刊》2011 年第 9 期。
③ 参见龚军姣、王俊豪《企业家能力与城市公用事业进入壁垒研究》,《经济学家》2011 年第 11 期。
④ 参见何翔舟《公共产品政府垄断的高成本机理与治理研究》,中国社会科学出版社,2013;谢婷婷《新时期公共产品供给制度的改革与创新研究》,东北财经大学出版社,2014;武靖州《创造合作:公共产品供给中的政府选择》,经济科学出版社,2018。
⑤ 参见卓越等《公共服务标准化的创新机制》,社会科学文献出版社,2016;张贤明等《基本公共服务均等化研究》,经济科学出版社,2018。
⑥ 参见高踪阳《变革时代的国有公用事业企业管理实践》,中国经济出版社,2007。
⑦ 参见建设部课题组《市政公用事业改革与发展研究》,中国建筑工业出版社,2007;曹现强《市政公用事业改革与监管研究》,中国财政经济出版社,2009;王俊豪《中国城市公用事业政府监管体系创新研究》,中国社会科学出版社,2016。
⑧ 参见刘健《深化中国垄断行业改革研究》,经济管理出版社,2011;戚聿东主编《垄断行业改革报告》,经济管理出版社,2011;戚聿东等《中国垄断行业市场化改革的模式与路径》,经济管理出版社,2013;陈林《中国垄断性行业的政府管制体系研究》,经济管理出版社,2017。
⑨ 参见谢国旺《我国行业反垄断和公共行政改革研究》,经济管理出版社,2014 年;高伟娜《垄断行业普遍服务机制与管制政策研究》,中国社会科学出版社,2018 年;杨秀玉《转轨时期中国电信行业垄断问题研究》,中国社会科学出版社,2019 年。
⑩ 参见李青《自然垄断行业管制改革比较研究》,经济管理出版社,2010;汪秋明《自然垄断产业规制定价机制研究》,南京大学出版社,2011;谢地、刘佳丽《垄断行业监管机制的法经济学研究——监管机制、体制与制度协调论》,经济科学出版社,2013;肖旭《网络型自然垄断行业接入价格管制研究》,北京交通大学出版社,2014;杨艳《我国自然垄断产业价格管制及改革》,四川大学出版社,2014。
⑪ 参见周建亮《城市基础设施民营化的政府监管》,同济大学出版社,2010;李婵娟《我国公共基础设施投资效应研究——基于区域差异的视角》,经济科学出版社,2014。

断行业、自然垄断特性和垄断效益的分析，所开出的主要改革药方与提出的制度预案是公用事业的民营化，其途径包括在公用事业领域放开对民营企业和民间资本的准入限制，或者对既有垄断性公用企业进行改革、重组。但在具体的改革步骤、制度安排、立法技术和行政措施上则语焉不详。

法学界则主要从两种思路对公用事业的垄断经营展开研究：一是从民商法角度即从国有投资体制、公用企业的法律性质与法律地位、公用企业的公司制改革、公用企业的财产权、公用企业的内部治理机结构等方面入手，探讨公用企业的市场主体地位和外部制度安排；二是从经济法角度即从政府与公用企业、公用企业与一般企业、公用企业与国有企业、公用企业与公众消费者的对应关系及经济责任视角出发，探讨公用事业领域的市场准入、公用企业垄断经营的法律规制、国家对公用企业的宏观监管制度等。关于公用事业的垄断经营，学者们形成了如"非营利性部门论""市场失灵论""不完全竞争市场论""国家投资经营论""公共产品供给论""社会福利论""第三部门论""政府干预经济论""特许经营论"等代表性观点。

在法学界的众多研究成果中，以经济法学界（竞争法、反垄断法领域）的研究成果与主张最具针对性，代表性观点可分为利用反垄断法进行规制和在反垄断法之外寻求制度支撑两种截然不同的主张，其中多数学者倾向于在反垄断法的立法、制度框架内来解决公用事业的垄断经营问题。王晓晔（1997）是较早以法学思维特别是从反垄断法的视角关注公用事业垄断的学者，1997 年就提出要将公用企业滥用优势地位的行为纳入反垄断法的调控之中，通过反垄断法确立公用企业滥用优势地位行为的具体表现形式，以便有针对性地予以规制。[①] 鲁篱（2000）则认为，反垄断法中应把公用企业的强迫交易、歧视行为以及掠夺性行为、内部交叉补贴行为作为规制的重点。[②] 郑少华（2002）则建议中国的《反垄断法》立法应充分考虑中国垄断现象的独特性，即如何处理自然垄断的公用企业之垄断行为。[③] 郑鹏程（2002）则认为，公用事业属于自然垄断范畴，与行政垄断具有一定的交叉

---

① 王晓晔：《规范公用企业的市场行为需要反垄断法》，《法学研究》1997 年第 9 期。
② 鲁篱：《公用企业垄断问题研究》，《中国法学》2000 年第 5 期。
③ 郑少华：《论中国公用企业垄断行为的法律调控机制》，《华东政法学院学报》2002 年第 2 期。

性，只有一部分适用反垄断规制。① 吴伟达（2005）主张垄断性企业和公用企业的价格垄断行为应当作为反垄断法律的规制对象。② 史际春（2006）认为单纯依靠反垄断法无法从根本上消除公用事业领域的垄断，对公用事业及自然垄断行业进行规制需要综合考虑在这个领域中引入竞争机制，以解决这个领域的垄断和竞争问题。③ 黄力平（2008）认为公用事业垄断尽管有其自然性，但弊端也十分显著，在公用事业领域推进竞争机制，不仅有利于提高公用事业的服务水平，还能极大地促进政府的公共管理改革。④ 曹博（2008）提出反垄断法的当代发展趋势表明，对公用事业垄断适用除外制度正在不断被弱化，而逐步扩大反垄断法规制在公用事业领域的应用，进而使公用事业领域呈现行业政府规制法规范与反垄断法规范的融合、互动的格局。⑤ 姜政扬、王秋雯（2011）则认为民营化虽然能够在一定程度上打破垄断，然而却可能引发新的垄断问题；而对公用事业民营化进行反垄断规制，可防止公用事业民营化中新的私人垄断和行政垄断出现。⑥ 章志远、黄娟（2011）则希望通过放宽公用事业特许经营准入、政府积极引导非公资本进入市政公用事业建设领域来解决公用事业的垄断经营问题。⑦ 郭蕾（2012）认为由于公用事业具有自然垄断结构上的独占性，其利用优势地位进行垄断行为的可能增大了，制度的安排应是结构规制与行为规制并重。⑧ 漆多俊（2012）认为我国反垄断法应重点关注大型国有企业特别是同民生密切相关的"公用企业"垄断的法律规制，需要正确恰当地认识公用企业的特性及其自然垄断性，不能笼统（概括）地让它们游离于反垄断法之外；而更深层次的问题是如何进行政治体制改革，斩断权力同资本的"脐带"。⑨ 史际春（2015）认为应以"允许结构性垄断、一般适用"为原则，着重对

① 郑鹏程：《行政垄断的法律控制研究》，北京大学出版社，2002，第40~42页。
② 吴伟达：《反垄断法视野中的价格竞争》，浙江大学出版社，2005，第277~298页。
③ 史际春：《公用事业引入竞争机制与"反垄断法"》，《法学家》2006年第6期。
④ 黄力平：《公用事业反垄断与政府公共管理改革》，《云南行政学院学报》2008年第3期。
⑤ 曹博：《公用事业领域的反垄断法适用和行业法规制》，《民营科技》2008年第1期。
⑥ 姜政扬、王秋雯：《对以民营化方式消除公用事业垄断问题之反思》，《河北法学》2011年第9期。
⑦ 章志远、黄娟：《公用事业特许经营市场准入法律制度研究》，《法治研究》2011年第3期。
⑧ 郭蕾：《结构规制与行为规制：公用事业反垄断规制的应然逻辑》，《理论与改革》2012年第4期。
⑨ 漆多俊：《我国公用企业垄断法律规制之困境》，《河北法学》2012年第12期，第47页。

资源性公用事业经营者滥用市场支配地位、价格垄断等具体行为进行规制。① 何源（2016）认为，我国公用事业应从理论与制度两个层面进行革新，在制度上应围绕政府与业者、业者与业者、业者与消费者三对关系展开，对市场准入、网络接入、资费管制、普遍服务等制度进行改革与完善。②

近年来，法学界对公用事业垄断经营规制的研究开始深入，出现针对公用事业、公用企业、垄断行业、公共服务、公共基础设施等具体议题反垄断方面的学术专著，代表性论著如游钰的《公用事业反垄断利益关系研究》（2017 年）、吴志红的《公用事业规制法研究》（2013 年）、李珍刚的《城市公用事业市场化中的政府责任》（2008 年）、李嘉娜的《市政公用事业监管的行政法研究》（2012 年）、邢鸿飞的《公用事业特许经营法律问题研究》（2018 年）、陈无风的《公用事业公私合作的法律机制和争议解决实证研究》（2019 年）、郭剑鸣和康莉莹的《中国城市公用事业政府监管监督体系研究》（2019 年）、郑艳馨的《我国公用企业垄断力滥用之法律规制》（2012 年）、姚保松的《公用企业反垄断法律规制研究》（2014 年）、郭泰和的《公用企业信息公开研究》（2015 年）、孟雁北等的《垄断行业改革法律问题研究：以石油天然气产业为例证》（2016 年）、王永强的《电信行业垄断的法律规制》（2017 年）、贺林波和李燕凌的《公共服务视野下的宪法权利》（2012 年）、祁欢的《公共服务业反垄断豁免法律制度研究》（2013 年）等，这些论著对公用事业垄断经营规制均有所涉及。

上述观点和学说在陈述和交锋中，形成了以下共识：（1）转型期公用事业垄断经营的制度背景是传统的计划经济体制，其形成原因在于公用企业所提供产品的特殊性和市场调节的有限性；（2）单一投资主体下的国家独资是公用事业垄断经营问题长期得不到有效解决的现实原因；（3）解决公用事业垄断经营问题必须从公用事业投融资体制、国家对公用企业监督管理等方面入手。

既有成果对于丰富公用事业经营理论、解决公用事业垄断经营的规制问题，无疑具有重要的启迪和借鉴价值。但客观地讲，现有研究尚存在以

---

① 史际春：《资源性公用事业反垄断法律问题研究》，《政治与法律》2015 年第 8 期。
② 何源：《垄断与自由间的公用事业法制革新：以电信业为例》，《中外法学》2016 年第 4 期。

下明显不足：（1）整体把握不够，如对公用事业垄断经营的制度成因和形成机制缺乏整体考虑；（2）具体研究不够深入，对诸如公用事业的投资主体、公用事业领域的营业准入与市场开放、公用事业特许经营权的取得与行使、公共产品定价权的控制等问题尚缺乏深入、具体的研究；（3）制度设计缺乏可行性，对诸如国有公用企业的改革、公用事业领域的特许经营、国家对公用企业的监督管理所作的政策建议和制度设计，难以做到相互衔接，在立法上不具操作性；（4）研究方法和视角单一，如管理学、法学和经济学的研究基本上缺乏融通，各学科内部也有明显分歧和成见。尽管学术界对此一领域的研究已相当多甚至热点不断，有关此一领域的论著也为数不少，但总体研究尚处在概括性、一般性理论分析阶段，研究现状与这一问题本身的重要性有巨大反差。

（三）公用事业垄断经营规制的立法趋势

（1）第一阶段为自然垄断阶段（1980年代以前），公用事业属于反垄断法普遍豁免领域。在这一阶段，各国反垄断法对公用事业原则上是不适用的，采用"一般豁免，例外适用"原则。[①] 如根据德国的《反限制竞争法》（1980年文本），邮政、交通运输、供电、供气、供水等公用事业均可一般地豁免适用该法（程度不尽相同）；日本的《禁止私人垄断及确保公正交易法》第21条规定，该法不适用于铁路、电力、煤气及其他性质上为当然垄断事业的经营人所实施的其事业所固有的生产、销售或者供应的行为。

（2）第二阶段为竞争机制引入阶段（1980年代至1990年代中期），公用事业普遍适用反垄断法。在这一阶段，公用事业属于反垄断法适用除外领域的观念已经改变，一些国家开始修改反垄断法，反垄断法与以经济管制、行业反垄断规范为主要内容的行业专门法，开始在该领域共同发生作用。首先，基本上排除了公用企业的豁免规定，通过立法规定或判例确定了主要适用于公用企业领域的"基础设施原则"。如德国《反限制竞争法》的第六次修订就是针对电信、邮政等传统被视为自然垄断的行业；而根据该法1998年所作的修订，公用事业原则上适用该法，包括以前适用除外的

---

① 曹炳州：《美国公用事业价格监管与借鉴》，《中国物价》1999年第4期。

交通运输、供电、供气等行业，只有供水仍可在一定程度上豁免适用该法。[①] 德国反垄断法对公用事业所持态度的变化，从"一般豁免、例外适用"到"一般适用、例外豁免"，顺应了公用事业引入竞争机制改革的需要，也反映了反垄断法发展的一种趋势。其次，反垄断法赋予反垄断法主管机构对公用企业的执法权。如英国《竞争法》规定，公平交易局是《竞争法》的执法机关，公用企业的管制者在其特定的部门与公平交易局共同行使执法权。而美国《电信法》颁布实施后，反垄断法主管机关司法部反托拉斯司对电信市场竞争议题仍积极地介入，甚至在相当程度上一扮演管制机关的角色。

（3）第三阶段是行业法的发展（1990年代中期以来），行业法中也置入了许多反垄断法规范。自1990年代中期以来，各国在积极修订反垄断法的同时，也非常重视行业立法的完善。美国1996年的《电信法》就被认为具有反垄断功能。英国通过颁行《电信法》《电力法》《煤气法》《自来水法》等法律法规，相继对煤气、电力、自来水等主要基础设施产业的管制体制进行重大改革。1998年，通过新的竞争法禁止反竞争的协议行为和滥用市场支配地位；同时，该法不再对公用事业所处行业实行部门豁免。按照新法第二章的规定，英国公平交易局可以调查公用企业被指控的滥用行为，采取快速、有效的行动，包括在初次违法时给予罚款。[②] 在法国，1998年颁布的《萨班法》就专门对特许经营项目必须实行公开招标进行竞争作出了具体规定。[③] 1996~1999年德国对《反限制竞争法》进行第6次修订，对包括电信、邮政以及其他经济领域的传统自然垄断行业，取消管制和引入竞争机制，进行以市场化为导向的股份化改革。[④] 根据欧盟1996年发布的关于开放电力市场的指令，从1999年2月起，除希腊、爱尔兰等个别成员国外，所有欧共体成员国必须向其他成员国开放25%的电力市场。到2006年，欧共体电力市场的开放程度达到整个市场的1/3。[⑤] 日本在推进公

① 孔祥俊：《反垄断法原理》，中国法制出版社，2001，第661页。
② 陆伟方：《英国公用事业改制的历史经验与启示》，《探索与争鸣》2005年第4期。
③ 徐宗益：《法国城市公用事业特许经营制度及启示》，《城市发展研究》2001年第4期。
④ 王晓晔：《德国〈反对限制竞争法〉的第六次修订》，《德国研究》2000年第1期。
⑤ 参见国家工商总局赴德国培训团《德国管制公用企业限制竞争行为的立法与执法》，《工商行政管理》2002年第9期。

用事业改革过程中还制定了《电力事业法》《铁路事业法》《电气通信事业法》等，对公用企业的产品定价、信息披露等行为进行约束。①

如前所述，从 1970 年代以来各国公用事业的改革过程与具体措施来看，新的一轮世界性、全球性公用事业领域改革运动具有如下共同特征：①放松规制与激励性规制并存；②以完善的自然垄断规制法律法规为改革路径；③重新组建规制、监管机构；④引入竞争机制与完善产权制度并存。西方发达国家取消反垄断法对公用事业的豁免审查，都是在行业管制改革后发生的。这说明行业管制改革是各国加强反垄断法规制公用事业的前提。目前，西方发达市场国家反垄断成文法中已基本没有关于公用事业垄断豁免适用的直接规定，但由于公用事业自身的特点，在少数情况下西方发达市场国家的反垄断法还是会给予其特别照顾。

我国 2007 年颁布的《反垄断法》中有关公用事业领域垄断经营的规制则语焉不详。此外，作为市场化改革阶段性成果的一些行业行政法规则带有临时性、过渡性，更需假以时日加以完善。因此，从总体上来说，我国目前还没有建立比较全面、系统的关于公用事业反垄断方面的法律制度体系。这些均是本课题研究要着力思考和解决的。

（四）本研究的切入点

本研究从我国公用事业垄断经营格局的现状和成因入手，分析公用事业垄断所产生的投资效应、产业效应、消费效应和收入效应，在公用事业领域的营业准入、公共产品交易的具体过程、公用企业经营的多个环节、公用事业垄断的损害赔偿四个层面，对公用事业垄断经营整体性法律规制作立法安排和制度设计，并针对典型个案提出相应的改革途径、法律规制与立法对策。

三 研究方法与研究框架

（一）本研究的基本论证思路

本研究的基本思路为：比较分析→现状抽象与成因探源→效应分析与评价→多层面对策法律规制方案的设计与论证→以设计的规制方案进行个

---

① 田虹、王敏：《日本公用企业政府规制的借鉴》，《东北亚论坛》2005 年第 4 期。

案研究。即从制度的历史演变和域外法两个角度出发，以对国外在公用事业垄断经营管理体制上的异同进行比较为视角，剖析我国公用事业垄断经营的现状和成因，通过对公用事业垄断行为的效应分析与评价，提出一套多层面的规制公用事业垄断行为的整体制度方案，即以公用事业领域准入制度的改革来减少公用事业垄断经营形成的概率；以强制缔约和格式合同的制度安排来规范公用企业的垄断交易行为；以公共产品或服务质量的标准化和定价的公开化、民主化来控制公用企业垄断经营权的滥用，解决公用事业垄断行为的任意性问题；借助社会团体力量、公益诉讼制度和民事代表诉讼制度等多元救济机制，以有效地保护公众消费者的合法权益和维护社会的普遍福利。在此基础上，将设计的规制方案运用于电力、民航、铁路、邮政、通信、公共基础设施等领域进行实证研究，提出有针对性的具体改革与规制措施。

本研究拟采取的基本分析路径如图 1-1 所示。

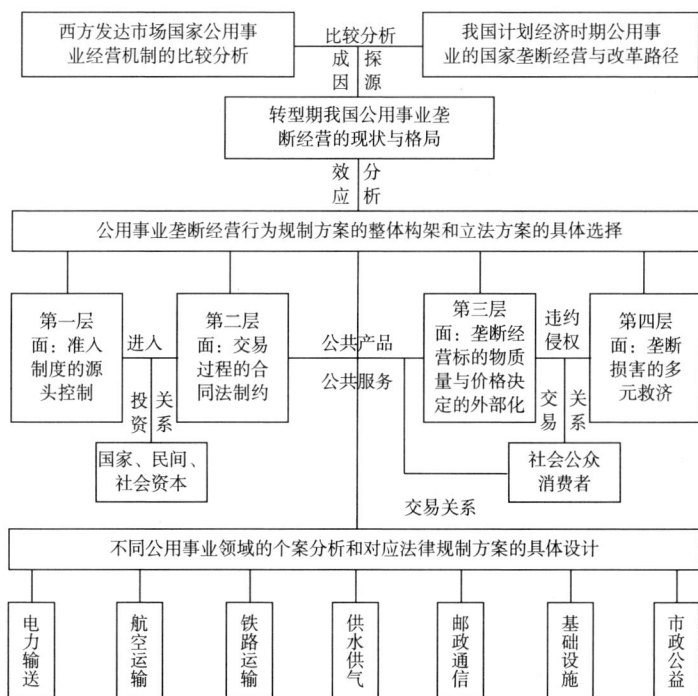

图 1-1　本研究的基本分析路径

（二）本研究的主要研究方法

1. 逻辑分析方法

从法律的基本概念、原理、原则等角度，分析公用事业垄断经营的制度背景、权力源、权力束、权力配置、权力运行环节、权力运行约束机制等逻辑关系，以解释公用事业营业准入和垄断经营过程中的权利与权利、权利与权力、权力与权力的互换和博弈概念、特征和基本关系。

2. 比较分析方法

从制度的历史演变和域外法两个角度，对英、美、德、日、法等国家和地区在公用事业垄断经营管理体制上的异同进行比较分析。

3. 实证分析方法

通过重点选择电力、民航、铁路、邮政、通信、公共基础设施等领域或个案，对公用事业垄断性经营的现状、结构、改革路径、对策措施和立法方案进行专题研究，对不同公用事业领域反垄断经营规制的范式比较和制度选择、交易供给模式、营业方式、监管体制以及垄断损害救济制度，进行情况调查、数据分析和问题归纳。

（三）本研究的基本框架

本研究以"公用事业垄断经营的法律规制"为题，主要内容包括绪论、域外公用事业经营模式的比较分析、转型期我国公用事业垄断经营的现状分析、公用事业垄断经营的主要情形与效应分析、公用事业垄断经营规制的范式比较和制度选择、公用事业领域的分类改革与准入开放、公共产品交易的过程控制与权利限制、公用企业经营环节与产品定价监督的社会化、公用事业垄断经营损害的法律救济、公用事业具体行业垄断经营的法律规制及结论，计 11 部分。

第二章 域外公用事业经营模式的比较分析

一 公用事业与公用事业经营

（一）公用事业及营业范围的界定

1. 经济学、法学界对公用事业范围的界定

关于公用事业的概念与范围，学界尚存分歧。根据日本学者植草益的判断和梳理，公用事业"所涉及的行业都具有自然垄断的属性"，[①] 因此经济学界主要是从自然垄断的角度来认识公用事业。如有学者认为"狭义的公用事业是指具有自然垄断特征的为居民或企业提供生活或生产所必需的商品或服务的行业，如电力、管道煤气、电信、供水、环境卫生设施和排污系统、固体废弃物的收集和处理系统等。广义的公用事业不仅包括上述狭义公用事业，还包括铁路、公路、航空、邮政以及教育、卫生和医疗等"。[②] 有学者认为，公用事业是指"满足具有普遍需求的、需要通过网络实现其产品传递，或者需要通过虚拟网络完成其服务项目的产业。如自来水、污水处理、电力、管道煤气（天然气）、城市轨道交通、地面公共交通、通信、邮政和供热等"。[③]

法学界对公用事业的界定主要基于经营者提供公共产品和公共利益的角度，如有学者认为"所谓公用事业，是指邮政、电信、供电、供水、供气、供热和公共交通等为公众提供产品、服务或者由公众使用的业务或行业"。[④] 有学者认为"公用事业是指基于公共利益考虑而通过网络传输系统

---

① 郭磊：《公用事业：放松规制与市场支配力的防范》，上海三联书店，2010，第25页。
② 余晖、秦虹主编《公私合作制的中国试验》，上海人民出版社，2005，第419页。
③ 郭磊：《公用事业：放松规制与市场支配力的防范》，上海三联书店，2010，第5页。
④ 史际春：《公用事业引入竞争机制与"反垄断法"》，《法学家》2002年第6期。

提供民众必需产品和服务的产业，主要包括为社会提供电力、天然气和人工煤气、自来水等服务的产业及其活动"。[①] 还有学者认为公用事业"一般是指通过固定网络设施为公众或不特定的多数人提供产品或传输服务的行业，包括供电、供气、供水、供热、铁路、城市公共交通、垃圾处理、污水处理等"。[②]

经济学和法学虽在理念、价值上存在差异，即前者注重效率，后者更关注公平；但在公用事业界定上却有不少共通之处，两者都认为公用事业的服务对象为不特定多数的社会公众，且对于公用事业核心范围的认识比较一致，如都涵盖了电信、电力、供水、供气、铁路和邮政等。

2. 有关规范性文件对公用事业范围的界定

建设部 2000 年发布施行的《城市市政公用事业利用外资暂行规定》第 2 条指出，城市市政公用事业包括城市供水、供热供气、公共交通、排水、污水处理、道路与桥梁、市容环境卫生、垃圾处置和园林绿化等。[③] 2004 年建设部颁布的《市政公用事业特许经营管理办法》（2015 年修正）第 2 条第 2 款规定，市政公用事业包括"城市供水、供气、供热、公共交通、污水处理、垃圾处理等行业"。2005 年建设部《关于加强市政公用事业监管的意见》规定，"市政公用事业是为城镇居民生产生活提供必需的普遍服务的行业，主要包括城市供水排水和污水处理、供气、集中供热、城市道路和公共交通、环境卫生和垃圾处理以及园林绿化等"。[④] 2015 年国家发改委、财政部、住建部、交通运输部等联合发布的《基础设施和公用事业特许经营管理办法》第 2 条就把基础设施和公用事业概念并用，其范围包括"能源、交通运输、水利、环境保护、市政工程等基础设施和公用事业领域"。

在国外，如美国加利福尼亚州《公用事业法典》第 216 条规定，公用事业包括所有为公众或公众的一部分提供商品和服务的运输公司（包括铁路、轮船、市内电车和公共汽车）、燃气公司、电报电话公司、自来水公

---

① 肖兴志、陈艳利：《公用事业民营化改革：理论基础与政策选择》，《经济社会体制比较》2004 年第 4 期。

② 章志远：《公用事业特许经营及其政府规制》，《法商研究》2007 年第 2 期。

③ 根据 2011 年 1 月 26 日住房和城乡建设部发布的《关于公布住房和城乡建设部规范性文件清理结果目录的公告》，该文件被废止，但该文件中对公用事业的界定仍具有借鉴意义。

④ 参见建设部《关于加强市政公用事业监管的意见》（2005 年）第一条。

018

司、供热公司、石油管道公司、污水处理公司等。①

从上述规范性文件看，不论是我国的政策性文件、法律、行政法规和部门规章还是美国的《公用事业法典》对于公用事业的界定，都是通过概括加列举的方式来完成的，所列举行业既有重合的部分，又有各自独特的地方。其中，就概括部分，我国规范文本强调行业须具有"为城镇居民生产生活提供必需的普遍服务"之普遍特性，美国加利福尼亚州《公用事业法典》则认为"所有为公众或公众的一部分提供商品和服务"的公众性，均显示其服务对象的公众性和服务性质的普遍性。至于具体的列举，两者之间则有共同之处，也有差异存在，如我国规范文本认为环境卫生和园林绿化也属于公用事业，但《公用事业法典》中却无此项。另外，我国规范文本在界定公用事业时末尾会用一个"等"字，这个"等"字仅仅是个虚词吗？或者属于等内还是等外？首先，从文本出发，如2005年建设部《关于加强市政公用事业监管的意见》第1条规定中的"主要包括……"，从中可得出仍有些公用事业没有被列举进去，比如说电力；再者，结合公用事业的历史发展来看，随着社会进步和发展，公用事业范围不断变化，例如电力行业产生之时属于一般营业事项，不属于公用事业，后来因为输电线路统一才被列入公用事业的范畴。如果再结合前面对公用事业的概括式描述则不难发现，列举仅为举例，而非囊括，从抽象意义上讲，所有为社会不特定多数公众提供具有必要性、公共性的公共产品或公共服务的行业，均应纳入公用事业的范围或视野。

3. 公用事业的意义厘定

在界定公用事业时，有一种观点认为，由于我国城乡的差距和公用事业的特征，公用事业的服务对象多为城镇或城镇居民，故公用事业和城镇公用事业的概念并无本质的差别。② 笔者认为，对于公用事业和城镇公用事业还是不能等同视之。首先，从逻辑上看，公用事业和城镇公用事业本身是两个概念，前者的外延显然大于后者。其次，城乡差距并不能成为忽略乡村公用事业的正当理由，不能推断出今后乡村公用事业不会繁荣发达；

① 余晖、秦虹主编《公私合作制的中国试验》，上海人民出版社，2005，第64页。
② 参见李景元、薛永纯等《城镇公用事业投资与运营模式研究》，中国经济出版社，2010，第86页。

相反，城乡差距大则进一步说明建设乡村公用事业的急迫性，不能直接将公用事业等同于城镇公用事业。最后，《现代汉语词典》对公用事业的定义为"城市和乡镇中供居民使用的通信、电力、自来水、天然气和煤气、公共交通等企业的统称"，① 也说明公用事业既包括城镇的公用事业，也包括乡村的公用事业。

可见，公用事业是所有以社会不特定多数公众（所有社会公众或社会公众中的某一部分）为供给或服务对象，其产品或服务具有日常性、必要性、集中性、基础性和公共性，经营成果明显表现为公共产品或公共服务的特定行业。简言之，公用事业是指为适应社会公众日常生活需要而提供具有公共福利性质的服务事项。具体而言，公用事业包括公园、图书馆、博物馆、科技馆、消防、治安、公共交通、邮电、通信、水电煤气等服务项目，而凡是以公用事业的某一领域作为主业事项，为社会公众提供经常性的公共产品或公共服务的营利性组织，则为公用事业经营者（公共事业单位或公用企业等）。公用事业经营者以其是否免费或具有营利性，又可划分为公用事业单位和公用企业。前者如图书馆、博物馆、科技馆、消防、公安等公共服务，以财政拨款或行政事业性收费保证其支出和运行的非营利性组织，该领域一般又称为公共事业；后者如从事城市给排水、供电、供水、供热、燃煤、供气、电信、邮政、有线电视、铁路、民用航空、城市公交、污水处理、垃圾处理等公共服务的营利性组织，亦即通常所指公用企业。② 本文所指的公用事业经营，系专指具有以营利为目的、过程表现为经营性质、组织以企业为主体形式的特定公用事业范围，而非包括所有公用事业的行业；与此相对应，下文提到的公用事业经营者一般为公用企业，或者在称公用企业时，即有表征公用事业经营者的蕴意。

不难看出，部分学者对公用事业所作广义和狭义的界定不够科学，因为不论是广义还是狭义，公用事业都包含了部分公共事业的内容。例如"环境卫生"无法在实践中实现排他和竞争的效果，所以应当属于公共事业的范围，但是多数学者却将之纳入公用事业，显然混淆了两者的区别。建设部对公用事业的列举性规定也存在同样的问题，在此不作赘述。可见，

① 参见中国社会科学院语言研究所《现代汉语词典》第6版，商务印书馆，2012，第452页。
② 参见肖海军《企业法原论》，湖南大学出版社，2006，第498~499页。

公用事业的范围是随着科学技术以及社会进步而呈现一个动态的过程，以笔者对公用事业所作抽象定义为切点，可将公用事业的主要范围界定为供水、排水、污水处理、垃圾处理、供热、供气、电力、电信、铁路、公路、航空、邮政等特定行业。

基于以上分析，具有经营性质的公用事业（以下统称公用事业）具有如下一些基本特征。（1）产品的日常性。公用事业涉及社会公众全体或部分日常生活的每一个环节，是社会公众全体或部分所必需的，具有不可或缺性，如自来水、电力、通信、公共交通等，关乎社会公众的衣食住行。（2）影响的基础性。公用事业所提供的设施、产品和服务是社会生活中的基础行业，不仅是社会公众所必需，也是其他行业生产和其他社会活动得以顺利进行的必要条件，如铁路、高速公路、机场、港口，不仅为社会公众的出行提供便利，也是其他行业和社会交易得以进行的前提和基础。（3）功能的公共性。即公用事业之主营业事项为向社会公众提供与其日常生产、工作和生活不可缺少的公共产品或公共服务，公用事业具有基础性关系到每个社会公众的切身利益，它并不是某一具体市民的个别要求，而是不特定多数人的共同要求，和其他企业所提供的产品和服务相比，具有较强的公共性。（4）受众的普遍性。公用事业的基础性和公共性决定了其所提供的设施、产品或服务应当让不特定多数能够在合理的价格之内普遍而无差异地享受到此项事业带来的福利，而不论消费者是城镇居民还是乡村村民，只要是社会公众、民事主体，只要生活在特定国家或地区，不管其是否作为该国家或地区公民或居民，不管其是否被剥夺自由，都应当有平等的机会普遍享受公用事业经营所提供的公共产品或普遍服务。（5）经营的营利性。与前述非营利性的公共事业相比，公用事业均具有一定程度的营利性。公共事业"主要是指'没有生产收入''所需经费由国库支出'的非政府、非营利的社会公益工作"，[①] 如教育、文化、科学研究、医疗和体育等。从经济学的角度来分析，公共事业主要涉及纯公共产品，对于这类在消费上既无排他性又无竞争性的产品，在实践中，是无法或者是需要高成本才能够避免"搭便车"行为的发生，因此，公共事业缺乏必要的排他性技术手段获得盈利，不具备营利性。而公用事业"大多数为电力、天

---

① 席恒：《公与私：公共事业运行机制研究》，商务印书馆，2003，第49页。

然气和通信行业厂商构成的一组厂商，受到一个或多个政府机构的严密管制。这些机构控制着企业的进入、制定价格、确定产品质量，也影响着厂商可以赚到的总利润"。① 可见，公用事业所涉及的主要是准公共产品，这类产品大部分可以通过技术手段实现竞争性和排他性，例如可以通过切断网络入口阻止未付费者享受此项服务。作为公用事业经营者，公用企业则属于典型的营利性经济组织，为具有独立市场利益并以追求利益最大化为目标的商事组织，因而在多数情况下，不能由自然人独立进行经营，与前面所述公用事业单位有本质不同。（6）市场的垄断性。公用事业主营业事项的市场空间和业务总量具有恒定性，能获得在该公共领域的营业准入和业务许可的市场主体十分有限，因此，公用企业往往在该公共产品和公共服务中具有自然垄断地位。如建设部《市政公用事业特许经营管理办法》所规定的市政公用事业特许经营，即为此类。（7）投资的规模性。公用事业投资属于基础性投资，其投资具有一次性特点，即通过其初次的一次性投资，就可以在后续无须追加更多投资的情况下持续地开展营业。因此，公用事业属于一次投资巨大而其投资回报、投资收益周期比较漫长的资本集中型行业，必须通过资本的规模化营运才能产生规模效益。（8）产品服务的不可储存性与销售服务的管网化。公用事业经营所提供的产品或服务大多具有流动性和无形性，如水、电、气、通信、有线电视、交通服务等，其产品基本上不可储存，因此，公用事业产品的生产与销售不可分离，只有消费需求产生时才能进行生产，且一般采取管道、网络等形式进行集中运送或销售。（9）投资主体的特殊性。由于公用事业主要分布在基础性行业，投入大、建设周期长、营运时间长、收效慢，因此，公用事业大多采取国家投资的方式，即使是以企业投资的形式进行，往往也存在巨额的国家补贴。

（二）公用事业经营的特征分析

公用事业经营是对公用事业的投资、营运和管理之概称。其特征可从经济、法律两个方面来看。

---

① 孙学玉、周义程：《公用事业：概念与范围的厘定》，《江苏社会科学》2007 年第 6 期。

1. 经济特征

（1）经营的垄断性。公用事业与自然垄断产业存在密切的关系，"它与公用事业的外延几乎是重叠的"。[①] 卡恩从规模经济的角度对自然垄断做了描述，即"一个自然垄断就是这样一个产业，它拥有规模经济——也就是说，企业的生产规模越大，平均成本越低——能够持续到由一个企业供给整个市场需求的那一点"。[②] 公用事业具有基础性，在建设公用事业设施时，耗资巨大且资产的专用性很高，一旦投入就很难被用作其他目的或很难被转售，这种巨大的沉淀成本会导致进入壁垒，从而为公用事业获得垄断地位提供条件。况且，公用事业在经营过程中具有规模效应，由一个企业供给更为节约成本，如电力输送，在生产扩大时，固定成本基本保持不变，平均成本在下降，从规模经济等因素方面来考虑，公用事业经营具有明显的自然垄断特性。

（2）经营的长期性。由于公用事业的公共性和普遍性，公用事业经营关系到社会不特定多数人的公共利益；公用事业具有基础性特征，其所提供商品或服务的需求价格弹性很小，对民众生活来说存在一种长期的依赖关系。此外，公用事业前期的基础设施建设周期长，一旦建成，就会持续地运行下去，且只有保证经营的长期性和稳定性才能确保投资者、经营者渐次收回其巨大的投入成本。

（3）经营的地域性。虽然公用事业具有公共性，但是公用事业的具体经营会受到诸如人口、地域因素的影响，对于人口稀少地方，经营公用事业显然是不经济的。有学者将公用事业和城市公用事业等同，在一定程度上说明了公用事业在乡村不发达的现状，可见，公用事业经营的区域性的确是存在的。

2. 法律特征

（1）投资主体的特定性。在传统经济背景与制度环境下，政府是公用事业行业最重要的投资主体，尤其是涉及通信、电力、邮政等关键行业，它们或者关涉社会成员的普遍利益，或者影响国家安全，为避免这些行业被国外或社会个别成员操控，政府以出资人身份成为投资主体就显得必要和正当。

---

① 郭磊：《公用事业：放松规制与市场支配力的防范》，上海三联书店，2010，第6页。

② Kahn, *The Economics of Regulation: Principles and Institution*，转引自郭磊《公用事业：放松规制与市场支配力的防范》，上海三联书店，2010，第28页。

但随着社会发展和经济贸易全球化，政府作为公用事业的单一或主要投资主体也备受批判，这是因为政府同样会被市场利益所俘虏。当今，公用事业的开放和投资主体的多元化已成为一种趋势，多元化的实质是"允许和鼓励个人和企业法人（包括外资企业）进入部分城市基础设施投资和运营，实现由政府单一投资主体向政府、企业法人、个人等多元投资主体的转变，由市场来选择投资者，完全实行市场化投资和运营，政府的功能主要限于监督"。①但即便如此，公用事业领域的基础性和重要性决定了在未来相当长的时期，政府在绝大多数国家或地区仍将是主要的投资者或经营者。

（2）经营主体的企业化。首先，公用事业经营与前述由政府或公共事业单位所提供的公共事业不同，它需要追求成本的最小化和效益的最大化，只有让投资者与经营者按照企业的方式进行经营，才可使公用事业在满足社会公众对公共产品或公共服务需求的同时，创造最大的经济效益。从公用事业经营的历史演变来看，只有公用事业实行企业化经营，才能把公用事业的社会公益目标与经济效益目标最佳地结合起来。其次，从公用事业经营者的性质来看，公用企业属于营利性经济组织，与前面所述公用事业单位有本质不同，为具有独立市场利益并以营利最大化为目标的商事组织，一般不能由自然人独立经营。最后，在当今的市场经济社会，企业已经成为市场经济运行中最重要的主体之一，它能够通过市场机制、内部治理、精细管理、自负盈亏的激励手段，实现资源的充分利用。根据资本性质的不同，企业可分为国有企业、民营企业和混合企业（如公司企业）。国有企业经营虽能确保公用企业受到国家强力控制与干预，保证公用事业领域的安全，但缺乏利益激励与改进动力，运行效率始终难以提高，从而造成资源浪费。和国有企业不同，民营企业和混合企业具有很强的危机意识和竞争意识，在营利最大化驱动下能自觉地进行管理与技术的持续创新，营运绩效普遍要高于国有企业；但如被某一特定利益集团不当控制，又会有损害社会公众利益之虞。因此，公用事业经营主体在保证一定国有成分的基础上，适度引进民营企业、混合企业进行经营是十分必要的。

（3）产品的准公共性。公用事业所提供的产品主要为准公共产品，这

① 李景元、薛永纯等：《城镇公用事业投资与运营模式研究》，中国经济出版社，2010，第21页。

类产品是社会公众所必需的，价格需求弹性较小。在现实交易过程中，公用企业具有强大的优势地位，而作为公用事业的消费者往往处于弱势地位，多数情况下很可能没有选择的机会，只能接受公用企业所制定的格式条款。为了平衡这种不对称的权利义务关系，多数国家和地区规定了经营者强制缔约义务。如日本的《燃气事业法》第16条规定：燃气企业若没有正当理由，不得拒绝其供应区域及供应地点内燃气供应的一般需求。

（4）价格的管制性。和一般企业经营不同，公用事业经营不能够以实现企业自身利益最大化为唯一目标，而应当以合理的价格稳定而充足地为社会公众提供产品和服务。但企业作为商事主体，其存在与经营的目标就是效益、利润最大化，如依市场规律仍由企业自主定价，那么公用企业就会为了攫取最大利润而滥用垄断地位，制定高额、垄断价格。在此情形下，为平衡企业利益和消费者利益，防止公用企业经营中公益目标与效益目标的冲突，政府就有必要对公用企业所提供的产品或服务的价格进行一定程度的管制。如美国的公平报酬率规制，即"公用企业的利润水平不得高于投资基数乘以合理报酬率减营业成本的差额，或其营业收入总额不得超过合理成本（营业支出+固定资产折旧）与合理报酬的总额"。[①]

（三）公用事业经营的要素分析

1. 投资主体

投资主体是公用事业经营的核心要素之一，而且在不同国家或地区，由于历史传统、经济制度和社会环境的差异，投资主体的性质、地位和结构均有很大差异。经过公用事业经营方式的不断变革，西方发达市场经济国家中私人资本在公用事业领域的投资比重逐渐加大。相对来讲，一些社会主义国家和发展中国家或因社会主义公有制经济观念和强调公有制主体地位，或由于特定执政党的执政目标和民间资本投资能力有限，公用事业的绝大多数领域，尤其涉及或关系国计民生的公用事业领域，一般选择由政府直接投资。这种近乎单一的投资主体，一方面由于政府始终能够对公用企业产生一定的影响，不可能真正地实现政企分开；另一方面也加重了政府的财政负担，使得政府无法集中精力去更好地为社会提供更多公共服

---

① 曹阳：《网络型公用企业竞争的法律规制》，法律出版社，2007，第122页。

务，相反，有时却表现出一种与民争利的形象，极大地损害了政府的公信力。因此，投资主体的多元化是必然趋势，适度扩大私人、民间、社会资本投资公用事业领域的结构和比例，不仅能够拓宽公用事业的投资渠道，减轻政府的财政负担，而且可以明显提高公用事业的经营效益。

2. 经营主体

公用事业的经营主体为具体负责、组织或承担公用事业经营、管理和运行的民事主体。根据公用事业经营主体性质的不同，可把其划分为政府、企业（又称营利性组织）和非营利性组织（学界称之为第三部门，在我国称事业单位），特殊情况下也可以由自然人经营。政府作为行政组织，维护社会公共利益和组织社会公共管理是最为基础、最为重要的职能，在当代社会，相对而言比民营企业掌握更多的公共资源，在公共产品和公共服务的供给方面自然要发挥更大的作用；更由于公用事业领域大多为市场失灵的公共领域，与一般竞争性领域不同，政府为了公共利益和普遍福利的需要，通过对公用事业领域的直接投资并经营，在一定程度上既解决了公共部门的市场失灵问题，也可达到满足公众日常生活和基础生产的基本需求的目的。鉴于此，在公用事业经营过程中，国家（政府）则成为公用事业投资与经营最重要的主体，多数国家都曾经实行过政府经营或国有化等形式，由政府出资直接设立公用企业，并负责具体运营。

随着公用事业领域技术的发展和经营的专业化，更重要的是国有化或政府投资经营所衍生的管理官僚化，公用事业经营特别是公用企业营运效益低下等问题开始出现，公用事业经营的市场化、民营化、私有化和社会化，便成为 1970 年代以来的一种主要趋势。但在公用事业民营化过程中，私营企业只顾逐利而忽视社会公共、消费者的利益，又必然引发公用事业的公共性和私营企业的营利性之间的冲突。所以，80 年代以来，就出现了由第三部门经营公用事业的设想，第三部门即社会企业或非营利性组织，以自愿或者半自愿方式组织起来的，其动力机制是社会责任和社会使命，经营目标是追求社会公益，与公用事业的目标高度契合。①

---

① 参见王绍光《多元与统一——第三部门国际比较研究》，浙江人民出版社，1999，第 1~5 页；沙勇《中国社会企业研究》，中央编译出版社，2013，第 1~16 页；徐彤武等《美国公民社会的治理——美国非营利组织研究》，中国社会科学出版社，2016，第 6~10 页。

3. 准入方式

公用事业领域具有明显的自然垄断特性，其准入方式与一般竞争性的自由准入方式有显著不同，除电信、公共交通等可适用自由申请、审核登记等准入方式外，如电力、燃气、自来水、市政基础设施建设等领域，则只适用特许经营、竞争式缔约等准入方式。[①]

4. 经营范围

公用事业经营范围可分为垄断经营事项和非垄断经营事项。传统公用事业经营范围大多为垄断经营事项，但随着公用事业理论的发展和科学技术的进步，垄断经营的方式与事项越来越受到批评和质疑，公用事业垄断经营的事项范围也不断收缩。如电信行业中的固定电话网、电力行业中的输电网、铁路行业中的铁路线，以及自来水、燃气等行业中的管道，这些具有网络特征的环节有自然垄断经营的必要性；对于非网络特征的环节与事项，应当逐步放开。对于采用垄断经营的公用事业环节，则应以政府管制和反垄断法抑制其滥用市场支配地位；而对于具竞争性的非网络特征环节，则主要采用反垄断法的手段促进市场的公平竞争。

5. 经营方式

公用事业的经营方式总体上来说有国营、民营以及公私合作等方式。国营即国家直接投资进行经营，或以国家控股的方式经营公用事业。民营又称私营，为完全由民间私人资本投资经营或私人资本控股经营的公用事业。公私合作是指"公共部门与私人部门为提供公共服务而建立起来的一种长期合作伙伴关系"，[②] 这种伙伴关系的形式非常灵活，包括特许经营、设立合资企业、合同承包、管理者收购、管理合同、国有企业的股权转让或者对私人开发项目提供政府补贴等。

具体而言，公用事业的经营方式还包括投资者自行经营、委托经营、承包经营、租赁经营、信托经营和托管经营等多种方式，而在有关公共基础设施的投资、建设与经营方面，形式更加灵活多样，如 BOT、BOO/DBFO、PFI、PPP 等模式。

---

① 参见肖海军《营业准入制度研究》，法律出版社，2008，第 284~291 页。

② 余晖、秦虹主编《公私合作制的中国试验》，上海人民出版社，2005，第 37 页。

（四）公用事业经营法律关系

公用事业经营法律关系是指在公用事业经营过程中所形成的投资者、经营者与政府、消费者之间的权利和义务关系。公用事业经营法律关系也包括主体、客体和内容三个方面。

1. 公用事业经营法律关系的主体

公用事业经营法律关系的主体是指以其独立的名义或资格参与到公用事业经营法律关系之中，并在其中享有权利或者承担义务的自然人、社会组织或国家机关。根据不同主体在公用事业经营过程中所扮演的角色、履行的职能和特定功能，可把公用事业经营法律关系的主体划分为公用事业领域的投资者或经营者、政府及政府机关、公众消费者三类。

（1）公用事业领域的投资者或经营者。公用事业领域的投资者或经营者即向公用事业领域投资或以公用事业的某一领域为主业进行经营管理的特定主体。严格说来，公用事业领域的投资者和经营者应该是一个相互独立的主体，但由于特定公用事业经营模式的不同，投资者和经营者之间的关系在公用事业经营过程中又呈现既存在合一又存在分离的特点。在多数情况下，公用事业领域的投资者和经营者是一体的，但在特殊情况下，特别是在国家（政府）投资公用事业领域的情况下，如公用事业选择承包、租赁、信托、托管等国有民营方式，则此时公用事业领域的投资者和经营者是相互独立的。但对于社会公众而言，即使存在公用事业领域的投资者和经营者地位彼此独立的情况，与其直接产生权利与义务关系的主体只能是公用事业领域的经营者。

经营者负责经营公用事业，为消费者提供相关公共产品或公共服务，主要包括生产、运输、配送等环节的具体经营主体，这些主体之间配合或者由一个经营者直接从事所有环节，最终为消费者提高产品和服务。公用事业的经营者具有双重特性，既要追求企业利润的最大化，又要维护社会公众的福利。因此，公用事业的经营者也承担着双重义务：一是作为一般行业的经营者所应承担的义务，如合同义务等；二是公用事业经营者所承担的特殊义务，如公用事业的信息公开以及公用事业的经营者在调整价格时的限制等。另外，对于公用事业经营者科以特殊义务，还源于公用事业经营者享有特殊权利，如在特许经营中，经营者在取得特许经营资格之后，在一定程度上避免了激烈竞争的风险，而且政府还可能给予其一定补贴和税收优惠。

（2）政府及政府机关。在公用事业经营过程中，政府及政府机关的地位与作用比较独特，在国有公用企业的经营关系中，政府是公用事业的直接投资者；而在公用事业经营过程中，政府及特定政府机关又是公用事业经营者或公用企业的管理者、监督者。政府和特定政府机关在公用事业经营过程中的这一特殊地位和角色，是由公用事业领域的特殊性所决定的。

政府作为公用事业经营中重要的一环，其身份也是多重的。首先，政府是公用事业产品和服务的供给者，政府要为社会公众提供合格的公用产品和服务，但这种要求并不意味着政府要成为公用产品的直接生产者，而只是要求政府对公用产品承担一定的责任，即"一旦出现公共服务的质量和数量不能满足需求的情况或在公共服务活动中出现重大的事故，政府必须承担相应的政治责任，同时政府的相关工作人员应承担相应的行政责任"。① 其次，政府是相关法规的制定者，应力图确保公用事业经营者的合法权益，保证准入环节的公平公正以及相关程序的透明，为公用事业的经营者创造一个良好的法治环境。再次，政府是公用事业的监管者，监管并不意味着随意指挥公用企业的具体经营，政府要在法定程序内实施监管，然而监管本身不是目的，最终目的是保证公用产品和服务的质量，使社会公众的福利最大化。最后，政府作为合同中的一方当事人，负有提供公用产品和服务的职责；但它又不直接生产，政府只是作为合同关系一方当事人，是以平等主体的身份介入合同之中，并非以公权力的身份干预，此种关系应受民法调整，双方应当信守承诺，积极履行各自应负的义务。

（3）公众消费者。公用事业经营中的消费者又称社会公众，与一般竞争性营业领域的消费者相比，具有存在的社会性、人数的众多性、领域的广泛性、需求的普遍性和市场的恒定性等多方面特征。公众消费者是公用事业产品和服务的最终使用者，公众消费者与公用事业经营者有时会直接发生权利与义务关系，如在供用电、水、气、热力等这类特殊的买卖合同中，公众消费者就直接与公用企业签订格式合同。为尽可能地平衡两者的利益，法律对公用企业在经营过程中应尽的义务及发生的侵害行为作出不

---

① 余晖、秦虹主编《公私合作制的中国试验》，上海人民出版社，2005，第 82 页。

同于其他行业的规定，如适用强制缔约和格式条款的严格规制原则；又如在归责原则和免责事由方面，《中华人民共和国侵权责任法》第71条、73条规定，对于由民用航空器以及高空、高压、高速轨道的运输工具造成损害的，经营者承担无过错责任，只有在受害人故意或者存在不可抗力的情形之下，方能免责；此外，公众消费者与经营者之间因产品质量或服务瑕疵发生争议，仍可依据合同法等相关条款的规定来处理双方之间的权利和义务关系，维护自身的合法权益。

2. 公用事业经营法律关系的客体

公用事业经营法律关系的客体系指在公用事业经营过程中，公用事业法律关系中的相关主体（如投资者、经营者、政府及政府机关、公众消费者）之间行使权利、履行义务（职责）共同指向的对象。与一般法律关系客体相比，公用事业经营法律关系的客体具有行业与领域的特定性，其表现形式主要包括：（1）特定公用事业的领域，主要为公用事业准入制度管理的对象；（2）公用事业经营的成果，公共或准公共产品与公用事业服务，此类客体一般为公用事业产品或服务合同中当事人双方共同指向的对象；（3）公用事业经营者或公用企业的经营行为（包括提供公共或准公共产品与公用事业服务行为），此为政府、投资者、公众消费者对公用事业经营者或公用企业经营进行监督的对象。

3. 公用事业经营法律关系的内容

公用事业经营法律关系的内容系指在公用事业经营过程中，公用事业法律关系中的相关主体（如投资者、经营者、政府及政府机关、消费者）之间在特定法律关系所行使的具体权利和履行的具体义务（职责）。

二 公用事业经营的相关理论

公用事业所涉范围极其广泛，但对于为什么需要公用事业经营，应由谁来投资经营，管理学、经济学、法学等不同学科，均从各自角度进行了探讨。以下分述之。

（一）管理学和经济学理论

1. 制度成本论

制度成本论者认为，公用事业经营需要依靠一定的制度才能够运行，对于制度选择，同样也会出现机会成本问题，即"由于制度是人类社会面对稀缺的适应或回应，而在稀缺的世界里制度本身也是稀缺的。选择一种制度，意味着必须放弃另一种可能的制度"。[①] 公用事业经营主要有国营和私营两种方式，但这两种经营方式的制度成本是不同的。有学者认为，与私有企业相比，国有企业的产权制度内生了高额的制度成本，主要表现为如下四个方面：（1）内生技术效率低下；（2）内生高昂的监管成本；（3）内生投资无人负责和短期行为；（4）内生不公平的市场竞争环境。[②] 国有企业的这种低效率所造成的资源浪费和社会不公所产生的影响，远远要比其自身的危害更大，故从制度运行的成本来看，公用事业经营应当以加大引入私有企业为主要改革目标。

2. 公共产品供给理论

经济学家曼昆在《经济学原理：微观经济学》一书中根据物品的排他性和消费中的竞争性，将物品分为私人物品、公共物品、公共资源和自然垄断行业四种类型。其中，私人物品兼具排他性和竞争性；公共物品即纯公共物品既无排他性又无竞争性；公共资源有竞争性但没有排他性；自然垄断行业属于准公共产品，这类产品或服务有排他性但无竞争性。[③]

纯公共产品和准公共产品的供给方式是不一样的。对于像国防、外交、环境保护之类的纯公共产品，因其具有消费的不可分割性、产权难以明确，无法运用市场的原理来提供；在市场失灵的情况下，只能由政府通过征税的方式予以供给。而准公共产品则不同，可以由私人进行经营；其供给方式可以选择政府机制、企业机制和志愿组织机制供给。[④]

3. 不完全竞争市场理论

不完全竞争市场理论认为，不完全竞争市场与完全竞争市场相对而言，它是指"当个别卖者在一定程度上具有控制某一行业的产品价格的能力时，该行业就处于不完全竞争之中"。[⑤] 在理论上，完全市场竞争是存在的，但

① 李建德：《论制度成本》，《南昌大学学报》（人文社会科学版）2000 年第 1 期。
② 赵世勇：《以私营企业为参照系：论国有企业的制度成本》，《中外企业》2008 年第 3 期。
③ 曼昆：《经济学原理：微观经济学》第 5 版，梁小民等译，北京大学出版社，2009，第 233～234 页。
④ 李景元等：《城镇公用事业投资与运营模式研究》，中国经济出版社，2010，第 1～5 页。
⑤ 保罗·萨缪尔森、威廉·诺德豪斯：《经济学》第 17 版，萧琛主译，人民邮电出版社，2004，第 135 页。

在实际生活之中，如严格按照完全竞争市场的定义，那么它几乎是不存在的，因为市场中的企业在某种程度上都可能控制它们产品的市场价格，所以市场中更多是不完全竞争市场，不完全竞争存在垄断、寡头和垄断竞争这三种形式。

公用事业具有一定程度的网络性，符合规模经济的特点，它使不具备规模经济的小企业无法维持成本而退出市场，进而促使该产业的竞争者越来越少，最后很容易形成垄断或寡头等不完全竞争市场。① 此外，公用事业的准公共性，决定了政府通常又会在公用事业领域通过一些限制竞争的法律、法规，此时就会在该领域形成"进入壁垒"，如公用事业特许经营制度，从而使公用事业领域成为一个不完全竞争的市场。

4. 委托—代理理论

委托—代理理论产生于 20 世纪 30 年代，由美国经济学家伯利和米恩斯提出，核心是"倡导所有权和经营权分离"。委托—代理理论主要研究在目标冲突和信息不对称情况下，委托人和代理人之间通过何种方式制订有效的契约来实现委托人利益的最大化。

在公用事业中引入委托—代理理论，其实质是"建立在公共服务供给者与生产者相分离的基础上的，政府将公共产品的生产任务委托给私营部门代理执行，以期获得优质高效的公共服务"。② 但公用事业存在双重的委托代理关系，即全体居民委托政府、政府委托经营者。首先，全体居民委托政府提供公用事业。由于全体居民只是人数众多的分散个体，假定每个分散的、个体的居民从自身的利益出发，就会出现"凡是属于最多数人的公共事物常常是最少受人照顾的事物，人们关怀着自己的所有，而忽视公共的事物；对于公共的一切，他至多只留心到其中对他个人多少有些相关的事物"。③ 如此，居民就无法对政府形成有效的监督和约束。其次，政府委托经营者进行公用事业的供给。由于两者之间的利益目标不一致，政府部门追求社会福利最大化，企业追求自身效益最大化，由此也会产生不同

---

① 高伟娜：《垄断行业普遍服务机制与管制政策研究》，中国社会科学出版社，2018，第 61~69 页。

② 黄波：《公用事业民营化的新制度经济学分析——理论困境与反思》，《经济建设》2010 年第 6 期。

③ 亚里士多德：《政治学》，吴寿彭译，商务印书馆，1981，第 48 页。

利益目标的冲突；而且，政府和企业之间的信息存在不对称，为追求自身利益的最大化，企业会利用信息优势攫取最大利益，甚至会尽力地去俘获或寻租政府，由此就可能出现政府和企业的合谋，最终损害社会公众的福利。因此，上述的双重代理关系均增加了代理成本和合谋机会，如果公用事业的生产者和安排者不发生分离的话，公用事业效率低下、服务质量差和价格高的现象就在所难免。

5. 交易费用理论

交易费用又称交易成本，是一种非生产性成本，"通俗地说，为了完成一笔交易，当事人必须到处出入市场，了解产品的质量和相对价格；必须对交易的细节进行谈判、协商和检验、签约，甚至承担违约损失等"，① 当事人在交易过程中所支出的各项费用总和就是交易费用。只要有市场并存在交易，就会产生交易费用。一个没有交易费用的社会，宛如自然界没有摩擦力一样，是不现实的。②

交易费用理论认为产权的界定影响交易费用，产权界定模糊会增加交易费用；相反，产权的清晰界定能够激励所有者去降低交易费用，在一个没有产权的社会，不需要对交易费用计价，因为交易是由行政强制方式进行调拨的，所以交易中看似不需要任何资源支出。无须计价也不代表没有交易成本，公用事业涉及准公共产品，由于政府是通过行政或强制的命令进行无偿调拨，这个过程在某种程度上来说是一种政治过程，因此利益集团就会去游说政府相关部门以获得相关产品，而且可能受到决策者主观因素的影响，那么这个交易成本可能要比市场制度中的交易费用昂贵得多。相对而言，"在竞争条件下，私人产权可以降低交易成本"。③ 如果将私人产权引入公用事业的经营过程，过高的交易费用就会促使生产集中，而这种集中最后又会形成垄断。

6. 博弈理论

公用事业所提供的物品主要是准公共物品，而在公共物品的私人自愿

---

① 陶一桃：《科斯与交易费用理论》，《特区经济》2000 年第 9 期。
② George J. Stigler, The Law and Economics of Public Policy: A Plea to the Scholar, *Journal of Legal Studies*, 1972, 1 (1): 1–12.
③ 李景元、薛永纯等：《城镇公用事业投资与运营模式研究》，中国经济出版社，2010，第 113 页。

供给中，由于具体物品不同，因而存在囚徒困境、智猪博弈和斗鸡博弈这三种博弈的可能。①

（1）囚徒困境（Prisoner's Dilemma）。公共物品涉及社会中每个人的福利，如果每个人都出钱兴办公用事业，那么所有人的社会福利都会增加。可在现实生活之中，作为理性的个人，"不出钱"才是自己最优的选择。因为一旦我出钱，其他人不出钱，我就吃亏了；而如果我不出钱，也有可能"搭便车"享受到公共物品，则"不出钱"就是个人的最优选择，但结果是所有人福利都会受到损失，最终所有人也就陷入"囚徒困境"中。②

（2）智猪博弈（Boxed Pig Game）。在收入分配不均衡时，高收入者从公用事业中获得的收益要大于低收入者；且对于高收入者来说，此项费用相对较小。但对于低收入者，情况正好相反。低收入者与高收入者博弈之后的最终结果与最优策略，就是等待高收入者来出资兴办公用事业，即收入分配不平均时必然产生"智猪博弈"。③

（3）斗鸡博弈（Chicken Game）。如果出现两个高收入者，那么他们之间对于公共产品的供给博弈，可能就会出现一方供给而另外一方不供给的局面，即所谓的"斗鸡博弈"。④

不难发现，公共产品的私人自愿供给必然会导致供给不足的现象发生，但公共产品又是社会发展的基础性产品，所以公用事业经营就不能只依靠

---

① 参见张维迎《博弈论与信息经济学》，上海人民出版社，2004，第8~11页、第50~53页。

② "囚徒困境"是1950年美国兰德公司提出的博弈论模型。即两个共谋犯罪的人被关入监狱，不能互相沟通情况，如果两个人都不揭发对方，则由于证据不确定，每个人都坐牢一年；若一人揭发而另一人沉默，则揭发者因为立功而立即获释，沉默者因不合作而入狱十年；若互相揭发，则因证据确实，二人都被判刑八年。由于囚徒无法信任对方，因此倾向于互相揭发，而不是同守沉默。

③ "智猪博弈"是约翰·纳什于1950年提出的一个著名的纳什均衡例子。假设猪圈里有一头大猪、一头小猪，猪圈的一头有猪食槽，另一头安装着控制猪食供应的按钮，按一下按钮会有10个单位的猪食进槽，但是谁按按钮就会首先付出2个单位的成本，若大猪先到槽边，大猪、小猪吃到食物的收益比是9：1；若大猪、小猪同时到槽边，收益比是7：3；若小猪先到槽边，收益比是6：4。那么，在两头猪都有智慧的前提下，最终结果是小猪选择等待。

④ "斗鸡博弈"，即懦夫博弈。如有两人狭路相逢，每人有两个行动选择：一是退下来，一是进攻。如果一方退下来，而对方没有退下来，对方获得胜利，退下来的一方就很丢面子；如果对方也退下来，则双方打个平手；如果自己没退下来，而对方退下来，自己胜利，对方失败；如果两人都前进，那么两败俱伤。因此，对每个人来说，最好的结果是对方退下来，而自己不退。

私人的自愿供给，政府的介入具有必要性。

（二）法学理论

1. 非营利性部门论

非营利性部门又称非营利组织，是指"具有法人资格，以公共服务为使命，享有免税优待，不以营利为目的，组织盈余不分配给内部成员，并具有民间独立性质的组织"。[①] 非营利组织和营利组织的区别有两点。（1）营利与否。非营利性组织是不以营利为目的的，它的运行动力是"使命和责任"；而营利性组织的动力则源于"利润最大化"。这里需要指出的是，营利和经营是不同的概念，非营利性组织也可以经营，"非营利组织'不以营利为目的'，但也可能从事'经营'，比如学校、医院、慈善基金会等也需要通过经营来维持运转"。（2）营利之后如何分配。非营利性组织获得的利润是不能够像营利性组织那样分配给其出资人、设立者或其内部成员，它必须用于非营利性组织的特定目的。公用事业具有公共性，其运行机制是由公共需求和公共供给组成，"一般将非营利组织区分为'互益性'和'公益性'两种"，[②] 与公用事业具有相同的目标，这使得非营利性组织经营公用事业成为可能。

2. 市场失灵论与国家投资经营论

市场作为一种配置资源的有效方式，即"资源在完全竞争市场中的配置是有效率的"，[③] 虽已得到西方发达市场经济国家的理论与实践验证，但市场调节作用的充分发挥仍需一定条件。在一定条件下，市场的作用不再充分有效，既所谓的"市场失灵"或"市场缺陷"现象。它集中表现为市场障碍、公共领域的失灵、市场调节具有被动性和滞后性三个方面。其中，市场机制的唯利性决定投资者所关注的是眼前可实现的经济利益，对于无利可图甚至亏本或者投资周期长、风险大的行业部门和产品，它们往往不愿投资；但关系国计民生，或制约国民经济长远发展和总体效益的行业，即使不能盈利，也必须进行适度的投资。而公用事业恰好处于这样的

---

① 席恒：《公与私：公共事业运行机制研究》，商务印书馆，2003，第42页。

② 史际春、张扬：《非营利组织的法学概念与法治化规范》，《学术月刊》2006年第9期。

③ 保罗·萨缪尔森、威廉·诺德豪斯：《经济学》第17版，萧琛主译，人民邮电出版社，2004，第126页。

境地，这些行业的投资成本过高、运营的周期长，并且在先期投资过程中由于资产的专用性比较高，形成了大量的沉淀成本，短期内无法盈利甚至亏损。公用事业的这些风险使得民间资本望而却步，市场机制难以发挥调节作用，政府权力调节、国家投资经营的必要性就显示出来。[①]

3. 社会福利论

社会福利"就是以满足人的基本需要为目的的所有面向全体公民整合社会资源的制度、规章或服务"，[②] 社会福利从理论上说是面向全体公民，其受众具有普遍性和公众性，但主要对象还是残疾人、孤寡老人等社会中的困难群体。公共性是公用事业的重要特征之一，涉及社会公众的利益。但社会公众中不同群体、个体的收入是有差别的，这就使得公用事业在供给中不能定价过高；否则，低收入者就无法获得公用事业的产品和服务，无法享受基本福利。而公用事业经营的垄断性恰恰又给经营者滥用垄断优势地位，通过高额价格攫取垄断利润，严重损害消费者利益，降低社会公众福利水平，提供了便利和可能。因此，公用事业经营不仅要考虑规模经济等效率因素，还要考虑社会的总体福利，社会福利的最大化才是公用事业经营的目标。

4. 第三部门论

一般而言，第三部门主要包括社会团体、事业单位和民办非企业单位。（1）社会团体。我国《社会团体登记管理条例》（2016 年修订）第 2 条第 1 款规定，社会团体为"中国公民自愿组成，为实现会员共同意愿，按照其章程开展活动的非营利性社会组织"。社会团体的宗旨是以非营利为目的，但这并不意味着社会团体不能进行任何收费或赚取利润的经营活动，只是表示社会团体取得的财产或利润不能够分配给会员，而必须用于其主持或从事的事业。（2）事业单位。2004 年修改后的《事业单位登记管理暂行条例》第 2 条规定，事业单位为"国家为了社会公益目的，由国家机关举办或者其他组织利用国有资产举办的，从事教育、科技、文化、卫生等活动的社会服务组织"。事业单位包括"教育机构，医疗机构，科研机构，农

业、林业、牧业服务机构，水利管理机构，社会服务机构（公共设施服务，园林绿化、自然保护区管理、环境卫生、市政工程管理、风景名胜区管理，殡葬管理等），法律服务机构，会计、审计事务所，信息咨询机构，体育事业机构（体育场馆、运动队等），社会福利机构，文化艺术单位（艺术、出版，文物保护、图书馆、档案馆、群众文化、新闻、文化艺术经纪与代理等），广播电影电视单位，综合技术服务机构（气象、地震、测绘、技术监督、海洋环境、环境保护、技术推广和科技交流服务业、工程设计等）等"。（3）民办非企业单位。根据1998年《民办非企业单位登记管理暂行条例》第2条规定，民办非企业单位为"企业事业单位、社会团体和其他社会力量以及公民个人利用非国有资产举办的，从事非营利性社会服务活动的社会组织"。民办非企业单位的经营范围，依据前述规定和官方解释，主要分布在教育、科研、文化、卫生、体育、新闻出版、交通、信息咨询、知识产权、法律服务、社会福利事业以及经济监督事业等领域。可见，第三部门在实践中经营部分公用事业，"第三部门法律制度的两大目标应当是：实现公民的结社自由，促进公益事业的发展"，第三部门均不以营利为目的。这种志愿机制以及非营利性，使其成员真正地投入公用事业运营之中，减少了行政强制所带来的普遍排斥，提高了公用事业的经营效率。[1]

5. 政府干预经济论

政府干预经济论认为，国家干预是对市场失灵的补救。由于公用事业领域属于市场失灵的行业，因此国家对该行业进行调控和干预成为必要，而政府则可以通过强制手段进行经济调节，矫正市场失灵产生的弊端，而且能够通过对垄断行为的立法规制，使得垄断企业不得滥用自己的优势地位损害消费者的利益。[2]

6. 特许经营论

特许经营的目的就是限制过度竞争，降低市场竞争程度，从而避免资源的浪费。公用事业采取特许经营的准入方法，可以阻止其他企业进入公用事业。这样可以确保公用事业符合规模经济，从而降低平均成本，增进

---

[1] 苏力、葛云松等：《规制与发展：第三部门的法律环境》，浙江人民出版社，1999，第23页、第97页、第116页、第177页。

[2] 参见漆多俊《经济法基础理论》，武汉大学出版社，2000，第21~22页。

社会的整体福利。在特许经营合同中，政府具有双重身份，即"在合同订立过程中，政府是特许经营权协定的一方当事人，与被特许经营方进行谈判，并授予特许经营权；合同订立之后，政府又被视为社会公共利益的代表而成为合同履行的监督者"。从全球来看，特许经营市场准入有三种形式：第一种是企业进入市场并提供服务的许可，即颁发许可证与获得专营权的安排；第二种是有限资源占用的许可，比如电话号码、无线频谱等；第三种是投资准入，最典型的就是制定准入制度，进行资格审定，比如所有制性质和投资比例等。公用事业的特许经营一般是通过公开的招投标程序来实施的。①

（三）评价和启示

1. 对既有理论与学说的评价

（1）学界对公用事业经营方式的认识不同。公用事业的经营方式主要有两种：一种是垄断经营，另一种是竞争经营。对于这两种方式，学者们有自己的立场和看法。但总体说来，经济学者较为排斥垄断的经营方式，如制度成本中对于国企低效率的分析，公共产品供给理论中除政府垄断供给方式之外，其他供给方式的可能性，代理理论中垄断经营的信息不对称所造成的经营风险，交易费用理论中产权对于公用事业经营的重要性等，其意图都在说明垄断经营的不可靠和低效率。相对来说，在法学界，不论是市场失灵论、国家投资经营论，还是政府干预经济论、特许经营论，均在强调政府对公用事业介入和干预的正当性和必要性。

（2）学界对于公用事业经营目标的看法较为一致。学界虽对公用事业经营方式的认识不同，但对于公用事业经营目标的看法比较一致。经济学界大多主张竞争经营方式，目的是提高公用事业的经营效率，充分利用资源，最终会使社会公众的普遍福利得以提升。而经济学界反对垄断经营或法学界主张国家干预等相关理论，无不是从社会的整体利益出发，都是为了提高社会公众的福利。

（3）经济学界对于公用事业经营的研究比较深入。经济学界和管理学

---

① 朱慈蕴、李响玲：《基础设施特许经营与政府监管》，《月旦财经法杂志》2009年第3期，第127~128页。

界的研究涉及制度运行、公共产品分类、市场划分、具体代理关系、交易费用和产权改革以及公用事业经营的博弈分析。这些研究不仅深入，而且具有很大程度的可操作性。但是，法学界对公用事业的研究大多从宏观角度和制度构造入手，欠缺深入、系统的分析。

2. 既有研究成果的启示

通过对有关公用事业经营理论与观点的整理和分析，可以得到以下启示。（1）公用事业中部分环节的垄断经营以及政府干预是必要的。根据不完全竞争市场理论，公用事业处于一种不完全竞争市场之中，这是由其产品的市场结构所致；同时，从公共产品供给理论以及市场失灵论、国家投资经营论和政府干预经济论中可以看出公用事业的确需要政府的干预，以克服公用事业在市场中的缺陷，更好地让市场发挥资源基础配置的优势。（2）公用事业的目标应是提升社会公众的普遍福利。公用事业是与社会公众密切相关的行业，应以社会公众的利益为经营目标；过度强调私有和竞争，确实能够在短期内提升效率，但私有企业的目标毕竟是利润最大化，引入适当竞争与强化监管应当并重。（3）公用事业要提高效率，在生产和供给作分立安排的同时，还应当注重产权改革。公共产品供给理论为供给的多样化提供了理论启示，而委托代理理论则反映出公用事业生产者与供给者分离的重要性，但要真正提升公用事业的效率，还要进行产权改革，制度成本理论已经深刻地认识到这一点，即必须确定具体实在的所有者，政府应进一步淡出公用事业的经营，只有这样才会真正实现经营者的自我监督和激励。

三　公用事业经营模式的历史变迁

从域外主要市场经济发达国家的经验来看，公用事业经营模式大致经历如下三个阶段，即私营模式、国有化模式和民营化模式。

（一）私营模式

公用事业是随着城市的出现而发展起来的，从 300 多年前西方城市兴起到 20 世纪初这么漫长一段时间，大部分城市的公用设施都是由私人提供的。首先是在一些富人居住区有了比较完善的市政公用设施，供水、煤气、道路和排水设施建设逐步发展。① 西方城市的兴起得益于商业的发达，在商业交易过程中逐渐培养出自由、平等和竞争的理念。这些理念随着时间的推移，已经成为西方国家的精神内核。在公用事业的早期经营之中，注重营业自由、机会均等，强调私有财产神圣不可侵犯，这种根深蒂固的私有观念对早期公用事业私人经营模式产生一定影响。

早在19世纪后期和20世纪初，英、美等西方国家的绝大部分气、水、电车、高速公路等设施和服务都是由私人部门负责投资建设和运营的。② 例如在英国，由于早期蒸汽机的发明，铁路运输、轮船运输等公共交通最先通过股份制以私营方式发展起来。在早期公用事业发展过程中，新技术的创造、发展为利润获得和营业持续提供了生产力基础，如当时技术创新导致工业蒸馏煤气价格迅速降低，使用煤气作为路灯燃料的市政成本大大低于原先使用蜡烛的成本。③ 技术水平的大幅度提高造就了巨大的利润空间，大量私人资本纷纷涌入公共交通、市政设施行业，这也是绝大多数发达市场经济国家早期在公用事业选择私营、民营和市场化模式的主要原因。而在美国，城市公用事业长期以来由私人资本通过公司制企业来经营，因此美国公用企业主要受以公司法为主的私法的调节。④ 19世纪中叶，电力、通信业（主要如电话、电报业等）的发展更是如此，由于电力、电信技术的发展，这些新兴行业投资有巨大的市场和回报，欧美发达国家早期的电力、电报之所以完全选择私人经营模式，主要原因也在于此。

可见，公用事业在早期经营中，受经济自由理念以及公用事业概念淡薄的影响，加之市场、技术与利润等诸多因素的支撑，同竞争性市场中的其他行业一样，西方主要国家大都采取了私人资本和完全竞争的方式来经营公用事业。

（二）国有化模式

早期的公用事业与其他竞争性行业相比并无更多特殊之处，其经营方

---

① 仇保兴：《西方公用行业管制模式演变历程及启示》，《城市发展研究》2004年第2期。
② 宋英杰：《西方国家公用事业改革历程回顾与经验借鉴》，《黑龙江对外经贸》2008年第3期。
③ 参见郭磊《公用事业：放松规制与市场支配力的防范》，上海三联书店，2010，第13页。
④ 参见谢地、高光勇《城市公用事业运作方式转变与公司治理结构》，《城市燃气》2004年第4期。

式当然也没有引起人们过多关注。但在探寻欧洲中世纪瘟疫病源之时，后来慢慢发现是由于垃圾堆滋生的老鼠而传播并导致疾病流行的，城市的供水、垃圾处理和排水系统不完善是导致人类感染疾病并大批死亡的元凶的主要载体；① 之后才慢慢认识到公用事业不能单纯由私人进行经营，还需要国家一定程度的参与，于是政府就逐渐介入公用事业的经营，其中对原有私营公用事业实行国有化是最有效、最主要的方式。

1. 英国

国家与政府参与公用事业始于 19 世纪中叶后，且以英国最为典型。如1870 年伦敦市议会出台了有关煤气设施的法案，使得管道煤气的政府所有制可以通过更简单的行政决议就可以解决；1875 年英国政府又颁布了《公共卫生法》，该法案要求地方政府来负责保证充足而且符合卫生标准的自来水供应，由此原本私有的供水公司在英国也成为政府所有。② 但是，英国公用事业国有化方式并非一刀切，而是"市议会给私人所有的公用事业企业发放有期限的特许经营证，使地方政府有权在若干年（一般是 21 年）后收购这些私营企业"。③ 这种渐进方式拉开了英国公用事业国有化的进程，直至 19 世纪末，英国电报业务全部实现国有化并交由邮政局管理，电话（包括长话和市话业务）于 20 世纪初全部实现国有化；至于电力工业，由于私有制下的竞争阻碍电网系统的规模化发展和技术进步，1926 年英国成立了国有中央电力局，随后建立高压输电网，并于 1947 年对英格兰和威尔士境内全部发电企业实行国有化，此后，英国的电力产业形成了垂直一体化的由中央政府垄断经营的国有企业。1945～1951 年英国工党执政时期，加快了公用事业国有化的进程，其一般程序是"先任命中央管理部，由它负责接管私营企业，使之成为国有公司，然后再由国有公司根据立法细则经营管理"。④ 之后，工党政府把英格兰银行以及煤炭、电力、煤气工业都国有化了；铁路、船坞、旅馆、饭店以及运河与内陆河流运输也全部收归国有；主要从事长途公路运输的企业也全部国有；民航的国有化先在国内航线实行，国外航线先由英国海外空运公司、英国南美民航公司、英国欧洲民航

① 仇保兴：《西方公用行业管制模式演变历程及启示》，《城市发展研究》2004 年第 2 期。
② 郭磊：《公用事业：放松规制与市场支配力的防范》，上海三联书店，2010，第 13 页。
③ 高梁：《网络型公用事业的竞争和规制问题》，《红旗文稿》2007 年第 9 期。
④ 陆伟芳：《英国城市公用事业的现代化轨迹》，《扬州大学学报》2004 年第 6 期。

公司三家分担，最后国内外航运全部合并交由英国民航公司经营。① 再以 1946~1947 年的数据为例，英格兰和威尔士的地方政府企业占电力企业的 64.25%，1954 年地方政府企业在自来水企业中的比重则占到 85.96%，占有绝对数量优势。② 对于航空业，1975 年英国政府建立了国家企业；1977 年制订航空与航运法令，并依据该法令把 27 家造船与修船公司改为国有，另建立国有康采恩—英国飞机公司，把一批飞机制造公司与航空公司变为国有。③

2. 美国

英国公用事业国有化对世界其他国家公用事业国有化产生了重要的示范影响，如 19 世纪 30 年代，比利时政府也曾经发起过国有化运动。美国的公用事业由政府提供的理念和 20 世纪 30 年代的经济危机有密切联系，为了摆脱经济危机，美国也开始对经济进行干预和调控，如罗斯福"新政"的实施就是希望利用政府对公用事业以及公共工程的投资，从而刺激本国经济，以摆脱经济危机。直到 21 世纪初，"美国的很多州际公路、自来水厂与污水处理厂、机场和其他主要的公共设施与服务还是由联邦政府来建设"。④

3. 俄国

十月革命胜利之后，为了建立社会主义经济基础，俄国颁布了《土地法令》，宣布土地国有；1918 年颁布工业国有化法令，宣布将一切大型企业完全收归国有。1927 年苏联又制定新的《国营工业托拉斯条例》，强调了计划原则。⑤ 直到 1991 年苏联解体之后，俄罗斯全面实行市场经济和私有化，在此之前，苏联实行的是高度集中的计划经济，当然也包括公用事业这一重要行业。

4. 法国

法国从 20 世纪 30 年代开始，经过 1945~1946 年戴高乐临时政府时期，到 1981 年密特朗的社会党执政时期，先后进行了三次大规模的国有化运动。

---

① 钱家骏：《英国对公用事业的管制》，《中国工业经济》1995 年第 9 期。
② 仇保兴：《西方公用行业管制模式演变历程及启示》，《城市发展研究》2004 年第 2 期。
③ 钱家骏：《英国对公用事业的管制》，《中国工业经济》1995 年第 9 期。
④ 余晖、秦虹主编《公私合作制的中国试验》，上海人民出版社，2005，第 48 页。
⑤ 漆多俊：《经济法基础理论》，武汉大学出版社，2000，第 60 页。

二战之后，法国是资本主义国家中长期实行"计划市场经济"政策的典型国家，企业的国有化程度较高。据统计，至 70 年代，法国、意大利、英国等资本主义国家，国家投资在社会总投资中的比重达到 30% 以上，国有企业数占企业总数的 10% 以上。① 如法国电力公司至今仍是国有制模式，其发电容量和年发电量在法国国内均占据绝大部分份额。②

5. 德国

在德国，自一战前后至二战结束，德国反垄断法立法总的倾向是对垄断加以宽容和维护，在扶助私人垄断的同时，国家也大量参与垄断，积极发展国家垄断资本主义。③ 如德国于 1915 年颁布《设立强制卡特尔法》，1919 年颁布《卡特尔规章法》，其主要内容不是反垄断。而是通过银行贷款或各邦当局行使权力以促进和强化垄断；资本主义世界性经济危机过后，1933 年德国纳粹党执政后推行"国家社会主义"，国家对经济有计划地进行组织、管理和控制。④ 在此背景之下，德国公用事业不可避免地也选择了国有化模式。

6. 日本

在日本，一战时期，国家实行的是战时经济统制；一战后，为了对付经济危机，促进垄断是当时国家最重要的政策。如 1925 年的《出口组合法》和《重要出口物品工业组合法》，是规制未加入卡特尔的组织使之从属于卡特尔的强制卡特尔法；1931 年的《重要产业统制法》、1932 年的《工业组合法》等，都是促进卡特尔的法律。这一时期，在促进私人垄断的同时，国家还直接参与垄断，建立国有公司。国家对垄断的扶助和参与以及其他各种国家干预，至 1937 年全面侵华战争爆发后及第二次世界大战期间，发展到了登峰造极的地步。⑤ 此后，日本的邮政通信、供电、供水、供气等公用事业，大多由国家直接投资经营，对于这些公用企业，"日本一直采取政府直接参与企业管理的模式，企业的所有权、经营权、控制权均掌握在

---

① 漆多俊：《经济法基础理论》，武汉大学出版社，2000，第 316~318 页。
② 郭磊：《公用事业：放松规制与市场支配力的防范》，上海三联书店，2010，第 25 页。
③ 漆多俊：《经济法基础理论》，武汉大学出版社，2000，第 281 页。
④ 郭磊：《公用事业：放松规制与市场支配力的防范》，上海三联书店，2010，第 91 页。
⑤ 漆多俊：《经济法基础理论》，武汉大学出版社，2000，第 282 页。

政府手中，企业不具备独立的法人地位"。①

不难看出，到 20 世纪中后期，在英、美、法、德、日等西方发达市场经济国家，公用事业的大部分由政府投资经营，产品的供给大部分也是由中央政府和地方政府共同承担。之所以会出现这样一种共同现象，其主要原因如下。

第一，经济大萧条的影响。1929～1933 年爆发的世界大范围经济危机，导致大量人员失业。面对经济危机所造成的严重后果，一直以来崇尚市场作用的英、美等西方国家，开始对市场和自由经济产生了质疑，纷纷寻求解决之道。凯恩斯主义恰好在理论上为深陷危机的国家提供了一种摆脱危机的可行方法。凯恩斯主义认为经济危机之所以爆发是因为市场的缺陷致使生产过剩，因此，要解决经济危机就要增加需求、减少生产，而这些目标的实现就需要政府介入经济活动，如上面所提到的美国罗斯福新政就是通过此种方式，既发展了公用事业又解决了就业问题。

第二，私人经营的逐利性。公用事业存在可以营利的部门，比如天然气等，当然也有不够营利的部门。早期私人投资经营的公用事业大多选择那些能够获得丰厚利润的部门，如铁路、电力、通信、城市燃气、自来水、公共交通等；在经济自由的条件之下，会有大量私人资本蜂拥而上，导致这些部门重复建设和过度竞争，进而造成资源的巨大浪费；而对那些不能营利的部门，私人投资却很少问津，如城市下水道、污水处理、垃圾存放等，最后必然造成公用事业发展的不均衡。不仅如此，这种由私人投资经营的公用事业又会因社会群体收入的差别而使低收入者无法获得公用事业所带来的益处，自然也引发社会不公现象。

第三，政府的公共性。提供公共产品和服务是政府的一项基本职能，政府存在就是为了社会公众的利益而服务。公用事业又恰恰具有公共性，这一点和政府的性质一致。从理论上来说，政府供给公用事业有其目的方面的优势；再者，面对私人投资经营公用事业所产生的种种弊端，由政府设立国有企业，或以维护公共利益名义将由私人经营的全部或部分公用事业收归国有或由国家经营，就会变得名正言顺。

---

① 李景元、薛永纯等：《城镇公用事业投资与运营模式研究》，中国经济出版社，2010，第 100 页。

（三）民营化模式

民营化是当今世界多数国家在公用事业经营所选择的一种制度模式。自 1970 年代开始，公用事业经营的效率再次引起了各国的重视，随着政府财政压力的增加，公用事业经营模式的变革再一次引发了社会的关注，以欧美市场经济发达国家为主要代表的西方国家，开始对公用事业进行民营化改革，过去由政府垄断供给公用事业产品和服务的局面，逐步改变为由市场、企业或者其他组织共同、递次或交叉供给。

对于民营化的界定，有学者认为它是指政府从总体上减少介入的程度，更多依靠民间机构、多样化的所有制形式与运作关系，满足公众对产品和服务需求的运动，与"市场化""公司化"等概念相近；[①] 也有学者认为，所谓城市公用事业的民营化，就是将原来由政府包办的城市公用事业交由社会自己来办理。[②] 笔者认为，公用事业民营化更加倾向于前者，但同时也包含在实质上引入竞争机制模式，它包括公用事业投资与经营环节由国家（政府）直接投资与垄断经营逐步向民间资本开放，或把经营权有限地、部分地让渡给民营经济体来经营的制度模式。其中，在公用事业投资环节，主要表现为改革公用事业的准入制度，引进民间资本以推动公用事业投资的市场化；而在公用事业经营环节，则包括一切含有民间或私有性质因素的经营模式，主要内容包括合同承包、特许经营、直接出售和放松规制等。

1. 英国

在公用事业经营的民营化改革过程中，英国的情况比较典型。英国早期通过对经济实施一定程度的干预，公用事业国有化确实解决了一些经济问题，但随着经济的增长，新的问题接踵而至，如 1970 年代中期出现的高失业率和高通货膨胀率。1980 年代，英国政府启动了通过直接出售国有资产的方式来实现公用事业的民营化运动。在具体实施上，英国充分利用伦敦股票交易平台的优势，将大型国有公用企业的股票通过股票交易所向大

---

① 高旺：《西方国家公用事业民营化改革的经验及其对我国的启示》，《经济社会体制比较》2006 年第 6 期。

② 里白：《论城市公用事业民营化改革中的风险及控制》，《经济师》2008 年第 11 期。

众发行；对小型国有公用企业，则通过严格评估和监管，将国有公用企业的资产出售给私人企业，或由管理层和员工收购等。有学者统计，民营化相继涉及宇航、电信、无线电、石油、汽车等行业的 20 家左右的企业，到 1985 年底被出售的资产达 50 亿英镑，转入私有部门工作的人数达 40 万。[①]此后，1986 年颁布《煤气法》，1989 年颁布《自来水法》，1989 年颁布《电力法》，相继在煤气、自来水、电力领域废止国家独家垄断经营权，推行民营化。[②] 1991 年，英国政府着手拆分英格兰和威尔士的电力产业，将发电、输电和售电业务进行分拆，由不同厂商经营不同的环节，用户可以选择发电商，改革"使得用户电费下降了 30%，发电装机增加了 22%，发电效率及可靠性均有所提高"。[③]

2. 美国

美国对于公用事业的主要改革举措是引入竞争。1978~1982 年，美国政府对航空、铁路、运输业放松管制，并撤销了民用航空局，取消了通信市场和有线电视市场的准入限制；1981 年解除了对石油价格的管制，并从 1978 年起部分放松了对天然气的管制，到 1989 年天然气管制完全取消。[④] 1992 年的《国家能源法》又解除了新发电公司上网的法律障碍，鼓励任何人投资办电厂，机组类型亦不受限制；要求公用性电力公司开放输电系统，为非公用性电力公司发电提供输电服务。[⑤]

3. 德国

20 世纪 80 年代后期，德国逐步在公用事业领域引入竞争。以电信市场为例，1989 年德国将邮电部改造为政府行业主管部门，同时把邮政、电信及邮政银行三者分开，终端设备市场和文本、数据传输业务市场放开竞争；1992 年，德国引入数字移动通信业务，全面放开移动通信市场；1994 年，德国实行电信民营化，成立德国电信股份有限公司，26% 的股份由私人购买；1996 年出台、实施《电信法》，除了固定网话音业务外，所有运营电信

---

① 余晖、秦虹主编《公私合作制的中国试验》，上海人民出版社，2005，第 62 页。
② 金三林：《公用事业改革的国际经验及启示》，《中国城市经济》2008 年第 6 期。
③ 史际春、肖竹：《反公用事业垄断若干问题研究——以电信业和电力业的改革为例》，《法商研究》2005 年第 3 期。
④ 史际春、肖竹：《反公用事业垄断若干问题研究——以电信业和电力业的改革为例》，《法商研究》2005 年第 3 期。
⑤ 金三林：《公用事业改革的国际经验及启示》，《中国城市经济》2008 年第 6 期。

业务的传输线路开放竞争；从 1998 年 1 月 1 日开始，解散了原来的邮电部，在其基础上成立新的邮电管制局，负责电信行业的市场管制，德国电信市场全面放开竞争。①

4. 日本

日本公用事业的民营化改革也是从 20 世纪 80 年代开始的，通过成立新企业改变过去国有企业垄断经营的格局，新企业接受市场的检验，自负盈亏，切断政府和公用企业的密切关系。如 1987 年 4 月，日本对国家铁路公司实行民营化，将"国铁"分割为 11 个单位（包括 6 个客运公司和 5 个货运公司），各公司实行股份制，通过各公司之间的竞争来提高经营效率。②

20 世纪 70 年代之后的民营化模式与公用事业之初私营模式在某种程度上有一定的关系，但私营模式毕竟只是民营化模式的一种形式，而民营模式在当下则有多重表现形式，可以说民营化模式不是早期私营化的简单回归，而是在经历了国有化之后对最初私营模式的进一步完善和一定程度的改革。民营化之所以在 1980 年代以后成为世界多数国家公用事业经营的一般模式，背后原因是多方面的。

第一，经济理论的变迁。20 世纪 30 年代的经济危机使得凯恩斯主义盛行起来，西方许多国家纷纷对本国经济进行干预；但在采取经济干预时，也埋下了损害经济自由和严重通货膨胀等隐患，到 70 年代在西方出现了普遍性的经济滞胀，在一定程度上动摇了凯恩斯主义，于是自由经济、重新引入竞争和限缩政府经营范围的呼声高涨。恰逢此时，布坎南的公共选择理论提供了另一种视角与选择，他认为政府与经济生活中的常人一样，都是追求个人效用最大化的理性"经济人"，由此，政府也会出现失灵现象。这就使得政治精英迫于民众压力而不得不让权力从先前干预的部门中逐步退出，公用事业作为经济干预较为严重的部门，自然成为改革的对象。

第二，公用企业的低效率。美国经济学家斯蒂格里兹曾指出："政府企业不必关心破产，通常不必考虑竞争。作为管理公营企业的官僚，追求的最大目标是机构的最大化，而非经营效益的最优化。加上信息的不完全和

---

① 金三林：《公用事业改革的国际经验及启示》，《中国城市经济》2008 年第 6 期。
② 史际春、肖竹：《反公用事业垄断若干问题研究——以电信业和电力业的改革为例》，《法商研究》2005 年第 3 期。

不对称，导致了公营企业的低效率。"① 这段话道出了公用企业在资源配置方面效率低下的原因，由于缺乏竞争和追求利润的动机，公共企业也会滥用其垄断地位。此外，公用企业管理者的收入和企业的利润本身没有必然联系，对公共企业的监管不到位等，最终使消费者和社会整体福利受到严重的损失。即使在美国如此发达的市场经济体中，这种低效率也不例外。如美国的包裹投递业务中，与公营的"美国邮政服务公司"相比较，那些被委托的私人邮政公司所处理的包裹数量要多出一倍，且费用低、速度快、损坏赔偿率也较低。更重要的是，它们财务上有所盈利，而美国邮政服务公司则一般总是亏损。②

第三，政府日益沉重的财政负担。20世纪80年代，一批西方福利国家出现财政危机，失业、教育、医疗、社会保障等福利性支出增加的压力，要求政府调整财政支出结构，降低财政在公用事业方面的投资比重。③ 在政府面对越来越大的财政压力的情况下，由政府垄断经营的公用事业却出现了低效率的现象，如果由政府一直包揽下去，只会使财政补贴越积越多、越来越不堪重负。此外，公众对公用事业产品和服务提出了更高的需求，而政府的垄断经营却无法使公用事业满足这些需求，为摆脱这种困境，政府不得不寻求民间资本的介入。

第四，科学技术的发展。科技进步导致人们需求的变化，进而也影响到公用事业经营，如电力出现之后，照明用煤油的需求就大幅度减少，对煤油的垄断经营就完全失去了意义。科技进步使得公用事业领域中自然垄断的范围越来越小、竞争性范围越来越大。

在传统公用事业供给中，政府具有双重角色，既是公用事业的监管者，又是公用事业的经营者，职能的重叠和角色的错位必然导致效率日益低下。在民营化模式下，政府主要是公用事业的监管者，政府与民营化的公用企业之间是一种合作关系，对方共同为公众供给优质的产品和服务。

四　世界主要国家公用事业经营模式的考察

尽管当今大多数国家的公用事业总体上在向民营化模式迈进，但每个

---

① 约瑟夫·斯蒂格里兹：《政府经济学》，曾强、何志雄译，春秋出版社，1988，第68页。
② 陈洪博：《论公用事业的特许经营》，《深圳大学学报》2003年第6期。
③ 许峰：《中国公用事业改革中的亲贫规制研究》，上海人民出版社，2008，第55页。

国家在民营化过程中所采取的手段和监管方式仍存在较大的差异，兹分述如下。

（一）美国：以拆分私人垄断与反垄断监管规制为主

美国作为世界上最发达的资本主义国家，私人垄断组织在公用事业经营中占据主导地位。由于公用事业的自然垄断特点，美国对其规制方式呈现明显的阶段性特征。

以对私人垄断公用事业的拆分为切入点，政府逐步放松对公用事业的管制，更多在公用事业经营中引入竞争，是美国对公用事业垄断经营规制最为重要的举措之一。1974年，美国联邦司法部对AT&T（American Telephone & Telegraph Company，即美国电话电报公司）提起反托拉斯诉讼，声称AT&T在长途业务、市话业务和设备市场上存在垄断，请求法院剥夺其垄断地位。美国司法部认为，联邦通信委员会通常难以阻止AT&T向其他竞争者就市话接入过分收取费用和提供质量低劣的服务。为此，1982年，美国司法部与AT&T达成如下协议：AT&T在纵向上一刀两断，长话业务与市话业务分离，分拆出去的市话业务按照区域在横向上又被切割为7个地区性贝尔电话公司，这些切割分立的公司在各自的区域内垄断市话业务。美国对垄断企业AT&T的分拆减少了该通信企业的垄断因素，使其不能再利用垄断优势和交叉补贴方式阻碍电信行业的正常竞争。80年代末，美国着手对电力行业进行改革，举措是放开发电端，实行投资主体多元化，允许公用性电力公司以外的投资者建厂发电；电力公司相应改变发、输、配电垂直管理模式，组建一批控股的子公司，实行输电子系统分开管理，输电和配电分开结算；鼓励发电环节竞争，各独立电厂与电力公司的电厂开展上网竞价。[①]

通过政府设立的相关监管机构强化对公用事业的监管，是美国对公用事业垄断经营规制的另一重要方式。美国的公用事业监管机构为公用事业监管委员会，地位是独立的，权力是由国会授予的，这个机构由5~7名委员组成；委员由总统提名，经参议院同意后任命。为避免委员受党派影响，委员每届任期比总统要长，总统为4年，委员为5~7年，并且委员必须来自不同党派。

---

① 史际春、肖竹：《反公用事业垄断若干问题研究——以电信业和电力业的改革为例》，《法商研究》2005年第3期。

独立监管机构可同时行使立法权、行政权和司法权，如立法权方面主要有制定行政规章、制定标准和提出立法建议三种方式；又如在具体事件处理上，它具有准司法的裁决权力，可以批准某些行为和禁止某些行为。①

美国在公用事业垄断经营规制方面具有以下特点。（1）注重反垄断法等的实施，美国在处理企业垄断时，主要依靠反垄断法，通过反垄断诉讼程序解决。（2）以私营企业运营为主，强调自由和竞争，当市场出现垄断时，为了维护竞争，不惜拆分相关垄断企业，如对 AT&T 的拆分就是例证。（3）监管部门相对独立。如前述美国公用事业监管委员会，在公用事业领域就有很大的权威和执行力。此外，美国还制定了《公用事业法》《公用事业控股公司法》《天然气政策法》《天然气法》《安全饮用水法》和《水资源发展法》，以强化公用事业经营的监管。②

（二）英国：以公营企业私营化改革为主

1980 年代前，英国公用事业基本是以国营为主，之后英国进行长达 20 年的私有化和民营化改革，彻底改变了公用事业的国有化局面。以电信、供水业为例，在电信业，英国电信公司（BT）在民营化改革之前为一家公营企业，垄断英国电信业务，尽管 1982 年电信网络运营商 Mercury 取得许可证，但与公营企业 BT 相比，在竞争中处于明显不利地位。为此，政府实行不对称管制，即给予新企业一定的政策优惠，扶持其尽快成长，使其与原有企业势均力敌。③ 随后，1984 年出台了《电信法》，新设电信管理局（OFTEL）作为电信总监领导的独立监管机构，规定"各政党团体也可以向垄断和兼并委员会（MMC）提出反垄断提案"；④ 同时要求英国电信公司以 6 个月为期，公布服务质量统计信息，并针对低劣的服务质量采取一定形式的经济制裁，公用事业消费价格得以下降。通过改革，英国移动电话市场形成了多家运营商有效竞争的格局。在供水业，1989 年英国颁布供水法案，正式启动供水行业私营化改革，10 家水务监督机构被改组为供水及排污公司。供

---

① 徐霞、郑志林等：《PPP 模式下的政府监管体制研究》，《建筑与经济》2009 年第 7 期。
② 杨学军：《英国、美国、新加坡城市公用事业监管比较研究》，《亚太经济》2008 年第 5 期。
③ 史际春、肖竹：《反公用事业垄断若干问题研究——以电信业和电力业的改革为例》，《法商研究》2005 年第 3 期。
④ 陈洪博：《论公用事业的特许经营》，《深圳大学学报》2003 年第 6 期。

水行业私营化后，英国政府不再需要通过一般税收去支付庞大的投资费用，而是让私营公司承担起投资供水工程的责任；政府对私营公司的监管主要是水质标准和价格管制。① 水务改革后，水供给效率得到明显提升。

英国在推行公用事业民营化改革中，主要举措有三种方式。（1）出售国有资产。主要形式是向社会公众发行股票以出售国有资产，实现国有资产从公共部门向私人部门的转移。（2）放松政府管制。打破国家对产业垄断的格局，取消新企业进入产业的行政许可壁垒。（3）合同机制。通过特许投标、合同承包，鼓励私人部门提供市场化产品或服务。② 可以看出，英国在进行公用事业民营化改革时并非一刀切，而是比较谨慎，往往根据行业的具体特点选择不同的民营化方式，如对于国有企业经营的公用事业，注重对相关国有企业进行民营化的可行性调查研究；对于属自然垄断业务，在民营化改革之后，政府强化对其进行管制；而对于非自然垄断业务，则实行市场化运营，主要借助市场机制进行制约和检验。

英国在公用事业垄断经营规制方面具有以下特点。（1）立法先行。英国虽属判例法国家，但在公用事业改革中特别强调成文法的作用，相继制定、颁布了《电力法》《交通法》《煤气法》《自来水法》《公用事业法》等法案，这些成文法成为公用事业改革与经营的依据。（2）以私有化为改革的核心。英国主要通过出售国有资产等私有化方式，在公用事业领域引入竞争。（3）重视政府监管。如英国由议会批准设立的燃气供应办公室、电力监管办公室、自来水和污水的水务办公室等行业监管机构，均为全国统一监管机构，独立行使监管权，并在各地设立若干分支机构对公用事业进行垂直监管。③

（三）德国：社区公有民营与综合监管相结合

德国作为欧盟创始国成员之一，其公用事业改革深受欧盟的影响。例如为了促进行业竞争、降低电价、增加供电的可能性和提高发电、输电、配电的效率，欧盟 2003 年颁发电力市场开放条例，要求欧盟各国配电公司

---

① 侯万军、金三林：《公用事业民营化的国际经验及其启示》，《经济管理》2005 年第 11 期。
② 范合君等：《英国、德国市政公用事业监管的经验及对我国的启示》，《经济与管理研究》2007 年第 8 期。
③ 杨学军：《英国、美国、新加坡城市公用事业监管比较研究》，《亚太经济》2008 年第 5 期。

（用户大于 10 万户）在法律形式和组织结构上独立；随后，德国依法实行发、输、配各个环节必须完全分开、成本透明、独立核算的改革，并成立独立公司分别运行。① 德国电力改革的基本方向就是破除垄断权，分垂直一体化的企业，实行电网接入开放，通过引入竞争实现市场化。其中，配电公司承担送电到户，以基本电价为客户提供普遍供电服务。

德国尽管在公用事业领域不断引入竞争，但仍以社区公有的公用事业为主导。有学者统计，到 2006 年左右，城市公用事业的分布状况大致如下。（1）供电。市政府（或社区）所有的 588 家，占 43% 的市场份额，国家（国有法人股）所有的超过 100 家，私营的仅 5 家。（2）供气。市政府所有的 556 家，占 70% 的市场份额，国家所有的约 50 家。（3）供热。市政府所有的 492 家，占 72% 的市场份额。（4）供水及污水处理。市政府所有的 693 家，占 51% 的市场份额。（5）垃圾处理。市政府所有的 243 家，市场份额接近 50%，私营的约 1000 家。（6）城市交通。市政府所有的超过 200 家，国家所有的约 10 家，私营的约 120 家。②

德国对公用事业实行综合监管模式，联邦网络服务署和联邦卡特尔局是最重要的两个监管机构。其中，联邦网络服务署从行业和网络的角度进行跨行业监管；联邦卡特尔局则主要从企业行为和市场竞争角度开展专业化监管，两者相互分工配合，共同对德国的公用事业进行监管。

德国在公用事业垄断经营规制方面具有以下特点。（1）改革方式。主要通过对公用事业内部的非自然垄断环节进行分解，同时拆分垂直一体化企业，而非通过私有化方式达到实现市场竞争的目的，公有成分的公用事业仍占较大比例，但公用事业经营仍受到政府的严格管控。（2）重视监管。如联邦卡特尔局对于公用事业垄断的专业化监管。

（四）日本：以部分、有限地放开私人准入为主

日本公用事业改革始于 1970 年代，主要举措是对民间资本开放。1971年日本修订《公众电信法》，对附加价值通信网（VAN）事业者的公众线路

---

① 李瑞庆、魏学好：《德国电力市场化改革的启示》，《华北电力》2007 年第 1 期。
② 范合君等：《英国、德国市政公用事业监管的经验及对我国的启示》，《经济与管理研究》2007 年第 8 期。

实行部分开放。1981 年，日本成立第二次临时行政调查会，调查国铁、专卖公社、电信电话公社的低效率经营状况，并于 1982 年提出对该三公会社实行部分民营化的计划。1984 年日本制定《电信事业法》，允许其他企业进入电信领域。根据新《电信事业法》，日本将电信企业分为第一种电信企业、特别第二种电信企业、一般第二种电信企业三种形式，每种形式的企业实行不同的规制、改革方案。[①] 其中，第一种电信企业的公共性较高，实行许可准入制、价格认可制的 A 类规制；特别第二种电信企业，准入实行注册制 B 类规制，价格实行申报制 C 类规制；一般第二种电信企业，准入实行申报制 C 类规制，价格不另加规制。为改变电信电话公社运营效率低的状况，日本还制定了《日本电信电话股份公司法》，并依据该法于 1985 年 4 月对日本电信电话公社实行民营化，将其改组为日本电信电话股份公司，实行 A 类规制。[②]

日本在公用事业垄断经营规制方面具有以下特点。（1）设计周密。对公用事业准入方面设计比较详细，通过不同规制与许可证方式，实现了电信行业的市场化与有效竞争。（2）立法先行。用法律形式确保公用事业改革，以保障改革成果，如 1971 年日本修改的《公众电信法》。（3）垄断转型。日本在公用事业逐步放开竞争的同时，新设立企业无法和旧企业对抗，在公用事业经营上，很容易出现由政府垄断转变为私人垄断。

（五）法国：以特许经营与价格监管为主要特色

法国在公用事业领域主要实行特许经营制度，对本属于政府供给公用事业职责的事项，政府通过与企业签订合同的形式，交给企业去经营，除一定的政府补贴之外，企业对所经营的公用事业承担各种风险、自负盈亏。公用事业特许经营在法国形成并经历了约四个世纪之久，早在 17 世纪，法国就以委托经营方式引入和利用私人企业建造军舰、港口等基础设施。18

---

① 根据日本政府审批的项目受到规制程度的不同，审批项目的规制分为 A、B、C 三类。其中，A 类为强规制，如许可、认可、指定等；B 类为中间规制，如证明、检查、注册等；C 类弱规制，如申报、报告等。参见盐野宏《行政法》，杨建顺译，法律出版社，1999，第 82~88 页。

② 肖兴志：《自然垄断产业规制改革模式研究》，东北财经大学出版社，2003，第 130~131 页。

世纪，法国又选择这一模式，引入私人资本、企业修建运河和桥梁。19 世纪，私人资本、企业进一步被引入以开发经营铁路、供水、照明、交通等城市公用设施。至 20 世纪，特别是 70 年代以来，特许经营作为一种成熟理论和经典模式，被广泛引入高速公路、供电、通信、有线电视、城市供暖、垃圾处理、污水处理、停车场等基础设施建设与经营环节，甚至扩大至监狱建设与经营。[①]

法国公用事业特许经营一般存在三种不同的运营方式或模式。（1）专营管理模式。即市政当局负责全部的投资、运行和管理，如法国电力就一直由法国电力公司（国有企业）独家投资经营；在具体运营过程中，法国电力公司与国家、各地方政府签订特许经营协定，特许经营期限第一次为50 年。（2）合营管理模式。即市政当局负责投资，而私营公司负责运行和管理，如法国给水排水管网由市政当局投资建设，大部分资产属于市政当局，由私营企业负责营运。（3）私营管理模式。即私营公司负责投资和运行，市政当局只根据一定条件给予其特许经营权。[②]

为防止公用企业利用垄断地位损害社会公众利益，法国政府为确保公用事业的价格适中，形成具有特色的公用事业服务价格监管体制。（1）程序确定。即不管采取哪一种特许经营形式，公用事业服务价格都要经过市政议会讨论确定，并最终经由法国财政部下辖的竞争消费反欺诈分局通过。（2）精确计算。所有不同类型公用事业服务价格均基于社会咨询公司的预测与计算而来，计算时主要依据收支平衡原则，并考虑服务量、经营形式以及税收等因素。（3）严格复核。即对公用事业服务价格、企业报酬作定期复核，一般 4~5 年一次。如果双方无法达成价格协议，则由三人组成的委员会仲裁决定。[③]

法国在公用事业垄断经营规制方面具有以下特点。（1）特许经营。特许经营在法国有较为久远的历史，积累了丰富经验，法国充分利用这一制度优势，在保证政府对公用事业拥有所有权的基础上，把公用事业的经营权授予开发建设的企业。（2）价格管制。特许经营权的授予虽使公用企业

---

① 徐宗威：《法国城市公用事业特许经营制度及启示》，《城市发展研究》2001 年第 4 期。
② 毕博：《公用事业市场化的国际经验》，《投资北京》2005 年第 12 期。
③ 李景元、薛永纯等：《城镇公用事业投资与运营模式研究》，中国经济出版社，2010，第 24 页。

垄断经营合法化，但社会公众的利益、福利也极易因定价问题而遭受侵害或减损，如没有严格的价格监管机制，公用企业就会滥用垄断经营权，极大地损害消费者利益。有鉴于此，法国对于公用事业价格的确定，建立了严格的程序控制和计算标准。

（六）韩国：分类改革与阶段实施相结合

韩国对公用事业的改革始于 20 世纪 90 年代，其路径主要是民营化。以电力行业的改革为例，1999 年韩国政府发布由商业、工业及能源部（MOCIE）制订的旨在打破韩国电力公司（KEPCO）垂直一体化公有垄断经营的重组计划（1999~2009 年），该计划共分四个阶段。第一阶段为准备阶段，从 1999 年 1 月到 12 月，KEPCO 仍在区域上以独占方式经营，同时经营发、输、配、售电业务。第二阶段为发电竞价阶段，从 2000 年 1 月到 2002 年 12 月，即将 KEPCO 的非核发电部分拆分重组为 5 个发电子公司，并分步实现民营化。第三阶段为批发市场竞争阶段，从 2003 年 1 月到 2008 年 12 月，将配售电资产则从 KEPCO 分离出去，KEPCO 只剩下输电资产；改组后，KEPCO 分离后的配售电资产将按地区成立数家配电和售电公司，配电公司之间通过价格投标开展竞争，并分阶段实现民营化。第四阶段为零售竞争阶段，从 2009 年开始解除配电公司的地区控制权，放开配电网，消费者可以选择从任何一家配电公司或电力经纪商处购买电力。①

韩国政府对公用事业的民营化改革是分类进行的。对具竞争性的行业，通过国有股直接发售、投标竞争以及引进外资等方式，国家在经营方面全面退出，实现所有权的转移。对非竞争性的行业或暂时不具备民营化条件的公用事业，政府在保留所有权的条件下，通过委托、招聘专业经理人对公用事业进行经营，确保公用事业的效率和供给，等时机成熟再实施民营化。

（七）加拿大：引入非自然垄断环节拆分、竞争与实行严格价格中立监管

加拿大公用事业在破除垄断之前，由少数公司垄断经营，如 1995 年以

---

① 井志忠：《韩国电力市场化改革探析》，《东北亚论坛》2006 年第 3 期。

前阿尔伯塔省电力市场就由 4 家电力公司垄断，发电、输电、配电及销售一条龙作业。通过对电力中发电、输电、配电、售电等非自然垄断环节的拆分，引入竞争，2007 年就发展到 200 多家发电和批发公司、2 家输电公司、5 家配电公司、20 多家售电公司。[①]

此外，为防止公用企业滥用垄断地位，加拿大在公用事业价格方面作了严格的规制。以卑诗省为例，所采取的主要措施如下。（1）成立公用事业委员会。公用事业委员会由具有本行业、学术界、政府资深从业背景的六名兼职委员、两名全职委员和一名主席组成，委员们通常被分配到各专业小组，对公用企业提交的有关企业收入标准、公用事业收费价格、扩大企业资产规模的申请作出裁决、处理消费者提出的价格诉求等。为保持委员会中立，委员会经费不由政府划拨或企业支付，而由消费者购买公用事业产品支付价格的千分之一的提成税，委员会可聘请律师和专业咨询顾问为其服务。（2）有效的价格听证会。在加拿大，凡调整公用事业价格或收费之前，都要召开听证会，使公众能够了解和参与公用事业价格或收费调整的过程。公用事业企业提出价格或收费变动的申请后，要准备大量、详细的调价依据材料，请专家论证把关，向相关部门汇报，并支付召开听证会的所有费用。[②]

加拿大在公用事业垄断经营规制方面具有以下特点。（1）非自然垄断环节的市场化。对公用事业非自然垄断环节进行拆分，使这些环节不再垄断经营，放开准入，引入竞争。（2）监管机构的独立化。加拿大对价格监管考虑得极为细致，权力之间的制衡、监管机构的独立性以及程序正义的运用，都使得公用事业的价格最大限度地不被公用企业控制，从而达到保护社会公众福利的目的。（3）价格听证的法定化。价格听证时，公众的广泛参与，价格变动的详细论证，专家的客观中立评审，都能有效平衡公用企业与消费者双方信息的不对称，使价格听证更加公正和透明。

[①] 陕西省物价局：《加拿大公用事业价格管理和改革的经验和启示》，《中国物价》2008 年第 2 期。

[②] 陕西省物价局：《加拿大公用事业价格管理和改革的经验和启示》，《中国物价》2008 年第 2 期。

五　公用事业经营模式的评价及对我国的启示

（一）简要的评价

总体而言，上文所列举的世界主要国家公用事业的经营模式及其特点大多为民营化模式，不论是美国对公用事业私人垄断的规制，还是英国对部分国有公用事业的直接出售，抑或其他国家引入竞争的努力，这些模式从整体上来说都是弱化政府对公用事业领域的控制，逐步将公用事业的经营交由公用企业进行市场化经营，并在以下几个方面取得明显成效。

1. 提高公用事业的供给效率

各国对公用事业进行民营化的初衷，大多是希望解决本国之前公用事业供给的低效率问题，这是因为市场竞争是不同产权制度效率和竞争力的试金石。在市场竞争中，竞争力来源于效率，效率来源于制度安排，效率低下的企业最终将被挤出市场。[①] 为了提高效率，各国针对本国具体情况进行探索，美国大部分公用事业一直是由私营企业负责供给的，其面临的主要问题是私营企业的垄断。对美国而言，其主要应对就是进行反垄断规制，打破私人垄断，在市场准入和许可经营方面放松限制、开放市场，从而引入竞争，如美国对 AT&T 公司的拆分。

英国、德国、法国、日本、韩国之所以要在公用事业领域引入竞争，是因为这些国家在公用事业经营方面都存在范围广泛的国有化问题。而如何打破国有垄断或改善国有公用企业的经营，提高公用事业的营运效率，就成为这些国家共同面临和要解决的问题。

2. 增加社会公众的普遍福利

公用事业产品、服务与社会公众的日常生活、普遍福利密切相关，在公用事业改革和运营中，社会公众的普遍福利增加或提高始终是公用事业改革的又一个重要目标，也是执政者成功施政和获得选票的重要评价标准与依据。如 1990 年英国铁路网私有化就是一个失败的例子，铁路网转给私人企业经营后，企业过分关注短期利益，不断向政府提高技改的要价，以及基本设施失修、服务质量下降、事故增加等，最后政府被迫将铁路收回，

---

① 赵世勇：《以私营企业为参照系：论国有企业的制度成本》，《中外企业》2008 年第 3 期。

交国有企业经营。① 为了防止公用企业形成垄断或滥用垄断地位损害社会公众普遍福利，美国、英国、德国、日本、法国、韩国、加拿大等国均成立了具有一定独立性的监管机构，强化对公用事业价格的监管；其目的均在于通过强有力的监管机构，最大限度地保障社会公众福利不因公用事业改革而降低。

3. 确保国家的经济安全

国家平稳发展离不开公用事业产品或服务的支撑，公用事业所涉及的准公共产品在国家经济中占有重要的地位，大多数产品是其他行业、领域生产和发展的基础，例如电力、供水、公共交通、通信、邮政、燃气、城市基础设施等，是国民经济的基础和国家经济安全的保障。因此，保障国家经济安全，是公用事业改革必须考量的重要因素。

美国市场经济最为发达，在此环境中成长起来的企业在世界上的竞争力也是非常强的，它并不担心其他国家的公用企业会对本国的公用事业产生很大的影响，它所希望的是如何让本国的公用企业到其他国家发展，因此，美国敢于对电信进行拆分，并一直在世界经济中主张自由贸易和竞争。但同样是私有化程度比较高的英国则显得较为保守，在出售国有资产时，并不是彻底出售，而是政府保留一定的特殊股份，例如英国采用金边股的方式实现对电信公司的监控，这一特别股使得英国政府对企业的重大决策拥有特别否决权，包括限制公司卖掉经营项目中的有形资产、限制超过净资产价值 25% 的股份的出售、阻止股份发行人修改章程中的某些关键条款（如外国人持股的最多份额、个人持股的最高份额、股票的流动性、董事会的构成方式、对兼并的否决权），以及否决不合理的价格变动等。②

德国、日本、法国同样也是发达的资本主义国家，但与英、美等国家的具体情况仍有差异，这三个国家都曾受到过集权的影响，这些历史对该国公用事业改革和公用事业的经营会产生一定的影响，如德国在公用事业改革过程中就不像英国那样直接出售国有资产，而是把重点放在引入竞争和监管方面，通过政府强有力的监管保障市场的有效竞争；而法国、日本则是通过设置相关的许可准入制度来实现市场竞争与国家经济安全的平衡。

---

① 高梁：《网络型公用事业的竞争和规制问题》，《红旗文稿》2007 年第 9 期。
② 金三林：《公用事业改革的国际经验及启示》，《中国城市经济》2008 年第 6 期。

在关涉国家经济安全时，对发达资本主义国家而言，彻底的私有化也许并不会对其经济安全造成重大影响，因此它们不遗余力地主张贸易与投资自由。但是，对于经济欠发达的国家而言，政府控制才能够保证国家的经济安全，因为本国公用企业发展相对较晚，力量较为薄弱，无法和国外竞争力强的公用企业进行竞争。当然，过度的政府控制反过来也会阻碍本国公用企业的成长与壮大。所以，出于本国经济安全的考虑，尤其是在涉及外资对公用事业投资、经营时，东道国政府能否对外商投资经营的公用企业进行有效管控是重点权衡的方面。

（二）不同国家或地区公用事业经营模式对我国的启示

1. 不同国家或地区公用事业经营模式对我国的借鉴意义

通过比较分析，主要发达市场经济国家或地区在公用事业经营模式上的变迁与改革，对我国公用事业改革具有以下重要的借鉴意义。

（1）西方发达市场经济国家或地区在公用事业经营上也经历过失败，这些教训可以减少我国在公用事业经营改革中的失误。西方发达市场经济国家或地区城市化开始较早，公用事业兴起和城市发展有着密切关系。公用事业作为与社会公众息息相关的行业，其基础性在各国具有共通性，在公用事业改革和经营中，可能会面临相同问题，如公用事业经营的自然垄断性和公共性的权衡，如何规制公用事业垄断经营等，西方国家所遇到的这些问题及经历的失败，对我国无疑具有警示意义。

（2）西方发达市场经济国家或地区在公用事业经营上同样也积累了丰富的经验，可为我国公用事业改革提供解决思路。我国公用事业发展相对较晚，且受计划经济的影响深刻，公用企业与政府始终存在着某种联系，公用企业效率低下和腐败滋生也已成为困扰我国公用事业发展的难题。2000年后，我国公用事业也逐步进行了民营化改革，曾经取得过一定效果，但由于相关制度的欠缺和不完善，导致国有资产流失等问题，民营化在我国并没有真正发挥应有的作用。而如何使反垄断审查、准入开放、价格管制等西方成功经验能为我所用，无疑也是我国公用事业改革中应予重点考量的问题。

（3）应充分借鉴西方国家公用事业改革和运营中的成功经验，迅速提升我国公用企业的市场竞争力。在经济全球化的趋势下，我国应充分借鉴西方国家公用事业改革和运营的成功经验，进一步完善市场经济，逐步有序地开放部分公用事业市场，培育和增强国内公用企业的竞争力。

2. 不同国家或地区公用事业经营模式对我国的启示

（1）引入竞争。第一，破除公用事业的行政垄断。公用事业民营化、市场化虽是西方国家主流的制度模式，但是否意味着民营化、市场化是公用事业改革的唯一选择，则要看公用事业垄断经营究竟是自然垄断，还是行政垄断。自然垄断因受规模经济等相关因素的影响，使单一企业的总成本小于多个企业的成本之和，从而使集中经营有明显的效益优势。而行政垄断则源于中央政府或地方政府利用行政权力在市场中设置障碍，从而使生产得以集中的情形。由于历史原因，我国在经济体制改革前，长期的所有制观念与计划经济模式，使公用事业领域等关系国计民生的重要行业，一直是由政府直接投资、建设、经营和控制。因此，在我国，公用事业领域既带有明显的自然垄断特征，又带有行政垄断的色彩。在我国公用事业改革中，如属自然垄断性质的，则不是民营化所能完全解决的，西方国家在价格管制方面的经验值得我们借鉴；而属行政垄断范畴的，则应选择准入开放，走民营化之路。

第二，区分公用事业领域中的自然垄断环节和非自然垄断环节。如前所述，公用事业领域并非都属于自然垄断，即使如电力、通信等传统认为属于自然垄断的行业，也存在自然垄断环节与非自然垄断环节之别。美国、英国、德国、日本、韩国、加拿大等国家在对公用事业进行民营化之时，均把公用事业划分为竞争性领域和非竞争性领域、自然垄断环节与非自然垄断环节，然后分别不同情形，适用不同情况予以具体处理；如电力经营体制改革，就把电力分为发电、输电、配电和售电四个环节，只有输电环节才具有自然垄断性质，而发电、配电和售电则具有竞争性，为非自然垄断环节，可通过准入开放实行民营化。这一点对我国具有特别的启示意义。因为，从经营效率角度看，国有企业与民营企业的整体效率（生产效率与社会分配效率的综合）并不存在多大的差别，而在竞争环境中，民营企业通常比国有企业具有较高的效率。① 公用事业市场化、民营化的实质就是开

① 王俊豪、周小梅：《中国自然垄断产业民营化改革与政府管制政策》，经济管理出版社，2004，第70页；许峰：《中国公用事业改革中的亲贫规制研究》，上海人民出版社，2008，第156页。

放准入、引入竞争，并在提高效率的同时，普遍性地增进社会公众的福利。如果不培养竞争机制，只是将国有企业的垄断经营转变为民营企业垄断经营或公私合作企业的垄断经营，实际上只是一种利益的再分配而不是激励机制的演进。[①] 因此，对那些具有非竞争性、自然垄断性公用事业领域或环节，市场化或民营化并不是唯一或最佳选择；而对具竞争性、自然垄断性公用事业领域或环节，则选择市场化或民营化或许更为可行。

第三，实现市场准入公平。公平和平等是人类追求的永恒价值，公平侧重于自由条件下主体的自愿接受，而平等则侧重于主体地位的一视同仁和同等条件下的同样对待。在前述西方市场经济发达国家中，市场准入的公平理念早已深入人心，这些无疑为其竞争性、自然垄断性公用事业领域或环节的准入开放提供了基础条件；但在我国，公有制主导地位和政府长期垄断公用事业，使得竞争性、非自然垄断性公用事业的准入开放与民营化尚存在理念与制度上的障碍。

（2）独立经营。考察域外公用事业不同经营模式，均可发现，这些国家都普遍有相当发达的公司企业制度，无论是实行国有化，还是私有化、民营化，公用事业的经营均是由独立的公用企业来负责经营，企业和政府之间的权利边界划分得比较清晰。即使如英国政府在电信领域所持有的金边股，也是在重大决策之时才行使的权利；法国的特许经营也仅仅是赋予政府许可权，政府对许可企业的一般运营是不直接干涉的。我国虽然同时存在政府投资经营和企业合作经营公用事业等不同方式，但政府对企业的干预与控制仍然十分严重，尤其是在政府投资经营的国有独资和国有控股公用企业中。[②] 至于在企业合作经营方式中，由于政府拥有较大的行政权力，在合约履行中，一旦出现不利的情形，政府很可能滥用行政权力不履行合约，从我国司法实践看，"私人投资者起诉政府的诉讼请求很少得到支持，政府部门往往以'公共利益'为特权理由修改合同甚至毁约，使私人部门的前期成本沉没"。[③] 正因为我国公用企业的经营受政府影响较大，才出现了公用企业特别是国有公用企业在经营中，不是根据市场需要，而是

---

① 朱冰：《公用事业市场化的民法思考》，《商丘师范学院学报》2007年第7期。
② 蒲令：《浅议我国城市公用事业公司治理的完善》，《北方经贸》2004年第2期。
③ 彭涛：《论公私合作伙伴关系在我国的实践及其法律框架构建》，《政法论丛》2006年第6期。

秉承行政长官意志来决策、行事；如 2013 年前后被国人和媒体关注的雾霾天气，中石化成品油中含硫量成为议论焦点，其背后关于我国炼油技术的故事与情节，就饱受社会公众批评与质疑。① 这说明，我国实现公用企业的主体地位与独立经营还任重道远。

（3）政府规制。在竞争性、自然垄断性公用事业领域或环节，即使选择市场化、民营化改革，也并不意味着政府在公用事业领域的全面退出，而是在政府有适度规制的背景下进行，即民营化绝不意味着政府的彻底归隐，而是政府从前台走向幕后，从行政事务的直接执行者转变为决策者和监督者，即"掌舵"而非"划桨"。② 市场经济发达国家的实践在实现市场化、民营化的竞争性、自然垄断性公用事业领域或环节，恰恰需要政府的严格管制，特别是在准公共产品与服务价格的决定环节，政府绝对不能缺位。正如美国学者 Kahn 教授指出的，公用企业的政府规制是对该种产业的结构及其经济绩效的主要方面的直接的政府规定，比如进入控制、价格决定、服务条件及质量的规定，以及在合理条件下服务所有用户时应尽义务的规定。③ 在我国公用事业营运中，由于公用事业主管部门往往身兼数职，既是法律规范、行政命令的制定者，又是企业价格的制定者，甚至还是企业的出资人，政企合一的特征仍比较明显。④ 政府在公用事业规制的角色定位尚不是十分清晰，这些均值得我们深思和检讨。

（4）强化监督。强化对公用事业经营者特别是公用事业产品或服务价格的监督，是域外不同国家或地区在公用事业改革中最值得借鉴的成功经验。特别如美国、英国、德国、日本、加拿大等，均设立了独立、权威、中立、有效的公用事业监管机构，而最具典型的是又莫过于加拿大的公用事业委员会，对我国极具参考和借鉴价值。在我国公用事业垄断经营体制的改革与规制中，就可参照加拿大的成功做法，设立一个组成人员来自政府、公用企业、消费者三方推选的代表，但地位又独立于政府、公用企业、

---

① 郭梦仪、王杰：《中石化董事长承认对雾霾有直接责任 500 亿成本阻油品升级？》，《每日经济新闻》2013 年 2 月 1 日第 1 版。

② 章志远：《公用事业特许经营及其政府规制》，《法商研究》2007 年第 2 期。

③ Alfred E. Kahn, *The Economics of Regulation: Principles and Institutions.* MIT, 1988.

④ 崔惠民、李文庆：《公用事业产品定价的市场机制与政府规制》，《城市问题》2011 年第 7 期。

消费者的专业监管机构；该专业监管机构在公用事业领域、特别是涉及公用事业产品或服务价格决定时，应享有充分的决策权、审批权和监督权；成员的专业化背景至少应包括法律、管理、经济等三个领域的专家；应通过公用事业税保障其独立、足够的经费支付与人员报酬，如此方可保证公用事业监管的真正到位。

公用事业所供给的准公共产品和服务，不仅影响社会公众的基础利益与普遍福利，而且关涉并制约国家或地区的安全与经济发展；无论是在公用事业领域选择什么样的所有制形式、市场结构、经营形式，还是强化对公用事业垄断经营的行为规制和价格监管，在社会公平、经济效率和国家安全之间寻求一种平衡，应是不同国家或地区公用事业改革所追求的共同目标。

第三章 转型期我国公用事业垄断经营的现状分析

如果说在发达市场国家，公用事业垄断格局的形成是自由竞争、自然资源、市场失灵和国家投资等多方面因素共同作用的结果，那么在我国，公用事业垄断则是由于计划经济体制下国家主导投资和行政控制经营的产物。[①] 我国现在处于公用事业经营的转型期，因特定制度背景、政策依据而形成的公用事业垄断经营格局有其独特性，对其形成机制、产生过程和制度变迁进行分析，对破解公用事业垄断经营中的难题有重要意义。

一 我国公用事业经营方式的演变历程

我国公用事业经营体制和公共产品供给机制改革，自20世纪50年代以来经历了"国家垄断经营"→"国家授权经营"→"政府特许经营"这三大理论与制度变迁的阶段。

（一）"国家垄断经营"时期（1949～1978年）

1. 制度背景

我国公用事业是新中国成立前后，通过没收国民政府时期的官僚资本和随后建立起来并实施的计划经济体制下发展起来的。

1949年1月5日，中共中央向天津市委并告北平市委、各中央局、分局、前委下发《关于接收官僚资本企业的指示》，指示在天津解放后，各级组织应"派人去接收官僚资本企业"。根据这一指示精神，人民解放军在新解放区通过军管体制没收内含城市公共基础设施的国民政府时期官僚资本

[①] 戚聿东等：《中国垄断行业市场化改革的模式与路径》，经济管理出版社，2013，第133～253页。

经济实体，并形成新中国成立之后的主要经济基础，新中国公用事业经营也在此起步。但在接收官僚资本企业时，最初的经营形式还是维持原状，如《关于接收官僚资本企业的指示》就明确指出，在接收官僚资本企业时，"必须严格地注意到不要打乱企业组织的原来的机构"，即"对于接收来的工厂、矿山、铁路、邮政、电报及银行等，如果原来的厂长、矿长、局长及工程师和其他职员没有逃跑，并愿意继续服务者，只要不是破坏分子，应令其担负原来职务，继续工作，军管会只派军事代表去监督其工作，而不应派人去代替他们当厂长、局长、监工等"。① 这说明并非在新中国成立之初就选择了国有国营的公用事业经营体制。对公用事业实行国有国营是随着公有制经济的建立和计划经济体制的形成而逐渐确定的，是在 1949～1958 年逐渐发展起来的。

1949 年 9 月 29 日中国人民政治协商会议第一届全体会议通过的《中国人民政治协商会议共同纲领》第 28 条规定："国营经济为社会主义性质的经济。凡属有关国家经济命脉和足以操纵国民生计的事业，均应由国家统一经营。"② 该规定为具有"国家经济命脉和足以操纵国民生计"特征的公用事业实行国有国营的投资、经营方式，提供了直接的政策与法律依据。

1953 年 4 月 19 日，经中共中央同意、由中财委颁发的《关于国营工矿企业管理问题的报告》就提到对"国家企业"要"实行计划管理和经济核算制"。③ 1953 年 9 月 4 日，中共中央发布《关于城市建设中几个问题的指示》，其中所谓城市公共基础设施，一般被纳入统一的城市规划与建设之中。1953 年 9 月 9 日，中共中央下发《关于国营厂矿加强计划管理和健全责任制度的指示》，要求各地国营厂矿"正确地编制和正确地贯彻作业计划"，加强"计划管理"这一中心环节，"使计划管理得到贯彻并收到成效"。从 1953 年 10 月开始，在全国实行粮食统购统销政策，④ 特别是以 1953 年 11 月 15 日中共中央发布的《关于在全国实行计划收购油料的决定》

① 参见《中共中央关于接收官僚资本企业的指示》（1949 年 1 月 5 日）第（一）条。
② 引自《中国人民政治协商会议共同纲领》（1949 年）第 28 条。
③ 参见政务院中财委《关于国营工矿企业管理问题的报告》（1953 年）第（乙）项。
④ 参见陈云《实行粮食统购统销——陈云在全国粮食会议上的讲话》，载《陈云文选》（第二卷），人民出版社，1995，第 203～217 页。

和同年 11 月 23 日中央人民政府政务院下发的《关于实行粮食的计划收购和计划供应的命令》、1954 年 3 月 1 日印发的《粮食市场管理暂行办法》、1955 年 8 月 25 日国务院公布的《农村粮食统购统销暂行办法》等为标志，以国有国营、计划管理为中心内容的计划经济体制正式形成。

1954 年 9 月 20 日，第一届全国人大第一次会议通过的《中华人民共和国宪法》（以下简称《宪法》）第 6 条规定："国营经济是全民所有制的社会主义经济，是国民经济中的领导力量和国家实现社会主义改造的物质基础。国家保证优先发展国营经济。"① 以国营经济为主导力量与经济基础、以计划经济为主要调节形式的国有国营体制，正式为《宪法》所确认。随后 1955~1956 年如火如荼地展开的资本主义工商业社会主义改造，比重日益下降的私人资本、民间资本也被逐步纳入国营和集体经济范畴，国有国营的大经济背景得以形成。从 1950 年代末至 1979 年以前，以国有国营和行政管控为基本特色的公用事业国家垄断经营体制，在权力高度集中和政治运动的持续催化下，不断得到强化并走向僵化。

公用事业国家垄断经营体制的形成，是新中国成立初期急迫的工业化和稳定经济大局这一特殊任务所致。新中国成立初期，我国经济发展水平低，人力、物力、财力等资源都极度匮乏，在当时私人资本力量尚十分弱小、民间资本极为匮乏的状况下，实行公用事业民营化几乎没有可能，而既有数量十分有限的城市私人经营的部分公用事业又远远不能满足日益发展的工业化和人们生活的需求。为了加快推进工业化进程和经济的发展，就当时而言，唯有国家集中必要的人力、物力、财力发展公用事业，才能在短时间内迅速转变公用事业的落后局面。在具体执行与运作层面，由于缺乏管理经验，一时基本照搬苏联模式，在全国范围内实行一系列公有化政策，迅速建立起一套高度集中统一管理的经济体制。公用事业领域则按行业、地域划分成若干条块，再按条块组成企业，绝大多数企业是作为事业单位来运营的；政府作为公用事业的唯一提供者，通过设立若干管理部门，直接管理企业的人、财、物和生产计划，对公用事业产品不考虑产品性质，均采取低价格、高财政补贴的供给机制，价格基本不受供求关系和成本变动的影响；公用企业收入全部上缴财政，支出由财政包干，实行

---

① 参见《中华人民共和国宪法》（1954 年）第 6 条第 1 款、第 15 条。

"收支两条线"；公用事业单位的所有权、经营权均由政府掌握，政府对公用事业的运行具有支配性的作用。[①] 在此情形下，国家成为包括公用事业在内的社会经济活动的唯一主体，国家包办一切公用事业活动，实行国家所有、国家经营、国家管理的国有国营与计划管理制度。在此体制下，公用事业与政府、企业是一个整体，相互之间没有太大的界限和区别。

这一时期，关于公用企业单位的立法集中体现在国有企业立法上，主要有政务院财政经济委员会于 1950 年 2 月 28 日发布的《关于国营、公营工厂建立工厂管理委员会的指示》、国务院于 1957 年 11 月 15 日颁布的《关于改进工业管理体制的规定》、国务院于 1958 年 5 月 22 日颁布的《关于实行企业利润留成制度的几项规定》。此外，中共中央在 1961 年制定发布的《国营工业企业工作条例（草案）》（简称《工业七十条》），成为一部重要的国有企业管理政策性条文，事实上起到了一部国有企业基本法规的作用。

2. 基本特征

这一时期的公用事业经营作为一项与计划经济体制相适应的经营方式，其特征如下。

（1）公用事业的地位总体来说是服务于国家工业化，以市政公用设施为代表的公用事业长期处于为工业特别是重工业服务、配套的地位，党和政府所推行的是"积极推进工业化，相对抑制城市化"的方针。[②] 在相当长时期，国家没有公用事业的专项建设资金，建设投资比重相对较低。

（2）公用事业领域全部由国家（政府）直接投资。在这一时期，国家（政府）是公用事业领域唯一的投资主体，也是法定的投资主体。由于前述政策和国情的原因，在既有私人资本和民间资本难以承担起公用事业投资、经营大任的境况下，唯有选择国家（政府）投资和经营的方式；后来，随着新民主主义和社会主义经济政策的调整，对社会主义与资本主义工商业改造政策的出台，私人资本和民间资本存在的合法性都成了问题，就更别说由其投资、经营对社会公众和国计民生具有基础意义的公用事业部门了。因此，在国家垄断经营时期，只有国家（政府）才是公用事业领域唯一的、

[①]　宋英杰、吕瑾瑾：《我国公用事业的改革与发展》，《山东工商学院学报》2008 年第 3 期。

[②]　秦虹、钱璞：《我国社会公用事业改革与发展 30 年》，载邹东涛主编《中国改革开放 30 年（1978~2008）》，社会科学文献出版社，2008。

合法的投资主体。

（3）国营企业为公用事业经营的主要组织形式。1956 年以后，按照当时对社会主义经济的理解和相关政策的规定，唯有公有制经济才是社会主义性质的经济形态。公有制的组织形式包括全民所有制和集体所有制两种，此外还有少量的、处于补充地位的个体私有制。就当时的资本力量和政策规定来看，由于公用事业是由国家（政府）唯一投资建设的，由集体所有制企业或个体私营企业经营的可能性也几乎不存在，公用事业经营主体也由全民所有制企业（时称国营企业，下同）来承担。国营企业就成为公用事业最主要的经营组织形式。

（4）国家（政府）与国营公用企业之间政企不分，二者是领导与被领导、控制与被控制、指令与执行的关系。这一时期国营公用企业和其他所有国营企业一样，可以说没有自己的独立主体资格，只是执行国家（政府）计划指令、履行国家（政府）公用事业供给职能的一个部门或车间，所有公用事业的经营资源（经营范围、资金来源、人力资源、生产资料、产品或服务的销售）和管理要素（人、财、物）皆由政府统一调配、供给和管理，政府对国营公用企业拥有绝对的产权，并对其进行直接管理和控制，它既是直接的生产投入主体，又是组织经营管理者，国家（政府）与全民所有制公用企业之间的主体资格、功能定位、财产归属、权利与职责几乎高度合一，决定了国营公用企业没有独立的经营自主权。

（5）国营公用企业作为公用事业的经营组织，内部的经营与管理具有明显的行政性。其一，就外部关系而言，国营公用企业按照主管、规模和经营范围，有不同的行政级别身份；其二，国营公用企业对人、财、物以及经营业务的管理，须以执行或完成国家（政府）下达的计划指标为唯一目标；其三，国营公用企业对其内部业务和人、财、物是本着既有国家计划编制和科层等级进行核算、管理；其四，国营公用企业内部机构设置和人员调配，均是以行政管理模式并仿行国家（政府）机关部门进行，分为不同的层级并以行政方式做统一配置。

（6）公用事业产品与服务的供给为典型的国家调配模式。国营公用企业对其经营成果（公共产品或公共服务）没有自主推销的权利，而必须交由政府指定的部门，按照预先的计划统一调节和分配。而作为国营公用企业服务对象的消费者，除公共交通等需要即时消费的少数领域或部门外，诸如通信（如电话）、自来水、电力、燃气等领域，均须提出申请并获得政府有关部门或国营公用企业的审查或批准。

（7）公用事业产品与服务的价格由国家统一控制制定。即所谓的计划定价，与其他工商业产品与服务一样，公用事业产品与服务的价格不由市场和经营者（国营公用企业）决定，也不听取社会公众和消费者的意见，完全由政府或政府的价格部门决定。公用事业产品与服务的价格基本不受供需关系和成本变动的影响，完全背离其价值规律，价格的确定、变动和调整一律要经过政府或政府的价格部门审批。

（二）"国家授权经营"时期（1979～2002 年）

1. 制度背景与主要阶段

我国公用事业国家垄断经营模式发展到 1970 年代，负面效应越来越明显。1978 年，随着中共十一届三中全会的召开，"全党工作的着重点和全国人民的注意力转移到社会主义现代化建设上来"，会议指出"现在我国经济管理体制的一个严重缺点是权力过于集中，应该有领导地大胆下放，让地方和工农业企业在国家统一计划的指导下有更多的经营管理自主权；应该着手大力精简各级经济行政机构，把它们的大部分职权转交给企业性的专业公司或联合公司"；"应该在党的一元化领导之下，认真解决党政企不分、以党代政、以政代企的现象，实行分级分工分人负责，加强管理机构和管理人员的权限和责任"。① 以此次会议为转折点，公用事业的经营体制也随着国家对国营企业的改革而步入新的时期，即"国家授权经营"时期。

公用事业"国家授权经营"时期跨越了 1980～1990 年代，其间，公用事业行业逐步摆脱计划体制和行政控制的桎梏，随着技术变革、观念转变、制度创新和政策推动，原有公用事业国有国营的传统体制进行了一系列改革，极大地推动了公用事业的发展。按照其改革主题与经营形式，经历了如下三个阶段。

（1）1979～1987 年，以"放权让利、承包经营"为主要内容，开始探索如何提高公用企业的经营效益。

---

① 参见《中国共产党第十一届中央委员会第三次全体会议公报》（1978 年 12 月 22 日）第（二）部分。

我国经济体制改革是从 1979 年在全国推广农村联产承包经营责任制开始的。1979 年 9 月 28 日，中共十一届四中全会通过的《关于加快农业发展若干问题的决定》规定："人民公社各级经济组织必须认真执行各尽所能、按劳分配的原则，多劳多得，少劳少得，男女同工同酬。"① 1980 年 9 月，《中共中央关于进一步加强和完善农业生产责任制的几个问题》对农村中普遍出现的各种专业承包联产计酬责任制给予高度肯定和进行适度规范。②

农村联产承包经营责任制的实施取得了短暂显见的效果，被认为是巨大的成功，于是在 80 年代初就被视为改革的良方而逐渐运用或套用于城市国营企业、集体所有制企业的改革。1983 年 3 月 5 日，中共中央、国务院联合发布《关于发展城乡零售商业、服务业的指示》，明确提出"要坚决地有秩序地在零售商业、服务业推行责、权、利相结合的经营承包责任制。对大、中型店，当前可以实行征税和利润递增包干上缴相结合的办法，也可以参照有关规定，实行利改税。对于二三十人以下的小店，可以实行'国家所有、集体经营、国家征税、自负盈亏'"。③ 1984 年 5 月 10 日，国务院颁发《关于进一步扩大国营工业企业自主权的暂行规定》，在"利改税制度的完善，有效地解决了国家和企业的分配关系"的基础上，"为了进一步调动企业的积极性，把经济搞活，提高企业素质，提高经济效益"，在生产经营计划、产品销售、产品价格、物资选购、资金使用、资产处置、机构设置、人事劳动管理、工资奖金、联合经营 10 个方面，进一步扩大企业的自主权。④ 特别是 1984 年 10 月 20 日中共十二届三中全会通过的《关于经济体制改革的决定》明确把"增强企业的活力，特别是增强全民所有制的大、中型企业的活力"作为"以城市为重点的整个经济体制改革的中心环节"；而"围绕这个中心环节，主要应该解决好两个方面的关系问题，即确立国家和全民所有制企业之间的正确关系，扩大企业自主权；确立职工和企业之间的正确关系，保证劳动者在企业中的主人翁地位"。其中，就国家和国营企业的关系而言，要改变"把全民所有同国家机构直接经营企业混为一谈"的局面，按照"所有权同经营权是可以适当分开"的原则，"实

---

① 参见《中共中央关于加快农业发展若干问题的决定》（1979 年）第二章第（三）条。
② 参见《中共中央关于进一步加强和完善农业生产责任制的几个问题》（1980 年）第一条。
③ 参见《中共中央、国务院关于发展城乡零售商业、服务业的指示》（1983 年）。
④ 参见《国务院关于进一步扩大国营工业企业自主权的暂行规定》（1984 年）。

行政企职责分开，正确发挥政府机构管理经济的职能"。①

　　随后，公用企业与其他国营企业一样，在内部用工制度、人事制度和分配制度等方面进行了一系列探索和实践，以内部承包责任制为主的经营方式全面展开，企业内部激励和约束机制初步形成。如在公交行业，1985年国务院批转的城乡建设环境保护部《关于改革城市公共交通工作报告的通知》提出，在经营体制上要"改变城市公共交通独家经营的体制，实行多家经营，统一管理。以国营为主，发展集体和个体经营。在国营企业内部实行多种形式的经营承包责任制"；在对外开放的十四个城市和经济特区以及有条件的城市，要积极引进外资和技术装备，搞活城市公共交通。在政策上，"要大力扶植城市公共交通的发展。公共交通是服务性的生产部门，要实行独立核算、自负盈亏。要按价值规律办事，对不合理的运价要做适当调整"。②

　　（2）1987～1992年，以"国家所有、授权经营"之所有权与经营权分离的授权经营体制正式形成，开始探索如何改革公用企业的经营方式。

　　1987年10月25日，中共十三大报告明确提出要"按照所有权经营权分离的原则，搞活全民所有制企业"，③这是全民所有制企业授权经营最为权威的政策性依据。1988年4月13日，第七届全国人大第一次会议通过的《中华人民共和国全民所有制工业企业法》（下称《全民所有制工业企业法》）正式在法律上以"全民所有制企业"取代之前的"国营企业"，且以所有权与经营权适当分离为主要原则，对全民所有制企业的授权经营制度作了明晰化规定。④与此同时，国务院于1988年2月27日、1988年6月5日先后发布《全民所有制工业企业承包经营责任制暂行条例》（1990年、2011年修改）、《全民所有制小型工业企业租赁经营暂行条例》（1990年修改），对全民所有制小型工业企业的承包经营和租赁经营作出了具体规定。为全面落实全民所有制工业企业的经营自主权，1992年7月23日国务院制定并公布了《全民所有制工业企业转换经营机制条例》，该《条例》以"企

---

① 参见《中共中央关于经济体制改革的决定》（1984年）第三章、第六章。
② 参见《国务院关于改革城市公共交通工作报告的通知》（1985年）第一条、第二条。
③ 参见《沿着有中国特色的社会主义道路前进——赵紫阳在中国共产党第十三次全国代表大会上的报告》（1987年10月25日）第四章"关于经济体制改革"。
④ 参见《中华人民共和国全民所有制工业企业法》（1988年）第2条。

业转换经营机制"为中心，对全民所有制工业企业授权经营的目的、内容和具体经营权的落实作出了具体规定。①

根据《全民所有制工业企业法》第 65 条规定，交通运输、邮电等公用事业类全民所有制企业也适用前述规定，着力实行以所有权与经营权相分离的授权经营制度。同时，随着改革的深入和经济建设规模的扩大，公用事业在国民经济中的基础性和重要性日益突出，受到国家最高决策层的高度重视。1992 年 6 月 16 日，中共中央、国务院联合发布的《关于加快发展第三产业的决定》将"交通运输业、邮电通讯业、科学研究事业、教育事业"等公用事业确定为对国民经济发展具有全局性、先导性影响的基础行业，加以重点和优先发展。要求逐步向经营型转变，实行企业化管理；建立充满活力的自我发展机制；促进市场充分发育，提高服务的社会化、专业化水平。②

此外，进入 1990 年代，为了解决公用事业投资与经营方面的资金不足问题，国家也逐步放松对公用事业投资的准入限制，引入竞争机制，在统一规划、统一管理下，在允许地方、部门和集体经济力量兴办公用事业的同时，积极引导和鼓励企业、集体、个人和外商投资建设市政公用设施。1990 年 5 月 19 日，国务院颁发的《外商投资开发土地管理办法》就在于鼓励"吸收外商投资从事开发经营成片土地，以加强公用设施建设，改善投资环境"，外商投资企业在取得国有土地使用权后，可依照规划对土地进行综合性的开发建设，平整场地、建设供排水、供电、供热、道路交通、通信等公用设施。③ 截至 1992 年底，城市供水行业先后利用世界银行、亚洲开发银行等国家金融组织和日本、法国、德国等发达国家提供的中长期优惠贷款，建设城市供水项目 140 多项，利用外资 17 亿美元。④

（3）1993~2002 年，以建立现代企业制度和深化投资体制改革为重点，外资和民间资本开始大规模介入公用企业经营和管理。

1993 年 11 月 14 日，中共十四届三中全会通过《关于建立社会主义市场经济体制若干问题的决定》，公用事业的投资与经营被纳入社会主义市

---

① 参见《全民所有制工业企业转换经营机制条例》（1992 年）第二章、第三章。
② 参见《中共中央、国务院关于加快发展第三产业的决定》（1992 年）第二条。
③ 参见《外商投资开发土地管理办法》（1990 年）第 1 条、第 2 条。
④ 李慧：《外资水务十年检讨》，《瞭望东方周刊》2014 年第 16 期。

经济的大背景下考量。公用事业投资与经营体制的改革集中反映在两个方面：第一，包括公用事业类在内的国有企业，[①] 推行以公司制为代表的多种组织形式的现代企业制度，以提高经营管理水平和竞争能力；第二，深化包括公用事业领域在内的投资体制改革，逐步建立法人投资和银行信贷的风险责任，即竞争性项目投资由企业自主决策，基础性项目建设要鼓励和吸引各方投资参与。[②]

1993 年 12 月，《公司法》正式出台，随后一批公用企业按照《公司法》的要求进行公司化改组和改制，转为国有独资公司或国有控股公司。例如，1994 年深圳市取消供水企业行政主管部门，代之以国有资产经营公司对供水企业进行产权管理与市水务局对供水企业的行业监督管理相结合的管理模式；1996 年 10 月完成公司制改革，成立国有独资的深圳市水务有限公司；后来通过引进资本，进而成立由深圳市国资委控股、法国威立雅通用水务和北京首创参股的深圳市水务（集团）有限公司，业务范围涉及自来水生产及输配业务、污水收集处理及排放业务、水务投资及运营、水务设施设计及建设等方面。[③]

这一时期，公用事业产品与服务价格的改革也开启了市场化进程，新的公用事业产品与服务定价机制逐步到位，公用事业价格的管理逐步走向法制化、规范化。1998 年 9 月，国家计委、建设部下发《城市供水价格管理办法》，明确规定供水的成本、利润率和价格的组成。城市污水和垃圾处理收费政策的不断完善也吸引了国外投资者和国内民营资本的关注。1992年，我国第一家全部由外商投资建设并经营管理的供水厂中山坦洲水厂签约。2000 年 5 月 27 日，建设部制定的《城市市政公用事业利用外资暂行规定》对包括城市供水、供热、供气、公共交通、排水、污水处理、道路与

---

① 关于国有企业，即前述的国营企业或全民所有制企业。据笔者查证，截至 1992 年 9 月 28 日中共中央、国务院联合下发的《关于认真贯彻执行〈全民所有制工业企业转换经营机制条例〉的通知》之前，党的政策性文件和国家法律、行政法规均以国营企业或全民所有制企业称之，而首次称"国有企业"的则始于 1992 年 10 月 12 日的中共十二大报告。参见《加快改革开放和现代化建设步伐，夺取有中国特色社会主义事业的更大胜利——江泽民在中国共产党第十四次全国代表大会上的报告》（1992 年）第二章。

② 参见《中共中央关于建立社会主义市场经济体制若干问题的决定》（1993 年）第二章、第四章。

③ 黄添元：《深圳城市水务管理体制改革的探索》，《特区经济》1999 年第 11 期；杨耕：《深圳水务改革现状分析》，《特区经济》2002 年第 2 期。

桥梁、市容环境卫生、培训处置和园林绿化等市政公用事业利用外资（包括借用国外贷款和吸收外商投资）作出了具体的规定。2001 年底，国家计委颁布的《关于促进和引导民间投资的若干意见》明确提出，鼓励和引导民间投资以独资、合作、联营、参股、特许经营等方式，参与经营性的基础设施和公益事业项目建设。上述文本在政策上全面开放了城市市政公用基础设施市场，为市政公用事业全方位进行市场化改革提供了保障。此后，中法水务、法国通用水务、英国泰晤士水务等国际供水集团开始大规模进入中国，参与水厂的经营和管理。1993 年 12 月，由广州电车公司与澳门新福利巴士公司合作成立国内公交系统首个中外合资企业——广州新福利巴士服务有限公司，获得 26 条线路的经营权。①

2. 授权经营的基本内涵与主要特征

授权经营的实质是按照所有权与经营权分离的理论来定位国家与企业的关系和企业的经营形式，即国家与企业的关系是所有与经营、授权与被授权的关系；企业作为独立的法人实体，对国家授予其经营管理的财产依法自主经营，享有占有、使用和依法处分的权利。1992 年 9 月 11 日，国务院经济体制改革办公室、国家发展计划委员会、经济贸易办公室、国家国有资产管理局等联合下发的《关于国家试点企业集团国有资产授权经营的实施办法（试行）》，对授权经营作如下定义：由国有资产管理部门将企业集团中紧密层企业的国有资产统一授权给作为核心企业（集团公司）进行经营和管理，集团公司通过建立核心企业与紧密层企业之间的产权纽带，增强集团凝聚力，紧密层企业成为核心企业的全资子公司或者控股子公司，以发挥整体优势。集团公司（核心企业）可以实行董事会制（或管委会制），集团企业（公司）应依据核心企业对紧密层企业及其他成员企业持有的产权（股权）建立母子公司关系，实行规范化的产权（股权）管理，其内部依据不同的产权形式进行不同的鼓励和经营。②

随着企业实践的发展和改革的深入，人们对授权经营的认识也有了新的发展。即国有资产的授权经营是指政府将国家以各种形式直接投资设立

---

① 秦虹、钱璞：《我国社会公用事业改革与发展 30 年》，载邹东涛主编《中国改革开放 30 年（1978~2008）》，社会科学文献出版社，2008。

② 参见《关于国家试点企业集团国有资产授权经营的实施办法（试行）》（1992 年）第 3~7 条。

的国有企业的产权授权集团公司统一持有，以确立母子公司产权关系，集团公司依据产权关系成为授权范围内企业的出资人，依法统一行使资产受益、重大决策、选择管理者等权利或出资人职能，统一对国有资产保值、增值负责。1994 年 7 月 24 日，国务院制定并发布《国有企业财产监督管理条例》，将国家与企业的关系概括为"国家所有、分级管理、分工监督和企业经营"等基本原则。1997 年 9 月 12 日，在中共十五大报告中，"调整和完善所有制结构""采取多种方式，包括直接融资，充实企业资本金""培育和发展多元化投资主体，推动政企分开和企业转换经营机制"等措施，被确定为新跨世纪经济政策的主要内容。① 1999 年 9 月 22 日，中共十五届四中全会通过的《关于国有企业改革和发展的若干重大问题的决定》则把这一原则表述为"国家所有、分级管理、授权经营、分工监督"，以逐步建立国有资产管理、监督机制和国有企业的营运制度体系，建立健全严格的责任制度。

与前述国家垄断经营时期的公用事业相比，在公用事业国家授权经营时期，公用事业的投资与经营呈现许多新的特点。

（1）公用事业的基础性地位得到重视和确认。与国家垄断经营时期公用事业被视为国家工业化的附属不同，在公用事业国家授权经营时期，公用事业被国家最高决策层确定为对国民经济发展具有全局性、先导性影响的基础行业，并通过政策文件和立法对其重点和优先发展提供切实的保障。在这一时期，我国公用事业特别是城市和公共基础设施获得了长足而迅猛的发展，基本扭转了我国公用事业长期供给不足的局面，人们普遍性的公共福利得到明显改善。

（2）国家已不是唯一的投资主体，公用事业投资体制与准入制度有所突破。由于对社会主义制度、公有制经济的功能等重大理论领域的思想解放，党和政府对公用事业领域的资金来源、投资体制有了更为开放的态度，外商投资、民间资本开始进入公用事业领域。

（3）国家已不直接经营公用事业，本着所有权与经营权分离的原则，国家以授权形式把公用事业的具体经营权利交由企业行使。即政府的社会

---

① 参见《高举邓小平理论伟大旗帜，把建设有中国特色社会主义事业全面推向二十一世纪》（1997 年）第五部分"经济体制改革和经济发展战略"。

经济管理职能和国有资产所有者职能分开，企业财产的所有权与经营权分离；国家通过转变政府职能，理顺产权关系，转换企业经营机制，保障国家对企业财产的所有权，落实企业经营权，使企业成为自主经营、自负盈亏、自我发展、自我约束的法人和市场竞争主体，实现国有资产的保值、增值。

（4）国家与企业之间的关系转变为所有者与经营者、授权者与被授权者、管理者与市场主体的关系。企业财产即企业国有资产，是指国家以各种形式对企业投资和投资收益形成的财产，以及依据法律、行政法规认定的企业其他国有财产，它属于全民所有（国家所有）。国务院代表国家统一行使对企业财产的所有权，在国务院统一领导下，国有资产实行分级行政管理。企业对国家授予其经营管理的财产依法自主经营，享有占有、使用和依法处分的权利；企业独立支配其法人财产和独立承担民事责任。

（5）在社会主义市场经济体制背景下，传统计划经济时期的国营企业或全民所有制公用企业改称国有公用企业，为具有独立法人资格的企业法人，享有对包括公用事业产品或服务定价权等在内的独立经营管理权。

（6）在公司制和资本市场的作用下，国有公用企业通过股份制改制，引入外商和民间资本，改造传统的内部治理结构。

（7）公用事业产品或服务价格的确定基本上遵循政府指导、市场决定和企业自主的原则。

（三）"政府特许经营"时期（2003 年至今）

1. 制度背景与形成历程

公用事业民营化在西方最典型的是英国式完全私有化和法国式特许经营。所谓公用事业特许经营，是指政府按照有关法律、法规规定，通过市场竞争机制选择公用事业投资者或经营者，明确在一定期限和范围内经营某项市政公用事业产品或提供某项服务的制度，它主要适用于城市供水、供气、供热、公共交通、污水处理、垃圾处理等公用事业行业。① 公用事业特许经营是 21 世纪我国在公用事业领域改革中所选择的主要制度范式，政策背景可追溯至中共十六大的召开。

---

① 参见《市政公用事业特许经营管理办法》（2015 年修正）第 2 条。

2002 年 11 月 8 日，在中共十六大报告中，多种所有制经济共同发展是最具创新的地方，即各种所有制经济完全可以在市场竞争中发挥各自优势，相互促进，共同发展；正式提出要"打破行业垄断和地区封锁"，"深化财政、税收、金融和投融资体制改革"。① 中共十六大报告中这些重大经济政策的调整和确定，为 21 世纪我国公用事业投资与经营的改革提供了重要的政策契机，随后建设部和部分地方政府出台多个有关推进公用事业市场化改革的政策性文件。

2002 年 12 月，建设部《关于加快市政公用行业市场化进程的意见》正式提出在市政公用事业领域引入和建立政府授权特许经营制度，并对政府授权特许经营的定义、政策主旨、适用范围、具体措施作出了规定。2003 年 3 月，建设部转发江苏省政府《关于进一步推进全省城市市政公用事业改革的意见》，要求各地参照和借鉴江苏省人民政府《关于进一步推进全省城市市政公用事业改革的意见》中的某些做法，加快市政公用企业改革步伐，推动市政公用行业市场化进程。

2003 年 10 月 21 日，中共十六届三中全会审议通过的《中共中央关于完善社会主义市场经济体制若干问题的决定》明确提出，要"加快推进和完善垄断行业改革"，第一次把打破垄断、开放市场、推进公用事业市场化写进了党的决定。该决定指出，"对垄断行业要放宽市场准入，引入竞争机制。有条件的企业要积极推行投资主体多元化。继续推进和完善电信、电力、民航等行业的改革重组。加快推进铁道、邮政和城市公用事业等改革，实行政企分开、政资分开、政事分开。对自然垄断业务要进行有效监管"。②

2004 年 3 月，建设部颁布《市政公用事业特许经营管理办法》，并印发《城市供水、管道燃气、城市生活垃圾处理特许经营协议示范文本》。该办法对市政公用事业特许经营的适用范围、主管部门、一般原则、法定形式与程序、组织实施等问题作出了具体规定，是我国第一部全国性的效力等级最高的调整公用事业领域改革的规范性文件，为之后在全国各地推进公用事业特别是市政公用事业特许经营制度改革提供了规范与指引。随后，

① 参见《全面建设小康社会，开创中国特色社会主义事业新局面——在中国共产党第十六次全国代表大会上的报告》（2002 年）第四部分"经济建设和经济体制改革"。
② 参见《中共中央关于完善社会主义市场经济体制若干问题的决定》（2003 年）第三部"完善国有资产管理体制，深化国有企业改革"。

北京、深圳等城市也制定了相应的特许经营管理办法。

2004 年 7 月 16 日《国务院关于投资体制改革的决定》发布，正式启动了包括公用事业领域在内的新一轮投资体制改革进程。该决定明确要求"鼓励社会投资"，"放宽社会资本的投资领域，允许社会资本进入法律法规未禁入的基础设施、公用事业及其他行业和领域。逐步理顺公共产品价格，通过注入资本金、贷款贴息、税收优惠等措施，鼓励和引导社会资本以独资、合资、合作、联营、项目融资等方式，参与经营性的公益事业、基础设施项目建设"。[1]

2005 年 2 月 24 日，国务院发布《关于鼓励支持和引导个体私营等非公有制经济发展的若干意见》（又称"非公 36 条"），其中有关垄断行业、公用事业领域对民间资本的开放态度，可以说是前所未有的。[2] "非公 36 条"等一系列政策的出台，极大地激发了非公有资本投资公用事业的积极性。非公有资本参与公用事业建设从政策放开之前的"零敲碎打"发展到"全面出击"，涉及包括交通、水、电、气、道路、园林绿化、垃圾处理等在内的全部市政公用领域。全国各地，尤其是以上海、深圳、广州、南京、成都等为代表的城市，明显加快了非公有资本进入的步伐，取得了显著的成效。

2005 年 9 月 10 日，建设部发布《关于加强市政公用事业监管的意见》，对市政公用事业的投资、建设、生产、运营及其相关活动实施的行政管理与监督提出具体要求。市政公用事业监管主要包括市场进入与退出的监管、运行安全的监管、产品与服务质量的监管、价格与收费的监管、管线网络系统的监管、市场竞争秩序的监管等内容，其中规范市场准入和完善特许经营制度是监管的重点。[3]

2007 年 10 月 15 日，在中共十七大报告中，"推进公平准入""深化投资体制改革，健全和严格市场准入制度"，被再次强调。2010 年 5 月 7 日，国务院下发《关于鼓励和引导民间投资健康发展的若干意见》（又称"新三十六条"），其中与公用事业直接有关的内容包括：（1）鼓励和引导民间资

① 参见《国务院关于投资体制改革的决定》（2004 年）第二条。
② 参见《国务院关于鼓励支持和引导个体私营等非公有制经济发展的若干意见》（2005 年）第（二）至第（四）条。
③ 参见《建设部关于加强市政公用事业监管的意见》（2005 年）第二条。

本进入基础产业和基础设施领域；（2）鼓励和引导民间资本进入市政公用事业和政策性住房建设领域。① 为具体实施国务院"新三十六条"的有关精神，2012年6月8日，住房和城乡建设部下发《关于进一步鼓励和引导民间资本进入市政公用事业领域的实施意见》，对鼓励和引导民间资本进入市政公用事业领域的基本原则、民间资本进入市政公用事业领域的途径和方式作出了具体规定。

2012年11月8日，在中共十八大报告中，非公有制经济进入公用事业领域和公共服务均等化被再次强调，指出应"毫不动摇鼓励、支持、引导非公有制经济发展，保证各种所有制经济依法平等使用生产要素、公平参与市场竞争、同等受到法律保护"，要"完善促进基本公共服务均等化和主体功能区建设的公共财政体系"。② 为贯彻中共十八大报告的基本精神，2013年9月6日国务院发布《关于加强城市基础设施建设的意见》，提出"确保政府投入，推进基础设施建设投融资体制和运营机制改革"。③

2013年11月12日，中共十八届三中全会通过的《关于全面深化改革若干重大问题的决定》对新形势下公用事业领域的改革提出新的政策目标和措施要求。特别是有关公用事业领域价格的改革，该决定指出要"完善主要由市场决定价格的机制"，即"凡是能由市场形成价格的都交给市场，政府不进行不当干预。推进水、石油、天然气、电力、交通、电信等领域价格改革，放开竞争性环节价格。政府定价范围主要限定在重要公用事业、公益性服务、网络型自然垄断环节，提高透明度，接受社会监督"。④ 2015年4月25日，国家发改委、财政部、住建部等联合发布的《基础设施和公用事业特许经营管理办法》对能源、交通运输、水利、环境保护、市政工程等基础设施和公用事业领域的特许经营活动作出了全面的规定。2015年5月4日，住建部颁布修订的《市政公用事业特许经营管理办法》，公用事业领域改革进入一个新的阶段。

---

① 参见《国务院关于鼓励和引导民间投资健康发展的若干意见》（2010年）第（五）至第（十三）条。

② 参见《坚定不移沿着中国特色社会主义道路前进 为全面建成小康社会而奋斗》（2012年）第四部分"加快完善社会主义市场经济体制和加快转变经济发展方式"。

③ 参见《国务院关于加强城市基础设施建设的意见》（2013年）第五条。

④ 参见《中共中央关于全面深化改革若干重大问题的决定》（2013年）第三部分"加快完善现代市场体系"。

2. 主要特征

与前述的"授权经营"制度相比，公用事业"特许经营"具有如下一些基本特点。

（1）公共服务均等化理念的引入。受执政理念和政策目标的影响，公用事业的投资和发展被提高至实现公共服务均等化这一重要功能的地位。由于国家对公用事业的高度重视，21世纪以来，我国各类公用事业的发展步入了快车道。

（2）多元投资体制正式形成。在确保政府对公用事业足够投入的前提下，由于政策层面视私人、个体等民间资本和外商资本等非公有制经济为社会主义市场经济的重要组成部分，不同所有制经济成分在公用事业领域的平等准入，社会资本、民间资本和外商资本以独资、合资、合作、联营、项目融资、股份制、BOT（建设—运营—转让）、TOT（转让—运营—转让）等多种形式大举进入公用事业领域，传统公用事业的国家独资和行业垄断局面产生了一定程度的松动。

（3）特许经营与公开招标制初步建立。部分公用事业特别是市政类公用事业和公共基础设施，逐步推行以公开招标、公平准入、公正评审为外在形式和以特许经营合同为基本内容的竞争式缔约准入方式，从而大大提高了公用事业准入的公平性和经营的竞争性，不仅使公用事业的投资与经营效益得到显著提高，也使公用事业的供给效用、产品质量与服务水平得到明显改善。

（4）政府与公用企业之间的关系得以厘清。国家与国有公用企业之间的关系被定位为出资人与企业的关系，国家本着"国家所有、分级代表"原则，由中央与地方分别依法对投入到公用企业的国有资产进行监督、管理，并委派国家出资人代表或国有股权代表人依法行使国家出资人和国有股权的一系列权利。国有公用企业则依法享有独立的法人财产权，作为具有独立法人资格的企业法人和市场主体，独立地享有依照市场竞争规则进行自主经营的权利。

（5）公用企业的内部治理更为规范。在社会主义市场经济进一步深化的大背景下，原占主导地位的国有公用企业由于大量引入民间资本、社会资本和外商资本而成为混合所有制企业，其内部治理结构也更为规范。

（6）公用事业产品或服务价格的市场化改革更深入。诸如水、石油、天然气、电力、交通、电信等公共领域，逐步放开竞争性环节价格。重要公用事业、公益性服务、网络型自然垄断环节虽依然保留政府定价权，但透明度在日益提高，且开始引入公用事业价格的社会监督机制。

根据特许经营者所承担责任和风险的不同，特许经营的实施模式可分为投资型特许经营模式和经营型特许经营模式两类。

（1）投资型特许经营模式。在此一特许经营模式下，特许经营者承担的风险比较大，不仅要负责相应的投资开发资金的筹集，而且要承担经营费用，自负盈亏，承担全部的风险；而政府则不承担任何风险。其优点是能够比较彻底地引入竞争机制和社会投资，但需要相对完善的政策环境配合。此一模式一般适用于企业对某一公用事业相关市场的全面开发和经营管理。BOT 即属于这种形式，特许经营者先对项目进行投资建设，政府则许诺投资者享有一定期限的经营权以获取经营回报，期限届满政府将无偿回收项目经营权，如早期的供水特许经营合同、基础设施建设特许经营项目等。

（2）经营型特许经营模式。与投资型特许经营模式相比，该模式是一种风险共担的模式。在这种模式下，特许经营者仅仅承担经营风险，市政公用设施的投资及相关的资金筹集则由政府负担，政府承担相应投资风险，享有公用事业资产的所有权。TOT 则属于这种模式，即政府将建好的市政公用事业资产设施转让给特许经营者进行经营，特许经营者在一定期限内享有经营权并获取收益，期满后将经营权无偿交给政府。

二　转型期我国公用事业垄断经营格局的基本现状

（一）转型期我国公用事业的市场化改革与制度模式

公用事业的准公共产品性质决定了公用事业的任何改革，均必须从源头解决政府在公用事业中的角色与地位问题。改革开放之前，政府以全能型角色和形象把公用事业投资、建设、经营任务与职责完全放在自己肩上，时而又因工作重心转移把公用事业的发展放在可有可无的位置。[①] 改革开放

---

① 赵昌文等：《中国垄断行业改革评价及进一步改革思路》，中国发展出版社，2015，第64～147页。

以来，我国各级政府在公用事业市场化方面采取了多样化的变革方式。

（1）通过竞争式缔约准入方式，以招投标、特许经营等合同形式，把一些公用事业承包、特许给特定经营者或企业经营。如 1993 年 5 月 18 日建设部颁布的《城市公共客运交易经营权有偿出让和转让的若干规定》就指出，城市公共客运交通经营权可通过协议、招标、拍卖方式或地方政府规定的其他方式有偿出让，授给城市中任何单位和个人进行经营；除城市出租汽车外，小公共汽车经营权必须实施定线管理，公共汽车、电车、地铁、轻轨、轮渡等实施专营管理后，方可实行经营权有偿出让。① 又如 2004 年 2 月 24 日建设部制定的《市政公用事业特许经营管理办法》就对参与特许经营权竞标者应当具备的条件、选择投资者和经营者的程序、特许经营协议的内容、主管部门和获得特许经营权的企业应履行的法定义务、责任追究等问题作出了具体规定。

（2）对国营、国有公用事业部门进行以公司化为主的现代企业制度改造。最典型的就是对国营、国有公用企业与公用企业国有资产管理体制进行改制。20 世纪 90 年代，我国在明确提出实行社会主义市场经济体制后，为了让国营、国有公用企业走向市场、参与竞争，明确提出在国有公用企业建立现代企业制度，实行公司化改制。以 1992 年 5 月股份制改革试点、1993 年 12 月《中华人民共和国公司法》的颁布为标志，部分传统国有公用企业或改制，或重新设立，成为国有独资公司、多元股份的有限责任公司或股份有限公司。

（3）放松准入规制，降低准入标准，让民间资本、民营企业直接参与公用事业的经营。如 2001 年 12 月国家计委出台的《关于促进和引导民间投资的若干意见》明确提出，要鼓励和引导民间投资公用事业。此后，国务院出台了一系列政策性文件和指导性意见，加快了公用事业投资主体、经营主体的多元化、民营化、社会化的进程。

（4）对公用事业采取合理收费方式，将价格机制引入公用事业领域。长期以来，我国公用事业服务基本上都采取政府统一定价的方式，价格基

---

① 参见《城市公共客运交易经营权有偿出让和转让的若干规定》（1993 年）第 2 条至第 7 条。另，该规定于 2016 年 2 月 18 日由住房和城乡建设部发布的《关于宣布失效一批住房城乡建设部文件的公告》宣布失效。

本不受成本和需求变动的影响。这既不利于公用事业的发展，也严重影响公用事业的服务质量。1998 年 9 月国家计委和建设部制定《城市供水价格管理办法》，启动公用事业产品与服务改革。该办法规定，城市供水价格由供水成本、费用、税金和利润构成，污水处理费计入城市供水价格，按城市供水范围，根据用户使用量计量征收。①城市供水成本包括供水生产过程中发生的原水费、电费、原材料费、资产折旧费、修理费、直接工资、水质检测、监测费以及其他应计入供水成本的直接费用。②费用包括组织和管理供水生产经营所发生的销售费用、管理费用和财务费用。③税金为供水企业应交纳的税金。④城市供水价格中的利润，按净资产利润率核定。该办法还规定，城市供水根据使用性质可分为居民生活用水、工业用水、行政事业用水、经营服务用水、特种用水五类，实行分类水价；制定城市供水价格应遵循补偿成本、合理收益、节约用水、公平负担的原则；城市供水价格的制定与调整应实行听证会制度和公告制度。①《城市供水价格管理办法》的颁布与实施，使城市供水价格机制得到正常发展。之后，我国相继制定或出台如《价格法》（1997 年，简称《价格法》）、《政府制定价格成本监审办法》（2006 年，2017 年修订）、《定价成本监审一般技术规范》（2007 年）、《政府制定价格听证办法》（2008 年，2018 年修订）、《政府制定价格行为规则》（2017 年）等规范文本，初步建立起以成本加成为定价基础、以成本监审和价格听证为监管内容的价格管制体系。

（二）转型期我国公用事业垄断经营的现状

公用事业多年来的市场化改革，发挥了市场在配置公用事业资源方面的基础性作用，推动了政府职能和国有公用企业经营机制的转变，在一定程度上促进了城市公用事业的持续发展。但我国公用事业领域在市场化改革中，深层次的体制矛盾和经营中的实质问题依然突出，国有公用企业竞争活力与垄断控制等问题仍没有得到彻底、有效的改善。

（1）计划经济体制惯性仍存，效率低下问题仍十分突出。我国现行公用事业经营、监管体制，相当程度上延续了计划经济时期的某些做法和方

---

① 参见《城市供水价格管理办法》（1998 年，2004 年修订）第 3 条、第 6 条、第 7 条、第 10 条、第 22 条。

式，行政监管权与企业经营权混淆，条块分离，各自为域，如各级政府部门的公用事业监管职能界定不清晰，分工不明确，职能重叠，多重监管，不仅影响了行政监管的效率，也增大了公用企业的经营风险；又如在签订公用事业承包、特许经营合同时，政府发包方、授权方往往因职能划分模糊而具有不确定性；再如政府公用事业监管机构设置多头、分散，分工不尽合理，职能也不集中，权力区块之间易发生冲突，且缺乏相应的裁决机制，导致公用事业管理体制低效运行等。

（2）政企不分导致行政垄断、行业垄断与国有公用企业垄断并存。多年来，我国虽然对各行业的国有公用企业进行了一定形式与程度的改革，政府也逐步退出对国有公用企业的直接管理和硬性干预，但因改革不到位和不彻底，有相当部分国有公用企业的生产和服务全过程仍或明或暗地接受政府部门的直接管理，或依靠政府财政补贴过日子。计划经济时期遗留下来的政企不分、政资不分、条块分离经营管理体制仍未完全消除，导致公用事业领域交织着行政垄断、行业垄断和国有公用企业垄断等一系列问题，垄断经营仍在相当程度上存在并成为公用事业领域的代名词。

（3）投资主体与渠道的单一导致公用事业领域的投资严重不足。目前，在公用事业领域，由于传统意识形态的惯性、产业政策导向、市场准入障碍、投资利益分配激励机制不完善等多方面的原因，民间资本和社会资本仍难以有效地、大规模地进入，特别是如供水、燃气、燃油、电力、铁路、民航、港口等公用事业领域的投资主体仍主要是国家（政府）或国有公用企业，明显单一。此外，公用事业领域的融资渠道仍主要依赖传统的财政支出和银行信贷，对民间资本、社会资本与外商资本的开放度与利用率总体仍比较低。

（4）价格形成机制尚不合理。公用事业领域的价格形成单一，定价主要按照《价格法》规定的条件和程序来进行，虽然公用事业领域价格确定多年来遵循补偿成本、合理收益、节约费用、公平负担的原则，但政府相关定价部门在具体审核调价方案时，没有法定预测成本的依据和合理的利润标准，对公用事业成本、费用、税金和利润的核算没有建立在全面、科学的分析基础上，致使公共事业价格既不能反映成本，也不能准确地反映供求关系，从而无法形成合理的差价。此外，在价格形成的程序上，在难以形成基于成本核算的前提下，通过会计核算、专家论证、公众参与、社会监督和政府协调等专业、科学、民主、有效的定价机制，确保公用事业价格既能反映经营成本和合理利润的核算要求，又能使社会公众承担和接受。

（5）法律法规不健全。我国现行规范、调整公用事业经营行为的法律主要有两类：一类是规范、调整一般市场竞争行为的法律，即《反不正当竞争法》《反垄断法》及其配套行政法规、部门规章；另一类是行业、部门性法律和行政法规，如《铁路法》《民用航空法》《电力法》等。这些法律、行政法规、部门规章制定的时间大多在1990年代前后，带有明显的计划经济痕迹和行政本位思维，不能适应公用事业改革和反垄断的需要。虽然2007年通过了《反垄断法》、2017年以来对《反不正当竞争法》进行了修订，对公用企业滥用独占地位的垄断经营有所回应，但顶层性、全局性、通盘性的制度安排与配套规定尚有明显缺陷，仍不能适用公用事业领域引入竞争机制后建立与维护自由、公平、有效竞争秩序的需求。其他行业、部门性法律、行政法规，或强调保护国家基础设施的安全，或注重于维护行业的经营秩序，而对于经营主体的经营、定价、服务等垄断性问题则缺乏关注；对转型期公用事业垄断经营行为所引发的一系列问题，往往没有顶层的整体设计和系统的制度安排，这些均严重阻碍了公用事业的转型和发展，也影响了我国统一、自由、开放、有序的社会主义市场系统的建设和形成。

三　转型期我国公用事业垄断经营格局的特征分析

（一）　转型期我国公用事业垄断经营的经济特征

公用事业属于公共服务行业与基础设施产业，在经济建设与社会发展中扮演着不可或缺的角色。从经济学角度分析，转型期我国公用事业垄断经营具有以下多方面的特征。

1. 公用事业是自然垄断与行政垄断的复合体

如前所述，公用事业大多涉及供水、电力、煤气、热力、电信、铁路、航空、城市市政设施等产业和行业，受基础设施网络属性和等额重置成本的制约，具有不可重复等自然垄断特征，只适合由一个或几个寡头进入或经营，以通过规模效应获得必要的、有限的利润，进而形成自然垄断。20

世纪 80 年代以前，电力、电信、民航、铁路等产业基本上都属于自然垄断产业。

除此之外，就我国而言，在计划经济时期，由于供水、电力、煤气、热力、电信、铁路、航空、城市市政设施等公用事业领域的投资与经营，由行政、计划指令按照行业从中央到地方统一安排而形成，并以条（公用事业所在的不同行业）块（地方政府管辖的地域）分割的状态存在和发展。在这一条块分割状态中，不同公用事业行业、不同地区、不同部门之间的投资与经营、供给与消费完全处于隔离状态，形成明显的行政垄断格局。①

早在 19 世纪末，英国经济学家马歇尔就指出，高效大型机器设备的广泛使用必然导致规模扩大，而规模扩大虽然可以导致单位产品的成本大幅度降低，但规模经济所造就的生产集中又极易造成垄断，垄断又会使经济丧失竞争活力。规模经济和垄断经营这种难以分割的特殊关系，使"社会经济发展可能要长期面对规模效益和竞争效益的两难选择"，即社会选择规模效益，就得牺牲竞争效益；而要注重竞争效益，就得牺牲规模效益。② 这一点特别适用于解释公用事业垄断经营。在我国，公用事业的规模效应、垄断经营、行政控制、国有企业几者高度地交织、融合在一起，致使公用事业领域形成垄断经营，形成既具自然垄断特征又具行政垄断色彩的明显复合特征，政府与政府控制下的国有公用企业作为公用事业的主要投资者或垄断经营者，无疑是公用事业领域的既得垄断性利益者。这些既得垄断性利益集团具有本位自利动机、公权分利集团、利益的封闭性与排他性、利益分配与占有的刚性、强大政治影响力等鲜明的政治与经济特征。③ 因此，在某种意义上讲，公用事业与垄断行业几乎可以相提并论，已成为计划经济的"最后堡垒"，而行政性的垄断特质又使其成为我国经济长期健康、持续、高速增长的最大制度性障碍。

随着科学发展、技术进步、方法创新，公用事业产品生产流程或服务环节也日趋专业化、复杂化，许多公用事业产业领域或环节已经不再具有

---

① 戚聿东主编《垄断行业改革报告》，经济管理出版社，2011，第 7~34 页；王俊豪等：《中国城市公用事业发展报告 2017》，中国建筑工业出版社，2018，第 2~34 页。

② 阿尔弗雷德·马歇尔：《经济学原理》下，朱志泰、陈良璧译，商务印书馆，1983，第 161~162 页。

③ 胡鞍钢、过勇：《从垄断市场到竞争市场：深刻的社会改革》，《改革》2002 年第 1 期。

自然垄断的特性，可以细分为竞争性领域或环节和非竞争性领域或环节。（1）公路、水运、海运、航空、邮政快递等物流运输行业和石油等传统公用事业领域，已经成为竞争性领域。（2）传统电力、通信、供水等传统自然垄断性公用事业行业，某些环节已变成竞争性环节。如电力行业，发电、配电、供电环节均已变成竞争性环节，真正具有自然垄断性质的是电网建设、输电环节；又如电信行业，除通信线路、移动基站等固定基础设施具有自然垄断性外，而基于平台上的基础和增值电信服务则具有竞争性；再如自来水产业，其自然垄断环节只是在水源、水网、水管的建设上，自来水生产、供应、污水回收和处理等经营环节则存在竞争性。正因如此，西方发达市场经济国家在重新细分公用事业领域或生产环节的基础上，对可引入竞争的领域或环节通过开放市场、放宽准入，引入竞争机制，以实现公用事业的投入增长和高效营运。1970 年代美国的民航、电力、电信改革，1990 年代英国、德国、日本的电信改革，阿根廷、澳大利亚的电力改革，都说明了这一点。

2. 价格形成机制由政府决定

长期以来，我国的公用事业被视为政府的福利事业，过多地强调其公益性，价格形成机制不能适应市场经营的需求。其具体表现如下。（1）公用事业产品与服务价格的定价权仍然延续计划经济时期的习惯做法，由政府决定或主导。如《价格法》第 18 条规定，自然垄断经营的商品价格、重要的公用事业价格、重要的公益性服务价格，在必要时可以实行政府指导价或者政府定价。这说明公用事业价格的定价权多数情况下仍由政府掌握；公用事业经营者的成本核算权、基础性定价权和公众消费者的定价参与权、监督权，基本处于缺席的状态。[1]（2）公用事业产品与服务价格的定价依据尚不合理。没有法定预测成本的依据和合理的利润标准，对公用事业之成本、费用、税金和利润的核算没有建立在全面、科学的分析基础上，致使公共事业价格往往既不能反映成本，也没有准确地反映供求关系，从而无法形成合理的差价。[2]（3）公用事业产品与服务价格的定价程序存在明显缺

① 万峰：《公用事业行业价格规制的探讨》，《金融经济》2011 年第 10 期。
② 赵全新：《关于公用事业价格成本监审若干问题的思考》，《价格理论与实践》2017 年第 11 期。

陷。在公用事业领域价格形成的程序上，在难以形成基于成本核算的前提下，通过会计核算、专家论证、公众参与、社会监督和政府协调等专业、科学、民主、有效的定价机制，以确保公用事业产品与服务的价格，既能反映经营成本和合理利润的核算要求，又能使社会公众承担和接受。公用事业产品与服务价格的专家论证、公众参与、社会监督等程序性制度设计，或者没有配套的相关制度，或者根本没有落实，形同虚设。① （4）公用事业产品与服务价格的定价、调价监管立法与制度尚不完善。如制定于1997年的《价格法》更多的反映了计划经济时期的定价思维与调整方式，而有关公用事业价格的决定主要受如《城市供水价格管理办法》（1998年，2004年修订）、《水利工程供水价格管理办法》（2003年）、《城市供水定价成本监审办法（试行）》（2010年）、《有线数字电视基本收视维护定价成本监审办法（试行）》（2012年）、《输配电定价成本监审办法（试行）》（2015年，2019年修订）、《中央定价目录》（2015年，2020年修订）、《省级电网输配电价定价办法（试行）》（2016年，2020年修订）、《天然气管道运输价格管理办法（试行）》（2016年）、《天然气管道运输定价成本监审办法（试行）》（2016年）、《政府制定价格成本监审办法》（2017年）、《政府制定价格行为规则》（2017年）、《区域电网输电价格定价办法（试行）》（2017年，2020年修订）、《跨省跨区专项工程输电价格定价办法（试行）》（2017年）、《铁路普通旅客列车运输定价成本监审办法（试行）》（2017年）、《政府定价的经营服务性收费目录清单》（2018年，2020年修订）等部门规章的，一方面这些部门规章效力级别低，另一方面这些部门规章渗透着诸多行政主管部门的本位利益，计划思维、行政管制、条块分割的痕迹十分明显，统一、协调、有效的公用事业价格立法体系仍未形成。（5）价格形成机制缺乏对企业的激励。完善的价格形成机制应在对企业起到约束的同时，建立起对企业的激励机制。从上述相关法规文件来看，现行公用事业价格立法注重成本的约束、限制，集中于价格行为的管制，忽视了竞争和激励，对公用企业总体上是重管制而轻激励。② （6）公用事业产品与服务定价机制具

---

① 刘大伟、唐要家：《社会公共组织参与管制优势的法经济学分析——以公用事业价格听证中的消费者组织为例》，《法商研究》2009年第4期。

② 刘成云：《我国市政公用事业价格监管的问题与对策》，《中国物价》2013年第5期。

有滞后性。由于前述原因，在公用事业价格形成的过程中，政府拥有主导性权力；而公用企业、专家评审、社会公众对公用事业价格的决定影响较小，在信息不对称情况下，政府的定价决策与价格管理往往明显滞后于市场供求真实状况，导致政府价格行为的"失灵"。[①]

3. 公用事业产品与服务的必要性和不可选择性

公用事业提供的产品和服务皆为大众日常所必需，替代选择较少，需求弹性小，往往对于所提供的产品和服务不具有选择的可能。由于独占性的存在，某一地区公用事业产品和服务的提供者是唯一的；对消费者和用户来说，他们通常不能像对待一般的经营者那样，可以根据自己的意愿和爱好对不同产品、服务或经营者进行选择，只能被动地接受具有垄断经营地位的国有公用企业或公用事业经营者所提供的产品和服务。即使有时经营者提出苛刻的条件，公众消费者往往为了满足日常生活所需而必须选择接受。公用事业的这一特性，决定了公众消费者权益保护问题的重要性。[②]

4. 公用事业领域供给公益性与经营营利性共存

公用事业的特殊性和重要性，决定了在生产经营中公用企业需要承载双重目标。一是公益性目标，即社会效益目标，包括提供普遍服务，安全、稳定、连续地提供质量优良、价格合理、数量充足的公用事业产品与服务；二是营利性目标，即投资者与经营者合理的投资回报，保障企业维持生产和扩大再生产的能力。现实中，在国家政策与企业自身利益不一致的情况下，具有垄断经营地位的国有公用企业或公用事业经营者在执行国家政策时就会大打折扣，甚至会用行政权力来维护和强化公用事业的垄断地位。受公用企业利益、部门或地方利益的驱动，加上我国市场体系和国家宏观调控体系的不健全，具有垄断经营地位的国有公用企业或公用事业经营者追求垄断价格、垄断利润的动机会通过种种手段顽强地表现出来。如电信部门收取的电话初装费、上号费、选号费，电力、供水部门收取的线路或设备改装费等。

[①]　吕忠梅等：《规范政府之法：政府经济行为的法律规制》，法律出版社，2001，第67~70页。

[②]　邓敏贞：《公用事业特征与公私合作的法理分析：以公共产品理论为视角》，《理论月刊》2013年第4期。

5. 经营效率低下与经营者高报酬的不对称

对具有垄断经营地位的国有公用企业或公用事业经营者而言，其共同、鲜明的特点在于都是在经济学意义上经济规模集中度非常低下的情况下发生的。这些部门占用大量社会资源，却为社会提供较少产出，不少企业浪费严重甚至亏损严重。如截至 2003 年，我国电力行业占用 8000 亿元资产存量，每年只有 80 多亿元利润；我国城市自来水平均漏水率高达 20%，高出巴黎、东京、慕尼黑等国际大都市近一倍；中国电信所属 31 个省、市的分公司中仅有 11 家盈利，其余都处于亏损状态；铁路部门更是全行业亏损。我国的公用事业垄断行业之所以效率不高，主要原因在于核心公用事业垄断地位的行业传统上习惯于利用垄断优势，对上下游的可竞争性业务实行垂直一体化垄断，限制其他市场主体进入竞争。[①] 又如，2003 年以后，电力行业经改革后形成电力市场的寡头垄断格局，其中发电领域大多掌控在两大电网公司和五大发电集团手中，国有化程度仍高达 90%；输电和配电领域，国有化程度仍为 100%；在供电领域，全国 3012 家供电企业中，国家电网公司和南方电网公司直属或控股的有 2549 家，国有化程度高达 84.6%。而 2003～2011 年，电力行业利润总额从 585.36 亿元增长到 711.32 亿元，电力供应业的利润总额从 76.58 亿元增长到 722.06 亿元，增幅分别达 21.5% 和 842.9%，但电力企业上缴年度净利润从 2011 年开始，才提高到 10% 或 15%，远远低于国外电力企业利润分配的 30%～50%，有的甚至高达 77%。[②] 这说明，虽然电力行业靠垄断与提价，获得高于 2003 年前的可观利润，但给国家投资者的投资回报却远远低于国际同行。与此同时，垄断行业经营管理层与内部职工收入水平却增长过快。国家统计局的数据显示，1990～1999 年全国职工平均工资年均增长速度为 16.5%，邮电通信业为 20.2%，航空运输业为 19.9%，高于全国年平均工资增长速度 3.4～4.9 个百分点。[③] 国有公用企业的低效率经营与员工特别是高管薪金的高增长形成鲜明对

---

① 胡家勇：《论基础设施领域改革》，《管理世界》2003 年第 4 期，第 59～67 页。

② 杨兰品、郑飞：《我国国有垄断行业利润分配问题研究：以电力行业为例》，《经济学家》2013 年第 4 期。

③ 胡静波、李立：《我国垄断行业收入分配存在的问题与对策》，《经济纵横》2002 年第 11 期。

照。[①] 这说明国有公用企业的垄断经营，已偏离了公用事业举办时总体实现公益性与营利性之间平衡的制度初衷。

（二）转型期我国公用事业垄断经营的法律特征

转型期我国公用事业市场化改革的全面实施，国有公用企业大力推行股份制改革，产权交易制度逐步规范，特许经营方式广泛应用，政策制定以有利于建立有效竞争机制为指导方针。这一时期，国家在政策扶持和制度创新方面加快了步伐，出台了一系列的意见和办法，尤其是大力发展了特许经营制度，从法律角度分析主要体现在以下几个方面。

1. 投资主体呈现多元化的格局，资金渠道逐步由封闭走向开放

长期以来，政府主导公用事业的经营管理，是直接的投资经营者；随着政府包揽一切观念的改变，价格和收费制度的改革与创新，以及城市公用设施经营性和非经营性类别的划分，社会资金开始进入公用事业建设领域。投资主体由以往单一政府投入逐步扩展到国内银行贷款、外商投资、民营企业投资等多元投资竞相进入公用事业领域的局面。

（1）政府投入。政府投资模式、财政性资金投入仍是公用事业建设的主要渠道。目前主要政府投资的财政性资金投入有以下几项。①城市维护建设税。根据《城市维护建设税暂行条例》（2011 年修订）规定，城市维护建设税，以纳税人实际缴纳的消费税、增值税、营业税税额为计税依据，分别与消费税、增值税、营业税同时缴纳。城市维护建设税税率以纳税人所在地在市区的，税率为 7%；在县城、镇的，税率为 5%；不在市区、县城或镇的，税率为 1%。由地方政府从纳税单位和个人缴纳的增值税、营业税、消费税中按一定税率征收。[②] ②公用事业附加。根据财政部《关于征收城市公用事业附加的几项规定》规定，城市公用事业附加属于政府性建设基金，其项目包括工业用电、工业用水附加；公共汽车、公共电车、民用自来水、民用照明用电、电话、煤气、轮渡七项附加；其他如货物运输附加、城市房地产税附加、砂石附加等项目。由地方政府按供水、供电、公

---

① 汪平、苏明：《资本成本、公正报酬率与中国公用事业企业政府规制》，《经济与管理评论》2016 年第 3 期。

② 参见《城市维护建设税暂行条例》（1985 年，2011 年修订）第 3 条、第 4 条。

共交通、煤气、市内电话等营业额的 5%~8% 征收。① 该规定于 2017 年 3 月 15 日财政部《关于取消、调整部分政府性基金有关政策的通知财政部》所废止，公用事业附加基金也正式停征。③ 中央对地方专项转移支付。原为中央财政专项拨款，根据财政部《中央对地方专项拨款管理办法》规定，是中央财政为实施特定的宏观政策目标而设立的补助地方专项资金；2015 年 12 月 30 日财政部印发《中央对地方专项转移支付管理办法》，中央对地方专项转移支付取代原有的中央财政专项拨款。根据《中央对地方专项转移支付管理办法》规定，按照事权和支出责任划分，专项转移支付分为委托类、共担类、引导类、救济类、应急类五类。其中，共担类专项是指按照事权和支出责任划分属于中央与地方共同事权，中央将应分担部分委托地方实施而设立的专项转移支付；主要包括公益性、外部性等与公用事业有关的项目；地方政府应按下达预算的科目和项目执行专项转移支付，不得截留、挤占、挪用或擅自调整。② ④ 地方财政拨款或城市机动财力。各地方政府财政将预算外收入的一部分用于城市基础设施建设，这部分资金称为城市机动财力，如土地财政等。⑤ 历史文化名城保护专项资金。历史文化名城保护专项资金设立于 1984 年，根据财政部《国家历史文化名城保护专项资金管理办法》规定，国家历史文化名城保护专项资金是中央设立的专项用于国家历史文化名城中确有长期保护价值的重点历史街区及文物的保护规划、维修、整治的专项资金。③

（2）相关政策性收费。如行政事业性收费，根据财政部、国家发展改革委《行政事业性收费项目审批管理暂行办法》规定，行政事业性收费是指国家机关、事业单位、代行政府职能的社会团体及其他组织根据法律、行政法规、地方性法规等有关规定，依照国务院规定程序批准，在向公民、法人提供特定服务的过程中，按照成本补偿和非营利原则向特定服务对象收取的费用。行政事业性收费包括在全国或地方范围内实施的资源类收费、在全国范围内实施的公共事业类收费、对国民经济和社会发展具有较大影响的其他收费等重要收费项目。其中，公共事业类收费主要包括市政设施

---

① 参见《财政部关于征收城市公用事业附加的几项规定》（1964 年）第 2 条。
② 参见《中央对地方专项转移支付管理办法》（2015 年）第 3 条、第 15 条、第 37 条。
③ 参见《国家历史文化名城保护专项资金管理办法》（1998 年）第 2 条。注：该办法被财政部（2003 年 16 号令）宣布失效。

配套建设费、有偿使用费、增额费等。①

（3）国内银行贷款投入。银行贷款是公用基础设施建设基金中的重要来源。改革开放以来，银行贷款在公用基础设施建设资金来源中的比例稳步上升。据统计，1986年全国利用国内银行贷款只有3.2亿元，占公建资金的比重只有2.4%。党的十四大以后，公用事业市场化改革进程的加快，促进国内银行贷款规模迅猛增长，2003年利用银行贷款的规模达到1500亿元，比上年增长93%，占当年公建固定资产投资比重达35%。② 近年来，银行贷款成为城市公共基础设施建设特别是城市轨道交通建设的主要资金来源。

（4）外资投入。根据国家发改委公布的数据，我国利用外资始于水厂建设项目贷款，到1999年利用外资项目的有300多个，合同外资金融90亿美元左右，全国共有220多个城市利用20多个国家政府和国际金融组织提供的中长期优惠贷款；至2007年底，我国在供水、燃气、地铁、道桥、污水与垃圾处理等多种项目和领域存在外资投入，主要形式包括外国政府赠款、外国政府或国际金融机构（如世行或亚行）贷款、国外企业合资合作、外商直接投资等。③ 随着我国公用事业领域和城市基础设施市场的不断开放，外国资本对我国公用事业领域的投资也明显增多。

（5）民营资本投入。2001年以来，随着市政公用行业市场化进程的加快，特别是2004年建设部颁布实施《市政公用事业特许经营管理办法》、推行公用事业特许经营制度以来，民间资本、社会资本进入公用事业领域的步伐明显提速。特别是2013年以来，PPP相关政策和法规密集出台，鼓励社会资本进入铁路、能源、城市基础设施等领域；④ 2015年发改委等六部委颁发《基础设施和公用事业特许经营管理办法》以来，公用基础设施领域引入PPP模式之后，民间资本、社会资本大量开始进入公共基础设施领域；据财政部官网披露的信息，截至2016年2月29日，全国共有7110个

---

① 参见《行政事业性收费项目审批管理暂行办法》（2004年）第3条、第8条。
② 秦虹：《中国市政公用设施投融资现状与改革方向》，《城乡建设》2003年第7期。
③ 王立武：《我国环境基础设施近10年利用外资达526亿元》，《环境》2007年第12期。
④ 尹少成：《PPP模式下公用事业政府监管的挑战及应对》，《行政法学研究》2017年第6期。

PPP 项目纳入 PPP 综合信息平台，项目总投资约 8.3 万亿元。[①]

2. 经营模式上引入竞争机制，逐步转向市场化

随着转型期公用事业产权结构变革的深入，以提供公用事业产品或服务的企业组织形式和治理结构也发生了相应的变化。为适用市场与改革的需要，公用事业经营者与公用企业的经营方式也在不断地创新和变革；特别是国有公用企业借鉴国外经验，对传统计划经济时期的公用事业经营模式进行了一系列的大胆创新和改革，其制度模式归纳起来有以下几种。

（1）招标承包方式。即政府以公开招标形式，通过与承包者签订经营合同，将投资兴建的公共服务设施委托给承包人（个人、集体或企业）经营和管理，政府依约定付费标准，从承包经营者那里获得直接的公共产品和服务，然后提供给社会公众消费的一种公用事业经营模式。

（2）特许经营方式。即政府以公开招标的形式确定特许经营者，通过与特许经营者签订特许经营合同，将国家控制的某项公共服务项目或具有自然垄断性质的某特定公用事业领域，授予或交给特许投资者或经营者（包括自然人个人和企业法人）开办、经营和管理，在合同规定的特许经营期内，投资者拥有对投资建设项目和设施的排他性经营权和控制权，并可以向设施使用者和服务对象收取适当的费用，由此回收项目投融资、经营和维护成本并获得合理的回报。特许期限结束后，投资经营者将设施无偿的移交给签约方的政府部门。政府的职责是监督特许经营者在特许期限内使用、维护设施的妥当和向社会公众公用事业服务的到位，并确保特许期限结束后全部设施能够较为完整地交还给政府。

（3）非公有资本独资模式。即政府通过公用事业领域的公平准入制度，引入非公用制性质的民间资本或境外资本，由非公有制投资者负责公用事业项目的全部投资，在政府的监管下，通过向用户收费来收回投资，实现利润。投资者拥有项目的永久性所有权，不具备有限追索的特性。非公有资本独资包括非公有资本投资者对公有企事业单位的直接并购，也包括非公有资本投资者对新建公用事业项目的自筹自建；既涵盖现有公有企事业单位公有产权的部分剥离，也包括现有公有企事业单位公有产权的完全剥

① 张璐晶：《财政部"全国 PPP 综合信息平台"首次披露大数据》，《中国经济周刊》2016 年第 9 期。

离。与特许经营根本不同的是，非公有资本独资模式的产权和经营权最终归属于非公有资本投资者。①

3. 公用事业投资、经营关系的法律化

从法律关系上来看，公用事业经营与服务作为一种普遍性的投资、经营、交易和服务活动，涉及多方面的主体。在公用事业投资、经营与服务法律关系中，公用事业投资者与经营者（下称公用企业）、公用事业产品与服务的消费者、公用事业投资与经营的管制者等，构成了公用事业法律关系的主体要素。公用事业产品和服务的水准，所代表的是"一个社会非由政府提供不能有效满足和充分保障的基本福利水准"，② 其中涉及多方面的法律关系及相应的权利、义务。

首先，从国家与公用企业之间关系来看，公用企业首先是作为自主经营、自负盈亏的私权主体在市场中进行生产经营活动，这就决定了它必然会以自身的利益最大化为其经营目标。然而公用事业关涉社会公共利益，其自身普遍服务的经济特性又要求公用企业必须向社会提供质高价廉的公用产品或服务。为实现这一公益目标，国家的适度干预成为必要。可以说，公用事业普遍服务职能的设定，是国家运用公权力对公用企业自主经营权的适度限定，是国家公权力对市场私权的有效干预。同时，我们也应认识到，公用企业普遍性公共服务职能的承担，不是国家肆意运用公权的结果，而是在法定的范围和手段下，国家通过规劝、激励、引导、监督等方式，使公用企业的投资、经营与交易行为更符合维护社会公共利益和增进社会整体福利的社会目标。

其次，从国家与公用事业产品、服务消费者（下称公众消费者）的角度来看，国家的适度干预是公用事业产品、服务供给普遍化、均等化实现的保障。公用事业产品、服务普遍供给的实现，又离不开国家运用财政补贴、专项资金扶持、专项转移支付等手段，不断加大对公用事业基础设施的投资建设力度，以及对偏远地区、低收入群体的消费补贴和政策倾斜，这体现了国家在国民收入再分配方面坚持以公平原则保障特殊群体，让社

---

① 杨其斌、修明慧：《加快我国公用事业产权多元化、市场化进程的理论与政策论略》，《经济研究导刊》2008 年第 14 期。

② 项继权：《基本公共服务均等化：政策目标与制度保障》，《华中师范大学学报》（人文社会科学版）2008 年第 1 期。

会公众能公平地分享经济发展和社会改革所带来的积极成果，以增进社会整体福利、维护社会公共利益的公共福利职能；以实现让全体社会成员（公用事业产品、服务消费者）均等享受公用事业产品与服务供给的普遍化与均等化。

最后，从公用企业与公众消费者的角度来看，公用企业和公众消费者作为市场经济的供求双方，二者可以说处于一个利益博弈的关系中。公用企业作为自主经营、自负盈亏的营利性组织与经营主体，必然要追求自身利益最大化，要尽可能从公用事业产品、服务消费者身上攫取利润；而公众消费者则尽可能地希望通过最低的对价来换取尽可能多的质高价廉的公用事业产品、服务。在市场竞争的环境下，公用企业作为生产经营的主体，掌握着更多的市场信息，处于主导地位；再加上公用事业产品、服务的需求弹性低，可替代性小，公众消费者则往往处于被动的劣势地位，二者领域之间的权利平衡，彼此关系的矛盾，必然影响社会的和谐与稳定，在此情形下，国家的适度调控与干预就成为必要。公用事业产品、服务供给普遍化、均等化等公益性特点，强调公用企业在不断扩大产能、提高服务水平的前提下，应在服务能力允许的范围内，向希望得到服务且愿意支付相应对价的公众消费者提供普遍、均等的公用事业产品或服务。

四 转型期我国公用事业垄断经营格局的成因分析

(一) 制度背景

新制度经济学的代表人物诺斯认为，"制度是一系列被制定出来的规则、守法程序和行为的道德伦理规范，它旨在约束追求主体福利或效用最大化的个人行为"。因此，可以说"制度是一个社会的游戏规则或形式上是人为设计的构造人类行为互动的约束"。[①] 基于成本—收益和制度均衡的分析，任何制度当能满足社会与人们需求时，就会处于均衡状态；但随着外部性、规模经济、风险和交易成本、收入等因素变化，必然引发新的制度改革需求，并导致制度变迁，进而达到新的制度均衡。一般而言，以下三

---

① 道格拉斯·C. 诺斯：《经济史中的结构与变迁》，陈郁、罗华平译，上海三联书店、上海人民出版社，1994，第 225~226 页。

种情况的出现，就有可能打破既有的制度均衡，引发或导致制度改革或制度变迁：（1）新的技术或风险等条件出现；（2）制度方面的创新或发明；（3）法律和政治情况的变化。[①] 我国转型期公用事业垄断经营格局的形成，也可用制度变迁理论予以解释。

在我国原有的计划经济与行政管理体制下，地方、城市和城乡之间在公用事业的建设和管理上，基本上是"各自为政"。（1）在计划经济体制的严格控制下，公用事业领域的投资、经营和交易受到政府计划的管制，其市场化程度一直很低。（2）受计划经济体制和传统公有制观念的制约，公用事业领域的投资、经营和交易长期由国家投资、政府经营，公用事业领域的投资、经营和交易的不同领域与各个环节的政资不分、政企不分现象特别明显。（3）地方、城市和城乡之间在公用事业设施的建设与管理上的各自为政，在一定程度上割裂了不同地方、城市和城乡之间在公用事业投资与经营上的统一规划与必要的经济联系，不同地方、城市和城乡之间公用事业产业规划、基础设施建设和运营被行政手段分割为自成体系、互不沟通的独立市场，导致"小而全""大而全"的重复建设，结果有限的公用事业资源浪费严重，供给严重不足。不同地方、城市和城乡之间在公用事业设施的建设与管理上的各自为政，又使之演变为利益集体之间的恶性竞争和以邻为壑，难以形成公用事业投资与经营上的整体优势和总体竞争力，最终损害了区域经济和国民经济的协调发展。（4）公用事业投资、经营与地方政绩、内部控制人之间形成高度牢固的利益链条。在现行提拔式的行政任命体制下，国务院各部委、地方政府、公用企业干部的升迁主要取决于上级组织部门对其业绩的考核，其中公用事业投资、经营又是见效最快的领域，因此，这一领域也就成为政绩工程、形象工程、高短平快项目、GDP 增长、招商引资额等"数字"指标的重点关注对象。正是由于此一因素的制约，公用事业投资、经营领域形成了一个比较稳定的利益集团，阻碍了公用事业改革的推进和深入。

可见，传统的计划经济与政资不分、政企不分的体制环境，是我国转型期公用事业垄断经营格局形成的制度性原因。

[①] 张宇燕：《经济体制的择优》，《管理世界》1991 年第 1 期；张宇燕：《个人理性与"制度悖论"——对国家兴衰的尝试性探索》，《经济研究》1993 年第 4 期。

（二）经济原因

传统经济学理论认为，公用事业领域绝大多数属于自然垄断行业，由于资本稀缺、技术制约，必须通过局部或整体的垄断才能产生适度的规模效益和最低利润。况且，在我国，长期以来，政府是公共产品和服务的提供者，缺乏竞争而导致成本高、效率低，也无必要通过引入竞争机制降低公用事业产品或服务的成本。但是，这些情况在 20 世纪 70 年代以降，则发生了深刻变化。这些变化使具传统意义的公用事业垄断经营格局难以成就其正当性和合理性。①

1. 科学技术的进步

科学技术能够推动人类自古代走入现代的重要原因，在于科学技术决定了社会的生产方式、组织方式和生活方式，它改变了人们对自己赖以生存和发展的各种资源特别是物质资源的使用方式和使用能力，成为社会发展的终极推动力量。在公用事业的不同领域，无论是能源供应、环境治理，还是自来水行业、公共交通，都与科学技术密切联系在一起。科学技术的进步推动了公用事业制度的演进，改变了公用事业的产业性质和产业管理体制，甚至颠覆了传统公用事业产品和服务的供给内容、供给方式。（1）因技术进步而改变了自然垄断性产业领域的边界。如电信产业就表现得特别明显，随着光缆技术的发展，利用卫星和无线电话技术，有线电视公司也能提供传声和数据服务，这些都使传统有线电信产业发生革命性的变化，从而为新企业进入电信行业，建立新的通信网络，向公众消费者提供比原有电话通信网络质量更好、服务更优、价格更低的通信服务创造了条件。这样电信产业的投资与经营模式就不是唯一的、全国一体的通信网络，而是由电话网络、卫星、微波系统等其他技术组成的一个多面、立体的互通网络，通信技术发展的结果大大地压缩了电信产业的自然垄断性业务范围。②（2）科学技术的不断进步使一些具传统自然垄断属性的公用事业某些环节表现出明显的竞争性。特别是 20 世纪 70 年代以来，具传统自然垄断属

---

① 建设部课题组：《市政公用事业改革与发展研究》，中国建筑工业出版社，2007，第 12~22 页；戚聿东：《垄断行业改革报告》，经济管理出版社，2011，第 7~20 页。

② 肖立武：《电信产业并非"自然垄断"——对美国电信业发展的历史考察及与中国的现实比照》，《中国工业经济》1999 年第 9 期。

性的公用事业中许多领域、产业的自然垄断特征，已经消失或者弱化等现象呈明显增多态势。从经济史的角度来看，铁路作为运河的竞争对手产生和发展起来后，在 19 世纪逐渐取得垄断地位；但在 20 世纪，火车动力燃料的改进大大降低了铁路的运营成本，新技术还不断地被应用于汽车制造和航空领域，随着高速公路的延伸和飞机场的建设，火车、汽车、飞机之间彼此竞争，并可以在一定程度、范围和距离上相互替代，旅客可以根据自己的意愿在不同运输方式之间做出选择，原本意义上运输业的自然垄断特性就相应弱化许多。[①] 又如，前文所述的供水、电力、油气等，除输水、输电、输油、输气等管线环节具有自然垄断特性外，其他环节均已不再具有自然垄断属性，反而具有竞争性。[②] 在传统自然垄断理论看来，公用事业多属于自然垄断领域，不适宜引入多元化的竞争，但科技进步已使传统公用事业的某些领域或产业中的某些环节不具有自然垄断特性。这一部分公用事业，就可引入竞争机制，使之市场化。20 世纪中叶以来，世界范围的电力、电信、供水、燃气、铁路、民航、邮政等方面的改革与某些公用企业的分拆，实行厂网分离、轮轨分离、线营分离就属于此一情形。我国电力、电信、邮政等公用事业领域的改革也受此影响。[③]

2. 政府减轻财政压力的需求

公用事业经营需要大量特殊的基础设施投资，且具有明显的成本沉淀性，替代成本很高。此外，公用事业经营过程中，必须有足够的资金来添置设施，以维护既有投资与设备的正常运行，这些均需要昂贵投资与支出。如公用事业的投资与经营全由政府来包揽与负责，无疑会给政府财政以极大负担，这正是大多数政府所面临的瓶颈。20 世纪 80 年代以来，英国正是在财政支出捉襟见肘、对公用事业的补贴难以为继的时候，才开始对公用事业进行市场化改革。我国转型期公用事业投资与经营的状况也不例外，

[①] 陈学云、江可申：《航空运输服务自然垄断强度的弱化与规制放松》，《财贸经济》2008 年第 7 期；邱磊、刘小兵：《中国铁路路网自然垄断属性及其管制研究》，《运筹与管理》2018 年第 12 期。

[②] 张占江：《自然垄断行业的反垄断法适用——以电力行业为例》，《法学研究》2006 年第 6 期；钱炳：《自然垄断中的市场势力：对电力产业"厂网分开"的分析》，《中央财经大学学报》2017 年第 7 期。

[③] 范合君、戚聿东：《中国自然垄断产业竞争模式选择与设计研究——以电力、电信、民航产业为例》，《中国工业经济》2011 年第 8 期。

特别是 20 世纪 90 年代以来，由于国有企业效益的持续低下，国家财政已难以支撑庞大的公用事业投资与经营支出，不得已才开始对传统计划经济条件下的公用事业投资与经营体制进行改革。进入 21 世纪，从 2002 年启动的公用事业市场化改革和 2004 年公用事业投资体制改革中可以很明显地看出，正是政府减轻财政压力的需求，才引发了公用事业改革的延续与深化。

3. 民间资本的巨大积累与快速发展

随着我国经济市场化进程的加快，我国民间资本得到一定积累和快速发展，其投资热情得到极大的释放，民营企业投资的领域与产业被进一步开放。但受前述体制性条件与公有制观念的束缚，民间资本、民营企业投资公用事业领域仍受到制度、政策、法律以及行政程序等多方面的限制，其投资公用事业领域的范围与存量，尚无法撼动既有公用事业的垄断经营格局。

（三）政策依据

我国公用事业投资与经营体制从传统的一体化模式转向谨慎引入竞争的过程，与转型期国家有关公用事业领域逐步向民间、民资、民企开放的经济政策是息息相关的。如前所述，2001 年 12 月国家计委《关于印发促进和引导民间投资的若干意见的通知》《"十五"期间加快发展服务业若干政策措施的意见》，2002 年 9 月国家计委、建设部、环保总局《关于推进城市污水、垃圾处理产业化发展的意见》，2002 年 12 月建设部《关于加快市政公用行业市场化进程的意见》，2004 年 5 月建设部《市政公用事业特许经营管理办法》，2004 年 7 月国务院《关于投资体制改革的决定》，2005 年 2 月国务院《关于鼓励支持和引导个体私营等非公有制经济发展的若干意见》，2010 年 5 月国务院《关于鼓励和引导民间投资健康发展的若干意见》，这些政策性文件为我国转型公用事业垄断经营体制的改革提供了政策依据。

国家出台的一系列的政策指导着我国的公用事业在摸索中改革前进，这促使公用事业的市场化改革进程一直延续下来，并取得了一定成效。但受前述体制性条件的制约，这些利好公用事业改革的政策只具宣示性和宏观指导性，其落实与到位尚有待于国家深化改革的各项措施的出台与执行。

我国现行公用事业投资与经营模式，形成于新中国建国初期建立起来的国有/国营体制，对应的制度背景为计划经济体制与行政管理本位。其形成的经济原因为公用事业民间投资的不足、经济规模的制约和支撑技术的限制；政策依据是传统公有制特别是全民所有制本位观念指导下的公有制经济优先与限制、禁止民间举办或民营企业进入公用事业领域。我国公用事业垄断投资与经营模式先后经历"国家垄断经营"→"国家授权经营"→"政府特许经营"这三大理论与制度变迁的阶段。20 世纪 80 年代以来，我国相继对公用事业投资、经营体制和公共产品供给机制进行了一系列改革，现行公事业投资与经营的制度模式呈现鲜明的转型特征。在这一转型时期，我国公用事业的投资与经营模式既延续了传统计划经济时期政资不分、政企不分、公私不分等某些制度惯性，又引入新的市场竞争要素，民间、民资、民企开始借助承包经营、委托经营、特许经营、准入开放等政策，进入公用事业的某一领域或某一环节，传统公用事业高度集中、一体化的垄断格局有所松动。但我国公用事业投资、经营、交易过程中，国有垄断、行政垄断、行业垄断的基本格局尚没有根本的改变。我国公用事业投资、经营、交易中的基本现状与特质，无疑是进行制度设计的基本前提。

第四章 公用事业垄断经营的主要情形 与效应分析

一 公用事业垄断经营的界定与类型

（一）垄断的一般定义及反垄断法的规制对象

1. 垄断的一般定义

垄断（monopoly）是与竞争（competition）相对应的一个经济学概念与范畴。传统经济学把市场结构分为完全竞争、不完全竞争（垄断竞争）、寡头竞争和垄断（独占）四种类型。其中，垄断或独占为"单一的卖者完全控制某一行业"的市场极端情况，在这一市场结构中，"单一的卖者是它所在行业的唯一生产者，同时，没有任何一个行业能够生产出相近的替代品"。① 或者说，"如果一个企业是其唯一的卖者，而且如果其产品并没有相近的替代品，这个企业就是垄断（者）"。② 一般而言，经济学是根据市场集中度与价格决定机制来定义或判断垄断的，即垄断又称"独占"或"寡占"，系"一家或几家最大的厂商或企业占据市场的支配地位"，并能"独家或联合决定某一产品或服务价格"的经济行为与市场格局。③ 经济上的垄断可分为资源垄断（经济垄断、规模垄断）、政府垄断（如特许垄断）、自然垄断三大类，④ 它包括垄断状态或垄断组织两种含义。⑤

法学上的垄断，主要是指排除或限制竞争的垄断行为。在立法上，多

---

① 保罗·萨缪尔森、威廉·诺德豪斯：《经济学》第 17 版，萧琛主译，人民邮电出版社，2004，第 136 页。
② 曼昆：《经济学原理》第 3 版，梁小民译，机械工业出版社，2005，第 260~261 页。
③ 张维迎：《经济学原理》，西北大学出版社，2015，第 260~261 页。
④ 参见曼昆《经济学原理》第 3 版，梁小民译，机械工业出版社，2005，第 261~263 页。
⑤ 周昀：《反垄断法新论》，中国政法大学出版社，2006，第 3~4 页。

数国家的反垄断法或限制竞争规制法均是从排除、阻碍、限制、扭曲、损害有效竞争的角度来界定垄断的。如美国《谢尔曼法》第 1 条把垄断定义为"任何契约，以托拉斯形式或其它形式的联合、共谋，用来限制州际间或与外国之间的贸易或商业"。① 英国《1948 年独占及限制行为调查管制法》第 3~5 条规定，任何"以协商或共谋（不问是否发生法律效力）方法"谋取"独占"地位、"操纵供给"或滥用"独占"地位控制"生产或供给"的行为，均为法律禁止的"独占及限制行为"；② 英国 1998 年《竞争法》第 2 条有关"阻碍、限制和扭曲竞争的协议等"、第 18 条关于"滥用市场支配地位"规制的对象，实质上都属于垄断行为的范畴。③ 《欧共体条约》所称的垄断行为，主要包括第 81 条规定的"所有可能影响成员国间的贸易，并以阻碍、限制或扭曲共同市场内的竞争为目的或有此效果的企业间协议、企业协会的决议和一致行动"和第 82 条规定的"一个或更多的企业，滥用其在共同市场上或在其重大部分中的支配地位，如果有可能影响成员国间的贸易"两种形式；④ 此外，还有谋求市场独占或支配地位的纵向协议或技术转让协议等，亦在禁止之列。德国《反限制竞争法》（2005 年）第 1 条规定，任何"企业间达成的协议、企业联合组织作出的决议以及协同行为，以阻碍、限制或扭曲竞争为目的或使竞争受到阻碍、限制或扭曲"，均属法律禁止的"卡特尔"行为。⑤ 法国《价格与自由竞争法》第 7~8 条和《商法典》第 L420-1 条、第 L420-2 条规定，任何以"明示或默示的商议行为、协定、协议或联盟，以阻碍、缩减或扭曲市场上的竞争为目的，或可能产生上述效果者"，特别是旨在"限制其他企业进入市场或自由从事竞争活动"，或"阻碍市场价格自由组成，人为的促使其上涨或下跌"，或"限制或控制生产、经销、投资或技术进步"的任何"非法联合行为"；任何"在国内市场或其重要部分居控制地位"或"在需求或供给企业处于无其他可替代解决途径而对其有经济依赖状态"的"企业或企业集团"

---

① 尚明主编《主要国家（地区）反垄断法律汇编》，法律出版社，2004，第 186 页。
② 尚明主编《主要国家（地区）反垄断法律汇编》，法律出版社，2004，第 91~93 页。
③ 时建中主编《三十一国竞争法典》，中国政法大学出版社，2009，第 242~249 页。
④ 许光耀主编《欧共体竞争立法》，武汉大学出版社，2006，第 3~4 页。
⑤ 时建中主编《三十一国竞争法典》，中国政法大学出版社，2009，第 97 页。

的任何"滥用控制地位"行为，均属于垄断行为的范畴，为法律所禁止。①
日本《禁止私人垄断及确保公正交易法》（2005 年）第 2 条所称垄断行为
包括谋求"私人垄断"（事业者单独地，或与其他事业者相结合，或采取合
谋等其他任何方式，排除或者支配其他事业者的商业活动，从而违反公共
利益，实质性地限制一定交易领域内竞争的行为）、实施"不合理交易限
制"（事业者以契约、协议或其他名义，与其他事业者共同决定、维持或者
提高交易价格，对数量、技术、产品、设备或者交易对象等加以限制，约
束或支配其商业活动，从而违反公共利益，对一定交易领域内的竞争构成
实质性的限制）或滥用"垄断状态"（在相关市场占支配或优势地位）等行
为。② 从各国对垄断的定义来看，大多是从排除或限制竞争的角度来界定垄
断行为或垄断状态。

　　与各国立法相似，学界大多也是从限制竞争的角度来定义垄断。如美
国学者就认为，"与完全竞争者相比，垄断者，即在某个特定市场上进行销
售的唯一的企业，面对着不同的价格和产出决定"。③ 我国学者对垄断的界
定，绝大多数也是从排除、限制竞争的角度来定义，如有学者认为，垄断
是"经济力高度集中的一种状态，一般表现为少数企业通过自身经济增长
或通过合并等方式扩大规模形成对国内某一市场或某一行业的独占与控制，
垄断组织凭借其强大的经济实力支配着市场，获取垄断利润，排斥市场有
效竞争"的行为；④ 有学者认为，垄断是"与自由竞争相对的一个概念，是
指排除、限制竞争的各种行为的总称"；⑤ 有学者认为，垄断总体而言属于
"限制竞争行为"的范畴；⑥ 有学者认为，垄断就是"对竞争的限制或阻
碍"，⑦ 即"具有市场优势地位（垄断地位）的企业滥用其优势地位的行

① 尚明主编《主要国家（地区）反垄断法律汇编》，法律出版社，2004，第 76 页；《法国商
法典》，罗结珍译，北京大学出版社，2015，第 522~523 页。

② 时建中主编《三十一国竞争法典》，中国政法大学出版社，2009，第 155~156 页。

③ 赫伯特·霍温坎普：《联邦反托拉斯政策：竞争法律及其实践》，许光耀等译，法律出版
社，2009，第 13 页。

④ 卢修敏、王家田：《垄断、限制竞争行为、不正当竞争行为的区分及其对立法的意义》，
《中外法学》1995 年第 4 期。

⑤ 种明钊主编《竞争法》，法律出版社，1997，第 283 页。

⑥ 王晓晔：《我国反垄断立法的框架》，《法学研究》1996 年第 4 期。

⑦ 王先林：《论我国反垄断立法中的两个基本问题》，《中外法学》1997 年第 6 期。

为，或者以谋求垄断利益而从事的市场行为"；① 有学者认为，垄断是"作为竞争的对立面提出来"的"一种违反行为"，是"各国具体法律制度中所禁止的限制竞争行为的一重概括或抽象"；② 有学者认为，垄断在事实状态上是指"某（些）企业对某项商品的生产或销售实行控制的能力或力量"，而反垄断法上的垄断则专指"谋求取得垄断地位或谋求保持垄断地位"、限制竞争的行为；③ 有学者认为，垄断"是指排除或限制竞争的行为或状态"；④ 也有学者认为，反垄断法上的垄断为"各国通过法律规定的、经营者在市场运行过程中实施的排除限制竞争，或者可能限制竞争的行为或状态"，即"对市场竞争构成实质性危害的行为或状态"。⑤

我国《反垄断法》虽未对垄断作出明确界定，但从第 2 条关于"中华人民共和国境内经济活动中的垄断行为，适用本法；中华人民共和国境外的垄断行为，对境内市场竞争产生排除、限制影响的，适用本法"的效力范围的规定来看，有关对中国"境内市场竞争产生排除、限制影响"的行为，均属于反垄断法上垄断行为的范畴，也是从排除、限制影响市场竞争的角度来界定垄断的。

不难看出，无论是从立法上还是从学理上，法学上、反垄断法上的垄断定义一般包括如下四层含义或基本要素。（1）垄断的目的或效果是排除、限制、阻碍、扭曲、损害正常的市场竞争。（2）垄断行为的表现形式是谋求取得垄断地位或滥用市场支配地位。（3）反垄断法上的垄断是一种违法行为，并非所有的垄断均属违法行为，如基于自然资源稀缺性或唯一性形成的自然垄断，基于知识产权专有权形成的技术垄断，因特许经营产生的垄断，特殊情形下产生的临时性垄断等，均属于反垄断法规制的豁免范围。（4）反垄断法上的垄断，具有明显的社会危害性，此种危害既包括实质性地限制、扭曲、损害正常的市场竞争或有产生此一危害结果的可能性；也包括因独占、支配地位的形成，损害消费者或社会公共利益。基于此，反垄断法上的垄断，特指违反法律规定的以谋求取得垄

---

① 王先林：《略论反垄断法所规制的垄断》，《法学杂志》1997 年第 6 期。

② 郑鹏程：《行政垄断的法律控制研究》，北京大学出版社，2002，第 21~23 页。

③ 邱本：《经济法研究》中卷，中国人民大学出版社，2008，第 146 页、第 152 页。

④ 张守文：《经济法原理》，北京大学出版社，2013，第 371 页。

⑤ 李昌麒：《经济法学》，法律出版社，2016，第 182 页。

断地位或滥用市场支配地位等为表现形式、以排除或限制市场竞争为目的，实质性地阻碍或扭曲市场竞争与损害消费者及社会公众利益的行为或状态。

2. 反垄断法的规制对象

关于反垄断法的规制对象，从各国反垄断立法的缘起与发展来看，既反对经济垄断，又反对行政垄断。有学者认为，反垄断实体法应当包括禁止行政垄断、禁止卡特尔、控制企业合并、禁止滥用市场优势地位四个方面。[①] 也有学者认为，反垄断法规制的对象应区分为"垄断（或市场支配地位）的结构状态、垄断地位的谋取、垄断力的滥用、其他各种限制竞争行为四类"。[②] 我国《反垄断法》（2007 年）第 2 条规定，凡在中国境内实施对"市场竞争产生排除、限制影响"的行为，均适用《反垄断法》有关规定；第 3 条规定，受规制的垄断行为主要包括如下三类：（1）经营者达成垄断协议；（2）经营者滥用市场支配地位；（3）具有或者可能具有排除、限制竞争效果的经营者集中。此外，该法第五章对行政垄断有专门规制。

此外，反垄断法还设置了除外（exception）与豁免（exemption）制度。其中，除外是指对特定经济领域不适用反垄断法，排除在反垄断法的适用范围；该领域即使表面上符合垄断行为的构成要件，也不受反垄断法调整。而豁免则有"网开一面"的意思，即对于违反反垄断法的行为，由于符合反垄断法本身规定的免责条件，反垄断法对其不予禁止的情形。[③] 就总体而言，有学者认为适用除外的对象为自然垄断领域、知识产权领域、特殊卡特尔领域；[④] 有学者认为，为了提高本国经济国际竞争力的贸易卡特尔，为了保障社会公共产品供给，国家对生产或提供公共产品的产业进行的垄断保护，为了消除竞争所造成负面影响的不景气卡特尔等，可适用除外。[⑤] 具体而言，

---

① 王晓晔：《我国反垄断立法的框架》，《法学研究》1996 年第 4 期。

② 漆多俊：《经济法基础理论》，武汉大学出版社，2000，第 292 页以下。

③ 许光耀：《欧共体竞争法通论》，武汉大学出版社，2006，第 163~164 页。

④ 王威：《反垄断法之例外制度的研究》，《学术论坛》2008 年第 5 期。

⑤ 齐虹丽：《例外与豁免：中国〈反垄断法〉适用除外之观察》，《法学杂志》2008 年第 1 期。

有学者认为诸如烟草专卖与烟草行业、[①] 特许经营、[②] 公共服务领域、[③] 国际海运业、[④] 奢侈品转售价格维持、[⑤] 专业化分工协议等领域、行业或环节,[⑥] 适用反垄断豁免制度。更多学者是围绕我国《反垄断法》第 15 条的规定来讨论或界定反垄断的除外与豁免范围的。[⑦] 如我国《反垄断法》第 15 条规定, 经营者能够证明所达成的协议属于下列情形之一的, 不适用《反垄断法》规定的"垄断协议"范畴:(1) 为改进技术、研究开发新产品的;(2) 为提高产品质量、降低成本、增进效率, 统一产品规格、标准或者实行专业化分工的;(3) 为提高中小经营者经营效率, 增强中小经营者竞争力的;(4) 为实现节约能源、保护环境、救灾救助等社会公共利益的;(5) 因经济不景气, 为缓解销售量严重下降或者生产明显过剩的;(6) 为保障对外贸易和对外经济合作中的正当利益的;(7) 法律和国务院规定的其他情形。其中, 属于前述第 (1) 项至第 (5) 项所列情形, 不适用"垄断协议"规定的, 经营者还应当证明所达成的协议不会严重限制相关市场的竞争, 并且能够使消费者分享由此产生的利益。

(二) 公用事业垄断经营及主要特征

1. 公用事业垄断经营的定义

如前所述, 在我国传统公用事业领域一直实行的是与计划经济体制相适应的国有、行政和行业垄断经营的投资与经营管理体制, 尽管这一体制经历了 20 世纪 80 年代以来的多次重大改革, 但其现行公用事业投资与经营中的国有、行政和行业垄断格局尚没有根本性的改变。根据国家工商总局的统计,"1995 年至 2003 年底, 全国共查处垄断行业限制竞争案件 5414件, 涉及供水、供电、供气、铁路、保险、电信、邮政、商业银行、烟草、

---

① 张晨颖:《反垄断法的适用与豁免——兼论我国烟草专卖制度的存与废》,《法学》2006 年第 7 期。
② 邱平荣:《特许经营反垄断豁免探析》,《政治与法律》2007 年第 2 期。
③ 祁欢:《公共服务与反垄断法豁免制度》,《政法论坛》2007 年第 4 期。
④ 李天生:《国际海运业反垄断豁免的法经济学分析:从"THC 风波"谈起》,《现代法学》2010 年第 1 期。
⑤ 李剑:《奢侈品转售价格维持的反垄断豁免》,《法学》2011 年第 5 期。
⑥ 周帮扬、程琦早成:《略论专业化分工协议的反垄断豁免》,《法学评论》2013 年第 4 期。
⑦ 黄勇:《中国〈反垄断法〉中的豁免与适用除外》,《华东政法大学学报》2008 年第 2 期。

石油、盐业等 11 个行业。这些行业滥用支配地位限制公平竞争，已经成了垄断问题中的焦点"。①

在政策性文件和立法文本中，我国尚无"公用事业垄断经营"这一概念或提法，有关政策性文件和立法文本中一般倾向于使用"公用事业垄断"或"公用企业垄断行为"。对于"公用企业垄断行为"，立法者通常将其表述为"公用企业限制竞争行为"；② 而学界一般将其称为"公用企业滥用优势地位行为"。③ 学界较早涉及公用企业垄断经营问题始于 90 年代中期，④ 关于公用事业垄断经营的特点，代表性观点如下。（1）自然垄断论。如有学者认为公用事业垄断的范围涉及电信、邮政、铁路运输和其他如公共交通、电力等所谓"自然垄断性行业"；⑤ 就自然资源性公用事业垄断而言，主要表现为经营者滥用市场支配地位、价格垄断等具体行为。⑥（2）滥用优势地位论。如有学者认为公用企业在市场上处于独占地位，在经济上与交易对手相比占有显著的优势，⑦ 其垄断行为主要表现为滥用市场优势地位，实施不正当交易行为；⑧ 或者其行为方式集中表现为公用企业的垄断力滥用，"由于公用企业属于自然垄断型企业，其本身就享有高于其他经营者的垄断优势地位，因此其极易凭借自身的垄断优势即垄断力来实施垄断行为，它们的垄断行为也多为垄断力滥用行为为主要行为方式"。⑨ 更多学者认为，各国反垄断法一般把禁止垄断协议、禁止滥用市场支配地位、控制经营者集中确定为反垄断法的三大支柱，我国供水、供气、供电、铁路、航空、邮电、电信等公用企业长期具有市场经营与行业管理的双重特征，兼具自然垄断与行政垄断的特点，在特定行业具有明显的独占或支配地位，其垄

---

① 参见《公用企业成为垄断重灾区》，《文汇报》2004 年 11 月 11 日第 1 版。
② 参见《中华人民共和国反不正当竞争法》（1993 年）第 6 条；国家工商行政管理局：《关于禁止公用企业限制竞争行为的若干规定》（1993 年）第 4 条。
③ 王晓晔：《浅论公用企业滥用优势行为》，《中国工商管理研究》2005 年第 4 期。
④ 谭国宪：《引入市场竞争机制 打破公用事业的垄断经营》，《岭南学刊》1995 年第 3 期。
⑤ 史际春：《公用事业引入竞争机制与"反垄断法"》，《法学家》2002 年第 6 期。
⑥ 史际春：《资源性公用事业反垄断法律问题研究》，《政治与法律》2015 年第 8 期。
⑦ 王晓晔：《关于规范我国公用企业的反垄断立法的思考》，《工商行政管理》1997 年第 21 期。
⑧ 王晓晔：《规范公用企业的市场行为需要反垄断法》，《法学研究》1997 年第 5 期。
⑨ 郑艳馨：《我国公用企业垄断力滥用之法律规制》，法律出版社，2012，第 28~39 页。

断行为明显表现为滥用市场支配地位。① （3）行政垄断论。如有学者认为供水、供电、供气、邮政、电信、交通运输等公用企业垄断的最大特点是：与行政特权紧密结合，经营的商品质次价高，靠行政权力强行销售等；② 有学者认为公用企业的垄断特征集中表现为企业行政化现象严重，价格制定极不合理，行为极不规范和合理，低效率运作，滥用市场支配地位等；③ 有学者认为公用事业领域的垄断具有行业垄断、自然垄断与行政垄断结合的特点；④ 还有学者认为公用事业垄断具有自然垄断特性与国家独占经营的双重特点。⑤

我国《反垄断法》虽然没有关于公用事业垄断经营的明确定义与范围，但第6条有关禁止经营者"滥用市场支配地位"和第7条关于特殊行业应合法经营和价格监控的规定，对公用事业垄断经营有特别的针对性。另，2019年6月国家市场监督管理总局发布的《禁止滥用市场支配地位行为暂行规定》（2019年）第22条明确规定，"供水、供电、供气、供热、电信、有线电视、邮政、交通运输等公用事业领域经营者应当依法经营，不得滥用其市场支配地位损害消费者利益"。笔者认为，基于前述垄断的一般特性，就公用事业而言，因其具有明显的公共行业性、自然垄断性、市场独占性等一般性特征，而在我国还具有国有企业垄断与行政公权垄断等国别特点，其垄断行为既包括具有独占地位的公用企业"滥用优势地位行为"，也包括不具有独占地位的公用企业"限制竞争行为"；公用企业"滥用优势地位行为"和"限制竞争行为"，既存在于自然垄断性公用事业领域，也存在于竞争性公用事业领域。但在多数情况下，公用事业垄断存在于自然垄断性公用事业领域，其垄断行为又集中表现为公用企业"滥用优势地位行为"。据此，可把公用事业垄断经营定义为：在公用事业领域，具独占或优势地位的公用企业违反法律规定，利用自然垄断的行业特征或依靠行政权

① 王靖：《公用企业滥用市场支配地位与反垄断法律规制》，《经济导刊》2007年第10期；丁国峰：《电信业滥用市场支配地位的法律规制——以电信联通涉嫌垄断为例》，《江淮论坛》2012年第3期；张冰：《论电网企业滥用市场支配地位行为的立法规制》，《西安交通大学学报》（社会科学版）2012年第6期。

② 陈玉范、屈广臣：《试论公用企业的垄断与市场竞争》，《当代经济研究》1996年第3期。

③ 鲁篱：《公用企业垄断问题研究》，《中国法学》2000年第5期。

④ 郑鹏程：《行政垄断的法律控制研究》，北京大学出版社，2002，第40~42页。

⑤ 何源：《垄断与自由间的公用事业法制革新：以电信业为例》，《中外法学》2016年第4期。

力和特别保护，实施"滥用市场支配地位"和"排除或限制竞争"、危害公众消费者和社会公共利益的行为。

公用事业垄断经营也可表述为公用企业垄断行为，即占市场支配地位的公用企业不当地使用自己的市场支配地位或经济优势，实施排除、限制竞争或损害消费者利益的行为；它特指在公用事业领域具有市场支配地位或经济优势的公用企业，实施违法行为乃至滥用市场支配地位或经济优势排除、限制竞争或损害消费者利益的行为。① 公用事业垄断经营涉及的范围包括公用事业的投资、经营和交易等过程或环节，公用企业或以特许取得公用事业经营权的其他公用事业投资者、经营者滥用其市场支配地位或经济优势，排斥、限制竞争或损害消费者利益的行为；它所指的对象为所有公用事业领域，包括投资、经营和交易的各个环节，其行为的实施主体包括所有滥用市场支配地位或经济优势的公用企业或以特许取得公用事业经营权的其他公用事业投资者、经营者，个别情况下还包括与此有关联的政府或特定政府部门。公用事业垄断经营和公用企业垄断行为在绝大多数情况下是指同一行为和现象，就一般意义和社会公众的认知度而言，公用事业垄断经营和公用企业垄断行为有区别但区别并不明显。因此，在下文的论述中，如涉及有关公用事业垄断经营的论述，一般是指公用企业或特许取得公用事业经营权的其他公用事业投资者、经营者滥用其市场支配地位或经济优势，排斥、限制竞争或损害消费者利益的行为；而如提及公用企业垄断行为，则主要指在公用事业领域中公用企业不当地使用自己的市场支配地位或经济优势，从而限制了竞争或损害消费者利益的行为。

2. 公用事业垄断经营的主要特征

公用事业垄断经营的基本构成要件包括：（1）主要涉及公用事业的全领域、产业及投资、经营、交易的各个环节；（2）在公用事业领域、产业及投资、经营、交易的各个环节，占有市场支配地位或经济优势的公用企业或特许取得公用事业经营权的其他公用事业投资者、经营者，不当地滥用自己的市场支配地位或经济优势地位；（3）公用企业或特许取得公用事

---

① 关于公用企业的定义，国家工商行政管理局《关于禁止公用企业限制竞争行为的若干规定》（1993 年）第 2 条规定：本规定所称公用企业，是指涉及公用事业的经营者，包括供水、供电、供热、供气、邮政、电讯、交通运输等行业的经营者。

业经营权的其他公用事业投资者、经营者，实施该垄断行为是为了排除、限制同类竞争对手的同业进入或牟取垄断利益；（4）公用企业或特许取得公用事业经营权的其他公用事业投资者、经营者的垄断行为，最终结果是实质性地排除、限制了公用事业领域的有效竞争，或严重损害了公众消费者的利益。

从各国反垄断法或竞争法对企业滥用市场支配地位、实施垄断行为的规定来看，我国公用事业垄断经营或公用企业垄断行为除具有行业垄断、自然垄断、独占垄断等一般性特征外，还具有国家政策垄断、行政公权垄断、国有企业垄断等国别特征。（1）国家政策垄断。我国公用事业从由来已久的国家投资、国有国营、"一家独大"到后来的寡头垄断格局，并不是市场竞争的结果，而是特定国家经济政策、产业政策并以国家强制力推动的结果。[1]（2）行政公权垄断。我国公用事业垄断经营格局的形成，除受规模经济、沉没成本、差别化经营等市场因素影响外，更重要的影响因素是不合理的政府干预和行政管制。[2]（3）国有企业垄断。我国公用事业垄断，是通过国有独资或国有控股企业在公用事业领域中的优势、控制地位集中体现出来的。[3]（4）行业垄断。我国公用事业具有全行业垄断的明显特征。[4]（5）寡头垄断。我国公用事业虽经改革与分拆，在某些行业仍然维持着独占（如铁路运输、邮政等）或寡头（如电信、电力、石油等）垄断的市场格局。[5]

（三）公用事业垄断经营的类型化分析

1. 学界的代表性观点

关于公用事业垄断经营具体情形与表现形态，学界与立法之间仍存在分歧。有学者从一般性滥用市场支配地位的角度，将其分为掠夺性定价、

---

① 王中美：《公用服务业的垄断与反垄断》，上海社会科学院出版社，2012，第17~39页。

② 修国英：《中国公用事业双重垄断特征和规制研究》，经济管理出版社，2017，第25~40页。

③ 戚聿东：《垄断行业改革报告》，经济管理出版社，2011，第16~20页。

④ 谢国旺：《我国行业反垄断和公共行政改革研究》，经济管理出版社，2014，第48~55页。

⑤ 刘健：《深化中国垄断行业改革研究》，经济管理出版社，2011，第51~53页。

拒绝交易、搭售行为、价格歧视、超高定价等不同形式。① 有学者从公用企业滥用市场优势地位的角度，把其划分为索取不合理的价格、强迫交易、歧视行为、抵制行为（即拒绝交易）等，② 或者把其分为强迫交易、歧视行为、掠夺行为、内部业务交叉补贴行为等。③ 也有学者把公用企业垄断的具体表现概括为索取不合理的高价、强制交易、歧视行为、抵制交易、低价倾销行为等。④ 还有学者从公用企业垄断力滥用行为角度，把其表现形式概括为剥削性滥用行为和妨碍性滥用行为两大类。其中，公用企业剥削性滥用行为，即经营者利用其垄断优势，对客户实施超高定价或超低购价，给予差别待遇或其他类似的行为，以维持和获取高额垄断利润的行为，具体表现为价格垄断行为、差别待遇、拒绝交易、强制交易等几种形式；公用企业的妨碍性滥用行为也称"反竞争滥用行为"或"排斥性滥用行为"，即具有市场支配地位的经营者利用其垄断优势排斥或阻碍竞争，通过实施掠夺性定价或拒绝交易等方式妨碍竞争对手与之竞争的行为，主要表现掠夺性定价、瓶颈垄断（又称卡脖子垄断或瓶颈交易）、附条件交易（又分搭售和其他附条件交易行为）、独家交易等。⑤

2. 立法文本的基本规定

就立法文本而言，我国走过了 1990 年代"公用企业限制竞争行为"到 2007 年以后公用事业经营者"滥用市场支配地位"的不同规制理念与立法过程。

90 年代初，对公用事业垄断经营总体而言，是从反不正当竞争的角度进行规制。如 1993 年 9 月通过的《反不正当竞争法》第 6 条规定，"公用企业或者其他依法具有独占地位的经营者，不得限定他人购买其指定的经营者的商品，以排挤其他经营者的公平竞争"。很明显，公用企业滥用"独占地位"，实施强制交易、排挤或限制公平竞争等行为，属于典型的垄断行为；但由于当时《反垄断法》尚未出台，就只能纳入《反不正当竞争法》

---

① 李小明：《滥用市场支配地位法律规制研究》，知识产权出版社，2008，第 129~199 页；戴龙：《滥用市场支配地位的规制研究》，中国人民大学出版社，2012，第 41~46 页。
② 王晓晔：《规范公用企业的市场行为需要反垄断法》，《法学研究》1997 年第 5 期。
③ 鲁篱：《公用企业垄断问题研究》，《中国法学》2000 年第 5 期。
④ 王长江：《公用企业反垄断的若干问题研究》，《中州学刊》2003 年第 3 期。
⑤ 郑艳馨：《论公用企业滥用垄断力行为》，《河北法学》2011 年第 11 期。

的制度框架下进行规制。① 又如 1993 年 12 月国家工商行政管理总局《关于禁止公用企业限制竞争行为的若干规定》，也是依据反不正当竞争的制度框架来划分公用企业限制竞争行为的类型。根据该《规定》第 3 条、第 4 条规定，公用企业不得利用自身的优势地位妨碍其他经营者的公平竞争，也不得侵害消费者的合法权益。公用企业在市场交易中，不得实施下列限制竞争的行为。（1）限制用户、消费者与己进行交易的行为。即限制用户、消费者只能购买和使用其附带提供的相关商品，而不得购买和使用其他经营者提供的符合技术标准要求的同类商品。（2）限制用户、消费者交易对象的行为。即限制用户、消费者只能购买和使用其指定的经营者生产或者经销的商品，而不得购买和使用其他经营者提供的符合技术标准要求的同类商品。（3）强制用户、消费者与己进行交易的行为。即强制用户、消费者购买其提供的不必要的商品及配件。（4）强制用户、消费者交易对象的行为。即强制用户、消费者购买其指定的经营者提供的不必要的商品。（5）限制用户、消费者与其他经营者交易的行为。即以检验商品质量、性能等为借口，阻碍用户、消费者购买或使用其他经营者提供的符合技术标准要求的其他商品。（6）拒绝与用户、消费者交易的行为。即对不接受其不合理条件的用户、消费者拒绝或中断或削减供应相关商品，或滥收费用。（7）其他限制竞争的行为。其情形虽然作了具体罗列，但垄断行为的核心均与强制、限制、拒绝与公众消费者交易有关。

2007 年 8 月通过的《反垄断法》对涉及公用事业垄断经营的问题有比较原则的规定。其中，该法第 6 条规定："具有市场支配地位的经营者，不得滥用市场支配地位，排除、限制竞争。"第 7 条规定："国有经济占控制地位的关系国民经济命脉和国家安全的行业以及依法实行专营专卖的行业，国家对其经营者的合法经营活动予以保护，并对经营者的经营行为及其商品和服务的价格依法实施监管和调控，维护消费者利益，促进技术进步。""前款规定行业的经营者应当依法经营，诚实守信，严格自律，接受社会公众的监督，不得利用其控制地位或者专营专卖地位损害消费者利益。"另，

---

① 2007 年 8 月《反垄断法》通过后，原《反不正当竞争法》第 6 条的相关内容被《反垄断法》第 6 条、第 7 条所吸纳。基于此，2017 年 11 月全国人大常委会通过的修订后的《反不正当竞争法》删除了原《反不正当竞争法》第 6 条的相关内容。

《反垄断法》第 17 条第 1 款规定，禁止具有市场支配地位的经营者从事下列滥用市场支配地位的行为。（1）价格垄断。即以不公平的高价销售商品或者以不公平的低价购买商品。（2）低价倾销。即没有正当理由，以低于成本的价格销售商品。（3）拒绝交易。即没有正当理由，拒绝与交易相对人进行交易。（4）限制交易。即没有正当理由，限定交易相对人只能与其进行交易或者只能与其指定的经营者进行交易。（5）搭售与附条件交易。即没有正当理由搭售商品，或者在交易时附加其他不合理的交易条件。（6）交易歧视。即没有正当理由，对条件相同的交易相对人在交易价格等交易条件上实行差别待遇。（7）国务院反垄断执法机构认定的其他滥用市场支配地位的行为。该条第 2 款对"市场支配地位"进行了界定，即"本法所称市场支配地位，是指经营者在相关市场内具有能够控制商品价格、数量或者其他交易条件，或者能够阻碍、影响其他经营者进入相关市场能力的市场地位"。上述规定虽然不是针对公用事业经营者的专门立法，但由于公用事业领域的投资、经营和交易，有相当部分属于自然垄断行业，公用事业投资者、经营者在多数情形下的市场支配地位不容置疑，因此，《反垄断法》第 17 条第 1 款规定所列举的垄断行为，无疑普遍适用于公用事业领域。

此外，我国《反垄断法》第五章还对"滥用行政权力排除、限制竞争"的各种行为进行规定和列举。其内容如下。第一，行政机关和法律、法规授权的具有管理公共事务职能的组织不得滥用行政权力，限定或者变相限定单位或者个人经营、购买、使用其指定的经营者提供的商品。第二，行政机关和法律、法规授权的具有管理公共事务职能的组织不得滥用行政权力，实施下列行为，妨碍商品在地区之间的自由流通：（1）对外地商品设定歧视性收费项目、实行歧视性收费标准，或者规定歧视性价格；（2）对外地商品规定与本地同类商品不同的技术要求、检验标准，或者对外地商品采取重复检验、重复认证等歧视性技术措施，限制外地商品进入本地市场；（3）采取专门针对外地商品的行政许可，限制外地商品进入本地市场；（4）设置关卡或者采取其他手段，阻碍外地商品进入或者本地商品运出；（5）妨碍商品在地区之间自由流通的其他行为。第三，行政机关和法律、法规授权的具有管理公共事务职能的组织不得滥用行政权力，以设定歧视性资质要求、评审标准或者不依法发布信息等方式，排斥或者限制外地经营者参加本地的招标投标活动。第四，行政机关和法律、法规授权的具有管理公共事务职能的组织不得滥用行政权力，采取与本地经营者不平等待遇等方式，排斥或者限制外地经营者在本地投资或者设立分支机构。第五，行政机关和法律、法规授权的具有管理公共事务职能的组织不得滥用行政权力，强制经营者从事本法规定的垄断行为。第六，行政机关不得滥用行政权力，制定含有排除、限制竞争内容的规定。尽管上述规定也非专门针对公用事业领域，但与一般营业领域与产业部门相比，由于公用事业领域涉及准公共产品与服务的提供，涉及国民经济的基础部门、全社会的公共利益和公众消费者的普通福利，其与政府（行政权力）、其他公共组织有着千丝万缕的联系，其垄断行为往往与行政垄断、部门垄断、行业垄断密切相关。因此，我国《反垄断法》第五章对"滥用行政权力排除、限制竞争"的有关规定，对公用事业垄断经营行为也是适用的。

2016 年 4 月，国家工商总局发布的《关于公用企业限制竞争和垄断行为突出问题的公告》将供水、供电、供气、公共交通、殡葬等行业"滥用市场支配地位"实施的限制竞争和垄断行为，明确为强制交易、滥收费用、搭售商品、附加不合理交易条件等几种典型形式。①

在有关部门规章中，国家发改委曾于 2003 年 11 月发布《制止价格垄断行为暂行规定》，此规章后被 2010 年 12 月发布的《反价格垄断规定》和《反价格垄断行政执法程序规定》取代。2018 年 3 月，根据《深化党和国家机构改革方案》，有关价格监督检查与反垄断执法职责已从国家发改委划入市场监管总局，2019 年 6 月 26 日市场监管总局于公布《禁止垄断协议暂行规定》、《禁止滥用市场支配地位行为暂行规定》和《制止滥用行政权力排除、限制竞争行为暂行规定》，自 2019 年 9 月 1 日起施行。2019 年 8 月 26 日国家发改委发布第 28 号令，决定废止《反价格垄断规定》《反价格垄断行政执法程序规定》。其中，《禁止滥用市场支配地位行为暂行规定》（2019 年）第 22 条明确规定："供水、供电、供气、供热、电信、有线电视、邮政、交通运输等公用事业领域经营者应当依法经营，不得滥用其市场支配地位损害消费者利益。"

---

① 参见国家工商行政管理总局《关于公用企业限制竞争和垄断行为突出问题的公告》（2016 年）第一条。

二　公用事业垄断经营的主要情形

根据我国现有法律、行政法规和部门规章的前述规定，结合我国公用事业垄断经营的实际情况，笔者认为，在我国，公用事业垄断经营是一种已经存在的现实状况，作为反垄断法上的垄断违法行为，应主要是指公用企业的垄断经营违法行为，且主要是以滥用垄断经营权即我国《反垄断法》上所称的滥用市场支配地位为集中表现形式，并因具有国家政策、行政公权背景，而具有典型的国家垄断、行政垄断特征，具体可概括为市场分割、违法交易（又包括强制交易、限定交易、拒绝交易或抵制交易、附条件交易等具体形式）、价格决定、单方违约、相关行为支配和其他附加义务等几种情形。

（一）　市场分割

1. 市场分割的界定与特征

经济学上的市场分割，又叫市场细分（market segmentation），由美国经济学家温德尔·史密斯于 20 世纪 50 年代中期提出，即营销者通过市场调研，依据消费者的需要和欲望、购买行为和购买习惯等方面的差异，把某一产品的市场整体划分为若干消费者群的市场分类过程；每一个消费者群就是一个细分市场，每一个细分市场都是具有类似需求倾向的消费者构成的群体。后经美国营销学家菲利浦·科特勒进一步发展和完善，并最终形成成熟的 STP 理论，即市场细分（segmentation）、目标市场选择（targeting）和市场定位（positioning），即所谓"市场目标定位"理论。①

法律上的市场分割，又称市场分配，一般是从反垄断法来定义的。它专指销售范围或地区的独占和限制，即市场主体之间通过协议或其他手段将各自或对方的销售范围，限定在特定地区而不能超过该特定地区，以排除竞争、实现垄断经营的垄断行为。市场分割可以分为横向地区市场分割和纵向地区市场分割。（1）横向地区市场分割。即同一产品或者同类产品的生产经营者，为了扩大或维持在此种或此类产品相关市场上的占有额，一般通过垄断协议进行以保有垄断利润为目的的同一产品或类型的市场划

---

① 迟到：《利用 STP 理论对 IT 企业服务的研究》，《中国科技信息》2006 年第 2 期。

分行为。(2)纵向地区市场分割。即生产经营者禁止同一品牌之间的竞争，或者在同一地区范围内禁止同一品牌不同销售商之间的竞争，以此来减少其他销售者之间的竞争，提高销售商的积极性，从而获得更多的垄断利润。[①]

就普通产业或行业而言，在竞争性市场条件下，投资者、经营者谋求经济垄断与市场分割，是通过达成垄断协议而实现的，因此，垄断协议的存在是形成市场分割的前提条件。所谓垄断协议，是指两个或者两个以上的经营者（包括行业协会等经营者团体），通过协议或其他协同行为，实施固定价格、划分市场、限制产量、排挤其他竞争对手等排除、限制竞争的行为。[②] 我国《反垄断法》第13条、第14条规定，垄断协议，是指经营者之间、经营者与交易相对人之间所达成或作出的排除、限制竞争的协议、决定或者其他协同行为。其中，具有竞争关系的经营者之间的垄断协议形式包括以下几种。(1)固定或者变更商品价格。即垄断协议各方直接或者间接地固定价格或其他交易条件，通过已有垄断价格的统一来维持其自身的市场份额，以达到分割市场、共同独占垄断利润的目的。(2)限制商品的生产数量或者销售数量。即垄断协议各方以协议和其他形式的约定，通过限制生产、销售技术发展或投资等横向限制，以达到市场供给和市场需求平衡的目的，进而限制其他投资者与经营者进入本产品或服务领域的竞争。(3)分割销售市场或者原材料采购市场。即所谓"瓜分市场"——垄断协议各方之间达成协议划分销售地区或购买地区，以消除彼此间在市场上的竞争，进而通过市场分割以限制其他投资者与经营者进入本产品或服务市场的竞争。(4)限制购买新技术、新设备或者限制开发新技术、新产品。(5)联合抵制交易。即垄断协议各方以协议的形式使多个供应商联合起来，对某个或某些不按自己意图销售产品的零售商实行共同抵制，不与其从事交易，从而排斥其他投资者与经营者进入本产品或服务市场的竞争。(6)国务院反垄断执法机构认定的其他垄断协议。如交易歧视，即垄断协议各方以协议的形式，通过歧视第三方竞争者或进行集体抵制以排除第三方竞争者进入市场，即竞争者之间通过协议采取协调行动，把第三方从该

---

① 刘宁元、司平平、林燕萍：《国际反垄断法》，上海人民出版社，2002，第147~150页。

② 王健：《垄断协议认定与排除、限制竞争的关系研究》，《法学》2014年第3期。

市场上排挤出去；又如纵向限制，即垄断协议各方以协议的形式，把不同流通环节的企业联合起来，形成纵向的市场划分行为，以维持转售、附不正当约束或排他条件交易等行为，限制其他投资者与经营者进入本产品或服务市场的竞争。经营者与交易相对人之间的垄断协议形式包括以下几种：（1）固定向第三人转售商品的价格；（2）限定向第三人转售商品的最低价格；（3）国务院反垄断执法机构认定的其他垄断协议。

与一般产业、部门的市场分割不同，公用事业领域的市场分割，常常具有国家垄断、行政垄断与行业垄断等特点，而形成这样的垄断格局，更多不是通过前述的垄断协议，而往往与国家经济政策、政府行政权力的干预与行业、部门、地方利益保护主义有关。经济学研究表明：如非对称双寡头企业的非线性定价行为可达到市场竞争与定价均衡；但在双寡头企业进行价格博弈并形成竞争时，两企业的竞争性均衡价格又会发生交叉，进而也会产生市场分割。① 如用边界效应法来测算市场分割程度，在排除自然市场分割因素后，地区性行政垄断因素导致我国国内市场分割的情况仍然比较严重。② 特别在经济与社会转型期，生产力水平和发展阶段的限制、政府权力边界的不断扩张和膨胀，以及具体的改革战略、政府管理方法的选择等制约因素，又是导致我国严重的市场分割和市场壁垒现象存在的主要原因。③ 这些均说明，受政府干预或行政权力影响而导致的非竞争性市场分割，在我国仍然普遍性、大范围存在。特别是部门、行业、地方因传统计划经济、行政管制形成的条块分离，为典型的部门、行业、行政垄断性市场分割，对我国公用事业统一大市场的建设与形成，产生严重消极影响，④ 被认为是制约我国市场发育和竞争体制形成的"毒瘤"。⑤

2. 公用事业领域垄断性市场分割的主要表现与具体情形

公用事业领域垄断性市场分割主要表现在以下几个方面。

---

① 徐伟康：《寡头垄断、非线性定价与市场分割》，《云南财经大学学报》2010 年第 3 期。

② 范爱军、孙宁：《地区性行政垄断导致的国内市场分割程度测算——基于边界效应法的研究》，《社会科学辑刊》2009 年第 5 期。

③ 刘志彪：《反行政垄断和行政分割：统一市场建设的突破口和主体内容》，《财经智库》2016 年第 1 期。

④ 臧跃茹：《关于打破地方市场分割问题的研究》，《改革》2000 年第 6 期；银温泉、才婉茹：《我国地方市场分割的成因和治理》，《经济研究》2001 第 6 期；银温泉：《打破地方市场分割 建立全国统一市场》，《宏观经济管理》2001 第 6 期。

⑤ 彭志雄：《市场分割是我国市场发育的毒瘤》，《商业经济文荟》1991 年第 1 期。

（1）以政策、法律等规范性文件维持公用事业领域市场分割的合法性。即政府通过经济政策、产业政策、法律、行政法规等规范性文件，以维持现有国有公用企业的垄断性经营地位与市场分割格局，以排除、限制民间资本、民营企业、外来投资者或经营者参与公用事业的竞争。

（2）滥用行政权力以排斥新的、外地的投资者于公用事业领域。根据我国《反垄断法》第33~36条规定，行政机关和法律、法规授权的具有管理公用事业事务职能的组织滥用行政权力的情形，主要有以下几种：①以设定歧视性资质要求、评审标准或者不依法发布信息等方式，排斥或者限制新的、外地公用事业投资者、经营者参加本地的招标投标活动；②采取与本地公用事业投资者、经营者不平等待遇等方式，排斥或者限制新的、外地公用事业投资者、经营者在本地投资或者设立分支机构；③强制公用事业经营者实施和从事垄断行为。

（3）行政机关和法律、法规授权的具有管理公用事业事务职能的组织通过控制准入环节维持国有公用企业的既有垄断经营格局。典型的如，2008年5月24日，工信部、国家发改委、财政部三部门联合发布的《关于深化电信体制改革的通告》就规定，"深化电信体制改革的主要目标是：发放三张3G牌照，支持形成三家拥有全国性网络资源、实力与规模相对接近、具有全业务经营能力和较强竞争力的市场竞争主体，电信资源配置进一步优化，竞争架构得到完善"；[①] 又如工信部于2019年6月6日向中国电信、中国移动、中国联通、中国广电4家企业发放5G（第五代数字蜂窝移动通信业务）基础电信业务经营许可证。[②] 国家在电信业领域改革中，由于其准入环节控制了牌照许可证的发放权，除原有国有独资通信企业外，其他投资者与经营者就不存在进入该行业的可能性。这种垄断带有典型的计划经济、行政许可痕迹，是与其他一般营业领域垄断性市场分割最大的不同之处。

（4）以行政手段歧视新的、外地公用事业投资者或经营者，维持既有垄断经营格局。即行政机关和法律、法规授权的具有管理公用事业事务职

---

① 参见《工业和信息化部、国家发展和改革委员会、财政部关于深化电信体制改革的通告》（2008年）第二条。

② 黄鑫：《中国5G 世界瞩目》，《经济日报》2019年6月7日第5版。

能的组织，利用政策、法律、行政法规或其他规范性文件赋予的行政或公共权力，对现有公用事业投资者、经营者以外的新的外地公用事业投资者、经营者采取歧视、刁难、阻碍等措施，排斥新的、外地公用事业投资者、经营者进入本部门、本行业或本地市场，以达到维持既有国有公用企业的垄断经营格局的目的。根据《反垄断法》第33条的规定，主要情形有以下几种：①对新的、外地公用事业投资者或经营者的投资、经营活动设定歧视性收费项目、实行歧视性收费标准，或者规定歧视性价格；②对新的、外地公用事业投资者或经营者的投资、经营活动规定与本地公用事业投资者或经营者同类投资、经营活动不同的技术要求、检验标准，或者对新的、外地公用事业投资者或经营者的投资、经营活动采取重复检验、重复认证等歧视性技术措施，限制新的、外地公用事业投资者或经营者的投资、经营活动进入本地市场；③采取专门针对新的、外地公用事业投资者或经营者的投资、经营活动的行政许可，限制新的、外地公用事业投资者或经营者的投资、经营活动进入本地市场；④设置关卡或者采取其他手段，阻碍新的、外地公用事业投资者或经营者的投资、经营活动进入或者本地公用事业投资者或经营者的投资、经营活动进入外地；⑤妨碍资本、劳动力、技术、管理等公用事业生产要素在地区之间自由流通的其他行为。

（5）既有国有公用企业利用市场支配地位，以维持市场分割格局。其手段如下。①既有国有公用企业之间通过协议或形成默契，对新的、外来投资者与经营者实行联合抵制，对新的、外来投资者与经营者进行交易歧视，以共同维持现有的市场独占地位或寡头垄断格局。如2002年，浙江丽水市7家液化石油气公司为了获取最大利益，通过协议方式瓜分液化石油气市场，被丽水市工商行政管理局认定构成不正当竞争。[①] 又如2007年3月，中国两大固话运营商——中国电信和中国网通签订了一份竞争合作协议，约定从当年3月起，中国电信停止在北方市场发展新用户，中国网通停止在南方市场发展新用户，而仅在对方市场发展光纤数据业务。[②] ②既有国有公用企业通过利益输送，与行政机关和法律、法规授权的具有管理公用事业

---

① 卢晶、王燕芬：《瓜分市场 丽水七公司被处罚》，《人民日报》（海外版）2002年6月13日第4版。

② 汪洋：《"网通""电信"签"君子协议"》，《沈阳日报》2007年3月15日第A7版。

事务职能的组织形成利益共同体，借助行政权力或准公共权力，以维持现有的市场独占地位或寡头垄断格局。③既有国有公用企业以利益绑架国家政策和法律，阻碍或拒绝改革，拒绝新的投资者与经营者进入该公用事业领域。④既有国有公用企业的经营者或主要负责人在进行公司化、股份制、混合所有制改革过程中，利用改革具体实施者的便利与优势，对既有国有公用企业进行内部控制，变相维持其现有的市场独占地位或垄断经营格局。

可以看出，与一般营业领域与产业部门相比，公用事业领域由于涉及准公共产品与服务的提供，涉及国民经济的基础部门、全社会的公共利益和公众消费者的普通福利，既有国有公用企业的垄断与政府（行政权力）、其他公共组织有着千丝万缕的联系，其垄断行为往往与部门垄断、行业垄断、行政垄断密切相关，且因其垄断在多数情况下具有自然垄断的特性，因此更多表现出市场的独占性及对独占地位的滥用。因此，这种垄断经营格局的形成以及国有公用企业谋求市场独占地位的维持与继续，就往往要借助国家特定政策、法律和行政权力、准公共权力。可见，公用事业领域垄断性的市场分割不纯粹是一个经济或法律问题，更重要的是一个体制、政策或经济理念问题，对其进行改革和规制就不应仅局限于法律、经济手段。

（二）强制交易

1. 强制交易的界定与基本内涵

强制交易总体属于公用企业滥用市场支配地位之相关行为的支配范畴。顾名思义，相关行为的支配，即指在市场交易过程中，垄断企业利用其市场支配地位，违反交易相对人的意愿，对交易相对人的有关交易行为实施操纵、控制等一系列违法行为。具体对公用事业领域而言，相关行为的支配更具有普遍性和经常性。由于公用企业在多数情况下居于本行业、部门的独占、支配和垄断地位，并因其独有的国有企业、特许经营者等特殊身份，在本行业具有某种经济垄断以外的特权，这种特权又与特定政府主管部门的行政管理权结合，派生并形成一种准行政性权力。因此，与一般垄断企业滥用市场支配地位对交易相对人行为进行支配所表现出的偶然性、选择性相比较，公用企业对公众消费者或交易相对人交易行为的支配，则几乎表现为一种普遍的惯性。通常情况下，公用企业对相关行为的支配，主要表现为强制交易、拒绝交易等形式。

所谓强制交易，即占有市场支配地位的经营者限定交易相对人只能与其进行交易或者只能与其指定的经营者进行交易。有学者认为，占市场支配地位企业的妨碍性滥用行为都有一个共性，即为了排挤竞争对手或加强其市场支配地位，它们总是设法使竞争者难以接近交易对手，或者封锁竞争者接近买方或者卖方的渠道。① 我国《反不正当竞争法》（1993 年） 第 6 条规定，公用企业或者其他依法具有独占地位的经营者，不得限定他人购买其指定的经营者的商品，以排挤其他经营者的公平竞争。我国《反垄断法》第 17 条第 1 款规定，具有市场支配地位的经营者，没有正当理由，不得滥用市场支配地位，"限定交易相对人只能与其进行交易或者只能与其指定的经营者进行交易"。

2. 强制交易的主要表现与具体情形

结合公用事业领域的实际情况，公用企业或其他公用事业经营者在供给公用事业产品或服务的过程中，实施强制交易行为的主要情形表现如下：（1） 限定公众消费者或其他交易相对人只能购买和使用其附带提供的相关产品或服务，而排斥其他同类产品或服务；（2） 限定公众消费者或其他交易相对人只能购买和使用其指定的经营者生产或者经销的产品或服务，而排斥其他的经营者；（3） 强制公众消费者或其他交易相对人购买其提供的不必要的产品及配件或服务及附属服务；（4） 强制公众消费者或其他交易相对人购买其指定的经营者提供的不必要的产品或服务；（5） 以检验商品质量、性能等为借口，阻碍公众消费者或其他交易相对人购买使用其他经营者提供的符合技术标准要求的其他产品或服务；（6） 对不接受其不合理条件的公众消费者或其他交易相对人拒绝、中断或削减供应相关产品或服务，或滥收费用；（7） 其他限制竞争的行为。

2016 年 4 月国家工商总局发布的《关于公用企业限制竞争和垄断行为突出问题的公告》对供水、供电、供气、公共交通、殡葬等行业强制交易的主要表现形式，作了更为具体的列举。第一，供水、供电、供气公用企业的强制交易形式如下。（1） 强制或变相强制申请办理水、电、气入户的

---

① 王晓晔：《公用企业滥用优势地位行为的法律管制》，《法学杂志》2005 年第 1 期。

经营者或消费者购买其提供的入户设备和材料。如以产品质量不合格或不了解安装技术等为借口，对用户自行提供的合格设备和材料，不提供或拖延提供水、电、气服务等。（2）强制或变相强制用户接受其指定经营者提供的服务，如以打包收取服务费、安装费等名义，强制用户接受本应由公用企业提供的水表委托检定服务、指定施工单位的设计、安装工程等服务。（3）强制或变相强制向用户收取最低用水（电、气）费用，强行向收取用户"用水（电、气）押金""保证金"，或者强行指定、收取"预付水（电、气）费"的最低限额。（4）强制或变相强制用户购买保险（如财产损失险、人身意外伤害等）或其他不必要的商品。（5）水电气企业及其下属单位或被指定的经营者的滥收费用行为，例如对新建住宅楼住户强制收取入户费（电力管网建设费用），否则不予办理电卡、提供用电服务；向用户强制收取气瓶检测费、气瓶清洁费，否则不予供气等。第二，公共交通企业的强制交易形式主要有：（1）用户初次申领公交 IC 卡时，公交公司收取或变相收取明显高于成本价的工本费或押金；（2）强制或变相强制乘客购买意外伤害保险；（3）在办理公交 IC 卡时，强制或变相强制乘客接受其指定的经营者提供的延伸服务或滥收费用。第三，殡葬行业、企业的强制交易形式主要有：（1）强制死者家属购买其销售的骨灰盒、祭奠用品，否则不予提供殡葬服务或保存骨灰等延伸服务；（2）在殡葬费用中直接计入骨灰盒、祭奠用品等的费用，滥收死者家属费用；（3）强制或变相强制死者家属接受其他收费祭奠服务。[①] 上述列举与公告，无疑对认定其他公用企业强制交易有一定示范意义。

3. 强制交易的基本特征

从上述规定可知，强制交易行为具有如下特征。（1）公用企业是实施该行为的特定主体，不具备独占地位的一般经营者以及非经营性的政府机关不是强制性交易行为的主体。（2）其他居于公平交易地位的经营者所提供的产品或服务是公用企业强制性交易行为的客体，该行为是强制安排他人之间进行交易，并非强迫他人与自己进行交易。（3）公用企业的行为带有强制性，使被强制者难以抗拒，不得不服从安排与他人交易。（4）最后

---

① 参见《国家工商行政管理局关于公用企业限制竞争和垄断行为突出问题的公告》（2016年）第一条。

公用企业实施这种交易行为的目的是从被指定的经营者处获得额外利益。

在现实生活中，诸如邮电通信企业强制为用户配置发电话机；电力部门强迫用户购买其指定的配电箱或电表；自来水公司强迫用户购买其指定的给水设备等行为；有线电视台强制用户购买收费卡；[①] 在安装管道煤气过程中，煤气公司强迫城市住宅小区居民必须购买该公司出售的煤气灶或者热水器，否则不发煤气使用证，不给通气等行为；[②] 等等。公用企业的强制交易行为不仅违背了公众消费者或其他交易相对人的意愿，损害了其合法权益；而且也限制、影响其他竞争对手的经营活动。如 1999 年 5 月 24 日国家工商行政管理局在《关于公用企业限定用户接受其指定的金融机构的服务构成限制竞争行为问题的答复》中，就江苏省工商行政管理局《关于公用企业限定用户接受其指定的金融机构的金融服务是否构成不正当竞争行为的请示》，答复如下："邮电局利用其独占地位，限定用户办理牡丹邮电卡，并到其指定的金融机构交纳电话费，不论是否收取牡丹邮电卡的工本费，其实质均在于限定用户接受其指定的金融机构的结算服务，既限制了用户选择交费方式的自由，又排挤了其他金融机构的竞争，构成《反不正当竞争法》第六条规定的限制竞争行为，应当依法予以查处。"[③]

（三）限定交易

1. 限定交易的界定与特征

限定交易系指具有市场支配地位的经营者，在交易中强制要求相对人或消费者，只能与其进行交易或交易须达到一定数量，而不能与其他竞争者进行交易的垄断性行为。限定交易一般分为限定销售或限定供应两种表现形式，限定销售为处于市场支配地位的供应商限定销售商只能销售自己的产品或者自己指定的产品；限定供应为处于支配地位的销售商限定供应商只能向自己或者指定的销售商供应。[④]

限定交易的构成要件包括：（1）经营者在相关市场内具有支配地位；

---

① 参见国家工商行政管理局《关于有线电视台实施强制交易行为定性处理问题的答复》。

② 王晓晔：《浅论公用企业滥用优势行为》，《中国工商管理研究》2005 年第 4 期。

③ 本篇法规已被国家工商行政管理局《关于废止有关工商行政管理规章、规范性文件的决定》（发布日期：2004 年 6 月 30 日；实施日期：2004 年 6 月 30 日）废止。

④ 尚明主编《反垄断法理论与中外案例评析》，北京大学出版社，2008，第 226 页。

（2）经营者利用在相关市场支配地位实施了限定交易行为；（3）经营者限定交易行为缺乏正当理由；（4）经营者限定交易行为实质性地损害了公平竞争与消费者利益。限定交易的认定，总体应遵循界定相关市场、认定经营者的市场支配地位、认定具有市场支配地位的经营者是否实施滥用行为、该限定交易行为可能产生的积极效果与消极效果的权衡比较等基本步骤，应以是否对竞争和消费者造成实质性损害为主要判断标准。[①]

限定交易与强制交易、拒绝交易、附条件交易、歧视性交易等具有相关性、相似性，均属滥用市场支配地位的垄断性行为范畴，但它们的目的与侧重点存有差异，限定交易重在限制交易相对方与己交易，或须达到一定数量；强制交易重在违反交易相对方的意愿，带有强制、强力、强迫的特征；拒绝交易重在不与交易相对方进行交易；附条件交易重在交易中附加不合理条件；歧视性交易重在对不同交易相对方采取不同的待遇。尽管如此，作为违反交易相对方意愿的垄断性交易行为，它们之间又具有一定的重叠性或交叉性，如属搭售性质的捆绑交易行为，实际上也是一种限定交易行为。[②] 又如，联合抵制、拒绝交易、限定交易这三种垄断行为也具有一定的相关性与近似性。[③]

在我国《反垄断法》的制度框架下，限定交易既适用于具市场支配地位的企业，如《反垄断法》第17条第1款第（四）项规定，具有市场支配地位的经营者，没有正当理由，不得"限定交易相对人只能与其进行交易或者只能与其指定的经营者进行交易"；也适用于行政垄断，如《反垄断法》第32条规定，"行政机关和法律、法规授权的具有管理公共事务职能的组织不得滥用行政权力，限定或者变相限定单位或者个人经营、购买、使用其指定的经营者提供的商品"。这说明，具体、抽象行政垄断行为，均可通过限定交易的路径，进行有针对性的规制。[④]

公用事业产品与服务的准公共性、唯一性、不可替代性以及公用企业的独占、寡头支配地位，决定限定交易是公用企业滥用市场支配地位的最

[①]　王佳佳：《限定交易行为的反垄断规制》，《天津商业大学学报》2018年第2期。

[②]　姚建军：《限定交易与搭售行为的认定》，《人民司法》2015年第5期。

[③]　叶高芬、刘敏：《反垄断法律责任中关于"涉案销售额"的确定——基于联合抵制、拒绝交易、限定交易的分析》，《经营与管理》2018年第4期。

[④]　王文君、许光耀：《行政垄断中限定交易行为的反垄断法分析》，《中国物价》2016年第1期。

主要形态。

2. 限定交易的表现形式与具体情形

关于限定交易的立法分类与主要情形，欧盟的做法对我国有借鉴意义。在欧盟法中，基于"单一品牌"（single brand）这一常用术语，欧盟委员会2009年《查处支配地位滥用行为指南》中将"单一品牌"概念称为"排他性购买"（exclusive purchasing），把限定交易界定为卖方要求买方只能与自己进行交易，而不得与自己的竞争者进行交易的情形，并根据对竞争的排斥程度，把限定交易分为"独家交易限定"（不得竞争限制）与"数量限制限定"（数量强制义务）两种情形，其中，独家交易限定要求买方对该产品的全部或接近全部需求都必须从该卖方这里购买，而不能购买其他卖方的竞争性产品；数量限制限定要求其购买量达到限定水平，在完成这一购买量后方可购买其他人的竞争性产品（通常说来，约定的购买量在买方总需求量中占有极大的比重）。①

关于限定交易的分类，我国《禁止滥用市场支配地位行为暂行规定》（2019年）第17条第2款把其分为直接限定和变相限定两种形式。关于限定交易的具体情形，我国《禁止滥用市场支配地位行为暂行规定》（2019年）第17条第1款作了明确的归纳和罗列，主要包括：（1）限定交易相对人只能与其进行交易；（2）限定交易相对人只能与其指定的经营者进行交易；（3）限定交易相对人不得与特定经营者进行交易。另，所谓"正当理由"的情形包括：（1）为满足产品安全要求所必需；（2）为保护知识产权所必需；（3）为保护针对交易进行的特定投资所必需；（4）能够证明行为具有正当性的其他理由。这些规定均适用于公用事业领域。

（四）拒绝交易

1. 拒绝交易的界定及特征

拒绝交易又称抵制交易，系指具有市场支配地位的经营者（又称支配企业）无正当理由，拒绝出售其商品或者提供服务、损害竞争对手或消费者利益的行为，是与前述强制交易相对应的、另一极端形式的滥用市场支配地位行为。拒绝交易本属企业经营自主权的范畴，竞争法、反垄断法上

---

① 许光耀：《限定交易行为的反垄断法分析方法》，《经济法研究》2017年1期。

的拒绝交易，并非一般意义的拒绝交易权，其构成要件如下。（1）行为人须具有市场支配地位。即该行为只有具备市场独占或优势等支配地位的企业实施，才可被认定，该企业一般被称为支配企业；一般企业的拒绝交易不属于反垄断法意义上的拒绝交易。（2）拒绝交易的标的物具有不可替代性。构成拒绝交易一个最重要的条件，是支配企业拒绝交易的标的物，在特定行业、领域或地区具有不可替代性；如具有可替代性，则不应认定。如在云南盈鼎生物诉中国石化销售云南分公司、中国石油化工公司拒绝交易纠纷案中，能源产品的替代排除对该案判决就至关重要。① （3）支配企业实施拒绝交易行为，并无正当理由。根据《禁止滥用市场支配地位行为暂行规定》（2019 年）第 16 条第 2 款规定，所谓"正当理由"，一般包括如下情形："（一）因不可抗力等客观原因无法进行交易；（二）交易相对人有不良信用记录或者出现经营状况恶化等情况，影响交易安全；（三）与交易相对人进行交易将使经营者利益发生不当减损；（四）能够证明行为具有正当性的其他理由。"如无前述法定情形，支配企业实施拒绝交易行为，则属反垄断法上的拒绝交易。（4）支配企业的拒绝交易损害了竞争者与消费者的利益。也就是说，规制单方拒绝交易行为和维护企业经营自主权并不矛盾，这是因为单方拒绝交易行为并非当然违法，只有当拒绝交易行为人具有市场支配地位且当这种拒绝交易行为足以构成对下游生产者、经营者有效竞争和消费者利益损害时，才被认定为经营者滥用市场支配地位的行为。② 总之，支配企业的拒绝交易并非本身违法，从《欧共体条约》82 条（b）的规定来看，欧盟特别关注支配企业通过上游市场的拒绝交易，以达到封锁或限制下游市场竞争的行为；因此，在欧盟，拒绝交易需要同时具备支配企业拒绝提供的产品或服务对于下游市场进行有效竞争具有客观必要性、拒绝供货可能消灭下游市场的有效竞争、拒绝供货有可能损害消费者福利等三个条件。③

在市场经济条件下，依照合同自由和交易自愿原则，企业有权决定与

① 陈兴华：《推进能源替代的司法路径——从生物柴油民企诉中石化拒绝交易案谈起》，《郑州大学学报》（哲学社会科学版）2018 年第 1 期。

② 郭跃：《单方拒绝交易的反垄断法规制问题》，《中国石油大学学报》（社会科学版）2012年第 3 期。

③ 徐伟敏：《欧盟对拒绝交易滥用的竞争法规制》，《山东社会科学》2009 年第 11 期。

某个企业进行交易或者不与某个企业进行交易，即企业有拒绝交易的权利。但是，企业拒绝交易的权利却不适用于在市场上具有支配地位的企业，尤其不适用于公用企业。究其原因，一方面是公用企业提供的产品或者服务与国计民生息息相关；另一方面是除了这些企业的产品或者服务外，市场上没有相同或者相似的产品或服务供用户或者消费者选择。因此，为了保障企业的正常生产活动和社会公众的生活，公用企业不得凭借其垄断地位在市场上拒绝交易。

公用事业产品与服务的准公共性、唯一性或不可替代性，公用企业在该行业、领域或地区的独占或寡头优势地位，决定在公用事业领域，拒绝交易是公用企业滥用市场支配地位最主要、最常态的形式。公用企业滥用自己的市场支配地位，拒绝为某类公众消费者或某些企业签订公用事业产品或服务供给协议，或者明显从自己的利润最大化目标出发，拒绝向某类公众消费者或某些企业供给公用事业产品或服务的行为，均属拒绝交易。我国《关于禁止公用企业限制竞争行为的若干规定》（1993 年）第 4 条第 1 款第（六）项规定，公用企业在市场交易中，不得"对不接受其不合理条件的用户、消费者"实施"拒绝、中断或者削减供应相关商品，或者滥收费用"等限制竞争的行为；我国《反垄断法》第 17 条第 1 款第（三）项规定，具有市场支配地位的经营者，没有正当理由，不得"拒绝与交易相对人进行交易"。

2. 拒绝交易的表现形式与具体情形

在现实生活中，公用企业滥用市场支配地位拒绝与公众消费者或某些企业进行交易的情形比比皆是。如 2005 年 8 月，由于国家发改委对石油价格的上调幅度没有达到中石油、中石化两大石油集团的预期，广东、广西两省先后出现了成品油供应严重短缺的状况，在随后的一段时间里，黑龙江、青岛、昆明等地也陆续出现燃油供应吃紧的状况；在国内市场需求没有出现任何异常波动情况下各地出现供应短缺，可以说是公用企业滥用市场支配地位拒绝交易的典型事例。[①]

随着反垄断法的不断完善，公用企业的显性拒绝交易行为也在逐渐淡

---

① 林丽敏：《公用企业滥用市场支配地位的反垄断法规制》，《福建金融管理干部学院学报》2009 年第 2 期。

化，各种隐性、附属的拒绝交易越来越多。① 目前，公用企业主要通过提高商品价格、提出不合理条件、提供不合格的产品或服务来拒绝与交易相对人进行交易。如拒绝交易和搭售行为就经常地混淆在一起使用，实践中有时搭售行为是经营者实施拒绝交易行为的手段，有时拒绝交易行为是经营者进行搭售行为的手段。② 由于公用企业并非完全受市场供求关系影响，它可能基于各种目的进行拒绝交易，我们不能单纯地从限制竞争的角度去考虑，行政命令、经营者个人偏好等都有可能导致拒绝交易的情形发生。根据《禁止滥用市场支配地位行为暂行规定》（2019 年）第 16 条第 1 款规定，具有市场支配地位的经营者"没有正当理由"实施拒绝交易行为，主要情形包括：（1）实质性削减与交易相对人的现有交易数量；（2）拖延、中断与交易相对人的现有交易；（3）拒绝与交易相对人进行新的交易；（4）设置限制性条件，使交易相对人难以与其进行交易；（5）拒绝交易相对人在生产经营活动中，以合理条件使用其必需设施。在依据前述规定，认定经营者滥用市场支配地位、拒绝交易行为时，应当综合考虑以合理的投入另行投资建设或者另行开发建造该设施的可行性、交易相对人有效开展生产经营活动对该设施的依赖程度、该经营者提供该设施的可能性以及对自身生产经营活动造成的影响等因素。这些规定均适用于公用企业的拒绝交易行为。

（五）附条件交易

1. 附条件交易的界定与性质

附条件交易是指经营者在销售商品或提供服务时，违背购买者的意愿搭售其他商品或者附加其他不合理条件的行为；③ 其主要表现为市场搭售和其他不合理附带条件，其中尤以市场搭售为主要形式。因此，附条件交易，又称市场搭售。

在经济学的语境里，搭售本为一种销售技术，即销售商要求购买其产品或服务的消费者同时也购买其另一种产品或服务，并且把消费者购买第

---

① 显性拒绝交易行为是指缺乏正当理由，商品的销售者拒绝向商品的购买者提供商品和服务的行为；隐性拒绝交易行为主要通过附加不合理条件、搭售等手段来拒绝交易。

② 孟雁北：《搭售行为中的拒绝交易问题研究——由美国 Kodak（1992）案谈起》，《中国人民大学学报》2008 年第 6 期。

③ 郑艳馨：《论公用企业滥用垄断力行为》，《河北法学》2011 年第 11 期。

二种产品或服务作为可以购买第一种产品或服务的前提条件或优惠条件。其中，第一种产品或服务即搭售品（tying product），第二种产品或者服务则被称为被搭售品（tied product）。搭售行为因为有违消费意愿，而常常被消费者厌恶或拒绝，但作为一种促销的搭售并不必然违法；有时，出于产品的完整性和匹配性，搭售行为不仅可以降低销售成本，而且对消费者也是有利的。①

法律意义上的附条件交易也是专指搭售，即在商品交易过程中，经营者利用其市场支配地位，要求交易相对人在购买其商品或服务的同时，必须购买另外的商品或服务，或必须接受其他不合理的条件，以排斥竞争对手，损害消费者利益。在竞争法或反垄断法语境上，一般能实施搭售行为的主体，往往在相关市场具有独占或支配地位，有关搭售的决策与行为的实施，往往在本相关市场具有决定性；该搭售结果不仅使相关市场的同业竞争者的平等竞争利益受到损害，而且也因消费者没有更多的选择性，购买了不愿意购买的商品或服务，或接受不能接受的商品或服务价格或质量等条件，从而也严重损害其合法的选择权和利益。正因如此，搭售行为一般受法律禁止。如我国《反不正当竞争法》（1993 年）第 12 条规定："经营者销售商品，不得违背购买者的意愿搭售商品或者附加其他不合理的条件。"又我国《消费者权益保护法》（2013 年修正）第 9 条规定："消费者享有自主选择商品或者服务的权利"；"消费者有权自主选择提供商品或者服务的经营者，自主选择商品品种或者服务方式，自主决定购买或者不购买任何一种商品、接受或者不接受任何一项服务"；"消费者在自主选择商品或者服务时，有权进行比较、鉴别和挑选"。第 10 条规定，"消费者享有公平交易的权利"；"消费者在购买商品或者接受服务时，有权获得质量保障、价格合理、计量正确等公平交易条件，有权拒绝经营者的强制交易行为"。第 16 条第 3 款规定："经营者向消费者提供商品或者服务，应当恪守社会公德，诚信经营，保障消费者的合法权益；不得设定不公平、不合理的交易条件，不得强制交易。"再如，我国《反垄断法》（2007 年）第 17 条第 1 款规定，禁止具有市场支配地位的经营者"没有正当理由搭售商品，

---

① 李剑：《搭售理论的经济学和法学回顾》，《云南大学学报》（法学版）2005 年第 2 期；张凯、李向阳：《双边市场中平台企业搭售行为分析》，《中国管理科学》2010 年第 3 期。

或者在交易时附加其他不合理的交易条件"。这些均说明，搭售行为不具有合法性。

根据《禁止滥用市场支配地位行为暂行规定》（2019 年）第 18 条规定，具有市场支配地位的经营者，无正当理由，所实施的垄断性附条件交易行为主要包括如下几种情形：（1）违背交易惯例、消费习惯或者无视商品的功能，将不同商品捆绑销售或者组合销售；（2）对合同期限、支付方式、商品的运输及交付方式或者服务的提供方式等附加不合理的限制；（3）对商品的销售地域、销售对象、售后服务等附加不合理的限制；（4）交易时在价格之外附加不合理费用；（5）附加与交易标的无关的交易条件。而所谓"正当理由"，主要包括以下情形：（1）符合正当的行业惯例和交易习惯；（2）为满足产品安全要求所必需；（3）为实现特定技术所必需；（4）能够证明行为具有正当性的其他理由。

对公用事业领域而言，附条件交易主要表现为市场搭售；特别是特许类公用事业经营，几乎普遍存在着搭售行为，无疑，公用事业领域市场搭售行为，也应受反垄断法规制。①

从反不正当竞争和反垄断法的法理上考察，认定搭售行为的一般构成要件可从如下几个方面入手。（1）实行搭售行为的经营者必须拥有市场独占或支配地位。所谓市场支配地位，根据我国《反垄断法》第 17 条第 2 款规定，是指经营者在相关市场内具有能够控制商品价格、数量或者其他交易条件，或者能够阻碍、影响其他经营者进入相关市场能力的市场地位。另，我国《反垄断法》第 18 条规定，认定经营者具有市场支配地位，应当依据下列因素："（一）该经营者在相关市场的市场份额，以及相关市场的竞争状况；（二）该经营者控制销售市场或者原材料采购市场的能力；（三）该经营者的财力和技术条件；（四）其他经营者对该经营者在交易上的依赖程度；（五）其他经营者进入相关市场的难易程度；（六）与认定该经营者市场支配地位有关的其他因素。"拥有市场垄断、独占、支配地位的经营者所实行的搭售行为，无异于给其他经营者、竞争者设置市场进入壁垒，目的在于阻止和排斥其他经营者、竞争者进入该行业或市场。该手段从道义上讲是不正当的，行为状态是不合法的。如微软公司长期的软件搭售，就是

① 曾培芳：《论特许经营中搭售行为的非法性问题》，《学海》2001 年第 5 期。

一种典型的垄断性、违法性、对竞争对手构成排除或限制效应的搭售行为。① 规制搭售行为的目的是限制经营者利用其市场垄断、独占、支配地位进行不正当竞争，以维护平等、自由竞争的市场经济秩序。(2) 搭售商品或服务与被搭商品或服务之间必须是各自独立的交易标的。如果发生在两个及以上相互关联的商品或服务之间的销售行为，是与搭售的定义不相符的，我们可以从商品的外观、功能以及能否单独满足消费者的需求等多个方面去考虑商品或服务之间是否具有关联性或独立性。对于支配企业从事的搭售行为，反垄断法上长期采用"本身违法规则+独立产品"的要件适用与认定标准，美国和欧盟通过引入合理规则，将搭售行为认定与违法性评价作区分处理，把重心从搭售行为认定转向对搭售市场效果违法性的分析和评价，这对我国《反垄断法》第17条第1款的适用无疑具有重要借鉴意义。② (3) 消费者并非自愿购买被搭售的商品或服务，而是由于经营者滥用市场垄断、独占、支配地位，消费者的自主选择被限制或被剥夺，才被迫去购买该搭售的商品或服务。搭售则明显限制了消费者自主选择商品或服务的权利，有悖契约自由的基本原则，必然会损害消费者的合法权益。

2. 市场搭售的表现形式与具体情形

在学理上，垄断性搭售可作如下分类。(1) 按搭售表意是否明确，可分为显性搭售和隐性搭售。显性搭售表意表现方式比较明显，即经营者明确规定消费者在购买某一商品或服务的同时须购买另一商品或服务，而且消费者也明确地知道这一条件；而隐性搭售表意表现方式则较为隐蔽，消费者通常都会忽略这种搭售行为，但它经常存在于合同条款之中，例如"买方将不从其他任何供应商那里购买那种商品"等。(2) 按搭售是否以契约方式固定下来，可分为契约式搭售和事实搭售。契约式搭售行为是建立在签订契约的基础之上，合同条文中已有相关规定，比较清楚明了；而事实搭售则相对复杂，需要通过一系列的事实来推定搭售的存在，如确实符合搭售条件，才可认定为搭售。(3) 按搭售是否尊重消费者的意愿，可分为封闭式搭售与开放式搭售。封闭式搭售要求消费者在购买某一商品或服

---

① 王健：《搭售法律问题研究——兼评美国微软公司的搭售行为》，《法学评论》2003年第2期。

② 许光耀：《搭售行为的反垄断法分析》，《电子知识产权》2011年第11期。

务时，必须购买另一商品或服务，如果消费者不购买被搭售品的话，经营者就会拒绝销售搭售商品，此种情况下，消费者一般没有选择的可能性；开放式搭售则在搭售合约中有"特惠路线"条款，即当竞争者所提供的被搭售商品在品质上和价格上与卖方所提供的被搭售商品相同时，卖方有优先交易的权利。[①]

作为不正当竞争或垄断行为的搭售，其具体表现如下。（1）违背交易惯例、消费习惯等或者无视商品的功能，将不同商品强制捆绑销售或者组合销售；（2）对合同期限、支付方式、商品的运输及交付方式或服务的提供方式等附加不合理的限制；（3）对商品的销售地域、销售对象、售后服务等附加不合理的限制；（4）附加与交易标的无关的交易条件。

与一般行业与市场不同，在公用事业领域多数部门的自然垄断特性，决定了公用企业在多数情况下在本行业、市场居于独占和支配地位，供方的唯一性或寡头垄断状态，使得公众消费者对特定公用事业产品或服务没有更多的选择性，这也就为居于独占、支配、垄断地位的公用企业滥用搭售创造了便利条件。因此，搭售不仅是公用企业最为经常使用的经营手段，更是公用事业领域滥用市场支配地位的主要形式。具体而言，公用企业滥用市场支配地位，实施搭售行为的主要表现形式有以下几个方面。

（1）直接搭售。即公用企业在销售、提供公用事业产品或服务的过程中，直接搭售其配制或指定的产品或服务。如供水部门强行搭售其配制或指定的水表，或者强行要求用户更换智能水表；强制用户购买不必要的"用水卡"；强制用户接受其指定的给水工程施工服务等，若用户拒绝，则不予供水，或中断供水，或加收水表检测费等。如供电部门强制搭售其提供的电表、电线、变压器等用电设备；强制用户购买用电保险或搭售其他不必要的商品；强制搭售其指定的施工企业的用电设计、安装工程等服务，对拒绝安装的用户收取不合理的管理费。如邮政部门强制搭售特快专递等服务；强制搭售消费者不需要的明信片、集邮册等；在承兑汇款时，强制用户按取款比例参加邮政储蓄或强制征订报刊或购买用户不必要的邮资用品等。如铁路等公共交通运输部门强制用户接受其指定的经营者提供的铁

---

① 王健：《搭售法律问题研究——兼评美国微软公司的搭售行为》，《法学评论》2003 年第 2 期。

路延伸服务，如装卸车服务等；强制用户到其指定的售票点购票，收取费用，并要求用户购买保险等。①

（2）间接搭售。即公用企业在销售、提供公用事业产品或服务的过程中，通过直接或间接、明示或隐蔽等方式，要求公众消费者购买或接受与其有合作、合资或存在其他利益输送关系的经营者所配制或指定的产品或服务。如 2010 年 11 月，中国联通与 iPhone 签定《中国联通客户 3G iPhone 合约计划业务协议》，该协议约定将 3G iPhone 与联通移动通信服务实施绑定销售，消费者只有在依据该协议绑定使用所购买的通信服务、USIM 卡、用户号码以及 iPhone 终端（机卡不分离）的情况下，才可享受联通提供的终端补贴优惠政策。② 这一行为属典型的公用事业垄断性搭售行为，应受反垄断法规制。随着我国公用事业领域反垄断规制越来越完善，间接搭售的行为就越来越多，且其形式也会越来越隐秘。

（六）价格决定

1. 价格决定的界定与特征

价格决定又称价格垄断行为或掠夺性定价行为，是指具有市场独占或支配地位的投资者与经营者，利用其优势经济地位，擅自决定其产品或者服务的价格（包括高价控制和低价倾销等形式），以排斥竞争对手和获取垄断高额利润，损害同类经营者和消费者的行为。

在反垄断司法史上，有关价格决定的案例一般被定义为掠夺性定价行为，如在 1994 年，美国边疆航空公司（Frontier Airlines）进军比灵斯至丹佛航线，票价定为 100 美元左右，只为原有航空公司——联合航空公司所索票价的一半左右。作为回应，联合航空公司只能把票价降低到相应水平。一年之后，边疆航空公司被迫退出该路线，而联合航空公司的票价随之大幅上涨。边疆航空公司于是向司法部投诉，认为联合航空公司通过掠夺性定价实施反竞争行为。③

可见，掠夺性定价，系指占有市场支配地位的企业无正当理由，在一

---

① 张顿顿：《搭售行为的法律规制》，硕士学位论文，西南政法大学，2008 年。

② 别坤：《被联通"绑架"的 iPhone》，《互联网周刊》2011 年第 1 期。

③ Joseph F. Brodley, Patrick Bolton and Michael H. Riordan, Predatory Pricing: Strategy Theory and Legal Policy, *Georgetown Law Journal 88*（August 2000）: 2239-2330.

定市场和一定期限内以低于成本的价格销售商品或提供服务，以排挤竞争对手的行为；降价行为是掠夺性定价最主要的手段，是以将他企业排挤出特定市场领域为目的。在垄断经济分析语境里，掠夺性定价行为可行的一个必要条件是价格在一时偏离当期利润最大化水平，目的是降低未来的竞争程度，从而获得更高的未来利润；对于进入者，现有厂商可通过制定最大化当期利润的价格接受竞争者的存在，也可以扩张性定价——降低近期的利润——而在竞争对手退出后获得更高利润作为回报；当所损失的近期利润小于未来长期所得利润时，掠夺性定价行为则优于容忍竞争对手的存在。[①]

　　掠夺性定价行为一般存在于不完全竞争市场环境，因为在不完全竞争市场中，企业都有一定的选择权来决定自己的定价政策，尤其是对垄断厂商来说，可以通过制定统一的垄断价格销售产品。现实生活中，垄断企业在规定商品价格上通常采取相互协调的方式。不少生产部门表面上是由各个企业各自决定价格，但实际上是根据"价格领导制"的原则，由该部门最大的垄断企业首先确定商品价格，然后其他企业再跟随定价。在这些部门中起"价格领导"作用的最大垄断企业通常先规定扣除纳税后要求达到的高额利润率即"目标利润率"，再围绕这个利润率计算企业在正常情况下的生产成本和目标利润，然后规定商品的价格。[②]

　　在立法上，价格决定一般表述为价格垄断行为。价格决定一般是垄断企业凭借自身的垄断地位，在一定程度上加以操纵，制定以保证其最大利润量为宗旨的市场价格。具体表现为：一方面，抬高其出售商品或提供服务的价格，使其明显高于市场价值；另一方面，压低其购买商品或服务的价格，使其明显低于市场价值。[③] 另，我国《价格法》（1997 年）第 14 条第 1 款规定，经营者不得相互串通，操纵市场价格，损害其他经营者或消费者的合法权益。

---

①　W. 基普·维斯库斯等：《反垄断与管制经济学》，陈甫军等译，中国人民大学出版社，2010，第 260~261 页；Adrian Emch and Gregory K. Leonard：《掠夺性定价的经济学及法律分析——美国和欧盟的经验与趋势》，《法学家》2009 年第 5 期。

②　刘丰波、吴绪亮：《基于价格领导制的默契合谋与反垄断规制》，《中国工业经济》2016 年第 4 期。

③　游钰：《论反垄断法对掠夺性定价的规制》，《法学评论》2004 年第 6 期。

与一般市场的掠夺性定价行为不同，在公用事业领域，公用企业的价格决定行为，具有如下一些特点。（1）行政垄断性。在我国，公用企业往往具有政企不分、政资不分的特性，传统国有国营的公用事业经营体制尚有巨大的制度惯性，特别是价格行为，公用企业没有多大的自主决定权。包括供水、供电、供热、供气、石油、邮政、电信、交通运输等重要行业的价格，一般是由政府价格部门或特定行政部门（如石油价格由国家发改委决定；公共交通运输价格一般由公用事业管理部门决定）以行政许可、行政审批的形式确定的。因此，公用事业领域价格决定垄断行为，大多与行政垄断具有关联性。（2）行业垄断性。公用事业领域多数部门具有自然垄断的性质，投资者、经营者对同类市场（如自来水、燃气、电力等行业）具有独占地位，价格决定行为往往带有行业的控制性和排他性，因此，价格垄断行为也就具有全行业的特征。（3）非经济性。与一般行业的垄断者谋求垄断高额利润不同，在公用事业领域，公用企业往往不考虑投资、经营和交易的成本，价格决定有时与成本核算、利润最大并不构成对应关系，它首先要考虑的是国家财政支出和社会公众消费者支出的承受力，如自来水、电力、燃气、公共交通的价格，除要考虑经营成本与投资回报外，更要考虑国家财政补贴与社会公众消费者的收入状况，公用事业价格是在国家财政负担和社会公众消费者支出的承受能力范围内，以给出一个适当的量值。（4）决定任意性。在公用事业领域，由于公用企业往往不考虑投资、经营和交易的成本，内部因没有完全的价格决定权，没有一套有效的成本利润核算机制和决策责任制度，对价格决定行为进行严格控制和监督；又由于政府价格管理或决定部门对公用事业价格决定的深度参与，行政许可或审批过程中也缺少严格的程序监督，因此，公用事业领域的定价行为总体上带有很大的主观性和随意性。（5）价格变动刚性。公用事业领域的价格由于涉及社会公众的日常生活和普遍福利，价格在比较长的时间内容具有一定的稳定性，因此，一个较高或较低的公用事业产品或服务价格一旦决定，就会在一定时期内保持一定的刚性，即使存在垄断，这一情形也不会有多大改变。（6）价格决定多样性。与一般领域掠夺性定价行为是为了阻止新的投资与经营者进入本行业或市场，以排斥竞争或潜在的竞争对手不同，在公用事业领域，公用企业则因独占的市场支配地位或控制地位，一般不需要考虑竞争或潜在竞争对手的营业状况与价格指数，其价格垄断决定行为主要是考虑公用企业获取更高的垄断利益，因此，其垄断性价格决定行为的形式和手段要更为多样、复杂，损害的更多是社会公众消费者的利益。（7）牵连与联动性。公用事业领域属国民经济的基础行业，公用企业的垄断性定价和变相附属性定价行为，还会影响到与公用事业领域相关的其他领域、行业、产业的价格决定，从而形成垄断性价格决定的牵连与联动。

2. 价格决定的表现形式与具体情形

相对于一般性掠夺性定价行为，在公用事业领域，垄断性价格决定行为的基本形式如下。

（1）价格的行政许可。在我国，公用事业产品与服务因涉及社会公众的日常生活和普遍福利，其垄断价格的决定往往离不开政府价格决定与监管的影子。我国《价格法》第18条规定，自然垄断经营的商品价格、重要的公用事业价格、重要的公益性服务价格，大多属于公用事业产品与服务价格的范畴，实行政府指导价或者政府定价。该规定为政府对公用事业产品与服务价格的干预提供了法律依据。因此，在公用事业领域，垄断性价格决定行为在多数情况下以价格的行政许可、行政审批等形式表现出来，如国家发改委对石油调价的审批行为；国家信息产业部门对电信价格的决定；城市公用事业管理局对公共交通、出租车行业价格的管理与决定；等等。

（2）价格固定。即公用企业通过价格垄断协议等方式以固定公用事业产品或服务的价格。如我国《反垄断法》（2007年）第13条第1款规定，禁止具有竞争关系的经营者达成有关"固定或者变更商品价格"的垄断协议；根据《禁止垄断协议暂行规定》（2019年）第7条规定，禁止具有竞争关系的经营者达成价格固定垄断协议包括如下情形："（一）固定或者变更价格水平、价格变动幅度、利润水平或者折扣、手续费等其他费用；（二）约定采用据以计算价格的标准公式；（三）限制参与协议的经营者的自主定价权；（四）通过其他方式固定或者变更价格。"另，根据《禁止滥用市场支配地位行为暂行规定》（2019年）和我国《反垄断法》（2007年）第14条第1款第（一）项规定，禁止经营者与交易相对人达成有关"固定向第三人转售商品的价格"的垄断协议；而根据《禁止垄断协议暂行规定》（2019年）第12条规定，禁止经营者与交易相对人达成价格固定垄断协议包括如下情形:"(一)固定向第三人转售商品的价格水平、价格变动幅度、利润水平或者折扣、手续费等其他费用;(二)限定向第三人转售商品的最低价格,或者通过限定价格变动幅度、利润水平或者折扣、手续费等其他费用限定向第三人转售商品的最低价格;(三)通过其他方式固定转售商品价格或者限定转售商品最低价格。"价格固定行为最常见于公共交通、有线电视、电信等具有寡头竞争性的公用事业领域。

(3)高价控制。公用企业为获取垄断性高额利润或额外利益,长期实行比较高的垄断性定价,损害公众消费者的价格决定行为。我国《反垄断法》(2007年)第17条第1款第(一)项规定,禁止具有市场支配地位的经营者"以不公平的高价销售商品或者以不公平的低价购买商品"。关于"不公平的高价"的考量、判断与认定,根据《禁止滥用市场支配地位行为暂行规定》(2019年)第14条规定,可以考虑下列因素:"(一)销售价格或者购买价格是否明显高于或者明显低于其他经营者在相同或者相似市场条件下销售或者购买同种商品或者可比较商品的价格;(二)销售价格或者购买价格是否明显高于或者明显低于同一经营者在其他相同或者相似市场条件区域销售或者购买商品的价格;(三)在成本基本稳定的情况下,是否超过正常幅度提高销售价格或者降低购买价格;(四)销售商品的提价幅度是否明显高于成本增长幅度,或者购买商品的降价幅度是否明显高于交易相对人成本降低幅度;(五)需要考虑的其他相关因素";此外,如"认定市场条件相同或者相似,应当考虑销售渠道、销售模式、供求状况、监管环境、交易环节、成本结构、交易情况等因素"。如在我国,高价控制比较典型的有城市燃气经营,自20世纪90年代引入民营资本投资经营后,投资者与经营者就一直维持比较高的垄断性供应价格,特别是家庭常用的15公斤瓶装液化石油气,其价格从最初的25元到2013年的130元左右,直至2014年还维持在120元左右,长期处在高价格供给的状态;[1]再如,被网民长期诟病的中国宽带"高网速价格低网速体验"现象,[2]几乎存在于所有电

---

[1] 肖建忠等:《中国民用天然气价格规制的公共福利效应与阶梯定价优化情景分析》,《中国地质大学学报》(社会科学版)2019年第1期。

[2] 参见中央电视台《关注宽带网速:高网速的价格 低网速的体验》,《新闻频道》2013年10月15日;陈志刚:《民营资本入 市宽带市场会引发价格大战吗?》,《中国电信业》2015年第7期。

信公司和宽带经营商。

（4）低价倾销。即一般意义上的掠夺性定价行为。具体而言，公用企业为阻止、排斥竞争对手进入本行业或本市场，以比目标竞争者或经营者更低的价格或低于成本价销售、供给其产品或服务，损害目标竞争者、经营者利益；在目标竞争者、经营者退出本行业或市场后，又把产品或服务的销售、供给价格提高到一个很高的水平，损害公众消费者利益。我国《反垄断法》（2007 年）第 17 条第 1 款第（二）项规定，禁止具有市场支配地位的经营者"没有正当理由，以低于成本的价格销售商品"；根据《禁止滥用市场支配地位行为暂行规定》（2019 年）第 15 条第 2 款、第 3 款规定，"认定低于成本的价格销售商品，应当重点考虑价格是否低于平均可变成本。平均可变成本是指随着生产的商品数量变化而变动的每单位成本。涉及互联网等新经济业态中的免费模式，应当综合考虑经营者提供的免费商品以及相关收费商品等情况"。其中，所称"正当理由"包括如下情形："（一）降价处理鲜活商品、季节性商品、有效期限即将到期的商品和积压商品的；（二）因清偿债务、转产、歇业降价销售商品的；（三）在合理期限内为推广新商品进行促销的；（四）能够证明行为具有正当性的其他理由。"

（5）价格歧视。即公用企业利用自己的垄断独占或市场支配地位，对与其合作、交易的竞争对手实行差别性价格交易条件销售、供给产品或服务，以损害目标竞争者、经营者或消费者利益的价格决定行为。价格歧视是典型的垄断权滥用行为，我国《反垄断法》（2007 年）第 17 条第 1 款第（六）项规定，禁止具有市场支配地位的经营者"没有正当理由，对条件相同的交易相对人在交易价格等交易条件上实行差别待遇"；根据《禁止滥用市场支配地位行为暂行规定》（2019 年）第 19 条规定，价格歧视性差别待遇主要包括如下情形："（一）实行不同的交易价格、数量、品种、品质等级；（二）实行不同的数量折扣等优惠条件；（三）实行不同的付款条件、交付方式；（四）实行不同的保修内容和期限、维修内容和时间、零配件供应、技术指导等售后服务条件。"其中，所谓"条件相同"，是指"交易相对人之间在交易安全、交易成本、规模和能力、信用状况、所处交易环节、交易持续时间等方面不存在实质性影响交易的差别"。另，所谓"正当理由"的认定，包括如下情形："（一）根据交易相对人实际需求且符合正当的交易习惯和行业惯例,实行不同交易条件;(二)针对新用户的首次交易在合理期限内开展的优惠活动;(三)能够证明行为具有正当性的其他理由。"有关公用事业价格歧视的案例,典型如自来水、电力、通信、公共交通等行业,对内部职工和公众消费者长期实行不同的价位水准,内部职工要享受各种价格上的明显优惠,其正当性、合理性和合法性一直遭到学界和业界的质疑。又如在固话、有线宽带市场领域,中国电信一直占有绝对优势地位,居于主垄断地位。2010 年 8 月上旬,中国电信下发内部文件,要求各省级公司对高带宽和专线接入进行清理,除骨干核心正常互联互通点外,清理所有其他运营商和互联单位等的"穿透流量"接入。这一规定迅速在行业内引发震荡。由于中国电信违反工信部有关网络流量单向结算的规定,设立了"黑白名单",对不同的宽带接入厂商予以差别定价,以高于电信骨干网客户的价格向其他宽带接入运营商进行网间结算,其定价与市场价格之间的价差高达数倍甚至数十倍,造成竞争对手宽带接入成本增高。而为了减少宽带接入成本,一些运营商以相对低廉的价格接入电信骨干网,"穿透流量"由此出现,这一方式使竞争对手的单个用户成本下降了25 元/月。而中国电信斩断"穿透流量"之举,令其他接入宽带运营商遭受重创。[①] 2010 年以来,我国采取了相应的措施,如分拆方式,在一定程度上削弱了电信行业的垄断,但仍然没有打破原有的垄断格局,收费项目繁多、收费过高等现象仍普遍存在。

(6)搭车性收费。它又称附加收费,即公用企业利用自己的垄断独占或市场支配地位,在向公众消费者销售、供给其产品或服务的过程中,收取该产品或服务之外的其他额外费用,损害公众消费者利益的价格决定行为。典型的如电话初装费、煤气燃气安装费、网络安装费、自来水改装费、有线电视初装费等,而且在相当长的时期里,其做法获得了国家政策和行政规章的支持。如原邮电部《关于加强市话初装费管理的通知》(1994 年 2 月 23 日),原邮电部《关于收取市话初装费有关问题的通知》(1994 年 9 月 29 日),原国家计委、财政部、邮电部《关于电话初装费、邮电附加费等政策的通知》(1996 年 11 月 28 日),国家计委、财政部、邮电部《关于市话

---

① 刘砥砺:《电信联通遭发改委反垄断调查》,《北京青年报》2011 年 11 月 10 日第 A6 版;启言:《清理穿透流量:中国电信成"搅局者"》,《互联网周刊》2010 年第 21 期。

初装费问题的补充通知》（1996 年 12 月 3 日），原国家税务总局《关于有线电视初装费、收视费征收营业税问题的批复》（1999 年 10 月 14 日），国家税务总局《关于管道煤气集资费（初装费）征收营业税问题的批复》（2002 年 1 月 28 日），财政部、国家税务总局《关于中国电信集团公司市话初装费企业所得税有关问题的通知》（2003 年 4 月 28 日）等文件，使公用企业的搭车性收费和附加性收费行为变得合法。由于电话、煤气燃气、网络、自来水、有线电视、电力的固定设施之所有权属于国家，控制、管领权属于公用企业，作为用户的公众消费者仅对其享有使用权，该法律关系应界定为公用事业固定设施的租赁关系，对该公用事业固定设施建设与投资，理应由设施的所有权人或投资者、经营者负责，而没有任何理由把之转嫁至租赁者的头上。因此，对于上述搭车性收费或附加性收费，其正当性、合理性一直遭到社会公众的质疑。为此，信息产业部、财政部于 2001 年 6 月 21 日、11 月 5 日先后发布《关于取消市话初装费和邮电附加费等政府性基金项目的通知》《关于清理电话初装费和邮电附加费的通知》等文件，决定"自 2001 年 7 月 1 日起，取消市话初装费、移动电话入网费等专项用于邮电通信事业建设的政府性基金"。特别是"对于 2001 年 7 月 1 日前已交纳电话初装费但至 2001 年 7 月 1 日仍未装机、入网的待装用户，电话初装费应全额退还用户"。但这些文件的效力只及于"电话初装费（包括市话初装费、移动电话入网费、农村电话补装费）和邮电附加费"，其他公用事业领域如网络、自来水、有线电视、电力等行业的初装费，其高额收取的现状尚无任何改变。我国《反垄断法》（2007 年）第 17 条第 1 款第（五）项规定，禁止具有市场支配地位的经营者"没有正当理由搭售商品，或者在交易时附加其他不合理的交易条件"；根据《禁止滥用市场支配地位行为暂行规定》（2019 年）第 18 条第 1 款第（四）项规定，禁止具有市场支配地位的经营者"交易时在价格之外附加不合理费用"。

（7）其他价格控制行为。即公用企业利用自己的垄断独占或市场支配地位，在向公众消费者销售、供给其产品或服务的过程中，单方面规定对经营者有利而对公众消费者极为不利的价格条款，或者在既有价格条件下任意改变其产品数量或服务质量，损害公众消费者利益的价格决定行为。比较典型的如，网络包月流量、固定电话月费等未消费的份额，金额月底清零政策等,① 就属于单方面的价格霸王条款。再如,我国石油垄断企业中石化和中石油两大集团,长期垄断着我国国内油田的原油开采、炼油、批发、零售等业务权,② 石油的进出口经营权以及对民营企业从事海外进口原油的配额发放权也掌握在其手中,由于长期缺乏竞争,民营企业经营石油行业异常困难,消费者别无选择,唯有接受其不合理的定价行为。③

前述公用企业之所以能够实行垄断性定价,就是因为在相关市场中占有支配地位,所实施的垄断性价格决定了行为的目的,都是为了获取远高于一般利润水平的垄断额外利润。显而易见,此举极大地损害了公众消费者的合法权益,导致社会公众无法享有部分普遍福利,同时也会影响其他竞争者的进入,限制市场的自由竞争,扰乱了正常的生产经营秩序,不利于发挥价格对资源配置的积极作用。

(七) 单方违约

1. 单方违约的界定与内涵

单方违约,又称单方面中止供给或服务,是指具有市场独占、支配、垄断地位的经营者,在对消费者或交易相对人履行给付义务过程中,滥用市场支配地位单方面停止给付或服务的行为。单方面中止供给与服务从合同法的角度,是一种明显的违约行为,违反了合同签订与履行过程中的诚实信用这一帝王规则;从竞争法的角度看,由于单方面中止供给或服务的经营者在某一特定行业或市场具有独占、支配、垄断地位,该地位实际上决定了消费者或交易相对人没有太多甚至没有选择余地,一旦经营者单方面中止供给或服务,消费者或交易相对人的生活或生产就面临困境或难以为继,对社会生活和正常生产均会产生严重的负面影响。因此,对具有市

---

① 关于移动网络"流量清零"政策,代表性案例如"辛钧辉诉中国电信股份有限公司深圳分公司电信服务合同纠纷案""刘明诉中国移动通信集团湖南有限公司长沙分公司侵权责任纠纷案""刘明标诉中国移动通信集团云南有限公司电信服务合同纠纷案"等,参见广东省深圳市中级人民法院 (2014) 深中法民终字第 2012 号《民事判决书》、湖南省长沙市天心区人民法院 (2013) 天民初字第 2053 号《民事判决书》、云南省昆明市中级人民法院 (2018) 云 01 民终 2697 号《民事判决书》;另参见张学《"手机套餐流量月底清零"的霸王条款浅析》,《山西省政法管理干部学院学报》2014 年第 4 期。

② 孟雁北等:《垄断行业改革法律问题研究:以石油天然气产业为例证》,法律出版社,2016,第 92~108 页。

③ 杨波:《中国现行石油定价机制及其弊端分析》,《价格月刊》2014 年第 2 期。

场独占、支配、垄断地位的经营者而言，如单方面中止供给或服务，则已不是一个简单的违约行为问题，而是属于市场支配地位的滥用，该行为就构成了垄断，就应受到反垄断法的规制和惩罚。由于具有市场支配的经营者单方面中止供给或服务情况比较复杂，我国《反垄断法》第 17 条第 1 款第（三）项只把"没有正当理由，拒绝与交易相对人进行交易"作为垄断行为进行列举，并没有把"单方违约"或"单方面中止供给或服务"列入垄断的情形，而所谓"国务院反垄断执法机构认定的其他滥用市场支配地位的行为"则属于十分模糊的条款，是否包括"单方违约"或"单方面中止供给或服务"等情形，则有存疑。这说明，我国《反垄断法》对经营者特别是公用企业滥用市场支配地位的列举，尚存在明显的立法疏漏。①

具体对公用事业领域而言，单方面中止供给或服务则特指具有市场独占、支配、垄断地位的公用企业，在对公众消费者或交易相对人履行公用事业产品或服务的给付义务中，滥用市场支配地位单方面停止公用事业产品或服务给付的行为。单方面中止供给或服务在公用事业领域可以说十分普遍，且其经济、社会的消极后果要严重得多，对公众消费者和其他交易相对人的损害更是多方面的。

2. 单方违约的表现形式与具体情形

单方违约或单方面中止供给或服务，表象比较简单，就是停止对公众消费者或交易相对人的公用事业产品或服务给付；但由于公用企业单方面中止供给或服务的缘由有很大差异，其情形也就比较复杂。其表现形式与具体情形如下。

（1）没有任何正当理由，擅自单方面中止公用事业产品或服务的给付。在此情形下，公用企业没有任何正当、合法的理由，滥用其市场支配地位，不向特定公众消费者或交易相对人给付或拒绝给付法定、约定的公用事业产品或服务。典型的如电信、电力、自来水、有线电视、煤气燃气等经营者，收取公众消费者的开户费、初装费，而在法定、约定的期限内或其他合理期限内，不提供或拒绝提供公用事业产品或服务。

---

① 笔者认为，"拒绝与交易相对人进行交易"属于缔约问题，而"单方违约"或"单方面中止供给与服务"则属于交易达成后的履约问题，两者的发生阶段、行为性质和法律后果是完全不一样的。因此，我国《反垄断法》第 17 条第 1 款规定，是不适用于"单方面中止供给与服务"这一情形的。

（2）为阻止、排斥竞争对手，擅自单方面中止公用事业产品或服务的给付，或者以此进行威胁。典型的如 2010 年 11 月，互联网行业发生的"3Q 大战"即奇虎 360 和腾讯 QQ 网争案。11 月 3 日晚，腾讯公司发出《致广大 QQ 用户的一封信》，宣称将在装有 360 软件的电脑上停止运行 QQ 软件，倡导必须卸载 360 软件才可以登录 QQ。[①] 腾讯公司的依据是腾讯 QQ 的包装权利条款，即《QQ 软件许可及服务协议》规定，"腾讯特别提请用户注意：腾讯为了保障公司业务发展和调整的自主权，腾讯拥有随时自行修改或中断软件授权而不需通知用户的权利，如有必要，修改或中断会以通告形式公布于腾讯网站重要页面上"。[②] 根据此条规定，腾讯 QQ 拥有在任何时候单方面中止供给或服务的权利，它便有权让用户进行"二选一"。此举引发了业界震动，腾讯在"3Q 大战"中单方面中止为用户提供服务，利用垄断地位让用户进行"二选一"，剥夺了用户的自主选择权，破坏了公平竞争的市场环境。由于互联网用户对腾讯 QQ 有着强烈的依赖心理，腾讯 QQ 本质上已不只是单纯的商业应用与服务，而是兼具了互联网公共平台的公用事业服务性质，该行为对自由竞争、市场秩序、经济效率、社会公益都有着重大的示范效应。[③]

对电信经营者滥用其市场支配权、擅自中止电信服务的监管，早在 2000 年 9 月 15 日国务院发布的《电信条例》第 41 条第 1 款就明确规定电信业务经营者在电信服务中，无正当理由，不得拒绝、拖延或者中止对电信用户的电信服务。又如 2011 年 7 月 27 日，工业和信息化部政策法规司起草了《互联网信息服务管理规定（征求意见稿）》并对外公开征求意见。该规定以规范互联网信息服务提供者之间的竞争行为为宗旨，以维护互联网用户的各项合法权

---

① 钟和：《3Q 大战企鹅打败了"虎"：我国互联网领域反垄断第一案侧记》，《上海企业》 2013 年第 5 期。

② 腾讯公司：《QQ 软件许可及服务协议》，http://v.qq.com/help/live_8.html，最后访问日期：2013 年 8 月 11 日。

③ 关于腾讯与 360 之争，2012 年 4 月，腾讯公司以 360 公司构成不正当竞争为由，向广东省高级人民法院提起诉讼，索赔金额高达 1.25 亿元；奇虎 360 以腾讯公司滥用市场支配地位为由提起反诉，索赔金额高达 1.5 亿元。2013 年 3 月 28 日，广东高院作出一审判决，驳回奇虎公司全部诉讼请求，腾讯公司不构成垄断。奇虎公司不服，又提上诉，2013 年 11 月 26 日最高人民法院开庭审理此案，并于 2014 年 2 月 24 日作出终审判决，驳回奇虎 360 的上诉，维持一审判决。参见袁定波《3Q 大战终审落幕 最高法公开宣判维持原审判决》，《法制日报》2014 年 2 月 25 日第 2 版。

益为原则。其中，第8条第1款规定，互联网信息服务提供者，无正当理由，不得单方面实施拒绝、拖延或者中止向用户提供服务等侵犯用户合法权益的行为。再如2011年12月29日工业和信息化部正式发布《规范互联网信息服务市场秩序若干规定》，前述征求意见稿中第8条第1款的规定被纳入第7条第1款。可见，公用事业单方面中止供给或服务，由于其影响之深、作用之大，已引起社会各界的广泛关注和政府有关部门的高度重视。但是，前述规定，仅仅是从互联网经营的秩序来思考这一问题，未从反垄断的视角对类似于电信类公用企业进行反垄断法的规制与处罚。

（3）存在不可抗力的情形下，未在合理时间内进行及时维修，履行恢复公用事业产品或服务给付义务。在因自然灾害（如台风、干旱、冰雹、地震、海啸、洪水、火山爆发、山体滑坡等）、政府行为（如征收、征用等）、社会异常事件（如战争、武装冲突、罢工、骚乱、暴动等）等不可抗力因素，引起公用基础设施或设备毁损，导致公用产品或服务供给中断的情况下，公用企业未在法定或约定的合理时间内，进行及时抢修、维修，或采取其他紧急应对措施的，严重影响公众消费者的日常生活和社会生产。不可抗力之原因虽属公用企业不能预见、不能避免并不能克服的客观情况，虽然发生及引发公用基础设施或设备毁损具有不可逆转性，但因公用事业设施与设备影响着公众消费者的日常生活和社会的基本生产秩序，如不及时恢复供给，就会造成社会混乱。因此，在不可抗力事件发生之后，公用企业有义务、有责任在极短时限内（法律上为合理时间内）采取适当措施，恢复供给。否则，如怠于履行，不仅构成违约，更构成市场支配地位的滥用。

（4）存在正当理由的情况下，未履行必要的法定或约定程序，擅自单方面中止公用事业产品或服务的给付。所谓正当理由，一般包括如下情形。①因第三人的过错导致公用基础设施或设备全部或部分毁损。即由于修建公共基础设施，或者其他建筑施工单位作业不慎，或者其他不能归于公用企业的原因，致使公用事业产品或服务供给中断的。如因第三人施工不慎把自来水管道、通信管线、煤气燃气管道、道路等毁损的；又如因自来水遭人为污染而需要对自来水管道进行改造、清污的。②因既有公用事业产品或服务的存量难以提供有效供给。如因电力供给不足需要拉闸限电的，因自来水存量不足需要分区、限时供水的。③因公用基础设施或设备改造、维修和维护需要，而临时中断公用事业产品或服务供给的。如电力线路改造与维修；电信线路的升级换代等。④不能归责于公用企业的其他正当理由。上述情况一旦出现，暂时中断或部分中断公用事业产品或服务的供给就十分必要，但为了避免给公众消费者或社会生产带来不便，更不必引发社会恐慌，公用企业就必须依照法律规定或合同约定，提前以必要、适当的方式进行公示，履行告之、提醒义务。如没有履行此一义务，即使存在前述正当理由，也应认定为滥用市场支配地位、单方面中止供给或服务。

（5）在公众消费者或交易相对人有违约的情况下，未及时行使请求权、抗辩权或未履行必要的告之程序，擅自单方面中止公用事业产品或服务的给付。在此种情况下，公众消费者或交易相对人一般均有先前违约的情形，如欠缴水费、电费、煤气燃气费、有线电视费、电话费、网络使用费等，公用企业虽有权对违约者中止公用事业产品或服务的给付，但毕竟前述的水、电、气、电视、通信、网络等基本服务，已成为社会公众和社会生产不可或缺的基础要素，为了避免给公众消费者或社会生产带来不便，更不必激化社会矛盾，公用企业就必须依照法律规定或合同约定，在依法或依约对违约者中止公用事业产品或服务给付之前，应及时行使请求权，并提前以必要、适当方式履行告之、提醒义务。如未履行此一义务，即使存在公众消费者或交易相对人违约这一正当理由，擅自单方面中止公用事业产品或服务的给付，也应认定为滥用市场支配地位。

（八）相关行为支配和其他附加义务

由于列举的方式本身不具备周延性，加之市场竞争行为的多样性，公用事业领域的垄断经营行为仍难以穷尽，因此，《反垄断法》授权国务院反垄断执法机构有权认定其他垄断行为。在实践中，公用企业的垄断行为还包括如设置障碍、控制终端产品等相关行为支配或附加义务情形。如某些公用企业及其上级主管部门常以"入网"、公布目录、指定检测等方式，千方百计控制水、气、电等终端产品的生产经营活动。这些做法严重扭曲了水、气、电供应市场的自由、公平竞争，实质上剥夺了公众消费者或某些企业选购商品或服务的选择权。①

---

① 参见反垄断与反不正当竞争执法专家人才培训班第一课题组《公用企业滥用市场支配地位行为的反垄断规制研究》，《中国工商管理研究》2011年第7期。

三　公用事业垄断经营的效应分析

公用事业垄断经营的效应，即公用事业垄断经营所产生的效应，具体而言，是指公用事业垄断经营对投资行为、产业结构、消费行为、收入分配等所产生的可以评价、计量的实质影响和客观结果，或者说公用事业垄断经营对一个国家或地区的经济发展所造成的一系列影响。

（一）公用事业垄断经营的投资效应

投资效应是因法律或政策预设的投资准入条件、程序和既有投资经营状态而对投资决策的选择和投资的处向所产生的实质影响程度。在一般情况下，投资主体进入某一领域的成本主要包括两个方面，即投资机会成本和营业准入制度成本。一方面，就投资机会成本而言，由于任何一个市场主体进入投资领域的机会均不存在差异，因此人们在作出投资决策时所要考虑的机会成本也相应地保持一致，可以说投资机会成本是恒定的。另一方面，就营业准入制度成本而言，由于初始投资时机会均等，该领域就不存在垄断的可能性，那么新一轮投资者与初始投资者的选择空间、新一轮投资者与投资审查者的博弈支出就不会有绝对的差异，在对营业准入制度成本进行充分预期的基础上可使它降至最低值。总之，在投资机会成本恒定和营业准入制度成本预期可降至最低值的情况下，对一般市场主体而言，其进入该领域进行投资的成本就可达到最低，可实现预期的最大收益，则必然会调动人们投资的积极性，刺激经济的增长。[①]

但在公用事业领域，情况并不如此，公用事业所具有的资源稀缺性、供给管网化、固定成本沉淀性等自然垄断性决定了该领域投资主体的唯一性或寡头性。因为人们进入该领域进行投资存在着进入壁垒——垄断和机会不平等。假设存在 A 和 B 两个市场主体，A 为公用企业，B 为打算进入公用事业领域的某一投资者。由于机会不平等，投资机会已为 A 所垄断，这就意味着 B 丧失了进入该领域的机会，其选择进入该领域投资的机会成本和与 A 的博弈成本就趋于无穷大，面对此种情况，B 唯有选择将其拥有的资本投入到其他领域或闲置不用，此时在该公用事业领域的投资总量即

---

① 肖海军：《营业准入制度研究》，法律出版社，2008，第 144~145 页。

为 A 的实际投资量。足见，公用事业领域垄断经营所导致的机会不平等，在一定程度上会影响人们投资公用事业领域的积极性，降低该领域的投资总量。

公用事业领域的进入壁垒还表现在进入不自由，即人们不能自由地进入该领域进行投资，因为法律和政策设定了许多限制或禁止性条件或程序。这就意味着，公用事业领域并非平等地、公平地向所有市场主体一体开放，政府对此领域管制的权力范围相对较大，相应地加大了进入投资者的寻租概率，营业准入制度成本自然也就大大提高了，且在得不到法律、政策支持和保护的情况下，投资者的公共负担相应增加了，其投资效益自然会有所减低，这无疑也会影响人们投资的积极性，延缓经济增长速度。在进入不自由的情况下，公用事业领域外的市场主体很难进入该领域，此时该领域内的企业很少或几乎不会感觉到竞争的存在或危机的来临，其生产经营活动所产生的利润则不会用于追加投资，或者即使追加投资也仅限于企业内部的有限投资，这时公用事业领域内的投资规模仅为现有企业的投资总量，如此，就有可能导致公用事业领域生产和供给的长期不足。

公用事业垄断的投资效应，还可用于解释当前公用事业领域国有经济扩张、民营经济萎缩等现象。其对长期经济增长质量和效率的伤害，不能不令人担忧。虽然早在"十一五"规划时中央就提出了"效率与公平并重""先富论"让位于"共富论"，更凸现了政府决策层的态度，试图为民营经济的发展创造公平竞争的法治环境、政策环境和市场环境，但为国企量身定做的制度没有丝毫被打破的迹象，迫使民营企业纷纷退出垄断性产业。[①]典型的例证为 2002 年国内民航业实行准入开放、破除垄断的改革，民营资本开始进入民航业，深圳、东星、奥凯等一批民营航空企业得以崛起；但它们随后又次第被各色隐性"关卡"所击倒，民营航空在人们的感叹声中从蓝天上依次撤军。民营航空业曾经的老大深圳航空被国航强势收购，成为"国字号"公司；曾经轰动一时的东星航空黯然倒闭，投资人兰世立锒铛入狱；奥凯航空投资方均瑶集团内部纠纷不断，甚至出现停航风波。民营航空企业举步维艰，固然有自身经营管理不善的原因，但是民营企业冲破不了国有航空企业垄断的围墙与市场，应是民营航空企业难以成长、壮

---

① 邱林：《民企为何纷纷退出垄断性产业》，《乡镇企业导报》2009 年第 6 期。

大的根本原因。①

可见，公用事业垄断经营会产生社会投资特别是民营资本被挤出公用事业领域的挤出效应，无疑不利于公用事业领域的扩大生产和持续发展。

（二）公用事业垄断经营的产业效应

产业效应是指特定产业政策或特定产业领域的准入条件、程序和既有投资经营状态对该产业的资本属性、产业成长和产业结构所产生的实质影响程度。产业领域开放又称特殊产业开放，即法律或政策对市场主体在进入特殊产业领域的机会予以开放，允许具备特殊条件和特定资质的市场主体（自然人或企业）自由进入该领域开展生产经营活动。在产业领域开放和既有投资经营竞争充分的情况下，法律或政策一般只设定某特定产业的准入条件和程序，而不对特定类型或性质的市场主体进行特别限制或禁止。②

在公用事业这一特殊产业领域，为了落实《国务院关于鼓励和引导民间投资健康发展的若干意见》的要求，支持民间资本参与市政公用事业建设，促进市政公用事业健康发展，2012 年 6 月 8 日国家住建部印发《关于进一步鼓励和引导民间资本进入市政公用事业领域的实施意见》，明确提出对市场主体进入公用事业领域的机会予以开放，允许其自由进入该领域开展营业。

从现实情况来看，我国公用事业领域并未实现产业领域全方位开放，新的投资者、经营者特别是民间资本、民营企业进入公用事业领域仍面临着许多进入壁垒。首先，公用事业领域的行政垄断主要表现为部门垄断体制，这一垄断体制的基本特征就是行业主管部门采取行政审批、行政许可等手段，在排挤系统外的企业特别是民间资本、民营企业投资进入的同时，通过指令方式授权行业垄断企业担任项目业主，从而构成了新的投资者、经营者进入公用事业这一产业领域的天然屏障。其次，垄断经营模式导致公用事业领域内缺乏对上下游进行协调的机构和机制，导致新的投资者、经营者在营业过程中处于不平等和不利的地位。因为部分行业需要通过上下游的协调，如电力、城市燃气等行业，但由于某些环节存在垄断因素，新的投资者、经营者

① 康源：《民间资本受阻垄断三重门》，《中国企业报》2012 年 2 月 21 日第 1 版。
② 肖海军：《营业准入制度研究》，法律出版社，2008，第 147 页。

在与既有垄断企业谈判过程中得不到与垄断企业平等的对待，这就势必会影响其进入公用事业领域的信心，不利于这一产业的发展和壮大。再次，垄断经营模式必然导致技术垄断。垄断主体长期持有一项核心技术并保密以维持自己的垄断地位，这就无异于闭门造车，长此以往就从根本上限制了技术的进步与革新，无法适应社会经济的发展需要。最后，诸多公用事业具有投资大、资产专用性强、沉淀成本高、投资回收期长等特点，新的投资者、经营者未必能承担所需资本。要想进入这些产业，新的投资者、经营者必须"抱团出击"或者依靠金融市场融资，而我国金融市场发展并不完善，新的投资者、经营者特别是民营企业在融资过程中遭受歧视性待遇，需承担较高的融资成本，因此其还面临着绝对成本优势壁垒。①

可见，公用事业垄断经营会导致公用事业领域与非公用事业领域不同产业之间的凝固效应，不利于其他产业资本向公用事业领域的合理、有效流动，唯有选择适度的准入开放，才可吸引非公用事业领域的资本投入公用事业领域，加快推进公用事业的发展。

（三）公用事业垄断经营的消费效应

消费效应是指特定产业政策或行业结构对各消费群体的消费行为所产生的实质影响程度。在公用事业领域，市场竞争机制的缺乏，导致其不思进取、效率低下，其提供的商品或服务也无法跟上经济快速发展的步伐。此外，公用企业机构臃肿，官僚作风日益严重，对消费者缺乏足够的尊重意识，致使肆意侵害消费者权益的事件层出不穷。

在公用事业产品或服务的供给过程中，公众消费者的基本权利包括知情权、选择权和公平交易权，本质上是消费者的自由权，是消费者获得合理消费剩余的必要条件。在公用事业领域，某些行业提供分割市场、采购渠道等手段使行业内的成员在其各自地域内享有垄断地位，从而剥夺或限制了消费者选择公用事业产品或服务的权利。垄断性公用企业滥用市场支配地位的行为如市场搭售、拒绝交易等可能会直接限制消费者的购买渠道，也可能会阻碍竞争者进入相关市场，极大地限制了消费者的选择权。公用

---

① 吴亚平：《民间资本最好的投资领域本就不该在市政公用事业领域》，《中国经济导报》2013 年 2 月 7 日第 B3 版。

事业垄断经营的危害之一便是掠夺消费者剩余，减少社会福利。因为"如果一种产品的生产商联合抬高价格，消费者就得多付款，这就使社会收入不公平地从消费者手中转向生产者的手中，成为他们的垄断利润。不仅如此，产品不合理地抬价后，有些消费者本来可以消费得起的商品因为价格过高，消费者不得不放弃他们的消费打算。这部分损害虽然没有流向生产商，但是因为减少了社会消费，也会成为社会的净损失"。①

可见，垄断性公用企业直接或间接地实行不公平价格以攫取垄断利润，在高于边际成本的水平上定价，实质是掠夺消费剩余，直接减少公众消费者对非公用事业领域产品或服务的消费支付，进而产生消费萎缩效应。这不仅会造成社会福利的普遍性损失，而且大大弱化了消费拉动生产的消费刺激效应。

（四）公用事业垄断经营的收入效应

在社会发展过程中，收入分配问题一直都是政策与法律关注的热点问题。现阶段，以公用事业为代表的垄断行业依靠行政权力以及对关系国计民生产品或服务的控制，这些行业内部职工高福利、高收入的现象日益凸显。在电力、通信、自来水、铁路运输等公用事业领域，职工的平均工资相比其他行业职工偏高，除了基本工资待遇以外，这些行业职工还享受着本行业资源的特殊福利，如电力行业职工可以免费用电；电信职工装电话打电话也是免费或有优惠的；公交系统职工乘车不用买票；等等。在我国，公用事业垄断经营多属于经济体制转型过程中出现的一种特殊垄断形态，即行政、行业、部门性垄断，它是政府依行政命令设定市场进入壁垒和市场歧视，保护某些行业既得的利益，限制了市场竞争，通过立法使某些垄断披上"合法化"的外衣。

收入效应是指一定时期内，生产要素所带来的利益总额，对各利益主体收入水平与收入后的消费支出及消费者生活幸福指数所产生的实质影响程度。其中包含如下两个层面的实质性内容。

1. 作为垄断行业内的从业群体与社会高收入群体

此类人群有着过高的收入和本行业特殊的福利待遇，存在不合理收入、

---

① 王晓晔：《欧共体竞争法》，中国法制出版社，2001，第117页。

隐性收入向个人倾斜的现象和行业内的"大锅饭"现象，[①] 他们基于公用事业消费的选择会偏向于满足自己需求，即支出成本的消费不是其考虑的首要因素，易言之，他们属于偏好型消费群体。这类消费群体的生活品质往往较好，幸福指数也会相应较高。

2. 垄断行业之外的一般收入和低收入消费群体

垄断行业"长期盘踞公共资源高地并独占利润，把相当一部分应当归社会共享的成果变成部门利益"，严重破坏了收入分配原则，损害了正常的收入分配秩序。[②] 垄断行业的市场定价与自身收入差距的不合理比例，间接地降低了公众消费者的既有收入与支出份额，其在考虑公共事业消费支出的时候，成本计价自然就成为其考虑的首要因素，简言之，就是有用性消费会占据其消费的主要目的。这类群体往往考虑此类消费有无必要性，然后才做出消费决策。他们的生活质量一般，幸福感往往较低。

简单例证，出行时，高收入群体首先考虑的因素就是快捷和舒适，经济成本则成为次要考虑因素，他们选择的往往是乘坐速度较快、舒适性较高的飞机或高铁等。而一般收入及低收入群体，他们往往也会考虑快捷性，但是经济成本会成为其考虑的重要因素，其一般会选择火车或汽车等舒适性一般、价格便宜、相对快捷的出行方式。就二者出行的生活品质与体验而言，自然是前者高于后者，出行方式所带来的幸福指数也就大不一样了。[③]

从以上分析可看出，公用事业垄断经营对不同行业收入水平产生极大的影响，这就使得消费者在收入差距出现以后所产生的消费选择与消费习惯发生连锁反应，最终影响全社会不同行业的个人生活品质与幸福指数。更为重要的是，因垄断经营衍生的公用事业产品或服务价格奇高或上涨，必然使公众消费者支出增加，收入相应减少，进而导致全社会收入与福利的普遍性降低。[④]

① 汪贵浦：《垄断行业收入与再分配：市场势力的新视角》，经济科学出版社，2011，第217~227页。
② 潘胜文：《垄断行业收入分配状况分析及规制改革研究》，中国社会科学出版社，2009，第143~149页。
③ 于良春、张俊双：《中国垄断行业收入分配效应的实证研究》，《财经问题研究》2013年第1期。
④ 彭树宏：《中国垄断行业公平规制问题研究》，经济科学出版社，2013，第36~44页

此外，公用事业垄断经营效应还表现为经济效应与社会效应，经济效应即如前所述的投资、产业、消费、收入等效应。社会效应则表现为：若公用事业垄断经营既能提高产品或服务质量，又能降低成本或价格，则能提高全社会的福利指数，降低社会运行总成本，提高国家整体核心竞争力；若公用事业垄断经营既不能提高产品或服务质量，又不能降低成本或价格（如涨价），则必然降低全社会的福利指数，提高社会运行总成本，严重削弱国家整体核心竞争力。[①]

四　公用事业垄断经营的总体评价

公用企业作为市场主体与公用事业领域的市场支配者，与一般企业一样，同样也会为谋求自身利益而滥用市场支配地位。从公用企业垄断经营的行为方式来看，虽会涉及我国《反垄断法》所规定的垄断协议、滥用市场支配地位、经营者集中等各种垄断行为，但主要形态显然为滥用公用事业领域的市场支配地位，具体情形包括市场分割、违法交易（又包括强制交易、限定交易、拒绝交易或抵制交易、附条件交易等具体形式）、价格决定、单方违约、相关行为支配和其他附加义务等违法行为。

公用事业垄断经营会产生正向效应与反向效应，即因垄断规模效应提高、产品与服务质量提升、成本或价格下降，而正向推动经济增长、社会发展、消费者满意度；如因垄断经营权滥用，在规模效应没有提高、产品与服务质量没有提升的情形下，成本上升或价格上涨就会反向抑制经济增长，阻碍社会发展，损害消费者权益，减少民众普遍福利。

综上，对公用企业滥用市场支配地位行为进行通盘考量，有针对性地采取多元化的管制手段与规制措施，严格控制此类行为对社会造成负面效应，成为公用事业垄断经营规制中的重中之重。

---

① 高锡荣等：《中国自然垄断行业效率比较与结构优化研究》，中国社会科学出版社，2013，第69~92页。

第五章　公用事业垄断经营规制的
范式比较和制度选择

一　不同国家或地区公用事业垄断经营规制的范式比较

反垄断法是抑制垄断和保护竞争的法律制度。目前，世界上多数国家都制定了自己的反垄断法与相关规范。在美国，反垄断法被称为"反托拉斯法"；在欧盟，反垄断法被称为"竞争法"；在法国，反垄断法被称为"价格与自由竞争法"；在德国，反垄断法被称为"卡特尔法"，又称"反限制竞争法"；在日本，反垄断法被称为"禁止垄断法"，又称"公平交易法"；在俄罗斯，反垄断法被称为"限制垄断活动的法律"；等等。

尽管公用事业领域中多数行业或部门具有自然垄断特性，在传统竞争法理论与立法中，它被归入反垄断除外或豁免的范畴。但随着公用事业垄断经营的消极作用越来越明显，对公众消费者生活和社会生产产生的损害也越来越严重，对其进行规制也就十分必要。自 20 世纪以来，西方大多数发达市场经济国家通过立法建立和加强规制，对电力、通信、铁路、天然气等公用事业实施诸如直接经营、国有化、规定收费价格、限制进入管制等一系列严格措施，取得了一定成效。①

下文以美国、德国、法国、英国、日本等国家对公用事业领域的反垄断法规制为例，对不同国家或地区公用事业垄断经营规制范式进行比较。

（一）美国：公用事业特别法规制模式

1. 传统美国反垄断法对于公用事业领域规制的豁免

1890 年，美国国会制定了第一部反垄断法——《谢尔曼反托拉斯法》

---

① 李青：《自然垄断行业管制改革比较研究》，经济管理出版社，2010，第 53~65 页。

（全称为《保护贸易和商业不受非法限制和垄断之害法》），它是美国历史上第一个授权联邦政府控制、干预经济的法案，主要针对贸易与商业中存在的垄断问题，其规范的对象主要为禁止垄断和共谋取得垄断地位。该法规制的对象主要包括三个方面：（1）禁止"任何契约、以托拉斯形式或其它形式的联合、共谋，用来限制州际间或与外国之间的贸易或商业"；（2）禁止"任何人垄断或企图垄断，或与他人联合、共谋垄断州际间或与外国间的商业和贸易"；（3）禁止"任何契约、以托拉斯形式或其它形式的联合、共谋、用来限制美国准州内、哥伦比亚区内，准州之间、准州与各州之间、准州与哥伦比亚区之间，哥伦比亚区同各州间，准州、州、哥伦比亚区与外国间的贸易或商业"。[①]

　　《谢尔曼反托拉斯法》对有关垄断的审查、起诉作出了以下程序性规定。（1）授权美国区法院司法管辖权，以防止、限制违反本法；各区的检察官依司法部部长的指示，在其各自区内提起衡平诉讼，以防止和限制违反本法的行为。起诉可以诉状形式，要求禁止违反本法的行为。当诉状已送达被起诉人时，法院要尽快予以审理和判决。在诉状审理期间和禁令发出之前，法院可随时发出在该案中公正的暂时禁止令或限制令。（2）当法院依据《谢尔曼反托拉斯法》第4条提起的诉讼尚在审理中时，若该案的公正判决需其他人出庭时，不管其他人是否居住在该法院所在区内，法院都可将其传讯。传票由法院执行官送达。[②]

　　关于构成垄断的法律后果，《谢尔曼反托拉斯法》也有原则性规定，主要如下。（1）因垄断性契约和联合、共谋所拥有的财产，若正由一州运往另一州，或运往国外时，将予以没收，收归国有，并可予以扣押及没收，其程序与没收、扣押违法运入美国财产的程序相同。（2）任何因反托拉斯法所禁止的事项而遭受财产或营业损害的人，可在被告居住的、被发现或有代理机构的区向美国区法院提起诉讼，不论损害大小，一律给予其损害额的三倍赔偿及诉讼费和合理的律师费。（3）无论何时，美国因反托拉斯法所禁止的事项而遭受财产及事业的损害时，美国可在被告居住的、被发

---

① 参见美国《谢尔曼反托拉斯法》（1890年）第1条、第2条、第3条；又见尚明主编《主要国家（地区）反垄断法汇编》，法律出版社，2004，第186~1187页。

② 参见美国《谢尔曼反托拉斯法》（1890年）第4条、第5条。

现的或有其代理机构的地区，向美国区法院起诉，不论损害数额大小，一律予以赔偿其遭受的实际损失和诉讼费。[①]

对于垄断认定的判断依据，美国采取以市场支配与垄断行为相结合的认定标准，即：（1）以一个产品的市场占有率作为依据来判断他的市场力量，当它在80%以上的时候，则可判断它具有垄断地位；（2）对某些企业采取掠夺性定价或排他性的一些行动。

由于《谢尔曼反托拉斯法》只禁止一般性的限制商业贸易和垄断市场行为，虽然从根本上奠定了反垄断法的制度基础，但是该法并没有将公用企业纳入反垄断法的适用对象中，对公用事业主要适用的是一种豁免制度。

为应对《谢尔曼反托拉斯法》实施过程中出现的新问题，1914年通过并生效的《克莱顿法》，对影响和阻碍竞争的合并、兼并、价格歧视、独家交易和搭售（捆绑）交易等多种垄断行为作出了明令禁止，其主要目的是预防垄断，重点在于防止因价格歧视和产权重组而形成排他性经营。该法主要包括以下内容。（1）禁止通过公司之间的合并、兼并以谋求垄断地位。该法规定，公司之间的任何兼并，如果"其效果可能使竞争大大削弱"，或"可能导致垄断"都是非法的。（2）禁止价格歧视。该法第2条规定，禁止卖方对不同买方实施歧视性价格，但是允许对不同品质、不同等级或销售数量的产品实施差别价格；在上述条件相同时，只能根据销售成本或运输成本的差别，相应地降低价格，并且卖方只能是为了竞争进行善意降价。该法还规定，除了提供与购买和销售有关的服务以外，任何从事商业活动的人在商业活动中支付或接受佣金、回扣、津贴或其他补偿都是不合法的。（3）排他性经营行为的禁止。即任何旨在限制企业间削弱竞争和形成垄断的权益或资产交易，即所有排他性和限制性合同，削弱竞争的公司之间交叉持股、互派董事等通过产权重组等排他性经营行为均是违法的。该法第7条规定，从事交易活动或者对交易活动有影响的任何企业都不得擅自进行可能会持续地减弱竞争，或有利于形成垄断的并购活动，即以直接或间接的形式获得其竞争对手的部分或全部权益或资产。若进行这种并购活动，须事先向贸易委员会申请，得到批准后方可进行。但是，不影响竞争程度的单纯投资行为不受限制。（4）实施垄断

---

① 参见美国《谢尔曼反托拉斯法》（1890年）第6条、第7条、第7条。

行为的责任。该法第 13 条规定，当公司违反任何反垄断法的处罚条款时，授权、指示或者直接实施违法行为的公司董事、管理人员或者代理人触犯了法律，并将被处以不超过 5000 美元的罚款，或不超过 1 年的监禁，或者同时处以罚款和监禁。该法第 15 条还规定，当任何人、公司和机构的业务或财产受到违反反垄断法行为的损害时，都可以提出诉讼请求，并且可以要求获得相当于三倍损失和诉讼费用的赔偿，其中包括律师费用。尽管如此，该法并没有突破原有《谢尔曼反托拉斯法》对公用事业领域的反垄断豁免限制，把某些具有竞争性的公用事业行业排除在反垄断调整范围之外。例如，《克莱顿法》第 7 条最后一款规定：本条规定不适用于美国民航局、联邦电信（通信）委员会、联邦电力委员会、州际商业（贸易）委员会、证券交易委员会、依据美国 1935 年《公用事业（公共设施）控股公司法》第 10 条在其管辖权内的授权、美国海事（运）委员会、农业部等委员会（局）授权完成的交易。①

1914 年美国通过《联邦贸易委员会法》，该法授权联邦政府建立联邦贸易委员会，作为负责执行各项反托拉斯法律的行政机构。该法第 5 条（a）规定，"商业中或影响商业的不公平的竞争方法是非法的；商业中或影响商业的不公平或欺骗性行为及惯例，是非法的"。"授权联邦贸易委员会阻止个人、合伙人、公司、使用上述违法方法及行为、惯例。"其职责范围包括：收集和编纂情报资料，对商业组织和商业活动进行调查，对不正当的商业活动发布命令阻止不公平竞争。但该法第 5 条（a）第（2）项规定，"银行、第 18 条（f）（3）规定的存贷款机构，《商业管理法》规定的公共运输商，1958 年《联邦航空法》规定的航空公司、外国航空公司，1921 年《牲畜围场法》规定的个人、合伙人、公司，但该法第 406 条（b）规定的除外"等情形不适用该法。②

进入 20 世纪中叶，美国相继对反垄断法进行了修订和完善，特别针对有关价格歧视和企业并购行为做了比较具体的规定。

关于价格歧视行为。1936 年的《罗宾逊-帕特曼法》修改了《克莱顿

---

① 参见美国《克雷顿法》（1914 年）第 2 条、第 3 条、第 7 条、第 7A 条、第 8 条；又见尚明主编《主要国家（地区）反垄断法汇编》，法律出版社，2004，第 188~199 页。

② 参见美国《联邦贸易委员会法》（1914 年）第 5 条；又见尚明主编《主要国家（地区）反垄断法汇编》，法律出版社，2004，第 205 页。

法》第 2 条，主要目的是禁止那些"可能会削弱竞争或导致市场垄断"的价格歧视，即"反对同样的产品对不同的顾客收取不同的价格，因为这种价格有可能大大削弱竞争，导致垄断"。1938 年《惠勒-利法》修改了《联邦贸易委员会法》第 5 条，除了不正当竞争方式外，"不正当或欺骗性行为"也属违法，它使《联邦贸易委员会法》的适用范围扩大至"直接损害消费者利益的商业行为"。1948 年《韦伯-波默斯法案》出台，反垄断的适用范围延伸到出口企业，即禁止为了出国和实际上从事出口的企业（联合体）"签订协议、承诺、共谋，在国内故意提高或压低其出口产品的价格，或实质性地减少国内竞争或限制国内贸易"。① 1996 年《联邦福利法案》体现了美国的民营化改革，收缩了政府定价的部分经济职能。

关于企业并购行为。1950 年，美国《塞勒-凯弗维尔反兼并法》指出，禁止任何公司为谋取垄断地位而购买别的公司的股票或资产。1968 年以后，美国先后颁布了四部合并准则，对企业并购行为作了详细的规定。其中，1968 年的《兼并准则》主要是对重组并购行为进行管理，防止重组并购中的垄断行为。20 世纪 70 年代，美国反垄断进入最为严格的阶段，如 1976 年的《哈特-斯科特-罗德尼法》（又称 HSR 法案）就规定向联邦贸易委员会与司法部部长助理提交通知书时需要拟议交易的三个部分测试（三个部分必须全部满足才能申请），包括商务测试（收购企业或目标企业之一是否涉及美国商务或任何影响美国商业的活动）、交易规模测试和交易各方规模测试。此外，在反垄断诉讼中，"无过错垄断原则"也开始适用有关判例，即无须证明某一企业具有垄断市场的意图或证明它实际正在从事推动这种计划的行为，也可能被视为构成垄断，并可能被阻止去进行并购或被禁止从事某些商业行为。到 80 年代中期，美国政府司法部下属的反托拉斯局于 1982 年和 1984 年对 1968 年制定的《兼并准则》进行了修订。根据修改后的规则，联邦贸易委员会和司法部联合实施反垄断法，共同提出企业并购准则、横向和纵向并购的有关政策；规定任何并购行为必须获得联邦贸易委员会或者司法部的批准，未经批准，不得并购为一体。1992 年美国司法部和联邦贸易委员会又联合颁布了《1992 年横向合并准则》，该准则强调只有横向合并才是合并政策关心的核心，

---

① 参见美国《韦伯-波默斯法案》（1948 年）第 1 条；又见尚明主编《主要国家（地区）反垄断法汇编》，法律出版社，2004，第 216 页。

对非横向合并是以它所产生的横向影响为处理依据，这一准则集中体现了美国的合并政策。对并购实施监管的机构主要是司法部反托拉斯局、联邦贸易委员会和证券交易委员会。

值得注意的是，在美国整个反垄断法的立法史和规范体系中，有关公用事业领域的反垄断豁免限制并未有被根本性动摇，其把反垄断的触角延伸到某些具有竞争性的公用事业行业，主要是通过下述公用事业特别法予以调整的。

2. 美国公用事业特别法对公用事业垄断经营的具体规制

美国对公用事业领域垄断的规制，主要表现在诸如《天然气政策法》《国家能源政策法案》《电信法》等特别法。

天然气工业在美国的发展有百余年的历史，但其对天然气行业实施反垄断政策却始于20世纪30年代。（1）1938年的《天然气法》。该法案授权成立美国联邦电力委员会（简称FPC，后演变为现在的联邦能源管理委员会）管理州际天然气管道运输；授权FPC为州际管道公司的输送制定公平合理的价格，但有关天然气井口价格和州内天然气的输气和配送，则由各州公用事业委员会负责监管，不受FPC监管。（2）1954年的《菲利普斯决议》（*Phillips Decision*）。该法案针对20世纪40年代和50年代天然气价格的急剧波动和一些地区的供应短缺问题，授权FPC可对天然气设定价格限制，其范围包括对天然气州际管道、井口价格、州际井口价格的监管。此外，该法案还确立了美国早期的天然气供应结构，即生产商将天然气销售给管道公司，管道公司再将其销售给地方配气公司，然后由地方配气公司销售给终端用户。有关天然气供应链中不同环节的价格监管，其中前两个销售价格受联邦政府或州政府机构监管，终端环节的价格受州或地方政府机构监管。（3）1978年的《天然气政策法》和《电厂和工业燃料使用法案》。1978年《天然气政策法》授权在FPC的基础上成立新的联邦能源管理委员会（Federal Energy Regulatory Commission，FERC）直接改革联邦管理天然气的定价。有鉴于1954年的《菲利普斯决议》有关天然气价格管制的规定不利于调动生产商和销售商的积极性，该法案宣布逐步解除对天然气井口价格的管制，其中对1985年1月1日以后新井的井口价格不再控制。为应对当时天然气供应短缺问题，1978年《电厂和工业燃料使用法案》禁止新的工业锅炉和新电厂使用天然气，以确保天然气对居民的基本供应。这两部以放松价格监管和限制供应为主要内容的法案直接促进了天然气行业的发展，天然气产量也迅速提高。但在天然气上游竞争性市场还未形成的情况下，法案过早地解除了对天然气井口价格的管制，仅依市场价格信号来调节天然气的生产；而管道公司也没有去选择最具价格竞争力的天然气供应商，只是通过高供应价格从终端用户那里索取和补偿其投资成本。在供过于求的情况下，其结果是打击了天然气的生产商和管道公司。（4）1985年的 FERC436 号法令。该法令最大的亮点在于分离管道公司的输送业务和销售业务，削弱管道公司的垄断地位。根据该法案，管道公司作为运输商，可为托运人（天然气生产商、天然气销售商、天然气终端用户）提供平等的公开准入服务，天然气用户可直接与生产商协商价格，并与管道公司签订独立的运输合同，但法令没有强制性要求管道公司提供公开准入服务。该法令直接促成了州际管道公司的销售和输送职能分离，在天然气供应市场引入了竞争机制，从而给地方配气公司、大型终端用户更多的购买和价格选择的自由，在 20 世纪 80 年代助产了新的天然气销售商。（5）1989 年的《天然气井口价格解除管制法》。该法案规定，从 1993 年 1 月 1 日起，取消所有对天然气井口价格的控制，允许井口价格由市场定价，美国天然气井口价格管制体制正式宣告结束。（6）1992 年的 FERC636 号法令。该法令一改 1989 年《天然气井口价格解除管制法》选择性平等准入的规定，强制性要求所有的管道公司对生产商、销售商、大型终端用户提供公开准入服务，将销售和输送服务分离，用户可以自由选择供应商和管道输送公司。该法令直接导致了州际管道公司的重组，由于天然气销售商、地方配气公司和大型终端用户直接从天然气生产商那里买气，其他用户可以从地方配气公司或者销售商那里买气，管道公司则从传统的中间商转型为单一的输送公司，只能在 FERC 的监管下收取管输费。该法令还规定，天然气输送和销售分开定价，生产商卖给地方配气公司、销售商和大型终端用户的销售价格由市场定价，管输费则受 FERC 监管，销售给终端用户的价格另由地方公用事业委员会监管。在 1992 年的 FERC636 号法令的推动下，美国从 1995年开始实施第一个"用户选择"试验计划，终端用户（居民和小商业用户）除可从地方配气公司购买天然气外，还有权直接从销售商和生产者那里购买。由于地方配气公司的销售价格受地方公用事业委员会管制，而生产者与销售商的销售价格则由市场定价，随着"用户选择"试验计划的逐步开展，地方配气公司也逐渐将销售职能和配送职能分开，扮演着类似管道公司的角色。[①] 2000 年以后，美国的天然气市场不仅成为世界上最大的天然气市场，也被国际能源机构（International Energy Agency，IEA）誉为"真正竞争性市场"。[②]

电力行业在美国属于传统的自然垄断行业，1914 年《克莱顿法》第 7 条将其明确列入反垄断法豁免的范畴。电力行业适用行政监管，这方面的法律有 1930 年的《联邦动力法》（主要内容有：水电工程许可证制度；电力公司的跨州贸易；电价必须公平合理；电力公司的联合、兼并必须考虑公众利益等）、1935 年的《公用事业控股公司法》（主要内容有：授权证券交易委员会对跨州控股公司的监管；严格限制控股公司从事的主营和兼营业务等）、1935 年的《联邦电力法》（赋予联邦电力监管委员会监管跨州的输电及电力批发市场价格、建立电力工业统一的会计核算体系、监督公用电力公司的交易记录三项新职能）、1978 年的《国家能源法》、1978 年的《公用事业管制政策法》、1978 年的《能源税法》、1990 年的《洁净空气法（修正案）》、1992 年的《国家能源政策法》等。[③] 其中美国的能源领域就一直存在申报价格原则，目的是排除在能源领域针对基于能源监管的定价，寻求反垄断法的救济。在电力行业适用该原则就是，如果电力企业的定价已经向监管机构申报或者经监管机构批准的，就不能认为违反反垄断法，就不适用反垄断法上的三倍赔偿的规定，也就是反垄断法的适用除外。电力企业最初基于服务成本向 FERC 提交电价，经批准的价格被认为是对特定企业的规制，以此来排除任何其他可能制定新价格的监管机构（包括法院）的修改。申报价格阻止了电力企业给予特定消费者优惠，这一做法的目的是防止实际价格与公布价格的背离，以及对消费者产生的歧视。相反，当

[①] 杨凤玲、王海旭、杨庆泉：《对美国天然气法律与政策的思索》，《国际石油经济》2003 年第 11 期；刘克雨、徐博：《美国天然气行业发展历程中的监管》，《世界石油工业》2005 年第 4 期；李宏勋、潘长青：《美国天然气产业发展分析》，《生态经济》2011 年第 12 期。

[②] 参见 Natural Gas Pricing in Competitive Markets, IEA, 1998 - 12; Natural Gas Distribution: Focus on Western Europe, IEA, 1998-12；龙筱刚、莫浩华《美国天然气价格管理及其对我国的启示》，《价格月刊》2009 年第 12 期；彭文艳《美国天然气零售竞争机制形成及其启示——美国推行天然气用户选择供气商计划经验借鉴》，《价格理论与实践》2012 年第 3 期。

[③] 刘谦：《电力行业的监管及其法律问题》，《经济社会体制比较》2002 年第 6 期；刘辛元：《解读自然垄断领域的管制经济学——以美国电力业、公有企业和电信业的管制为例》，《学术论坛》2013 年第 12 期。

申报价格引起消费者索赔时，那些向 FERC 申报价格的电力企业就会免于承担反垄断责任和向消费者三倍赔偿的责任。[①]

美国对电力行业的反垄断监管始于 20 世纪 70 年代，1978 年以来，美国先后出台了一系列法律对电力行业的反垄断进行规制，如 1978 年的《公用事业管制政策法》、1992 的《国家能源政策法》和 2005 年的《新能源法》等。（1）1978 年的《公用事业规制政策法》。虽然该法案的最初立法目的是鼓励发展可再生能源和倡导采用新技术、新能源，但因该法鼓励小型发电厂等非垄断企业利用非化石燃料（包括使用再生能源）发电，参与发电厂建设，并授予发电资格。此举提高了电力市场发电环节的竞争性，推动了美国电力体制的市场化改革。[②]（2）1992 的《国家能源政策法案》。该法案的主旨是在电力等能源领域放松管制、引入竞争。该法案规定任何人均可投资办电厂（机组类型不限），以确保发电市场的充分竞争；还规定垂直管理的公用性电力公司应开放输电系统，为非公用性电力公司提供输电服务。[③] 此举解决了发电公司的上网问题，使私营发电厂也可进入输电市场，输电市场引入了竞争机制，随后美国配电市场也逐渐开放。如 1996 年美国 FERC 出台法令，明确要求发电厂与电网必须分离，输配电网应允许发电商和用户公平进入，所有发电商享有同等待遇，竞价上网。此举有效地开放了电力批发市场，美国电力企业也开始大规模的市场重组。在具体运行中，FERC 还鼓励成立独立系统运营机构（Independent System Operator, ISO）。ISO 是一个负责调度、电网运行、提供输电服务的组织，负责管理、购买和提供辅助服务，以建立平衡市场、平衡电网的实时供需关系。其中，PJM 就是经 FERC 批准于 1997 年 3 月 31 日成立的一家非股份制有限责任公司，它实际上就是一个独立系统运营机构。[④] 1999 年，FERC 又颁布法令，提出建立区域输电组织（Regional Transmission Organization，RTO）的设想，要求每家拥有或运行管理跨州输电设施的电力公司必须组建或加入 RTO，并将 RTO 作为独立的区域调度机构，负责输电网调度运行和市场监督，为

---

① 杨娟：《美国电力改革进展与电价监管》，《中国物价》2011 年第 10 期。

② 尹海涛：《美国电力市场改革的启示》，《南风窗》2013 年第 23 期。

③ 申娜：《发达国家电力行业反垄断的经验与启示》，《人民论坛》2013 年第 33 期。

④ 魏玢：《美国 PJM 电力市场及其对我国电力市场化改革的启示》，《电力系统自动化》2003 年第 8 期。

输电网获得最大的区域效益。在输电系统中，RTO 只有经营管理权，而无所有权；电力公司则有所有权，但无使用权。此外，在电力销售终端环节，其改革的重点是允许企业竞争性地参与电力供给，同时赋予电力用户在不同供电企业之间自由选择的权利。2001 年，FERC 又要求电力公司将所有输电资产交由区域输电机构管理。2002 年，FERC 颁布了电力市场的《标准市场设计》。2004 年，FERC 又颁布《独立 RTO 法案》，进一步明确将区域输电组织和独立系统运营机构的建设作为今后电力市场改革的重要内容。[①]（3）2005 年的《新能源法》。该法案赋予 FERC 更多权力，如对全美电力可靠性标准、对电力企业的市场行为享有更广泛的监管权和一系列重要的执法权力。截至 2010 年 9 月，美国有 22 个州都进行电力改革，根据美国能源信息署提供的数据，在 20 多个城市中有两家电力公司各自建立了自己的配电网络，竞争性地提供电力服务；[②] 至 2010 年前后，在康涅狄格州，75% 左右的商业和工业用户选择从竞争性供电企业购买电力；就美国全国范围而言，其销售电量的 16% 来源于竞争性供电企业。[③]

　　20 世纪 50 年代以前的美国电信市场基本上是一个由贝尔公司的长途子公司（AT&T）一统天下的垄断市场，其在 1930 年就已占有 79% 的市场份额，成为电信市场上的绝对垄断者。[④] 美国电信市场的反垄断始于垄断诉讼形成的判例，随后才有专门的立法。1894 年，美国司法部提出对 AT&T 的反垄断诉讼，迫使 AT&T 作出为新电话公司提供网络服务、不得随意兼并新电话公司、在全国实行电话普遍服务的让步。1934 年美国颁布首部《电信法》，正式确定联邦通信委员会对美国电信产业管制的体制，以维持电信市场的垄断经营格局；是年，美国联邦通信委员会（Federal Communications Commission，FCC）成立，直接对国会负责，其主要职责为通过控制无线电

---

① 唐松林等：《美国电力监管制度及启示》，《经济纵横》2007 年第 1 期；邢鸿飞：《政府规制中的公共利益考量——以美国电力产业为例证》，《江海学刊》2007 年第 5 期。

② 刘谦：《电力行业的监管及其法律问题》，《经济社会体制比较》2002 年第 6 期；谢地：《政府规制经济学》，高等教育出版社，2003，第 41 页；张占江：《自然垄断行业的反垄断法适用——以电力行业为例》，《法学研究》2006 年第 6 期。

③ 尹海涛：《美国电力市场改革的启示》，《南风窗》2013 年第 23 期。

④ 美国通信业市场格局先后经历了从专利垄断（1875 年贝尔电话公司成立至 19 世纪末）、早期自由竞争（19 世纪末～1910 年）、管制垄断（1910～1984 年）、强行"肢解"AT&T（1994～1996 年）、兼并期（1996 年至今）五个不同阶段。参见陈立梅《美国电信业体制改革及其对我国的启示》，《中国新通信》2007 年第 22 期。

广播、电视、电信、卫星和电缆以协调和管理国内跨州和国际通信业务。① 1949 年，美国司法部以拥有通信设备业有碍竞争为由，对 AT&T 第二次提起反垄断诉讼。此次诉讼虽没达到预期目的，但从 1950 年开始，FCC 就开始允许长途电信业有限度的竞争。② 1974 年，美国司法部再次向 AT&T 提起反垄断指控，美国法院于 1982 年对该案作出最终拆分判决；该判决生效后，AT&T 公司于 1984 年一分为八（1 家长途电话公司和 7 家地方性电话公司），正式结束了 AT&T 对美国电信业（长途电话、市话、国际通信）长达 70 年的全面控制和垄断地位，美国电信业从此进入了竞争时代。20 世纪 80 年代，在对 AT&T 大分拆的推动下，美国政府按照"长话与市话分离、网络与业务剥离"的方式，在电信改革方面又相继出台了一系列的措施。1996 年，美国通过新的《电信法》，其立法宗旨是开放市话市场和长话市场。该法颁布后，美国的电话市场很快成为一个竞争性市场。③ 为了打破市话垄断，降低竞争者的进入门槛，FCC 推出"非绑定强制租用"政策，要求本地电信主运营商必须按规定价格，将开展电信业务所必需的网络元素分拆出租给竞争者。同时，为了得到本地运营商的支持，FCC 放松了"不允许本地运营商开展长途业务"的禁令。④ 在 1996 年《电信法》的推动下，经过拆分和"长、市分离"后，AT&T 的市场份额大大缩水，从 1984 年的 90% 降为 1996 年的不足 50%，美国电信市场又逐步回到了全业务竞争的格局，促进了美国电信业的不断创新，移动通信得到广泛应用，各种互联网技术迅速普及，其他各种通信手段也应运而生，消费者也从中得到了利益，增加了福利。⑤

---

① 张建平等：《美国电信体制改革及其对我国电信业改革的启示》，《数量经济技术经济研究》2001 年第 12 期；石涛：《国外电信业规制新动向及其对我国电信改革的启示》，《生产力研究》2010 年第 6 期。

② 李燕妮：《20 世纪后半期美国电信市场开放及其经济效应》，《甘肃农业》2005 年第 4 期。

③ 罗泽胜：《公用企业反垄断法律规制》，《西南科技大学科学学报》（哲学社会科学版）2004 年第 9 期。

④ 王俊豪：《中国电信管制机构改革的若干思考——以美国联邦通信委员会为鉴》，《经济管理》2003 年第 8 期；周小梅：《美国 FCC：放松电信管制后的管制原则》，《管理现代化》2003 年第 2 期。

⑤ 张春华、樊士德：《〈1996 年电信法〉是否构成美国广播电视业的突变点?》，《中国电视》2010 年第 4 期。

（二）英国：公用事业私有化改革下的价格监管模式

1. 英国反垄断立法沿革

英国反行业垄断由来已久。早在 19 世纪，英国就制定了反对行业垄断和不正当竞争方面的相关法规。此后英国各届政府不断发展和完善相关法律制度。现代英国竞争法始于 1956 年的《限制性贸易惯例法》，1973 年英国又制定了《公平贸易法》，该法创设公平贸易局，规定合并控制和垄断调查制度。1998 年《竞争法》的颁发使英国竞争法进入一个新时代，该法把限制竞争的行为分为阻碍、限制、扭曲竞争的协议和滥用市场支配地位两大类，对两大类垄断行为的调查与执行作了详细规定，其中公平贸易局具体负责对限制竞争行为进行调查与处罚的执行；竞争委员会负责受理上诉并决定审理，基于消费者利益的考虑，采取综合、合理、可行的解决方案以维护市场正常运营。[①] 2002 年 11 月颁布的《企业法》发展了 1998 年的《竞争法》，并将公平贸易局下辖的公平交易办公室升级为独立的法人团体，赋予它独立的法人资格和权利。[②]

2002 年的《企业法》明确规定公平贸易局有权利做它认为有利于或有助于发挥其职能的任何事情。其权利主要包括调查涉嫌垄断事件、发布反垄断指南、对违法行为作出处理决定、罚款和赔偿措施等。公平贸易局还拥有批准各种执业准则的重要权利。此外，根据该法，英国还新设立竞争上诉法庭，负责处理竞争法律事务，审理因违反竞争法的损害赔偿诉案。[③]

英美虽同为自由市场经济国家，但英国对待公用事业领域并无特殊的政策，也不如美国那样，在相当长时期对公用事业领域实行反垄断豁免政策。因此，上述禁止限制竞争和反垄断的有关法案对公用事业领域也一体适用，不同的只是价格监管有些特殊性。

2. 英国对公用事业领域的价格监管

如前所述，英国对公用事业反垄断规制总体是通过 1980 年代以来的私有化、民营化来实现的。但对公众消费者而言，获得公用事业基本服务的

---

① 时建中主编《三十一国竞争法》，中国政法大学出版社，2009，第 242～273 页。
② 李国海：《英国竞争法研究》，法律出版社，2008，第 10 页以下。
③ 王健：《2002 年〈企业法〉与英国竞争法的新发展》，《环球法律评论》2005 年第 2 期。

权利除获得一个合理、非歧视、价格上负担得起的服务之外，保障负担能力有缺陷的消费者获得一个最低限度的供应，且不会因为民营化改革而承受不合理的成本负担，这是所有公众消费者权利的应有之义，也是英国公用事业反垄断规制中着重考量的因素。① 因此，特别重视对弱势消费者的供应保障、强化对公用事业产品与服务的价格管制，就成为英国规制公用事业垄断经营的重要特色和主要内容。

英国对公用事业产品与服务价格的监管经历了一个由管到放的过程。1948 年以前，英国采取战时价格管制，实行配给；1948 年后政府开始逐步放松价格管制，实施有限监管。1979 年保守党上台执政，开始对公用事业领域实施私有化，政府开始全面放松对公用事业产品与服务价格的管制。1980 年颁布实施的《竞争法》基本取消了市场物价的管制，政府基本上不直接制定商品和服务价格，仅对关系国家利益、公众利益的部分公用事业产品与服务价格实行管制，其中对公用事业产品与服务价格行为的适度有效监管是其重点。②

以政府对电力价格的监管为例，英国电力工业已有 100 多年历史，由发电、变电、输电和供电四个环节组成。1926 年颁布首部《电力法》，1957 年的《电力法》确立了英国电力工业的国有/国营体制，即由国有化的中央电力局（CEGB）统管英格兰和威尔士的发电、输电和配电，直至 1979 年之前，英国电力工业由国家和地方政府垄断经营，其中中央电力局就垄断了全部的电力生产和变电，12 个地区的电力局则负责电力的输送和供应，这种垄断性经营体制与市场结构导致了电力供给服务质量差、经营一再亏损。1983 年的《电力法令》规定私营或民营发电商可以独立发电，发电领域引入了竞争。1987 年，英国开始酝酿研究电力体制改革方案。1988 年的《电力市场民营化》白皮书打开了电力行业反垄断之门；1988 年 11 月，议会通过《电力私营化法案》，对电力工业在运营方式和结构上进行了全面改革。将原来统一经营的中央电力局按照发电、输电、配电环节分成三个部分。在这种新的结构中，处于中心地位的是国家电网公司（NGC）以及在

---

① 骆梅英：《新"福利"——英国公用事业领域对弱势和低收入群体的供应保障》，《行政法学研究》2008 年第 4 期。
② 杨学军：《英国、美国、新加坡城市公用事业监管比较研究》，《亚太经济》2008 年第 5 期。

此基础上形成的 POOL（联合系统或称电力库）。[①] 1989 年的《电力法》区分了电力行业内自然垄断性与非自然垄断性业务，其中规定所谓的"非自然垄断业务"必须由多家企业进行竞争。

20 世纪 90 年代，英国通过将 CEGB 分为三个独立的电力公司（国民电力公司、电力生产公司和地区电力公司），国家分别拥有三家电力公司的一定股份，其他股份公司则由公众持有，其中国民电力公司的股票已在伦敦证券交易所公开上市。分开电网的所有权，鼓励新的公司进入电力市场，鼓励向消费者供电等竞争方式，既达到向消费者提供优质服务目的，又达到扭转电力工业亏损、增加盈利的目的。[②] 2004 年英国进一步规定用户可以自由选择供电商；同时政府把中央发电管理局分为英国国家电力公司、国家电网公司、核电公司、英国电能公司 4 家公司，后又组建了 12 家地方性的电力公司以及一些外国的电力公司，它们分别经营供电和配电业务。

在经历"打破垂直一体化，引入竞争机制""促进竞争，引入供需双边交易机制""以 BETTA 计划建立全国范围内竞争性电力市场""低碳背景下的电力市场改革"四个阶段的改革后，2011 年 7 月英国政府发布《规划我们的电力未来：关于发展安全、价格适宜和低碳电力》白皮书，启动新一轮电力市场改革。白皮书提出碳排放设定价格下限、采取固定电价制度以取代可再生能源义务、设定排放标准对高排放企业实施严格控制等能源改革三个方向。2013 年英国议会通过新的《能源法》，2014 年英国试行新电力改革方案，建立新的电力监督体制，即：（1）电力与天然气市场办公室（Ofgem），作为英国议会的独立机构，负责电力市场的监管，通过价格监控等政策手段，提高电力市场运行的效率和公平性；（2）隶属于政府的能源与气候变化部，负责对能源政策的宏观制定；（3）公平贸易局下的公平交易办公室，依据反垄断法、竞争法、公平交易法，对操纵市场、企业并购等行为进行监督；（4）竞争委员会，应前者要求对纠纷处理进行详细的调查与仲裁。[③]

英国工业电价是由批发价格、零售利润、输电费用、系统平衡费用、

---

① 刘谦：《电力行业的监管及其法律问题》，《经济社会体制比较》2002 年第 6 期。

② 钱家骏：《英国对公用事业的管制》，《中国工业经济》1995 年第 9 期。

③ 张俊勇、张玉梅：《英国新一轮电力市场改革及其对中国的启示》，《华北电力大学学报》（社会科学版）2018 年第 2 期。

配电费用和环境税费等部分构成，由市场竞争、监管机构、中央政府共同作用而形成的。具体分工是政府不决定最终价格；监管机构决定受监管者（电力企业）的最高收入；监管机构核准受监管者费用的收费方法；监管机构决定电力供应保障和相关处罚；政府监控电力市场的竞争情况。英国电力价格决定与监管的主要内容如下。（1）独立监管。英国电力行业由电力与天然气市场办公室（Ofgem）、竞争与市场管理局（CMA，竞争主管机构）两个独立监管机构负责直接监管，二者独立于政府运作，主要职责是监督电力部门在批发和零售市场的竞争，并批准和监督垄断的电网收费。（2）政府指导。英国商务部、能源与产业战略部（BEIS）负责制定监管框架，向监管机构发布指导意见，制定补贴和税收制度，且可以将整个行业的调查交由 CMA。各监管委员会成员由政府任命，委员的任期固定。（3）定价程序。独立能源监管机构 Ofgem 负责电价征询、计算及电网收费。Ofgem 基于每家配电公司和每家输电公司在 5 年控制期内所需收入的数据，提出价格初步意见；初次征求意见文件通常在当前价格控制期结束前 18 个月内发布；经初次征求意见、改进、公开后，并于当前控制期结束后的 6 个月内发布最终定价文件。如果对 Ofgem 现阶段的提案不满意，受监管的公司可在 1 个月内向竞争主管机构（最初是垄断和合并委员会 MMC，然后是竞争委员会 CC）提出申诉。（4）企业竞争。如英国国家电网计划于 2019 年将系统运营商改组为一家完全独立的公司。在上述定价机制的共同作用与制约下，2016 年英国年用电量 2000 兆瓦时以上工业电价构成中，40% 由市场决定，20% 由监管机构决定，40% 由中央政府决定。①

（三）法国：公用事业的特许经营规制模式

1. 法国公用事业特许经营规制的制度沿革

法国对公用事业反垄断的管制，主要是在民营化改革过程中积极推广特许经营制度，即通过特别招标程序和特许合约规定，把公用事业交由企业来经营。特许经营模式在法国最早于 17 世纪出现，主要应用于建设港口等基础设施。尽管法国没有专门规定特许经营制度的特别法或单行法，但

---

① 迈克尔·G. 波利特、莱维斯·戴尔：《如何决定竞争性电力市场中的工业电价：借鉴英国经验》，杨宗翰等译，《财经智库》2019 年第 4 期。

涉及特许经营制度的法律则不少。如 1791 年的《阿拉尔德法》就有专门条款授权市镇政府可以对公用事业的公有或私有经营者进行自由选择；再如 1988 年颁布的《萨班法》对特许经营项目必须实行公开招标进行竞争作出专门规定；此外如《合同法》等也对特许经营合同有原则性规定。到了 20 世纪 70 年代，特许经营被广泛应用于高速路、电力、供暖、通信和污水处理等公共与基础设施的建设和运营，成为一种较成熟的模式和理论。特许经营模式具有用合同来规定双方权利和义务，让企业享有开发权与经营权、政府行使监督权的作用和特点。在特许经营法律关系中，企业虽然享有足够大的自主权利，但政府仍然保留价格干预、单方终止合同等比较大的权力和权利。其中特许经营合同对出租人（政府）与承租经营者（企业）在公用事业特许经营中有着重要的规范作用，其主要内容和特点有：（1）设施公有；（2）双方权益明确；（3）政府对公用事业特许经营拥有监督权；（4）企业对公用事业某行业与领域拥有开发权、投资权和经营权；（5）政府保留对公用事业价格等干预权和单方中止合同等特殊权利。①

2. 法国公用事业特许经营规制的主要形式

由于不同类型特许经营涉及领域、层面和内容存在很大区别，决定了公用事业特许经营实施形式的多样性，如从内容来看，委托经营的内容就各式各样，从设计、施工到经营、管理，可以是某一公用事业的全部也可以是其中一部分；从出租者来看，作为经营权出租者的行政机构也存在很大区别，法国的国家、省、市镇及其下属公共部门都可作为出租者；从承租者来看，既可是私营经营者，也可是国有企业，或者是公私合营者。但一般而言，特许经营的主要形式有以下几种。（1）传统形式的全部风险特许经营。即承租企业对承租的公用事业独立进行开发经营、自负盈亏，并承担各种风险。政府在这种特许经营形式中不承担任何风险责任，这种特许经营模式适用于企业对某一公用事业相关市场的全面开发和经营管理。如早期的供水特许经营合同，私营企业就须负担供水经营的一切投资及管理所需费用，同时承担一切投资与经营风险。（2）改进形式的共担风险特许经营。即承租企业承担项目建设投资、经营过程中的技术风险、由新投资部分产生的市场风险，而公用事业原有设施的投资风险则由政府分担。

---

① 徐宗威：《法国城市公用事业特许经营制度及启示》，《中国建设信息》2007 年第 9 期。

（3）由相关单位直接管理的有限风险特许经营形式。在此种经营模式下，承租企业如不能从公众消费者或用户身上获得足够的营业收入，政府就应当从财政预算中以补贴的方式对公用事业经营者支取报酬予以补偿；也就是说，承租企业只需承担有限的市场经营风险。此种方式适用于客源不明、不依靠用户的支付能力以收回投资回报的公共设施投资和经营。典型的如公共交通，至 21 世纪初，法国公共交通企业每年能得到市场风险大约 50% 的国家财政补助。

3. 法国公用事业特许经营规制的基本特征

法国公用事业特许经营模式主要有以下特点。（1）严格的价格管理。法国政府部门在公用事业特许经营过程中始终控制着公共产品价格。公共产品价格，不论采取何种委托方式，必须先由社会咨询公司在预测的基础上计算出初步价格（计算时主要根据收支平衡原则，并考虑服务量变化、经营形势变化、地方税收等因素），再经市政议会讨论决定，并最终经由法国财政部下辖的竞争消费反欺诈分局通过，才付诸具体实施和执行；如因经济情况发生变化需要对公共产品的价格进行调整，一般会以四五年一次的周期定期进行复核或调整。如 21 世纪初法国苏伊士里昂水务公司供应巴黎的生活水价为每立方米 17 法郎，其中水成本加利润 5 法郎，污水处理费 5 法郎，农村发展税、水资源税和增值税三项共 7 法郎。（2）专门的管理机构。法国设置有专门的特许经营管理机构，并引入一整套有效的社会监督机制，十分重视所有用户的共同参与，对公用事业管理政策的制定、执行和监督，各个环节和各个部门均有比较完善的管理。以法国水务管理为例，其设置有国家、流域、地区、地方、国际等多级管理机构，而每一级都有各类用水户代表参与和监督各项规划、开发和收费等活动。① （3）不同的风险分担机制。如前所述，法国对不同部门或类型的公用事业，会根据不同的情况分别选择全部风险特许经营、共担风险特许经营和有限风险特许经营等不同的特许经营方式，以适当地分配、转移和分担公用事业经营的市场风险。（4）有效的竞争管理。法国对从事公用事业特许经营的企业，会根据企业的不同类型而采用不同的管理方法。以城市自来水行业为例，政府根据自来水经营中的不同环节分别把其分为自来水供应、下水道服务、

① 陈建明：《法国水价制度研究》，《水利经济》2000 年第 1 期。

污水处理等垂直分离业务，分别进行特许经营招标，其中对供水企业按照市场化原则运营，广泛实施竞价上网，由多家受许企业竞争；对污水处理企业等则通过收费补偿投资企业，并实行投资补偿与收费挂钩，由政府向污水处理企业提供一定数额运营费。[①]

（四）德国：公用事业领域从《反限制竞争法》的特殊豁免到一体适用

1.《反限制竞争法》特殊豁免阶段

德国反垄断法的最大特点是采取行为主义控制模式，即在承认垄断合理性的前提下，无论在立法上还是在司法实践中，德国都不禁止垄断企业的存在。在德国反垄断立法中，一般将企业的垄断地位称为企业"优势地位"，法律所禁止的是企业滥用垄断地位即优势地位以限制竞争的行为。因此，对垄断企业滥用优势地位的行为进行控制和监督，就成为德国反垄断和反不正当竞争的重点。

在德国，电信、邮政、能源和运输等公用事业属国民经济的基础部门，对保证国家财政和经济发展有着重要意义，这些部门在 20 世纪 70 年代以前，基本上由国家管制，经营者一般为国有企业或与国家有着特殊关系的企业。因此，经营公用事业的国有企业和其他特殊企业绝大多数具有国家垄断经营的性质或地位，或至少具有地区性垄断性质或地位，它们在事实上享有提供公用事业产品或服务的特权，并在名义上承担提供普遍公用事业产品或服务、经济福利的责任与义务，有些国有企业甚至还承担着行业管理的职权或职责。正因如此，1957 年颁布的德国《反限制竞争法》把公用事业领域和公用事业的经营者，列入反垄断的豁免范围。[②] 如该法第 2 条至第 8 条规定，交通、农业、银行业、邮政、能源等部门，属于可全部或部分享受豁免的卡特尔和包括"特定部门的卡特尔"；又如在该法第五

---

① 陈平：《法、英、中公共事业管理体制比较研究》，《中国城市化》2003 年第 9 号。

② 德国《反限制竞争法》与 1957 年通过后，先后于 1966 年 1 月 3 日、1973 年 8 月 3 日、1976 年 6 月 28 日、1980 年 4 月 26 日、1989 年 12 月 22 日、1998 年 5 月 7 日、2005 年 7 月 25 日、2011 年 12 月 22 日等多次修改。参见邵建东《德国新修订的〈反限制竞争法〉介评》，载《南京大学法律评论》2000 年春季号；王健《德国竞争法的欧洲化改革——〈反限制竞争法〉第 7 次修订述评》，《时代法学》2006 年第 6 期；中华人民共和国商务部反垄断局《世界主要国家和地区反垄断法律汇编》上册，中国商务出版社，2013，第 193 页。

章的"适用范围"就明确规定，有关铁路、邮政、银行、信用、保险、公用工程、能源供应等部门，可全部或部分享受豁免反限制竞争的审查与执行。①

2. 防范滥用市场优势地位规制阶段

20世纪80年代以来，随着经济全球化和欧洲经济一体化进程的加速，特别是随着电信业、计算机业和网络业等高科技产业的发展，原来被视为自然垄断或国家垄断的行业越来越多地被推向了竞争，接受市场和消费者的评判。为了防范公用企业滥用市场优势地位或支配地位，损害其他经营者或消费者的合法权益，德国1980年、1989年先后两次通过了《反限制竞争法》的修正案，对公用企业的垄断行为作出了比较严格的规范。如该法第22条第4款规定，公用企业有实施下列行为之一者，则可构成滥用市场优势地位，也应受到德国联邦反卡特尔局的调查和惩处：（1）以一种从竞争角度来讲有较大影响的、无实质公平原因的方式损害其他企业的竞争可能性；（2）提出一种与实际能够提高竞争可能性所不相容的报酬或其他合同条件，在这里尤其应考虑企业在那些有效竞争的市场上的行为方式；（3）提出一种较之于控制市场的企业本身对同一顾客在同类（可比较）市场上提供的更不利的报酬，或其他合同条件。但差别是实质上合理时除外。

3. 《反限制竞争法》一体适用阶段

进入20世纪90年代，随着欧盟竞争法和反垄断法的发展，其中欧盟在反垄断法领域就多年致力于打破成员国在公用事业的垄断经营格局。以电力为例，欧盟于1996年、2003年和2009年先后发布了三个电力（能源）改革指令和法案，提出电力改革路线图和时间表，在发、售电环节引入竞争机制，电网环节在有效监管下实现公平开放，并力图在2015年前消除欧盟的"能源孤岛"现象。如1996年欧盟在《关于放宽电力市场的第一个指令（Directive 96/92/EC）》中就规定，电力市场可以采取不同的业务模式，允许电力公司纵向一体化发展，但发电、输电和配电业务必须实行财务分离。2003年欧盟在《关于促进欧洲统一电力市场建设的第二个指令

---

① 参见德国《反限制竞争法》（1957年）第2~8条，引自尚明主编《主要国家（地区）反垄断法汇编》，法律出版社，2004。

（Directive 03/54/EC）》中，进一步要求成员国深化电力经营模式的改革和电力市场自由化，要求到 2007 年 7 月 1 日前，所有用户都有权自由选择供电商；该指令还要求输电、配电业务须从垂直一体化电力企业中实行法律分离，成立独立的子公司并对发电商和用户实行无歧视的开放；输、配环节电价由政府和监管机构确定，防止一体化电力企业的垄断行为、不公平竞争和交叉补贴。2011 年 3 月 3 日，欧盟发布《新一轮电力（能源）改革法案第三个指令（Drective 2009/72/EC）》，该新法案要求对如下三个方面的核心内容进行改革：（1）进一步保障电网独立运营，促进跨国联网，保证欧盟内部电力企业及外部企业更公平的竞争，促进欧盟统一电力市场建设；（2）建立更加有力、更加独立的电力监管机构，加强成员国之间的合作；（3）完善对消费者的保护措施。[①] 通过改革，从 1999 年 2 月起，除了个别成员国如希腊、爱尔兰，欧盟共同体成员国必须向其他成员国开发 25% 的电力市场，到 2006 年，欧盟共同体电力市场的开放程度达到整个市场的 1/3。而至 2014 年 2 月 4 日，欧盟 4 家电力交易所与 13 家输电系统运营商首次实现日前市场联合交易，其范围已覆盖中西欧区域、英国、北欧、波罗的海以及瑞典和波兰等 15 个国家，而该区域用电量占欧洲整体电力需求的 75%。[②] 由于欧盟有关公用事业领域反垄断立法的推动，作为欧盟重要成员国的德国，其反垄断法自然就直接受欧盟竞争法和反垄断法的影响和制约，公用事业领域的开放与公用企业的竞争也就成为德国《反行政竞争法》修改的重要对象。

受此影响，1998 年 5 月修改的《反限制竞争法》则几乎完全取消了对电力行业和其他部分公用事业反限制竞争的豁免，原全部或一些重要的禁止原则不适用于特定经济部门或经营主体的"例外领域"或"适用除外"，如交通运输、农业、联邦银行、金融、保险、著作权保护、能源供应，其范围被大大缩小。如根据 1998 年法案的第一编第五章规定，不适用《反限制竞争法》某些重要禁令的领域只有农业、金融业、保险业、著作权集体

---

① 晋自力、陈松伟：《欧盟电力市场化改革及其启示》，《生产力研究》2009 年第 16 期；马莉、范孟华：《欧盟的电力市场化改革历程》，《国家电网》2014 年第 5 期。

② 马莉、范孟华：《欧盟的电力市场化改革历程》，《国家电网》2014 年第 5 期。

保护以及体育产业。① 此外，该法案把大量涉及公用事业领域的招标投标程序中的禁止滥用权利也纳入《反限制竞争法》的规制范围。如《反限制竞争法》（1998 年）第 127 条第 1 款规定，如投标人向招标投标审核处提出的审查申请自始即为不当，或者向抗告法院提出的立即抗告自始即为不当，则这种行为属于滥用权利行为，行为人必须赔偿有关当事人因其滥用申请权或抗告权而遭受的损害。第 127 条第 2 款规定，下列三类行为是典型的滥用权利行为：（1）因故意或重大过失，作出虚假的陈述，使招标投标程序中止或继续中止；（2）以阻止招标投标程序的进行或损害竞争对手为目的，提出审核的申请；（3）以事后撤回申请而获得金钱或其他利益为目的，提出申请。②

2005 年 7 月修改的《反限制竞争法》，对公用事业适用反限制竞争豁免的范围作了进一步压缩。第五章有关适用特定经济领域的特殊规定，只有农业、报纸期刊的价格约束两个领域。③ 又如，根据《反限制竞争法》2005年修正案第 130 条第 1 款规定："本法也适用于全部或一部属于公共部门所有或由公共部门管理或经营的企业。本法第一编至第三编的规定不适用于德意志联邦银行和复兴信贷机构。"第 3 款规定："《能源经济法》④ 的规定并不影响第 19 条（滥用市场支配地位）和第 20 条（交易歧视和不公平阻碍）的适用，⑤ 以《能源经济法》第 10 条没有另外规定为限。"⑥ 2011 年

---

① 如《反限制竞争法》（1998 年）第 31 条规定："第 1 条不适用于体育协会集中转让其依章程举行的体育比赛的电视转播权的行为，但以此类体育协会在履行其社会政策方面的责任时，也承担着促进开展青少年体育和业余体育活动的义务，并以适当提取集中转让电视转播权收入的方式来顾及这一义务为限。"体育产业是否属于公用事业，学界与业界有比较大的争议，德国就有学者认为，将体育规定为例外领域，是有悖于缩小竞争法适用例外范围、使自由竞争回到原来由国家管制的经济领域的总的趋势的，这是政治和法律屈服于体育界强大势力的一种表现。参见 Rainer Bechtold. *Das neue Kartellgesetz*, in Neue Juristische Wochenschrift, 1998, S.2770. 转引自邵建东《德国新修订的〈反限制竞争法〉介评》，载《南京大学法律评论》2000 年春季号。

② 邵建东：《德国新修订的〈反限制竞争法〉介评》，《南京大学法律评论》2000 年春季号。

③ 参见德国《反限制竞争法》（2005 年）第 28 条、第 30 条，原第 29 条、第 31 条（体育）被废止，引自时建中主编《三十一国竞争法典》，中国政法大学出版社，2009。

④ 2005 年 4 月 15 日德国联邦议院表决通过新的《能源经济法》，该法旨在通过电力、燃气等能源市场引入竞争等方式，以促进和规范电力与燃气等能源市场的投资增长和有序竞争。参见杜群、陈海嵩《德国能源立法和法律制度借鉴》，《国际观察》2009 年第 4 期。

⑤ 德国《反限制竞争法》（2005 年）第 19 条为有关"滥用市场支配地位"的规定；第 20 条为有关"禁止歧视，禁止不公平阻碍"的规定。笔者注。

⑥ 参见德国《反限制竞争法》（2005 年）第 130 条，引自时建中主编《三十一国竞争法典》，中国政法大学出版社，2009。

12 月再次修改的《反限制竞争法》，仍然延续 2005 年《反限制竞争法》修订案有关豁免和第 130 条关于公用企业一体适用的规定，第 29 条虽列有供应电力或管道煤气企业，但明确规定不得"滥用市场支配地位"。[①] 可见，公用事业领域和公用企业能适用反限制竞争豁免的范围已经很小了，这说明德国对绝大多数公用事业领域和公用企业，均适用《反限制竞争法》，对其进行反垄断法规制。

（五）日本：反垄断法除外适用的废止与民营化改革并重

1. 公用事业属于反垄断法除外适用对象阶段

日本反垄断法制是二战后在美国主导下，以解决三井、三菱、住友、安田等垄断性财阀的问题开始的，并于 1946 年 4 月设立了控股公司整顿委员会，解散以财阀总公司为首的控股公司，其反垄断立法直接受美国的影响。1947 年制定的《经济力量过度集中排除法》和《关于禁止私人垄断及确保公正交易的法律》（又称《禁止垄断法》），[②] 其基本精神就是对垄断进行严厉禁止、制裁，日本反垄断立法也自此开始。随后如 1948 年的《财阀同族支配力量排除法》和 1949 年的《中小企业等协同组合法》，对《禁止垄断法》进行了一系列完善。1977 年的《禁止垄断法》施行令，之后的《转包价款迟延等防止法》、《不当赠品及不正当表示防止法》和《不公正交易方法》等，均是作为《禁止垄断法》的实施法和补充法而存在。此外，《关于禁止私人垄断及确保公正的适用除外的法律》、《中小企业团体法》和《输出入交易法》等法律，作为《禁止垄断法》适用除外规定的特别法而存在。到 20 世纪 70~80 年代，日本形成以垄断禁止政策—垄断禁止法——般法和集中政策—个别立法—特别法为基本内容的完整反垄断法律体系，作为规定日本经济秩序的基本法，在日本现代民商法、经济法中居于核心地位。

---

① 参见中华人民共和国商务部反垄断局《世界主要国家和地区反垄断法律汇编》上册，中国商务出版社，2013，第 702~703 页、第 744~745 页。

② 日本《禁止垄断法》于 1947 年颁布之后，至 20 世纪 90 年代，对该法进行的修订多达几十次。其中，比较大的修改有 1949 年、1953 年、1958 年、1963 年、1977 年和 20 世纪 90 年代的修订。参见徐士英《日本反垄断法的理论与实践研究》，博士学位论文，中南大学，2006；戴龙《日本反垄断法实施中的竞争政策和产业政策》，《环球法律评论》2009 年第 3 期；国家发展改革委价监局竞争政策处《日本反垄断立法执法情况及启示》，《中国价格监督检查》2013 年第 7 期。

在日本反垄断法中，有关反垄断的适用除外规定是最为重要的内容，这些规定包括反垄断法的适用除外规定、《关于禁止垄断法的适用除外的法律》以及其他各种法律规定的适用除外等三部分，到 21 世纪初，有 20 余部法律对 35 项反垄断适用除外制度作了规定。日本反垄断法适用除外的对象主要包括如下几种情况。（1）自然垄断与知识产权垄断。（2）卡特尔的适用除外。如根据《禁止垄断法》规定的不景气卡特尔和合理化卡特尔；根据《中小企业团体组织法》等法规定的中小企业卡特尔；根据《进出口交易法》规定的出口卡特尔，均可适用反卡特尔除外的规定。（3）维持再销售价格的适用除外。（4）一定的组合行为。（5）基于专门法的规定。如1953 年有 53 件基于专门法的适用除外卡特尔，1959 年达到 595 件，1965 年达到 1079 件，这些卡特尔都是作为实施产业政策的对策设立的。但从 1999年开始，基于专门法的反垄断法适用除外制度已经减少到 12 部法律，如保险法、著作权法、航空法、海上运输法等 17 项制度，同时在赋予适用除外时，建立了主管省厅大臣与公正交易委员会的协商制度。①

由上可见，在 20 世纪 90 年代以前，日本在公用事业领域基本是适用反垄断的除外规定，属反卡特尔的豁免范围，其立法的依据主要如下。（1）《禁止垄断法》有关自然垄断的反卡特尔除外性规定。如《禁止垄断法》对经营铁路、电气、煤气和其他在性质上当然成为垄断行业的生产、销售或供给行为，就明确规定其不适用反卡特尔规制。（2）《关于禁止垄断法的适用除外的法律》中有关公用事业的除外性规定。（3）航空法、海上运输法等特别法。

2. 公用事业反垄断适用除外制度的废止与民营化

从 20 世纪 90 年代开始，日本以邮政业为切入点，开始对公用事业进行系统性的改革，主旨为放松政府管制。在此背景下，到 1998 年底，日本对《禁止垄断法》相关的 33 个适用除外制度进行修改、废止，其中 4 个制度限定、明确适用范围，对其余除外制度继续进行分析检讨。1999 年对《禁止垄断法》进行比较大的修改，废止《禁止垄断法适用除外法》，并对《海上运输法》《航空法》中有关适用除外规定进行修正，对不景气卡特尔适用除外予以废止。2000 年自然垄断行业适用除外制度被废止，并强化民事损

---

① 参见国家发展改革委价监局竞争政策处《日本反垄断立法执法情况及启示》，《中国价格监督检查》2013 年第 7 期。

害赔偿制度。以自然垄断为主要特征的部分公用事业被纳入反卡特尔的适用范围。2005 年、2013 年日本对《禁止垄断法》进行新的修订，但被废止的自然垄断行为适用除外制度仍然维持现状。[1]

在把以自然垄断为主要特征的部分公用事业纳入反卡特尔适用范围的同时，日本也加快了对公用企业的民营化改革步伐。以日本邮政业改革为例，20 世纪 90 年代以前，日本邮政厅既是日本政府里相当于副部级的部门，又是兼营邮政、储蓄、简易保险的国营机构，可谓政企一体。至 1998 财政年度日本邮政亏损 625 亿日元；1999 年继续亏损，达到 514 亿日元。2001 年 4 月原于 1992 年在宫泽喜一内阁就任邮政大臣的小泉纯一郎当选新一届日本内阁首相，其于 2001 年正式启动日本邮政厅的"五年计划"结构改革计划，该项改革分两个步骤：（1）将国家邮政事业改为自主经营、自负盈亏的企业行为，同时引进竞争机制，打破独家垄断；（2）实现邮政事业的彻底民营化，完全按照市场机制开展邮政业务。[2] 2002 年日本通过了《邮政公社法案》。2003 年 4 月 1 日，正式成立了"日本邮政公社"，全面接管政府主办的邮政、邮政储蓄、简易保险三项邮政业务。"邮政公社"为国家控股企业，以民营方式运行，实行独立核算，接受国家审计；邮政业改革第一步实施。[3] 2007 年 4 月开始，邮政业改革第二步启动，即将"邮政公社"彻底改造为民营企业；同年 10 月 1 日，日本政府宣布长达 10 年的日本邮政公社改革计划正式启动，该计划将既有"日本邮政公社"先行拆分为邮政储蓄银行、邮政保险公司、负责柜台接待服务的邮电局、负责邮件投递的公司 4 家受政府控制的独立业务公司；随后在 2017 年之前，再将这 4 家公司私有化并在东京证券交易所挂牌上市。[4]

再以日本"国铁"、"电电"和"专卖"改革为例。其改革基本目标是以逐步放松管制的"规制缓和"方式以推进民营化，即通过股份制形式，将所有权逐步转移到纳税人手中，以减少公有企业所受的各种限制，促进

① 稗贯俊文：《日本反垄断法的修订及其最新发展》，张广杰译，《华东政法大学学报》2016年第 4 期。

② 陈言：《日本邮政改革：等待破局》，《南方周末》2005 年 8 月 25 日 C22 版。

③ 李秀敏、朱艳艳：《论日本邮政民营化改革》，《当代经济研究》2005 年第 12 期；姚建华：《日本邮政民营化改革探析》，《邮政研究》2006 年第 1 期。

④ 姜延钊：《邮政业改革的国际比较及评价》，博士学位论文，吉林大学，2010；王旭：《日本邮政民营化改革将于 2015 年完成》，《邮政研究》2013 年第 1 期。

公平竞争。改革前的日本国有铁路公社（"国铁"，JR）、日本电信电话公社（"电电"，NTT）和日本专卖公社（"专卖"，JT）等均为国有企业，并兼具公有企业的特点，特别是"电电"和"国铁"，为实行全国一元化经营和管理的超大型国有企业，自然垄断的属性使其在本行业居于绝对的垄断地位。"国铁"、"电电"和"专卖"改革和民营化基本是按照三条路径进行的：（1）从国有国营到国有民营；（2）从国有国营到公司合资合营；（3）国有国营到民有民营。具体改革形式如下。（1）出售股票。日本首先把三大国有企业改制成政府独资股份公司，然后适时将三大公司的股份出售给民间。如法律规定，"电电"在民营化的 5 年内，只得出售股份的一半，政府最终须持有 1/3 的股份，其股票 1991 年上市到 1993 年 3 月底，民间拥有 34.4% 的股份；"专卖"中政府原则上持有一半以上股份，其余股票于 1994 年 10 月上市；"国铁"东日本公司的股票于 1993 年 10 月上市时就卖掉 60.6%，"国铁"西日本公司和东海公司在 1995 年内上市。（2）企业分割。日本"国铁"民营化后被分割为 6 个客运公司和 1 个货运公司，并专门成立新干线国有铁道清算事业团，负责国铁清算、分割事宜。[①] 日本"国铁"、"电电"和"专卖"的改革和民营化是比较成功的，既有效地提高了公用事业的经营效益，大大减轻了国家的财政负担；也因打破了公用事业既有的垄断经营格局，从而更利于行业的良性竞争和持续发展。

（六）俄罗斯：从全面私有化过渡到《自然垄断法》专属规制

1. 由集中的国有国营走向全面的私有化

1990 年以前的俄罗斯公用事业，为苏联计划经济的一部分，完全实行国有国营的投资与经营体制。1991 年 12 月 25 日苏联解体后，俄罗斯独立并继承了苏联绝大部分公有企业及资产，同时也沿袭其计划经济和国有国营的管理和经营体制。1991 年以后，俄罗斯正式在经济上实施"休克疗"法，着力推行私有化和市场化进程。1991 年 12 月 19 日，叶利钦发布总统令，批准《1992 年国有及市有企业私有化纲要基本原则》，决定 1992 年 1 月 2 日起，实行大规模的私有化运动。俄罗斯大规模私有化又分为"小私有化"和"大私有化"，"大私有化"是相对于"小私有化"而言的，是以

[①] 叶召霞：《试析当代俄罗斯住房公用事业改革》，《俄罗斯研究》2013 年第 4 期。

股份制为主要形式，对大中型企业产权关系进行整体性的改造。① 大私有化过程又分为两个阶段。

第一，无偿私有化阶段（1994 年 7 月前）。即以 1992 年 10 月俄向每个公民无偿发放面值 1 万卢布的私有化证券为开端，在 1994 年以前，以"内部股份化"形式，将多数大企业改组为内部股份公司，将一部分国有产权转让给公司内部职工。

第二，有偿私有化阶段（1994 年 7 月至 1996 年 10 月）。即按市场价格出售国有企业的股票，有偿转让国有资产，其主要方式如下。（1）职工可以无偿获得 25% 的无投票权普通股票，同时还有权以票面价格的 30% 折扣购买 10% 的有投票权股票，企业领导人还可以按票面价格购买 5% 的有投票权普通股票。（2）企业职工可按照国家财产委员会规定的出售价格，无优惠购买 51% 的有投票权股票。企业职工可以按此拥有控股权，成为企业实际所有者。（3）在与企业签订改造或改建企业的合同后，职工可以票面价值的 30% 折扣购买 20% 有投票权股票，50% 的股票自由出售。②

俄罗斯私有化到 1998 年大约实现了 70%，在俄罗斯大规模私有化过程中，公用企业的私有化也是其中最为重要的一部分。但私有化对俄罗斯公用事业也构成重创，正如美国记者莫蒂默·朱克曼在访问莫斯科后撰文指出："20 世纪 90 年代俄罗斯的生产衰落比大萧条时期的美国更严重，实际人均收入下降 80%，国内生产总值下降 55% 以上。俄罗斯政府的年收入低于美国财政部一周的收入"。私有化导致俄罗斯工业的大衰落，其中"石油产量下降 50%，基础设施——电力、核电厂、铁路和下水道系统——已解体"。③

2. 《自然垄断法》专属规制模式的建立

俄罗斯反垄断法制具有鲜明的分别立法特色，反垄断立法是由《商品市场竞争和限制垄断行为法》（1991 年，2005 年修订）、《金融服务市场竞争保护法》（1999 年，2001 年修订）、《自然垄断法》（1995 年，2001 年修

---

① 阿纳托利·丘拜斯主编《俄罗斯式的私有化》，乔木森等译，新华出版社，2004，第 20 页。
② 蒂莫西·弗莱：《私有化与"原罪"——基于对俄罗斯的调查分析》，王克宁译，《经济社会体制比较》2008 年第 2 期；林晓言：《俄日台民营化比较分析》，《中国地质大学学报》（社会科学版）2010 年第 5 期。
③ 周新城：《俄罗斯的全面私有化之痛》，《国企》2011 年第 6 期。

订）等几部分构成，其中《商品市场竞争和限制垄断行为法》主要调整商品交易与一般行业的竞争与反垄断；《金融服务市场竞争保护法》主要调整金融市场的竞争与反垄断；《自然垄断法》主要调整具有自然垄断性质的公用事业与特殊行业。① 2006 年俄罗斯整合了《商品市场竞争及限制垄断行为法》与《金融服务市场竞争保护法》，颁布新的《俄罗斯联邦竞争保护法》。② 俄罗斯公用事业领域的竞争与反垄断，不受《竞争保护法》调整，而是由《自然垄断法》予以专属管制，基本内容如下。③

第一，关于自然垄断行业的界定。根据《自然垄断法》第 3 条规定，自然垄断是指"由于工业技术特性，生产中不存在竞争（原因在于每件产品生产成本实质性的减少导致产量的增加）需求能够被有效满足，且由自然垄断实体生产的商品不能被市场上的其他商品替代，因此导致在商品供给市场上其需求受价格影响的幅度小于其他类型的商品"之特殊市场或行业。这一规定，基本把绝大部分具自然垄断特性的公用事业包含进去。

第二，关于自然垄断企业的适用范围。根据《自然垄断法》第 4 条规定，适用自然垄断企业活动的行业与行为主要包括：（1）通过输油管道对石油和石油产品的运输；（2）天然气的管道运输与电力和热能运输有关的服务；（3）铁路运输；（4）运输车站、港口和机场服务；（5）公共电信和邮政服务。这些均属公用事业领域。

第三，关于自然垄断行业的管制内容。根据《自然垄断法》第 6～8 条规定，国家对自然垄断行业实现严格的监管和控制，监管的主要内容包括：（1）通过确定或固定价格（费用）或最高限价的方式执行价格监管；（2）在强制性服务安排或确定最低服务标准的基础上，通过认定自然垄断行业消费者团体，对自然垄断企业提供的产品或服务质量进行全面监督。在此基础上，自然垄断企业应承担如下的特定义务：（1）不得拒绝与特定消费者订立提供商品合同；（2）应向适当的自然垄断监管机关提交依据该机关所列程序和期限提交当前活动报告、投资计划的草案等文件。

第四，关于自然垄断的监管机关及基本职权。在俄罗斯联邦，联邦反

---

① 时建中主编《三十一国竞争法典》，中国政法大学出版社，2009，第 562～590 页。
② 刘继峰：《俄罗斯反垄断法规制行政垄断之借鉴》，《环球法律评论》2010 年第 2 期。
③ 中华人民共和国商务部反垄断局：《世界主要国家和地区反垄断法律汇编》上册，中国商务出版社，2013，第 767～774 页。

垄断局是一般行业的反垄断监管机关，其行使的"行政垄断"监管权，与公用事业垄断经营监管有一定的关联性。[①] 但对公用事业领域竞争与反垄断的监管，主要是由联邦自然垄断监管局来专属负责。联邦自然垄断监管局是俄罗斯联邦专门组建的监督自然垄断行业与企业的行政机构，负责自然垄断企业的登记与管理；有权对自然垄断企业的经营行为与价格行为进行监督；有权获得自然垄断企业的各种经营活动信息；依法行使对自然垄断企业垄断违法行为的调查与处理。

二　我国现行公用事业垄断经营规制的效果评析

（一）我国公用事业垄断经营规制中现有立法文本的效果评价

目前，我国对公用事业实施反垄断规制的规范性文件主要有法律（反垄断法、反不正当竞争法、公用事业特别法）、行政法规、部门规章、地方性法规和规章等，兹分述如下。

1. 有关公用事业反垄断规制的法律

目前我国涉及公用事业垄断规制的法律，主要有《反垄断法》、《价格法》和公用事业特别法等。

（1）2007 年 8 月通过的《反垄断法》。该法作为我国第一部反垄断的专门性法律，对各种垄断行为作了列举。其中重点对垄断协议、滥用市场支配地位、经营者集中和滥用行政权力排除、限制竞争 4 种垄断行为或垄断形式进行了规定，在这 4 种垄断行为或垄断形式中，直接与公用事业反垄断规制的情形主要为第三章"滥用市场支配地位"和第五章"滥用行政权力排除、限制竞争"的相关规定。其中《反垄断法》第 17 条对"具有市场支配地位的经营者"从事"滥用市场支配地位"行为的明令禁止与具体列举，对公用企业的垄断经营行为，有明确的针对性；自然，《反垄断法》第 17 条适用于公用事业反垄断规制，应是毫无疑义的。

此外，《反垄断法》第五章"滥用行政权力排除、限制竞争"的相关规定中，其规制的主体是"行政机关和法律、法规授权的具有管理公共事务职能的组织"，其范围一般认为包括行政机关、行政机关授权的行政法主体

[①]　刘继峰：《俄罗斯反垄断机构的职权及性质》，《价格理论与实践》2018 年第 10 期。

（各种检验机构）、行业经济组织（如商会、行业协会）、社会自治组织和其他具有管理公共事务职能的组织，其对应的垄断性行为实质是对《反垄断法》总则部分的第 8 条的贯彻和具体化。由于公用企业地位的独特性，一方面，其与前述具有管理公共事务职能类组织具有权力、利益上的关联性；另一方面，某些公用企业，在公用事业的经营过程中，因公用事业本身的公共性、公益性，有时从法律、行政法规或行政机关那里获得类似于管理公共事务职能的准公共性管理权力，如电信、电力、燃气等获得的准公共性管理权力，使其与《反垄断法》第五章所规制的"行政机关和法律、法规授权的具有管理公共事务职能的组织"之主体范围具有相当的关联性。因此，笔者认为，我国《反垄断法》第五章的相关规定，也应一体适用于公用事业的反垄断规制。[①]

需要特别指出的是，我国《反垄断法》在附则第 55 条、第 56 条有关反垄断规制的除外适用规定中，只涉及知识产权行为和农业领域，并没有把公用事业领域排除在反垄断规制的范围之外，进一步说明《反垄断法》应一体适用公用事业领域。[②] 但问题绝非如此简单，由于前述公用企业的垄断行为与表现形式，与一般经营者的垄断行为与表现形式有很大的不同，而这些行业特点，又无法在适用于一般经营者进行反垄断规制的《反垄断法》中具体地体现出来，因此，《反垄断法》虽然可以适用于对公用事业领域的反垄断规制，但一般法属性也使其在公用事业领域的法律盲点无法避免。

（2）1997 年 12 月通过的《价格法》。该法包总则、经营者的价格行为、政府的定价行为、价格总水平调控、价格监督检查、法律责任、附则等七章计 48 条，对各种价格行为作出了一般性规定。

（3）公用事业特别法。如《电力法》（1995 年，2009 年、2015 年、2018 年修正）、《铁路法》（1990 年，2009 年、2015 年修正）、《公路法》（1997 年，1999 年、2004 年、2009 年、2016 年、2017 年修正）、《民用航空法》（1995 年，2005 年、2009 年、2016 年、2017 年、2018 年修正）、

---

① 参见《中华人民共和国反垄断法》（2007 年）第 32～37 条。
② 参见祁欢《公共服务业反垄断豁免法律制度研究》，知识产权出版社，2013，第 254～302 页。

《邮政法》（1986 年，2009 年、2012 年、2015 年修正）、《煤炭法》（1996
年，2009 年、2011 年、2013 年、2016 年修正）、《水法》（1988 年，2002
年、2009 年、2016 年修正）、《石油天然气管道保护法》（2010 年）、《产品
质量法》（1993 年，2000 年、2009 年、2018 年修正）、《标准化法》（1988
年，2017 年修订）、《计量法》（1985 年，2009 年、2013 年、2015 年、2017
年、2018 年修正）等法律，某些制度安排，与公用事业垄断经营规制有一
定的相关性。

2. 有关公用事业反垄断规制的行政法规

自 1990 年代以来，国务院制定、颁布一系列与公用事业管理、规范有
关的行政法规，其中与保护竞争、反垄断有关的规范主要集中于价格监管
与改革方面，如国务院《价格违法行为行政处罚规定》（1999 年，2006 年、
2008 年、2010 年修订）、国务院办公厅《电价改革方案》、国务院办公厅
《关于推进农业水价综合改革的意见》、国务院办公厅《关于推进水价改革
促进节约用水保护水资源的通知》等。另，2019 年 10 月 22 日国务院发布
《优化营商环境条例》，多条涉及主体平等、准入公平、正当竞争、禁止垄
断、公用事业信息公开等内容。

其他行政法规均为涉及不同公用事业行业、产业、部门、门类的管理
性规定，代表性的有《城市供水条例》（1994 年，2018 年、2020 年修订）、
《电力供应与使用条例》（1996 年，2016 年、2019 年修订）、《电信条例》
（2000 年，2014 年、2016 年修订）、《铁路货物运输合同实施细则》（1986
年，2011 年修订）、《收费公路管理条例》（2004 年）、《道路运输条例》
（2004 年，2012 年、2016 年、2019 年修订）、《国内水路运输管理条例》
（2012 年，2016 年、2017 年修订）等。

3. 有关公用事业反垄断规制的部门规章

在涉及公用事业垄断经营规制的部门规章中，原国家工商行政管理局
《关于禁止公用企业限制竞争行为的若干规定》（1993 年）、《关于公用企业
限制竞争和垄断行为突出问题的公告》（2016 年）最具针对性。此外，国家
发改委发布的《反价格垄断规定》（2010 年）、《反价格垄断行政执法程序
规定》（2010 年），也主要针对公用事业的价格垄断行为；但自 2018 年 3 月
起，价格监督检查与反垄断执法职责已从国家发改委划入市场监管总局，
为此，市场监管总局于 2019 年 6 月 26 日发布了《禁止垄断协议暂行规定》、

《禁止滥用市场支配地位行为暂行规定》和《制止滥用行政权力排除、限制竞争行为暂行规定》三个文本，取代原有的两个反价格垄断规定。

另外，国务院其他部委所颁布的专门规制公用事业垄断经营的规定，绝大部分与价格、监督有关，代表性的有财政部《关于城市公用事业附加有关政策的批复》、建设部《关于加强市政公用事业监管的意见》、住建部《供水、供气、供热等公用事业单位信息公开实施办法》、建设部《市政公用事业特许经营管理办法》（2004 年，2015 年修正）、国家发改委等 5 部门《基础设施和公用事业特许经营管理办法》（2015 年）、国家发改委《必须招标的基础设施和公用事业项目范围规定》等。

在涉及公用事业垄断经营规制的部门规章中，绝大部分为具体行业、领域、部门的主管机关，所制定、发布的行业性管理规定，内容涉及公用事业不同行业、领域、部门的行业准入、质量标准、价格指引、管理规则等多个方面。

4. 有关公用事业反垄断规制的地方性法规和政府规章

各地为实施《反不正当竞争法》、《反垄断法》和其他与公用事业有关的法律、行政法规、部门规章，相继通过了一些地方性的反不正当竞争、反垄断实施条例或地方性规章，有部分涉及对公用事业垄断经营的规制。如《北京市反不正当竞争条例》（1997 年修正）第 12 条规定，公用企业或者其他依法具有独占地位的经营者，不得采取下列限制竞争的行为。（1）限定用户、消费者只能购买和使用其附带提供的或者其制定的经营者提供的相关商品，而不得购买和使用其他经营者提供的符合技术标准要求的同类商品；（2）强制用户、消费者购买其提供的或其制定的经营者提供的不必要的商品及配件；（3）对抵消其限制竞争行为的用户、消费者财务拒绝、中断、削减供应相关商品或滥收费用等手段进行刁难；（4）其他法律、法规规定为限制竞争的行为。除了有关反垄断、反不正当竞争的地方规范性文件外，有些地方还发布一些规范公用企业经营行为的标准化规定，如天津市建设管理委员会《天津市城镇燃气供气服务管理标准》、天津市城乡建设和交通委员会《天津市公共汽车服务管理标准》等，这些规范性文件和标准，对抑制公用企业滥用垄断、支配地位，保护公用事业市场的良性运行，维护公众消费者的利益，起到一定作用。兹不具体列举。

5. 简要的总结与评价

通过对既有涉及公用事业垄断经营规制的法律、行政法规、部门规章、地方性法规与政府规章的罗列与分析，不难发现以下问题。

（1）虽然我国先后颁布了《反不正当竞争法》和《反垄断法》等基本法，但对公用事业领域的垄断问题仍然缺乏具体、针对、可行的立法规制。如《反垄断法》虽然考虑到了公用企业的市场支配地位，但毕竟没有考虑其与一般企业滥用市场支配地位的严重性和复杂性，对公用企业的针对性不是特别强，对公用企业垄断经营行为的规制效能也就十分有限。

（2）《铁路法》《公路法》《电力法》《邮政法》《民应航空法》等公用事业特别法，大多制定于公用事业市场化、公司化改革以前，政企不分、国有垄断经营的计划经济痕迹还依然明显，立法目的主要是强化公用事业领域与行业的行政管理，提高经营效益，而没有把垄断经营规制列入立法的视野；有些特别法所关注的是保证国家基础设施的安全，并非对公用企业垄断经营行为进行规制，因此其行政管理性规范远重于垄断规制性规范，带有明显的行政本位特点，自然也难以满足新形势下公用事业发展和该领域反垄断的需要。

（3）我国现有涉及公用事业垄断经营规制的行政法规，一部分制定或修改于2004年以前，这个时期我国市场经济体制尚不完善，特别是我国尚未加入世界贸易组织，国内的某些市场领域尚未开放，以公共基础设施、公用事业领域的准入开放为标准的投资体制改革，还未进入执政者的视野，因此这类行政法规毫无疑问对公用事业垄断经营问题起不到规制作用。另一类行政法规，虽然制定或修改于2004年我国投资体制改革之后，但这类行政法规主要解决的议题是公用事业领域的管理问题，对公用企业垄断经营问题没有予以足够重视，这类行业性行政法规，如《电信管理条例》，仍然还是一种过渡性、临时性规范，虽然它紧跟世界电信行业立法潮流，但位阶低，带有明显部门立法痕迹，管制机构缺乏独立性、中立性等因素，实施效果也不乐观。

（4）在有关公用事业反垄断经营的部门规章中，只有国家工商行政管理局的《关于禁止公用企业限制竞争行为的若干规定》（1993年）、建设部的《市政公用事业特许经营管理办法》（2015年修正）、国务院住建部的《供水、供气、供热等公用事业单位信息公开实施办法》（2008年）涉及公用企业滥用市场支配地位，但这些规范性文件大多制定或修改于 2007 年《反垄断法》出台之前，主要是从反不正当竞争的角度，对公用企业垄断经营行为的限制；但是，对本身具有国有企业背景又兼具市场垄断地位的公用企业来说，单单限制其不正当竞争行为是远远不够的，其垄断的国有性、行政性、行业性特征，决定必须对其进行全方位的反垄断法规制，才可能把其垄断的消极面抑制到最小。

（5）至于有关公用事业反垄断的地方性法规或政府规章，除北京、上海、重庆等地对公用企业有专条规定（且规定得十分原则）外，绝大部分均是有关《反不正当竞争法》或《反垄断法》的实施条例、细则，它们只能适用于一般性的不正当竞争行为，对公用事业领域垄断经营规制则几乎没有涉及，因而也就起不到规制地方性公用企业垄断经营行为的作用。

以上分析，可以得出这样一个结论，从既有立法文本来看，由于缺乏对公用事业垄断经营特质的研判，特别是对其所具有的国有性、行政性、行业性垄断特征没有深入的分析，对其垄断的特殊性、复杂性和影响的严重性明显估计不足，因之也就不能设计或提供一整套可适用于公用事业领域的反垄断规制方案。

（二）我国公用事业垄断经营规制中既有制度安排的效果评价

1. 我国大陆现有公用事业领域的主要制度背景及分析

我国大陆现有公用事业领域的投资与经营体制，完全是在高度集中体制下的计划经济时代形成的，特定的历史背景、意识形态、经济结构、政制环境，决定其基础性制度的特殊性和复杂性，这些基础性的制度包括以下方面。

（1）国家投资制度。在公用事业所涉的基础设施、公益设施和公共工程等领域，于相当长的时期里基本采取国家投资、大包大揽的政策，此一政策和制度所导致的结果是，一方面使得我国公用事业领域的投资结构十分单一，国家投资和国家所有就成为公用事业领域最显著的特征；另一方面，由单一国家投资所制约，导致我国在相当长时期里，公用事业领域严重的投资、供给不足，特别是 20 世纪 90 年中期代以前，我国电力、燃气、自来水、公共交通（特别是铁路、公路、民航、城市公共交通）、通信等行业的严重短缺，这不仅阻碍了国民经济的发展，也影响了社会公众的生活质量和普遍福利。这种情况直到我国在 20 世纪 90 年代中期，逐步加大对这些领域的国家投入和对这些领域的民间资本准入进行大幅度的开放之后，才有根本的改观。

（2）国有企业制度。受单一投资体制影响，我国公用事业的经营形式在计划经济时期为典型的国家经营，即所谓的国有国营。现在公用事业绝大多数领域是实行国有企业的授权经营，即以国家投资于公用事业形成的资产为基础组建具有独立法人资格的国有企业，国家通过政府或政府部门（国有资产监督管理机构、财政部门），授权国有企业（实际上就是授权国有企业经营者）对国家投资于公用事业领域形成的国有资产进行独立经营，自负盈亏，对外独立承担债务责任。国有企业制度与传统国营企业制度的最大不同，是国有企业作为独立的企业法人有独立的自主权，这和国营企业的绝大部分经营权利被截留在政府或政府部门，有本质上的差异。尽管如此，由于国有企业与政府、政府部门尚存在着千丝万缕的联系，虽经多次改革，政府尚保留着对国有企业的重要人事任命权（任免或者建议任免国家出资企业的高级管理人员）、国家出资企业章程制定或审定权、国家出资企业重大事项的决定权或审核权（如企业合并、分立、破产、改革、重组、资产评估、重要资产转让、关联交易等）、企业国有资产保值与增值的监督与管理权等重要权利，国有企业的独立经营权被大打折扣。[①] 另外，国有公用企业的特殊国家背景，使其任命的经营者具有浓厚的官方色彩，政府官员身份要更重于企业家的身份，这反过来又会严重影响国有公用企业的市场化经营思路和管理绩效。受此影响，国有公用企业一直就存在普遍性的管理缺失、效益低下和服务不周等顽固性问题。

（3）国有专营制度。在相当长时期里，我国对绝大多数公用事业领域采取由国家和国有企业垄断专营形式，如盐业、电力、燃气、自来水、邮政、公共交通、广播电视、电信等领域，长期以来就是国有专营，此种专营实质上就是垄断，而且是借助国家的经济政策、国家投资和政府主导而形成的政策性垄断、国家垄断、行政垄断和行业垄断。目前，除邮政中的快递业务、电信、公路运输、公共交通和少数民用航空，经过拆分或引进民间资本存在一定的竞争外，绝大部分公用事业领域的国有专营状况仍然没有根本性改观。这就意味着在未来相当长的时段里，对国有专营的规制

---

① 参见《中华人民共和国企业国有资产法》（2008 年）第 22~57 条。

将是公用事业垄断经营规制的重心。

（4）行政许可制度。公用事业属于影响国计民生的基础行业，也属于公共利益、公共安全范畴，甚至关涉国家利益和国家安全。因此，到目前为止，在绝大部分公用事业领域，在我国仍然实行行政许可制度，凡进入此领域，无论是国家投资经营主体，还是外商、境内民间资本，均须取得政府或政府特定部门的行政许可，获得某一行业的经营许可证，方可投资或开业。尽管从 2002 年开始，国务院和地方先后多批次取消了行政审批和行政许可达 3000 余项，① 但很少涉及公用事业领域。自然，在今后一个比较长的时期里，改革公用事业的行政审批与行政许可制度，将是对其进行垄断经营规制一个最为重要的环节。

（5）特许经营制度。特许经营制度始于 2004 年建设部发布的《市政公用事业特许经营管理办法》，目前主要在城市供水、供气、供热、公共交通、污水处理、垃圾处理等行业推广实施，其中 20 余个省、自治区、直辖市还制定了实施条例。特许经营与行政许可的相同之处，是均须取得公用事业经营的行政许可，但不同的是，一般性行政许可不具有公开性和竞争性，而特许经营则在程序上融行政许可与招投标制度于一体，具有开放性、公开性和竞争性，适用于具有自然垄断性质的部分公用事业领域。此种制度是解决自然垄断类公用事业公平准入问题的有效制度设计，当然目前在我国其推广的领域与地域尚有限，其对公用事业的垄断经营规制效应也就十分有限。

2. 我国公用事业垄断经营规制的既有制度安排及评价

针对我国公用事业领域所存在的上述制度背景特征，自 1993 年以来，我国前述法律、行政法规、部门规章，确立了特许经营、禁止滥用市场支配地位行为、价格管制、拆分垄断性国有企业、公用企业经营信息公开等一系列制度，对公用企业的垄断经营行为进行一定程度的抑制，取得了一定的制度效应。

---

① 参见自国务院于 2002 年 11 月 1 日发布《关于取消第一批行政审批项目的决定》之后，到 2017 年 1 月 12 日发布《关于第三批清理规范国务院部门行政审批中介服务事项的决定》止，国务院先后 18 次发文，取消各种行政审批与行政许可事项 3000 余项，目前尚保留的行政审批或许可事项为 500 项。参见国务院《对确需保留的行政审批项目设定行政许可的决定》（2016 年修订）。

1. 准入环节的特许经营控制

准入环节的公开、竞争是抑制垄断的源头性、基础性制度安排，2004年建设部发布《市政公用事业特许经营管理办法》的真正意义也在于此。如前所述，该制度本应在公用事业的准入源头，通过公开透明、平等竞争的招标程序来选择优秀的自然垄断性公用事业经营者，有助于把最优质的资本和优秀的经营者吸引到公用事业领域来，并杜绝公用事业行政许可和准入环节中的权力寻租与腐败现象。但是，此一制度一方面适用的行业只限于城市供水、供气、供热、公共交通、污水处理、垃圾处理等较小范围，更为重要的是，由于现有建筑行业招投标程序中潜规则的放大效应，使许多行业和地方的特许经营招标程序徒具形式，仅走过场。因此，该种制度对自然垄断型公用事业领域的垄断经营规制所起的作用也就十分有限。

2. 滥用市场支配地位行为的禁止

这集中表现在《反垄断法》（2007年）第17条和《关于禁止公用企业限制竞争行为的若干规定》（1993年）第4条、《禁止滥用市场支配地位行为暂行规定》（2019年）的有关规定，由于公用企业在多数情况下居该行业的市场支配地位，有明显的垄断性市场优势，《反垄断法》第17条对"具有市场支配地位的经营者"滥用市场支配地位行为的禁止，是完全可以适用公用事业领域的。况且，如前所述，我国《反垄断法》的除外适用规定，只有知识产权和农业两个领域，公用事业领域不属于除外适用的豁免范畴。虽然如此，由于《反垄断法》第17条所列举只考虑到了一般经济垄断的情形，没有把公用事业领域垄断的特殊性、复杂性和普遍性纳入立法范畴；虽然《禁止滥用市场支配地位行为暂行规定》（2019年）第22条明确规定"供水、供电、供气、供热、电信、有线电视、邮政、交通运输等公用事业领域经营者应当依法经营，不得滥用其市场支配地位损害消费者利益"，但该规定的概括性、原则性要得到贯彻无疑有待更为具体的配套性制度安排。足见，《反垄断法》第17条在公用事业领域适用的实际效应仍不确定。

3. 反行政垄断的引入

《反垄断法》第五章有关"滥用行政权力排除、限制竞争"的规定，与公用事业领域垄断经营具有关联性，这是因为公用事业的投资准入、经营管理、价格决定和供给服务以及公用企业，均与行政权力有着某种联系，甚至有时构成某种因果关系；总体上看，《反垄断法》第五章有关"滥用行政权力排除、限制竞争"的规定，是完全应适用于公用事业垄断经营规制的。但问题是，在我国境内，由于先前的国有国营、行政控制、行业分割等垄断割据的惯性作用和既有利益，使公用事业领域的垄断兼具国家垄断、行政垄断、自然垄断、行业垄断的多重特征，与此相关的国家机关、行政部门、特殊行业和具体经营者，已经结成趋于固化的利益同盟，因此，迄今为止，在反垄断的执法实践中，除了对中国电信、中国联通等少数公用企业启动过反垄断价格调查外，对绝大多数公用事业经营者没有涉及；而已经发出调查的电信领域恰恰又是一个存在一定竞争的寡头市场，也就是说，目前自然垄断型公用事业领域几乎被豁免在反垄断调查之外。可见，严格地在公用事业领域适用《反垄断法》第五章的有关规定，还任重而道远。

4. 价格决定行为的管制

垄断性价格决定是公用事业领域垄断经营行为的常态，对此我国现有《价格法》（1997 年）、《价格违法行为行政处罚规定》（1999 年，2008 年、2010 两次修订）、《反价格垄断规定》（2010 年），均针对公用企业的价格垄断有具体、对应的规定。如前述《价格法》（1997 年）第 3 条第 1 款、第 18 条、第 14 条和《禁止滥用市场支配地位行为暂行规定》（2019 年）第 14 条、第 15 条、第 19 条的规定，就明显是针对公用事业的经营者。虽然如此，由于这些规范性文件中的制度安排，也只考虑到一般经济垄断的情形，而考虑如前章所论及的各种公用事业垄断经营情形，价格垄断行为具有如此的普遍性、复杂性和严重性，以这些一般性制度措施应对实践中公用企业垄断价格行为的多样性、隐蔽性，犹如隔靴搔痒。

5. 垄断性国有企业的拆分

与西方国家不同，由于我国公用事业领域国家垄断经营体制直接脱胎于传统高度集中的计划经济体制，其中以国有公用企业为市场载体的国有垄断经营格局是其表象，而国家公权力支撑的行政垄断才是实质。为打破这种局面，从 20 世纪 90 年代开始，我国就开始有步骤地拆分一些垄断性的国有公用企业，通过引入竞争机制、内部股份制改革和特别法规制等多种手段，逐步把垄断性国有公用企业改造成为具有市场自主竞争力的独立营业主体，并试图借此打破公用事业的垄断经营格局。典型案例如下：

（1）邮电分立、电信分拆；[①]（2）政企合一的邮政业分拆；[②]（3）电力政企合一体制的分拆；[③]（4）政企合一的铁道部分拆。[④] 垄断性国有企业的拆分，是公用事业领域垄断经营规制最为有效的举措，它适用于公用事业领域中那些具有竞争性的行业或某些产业环节，只可惜由于改革难度太大，只能在电信、邮政等有限的几个行业展开，而且争议较大。但是，在电信、电力、邮政行业改革的基础上，我国公用事业反垄断被先后列入国家"十五"计划及"十一五"规划、"十二五"规划、"十三五"规划，其中拆分现有垄断性的国有公用企业，引入竞争机制，加快电力、铁道、民航、通信、石油、煤燃气等公用企业垄断行业管理体制改革，仍将是未来相当长时期里我国公用事业反垄断的重要举措。

6. 公用事业经营信息的公开

公用事业产品与服务的品质、价格、供给数量与时间，事关社会公众的日常生活和切身利益，因此，与一般营业领域的私人属性不同，公用事业的经营与管理事务，属于准公共事务范畴，公众消费者享有一定程度的知情权；相应地，公用企业就有义务披露、公开与公众消费者利益有关的营业信息。目前《供水、供气、供热等公用事业单位信息公开实施办法》（2008 年）对供水、供气、供热等公用事业单位有关信息公开的主体、范围、对象、原则、程序和相关法律责任作了原则性的规定，这些公用事业经营信息的公开，无疑有利于强化公众消费者对公用企业的监督和制约，可有效地抑制公用企业特别是那些垄断性公用企业垄断行为的滥用。但是，此项制度适用的行业范围尚有待进一步扩大，效果尚需评估。

由以上分析可知，虽然我国在电信、邮政、电力、民航等领域初步引入了竞争机制，但同传统竞争性行业相比，公用事业竞争化改革仍然严重滞后。从制度安排上看：（1）政企不分、行政垄断还广泛存在；（2）价格形成及管理机制仍不合理；（3）公用企业滥用独占地位进行强制交易，限

[①]　石耀东等：《邮电行业改革历程回顾、分析与展望》，《调查研究报告》2019 年第 150 号。

[②]　吴建：《体制改革让传统邮政焕发生机》，《中国邮政》2018 年第 11 期。

[③]　来有为：《我国电力体制改革面临问题及其监管体系催生》，《改革》2012 年第 3 期；劳承玉、张序：《破除电力体制改革"马歇尔困境"的路径选择》，《经济体制改革》2013 年第 2 期。

[④]　伍业君：《新中国铁路投融资体制发展改革：回顾与展望》，《理论学习与探索》2019 年第 4 期。

制其他经营者竞争，侵害消费者利益的行为还大量存在；（4）公用事业经营者的效率低下、服务质量差、价格昂贵等问题依然没有明显的改观。[①] 足见，跳出既有立法文本和制度惯性，从公用事业本身的行业特征与垄断特质出发，通盘考虑公用事业的准入、经营、缔约、供给、损害等不同环节的垄断形态和行为类型，对公用企业垄断经营行为进行整体性规制，实有必要。

三 我国未来公用事业垄断经营规制方案的整体设计

关于公用事业或公用企业垄断经营的规制，学界有比较深入的讨论和探索，并提出各种有见地、可行的建议或方案。如有学者认为，由于公用企业在市场上处于独占地位，对其规制的路径可选择反不正当竞争法、行业立法和反垄断法等多元路径，但重点应是禁止公用企业滥用市场支配地位，强化价格监督；[②] 有学者认为要提高公用企业的经济效率，规范垄断经营行为，应从改革公用企业的政府管理体制以实现真正的政企分离，导入竞争机制以提高经济效率，实行合理的价格管制，严格规范公用企业的竞争行为等多个方面入手；[③] 有学者认为，要解决公用企业的垄断经营问题，必须放松政府管制，引入竞争机制，通过投资渠道的多元化、政企分开、区分垄断性环节与非垄断性环节对公用企业实行垂直分割、反垄断调查与处罚等多头并举，方有成效；[④] 有学者认为，我国公用企业垄断行为形成的社会结构性原因在于国家行政权力膨胀，团体社会远未形成，规制公用企业垄断行为，就必须重建行政规制机制，促进团体社会的发展，具体而言，即建立相互独立、相互制衡的企业运行机制，建立行业协会，建立各种消费者组织，建立行业信息披露制度，改革公共定价制度等；[⑤] 有学者认为，健全反公用企业垄断法律制度，规范公用企业市场行为，应当从实行政企分离以赋予公用企业以独立法人资格、引入竞争机制以实行分业经营、规

---

① 孔祥俊：《反垄断法原理》，中国法制出版社，2001，第759页；王翔宇：《公用企业侵犯消费者权益行为规制》，《中国工商管理研究》2014年第1期。
② 王晓晔：《规范公用企业的市场行为需要反垄断法》，《法学研究》1997年第5期。
③ 鲁篱：《公用企业垄断问题研究》，《中国法学》2000年第5期。
④ 闫小龙：《公用企业的政府管制和反垄断问题》，《河北法学》2001年第4期。
⑤ 郑少华：《论中国公用企业垄断行为的法律调控机制》，《华东政法学院学报》2002年第2期。

范公用企业市场行为以防止企业垄断等几方面着手;[1] 有学者认为,公用企业反垄断法制完善应包括实行政企分离、引入竞争机制、规范市场行为几个方面;[2] 有学者认为,公用企业经营目标的双重性和自然垄断地位,必然导致滥用其市场支配地位,而实施价格垄断行为又最为常见,因此,重点对公用事业价格垄断行为进行有效规制,建立统一价格管制机构,健全价格听证制度,构建以反价格垄断行为中心的规制体系;[3] 还有学者主张通过公用事业反垄断诉讼,[4] 清晰界定人为垄断和自然垄断,按照"统一监管,分类管理"原则强化对公用事业的监管,塑造多元化、独立性的公用事业监管主体,[5] 应加强对资源性公用事业的反垄断规制,以"允许结构性垄断、一般适用"为原则,着重对资源性公用事业经营者滥用市场支配地位、价格垄断等具体行为进行规制,[6] 打破公用事业的国有化模式;[7] 也有学者认为,应通过特别的公用事业规制法,从主体、行为、监管三个角度对公用事业垄断经营作对应规制;[8] 还有学者认为公用事业垄断规制应按我国《反垄断法》的制度架构,对公用企业的限制竞争协议、滥用市场支配地位、合并行为、行业管制、消费者保护等几个方面进行规制;[9] 等等。

虽然学者们研究的视角不一,关注的重点也各有侧重,但改造政企合一体制、放开行业准入限制、严格价格行为监督、禁止市场优势滥用、建立独立监管机构等建议或举措,应是学界的共同主张和一致看法。在此共识的基础上,笔者认为,既有绝大多数研究成果,均是从反垄断法的既有制度框架内提出规制对策,这无疑具有一定的专业性、针对性、妥当性;但是,由于我国公用事业垄断经营格局形成的特殊制度背景和所具有的普遍性、广泛性和国别性(国家垄断、行政垄断、国企垄断、行业垄断、独

[1]　刘素芝:《论反公用企业垄断之立法完善》,《当代法学》2001 年第 6 期。

[2]　秦小红:《进一步规制我国公用企业垄断行为的思考》,《当代财经》2004 年第 11 期。

[3]　吴伟达:《中国公用企业价格垄断行为的规制》,《人文杂志》2005 年第 3 期。

[4]　宋威:《公用事业反垄断法规制的实施主体》,《湘潭大学学报》(哲学社会科学版) 2012 年第 6 期。

[5]　汤吉军、郭砚莉:《我国公用事业政府监管研究:以自然垄断为视角》,《经济体制改革》2013 年第 5 期。

[6]　史际春:《资源性公用事业反垄断法律问题研究》,《政治与法律》2015 年第 8 期。

[7]　何源:《垄断与自由间的公用事业法制革新:以电信业为例》,《中外法学》2016 年第 4 期。

[8]　吴志红:《公用事业规制法研究》,中国政法大学出版社,2013,第 44~51 页。

[9]　姚保松:《公用企业反垄断法律规制研究》,法律出版社,2014,第 95~364 页。

占或寡头垄断）等多方面特点，该垄断经营格局又是一种既然的事实或行业状态，且垄断违法行为又主要表现为垄断力或垄断经营权的滥用，如仅从既有反垄断法的狭义制度储备中来提出应对举措，虽能实现一定目的，缓解部分问题，但不能从整体、通盘上彻底解决问题。因此，对公用事业垄断经营的法律规制，就必须跳出既有反垄断法的狭义制度框架，从公用事业领域的营业准入、公共产品交易的具体过程、公用企业营业的多个环节、公用企业垄断的损害赔偿等多个方面，进行整体的立法安排和制度设计。其基本内容包括以下几个方面。

（一）公用事业领域准入制度的改革

即要集中解决公用事业领域的准入主体、条件、程序等相关问题。立法设计和制度安排的基本目标和基本观点是：我国公用事业垄断的初始原因，是国家资本对公用事业领域经营的垄断、政府对民间资本进入该领域长期持限制或禁止的政策态度。自然，设置公用事业领域准入制度，可从源头上抑制相当一部分公用企业垄断现象。首先，对具有营利性且具竞争性的公用事业领域，则应开放准入，放宽民间资本进入该领域的条件，对不同性质、背景的投资者公平分配营业机会；其次，对于非营利性和不具竞争性的公用事业领域，则应通过特许经营制度，以公开招标的形式来确定专有经营者。

（二）公共产品交易过程的强制缔约与公共产品格式合同的必要限制

要重点解决如何以法律手段来规制公用企业与公众消费者的交易行为，以期有效地保护公众消费者的合法权益和全社会的普遍福利。立法设计和制度安排的基本目标和基本观点是：公用企业提供公共产品或公共服务的过程，实质是公用企业与公众消费者的缔约过程，强制缔约理论排除了公用企业任意拒绝与公众消费者缔约，或者怠于向社会公众提供公共服务的可能性，重在公共产品交易之前的防范；而格式合同规则又使公用企业单方面规定、损害公众消费者利益的霸王条款归于无效，其立意在于公共产品交易之后的补救，两者可谓相得益彰。

（三）公用事业垄断经营监管的经常化与公共产品定价的社会化

即要重点解决公共产品的质量与服务标准、价格决定、定价权的归属等问题。立法设计和制度安排的基本目标和基本观点是：公用事业垄断的负效应集中反映在公共产品的质量和公共服务的标准以及价格决定问题上。因此，首先，政府通过有关公共产品质量和公共服务标准方面的法律，对公共产品的质量和公共服务的标准进行规范，可有效地解决长期积累下来的公共产品质量不高和公共服务标准不到位的问题；其次，由于公共产品和公共服务的价格，属于公用企业与公众消费者之间以公共产品、公共服务为标的物所订契约的最主要也是最重要条款，基于合同订立中的平等、自愿、协商一致的原则，公众消费者乃至全社会成员均有权参入定价，而公共产品定价的公开化、民主化和社会化（如价格听证会等），则可有效抑制处于垄断地位的公用企业滥用定价权以损害公众消费者的合法权益，或降低全社会的普遍福利水平。

（四）公用事业垄断经营损害的有效救济

即主要解决在公用事业垄断经营的情形下，如何对购买公共产品或接受公共服务的公众消费者乃至全社会成员进行特别保护，以及特别保护的主要途径、救济手段、救助主体和法律责任等问题。立法设计和制度安排的基本目标和基本观点是：公用事业垄断的反向效应主要是对公众消费者合法权益和全社会成员普遍福利的侵害，表现形式是公用企业的垄断性违约和侵权，它具有广泛性、规模性和集中性，对其进行法律救济必须借助于社会团体力量的积极抗争、公益诉讼制度的有效安排和代表诉讼（集团诉讼）方式的充分运用，以构建多层次、多权源的公众消费者权益救济制度，切实、有效地抑制公用企业垄断经营权的滥用，保护公众消费者合法权益、社会普遍福利不受侵犯。

总之，针对未来公用事业垄断经营的规制，从制度层面来讲，首先，应从公用事业领域的营业准入方面进行改革，即针对营利性的、竞争性的公用事业领域，面向所有投资者公平分配营业机会；同时对自然垄断性或非营利性公用事业领域实行公开招标的特许经营制度，从源头上有效抑制或减少公用事业垄断经营出现的概率。其次，引入强制缔约与格式条款制度，以有效解决公共产品交易和公共服务提供过程中公用企业垄断权的滥用问题。再次，将公共产品或服务质量标准化、监管经常化，加之公共产品或服务定价的公开化、民主化和社会化，以控制公用企业的垄断经营权。最后，建立以社会团体力量、公益诉讼制度和民事代表诉讼（集团诉讼）等多层次、多途径、多权源的公众消费者权益保护与救济机制。如此，方可把公用事业垄断经营的消极后果抑制在最小范围内。

第六章　公用事业领域的分类改革
与准入开放

一　公用事业领域准入制度的特殊性分析

公用事业领域准入制度是指国家对拟进入公用事业领域的投资者、经营者所设立的必要条件、基本程序和其他相关制度的约束性要素的总称。公用事业领域准入制度所要解决的核心问题是国家通过预设一定条件和法律程序，为不同所有制形式（公有制、非公有制或其他所有制经济）、不同企业形式、不同地域背景的投资者或经营者平等地进入公用事业领域进行投资、经营，各进入者能在该领域中以维护公共利益为前提，进行公平竞争而创造一种有效而稳定的制度平台，它包括准入主体、准入条件、准入方式和准入程序等制度要素。① 公用事业领域准入制度与其他营业领域的准入制度相比较，有其特殊性，集中包括如下几个方面。

（一）公用事业领域准入的适用范围

公用事业领域准入的特殊性首先来源于其适用范围。关于公用事业的定性与范围，根据《韦氏大词典》的解释，公用事业是指"提供某种基本的公共服务并且受政府规制的行业"，② 这是一种对公用事业的狭义理解，亦可称之为"市政公用事业"，根据 2002 年我国建设部《关于加快市政公用行业市场化进程的意见》的规定，将"市政公用事业"划分成"经营性"和"非经营性"两大类，前者包括"供水、供气、供热、污水处理、垃圾

---

① 肖海军：《营业准入制度研究》，法律出版社，2008，第35~50页。
② See *Webster's Unabridged Dicitionary*, Random House, 1998.

处理等", 后者包括"市政设施、园林绿化、环境卫生等"。① 而广义的公用事业, 除了包含市政公用事业, 还应包括电力、电信、邮政、铁路、民航运输、其他公共交通等行业。如前文所述, 公用事业领域具有公众必需性、社会公益性、公共物品特性、不同程度的自然垄断性和投资巨额性等多方面的特征;② 公用事业领域准入的特定适用范围和行业的特殊性, 决定了我国公用事业领域准入不论从准入主体、准入条件, 还是准入方式、准入程序, 相较于普通营业领域的准入, 均有其自身的特殊性, 要求自然也更为严格一些。

(二) 公用事业领域准入的主体要素

公用事业领域准入的主体要素是指参与公用事业领域准入过程并在其中能够享有权利、承担义务的公用企业、其他组织和国家机关, 是公用事业领域准入制度最为基础的主体构成要素。公用事业领域准入制度中的主体要素可以划分为公用事业领域进入者和公用事业领域管理者。

1. 公用事业领域进入者

公用事业领域进入者是指具备一定的资质和条件, 依法定程序进入或拟进入公用事业领域进行投资、经营或交易的企业或其他主体。公用事业领域进入者按其资本属性可分为: (1) 国家资本; (2) 国内民间资本; (3) 外商投资资本。按其组织属性可分为: (1) 公用企业, 包括法人型企业 (公司型企业、非公司型企业) 和非法人型企业 (合伙企业、个人独资企业) 等; (2) 其他特许经营者, 包括非企业的承包人、自然人经营者等。按其企业所有制性质可分为: (1) 国有企业; (2) 集体所有制企业; (3) 民营企业 (或私人企业); (4) 外商投资企业。

公用事业领域进入者包括既有公用事业经营者和拟进入公用事业领域的投资者、经营者。在公用事业准入过程中, 特别是具有自然垄断特性的公用事业行业, 由于既有公用企业有其先前的市场与经营优势, 除非原一轮特许经营期限已到, 否则很难有新的投资者、经营者进入。因此, 对于

---

① 参见建设部《关于加快市政公用行业市场化进程的意见》(2002 年) 第二部分第 (一) 项。

② 参见孙晓莉《中外公共服务体制比较》, 国家行政学院出版社, 2007, 第 326 页; 徐宗威《公权市场》, 机械工业出版社, 2009, 第 78 页。

拟进入公用事业领域的投资者、经营者而言，只有在竞争性公用事业领域，才有公平准入的机会。

2. 公用事业领域准入管理者

公用事业领域准入管理者指依照法律、行政法规所规定的职权，设置特定公用事业领域准入的条件，并通过一定程序对公用事业领域进入者进行审查、特许和管理的特定行政机关或其他主体。在我国，按行政属性，公用事业领域准入管理者可分：（1）行政主管机关；（2）法律、行政法规授权的具有行政或公用事业管理职能的准行政主体；（3）行政主管机关授权的代为管理公用事业的其他主体。

行政准入主管机关按职能可分为以下几类。（1）专业性的公用事业行政主管机关。如国家交通部下的国家铁路局、中国民用航空局、国家邮政局、公路局、水运局、运输司等负责全国公共交通规划、建设、运营的准入管理；国家发展和改革委员会下设的基础司、固定资产投资司、产业协调司、价格司、价监局等负责全国基础设施、公共事业、城市设施、价格、价格监督的准入、监督与管理工作；工业与信息化部下设的通信司、电管局、国内专用通信局等负责对通信、电力等公用事业的准入、监督与管理工作；自然资源部下设的矿产开发管理司负责矿产资源（石油、天然气、煤层气除外）的开发和探矿权、采矿权的准入管理工作；国家能源局下设的发展规划司、电力司、煤炭司、石油天然气司、新能源和可再生能源司等负责电力、煤炭、石油、天然气等能源类公用事业的规划、准入、监督与管理工作；住房与城乡建设部下设的城市建设司、村镇建设司负责城市供水、节水、燃气、热力、市政设施、园林、市容环境治理、城建监察、城镇污水处理设施和管网配套建设、城市规划区绿化、国家级风景名胜区、世界自然遗产项目和世界自然与文化双重遗产项目、乡村公共设施建设的准入、管理与监督工作等。地方政府的有关机关也对应设置。（2）综合性的公用事业管理局。一般是由城市人民政府所设置的主要负责城市供水、市政公用设施、公交车、出租车、户外广告、市容、环卫、园林绿化、公厕、路灯、燃气、广场、下水管道、城市养犬、市政工程、城市综合事务等准入、管理、监督和本级政府交办的其他城市公用事业的综合性的管理机构。如北京市公用事业管理局、上海市公用事业管理局、长沙市公用事业管理局等。（3）公用事业营业登记机关。如各级市场监督管理机关下属的登记注册机构，负责已取得公用事业经营许可或特许资格的企业或经营者的工商营业登记，并办理和颁发工商营业执照的工作。(4) 公用事业市场竞争与消费者权益保护机关。如国家市场监督管理总局下设的反垄断局、价格监督检查和反不正当竞争局，分别负责组织实施反垄断执法、组织指导查处价格收费违法违规行为和不正当竞争行为的工作；商务部下设的市场秩序司、市场建设司、市场运行司、外资司等，负责国内市场秩序与营商环境建设、运行和外商投资公用事业领域的准入管理等工作。

3. 公用事业领域准入制度中主体要素的基本特点

基于公用事业领域准入适用范围的特殊性，相较于一般营业领域的准入主体要素而言，其准入主体要素的主要特点如下。[①]

(1) 准入主体的二元性。如前所述，公用事业领域的准入主体可以划分为公用事业领域进入者和公用事业领域准入管理者两类，两者不是一般的民事主体，他们之间不具有平等性。就进入者一方而言，公用事业领域准入是指其进入该领域的资格、机会、条件、程序之自由及所受到的限制状况；而对于准入管理者而言，公用事业领域准入则是指通过资格确认、条件审查、机会分配、企业登记和市场开放等基本手段，对除国家之外的民事主体（自然人、法人、非法人组织）进入该领域开展经营性活动和市场交易，所持的鼓励、限制或禁止等立法态度、制度安排以及设置的一系列门槛条件和相关程序，所以两者对公用事业领域准入的理解也有不同的侧重点。

(2) 进入主体的准垄断性。由于公用事业领域市场的有限性（如一座城市只能拥有一套煤气管道输送系统）、行为的公共性（如生产出来的产品或提供的服务是公众日常生活所不可或缺的）和产品的单一性（如不可能拥有多个不同种类的自来水），决定最终能够获得投资、经营或交易资格，进入该特定领域的主体总是某一特定的一人或少数人，具体投资者、经营者或交易者资格的确定和授予，具有特定性和排他性，其他未能进入该领域的主体也就丧失了在一定期限内进入该领域的可能性。

(3) 进入主体行为效力的期限性。不管是以行政许可方式，还是以特许经营方式，进入公用事业领域的主体，准入审查和主体资格的获得都是

---

① 肖海军：《营业准入制度研究》，法律出版社，2008，第291页。

通过行政许可行为和行政合同来完成的，效力有一定的期限性。如我国《市政公用事业特许经营管理办法》规定，特许经营期限应当根据行业特点、规模、经营方式等因素确定，最长不得超过 30 年。特许经营期限届满，主管部门应当按照规定的程序组织招标，选择特许经营者。获得特许经营权的企业在协议有效期内单方提出解除协议的，应当提前提出申请，主管部门应当自收到获得特许经营权的企业申请的 3 个月内作出答复。在主管部门同意解除协议前，获得特许经营权的企业必须保证正常的经营与服务。①

（4）进入主体经营目标的公益性。作为公用事业领域的进入主体，首要目的不应是纯粹的盈利，而应当是满足社会公众基本生活和国民经济基础生产的最基本需求，为社会提供必要的公共服务。如邮政、电力、电信、有线电视、公共交通等领域的公用企业或特许经营者，在几乎无利可图的老少边穷地区也应开展业务，而不应以盈利与否决定供给与网点的取舍。由此可知，公用事业领域的进入主体在进行生产、经营时理应具有一定的社会公益性。

（5）准入管理主体行为的行政性。作为公用事业领域的管理者，在国家对想要进入该领域的主体进行管理时，行为方式往往带有很强的行政管理特性，如行政审批、行政许可、特许经营合同签订、反垄断审查等。

（三）公用事业领域的准入条件

1. 公用事业领域的一般准入条件

公用事业领域的准入条件是指根据法律、行政法规、其他规范文件或某特许招标公告中的规定，对从事或拟从事公用事业的投资者、经营者，以进入者的身份取得法定资格进入公用事业领域进行投资、经营或交易的资格、资本、资质、信用、人员、管理、企划等方面的条件、要素、能力之特殊要求和限制性条件的总称。基于公用事业领域的社会公益性特点，相较于一般营业准入条件，公用事业领域准入条件的特殊性主要体现在起点更高、要求更严、业务更专、信用更好。

关于公用事业领域的准入条件，我国《市政公用事业特许经营管理办法》第 7 条，对涉及城市供水、供气、供热、公共交通、污水处理、垃圾

---

① 参见住房和城乡建设部《市政公用事业特许经营管理办法》（2015 年修正）第 12~17 条。

处理等自然垄断性公用事业特殊行业的准入条件，有一般原则性规定，即参与上述领域特许经营权竞标的申请者应当具备以下条件：（1）依法注册的企业法人；（2）有相应的注册资金和设施、设备；（3）有良好的银行资信、财务状况及相应的偿债能力；（4）有相应的从业经历和良好的业绩；（5）有相应数量的技术、财务、经营等关键岗位人员；（6）有切实可行的经营方案；（7）地方性法规、规章规定的其他条件。

2. 公用事业领域的特殊准入条件

除前述之外，我国其他公用事业特别法或涉及公用事业管理的行政法规，对特定公用事业领域的投资者、经营者也设定了一些基本条件，兹分述如下。

关于电力的准入条件。我国《电力法》（2018 年修正）第 7 条、《电力监管条例》（2005 年）第 13 条规定，电力建设企业、电力生产企业、电网经营企业依法实行自主经营、自负盈亏，并接受电力管理部门的监督；电力监管机构依照有关法律和国务院有关规定，向电力建设企业、电力生产企业、电网经营企业颁发和管理电力业务许可证。2005 年 10 月国家电力监管委员会颁发《电力业务许可证管理规定》，对电力建设企业、电力生产企业、电网经营企业取得电力业务许可证作出了详细规定。[1]

关于自来水、供水的准入条件。根据《城市供水条例》（2020 年修订）的规定，城市自来水供水企业和自建设施对外供水的企业，必须经资质审查合格并经工商行政管理机关登记注册后，方可从事经营活动。[2]1993 年 4 月建设部发布的《城市供水企业资质管理规定》，还规定需要办理资质审查的城市供水企业，应当按规定进行分级资质审查；并按供水能力在 100 万立方米及以上为标准，分别设置中央、省级两级资质审查、批准发证程序。[3]

关于供气、供热的准入条件。建设部《城市燃气和集中供热企业资质管理规定》（1996 年）曾对城市燃气和供热企业（包括气源厂、热源厂、燃气和供热输配企业）设置了严格的准入条件和许可程序，并以供气能力

---

① 参见国家电力监管委员会《电力业务许可证管理规定》（2005 年）第 7~14 条。
② 参见国务院《城市供水条例》（2020 年修订）第 19~23 条。
③ 参见原建设部《城市供水企业资质管理规定》（1993 年）第 5~10 条（该《规定》于 2004 年 7 月 2 日由建设部《关于废止〈城市房屋修缮管理规定〉等部令的决定》废止）。

在 20 万户（含 20 万户）和供热能力在 500 万平方米（含 500 万平方米）为标准，对供热企业设置不同行政级别（中央、省级）的许可证审查程序，该《规定》虽于 2004 年 7 月被废止，但该许可程序仍然延续。另外，根据《城镇燃气管理条例》（2016 年修订）的规定，政府投资建设的燃气设施，应当通过招标投标方式选择燃气经营者；社会资金投资建设的燃气设施，投资方可以自行经营，也可以另行选择燃气经营者。国家对燃气经营实行许可证制度，从事燃气经营活动的企业，应当具有燃气专业经营资质、符合燃气发展规划要求、有符合国家标准的燃气气源和燃气设施、经专业培训并考核合格的人员等，并由县级以上地方人民政府燃气管理部门核发燃气经营许可证。禁止个人从事管道燃气经营活动。①

关于煤炭生产的准入条件。根据《煤炭法》（2016 修正）的规定，开办煤矿企业，须依分级管理权限获得审查批准，并应在正式投入生产前取得安全生产许可证。②

关于石油、天然气开采的准入条件。有关内资企业对石油、天然气的开采，基本采取许可制度进行准入管理，如根据原石油工业部《石油及天然气勘查、开采登记管理暂行办法》（1987 年）的规定，在我国境内勘查、开采石油、烃类天然气（包括共生、伴生的非烃类天然气）和油砂、沥青等各项石油、天然气资源，必须根据规定申请登记，取得探矿权或采矿权；办理石油、天然气勘查登记手续，应当由具有法人资格的单位，按照项目提出申请，并领取许可证；办理石油、天然气滚动勘探开发和开采登记手续，由具有法人资格的企业按项目或单独开采的油气田为单元提出申请，并领取许可证。③ 1998 年 2 月国务院《矿产资源开采登记管理办法》，延续了石油、天然气开采的许可证制度，即开采石油、天然气矿产，须经国务院指定的机关审查同意后，由国务院地质矿产主管部门登记，颁发采矿许可证。④ 此外，在石油、天然气的对外合作方面，我国采取专营准入方式，如国务院《对外合作开采陆上石油资源条例》（2013 年修订）就指定中国

---

① 参见国务院《城镇燃气管理条例》（2016 年修订）第 14~16 条。
② 参见《中华人民共和国煤炭法》（2016 修正）第 20 条。
③ 参见原石油工业部《石油及天然气勘查、开采登记管理暂行办法》（1987 年）第 2~10 条（该法规已被 1998 年 2 月 12 日国务院发布的《矿产资源勘查区块登记管理办法》废止）。
④ 参见国务院《矿产资源开采登记管理办法》（2014 年修订）第 3 条。

石油天然气集团公司、中国石油化工集团公司负责对外合作开采陆上石油资源的经营业务；负责与外国企业谈判、签订、执行合作开采陆上石油资源的合同；在国务院批准的对外合作开采陆上石油资源的区域内享有与外国企业合作进行石油勘探、开发、生产的专营权。① 另，国务院《对外合作开采海洋石油资源条例》（2013 修订）也指定中国海洋石油总公司作为具有法人资格的国家公司，全面负责对外合作开采海洋石油资源的业务；享有在对外合作海区内进行石油勘探、开发、生产和销售的专营权。②

关于电信业的准入条件。根据我国《电信条例》（2016 年修订）的规定，国家对电信业务经营按照电信业务分类，实行许可制度。经营电信业务，必须依规定取得国务院信息产业主管部门或者省、自治区、直辖市电信管理机构颁发的电信业务经营许可证；未取得电信业务经营许可证，任何组织或者个人不得从事电信业务经营活动；电信业务许可证分为基础电信业务和增值电信业务两种。③《电信条例》和《电信业务经营许可管理办法》（2017 年修订）对基础、增值电信业务许可证的申请条件、审查程序、许可证颁发与使用，作有明确、具体的规定。④

关于邮政业的准入条件。由于邮政业务分为邮政普遍服务、邮政储蓄、邮政物流三大部分，根据《邮政法》（2015 年修正）和国务院《关于印发邮政体制改革方案的通知》（2005 年）、《关于组建中国邮政集团公司有关问题的批复》规定，邮政普遍服务中的信件寄递业务，由中国邮政集团公司专营。此外，经营快递业务，应当依法取得快递业务经营许可；未经许可，任何单位和个人不得经营快递业务；外商不得投资经营信件的国内快递业务。《邮政法》（2015 年修正）和交通运输部《快递业务经营许可管理办法》（2019 修订）对申请经营快递业务经营许可的条件与程序有明确规定。其中，在省、自治区、直辖市范围内经营的，注册资本不低于人民币50 万元；跨省、自治区、直辖市经营的，注册资本不低于人民币 100 万元；经营国际快递业务的，注册资本不低于人民币 200 万元；且必须符合专业和

---

① 参见国务院《对外合作开采陆上石油资源条例》（2013 年修订）第 7 条。
② 参见国务院《对外合作开采海洋石油资源条例》（2013 年修订）第 6 条。
③ 参见国务院《电信条例》（2016 年修订）第 7~16 条。
④ 参见工业和信息化部《电信业务经营许可管理办法》（2017 年修订）第 5 条、第 6 条。

安全保障条件等。①

关于铁路建设、运输的准入条件。铁路建设属于基础设施投资部分，过去是国家单一投资，2004 年国务院发布《关于投资体制改革的决定》以后，政策层面宣示铁路建设对民间资本、民营企业的开放，但准入标准始终没有出台。关于铁路运输，2013 年前是由铁道部专营，铁道部实际上成了集铁路规划、建设、管理、营运于一体的政企合一机构。2013 年 3 月，根据全国人大审议通过的《国务院机构改革和职能转变方案》，铁道部实行铁路政企分开，另组建中国铁路总公司。2014 年 12 月交通运输部颁发《铁路运输企业准入许可办法》，2015 年 5 月铁路局印发《铁路运输企业准入许可实施细则》，根据这两个规范文件规定，在中国境内依法登记注册的企业法人，从事铁路旅客、货物公共运输营业的，应当向国家铁路局提出申请，经审查合格取得铁路运输许可证；铁路运输许可的范围分别为高速铁路旅客运输、城际铁路旅客运输、普通铁路旅客运输、铁路货物运输；拥有铁路基础设施所有权的企业，有权自主决定铁路运输经营方式，包括独立、合作、委托以及其他合法经营方式。此外，该两规范文本，对铁路运输企业准入许可证的申请条件、程序、效力、使用、责任作了明确规定，除申请企业需要严格的专业、资质、安全要件外，文本对铁路运输企业负责人与专业技术负责人设置了业务的特别年限经历条件，即高速铁路旅客运输企业的负责人为 10 年以上、专业技术管理负责人为 8 年以上，城际铁路旅客运输和普通铁路旅客运输企业的负责人为 8 年以上，专业技术管理负责人为 5 年以上，铁路货物运输企业的负责人为 5 年以上、专业技术管理负责人为 3 年以上；且在最近 2 年内因生产安全事故受到行政处分的，不得担任铁路运输相关业务的负责人和专业技术管理的负责人。②

关于公路建设、运输的准入条件。《中华人民共和国公路法》（2017 年修正）只对收费公路的建设有规定。收费公路包括：（1）由县级以上地方人民政府交通主管部门利用贷款或者向企业、个人集资建成的公路；（2）由国内外经济组织依法受让前项收费公路收费权的公路；（3）由国内

---

① 参见《中华人民共和国邮政法》（2015 年修正）第 51 条、第 52 条；交通运输部《快递业务经营许可管理办法》（2018 年修订）第 6 条。
② 参见交通运输部《铁路运输企业准入许可办法》（2017 年修订）第 2~4 条、第 5~7 条；国家铁路局《铁路运输企业准入许可实施细则》（2018 年修订）第 7~9 条。

外经济组织依法投资建成的公路。收费公路应依法进行审批并备案。有偿转让公路收费权的公路，收费权转让后，由受让方收费经营；收费权的转让期限由出让、受让双方约定，最长不得超过国务院规定的年限。① 关于公路运输准入，我国境内早在 20 世纪 80 年代就已开放，《道路运输条例》（2019 年修订）规定了道路运输准入的经营许可证制度。根据该《条例》规定，国家鼓励道路运输企业实行规模化、集约化经营；任何单位和个人不得封锁或者垄断道路运输市场。从事道路客、货运输的经营者应当依法取得道路运输经营许可证，方可开展营业。②

关于国内水运的准入条件。我国《国内水路运输管理条例》（2017 年修订）规定，国家鼓励和保护水路运输市场的公平竞争，禁止垄断和不正当竞争行为。该《条例》对经营水路运输业务的企业、内河普通货物运输业务的个人的许可证申请条件、审查程序、法律效力与法律责任，作了明确规定。③

关于国际海运的准入条件。根据我国《国际海运条例》（2019 年修订）规定，从事国际海上运输经营活动以及与国际海上运输相关的辅助性经营活动，应当遵循诚实信用的原则，依法经营，公平竞争。该《条例》规定，经营国际海上运输、与国际海上运输相关的辅助性（包括国际船舶代理、国际船舶管理、国际海运货物装卸、国际海运货物仓储、国际海运集装箱站和堆场等）业务的企业，应当向国务院交通主管部门提出申请，取得许可。④

关于城市公共交通、出租车的准入条件。长期以来，我国对城市公共交通、出租车一直禁止民间资本进入。直到 20 世纪 90 年代，在经营权转让的形式下，民间资本才有机会进入该领域。如原建设部《城市公共客运交易经营权有偿出让和转让的若干规定》（1993 年）规定，城市中任何单位和个人，均可依法取得经营权；除城市出租汽车外，小公共汽车经营权必须

---

① 参见《中华人民共和国公路法》（2017 年修正）第 58~68 条。
② 参见国务院《道路运输条例》（2019 年修订）第 6 条、第 8~9 条、第 22~24 条、第 37~39 条、第 49 条。
③ 参见国务院《国内水路运输管理条例》（2017 年修订）第 3 条、第 6~8 条、第 13 条、第 25~26 条。
④ 参见国务院《国际海运条例》（2019 年修订）第 2~3 条、第 5~16 条、第 32 条。

实施定线管理，公共汽车、电车、地铁、轻轨、轮渡等实施专营管理后，方可实行经营权有偿出让；经营权有偿出让可以采取协议、招标、拍卖、地方政府规定的其他方式等方式实施。① 为推动城市公共交通发展，2004 年 3 月建设部《关于优先发展城市公共交通的意见》、2013 年 6 月国务院《关于城市优先发展公共交通的指导意见》，均提出推进公共交通投融资体制改革，通过特许经营、战略投资、信托投资、股权融资等多种形式，吸引和鼓励社会资金参与公共交通基础设施建设和运营，在市场准入标准和优惠扶持政策方面，对各类投资主体同等对待。但在城市公共交通、出租车的准入上，国家层面一直只有宣示性意见，而无明确规定。相反，1999 年 11 月《关于清理整顿城市出租汽车等公共客运交通的意见》、2005 年 10 月《国务院法制办关于明确对未取得出租车客运经营许可擅自从事经营活动实施行政处罚法律依据的复函》等文件，对未取得经营许可证件、擅自从事出租汽车经营，一直是持禁止态度的。因此，关于城市公共交通、出租车的准入条件，目前均由地方法规或规章予以规定。如《北京市出租汽车管理条例》（2002 年修订）、②《上海市出租汽车管理条例》（2015 年修正），③对出租车的准入条件与许可程序，有明确规定。

关于航空业的准入。有关机场的建设我国尚没有对民间资本准入开放的政策和具体规定，现在民间资本和民营企业能进入的行业主要为航空运输业，并实行经营许可证管理的准入方式。根据《中华人民共和国民用航空法》（2018 年修正）规定，公共航空运输企业的组织形式、组织机构适用公司法的规定。企业从事公共航空运输，应当向国务院民用航空主管部门申请领取经营许可证。设立公共航空运输企业，应当具备下列条件：（1）有符合国家规定的适应保证飞行安全要求的民用航空器；（2）有必需的依法取得执照的航空人员；（3）有不少于国务院规定的最低限额的注册资本；（4）法律、行政法规规定的其他条件。④

关于盐业的准入条件。我国在盐业生产和食盐销售长期实行专营专卖制度，对专营、专卖经营者实现的计划式的行政审批准入方式，《盐业管理

---

① 参见《城市公共客运交易经营权有偿出让和转让的若干规定》（1993 年）第 3~11 条。
② 参见《北京市出租汽车管理条例》（2002 年修正）第 8~10 条。
③ 参见《上海市出租汽车管理条例》（2015 年修正）第 9~12 条。
④ 参见《中华人民共和国民用航空法》（2018 年修正）第 91~94 条。

条例》（1990 年）对盐资源开发与生产、盐的销售作出详细规定。① 2016 年 4 月国务院印发《盐业体制改革方案》，在坚持、完善食盐批发环节专营制度的基础上，废止原有盐业专营专卖制度。2017 年修改后的《食盐专营办法》对食盐的定点生产、批发、销售许可条件与程序，作出了新的规定。②

综上分析，我国现有法律、行政法规和其他规范性文件的有关规定，均对公用事业领域各行业设置了诸如主体类型（一般为企业法人）、资质等级、职员资历、注册资金、经营规模、运营管理、设施条件等比较严格的准入条件，有着比一般行业更为严格的特殊要求。不仅如此，在准入方式与程序上，多数情况下是实行行政许可的准入方式和严格的审批程序的。

（四）公用事业领域的准入方式

公用事业的准入方式受制于该领域、行业、环节的具体性质，一般而言，按照是否具有营利的属性，可划分为营利性公用事业（如电力、电信）和非营利性公用事业（如学校、图书馆、博物馆、公园、城市绿化、垃圾处理）。而营业性公用事业按照是否具有自然垄断属性，又可分为自由竞争类公用事业（如发电环节、电信、公路运输、航空运输）和自然垄断类公用事业（供水、电力输送、管网建设、基础设施建设、管道、供气等）。公用事业垄断经营问题，所涉公用事业领域主要为营利性公用事业，并细分为自由竞争类公用事业和自然垄断类公用事业。因市场性质的差异，它们的准入方式也就有很大不同。

1. 自由竞争类公用事业的准入方式

自由竞争类公用事业，主要特点是公用事业的某领域、某行业、某一环节可允许多个投资者、经营者并存，并可在市场调节起基础作用的前提下，依靠不同公用事业投资者、经营者之间的自由、平等竞争，使资源得到最佳的配置，并实现经济效益与社会效益的最大化。其基本的准入方式有自由放任、行政许可和审查登记三种方式。

（1）自由放任型准入方式。即所谓"自由主义的准入方式"，是基于对

---

① 参见《盐业管理条例》（1990 年）第 7~8 条、第 14~15 条、第 19~21 条。
② 参见《食盐专营办法》（2017 年修订）第 5~12 条。

公用事业市场的全面开放，法律和政策对进入公用事业领域的所有营业事项和营业行为均不设定限制或禁止条件，亦无须办理行政审查、行政审批或行政许可，营业进入的决策和营业事项的选择均由投资主体和经营主体自主决定，只需完成营业登记或根本不需要进行营业登记（如对小规模营业、个体营业）就可以开展公用事业营业活动的准入方式。自由放任型准入方式只有在早期公用事业刚刚兴起或某些公用事业借助于新技术才进入的发展初期，国家不予或无须干预时所选择的准入方式。典型的如铁路运输、电力、电信、邮政、自来水、煤气等，早期均由私人资本投资并可自由进入。

（2）行政许可型准入方式。是指以行政许可或行政审批为公用事业准入审查的必要程序建立起来的公用事业准入制度模式。在此一准入方式中，除法律和政策规定有严格的公用事业准入条件之外，行政许可或行政审批是公用事业准入审查的主要方式和必要程序。公用事业进入者或生产要素只有在取得行政许可或行政审批批文之后，申请者才能取得公用事业投资或经营主体资格，公用事业进入者才能进入申请的特定公用事业领域，某些生产要素才能进入特定公用事业产业领域或交易市场。行政许可型方式是 19 世纪中叶至 20 世纪 70 年代大陆法系国家在公用事业领域所选择的主要准入方式，基本形式是行政许可和行政审批。

（3）审查登记型准入方式。又称准则审查式准入方式，即基于对公用事业进入的规范和交易安全的考虑，法律和政策对进入公用事业领域的投资主体、营业事项和营业行为设定了明确的准入标准、限制或禁止条件，在特定公用事业进入者办理营业登记时，营业登记机关对其是否符合特定公用事业准入条件进行必要的审查，凡具备法律和政策所设定的特定公用事业准入条件并完成营业登记，就可以开展营业。审查登记型方式之政策基础是国家对民间资本、民营企业进入部分公用事业领域持鼓励、支持或开放的同时，比较注重市场秩序和交易安全，制度的主旨是对公用事业投资或经营活动进行规范，是目前绝大多数发达市场经济国家在竞争类公用事业所采用的最主要的准入方式。

2. 自然垄断类公用事业的准入方式

自然垄断类公用事业与自由竞争类公用事业最大的不同，是受其产品或服务供给媒介（如管网）的唯一性或有限性所制约，使该市场不存在竞争或只能存在寡头竞争，准入方式须由国家通过行政许可或行政审批的方式来确定，因此该领域基本的准入方式可归为行政许可型。但是，与自由竞争类公用事业的行政许可准入方式不同，为了保证自然垄断类公用事业准入的公平、有序，就必须在行政许可的实施过程中糅入其他一些保证准入过程中既能做到公开公平，又能体现有效竞争的特殊程序和制度元素，且必须有法律或行政法规的明确规定。这些特殊的准入方式即为专营授予方式、特许经营方式和经营权转让方式等。

（1）专营授予准入方式。即基于自然垄断类公用事业市场的唯一性和特殊重要性，由法律或行政法规明确把某一领域、某一行业、某一环节的自然垄断类公用事业授予一家或者几家公用企业进行投资或经营的准入方式。如前所述，我国把邮政普遍服务中的信件寄递业务，授予中国邮政集团公司专营；中国石油天然气集团公司、中国石油化工集团公司享有与外国企业合作进行石油勘探、开发、生产的专营权；中国海洋石油总公司享有在对外合作海区内进行石油勘探、开发、生产和销售的专营权；定点食盐生产或销售企业取得食盐生产、批发、销售的专营权等。

（2）特许经营准入方式。又称竞争性缔约式准入方式或特许权招标式准入方式，即在特定公用事业领域或交易市场因其市场的有限性、营业的公共性和产品的同一性所决定，法律和政策对进入特定公用事业领域的主体和要素除设定了严格的准入条件之外，还设定了公开的竞争性订约程序以确定特定主体进入特定公用事业领域或交易市场的准入制度范式。如我国《市政公用事业特许经营管理办法》规定的城市供水、供气、供热、公共交通、污水处理、垃圾处理等行业；《基础设施和公用事业特许经营管理办法》规定的境内能源、交通运输、水利、环境保护、市政工程等基础设施和公用事业领域，政府按照有关法律法规规定，通过市场竞争机制选择公用事业投资者或经营者，明确在一定期限和范围内经营某项公用事业产品、基础设施或者提供某项服务，就是典型的特许经营准入方式。特许经营准入方式由于结合了政府行政许可和竞争性缔约中的招投标制度，是市政公用事业、基础设施等自然垄断类公用事业最为有效的准入方式。

（3）经营权转让准入方式。又称继受准入方式，主要是拟进入自然垄断类公用事业领域、行业、环节的新投资者、经营者，通过合同的方式，从既有自然垄断类公用事业投资者、经营者处继受取得，依其他方式难以进入自然垄断类公用事业投资、经营资格、机会、权利的准入方式。经营权转让准入方式主要有承包、租赁、信托、托管、招标等具体形式。

（五）公用事业领域的准入程序

公用事业领域的准入程序是指公用事业领域进入者在进入环节、公用事业领域与准入管理者之间有时间先后、行为次序的法律行为互动步骤之概称。在我国，公用事业领域准入程序包括行政许可程序、竞争性缔约程序、工商登记程序等几类。

1. 行政许可程序

公用事业领域的特殊性决定了行政许可程序是公用事业准入过程中必经的、最基本的程序。对进入主体而言，一般需要向相应准入主管部门提交法定的文件和材料，而准入主管部门应在规定期限内对所提交的文件和材料进行实质性审查和核实，若需要听证的还得进行听证，在上述程序都完成之后才可作出最终是否准予进入的决定。如前文所述，在绝大多数公用事业领域，进入的投资者或经营者，均须取得行政许可。

2. 竞争性缔约程序

竞争性缔约程序主要包括特许经营方式和招投标方式两种。就特许经营方式而言，大致"要经历公开招标、遴选具体的经营者或供应商、签约、行政审批和授予特定经营者以特许经营权等几个法定的程序和相应的环节"。[①] 如我国《市政公用事业特许经营管理办法》《基础设施和公用事业特许经营管理办法》对特许经营招标条件、程序作出了具体规定。就招投标方式而言，在我国公用事业领域的适用最为广泛，如我国《城镇燃气管理条例》（2016 年修订）第 14 条规定，政府投资建设的燃气设施，应当通过招标、投标方式选择燃气经营者；社会资金投资建设的燃气设施，投资方可以自行经营，也可以另行选择燃气经营者。根据我国《招标投标法》规定，此种准入程序共需经历招标、投标、开标、评标和中标五大环节，而每个环节又有多个具体程序。

3. 工商登记程序

营利性公用事业均存在营利的可能性，因此，任何公用事业的投资者、

---

① 肖海军：《营业准入制度研究》，法律出版社，2008，第 290 页。

经营者，在取得进入资格后，均须依照《公司法》、其他企业法和工商登记管理的法律、行政法规，完成工商营业登记。只有通过营业登记，公用事业的投资或经营才能实质地开展。

综上，相较于一般营业领域的准入程序，我国公用事业领域准入程序更为严格和规范，目的是通过有关程序控制以择优确定适当的公用事业投资者、经营者，以满足公众之公共需求，实现资源效用最大化，进而维护公用事业领域中的社会公益；当然，严格、规范的程序控制也会增加准入成本，使得非公有资本、民营企业进入公用事业领域变得异常艰难。

二　我国公用事业领域的准入现状与缺陷分析

(一) 我国公用事业领域的准入现状

通过前述分析，可以看出，我国公用事业领域的准入现状主要表现为如下几个方面。

1. 准入思维的计划情结

我国公用事业投资、建设、经营体制，形成于政府高度集权的计划经济时期，这种体制过于强调政府、计划的作用，忽视市场这一"无形之手"的积极调节作用；过分强调行政、集中管理，忽视地方、民间、企业的积极性与主体性作用；以国家、政府利益为中心，从而导致政府权力畸大；计划涉及面极广，最终使得"体制运行的效率低且成本高"。① 由于公用事业在计划经济时代一直是由政府负责，具体表现形式是由政府控制和管理一些国企、国有事业单位来承担，政府对公用事业"包办了一切"，民营企业和其他组织极少有机会进入公用事业领域。直到 1978 年，随着改革开放，公用事业领域才开始探索经营方式的变革。1985 年国务院批转城乡建设环境保护部下发的《关于改革城市公共交通工作报告的通知》中提出了"改变城市公共交通独家经营的体制，实行多家经营，统一管理。以国营为主，发展集体和个体经营。在国营企业内部实行多种形式的经营承包责任制"。此外，到 1992 年末，我国城市供水行业共利用外资 17 亿美元，建设了城市

---

① 赵凌云：《1949~2008 年间中国传统计划经济体制产生、演变与转变的内生逻辑》，《中国经济史研究》2009 年第 3 期。

供水项目超过 140 项。① 这一阶段公用事业领域虽然在经济结构和市场机制方面有所改善，但以往计划经济时期的政府管理模式和原有企业经营方式并没有发生根本性改变。虽然 1992 年以后到 2001 年，随着《公司法》的出台，一些公用事业领域的国有企业也开始进行公司化改组和改制，形成众多国有独资公司型公用企业；同时，对公用事业价格机制进行了改革，如 1998 年《城市供水价格管理办法》就明确规定供水的成本、利润率和价格的组成等。但从总体上看，投资、经营、管理体制并未发生实质性变化，仍旧实行着计划经济时期的国家管理模式，产权关系还很模糊，政企合一的现象十分明显。

2001 年以来，我国公用事业领域开始了全面的市场化改革。2001 年 12 月国家计委发布的《关于促进和引导民间投资的若干意见》就明确提出要"逐步放宽投资领域"；2002 年 12 月建设部发布《关于加快市政公用行业市场化进程的意见》，提出要"开放市政公用行业市场"，"鼓励社会资金"；2003 年 10 月召开的中共十六届三中全会首次把"打破垄断，开放市场，推进市政公用行业市场化"写进党的决定；2004 年 3 月建设部颁布《市政公用事业特许经营管理办法》，特许经营制度在市政公用事业领域得以实施并推广；等等。但是，在实践中，我国公用事业领域众多的具体行业，在准入环节上仍是由政府以行政许可和行政审批的方式进行"严格把关"，计划情结依旧存在。

综上可知，在我国公用事业领域的漫长变革过程中，处在计划经济体制和市场经济体制并存的双轨制经济环境下，人们的计划情结一时难以消除。虽然较之计划经济时期我国公用事业领域有了很大进步，如引进外资和实现民营化等，但在上述计划情结的制约和影响之下，我国公用事业领域准入制度的改革一直走不出"准入管理者对进入者批准、赋权和强力控制"的怪圈。在公用事业领域进入者看来是如此，在公用事业领域准入管理者看来更是如此。于是，在我国公用事业领域准入环节中以行政审批或行政许可为具体表现形式的"政府计划批准"现象更是常态。诚然，基于公用事业的社会公益性，特别是市政公用事业还被有些学者认定为"政府

---

① 曹向阳：《我国城市供水事业的发展与利用外资》，《给水排水》2000 年第 3 期；董露茜：《外资布局城市供水"漏损管理"》，《新财经》2013 年第 3 期。

的职责"，① 政府对公用事业改革中的准入环节进行适当控制似乎也在情理之中。可如此一来，对于民间资本和民营企业的进入却起到了极强的阻碍或限制作用，从而延迟了我国公用事业领域的市场化改革和有序竞争环境的形成，国有企业和事业单位仍然处于该领域的垄断地位。

2. 经营主体的国家垄断

基于我国公用事业领域在计划经济时期完全是由政府负责，具体表现形式是由政府控制和管理的一些国企、国有事业单位来承担，再加上部分公用事业领域（如市政公用事业领域等）的自然垄断特性，造就了这些公用事业领域投资、经营或运作主体的国家垄断现象。直至现在，虽然我国部分公用事业领域已成功引入了市场竞争机制，但不得不承认经营主体的国家垄断现象仍然存在。如，在电信产业仍然存在中国电信、中国移动、中国联通等寡头垄断竞争市场格局，三家寡头垄断的基础电信企业仍然为国有独资或控股企业，运营的资本至今依旧保持着高度的国有化，有评论认为，我国电信业"除了增量资本在海外资本市场上融资，存量资本的减持在国内外资本市场上尚无任何作为"。② 又如，我国铁路建设与运输行业，产业、投资、经营体制的改革，虽经 1989 年、2013 年两度分拆式改革，但于 2013 年 3 月正式组建且注册资金高达 10360 亿元人民币的中国铁路总公司却仍然是一家中央管理的国有独资企业，铁路行业经营主体为国家所垄断的现象至今依旧存在。再如，我国电力行业，虽经 2002 年以来的市场化改革，但在电力销售环节，各地的供电公司、供电局还是电网一体的格局，售电企业仍旧是国企"一企独大"，而这样的市场结构，则因售点一方依旧保持着国家垄断而存在着根本缺陷。此外，我国石油、天然气行业长期以来也一直保持着寡头垄断的格局，具体而言，即陆上天然气的开采开发业务被中石化和中石油两家国有企业垄断，而海上天然气的对外合作勘探开发之专营权则由政策和法律授予中海油独有；同时，这三家国有企业还在全国范围内建立了输气管网和自己的配气站或集气站。虽然 2003 年我国出台了《关于加快市政公用行业市场化进程的意见》，宣示允许非公有资本进入该领域参与竞争，但由于上述国有企业的雄厚资本、既有资质以及与行

① 徐宗威：《公权市场》，机械工业出版社，2009，第 12 页。
② 吴志红：《公用事业规制法研究》，中国政法大学出版社，2013，第 93 页。

政权力的密切关系，非公有资本在石油、天然气行业仅止于销售的末端环节，且其经营情况不容乐观。实际上，我国绝大多数地区的石油、天然气行业在各经营环节上仍是由上述国有企业在各地区的分支机构所主导，它们统一从自有的配气站或集气站进气，然后通过自建的输气管网在本地区配送销售，在各自服务覆盖区内形成地区垄断。至于众所周知的邮政行业，一直实行着政企合一的体制，直到 2005 年 8 月邮政体制改革后，邮政行业维持半个多世纪的政企合一体制才得以结束。

经营主体的国家垄断成因，一方面受历史因素的影响，即前述传统国家计划经济体制及制度惯性；另一方面，更为重要的是受利益因素驱动的结果。国家虽然理论上为一公共利益的集合者或代表者，但其机构和机关也是具体的人或者说是由不同利益背景和追求的人构成的集合体，因此，在实际的政治与经济生活中，国家和国家机关也在无时无刻不扮演"理性人"的角色。国家公共权力对营业机会的准入开放和公平分配程度，决定了国家垄断利益的获得机会和所得份额，而国家对上述营利性公用事业领域的营业机会进行持续垄断及占有，又是国家获取垄断经济利益的重要手段。"中国各城市政府几乎都设有公用事业管理局或类似的政府机构，既负责城市公用事业的管理工作，又由其所属的企业垂直垄断公用事业的经营活动"，其负面影响必然导致"行政权的寻租及'规制的捕获'等现象的产生"。① 毫无疑问，此种政企不分、经营主体为国家所垄断的体制已经并将继续会产生诸多不良影响，因此，改变上述公用事业政企不分、经营主体为国家所垄断的不合理特征便变得十分必要，且势在必行。

3. 准入过程的行政控制

我国现阶段正处于社会主义市场经济深层次转型关键时期。在传统计划经济时期，由于社会各方面均由政府通过计划和行政调配进行安排，因此，行政许可型准入方式被社会各领域普遍采用，而公用事业领域自然也被包括其中。改革开放以后，国家虽然对公用事业领域的准入政策有所放松，开始允许非公有资本和民营企业进入公用事业领域进行投资、经营和运作。但由于传统计划经济体制的惯性作用，我国公用事业领域现存的国有企业未能摆脱对政府的依赖；同时由于国有企业享有特殊利益，政府又

① 高秦伟：《公用事业民营化及其行政规制》，《行政论坛》2005 年第 1 期。

不愿意放弃对国有企业的特殊照顾和例外保护，于是，在多数公用事业领域，如前文所述，我国供水、电力、供热、煤气、燃气、电信、民航、铁路、公路、水运、海运、管道运输、城市公共交通等领域，政府至今仍运用行政手段对有可能威胁到国有企业垄断经营的民营企业实行进入阻挠，而其最常用的阻挠方式就是行政审批或行政许可。

与竞争市场中正常的营业在位者对进入者进行的阻挠不同，公用事业领域的政府行政审批或行政许可对进入者的阻挠具有如下四个特征。（1）实施主体不同。在正常的市场竞争中，对进入者进入进行阻挠的主体为有既有利益且已先前存在的在位者；而在政府行政审批中对进入者进入进行阻挠的主体则为政府或是相应的政府职能部门。（2）实施手段不同。在正常的市场竞争中，营业在位者在进行阻挠时所使用的基本手段主要是价格竞争手段，同时兼顾该领域的实际进入成本；而在政府行政审批中，政府所使用的基本手段则是以行政许可为表征的计划手段，一般不具有成本，具体有拖延时间、变相刁难、提高审批标准等形式。（3）实施与被实施双方的信息对称状况不同。在正常的市场竞争中，在位者与进入者既能在完全信息的环境中，也能在不完全信息的环境中进行博弈与抗衡；但在政府行政审批中，政府及营业监管机关与进入者之间则是在行政审批程序不透明这一信息不完全对称的环境中进行的，政府和营业监管机关凭借拥有的公共信息优势、行政强制力等，使进入者根本无法与其进行平等谈判。（4）实施后果不同。在正常的市场竞争中，只要进入后的收益大于成本，进入者就有可能决定进入，在位者的诸般阻挠不一定必然会产生阻挠进入者进入的实际效果；但在政府行政审批中，基于政府阻挠具有先前的计划性和公权力的刚性，进入者要想进入则成本将趋向于无穷大，进入将毫无可能，因此，政府以行政审批或行政许可的方式对进入者的进入进行阻挠，一般都必定会产生实际的阻挠效果。[①]

基于前述公用事业准入过程中实施行政审批或行政许可所具有的种种特征，既大大增加了非公有资本和民营企业进入公用事业领域的准入制度成本，也增加了政府进行权力"寻租"以及劣质非公有资本和民营企业向行政审批机关进行"公关"的可能。于是，这就导致了众多有实力且有经

[①] 肖海军：《营业准入制度研究》，法律出版社，2008，第161~163页。

营经验、绩效的非公有资本和民营企业被拦在了相应的公用事业领域之外，而一些劣质的非公有资本和民营企业却很可能被允许进入，同时其还使得该领域在位的一些国有企业和国有事业单位更加缺乏进行革新的激励和内在动力，因而最终对维护公用事业社会公益的本位价值以及保持该领域的健康发展都将产生极为不利的影响。

4. 准入机会的差别待遇

长期以来，我国公用事业领域准入制度的规定存在着明显的差别待遇，这集中表现在一些非公有资本、民营企业不能公平地享有和国家投资主体、国有企业或国有事业单位一样的准入待遇，甚至连外商投资主体的一般准入待遇也不能平等享有。这一状态经历次改革后虽有所改善，但基本的经济政策与制度价值取向尚无根本性的改变，具体包括以下两个方面。其一，一些公用事业领域向非公有资本、民营企业开放程度较低，如铁路和电信行业等。其二，对于一些已具备进行市场化改革条件的公用事业领域，尽管我国早已发布相关规范性文件允许非公有制经济主体进入该领域参与建设，例如 2002 年《关于加快市政公用行业市场化进程的意见》、2004 年《关于投资体制改革的决定》、2005 年《关于鼓励支持和引导个体私营等非公有制经济发展的若干意见》、2010 年《关于鼓励和引导民间投资健康发展的若干意见》、2016 年《关于进一步做好民间投资有关工作的通知》等政策性文件，确实为公用事业领域的市场化改革提供了一定的政策依据和法律保障，但在实际执行过程中却出现雷声大雨点小的现象，并没有从根本上改变国有企业和国有事业单位的行业垄断地位。究其原因，在于以下几个方面。（1）相关公用事业领域并行存在行政许可准入方式。行政许可准入方式大大提高了非公有资本、民营企业进入该领域的进入成本，从而导致国家垄断现象的继续存在。（2）我国公用事业领域对非公有资本和民营企业的准入条件要求十分严格。如我国《市政公用事业特许经营管理办法》第 7 条、《基础设施和公用事业特许经营管理办法》第 17 条规定参与特许经营权竞标者应具备的各种条件，对非公有资本、民营企业提出上述同样要求看起来似乎很"公平"；但是，基于国有企业和国有事业单位背后国家强大的财政补贴和优惠政策，非公有资本、民营企业要想符合上述条件就困难得多。从"形式正义要求的力量或遵守制度的程度，其力量显然有赖于制度的实质性正义和改造它们的可能性"来考量,① 我国公用事业领域对非公有资本、民营企业准入条件的要求与国有企业、国有事业单位相较而言,其实并不公平。(3)我国公用事业领域准入程序设置十分复杂。如《市政公用事业特许经营管理办法》第 8 条、《基础设施和公用事业特许经营管理办法》第二章,均规定比较严格的特许招标程序和特许经营合同内容,虽然有助于保证特许招标过程中的公平和有序,但如此复杂的准入程序,使得非公有资本和民营企业进入公用事业领域的成本非常高,从一定程度上也阻碍了其进入热情,进而维系了国家垄断现象的持续存在。可见,以上种种公用事业领域准入制度中对于非公有资本、民营企业与国有企业、国有事业单位之间仍然存在的差别待遇,使得我国相关公用事业领域的市场化进程受阻,竞争机制无法发挥积极效用,而单一由国家控制公共物品和服务的生产和提供,导致国有企业和国有事业单位机构臃肿、效率低下,政府财政压力过大,公共资源配置效率不高等诸多现实问题。

(二) 我国现行公用事业领域准入制度的缺陷分析

1. 公用事业领域准入制度的规范过于分散

我国目前公用事业领域准入制度的立法现状为拥有少量的专门法律,如前述《铁路法》《民用航空法》《邮政法》《电力法》等,在多数情况下,是国务院及发改委、住建部等部委发布的行政法规或部门规章或具有规范作用的规范性文件,各省、市、自治区地方人大或地方政府、政府各职能部门也制定有相关管理办法。该领域准入制度的规范不仅过于分散,尚未形成相应且统一的制度体系,而且具有明显的地域性、不动产性和专业性特征。虽然公用事业的专业性、地域性决定"行业专治""地区专治"和"部门专治"要比"统一而治"更具有针对性,效果更好一些,但过于分散、分类的立法也带来了诸多弊端。(1)规范性文件的效力较低,进而会影响其权威性和执行力度,"由于强制力不够,对一些有令不行、有禁不止的行为处理起来会很乏力"。② (2)各地方内外部环境因素存在差异,因而各省、市地方的城市公用事业管理各职能部门制定的相关准入管理办法也

---

① 约翰·罗尔斯:《正义论》,何怀宏等译,中国社会科学出版社,1988,第 55 页。
② 胡元聪:《我国公共投资准入法律制度的重塑》,《民主与法制》2007 年第 2 期。

存在着不同，如同一业务要求的准入条件有高有低，准入程序也有简有繁等。这就使得各种形式公用事业领域进入者的法律地位和相应权利很难得到统一的确认和支持；同时导致出现一定程度的地方保护主义现象。[①]（3）我国公用事业领域准入制度的立法文本通常情况下是由各职能部门起草或完成，各职能部门所具有的专门职能，决定其缺乏宏观上的通盘考虑，更多是从部门自身专业领域以及自身利益出发，在此基础上制定出来的行政法规、部门规章或规范性文件，自然地会带有鲜明的部门利益保护痕迹。可见，我国公用事业领域准入制度的规范分散与分类立法，对公用事业准入产生了消极影响，"由于尚未形成规范的准入制度，我国民间资本还不能平等参与基础领域的市场竞争。实践证明，准入制度改革比分拆既有的垄断企业更为重要"，[②] 因此，只有加快我国公用事业领域准入制度的统一立法，制定出效力等级、层次更高的法律或行政法规，才能有效地消除上述种种弊端。

2. 公用事业领域准入制度的价值取向错位

公用事业领域准入制度以维护社会公共利益为宗旨，这本无可厚非，可是为此而将重心完全放在交易安全、市场秩序方面，对营业自由、公平竞争和制度效益不够重视。（1）我国公用事业领域准入制度的秩序价值。"法的秩序价值就是法能够用它特定的方式建立和维护强有力的社会秩序，来满足社会的需要"；[③] 或者说"法学家们现在所称的法律秩序——即通过有系统地、有秩序地使用政治组织社会的强制力来调整关系和安排现行的制度"。[④] 公用事业领域准入制度的秩序价值则在于规范准入主体的准入行为，特别是形成规范有序的准入程序，从而为准入创造一个稳定、自由、平等、公正的投资、经营环境和良好秩序。[⑤] 我国公用事业领域准入制度中还存大量以秩序价值为由的限制或禁止性行政审批规定，它不仅加大了民营企业和民间资本进入的难度，也间接给地方保护主义或部门保护主义开

① 郑鹏程：《对政府规制的规制：市场统一法律制度研究》，法律出版社，2012，第176～189页。

② 陈文：《我国改革新阶段加快基础领域改革的建议（28条）》，《经济研究参考》2003年第91期。

③ 卓泽渊主编《法理学》，法律出版社，1998，第202页。

④ 罗斯科·庞德：《通过法律的社会控制——法律的任务》，沈宗灵、董世忠译，商务印书馆，1984，第22页。

⑤ 胡元聪：《我国公共投资准入法律制度的重塑》，《民主与法制》2007年第2期。

了方便之门。（2）我国公用事业领域准入制度的公平价值。制度的公平在于"就权力而言，则它应该不能成为任何暴力，并且只有凭职位与法律才能加以行使"；① 或者说"某些法律和制度，不管他如何有效率和有条理，只要它们不正义，就必须加以改造或废除。每个人都拥有一种基于正义的不可侵犯性，这种不可侵犯性即使以整体利益之名也不能逾越"。② 公用事业领域准入制度的公平价值要求，非公有经济主体在进入公用事业领域时，应受到与公有经济主体同等的待遇而不受歧视；公用事业领域进入者的多元化目的就是打破经营主体国家垄断的壁垒。市场经济体制的核心元素是竞争，而充分竞争能否实现主要取决于法律和制度层面对参与竞争主体是否能做到公平对待。所以，在一定准入条件和特定准入程序的基础上，法律应确保公用事业相关领域参与、竞争主体的待遇平等，只要符合申请标准，就不能仅依据所有制性质、域内域外、经济实力不同，而设置或适用不同的准入制度。（3）我国公用事业领域准入制度的效益价值。"效益是指以较少的投入来获得较大的为社会所认可的满足社会需要的产出"，而"法的效益价值是指法律能够使社会或人们以较少的投入来获得较大的产出，以满足人们对于效益的需要"。③ 公用事业领域的效益价值，一方面是通过对准入条件和准入程序的合理设计来规范公用事业领域进入者的行为，防止虚假和违规进入，提高进入行为的社会整体效益，从而造福于民；另一方面是通过准入方式的合理设计来规范公用事业领域准入管理者的行为，如对已不适用行政审批准入方式的公用事业领域则应倾向于适用核准准入方式，从而有效规制政府的权力"寻租"现象，降低准入成本；同时，对于已制定出来的准入制度，应充分考虑成本和效益并积极予以实施，杜绝制度成本的浪费，进而实现制定准入制度的效益最大化。综上分析，我国公用事业领域准入制度的价值取向应是以维护社会公共利益为核心，在兼顾以往的交易安全和市场秩序的同时，更侧重于对于市场秩序、交易公平和营业效益价值的追求，从而使我国公用事业领域能生产、提供满足公众需要的更多的优质产品和服务。

---

① 卢梭：《社会契约论》，何兆武译，商务印书馆，1962，第66页。

② 约翰·罗尔斯：《正义论》，何怀宏等译，中国社会科学出版社，1988，第1页。

③ 卓泽渊主编《法理学》，法律出版社，1998，第207页。

3. 公用事业领域准入制度的地方保护主义远未消除

我国《行政许可法》虽然对地方规范性文件设定行政许可的权力进行了限制，但对这一限制却并不彻底，如第 15 条第 1 款对地方性法规设立行政许可及省、自治区、直辖市人民政府规章设定临时性行政许可的规定，其对地方规范性文件设定行政许可的权力所进行的限制，是以保留地方设立临时性行政许可权力为前提的。此外，我国《市政公用事业特许经营管理办法》第 4 条关于地方政府负责本行政区域内的市政公用事业特许经营活动的指导和监督工作；第 7 条第 1 款第（七）项关于参与特许经营权竞标者须具备地方性法规、规章规定的其他条件等规定，实质上反映地方政府在公用事业特许招标中有比较广泛的决定性权力。足见，"过去较为严重且目前远未消除的地方保护主义，未能在《行政许可法》的制度框架内得到有效的解决"；[①] 再加上地方政府或部门有权自行设定有关公用事业领域的准入条件，这在一定程度上反而固化了公用事业领域的地方保护主义思维与行事惯性，进而严重影响到我国公用事业领域准入制度在制定、实施过程中的合理性、公平性和效益性。

三　我国公用事业领域准入制度改革的总体思路与框架设计

针对以上我国现行公用事业领域准入的种种缺陷，对其进行改革势在必行。公用事业领域作为一个特殊行业，基于我国政府一贯持有的限制或禁止态度，长期以来都将非公有资本和民营企业拒之门外。然而，随着时代的发展和市场化改革的深入，其产生的一系列社会问题，如营业机会分配不公、经营效率低下以及社会公益受损等，自然对公用事业领域准入制度进行必要的改革，既有必要，更为迫切。笔者认为，我国公共事业领域准入制度改革的总体思路与框架设计应重点放在以下几个方面。

（一）我国公用事业领域准入制度改革的总体思路

1. 公用事业领域准入制度改革应分领域逐渐进行

笔者认为，由于公用事业存在营利性与非营利性两大领域，而营利性公用事业又存在竞争型（自由竞争类）与非竞争型（自然垄断类）两类，

---

① 肖海军：《营业准入制度研究》，法律出版社，2008，第 315 页。

因此公用事业领域准入制度应针对不同类型的公用事业领域分别设计。
(1) 营利性、竞争性公用事业领域应公平开放。如前所述，存在竞争性且
具有营利性的公用事业领域，其自然垄断性较低，从理论上讲，其准入制
度可以参照市场化的运作模式进行设计，政府对这一领域应予以公平开放。
可采取的应是自由开放的准入方式，即核准登记。然而，需要注意的是，
此处"公平开放"应是一个循序渐进过程，国家应根据市场成熟度和以公
共利益为本位，逐渐有序地开放此类公用事业领域，采取有效的监督措施，
从而扮演好"积极守夜人"的角色。(2) 营利性、非竞争性公用事业领域
应实行特许经营准入或竞争性缔约式准入。营利性、非竞争性公用事业领
域指的是那些具有明显的自然垄断性质并能够营利的公用事业，占公用事
业领域的比重最大。对该领域准入制度的设计，可采用前述特许经营许可
制或竞争性缔约式准入方式。(3) 非营利性、非竞争性公用事业领域应采
取政府投资。如环境卫生、园林绿化、图书馆、博物馆等又都是公众日常
生活所不可或缺的。如前所述，公用事业最本质的特征就是社会公益性。
因此其目的不仅仅是追求利益的最大化，而是为了实现社会的公共利益，
即公用事业领域中所生产或提供的产品和服务是为了满足社会全体成员或
大多数成员的生活之必需，并使其共同受益。从历史发展上看，政府的产
生与存续也是源于其能维护社会公共利益的基本职能。所以，虽然政府也
会有追求利益最大化的趋向，但基于上述这一基本职能，其理应有义务承
担起对非营利性、非竞争性的公用事业领域进行投资的重任，发挥其与生
俱来的公共职能。

2. 公用事业领域准入制度改革应从立法入手

要消除我国公用事业领域准入制度规范的分散、分类且效力等级较低
的立法缺陷，就必须制定较高层次的公用事业准入法，统一准入领域、类
型、条件和程序。(1) 统一公用事业领域准入法律，消除准入方式在主体、
部门和地区之间的差别待遇。(2) 根据我国《立法法》规定的权限和程序，
对国务院行政法规及所属部门规章、地方立法及地方政府或部门规章，就
有关公用事业领域采取行政许可的准入方式建立备案审查制度，对相关不
必要的行政许可和临时性行政许可进行及时有效的撤销和清查，严防地方
政府或部门滥用行政许可，消除其带来的不良影响，从而维护我国公用事
业领域的统一和良性竞争机制。(3) 完善相应的配套法律和法规。如对公

用事业领域的反行政垄断规制，"由于进入障碍主要来自政府，其造成的恶劣影响远远超出经济性垄断带来的后果"；① 因此，针对《反垄断法》关于行政垄断的不完善之处，应出台专门针对借助行政垄断影响公用事业领域公平准入的对应规制方案。② 又如，应及时建立公用事业领域准入审查侵权救济制度，如此，便可严格预防相关准入审查机关和行政许可机关准入审查权的滥用和工作人员的渎职，确保进入者投资、经营和交易机会、权利，不因公用事业领域准入的审查程序设立而被任意限制或剥夺，以及时遏制因部门利益、地方保护主义而擅自提高进入者准入成本、软化强制性准入标准、变相使准入审查程序不生效力，进而损害公共利益的作为或不作为政府行为。

3. 改革应注重国家管控和市场调节相结合

鉴于我国公用事业领域是以社会公益为本位，应做到保质保量地满足公众之需求。在我国公用事业领域市场化进程中，社会公众作为这一特殊市场的消费者，其权利的维护和救济应视为衡量该领域运行合理的重要标准之一。公用事业领域的特殊性决定，"当公用事业由国有企业经营时，产权的公共性使得政府能在一定程度上关注社会福利目标，政策的扭曲不会太大；而当公用事业由民营企业经营时，政府就可以减轻其公共责任，更加重视其私人收益，政策的扭曲就会加大。因此，民营化将造成企业的垄断力量受到规制当局纵容的危险"。③ 由于国家管控和市场自行调节各有利弊，在现今我国公用事业领域市场还不成熟的情况下，完全依靠任何一种规制方式都不能很好地调整该领域；只有将国家管控和市场自行调节良好地结合起来，双管齐下，才能更有效地设定我国公用事业领域的准入模式。因此，在对公用事业领域准入制度与方式进行改革时，应在尊重市场有效调节的基础上，更注重国家的适度管制和有效调控。

4. 改革应让政府进行角色转换

公用事业领域准入制度的改革，政府的角色定位与职能转换是关键。具体而言，对公用事业领域进行细分，就可发现不同类型的公用事业领域，

① 胡元聪：《我国公共投资准入法律制度的重塑》，《民主与法制》2007 年第 2 期。
② 郝蕾：《结构规制与行为规制：公用事业反垄断规制的应然逻辑》，《改革与发展》2012 年第 4 期。
③ 邓伟、严海波：《利益博弈缺失与公用事业民营化的限度》，《财经科学》2008 年第 1 期。

政府的角色与职能，应有对应的定位与变化。（1）在营利性、竞争性公用事业领域中，国家所扮演的应是一种"监督者"的角色。在该类公用事业领域中，政府应从原来的"既是规制者又是参与者"这一双重角色中抽离出来，逐渐不再对该领域进行投资和经营，加大开放该领域的投资与经营，并对该领域市场状况进行及时有效的监督。这种监督职能应重点强调其纠正性和救济性，即政府在履行对该领域市场的监督职责过程中，只有在确实出现了妨害市场正常运转或有损社会公共利益的问题时，才能对该领域的参与主体进行相应且适当的"纠正干预"和"有效救济"；否则，政府对进入者的准入环节和进入后的营业过程，均不得加以任何不当干预。（2）在营利性、非竞争性公用事业领域中，政府则应该扮演一种"管理者"的角色。在该类公用事业领域中，政府应对进入该领域的进入者进行积极管理，尤其对进入者在准入环节中的竞争过程（如竞标或竞价）实行有效主导，是一种对妨害市场正常运转或有损社会公共利益问题出现的预防性与纠正性控制。与在营利性、竞争性公用事业领域当中政府所扮演的"监督者"角色相比，可看出此处政府所扮演的"管理者"角色，赋予政府的干预权力要更大一些。（3）在非营利性、非竞争性公用事业领域中，政府更多应是扮演一种"投资者"的角色。该类公用事业领域不具有营利性，对作为"理性人"而追求自身利益最大化的投资者或经营者的吸引力非常小；但出于公用事业公众必需性和社会公益性，再结合国家的产生缘由和基本职能属性，国家便有义务对该领域进行投资，并确保该类公用事业领域的产品和服务供应充足且高质高效。

（二）我国公用事业领域准入制度改革的具体框架

国务院《优化营商环境条例》（2019 年）第 20 条规定："国家持续放宽市场准入，并实行全国统一的市场准入负面清单制度。市场准入负面清单以外的领域，各类市场主体均可以依法平等进入"；"各地区、各部门不得另行制定市场准入性质的负面清单"。这一规定无疑为公用事业准入制度改革指明了方向。

如前所述，公用事业领域以具体行业的营利性和竞争性程度不同，可以划分为两大领域和三大类型，即营利性公用事业领域和非营利性公用事业领域，其中营利性公用事业领域又包括自由竞争类公用事业领域和自然垄断类公用事业领域两种类型。通过前述分析，笔者认为，公用事业领域准入改革的最优方案应是对这两大领域、两大不同类型的公用事业区别对待，分别进行改革。（1）自由竞争类公用事业领域、行业或环节，应实行一体准入开放，逐渐建立以准则审核准入方式为主、以例外行政许可准入方式为补充的自由、开放型竞争类公用事业准入制度。（2）自然垄断类公用事业领域、行业或环节，应打破既有法定或定点专营、垄断经营制度，通过特许经营权竞标或政府采购等竞争式招标缔约准入方式，逐步建立起营业机会公平、准入程序公开透明、准入内容规范具体的自然垄断类公用事业准入制度。（3）非营业性公用事业领域应建立严格的国家（政府）投资责任制度，但国家（政府）可通过政府采购、承包、信托、托管、公私合作（如 BOT、TOT、PPP 等模式）、项目法人等市场化运行模式，尽量减少国家（政府）在非营业性公用事业投资、建设和经营管理中的寻租、腐败和效益低下等顽症。下文将从营利性公用事业领域和非营利性公用事业领域两个领域分别述之。

四　营利性公用事业领域准入制度的分类改革与具体内容

（一）自由竞争类公用事业领域的有限、有序、公平开放

1. 自由竞争类公用事业领域的基本范围

自由竞争类公用事业领域系指那些不具有（或不具有明显的）自然垄断性质，可由多个投资者、经营者投资或经营且相互之间存在竞争的营利性公用事业。自由竞争类公用事业领域按照其涉及的范围，可以分为如下三类。（1）全部领域均可适用自由竞争的公用事业领域。如公共运输业（包括公路运输、水上运输、城市出租车、航空运输、海上运输等）、电信等。（2）某一行业可适用自由竞争的公用事业领域。如邮政业中的普遍服务、邮政储蓄、邮政快递等行业；营利性医院；营利性学校等。（3）某一环节可适用自由竞争的公用事业领域。如非食盐业的生产与销售环节；电力行业中的发电、配电、售电环节；石油、天然气中的加工、销售环节；铁路行业中轮轨上的运输环节；广播电视业的制作、播放环节等。

2. 自由竞争类公用事业领域准入制度的改革路径

正如前文所提，营利性公用事业中的自由竞争类领域因不具有自然垄

断特性，存在多个投资或经营主体竞争的可能性，从理论上来说，其完全可以按照市场化的运作模式进行改革，政府对这一领域应予以有限、有序、公平开放，可采取的制度模式应是核准登记或准则审查的准入方式。其基本步骤如下。

（1）厘清自由竞争类公用事业领域的基本范围。主要工作是根据前述自由竞争类公用事业领域的具体表现范围，较好地区分开自由竞争类与自然垄断类公用事业领域，以确定好自由竞争类公用事业的具体领域、某一行业或个别环节。对于自由竞争类公用事业领域，"应允许多家企业进入并展开公平竞争，提高经营效率"，[①] 从而一改往日因国企垄断而产生补贴依赖、效率低下、缺少活力、没有竞争的现象，并能刺激现有国企组织结构和运行机制的改良，缓解政府的财政压力，同时可以因企业间的相互竞争而全面提高自由竞争类公用事业产品和服务的质量并维持合理价格，可谓一举三得。但需要注意的是，此处"公平开放"，前提是有限、有序开放，然后才是公平开放。换言之，即国家应允许非公有资本和民营企业进入该领域进行有限竞争，采取有效的监督措施，扮演好"积极守夜人"的角色。在此之后，国家应基于该类公用事业领域的市场成熟度、竞争激烈度，兼顾公共利益再作全面考虑，进而全面、有序地开放此类公用事业领域。

（2）遵循有限、有序、公平的开放原则。即在自由竞争类公用事业领域准入制度改革过程中，国家既不能完全放任竞争又不能随意强行管制，而是应确立一项既能使政府依其公共职能对该领域进行适当管制从而维护社会公共利益，同时又能实现该领域高质、高效生产进而满足公众之需求的准入制度。具体而言，自由竞争类公用事业领域是一个可竞争的市场，因而只要政府放松准入管制，非公有资本和民营企业作为潜在进入者所带来的潜在竞争威胁将能够刺激该领域内原有垄断企业提高效率。与此同时，新进入或即将进入该领域的非公有资本和民营企业也会因竞争机制而努力创造和发展自身的竞争优势，从而在竞争中取胜，这也最终使社会公众消费者从中获益。但是，政府并不能由此完全放松准入管制，因为在自由竞争类公用事业领域之竞争机制尚未形成之前，如果就贸然实行完全的市场竞争，很可能会导致该领域内原有垄断企业不断加大沉淀成本，并产生极

---

① 孙晓莉：《中外公共服务体制比较》，国家行政学院出版社，2007，第330页。

高的退出壁垒以防止潜在竞争者进入，从而形成准入者垄断。此外，该领域众多企业也很可能会因市场机制不成熟以及为了追求自身利益的最大化而损害社会公共利益。因此，未来自由竞争类公用事业领域准入制度的改革，必须遵循循序渐进的原则，走成熟一个领域就开放一个领域、成熟一个行业就开放一个行业、成熟一个环节就开放一个环节的渐次开放之路，在坚持可竞争市场的原则下，以尽量实现政府管制与市场竞争的均衡。如在电信领域既有寡头垄断市场竞争机制形成后，就可着手该领域的全方位准入开放改革。又如在邮政业政企分开之后，在邮政快递业已市场化的基础上，就可逐渐尝试对邮政业绝大部分领域进行准入开放。如在盐业零售市场已完全开放并形成有序竞争的基础上，就可尝试先从非食用盐生产、批发、销售等环节进行准入开放。再如在电力业，可先从发电、售电一头一尾先进行准入开放，如竞争格局形成，然后再从供电（配电）环节入手进行准入开放。

（3）准入制度改革的设计要具体可行。自由竞争类公用事业领域准入制度的改革，具体内容应包含以下几个方面。其一，适当放宽自由竞争类公用事业的准入条件，明确准入程序，引入足量的潜在竞争者，以此培育并形成比较成熟的自由竞争类公用事业竞争市场。其二，必须依法加大现有垄断性公用企业的产权制度改革和内部治理结构的建设力度，明确现有垄断性公用企业的法人实体身份和地位，使之改造成为真正独立享有权利和承担义务的公用事业投资者与经营者。其三，选择多途径、多方式的制度模式，以解决非公有资本和民营企业进入自由竞争类公用事业领域问题。除放宽准入管制，对非公有资本和民营企业通过新设企业方式进入自由竞争类公用事业领域创造条件之外，还可借助非公有资本和民营企业，通过对现有垄断性公用企业的股份化改造，使垄断性公用企业演变为混合所有制企业，这样不仅解决了既有垄断性公用企业的资金需求问题，而且有利于建立公用企业投资风险的制约机制，形成所有者与经营者相互约束、激励与监督有效结合的治理机制。其四，随着自由竞争类公用事业领域竞争市场的逐渐成熟，政府应逐渐减少对该领域的投资和经营，彻底实现政企分离，履行好自身的市场监督职能。在传统模式下，该领域往往由政府各部门充当监督者，同时他们又是该领域现存企业的主管者，因此在制定相应规则和进行监督时很容易倾向自身主管企业，难以站在中立立场上平等地对待所有市场参与者。此种政企不分的现象在立法、执法过程中常常不重视公众利益和新进入企业力量，因而使得该领域的资源配置效率低下。所以，成立一个中立性的国家监督机构，使政府监督者的身份由过去的垄断投资者和经营者转变为竞争性经营的组织者和维护者，从而切断监督机构与被规制企业的利益纽带，使监督机构能真正依法行使正当的市场监督职能，使公用企业能够公平地参与该领域的投资、经营和运作。其五，实现地区普遍性服务原则。地区普遍性服务原则是指在自由竞争类公用事业领域内，所有投资者和经营者均有义务广泛而公平地为各地区提供优质的公用事业产品或服务。在传统模式下，我国富饶地区和贫瘠地区的自由竞争类公用事业领域都是由国有企业或国有事业单位单一运作，在贫困地区发生的亏损因在富饶地区产生的赢利通过企业内部的交叉补贴而实现平衡。然而，在市场化背景下，原有的对富饶地区和贫困地区进行投资和经营的一体化企业组织会被分拆给不同的利益主体。新进入的企业自然会首先选择预期收益性高的富饶地区进行投资和经营，而这将会从整体上降低该领域的可维持力。所以，在对该领域进行准入制度设计时必须明确规定地区普遍性服务原则，以此维持该公用事业领域的长久生命力并保障我国各地区广大公众的公平受益。如邮政业、电信业的普遍服务规则，就应作一条帝王规则确定下来。在这方面，我们可以变通地参照国外的一些做法，如政府可以依法设立地区普遍性服务基金，规定新进入者在准入时按投资和经营所在地区以及其业务总量或业务比例，缴纳基金或予以补贴等，不失为可借鉴的良策。

（二）自然垄断类公用事业领域应推进和完善特许经营准入制度

1. 自然垄断类公用事业领域的基本范围

如前所述，自然垄断类公用事业领域，是指那些因受资源、供给媒介和公共市场唯一性或有限性制约，而不适用由多个市场主体投资或经营，而具有明显垄断特征的营利性公用事业。

自然垄断类公用事业领域根据所涉及的业务范围，可分为如下几类。（1）全部领域均为自然垄断类公用事业。如城市供水、供气、供热、有线电视传输等。（2）某一行业为自然垄断类公用事业。如石油、天然气等开采等。（3）某一环节为自然垄断类公用事业。如电力行业中的输电环节；

石油、天然气中的管道输送环节；铁路行业中的路轨建设环节；民用航空中的机场建设环节；水运与海运中的港口建设环节；广播电视业的传输环节等。

自然垄断类公用事业领域根据形成的原因不同，又可以分为如下几类。（1）资源制约型自然垄断类公用事业。如盐资源、石油、天然气的开采等，因受某一处资源有限和开采安全的制约，某一处资源就只能由一个投资者或经营者去开采或经营。（2）供给媒介自然垄断类公用事业。如城市供水、供气、供热、轨道交通、污水处理、垃圾处理等市政公用事业；通信线路、基站建设；有线电视、广播传输；输电、配电；铁道、机场、公路、港口等公共交通设施建设等，因均受输送管道、线网、道路、轨道等供给媒介唯一性或有限性的制约，只能由一个或有限的几个市场主体投资或经营。（3）市场唯一制约型自然垄断类公用事业。如城市公共交通。

自然垄断类公用事业领域根据外在表现形式，还可分为如下几类。（1）规模效益型自然垄断公用事业领域。如电力、电信、铁路、邮政、航空等。（2）公共市场制约型自然垄断公用事业领域。如城市供水、公共交通、管道煤气以及其他基础设施建设与公共工程经营等部分市政公用事业，占公用事业领域的比重最大。

2. 自然垄断类公用事业领域准入制度的改革路径

自然垄断类公用事业领域，受初始时期一次性投资巨大以及规模效益的制约，或受资源、供给媒介、市场空间的唯一、固定、有限等因素的制约，产品与服务的公益性，使其不宜通过自由竞争准入来自由配置资源，只适合由一家或极少数企业来垄断经营。正是由于进入和经营的基础需要巨大的一次性投资，且经营须达到一定的经济规模并在相当长的时间内才能分摊巨大的初始投资成本，或由于产生自然垄断性的原因在于提供产品或服务的公共性和市场竞争的有限性，笔者认为，其准入方式均可适用竞争性缔约准入和特许经营许可制准入制度。目前，依照《市政公用事业特许经营管理办法》《基础设施和公用事业特许经营管理办法》的有关规定，我国在城市供水、供气、供热、公共交通、污水处理等市政公用事业领域与能源、交通运输、水利、环境保护、市政工程等基础设施或一般公用事业领域，尝试并推广实施特许经营制度。

然而，我国在自然垄断类公用事业领域特别是在公共市场制约型自然垄断类公用事业领域中实行特许经营准入制度时却鲜有成功的案例。其原因如下。(1) 特许经营授权主体规定不明。从目前我国中央和地方的相关立法中可以看出，对公用事业领域实行特许授权的主体有两类，即政府和政府授权或指定的有关部门；特别是政府授权或指定的有关部门，在我国不同地方可谓千差万别，如在青海即为政府授权的市政公用事业主管部门，而在天津则为市政府建设行政主管部门。由于立法上对授权主体界定不明，意欲进入该领域的非公有资本和民营企业无法判断究竟是谁有资格代表政府与之进行谈判、签约，同时对于与其进行谈判、签约的政府授权或指定的有关部门的意思表示之法律效力也无法准确识别，从而抬高交易成本。(2) 特许经营准入条件不明确且不统一。根据《市政公用事业特许经营管理办法》(2015 年修正) 第 7 条规定，所有参与特许经营权竞标者应当具备六个条件，即依法注册的企业法人；有相应的注册资金和设施、设备；有良好的银行资信、财务状况及相应的偿债能力；有相应的从业经历和良好的业绩；有相应数量的技术、财务、经营等关键岗位人员；有切实可行的经营方案。若各地方在设置相应其他条件时，则须符合或达到地方性法规、规章规定的其他条件。在现实中，很多地方政府却并未明确列出其他具体要求的"额外"准入条件，而是要求在授权或指定的有关部门在订立特许经营权出让方案和招标文件的时候再予以确定。这必然导致各地方准入条件的具体内容模糊不清和极不统一，各地方政府自然便拥有了极大的自由裁量权，如此一来带来诸多弊端。首先，非公有资本和民营企业很容易且很有可能因政府"临时"设定的极高要求而被拒之相应公用事业领域外。其次，便利地方保护主义，不利于公平竞争。再次，容易滋生或催化各地方政府的权力"寻租"，导致资源浪费和行政效率低下。最后，因信息不对称增加进入者的相关交易成本，减损社会效益。(3) 特许经营准入方式过于繁杂且有失公平。我国特许经营准入方式除了采取招标的方式外，还包括竞争性谈判方式、一对一谈判方式、直接委托方式和拍卖方式等，可谓纷繁复杂。而当中的一对一谈判方式和直接委托方式等属于排除公平竞争的准入方式，不利于政府择优权的行使和落实，一些真正优秀的非公有资本和民营企业，无法实现对相应特许项目的投资和经营，最终使得社会公共利益受损。

　　针对自然垄断类公用事业特许经营准入制度的既有缺陷和不足，在未来自然垄断类公用事业准入制度改革中，推进、完善并落实特许经营准入制度，则应视为重中之重。其要点如下。

（1）取消现有部分专营专卖制度。特别是盐业专卖（2016 年已废止一般盐业专卖），石油、天然气专营等制度，为典型的计划经济产物，已严重阻公用事业发展，应尽快予以取消或废止。

（2）根据自然垄断类公用事业形成的原因不同，选择分类准入制度方案。其一，对资源制约型自然垄断类公用事业，如盐资源、石油、天然气的开采等，应在资源开采权出让制度的框架内，选择严格的招投标制度，配合必要的行政许可制度，以确定优质的投资者或经营者。其二，对供给媒介自然垄断类公用事业，如城市供水、供气、供热、轨道交通、污水处理、垃圾处理等市政公用事业；通信线路、基站建设；有线电视、广播传输；输电、配电；铁道、机场、公路、港口等公共交通设施建设等，则应选择特许经营权招标准入方式，通过公开、严格的特许经营权招投标程序，辅以行业经营权许可证制度，以选择和确定该行业的特许投资者或经营者。其三，对市场唯一制约型自然垄断类公用事业，如城市公共交通，则可通过先确定经营者的有限数量，再通过公开申请、招标，以确定投资者或经营者。

（3）明确特许经营权的授权主体。即应由国家专门立法以明确规定特许经营权的授权主体仅为县级以上人民政府，禁止县级以上人民政府再自行授权给下属部门；如此，就等于确定了行政责任的承担主体。"这样不仅便于人民政府统筹掌控市政特许项目，防止引入过多进入者"，[①] 也有利于消除投资者和经营者对授权合理性的怀疑。

（4）完善特许经营准入的具体条件。其中对《市政公用事业特许经营管理办法》第 7 条所规定参与的特许经营权竞标者应当具备的六大准入条件之一的"依法注册的企业法人"之要求，随着民间资本力量的日益壮大以及市场化改革的逐渐深化，理应做相应的扩展，即一些同样有能力进入该领域进行投资或经营的非法人型企业也应依法准入。此外，对"地方性法规、规章规定的其他条件"这一弹性条款，应予严格规范或修改为"地方性法规规定的其他条件"，使之与"应由国家中央进行专门立法以明确规

① 章志远、黄娟：《公用事业特许经营市场准入法律制度研究》，《法治研究》2011 年第 3 期。

定特许经营授权主体仅为县级以上人民政府，禁止县级以上人民政府再自行授权给其下属部门"之建议相匹配。特许经营准入条件的具体化与明确化，可给特许经营权招标申请者以稳定预期，无疑能大大降低非公有资本和民营企业准入的准备成本，实现特许经营权招标中的公平竞争。

（5）建立严格、规范、公开的准入程序。应摈弃现有以招标方式为主、以竞争性谈判和招募方式为辅的特许经营准入方式；完善现有特许经营准入程序，增加特许经营权评标利益回避程序、特许经营权招标文件现场开标和公示程序，特许经营权招标程序的具体流程公开化、具体化和法定化，努力做到程序公平、公正、公开，避免出现暗箱操作和特许招标走过场等潜规则现象。

五　非营利性公用事业领域准入制度的改革与具体内容

（一）非营利性公用事业领域应由国家（政府）主导投资或经营

非营利性公用事业领域是指不以营利为投资或经营的追求目标，且不具有市场竞争性、营运财务的盈余也不用于投资者或经营者分配的公用事业类型，如公共基础设施、基础教育、公益性医院、图书馆、博物馆、城市园林绿化、污水处理、环境卫生等。从"理性人"为出发点考量，人都是自利的，所以非营利性公用事业领域通常很难吸引市场中经营主体的注意和激发投资主体的热情。但不可否认，这些非营利性公用事业领域却又都为公众日常生活所必需。如前所述，公用事业最本质的特征就是社会公益性，目的不是追求利益最大化，而是实现社会的公共利益，即公用事业领域中所提供的产品和服务是为了满足社会全体成员或大多数成员的生活之必需，并使之共同受益。从国家（政府）产生的原因和其所应具有的职能来看，无论是"有机论"还是"契约论"，对国家（政府）所应具有的公共职能的看法是基本一致的。"有机论"将人类社会看成是一个有机整体，个体利益应服从整体利益；国家（政府）作为这个有机体的核心，自始至终和人类并存且引导人们去实现社会整体目标。而"契约论"则认为国家（政府）的产生源于社会中的个体让渡了自己的一部分权利，国家（政府）的产生就是为了保护社会中个体的生命、自由和财产。不难看出，上述两种学说确实存在许多不同之处，但有一点是相同的，即二者均认为国家（政府）的产生归根结底是为了社会中的个体都能在社会这个整体中更有保障地活着。至于国家（政府）的基本职能，有学者将政府的职能划分为两大基本职能，即阶级职能和社会职能，其中的社会职能是指管理社会公共事务的职能，这些公共事务通常为全社会所必需，例如公共交通、公共医疗、邮政、公用电力、环境保护等；① 有学者则认为，国家（政府）具有经济调节、市场监管、社会管理和公共服务四大职能；② 还有学者认为，政府具有阶级统治、社会管理、社会服务、社会平衡四大职能，其中，社会服务职能包括提供社会和公民所需的信息和商业服务；提供教育、文化、娱乐、保健、交通、通信等方面的服务；提供各类市政性服务设施，如道路、水电、照明等；进行社会发展方面的各类专门和综合性研究；向社会和公民提供生产和生活所需的各种自然资源；向社会和公民提供社会福利、保险、救济和慈善服务等。③ 可见，社会公众服务作为国家（政府）的重要职能几乎已成为学者的共识。故国家（政府）承担并履行对非营利性公用事业领域的投资责任，恰恰是国家（政府）实现其公共服务职能的具体表现。

在我国，类似于公共基础设施、基础教育、公益性医院、图书馆、博物馆、城市园林绿化、污水处理、环境卫生、道路与河道养护、道路照明等社会和城市公用事业，所提供的大多都是纯公共产品，基本上都是向公众免费供应，通常都是靠政府长期投资而形成并予以维持。同时，政府的社会利益代表人角色与公共服务职能，也决定政府应是非营利性公用事业领域的当然投资者和法定提供者。

（二）非营利性公用事业领域国家（政府）投资或经营的制度范式

在理论上，尽管投资非营利性公用事业是国家（政府）的基本义务和职责，但此类公用事业的非营利性特征又会使国家（政府）的投资或经营积极性大减；此外，国家（政府）的代理人缺位也使其在非营利性公用事

---

① 张郧等：《中国政府管理百科全书》，经济日报出版社，1992，第4页。

② 桑玉成：《服务型政府的职能》，《党政干部文摘》2008年第4期。

③ 施雪华：《论政府的结构和特性》，《中国行政管理》1995年第6期。

业投资、经营中，屡屡出现贪污腐败、管理缺失、效益低下、产品伪劣、服务不到位等消极现象。因此，适当、有效的制度安排，是确保国家（政府）投资非营利性公用事业到位且有效运行的重要条件。笔者认为，可从以下几个方面入手。

（1）通过《财政预算法》和《政府投资条例》等法律、行政法规的硬性规定，为国家（政府）投资非营利性公用事业划定明确的范围，并通过财政预算制度确保非营利性公用事业建设与营运资金的足额、及时到位。2019年4月国务院颁发《政府投资条例》，明确规定政府投资为"在中国境内使用预算安排的资金进行固定资产投资建设活动，包括新建、扩建、改建、技术改造等"；政府投资资金应当投向市场不能有效配置资源的社会公益服务、公共基础设施、农业农村、生态环境保护、重大科技进步、社会管理、国家安全等公共领域的项目，以非经营性项目为主。① 这是我国首次通过立法形式明确政府投资应以非经营性公用事业与基础设施为重点，也为我国非营利性公用事业领域投资体制与准入制度改革指明了方向。

（2）通过政府采购、承包、信托、托管、公私合作（如 BOT、TOT、PPP 等模式）、项目法人等市场化运行模式，以提高国家（政府）投资非营利性公用事业营运效益、产品质量和服务水平。对此，我国《基础设施和公用事业特许经营管理办法》有原则性规定。

（三）非营利性公用事业领域国家（政府）投资或经营的着力点

除以上制度安排以确保非营利性公用事业领域国家（政府）投资到位外，对国家（政府）投资非营利性公用事业的着力点，还应注意如下几点。（1）对贫富地区进行公平投资。政府在强化对非营利性公用事业领域进行投资的同时，理应重视以往对贫富地区投资不均的问题，并努力实现不同地区的公平投资，以此满足贫富地区公众的生活需求，减少不必要的浪费，最终实现全社会的实质公平。（2）采用多种形式进行投资。例如，政府可通过股票债券、财政补贴、定期给付报酬或直接参与运作等形式，对非营利性公用事业领域进行投资和维护。上述形式大致可划分为两类，一类是政府出"钱"不出"力"，另一类是政府出"钱"又出"力"。但不论政府

---

① 参见国务院《政府投资条例》（2019年）第 2~3 条。

采取其中哪一类投资形式，其出不出"力"暂且不说，但"钱"是必出不可的（即使这是一个毫无利益可言的领域）。[1]（3）加强政府投资的监控。首先，政府理应加强自身对投资的有效控制，做到对每一份投资的去向知根知底，并保证投资的每一分钱都能用到刀刃上；其次，政府应将投资的账簿向公众公开，实行全民监督机制，使老百姓能够对相关投资心知肚明。

综上，公用事业领域的准入开放与分类改革可作如下简要归纳。（1）自由竞争类公用事业领域、行业或环节应全面开放，逐渐实现以准则审核准入方式为主、以例外行政许可准入方式为补充的自由、开放型竞争类公用事业准入制度。（2）自然垄断类公用事业领域、行业或环节应打破现有的法定或定点专营、垄断经营制度，通过特许经营权竞标或政府采购等竞争式招标缔约准入方式，逐步建立起营业机会公平、准入程序公开透明、准入内容规范具体的自然垄断类公用事业准入制度。（3）非营业性公用事业领域应建立严格的国家（政府）投资责任制度，国家（政府）可通过政府采购、承包、信托、托管、公私合作（如 BOT、TOT、PPP 等模式）、项目法人等市场化运行模式，尽量减少国家（政府）在非营业性公用事业投资、建设和经营管理中的寻租、腐败和效益低下等顽症。但是，需要注意的是，准许民间、民资、民企进入该领域，并非意味着政府应负义务与责任的免除；正如哈耶克所言"经济活动的自由，原本意指法治下的自由，而不是说完全不要政府的行动"，[2] 无论公用事业领域准入制度作何改革，政府的特定角色与法定义务，永远都不能缺位。

---

[1]　李华一：《政府投资城市基础设施的重新定位》，《东北财经大学学报》2004 年第 5 期。

[2]　哈耶克：《自由秩序原理》，邓正来译，生活・读书・新知三联书店，1997，第 279 ~ 280 页。

第七章 公共产品交易的过程控制与权利限制

公用企业提供公共产品或公共服务的过程，实质是公用企业与公众消费者的缔约过程，强制缔约理论排除了公用企业任意拒绝与公众消费者缔约或者怠于向社会公众提供公共服务的可能性，重在公共产品交易之前的防范；而格式合同规则又使公用企业单方面规定的、损害公众消费者利益的霸王条款归于无效，立意在于公共产品交易之后的补救，两者可谓相得益彰。

一 公共产品交易属性的经济学与法学分析

（一）公用事业产品、服务与公共产品的意义厘定

在学界，经常性地把公用事业、公用企业与公用事业产品或服务等概念与范围混同使用，但实质上，它们三者之间的区别是十分明显的。

1. 公用事业

公用事业是特指那些具有非竞争性或非排他性或者兼具非竞争性和非排他性的行业、产业、领域或部门。公用事业对应的英文为 Public Utilities，其范围一般包括煤气、供电、供水、公共交通、排水、通信等行业。① 我国规范文本对公用事业概念与范围尚无统一规定，如 2000 年建设部《城市市政公用事业利用外资暂行规定》第 2 条称 "城市市政公用事业"，范围包括 "城市供水、供热、供气、公共交通、排水、污水处理、道路与桥梁、市容环境卫生、培训处置和园林绿化等"；还有，建设部《关于加快市政公用行

---

① 英国培生教育出版有限责任公司：《朗文当代高级英语词典》，汪榕培等译，外语教学与研究出版社，2004，第 1952 页；Sally Wehmeier：《牛津高阶英语双解词典》，庄绎传等译，商务印书馆，2004，第 2201 页。

业市场化进程的意见》（建城〔2002〕272 号）则称"市政公用行业"，范围包括"城市供水、供气、供热、污水处理、垃圾处理及公共交通等直接关系社会公共利益和涉及有限公共资源配置的行业"；再如住建部《市政公用事业特许经营管理办法》（2015 年修正）所指为"市政公用事业"，其中第2 条第 2 款列举的范围包括"城市供水、供气、供热、公共交通、污水处理、垃圾处理等行业"；而发改委等《基础设施和公用事业特许经营管理办法》（2015 年）则称"基础设施和公用事业"，第 2 条列举的范围为"能源、交通运输、水利、环境保护、市政工程等基础设施和公用事业领域"；还有，发改委《必须招标的基础设施和公用事业项目范围规定》也称"基础设施和公用事业"，列举的范围则比较具体，包括：（1）煤炭、石油、天然气、电力、新能源等能源基础设施；（2）铁路、公路、管道、水运，以及公共航空和A1 级通用机场等交通运输基础设施；（2）电信枢纽、通信信息网络等通信基础设施；（4）防洪、灌溉、排涝、引（供）水等水利基础设施；（5）城市轨道交通等城建。笔者认为，公用事业既包括公共基础设施的建设与营运，更包括基于该基础设施之上的带有准公共性、非竞争性或非排他性的特定行业、产业、领域或部门。

2. 公用企业

公用企业为在公用事业领域从事公用产品或服务生产或供给的经营者。在英美国家，公用企业与公用事业两者英文均为 Public Utility，《布莱克法律词典》把公用企业定义为给公众提供诸如电话、电力、自来水等必须服务的企业。[1] 我国立法文献对公用企业的定义，一为《反不正当竞争法》（1993 年）第 6 条，此处的公用企业"包括自来水公司、煤气公司、供电公司等从事公用事业的企业"；二为国家工商总局 1993 年 12 月发布的《关于禁止公用企业限制竞争行为的若干规定》第 2 条，将公用企业界定为"涉及公用事业的经营者，包括供水、供电、供热、供气、邮政、电信、交通运输行业的经营者"。此外，国家工商行政管理总局出版物《工商行政管理》刊出的执法卡片上认为，公用企业，是指通过网络或者其他关键设施（基础设施）提供公共服务的经营者，包括供水、供电、供热、邮政、电信、交通运输等行业的经营者。在国外，如美国《公用事业法》把公用事

---

[1] See Bryan A. Garner. *Black's Law Dictionary*. West，a Thomson Buciness，2004，p. 1582.

业定义为"所有那些为了直接或者间接的实现公共目标，或在持有特许经营权、执照和许可的条件下，由公司、机构、合伙人、个人或者财产委托人在供暖、制冷、能源、电力、给排水、垃圾处置、油品、燃气或照明等行业所从事的生产、储存、运输、销售和服务"；美国联邦最高法院法官温森 1943 年曾对公用企业这一概念作了系统的解释，他认为凡企业只需具备如下特征，即可称为公用企业：（1）与社会公众利益紧密相关；（2）其业务性质与输配过程有着直接的联系；（3）具有根据市场需求和依据合理价格向社会公众提供产品或服务的强制性义务；（4）独立于一般的市场竞争企业，享有合法的垄断地位；或在政府的特许情况下享有这一垄断地位。[1]

可以看出，公用企业是以公用事业为投资或营运对象的经营者，即：（1）公用企业是为公众提供必需服务的企业；（2）公用企业是通过网络或基础设施提供公共服务的经营者；（3）在外延上，公用企业通常包括供水、供电、供热、供气、邮政、电信、交通运输行业的经营者。

3. 公用事业产品或服务

公用事业产品或服务为公用企业提供的、公众消费者必需的产品或服务种类。公用企业在经营过程中，向社会公众消费者提供的产品或服务，为公用事业产品与服务，它具有公共性、普遍性、日常性和不可或缺性等特点。严格来说，公用事业产品与服务和公共产品是两个语境、含义、范围不同的概念。

在经济学上，公共产品（Public goods）是私人产品的对称，系指具有消费或使用上的非竞争性和受益上的非排他性的产品或服务，它包括纯公共产品和准公共产品（或称类公共产品）两大类。其中纯公共产品，又称完全意义上的公共产品，即那些能为整个社会共同消费且在消费过程中具有非竞争性和非排他性的、任何消费者对该产品的消费都不减少、别人对它进行同样消费的物品或劳务，它具有非竞争性、非排他性、非分割性等特点，如国防、外交、立法、司法和政府的公安、环保、工商行政管理以及从事行政管理的各部门所提供的公共产品（如公共基础设施、基础教育）等。准公共产品，或称类公共产品，系指那些虽然能为社会公众消费

---

[1] 钟雯彬：《公共产品法律调整研究》，法律出版社，2008，第 22 页；邢鸿飞：《公用事业法原论》，中国方正出版社，2009，第 2 页以下。

者共同消费且具有有限的非竞争性和局部的排他性，但如超过一定的供给临界点，其非竞争性和非排他性就会消失，并会出现需求拥挤、竞争性供给的物品或劳务。在理论上，准公共产品又可分为公益产品和公共事业产品，其中公益产品为投资者、经营者在向社会公众消费者提供该产品或服务的过程中，不以营利为目的，如园林绿化、污水处理、公共图书馆、公共博物馆、基础教育、公益性医院、公共高等教育、公共文化、广播电视、应用科学研究、社会体育、农林技术等；而公共事业产品是指投资者、经营者在向社会公众消费者提供该产品或服务的过程中，以营利为目的，如电信、电力、供气、供热、自来水、管道、煤气等自然垄断类产品，公共基础设施（铁路、港口、码头、机场、公路等）、盐业、公共交通、邮政等。

不难看出，公用事业产品、服务与公共产品之概念有交叉、范围有包含的关系，即公用事业产品、服务应属于公共产品中准公共产品或类公共产品的范畴。又如前文所述，广义的公用事业包括非营利性公用事业和营利性公用事业，其中非营利性公用事业，即理论上或政策上所称的公益事业，其对应的产品应为准公共产品中的公益产品；而营利性公用事业就是指狭义的公用事业经营或经营性公用事业、营利性公用事业，其对应的产品为准公共产品中的公共事业产品。可见，如从广义的公用事业范畴来分析，公用事业产品、服务就是准公共产品，包括公益产品和公共事业产品两大类，如从狭义的公用事业范畴来分析，公用事业产品、服务则仅指准公共产品中的公共事业产品。但在实际生活中，无论是广义的公用事业还是狭义的公用事业，或者是纯公共产品还是准公共产品，抑或是公益产品还是公共事业产品，其界限是比较模糊的。因此，在理论上，或者在政策、立法上，如无特别说明，一般而言公用事业产品、服务与公共产品，纯公共产品与准公共产品，公益产品与公共事业产品，这几种概念并不严格加以区分的，更多的语境是混用。基于此，为论述方便和用语精简起见，下文分析和探讨中所论公共产品，如无特别说明，就是特指本议题范畴的公用事业产品与服务。

根据萨缪尔森《公共支出的纯理论》（*The Pure Theory of Public Expenditure*）中的分析，西方经济学界推导出公共产品的非排他性和非竞争性两个特征，即个人不会被排除在消费公共产品的利益之外，且增加一个人消费公共产品的边际成本等于零。公共产品必须是由集团中所有成员均等消费的商品。[①] 如果集团中的任何一个成员可以得到一个单位，该集团中的其他每一个成员也必须可以得到一个单位，该定义揭示了公共产品的本质特性。[②] 但布坎南在《俱乐部的经济理论》（An Economic Theory of Clubs）一文中提出，萨缪尔森定义、导出的公共产品是纯公共产品，而现实世界中大量存在的是介于纯公共产品与纯私人产品之间的一种产品，称为准公共产品或类公共产品。[③] 个人，不论是独自还是集体都要对经济资源的利用做出决定，人们至少可以两种身份这样做。首先，在有组织的市场中作为商品和服务的买者（或卖者）；其次，通过有组织的政治过程作为商品和服务的买者（或卖者）。[④] 广泛意义上的公共产品并不存在绝对的非排他性和完全的非竞争性。纯公共产品在现实中少之又少，而准公共产品不仅有空间上的指定范围，在消费数量上还存在可容性的限制。由于公共产品的绝对非排他性和完全非竞争性在现实中难以找到，公共产品的无限包容性鲜有存在，公共产品交易中公用企业与公众消费者基于自身利益最优选择的供求关系就存在诸多矛盾，因此，有必要对具有不对称法律地位的公用企业与公众消费者的交易行为进行经济学分析，进而对于交易过程中特殊合同法的适用与规制进行跟进探讨，以促进公共产品交易过程中的公平与安全。

显然，公用事业、公用企业与公用事业产品或服务三者之间，有着明显的区别；它们之间的关系，应是进入公用事业领域的公用企业，通过投资或经营等营业活动，向社会公众（以下称公众消费者）生产或提供公用事业产品或服务的行为或过程以及形成的特定法律关系。

（二）公用企业与公众消费者交易行为的经济学分析

制度经济学的代表人物康芒斯曾于 1934 年在《制度经济学》中首次提出"交易"这一经济学范畴，他把交易与生产（劳动）相对应，认为生产

---

① Paul A. Samuelson. The Pure Theory of Public Expenditure. *The Review of Economics and Statistics*, Volunme 36, Issue 4（Nov., 1954），pp.387-389。

② 刘辉：《市场失灵理论及其发展》，《当代经济研究》1999 年第 8 期。

③ Buchanan. J. M. An Economic Theory of Clubs. *Economica*, 1965,（32）；张健：《布坎南与公共选择理论》，《经济科学》1991 年第 2 期；钟雯彬：《公共产品法律调整研究》，法律出版社，2008，第 11 页。

④ 詹姆斯·M. 布坎南：《民主财政论》，商务印书馆，1993，第 12 页。

活动是人对自然的活动，交易活动是人与人之间的活动，二者共同构成人类经济活动的全部，所以，交易作为人类经济活动的基本单位，是经济学研究的组成部分。[①] 公用企业与公众消费者的交易行为是指公用企业与消费者之间有关公共产品的一系列交易活动。

1. 从理性人假设、纳什均衡与帕累托最优角度分析

公用企业提供的公共产品具有社会福利和公益性质，有相当一部分资金来自财政补贴，但财政来源的有限性又决定了财政补贴资金的稀缺性。此外，公用企业又具有市场主体的属性与性质，根据"理性人"假设的自利原则，每一个从事经济活动的主体都是利己的，公用企业自然也不会在长期亏损的情况下为了公共利益而无偿提供公共产品，自然公用企业也具有企业对于利润的追求本性，所以公用企业在享有源于人民税收的财政补贴的同时，还具有从公众消费者处取得一定收入回报的意愿。另一方面，由于现实中一般公共产品在消费数量上存在拥挤的临界点。当消费超过拥挤临界点后，该产品供不应求，增加消费者就很容易引起边际成本的上升，此时就很容易产生相应的排他性，最常见也最有效率的策略和手段是收费，实现其效益的最大化。[②] 基于此，在我国，除非营利性公用事业领域外，在营利性公用事业领域，公用企业向公众消费者提供公共产品是以收费为基本条件的。

在公共产品交易过程中，除非营利性公用事业领域可提供免费的公益产品外，在营利性公用事业领域交易中，公众消费者和公用企业也会基于成本—收益的计算与考量，遵循"理性人"假设，追求自身经济利益最大化，即消费者追求满足程度和消费效用（幸福指数）的最大化，而公用企业追求效益与利润的最大化。如此，公用企业和公众消费者之间，就存在基于信息不对称的博弈，且这种博弈是一种非零和博弈，即存在囚徒困境博弈的纳什均衡；在博弈过程中，个体理性、个体利益的最大并不一定能导致集体利益的最大化，而市场本身的不完备性，特别是交易信息的不充分性，必然导致社会经济资源的配置很难以达到市场调节理想状态的帕累托最优。

---

① 康芒斯：《制度经济学》，于树生译，商务印书馆，1962，第70~74页。
② 钟雯彬：《公共产品法律调整研究》，法律出版社，2008，第29页。

2. 从供求理论角度分析

（1）供给需求要素。一方面，就供给方来说，一则公用事业的自然垄断特性决定了经营者的唯一性或有限性，加上准入政策对公用企业的数量限制或准入禁止，因此，公共产品的供给主体十分有限；二则就供给标的而言，与一般竞争性产品或服务不同，公用事业产品或服务的供给市场不具有竞争性，产品或服务品种的单一性、恒定性和不可替代性，无疑使消费者处于无从选择的被动地位。另一方面，就需求方来说，一则公共产品的需求方为社会公众，在一般情况下具有恒定性；二则公共产品属于社会公众的刚需，具有必要性和基础性，不能以其他产品或服务来替代，该类公共产品的减少或断供，必然导致社会公众基础福利的普遍下降。

（2）供求均衡价格要素。公共产品的社会必需性，产品价格的波动和高低会产生明显的收入效应，直接影响社会公众和千家万户的日常生活和饮食起居，同时也会直接影响公用企业的收益与利润。如果公共产品价格定得过高，虽然公用企业可获得较高的收益和利润，但会明显降低公众消费者的收入和福利；而如果公共产品价格定得过低，公众消费者当然会因少支付而变相提高收入，产生收入与福利增加效应，但公用企业则会处于长期亏损的窘境，这无疑又会挫伤公用企业的积极性。因此，从公众消费者可预期、公用企业可维持发展动力和社会持续稳定的角度来看，公共产品的价格应是一个公用企业存在微利和公众消费者收入水平可承受的一个均衡值。在我国，一方面，公共产品总体供需矛盾一直较为突出，供不应求的市场格局仍无根本性改变；另一方面，对公共产品定价，消费者基本没有参与权，公用企业也无决定权，多数情况下是由政府定价，不能体现供求双方的价格均衡，致使石油、水电费、燃气费、广播电视收视费、网络使用费、电信资费等价格，既不能反映公用企业的经营利润，也不能满足公众消费者的需求。

（3）供求弹性因素。与一般竞争性产品不同，公共产品的供给与需求弹性均比较小，也就是说，公共产品的供给与需求量受价格波动调节的空间十分有限。就供给方来说，公共产品的供给能力是建立在公用事业既有固定投资的基础上，而固定投资需要一个比较长的周期，并受城市规划、环境卫生、经济发展等多方面因素制约，因此，即使实行公共产品高价格政策刺激，也不可能在短时期内迅速增加公共产品的供给量；而就需求方来看，公共产品为公众消费者日常生活所必需，也就是说，公众消费者对公共产品需求比较固定、刚性，公共产品的不可替代性又使该领域难以出现需求替代效应，因此，无论公共产品的价格如何调整，公众消费者对于公共产品的需求数量也不会有较大变动。正因为公共产品的供求弹性均低，就决定了公众消费者在多数情况下要受制于供给不足，而被动地接受可能是质次价高的公共产品；而在公用企业滥用市场支配地位、进行垄断性定价的情况下，问题会更为严重。

（三）公用企业与公众消费者非对称法律地位的法学分析

由于公用企业和公众消费者双方所掌握的信息量和经济实力存在很大差异，使得公众消费者在公共产品的交易过程中，总是处于明显的非对称弱势地位。这种不对称状况具体表现如下。

1. 财产基础的不对称

公用企业和公众消费者作为公共产品交易的双方，一方为拥有巨额固定资产并有国家（政府）财政补贴的企业；而另一方则为分散成千家万户的消费者。两者之间的财产基础、实力和实际能量，是很不对称的。

2. 权利（力）的不对称

公用事业的自然垄断特性，使公用企业一般享有该领域、行业或环节的专营权、垄断权；与此同时，公用事业的公共性，使其在投资、经营、管理和交易过程中，还享有由法律、行政法规、政府或政府部门授权的某些行政管理性权力，铁路经营者长期以来就享有对铁路运输管理的权力等，这些权利与权力的叠加，使公用企业拥有比公众消费者的先天权利（力）优势。在公共产品的供给、交易中，公用企业永远是主导者和主动者，而公众消费者则只能是附属者和被动者。

3. 信息的不对称

公共产品的供给涉及投资、经营、治理、管理、技术、销售、维修、抢险等多个环节，而每一环节均影响公共产品的供给数量与质量，而这些涉及公共产品供给方面的营业信息、技术信息、市场信息等，公用企业是这些信息的创造者，当然拥有信息优势，在这一领域，公众消费者永远是信息分享的劣势方。

4. 缔约履约的不对称

尽管公用企业和公众消费者之间的交易在多数情况下是通过合同形式来确定和固化的，但前述财产基础、权利（力）分配、信息分享的不对称性，决定了两者之间在缔约、履约上也出现明显的不对称性。在缔约环节，公共产品的品质、价格、供给方式等核心合同条款和公共产品的特性，均由公用企业说了算，已不具有可谈判、协商的空间；此外，公用企业往往预先准备了格式合同文本，公众消费者在签约时只能居于被动接受的附属地位。在履约环节，公共产品的具体供给量、时间、方式、持续与否、质量、稳定性与否，公用企业也居于主动地位，公众消费者则往往居于被动地位。

5. 权利受损救济的不对称

公用企业和公众消费者之间财产、权利（力）、信息、合同等方面的不对称地位，决定在权利受损救济方面也存在着不对称性。在同样存在违约的情况下，公用企业则可选择更主动的方式以维护自己的权利，如自来水、电力供应商就可以用户欠费为由单方面停水、停电；而公众消费者的维权途径、方式、手段也是被动的，如供水、供电、供气、网络等企业擅自或由于其他原因停止给公众消费者服务，导致公众消费者的生活不便或其他损失，则公众消费者很难使用主动式的维权手段，而只能被动地寻求法律救济。

公用企业与公众消费者不对称法律地位，主要表现为公用企业居于垄断地位，滥用垄断地位和市场支配优势，损害消费者的合法权益，其中前述滥收费用、拒绝交易、强制交易、不合理高价、搭售、歧视交易、附加不合理条件等滥用垄断优势行为已属经常、普遍；[1] 更为重要的是，由于公用企业的垄断经营行为往往有深刻的政策依据与公权背景，除具有自然垄断性质外，还具有鲜明的行政垄断特色。例如福建省南平市工商局查处的南平某供排水公司印制使用的《城市供用水合同》中，规定有用水人逾期缴纳水费每日加收 5‰ 的违约金条款，就明显属于滥用垄断地位擅定违约罚金。[2]

---

① 王晓晔：《公用企业滥用优势地位行为的法律管制》，《法学杂志》2005 年第 1 期。

② 陈星津：《某供排水公司利用合同格式条款侵害消费者权益案》，《工商行政管理》2010 年第 10 期。

二　公共产品交易过程中特殊合同法规制的总体思路与制度安排

（一）公共产品供用合同的基本特点

公用企业和公众消费者之间以公共产品为标的交易，在绝大多数情况下是以公用企业和公众消费者之间签订的公共产品供用合同或类似性质的确认书、各种单证等形式（以下统称为公共产品供用合同）完成的。公共产品供用合同，又称公用产品与服务类合同，是公用企业和公众消费者之间签订各种以公共产品的供给为标的和内容的协议，其形式包括城市公共交通服务合同、供用电合同、燃料（气、油、煤等）供应合同、自来水供应合同、公用设施（如公园）有偿使用合同、电信服务合同、邮政服务合同、供热合同、供气合同、广播电视服务合同、航空运输服务合同、铁路运输服务合同、其他公共产品与服务类合同等，它几乎涉及公用事业经营的各个领域。

和一般产品与服务合同不同，公共产品供用合同具有如下一些显著特点。

1. 合同标的物为公共产品

公共产品供用合同的标的物为水、电、煤、气、热、油、网络、电信通信、广播电视信号、公共交通运输行为、邮政服务等公共产品或服务，即公共产品，与一般类产品或者服务不同，它具有以下特性。（1）必需性。是社会生产和人们日常生活的必需品，具有不可或缺性。（2）同质性。又称标准性，即不同公共产品和服务不存在质量、数量上的很大差异，产品和服务可纳入标准化和计量化的统一规范。比如自来水供应，在一个城市里，一套供水系统里的水就具有同质性，就不存在专供富人和专供穷人两套供水系统。（3）非竞争性。即供给的垄断性，受资源、供给媒介、市场恒定等因素制约，产品或服务不能采用竞争方式来生产或经营，它只能由独家或少数几家进行垄断经营和有限竞争方式来供应。（4）非排他性。即所谓的公共性，任何单位或个人均可使用，且不因使用而排斥其他个人或单位的使用，公共产品具有为全社会公众共享的特征，不因地域、贫富、贵贱等社会因素而存在差别待遇；因此，为保障人们生产和生活需要，法律不能不对其予以特别规制。比如网络信号的覆盖，只取决于电信服务商的营业范围，而与特定公众消费者的身份无关。（4）有限性。公共产品绝大部分为水、电、气、热、油等消耗类资源，供给取决于资源的开发与投资的多少，且在一定时期基本恒定。即使如电信、广播电视传输信号、公共交通等，虽然不属于消耗类产品，但供给也取决于经营者的供给能力，也是有限的。

2. 合同形式的格式性

公共产品供用合同基本上采用定型化、标准化的格式合同，合同条款是由供方公用企业在签约之先拟定或印制好的，需方或用方公众消费者只能被动地、附属地决定是否同意订立合同，而不能对该合同里的相关条款和具体内容提出任何意见。尽管用方在标的物用量、用时上可提出自己的要求，但最终决定权仍然完全在供方。格式合同是公共产品供用合同最为显著的特征。

3. 合同关系的推定性

与一般产品或服务类合同不同，公共产品供用合同在多数情况下没有明确的签约程序或合同订立过程，有些甚至连合同的形式也没有。如自来水供用关系，在多数情况下自来水供应商与用水户之间并没有签订合同或类似合同的书面文件，只要自来水供应商供水管、水表进入特定居民或单位的住处，就意味着供水合同关系的存在，其他如供电、供气、供热等，均存在类似情况。即使如公共交通、邮政、电信等公用服务，也非采用签约形式而形成特定的公共产品供用合同关系，往往是通过公众消费者实施某一行为如购票、交费等，与特定公用企业形成公共产品供用合同关系，其购买的票证或收费凭证，本身不是合同，只是作为公共产品供用合同关系的凭证。因此，公共产品供用合同关系在多数情况下是事实上或推定性的合同关系。

4. 合同履行的连续性

公共产品供用合同涉及的水、电、煤、气、热、油、网络、电信通信、广播电视信号、公共交通运输、邮政服务等供给，系为社会生产和人们日常生活所必需，具有不可停止、不可中断的继续特性，供给必须是连续的并处于持续状态，因而公共产品供用合同的履行也必须是连续性的。在合同规定的期限内，正常情况下，供方须连续地供给水、电、煤、气、热、油、网络、电信通信、广播电视信号、公共交通运输、邮政服务，用方须按期支付相应的价款。因此，从合同履行的属性上分析，公共产品供用合同绝大部分为继续性合同。[①]

（二）公共产品供用合同规制的总体思路与制度安排

公共产品供用合同从签订、确认、履行到违约救济，几乎贯串公共产品供给的全过程，涉及公用企业和公众消费者之间所有权利与义务，公用企业滥用垄断经营权和市场支配地位，以损害公众消费者的合法权益，或者限制其他竞争者公平竞争、损害其他经营者的利益，在多数情况下也是通过公共产品供用合同的签订与履行来实施的。因此，对公用企业垄断经营进行规制，在通过前述公用事业准入环节的改革，仍然不足以在源头上解决或消除公用企业垄断经营问题的情况下，则应从公共产品供用合同的规制入手，从缔约、合同内容、格式条款、合同履行、违约救济等不同环节，进行必要的限制、监督，把具垄断经营权和市场支配地位的公用企业利用公共产品供用合同，以损害公众消费者合法权益，或者限制其他竞争者公平竞争、损害其他经营者利益的消极后果，降至最小。其基本思路和制度安排如下。

1. 公共产品供用合同缔约环节中强制缔约规则的引入与适用

基于公共产品的必需性、公用企业和公众消费者之间法律地位的不对称性，导致他们之间缔约欠缺真正的自由基础。[②] 为防止公用企业滥用垄断经营权和市场支配地位，利用供给唯一、主动、主导和先入为主等优势，损害公众消费者利益，特别是在公众消费者提出供给需求的意愿和申请后，杜绝公用企业以种种理由拒绝供给或拒绝交易等情况的发生概率，就必须在公共产品的缔约环节对公用企业适用强制缔约规则，当公众消费者提出公共产品的需求意愿和申请，亦即有关公共产品需求的要约后，对公用企业科以强制承诺的义务，即立法和司法应强制公用企业与公众消费者订立公共产品契约。公用企业不得以任何借口或理由予以拖延、拒绝、阻难公众消费者的缔约请求；否则构成违法，就应承担违法甚至侵权责任。强制

---

① 屈茂辉、张红：《继续性合同：基于合同法理与立法技术的多重考量》，《中国法学》2010年第5期。

② 崔建远：《合同法总论》上卷，中国人民大学出版社，2011，第15页。

缔约是合同法关于要约承诺的特殊规制，是公用企业单方必须承担的义务。"强制缔约"规则是为保障消费者的合法权益，通过法律明确规定公用企业不得拒绝消费者的缔约请求，以确保公用企业不滥用垄断经营权和市场支配地位，使公众消费者对公共产品的需求不至于被阻却于缔约的门槛之外。

2. 公共产品供用合同格式条款的解释原则

如前所述，公共产品合同在多数情况下是以格式合同的形式出现的，而格式合同往往又是由居于绝对优势方的公用企业先行准备和提供的，公众消费者在缔约过程中只有被动接受的份，而不可能对该格式合同的内容和条款提出任何异议。因此，在公用事业的垄断经营中，公用企业会习惯性地选择利用公共产品标准合同、格式合同或合同中的格式条款，排除公用企业本应承担的义务，减轻其应负的责任；或限制或剥夺公众消费者的权利或利益，增加公众消费者不应承担的义务或责任等，从而导致公共产品合同内容或条款在分配权利与义务、风险与责任时，实质不公平或显失公平，公用企业借此牟取不正当的法外利益或超额垄断利润，或严重损害公众消费者的利益，或影响相对竞争者或其他公用事业经营者的竞争利益等。基于此，就必须建立一种以《合同法》为中心、以其他公用事业特别法为补充、以司法解释和司法判例为指导形式的公共产品格式合同内容与条款效力的解释规则体系，涉及公共产品合同内容或具体条款中有关权利与义务、风险与责任分配，有利于公用企业而不利于公众消费者或其他相对竞争者，或者严重损害公众消费者或其他相对竞争者的利益，或有违社会公序良俗的，应认定该公共产品合同内容或具体条款无效，或者做出不利于公用企业而有利于公众消费者或其他相对竞争者的解释，以法律的外在强制来矫正并规范利用公共产品格式合同或格式条款的实质不公平，把公用企业借公共产品格式合同或格式条款实施垄断行为的欲念概率降至最低程度。

3. 法律、行政法规等规范性文件对公共产品供用合同条款的补充与附添

公用企业和公众消费者之间因公共产品供给所形成的供用关系，属于准公共关系，不仅应受公共产品合同的约束，更应受法律、行政法规的调整。单从公用企业和公众消费者之间供用合同关系来说，合同内容除应包括公共产品合同所载内容外，法律、行政法规、部门规章、地方性法规与地方政府规章等，有关公共产品供用的规定均应视为公共产品合同的重要内容，特别是有关公用企业应承担的义务和责任；有关维护公众消费者合法权益等方面的规定，更应视为公共产品合同的核心内容和补充性条款。因此，完善我国涉及公用事业方面内容的法律、行政法规、部门规章、地方性法规与地方政府规章，特别是要严格公用企业在提供公共产品过程中有关公共产品的质量标准、履约方式、履约时间、履约变更程序、信息公开、通知程序、紧急情况处理、维修抢险等法定义务和违法责任；或者明确规定公众消费者应当享有的各种权利、损害赔偿的救济途径和办法、损害赔偿的明确范围、损害的计算方式、受理和处理的有关部门等，法律、行政法规、部门规章、地方性法规与地方政府规章等规范性文件在这些方面的完善和具体规定，实质是对公用企业和公众消费者之间所订公共产品供用合同主要内容与具体条款的补充与附添，能进一步明确公用企业和公众消费者之间公共产品供用关系中的权利与义务、风险与责任的分担，当然有助于抑制公用企业的垄断经营行为，维护公众消费者或其他相对竞争者的合法权益。

4. 对公用企业违约私力救济行为的监管

公用企业除应遵守合同法规定的诚实信用原则之外，还应承担不可推卸的社会责任。尽管从民事法律关系来分析，公用企业和公众消费者存在着基于公共产品供用合同的平等民事关系，从形式上看，当事人在合同中的法律地位是平等的，都必须严格按照法律的规定和合同的约定履行义务，特别是当一方违约，另一方均可选择诸如合同履行抗辩、单方面中止合同履行、单方面解除合同及其他私力救济措施，以避免自己违约损失的扩大。但是，公共产品供用与一般合同履行不同，诸如水、电、气、热、油、邮政、电信、公共交通等为公众消费者日常生活所不可或缺，如存在公众消费者违约，典型如欠费等，公用企业就不能适用前述合同履行抗辩、单方面中止合同履行、单方面解除合同等合同履行规则，中止或停止向公众消费者提供公共产品。如果这样，公众消费者的日常生活就难以为继。因此，在公共产品供用合同履约过程中，就必须适用不同于一般合同法的一些特殊规制，如公用企业必须无条件先行履行、有关合同抗辩权的排除适用、单方面中止合同履行或单方面解除合同的禁止等，就可以有效减少公用企业在公共产品供给过程中滥用垄断经营权和市场支配地位，损害公众消费者合法权益和相对竞争者营业利益的概率。

以下将从公共产品供用合同的缔约、合同内容、格式条款、合同履行、违约救济等不同环节，适用上述特殊合同法规则进行具体的分析和阐述。

三 公共产品供用合同缔约环节中强制缔约规则的引入与适用

（一）强制缔约规则的一般理论与适用情形

1. 强制缔约产生的缘由与概念的界定

随着生产力发展，社会两极分化日益严重，许多契约的双方当事人经济地位并不平等，诸如劳动者与企业、消费者与生产者的关系都是如此。契约一方因强势而居于主动、主导地位，操控甚至垄断了缔约、履约和解约的全过程；而合同另一方则完全居于被动、附属地位，丧失了独立表示意思、自主协商的机会和权利，传统契约特别是缔约自由的基础在此基本不复存在。在此背景下，契约双方当事人形式上的法律地位平等被实质上的经济地位不平等湮没，意思表示的自由实际上也常常因为弱势一方违背自己意志发生、变更和终止契约关系的社会现实而名存实亡，纯粹尊重一方的意思自治只会使另一方陷入实质上不公平的境地。当契约理论赖以存在的基础发生根本性动摇时，契约自由的公正性就只能徒具形式。[1] 正如罗尔斯所理解的那样：如果一种社会安排出于某种原因不得不产生某种不平等，那么它只有最大限度地有助于最不利者群体的利益，它才能是正义的。[2] 强制缔约规则的出现就是一种对合同实质平等、公平和正义的回归。

强制缔约，又称为强制契约、契约强制、契约缔结之强制或强制性合同，系指依据法律或法律规定的公序良俗原则，预先对契约一方当事人的缔约自由与选择相对人的自由予以限制，将契约双方存在的实质上不平等加以矫正，使契约双方最大限度地实现平等，并达到维护契约实质正义的目的而所预设一种合同制度；也就是说，强制缔约是指依照法律规范，对

---

[1] 崔明石：《解析契约正义的演进——兼论强制缔约的产生》，《阿坝师范高等专科学校学报》2005 年第 1 期；施璐：《强制缔约的产生基础及其边界辨析》，《长江大学学报》（社会科学版）2012 年第 4 期。

[2] 约翰·罗尔斯：《正义论》，何怀宏等译，中国社会科学出版社，1988，第 60~64 页；约翰·罗尔斯：《作为公平的正义——正义新论》，姚大志译，上海三联书店，2002，第 447 页。

某些民事主体施加的与他人缔结合同的义务，非有正当理由，该民事主体不得拒绝订立该合同。[①] 强制缔约是根据法律规范及解释，为受益人的合法权益，在无权利主体意思拘束的情况下，使另一权利主体负担与该受益人签订具有特定内容或者应由中立方指定内容的合同的义务；或者是一个权利主体负有应相对人的请求而与其订立合同的义务，或者是一个权利主体有义务向相对人发出要约以订立合同。[②] 易言之，所谓强制缔约，是指依据法律规定或根据社会公序良俗原则，规定特定类型合同的缔约一方当事人（受要约人）在另一方缔约当事人（要约人）提出要约的情况下必须承担承诺义务，而不能做出拒绝承诺或拒绝交易的意思表示的一种特殊合同缔约制度。从强制缔约的概念可以看出，在强制缔约中受要约人丧失了缔约自由和选择相对人的自由，法律强制受要约人必须向要约人承诺以成立契约。比如海上货物运输法强制缔约义务的适用具有单方面限制公共海运承运人的缔约自由的法律效果，使其有义务以核准订舱单的方式对托运人的要约做出承诺；海上货物运输法的强制缔约制度就具有彰显契约正义和调节公共海运资源的效能，以及充分满足国际贸易需要的效率价值。[③] 合同自由是合同法的基本原则，强制缔约却排斥了缔约自由，之所以如此，是因为在这些特殊的合同里，受要约方一般占有某种先前的优势，而要约人往往处于权利、机会、支配力等方面的劣势，如按照一般合同的缔约自由原则来处理，则一旦受要约人拒绝作出承诺的意思表示或者再附添对要约极为不利的条件、条款，则要么受要约方与要约人之间难以成立合同，要么难以达成合意，无论哪一种情况，均会对要约人带来极大的不便或造成难以挽回的损失。在这种情况下，国家通过法律的规定，通过国家的事先干预，在某些特殊类合同缔约过程中，规定有某种优势的受要约人必须对要约人承担承诺义务，就显得十分必要。

2. 强制缔约中的强制力源与强制内容

在合同法理论上，强制缔约所达成的强制性合同与前述的格式合同（又称标准合同）中缔约一样，均是对传统私法自治和契约自由的克服、限

---

① 冉克平：《论强制缔约制度》，《政治与法律》2009 年第 11 期。
② 崔建远：《强制缔约及其中国化》，《社会科学战线》2006 年第 5 期。
③ 韦经建：《论海上货物运输法的强制缔约义务的适用及其规范的制度价值》，《法制与社会发展》2007 年第 2 期。

制或矫正，且都存在一定程度的强制。如在格式合同中，由于消费者不能对条款拟定方提出的条款进行任何变动，实质上这些格式、标准合同就带有条款拟定方对消费者、相对人的某种强制色彩，往往成为企业、商家乘消费者、相对人的无知或无经验，依片面、单方面提供的条款和合同内容，强制消费者、相对人与之缔结具有不当内容的契约。但强制缔约中的强制与格式合同缔约中的强制之强制力的来源、强制的内容和强制的对象是完全不一样的。（1）关于强制力量的来源。格式合同中的强制力量源于条款拟定方在经济上、情势上的绝对优势地位；而在适用强制缔约规则所缔结的强制性合同中，强制力量则源于法律的明确规定和依据这些规定所推断的合同法特殊规则。（2）关于强制内容。格式合同中的强制则源于缔约双方当事人的经济地位、特定情势的悬殊，从而使得格式合同或格式条款拟定方、提供方的意志在缔约之前就固化并在整个缔约过程中居于主导和支配的地位，而对方当事人的意志则不能对合同内容和具体条款产生任何影响；而在适用强制缔约规则所缔结的强制性合同中，强制的内容仅仅要求在经济、情势上居于优势的受要约方在缔约过程中负有向要约方（往往是经济、情势上的劣势方）做出承诺意思表示的法定义务。（3）关于强制的对象。格式合同中的强制是格式合同或格式条款拟定方、提供方（经济地位、特定情势居优势的一方）对消费者、交易相对人（经济地位、特定情势居劣势的一方）的强制；而在适用强制缔约规则所缔结的强制性合同中，强制的对象是法律对在经济、情势上居于优势的受要约方的强制。

　　需要特别指出的是，强制缔约与学理上所称的命令契约也存在着实质性差异。命令契约之概念为德国学者 Hedemann、Larenz 等所创，[①] 是指国家或国家机关依据法律规定，以命令代替当事人间之合意，使当事人间发生某种法律关系。命令契约一般是在战争中国家实施经济统制和社会军管时被经常地、大量地采用的合同形式，在改革开放前的中国、苏联东欧等实行计划经济体制的社会主义国家中，依据计划而订立的经济协议也可归类于命令契约的范畴。强制缔约与命令契约中均存在强制，但强制的目的与程度有很大不同。（1）关于强制的目的。命令契约中的强制目的是国家机

[①]　迪特尔·梅迪库斯：《德国债法总论》，杜景林、卢谌译，法律出版社，2004，第 70～75、142 页。

关利用或借助命令契约操纵、控制私人和民间之间的财货交易或分配活动，通过国家的意志实现来社会资源或财富在社会成员之间符合国家政策、执政目标的移转；而强制缔约中的强制目的则是国家通过法律对在市场、经济、情势上居于优势的受要约方的强制承诺，对其滥用私权、垄断权以损害弱势一方消费者、相对人合法权益、正当利益的一种遏制。（2）关于强制的程度。虽然两者都体现了国家对自治的管制，但命令契约则体现着国家对契约双方当事人意思、意志的绝对强制，国家根本不会考虑当事人双方是否有缔约的意思，而仅依国家机关之命令即形成契约关系，当事人之间已经没有意思自治、契约自由的空间，因此命令契约通常被学者认为是统制契约自由之最高法律形式，把交易在国民生活秩序之下组织化之最高契约形态；也有学者认为，命令契约由于非以当事人合意为基础，已丧失真正契约之本来意义；而在强制缔约场合，虽然法律科以受要约人必须做出承诺的义务，从而也使当事人的合同自由受到限制，但在此种情况下，另一方当事人却仍然享有要约自由，缔约自由的限制与强制是相对的。[①]

3. 强制缔约的基本类型与适用情形

在学理上，根据违反强制缔约义务所产生后果的不同，强制缔约可分为直接强制缔约与间接强制缔约两个基本类型。[②] 对直接强制缔约而言，当负有缔约义务的一方不接受他方的要约时，要约人得诉请公权力介入，强制受要约人为承诺的意思表示；而对间接强制缔约而言，受强制而有缔约义务的一方虽然对他方的要约有做出承诺的义务，但如果缔约义务人拒绝承诺时，要约人只能依民法关于侵权行为的规定请求损害赔偿，因为滥用法律上或者事实上的独占地位，特别是居于这种优势地位的企业拒绝以一般所接受的且妥当的条件来缔约，是违反善良风俗的行为。[③]

[①] 翟艳：《强制缔约制度与经济法的契合性解读》，《政治与法律》2013 年第 7 期。

[②] 关于强制缔约的分类，我国台湾地区邱聪智等学者，主张细分为强制契约与契约强制，而非直接的强制缔约与间接的强制缔约。其中，在强制契约中，法律规定强制承诺，使契约因一方之要约而成立；在契约强制中，以法律规定承诺义务，规定违反者赔偿他方所受损害。强制契约不问承诺人意思如何，强制成立契约；契约强制尚不直接成立契约。参见邱聪智《民法债编通则》，辅仁大学法学丛书，1993，第 50~51 页。

[③] 易军、宁红丽：《强制缔约制度研究——兼论近代民法的嬗变与革新》，《法学家》2003 年第 3 期。

第一，直接强制缔约。适用的基本情形包括：（1）越界建筑所占土地所有权的购买请求权；（2）法定地上权的成立；（3）共有人的优先购买权；（4）有承受委托之公然表示者拒绝承诺时之通知义务；（5）土地所有人对地上权人工作物的购买权以及地上权人的补偿请求权；（6）承揽人的抵押权；（7）其他情形。

第二，间接强制缔约。适用的主要情形包括：（1）公用事业经营者的强制缔约义务；（2）基于特定身份或职业而发生强制缔约义务，如医师、药剂师、助产士、精神医生、公证人等职业。

（二）公共产品交易过程中适用强制缔约规则的缘由分析

综前所述，多数学者均认为，公共产品供用合同，是完全可以适用强制缔约规则，对处于经济、权利、信息劣势方的公众消费者进行特殊性的保护。但目前学术界对公共产品供用合同为什么可以适用强制缔约规则，则无详细阐述。笔者认为，公共产品供用合同之所以可以适用强制缔约规则，主要在于如下理由。

1. 公共产品的必需性特征使供给方无权拒绝公众消费者的供用要约

在工业社会之前的农业社会，由于人们的日常生活绝大部分是由自然生产方式所提供，因之诸如农产品、手工业制品具有明显的可替代特征，其公共性尚未显示出来。但随着近代工业革命的兴起，如电力、通信、石油、天然气、集中供热等新兴工业与生产部门的兴起，特别是现代城市发展，能源、公共交通、日常生活必需品的集中供给模式，已经完全取代了传统自然经济时期的分散供给模式，在现代社会，水、电、气、热、电信、公共交通等，就已经不再是早期的纯粹私人产品属性，而是具有为满足全体公众消费者生存和生活的必需品，且已成为人们生存和社会发展的基本条件，其必需性、基础性、不可或缺性、不可替代性，最重要的是供给方式的集中性和唯一性，如公共产品需求和供用的要约被处于集中、唯一供给地位的经营者拒绝，公众消费者就难以寻求其他同类产品予以有效替代，有些根本就无法替代，如城市的自来水，一旦自来水公司不供水，城市居民就不能再从江河里去取水，因为现在的江河已经被污染了，水已经基本不能直接饮用；又如供电，电气化时代之后的人们已经不能再离开电了，如果电力生产与供输经营者拒绝供电或停止供电，人们的日常生活将深受影响，如工业生产、高层楼宇、以电为动力源的公共交通，则将处于瘫痪状态。因此，强制缔约义务的出现是工业化时代、社会化生产之后私法公法化的必然结果，它与供水、电网等公用企业成本的高沉淀性、效应的大规模性、资产的强专用性、供应的唯一性具有天然的契合性。[①] 足见，公共产品的必需性特征使处于集中、唯一供给地位的经营者不能、当然也就无权拒绝公众消费者的供用要约，只要公众消费者提出消费、供用的需求要约，处于集中、唯一供给地位的经营者、供给者就不得不与之订立契约，以保障基本的需求供应，维持人们的基本生存和社会的正常运行。很显然，强制缔约制度是现代契约法为践行契约正义而对契约自由进行的归位性限制，其存在领域和对弱势群体的保护范围并不具有对应性，民生依赖和公共政策需要才是产生该制度的直接动因。[②]

2. 公共产品供用合同当事人双方法律地位的不对称性

在公共产品供用合同的前述特征中，供用合同当事人双方法律地位的不对称性最为显著。在公共产品供用合同的缔约阶段，公用企业作公共产品集中或唯一的供给方，在该类产品或市场中处于独占专营或寡头支配的市场垄断地位，这一地位决定了公用企业在缔约阶段为绝对强势、主动方，在经济实力、合同内容的确定、信息的占有、谈判能力上具有公众消费者无法比拟的巨大优势，对公众消费者而言，在这种情势下，他们具有如下多种情况下的不可选择性。（1）要约标的的不可选择性，公共产品或服务的必需性和不可替代性使供用标的具有不可选择性。（2）交易对象的不可选择性，公共产品供给方式的集中性、唯一性，产品所在市场的非竞争性，公用企业的独占专营或寡头支配这一市场垄断经济结构，使公众消费者在同类产品或服务市场不具有选择其他供给者的可能性，也就是说，一旦因公众消费者的公共产品供用要约被公用企业拒绝承诺，无法达成有关公共产品供用合同，也就意味着公众消费者无法从公用企业那里获得公共产品的有效供给，公众消费者也难以或者根本不可能从其他经营者那里获得该类产品或服务。（3）交易内容的和交易时间的不可选择性。由于公共产品

[①] 唐敏：《反思与重构：电网企业强制缔约义务立法完善研究》，《华东电力》2009 年第 7 期。

[②] 贾玉平、吕中行：《公共政策视域下的强制缔约》，《吉林大学社会科学学报》2007 年第 5 期。

具有同质性和标准性，在产品的供给质量、数量、方式和时间上，公众消费者基本处于无知者状态，居于独占专营或寡头支配垄断地位的公用企业，则属于明显的优势方，拥有完全的缔约主动权。在公共产品供用合同缔约阶段，公众消费者在经济实力、合同内容的确定、信息的占有、谈判能力上处于明显劣势的情况下，对该合同的交易标的、对方当事人、合同具体内容没有任何选择和协商的权利，其结果只能是被动地提出公共产品供用的要约申请，且被动地期待着公用企业的尽快承诺。在差异如此悬殊的境况下，如果仍然采用传统的绝对合同自由原则，则公用企业就有可能凭借垄断地位，肆意利用合同订立的主动权，单方面决定交易对象、交易价格等合同内容，从而使合同相对方——公众消费者处于被动接受、极为不利的地位。双方当事人通过此种合同形成的利益关系就可能严重失衡，甚至可能使合同另一方当事人——公众消费者不能获得必要的公共产品而威胁基本生存，最终导致合同内容违背公平正义原则，[①] 社会日常生活秩序的运行也会失常。

为了平衡公共产品供用合同缔约阶段双方的权利与义务，实现契约缔约自由的实质内涵，保证合同缔约和契约内容的实质正义，各国法律均对公共产品领域作出了限制性规定，通过设置强制缔约条款，限制公用企业的缔约选择权和承诺选择权，以期防止某些公共服务提供者通过有选择性的提供公共产品或服务，以损害公众消费者利益，进而损及社会公共利益。我国《合同法》中关于公共运输承运人在经营过程中不能无故拒绝载客等规定；《电力法》中关于供电企业必须按国家相关规定运营，不得无故拒不提供电力保障服务；《电力供应和使用条例》中规定电力用户应根据自己在日常生活中的实际需要与供电企业订立相关供电合同，以避免出现不公平的现象；《邮政法》中规定在没有主管部门批准的情况下，相关邮政企业不得私自停办相关业务，扰乱市场秩序；《水法》中规定在开发、利用水资源的时候应优先满足城乡居民的生活用水需要，并兼顾农业、工业和生态环境用水以及航运等需要。以上条文均为法律对在关系公众消费者基本生存、生活条件的公用事业领域占据优势地位一方进行的强制承诺义务规定，非有正当理由，缔约义务方不得拒绝。强制缔约制度在一定程度上平衡了公

①　王利明：《合同法分则研究》上卷，中国人民大学出版社，2012，第164页。

共产品交易主体之间的利益，保证了公众消费者的基本生活条件，有助于化解社会矛盾和契约正义的真正实现。因此，"强制缔约"虽在人们日常生活中只是解决一个"拒绝承诺"的小问题，但关系到公用事业中公众消费者权利保护的大问题；它是对公用事业强势行业、垄断行业契约自由的衡平和限制，是对处弱势一方公众消费者权利的一种报偿和张扬。①

3. 公用企业垄断经营权、市场支配地位滥用的可能性

与一般产品与服务的供用合同不同，在公用事业领域，公共产品的集中或唯一经营方式或供给模式，使公用企业在绝大多数情况下处于独占专营或市场支配的垄断地位，它们在没有充分自由竞争的环境下往往会利用自身的强势地位侵害弱势一方的权益。在社会发展初期由于自由竞争的存在，生活必需品、能源、公共交通的供应具有私人性、竞争性和可替代性，作为经营同一业务的公用事业经营者之间也存在激烈竞争，消费者有自由选择供应生活必需品、能源、公共交通契约相对人的可能，在此情形下，国家自然没有必要对此类契约自由进行限制与干预，只是充当着经济"守夜人"的角色；可以说，此时尚无公用事业强制缔约生存的土壤。但是，随着社会的不断发展，特别是随着生活必需品、能源、公共交通等领域出现规模经济效应，供给模式由分散逐步向集中发展，经营也由竞争向垄断演变，有些如自来水、电、气、热等，由于传输技术、供给媒介的制约，发展初期就呈现垄断经营的态势，生活必需品、能源、公共交通等产品也就演变为公共产品，公用事业领域不可避免地出现自然垄断现象，并逐步取代自由竞争。加之经济增长和人口膨胀造成城市化进程加快，生活必需品、能源、公共交通等短缺现象严重，更加速了生活必需品、能源、公共交通等集中供应方式和集中供给模式的发展进程。在公用事业的市场垄断结构中，公用企业以独占专营和寡头竞争等方式，基本控制该行业内大部乃至全部的生活必需品、能源、公共交通生产和供用业务。在此情形下，广大消费者除了与这些垄断性公用企业缔结契约外别无选择；同时公共产品供需双方彼此经济地位的悬殊，也造成自由缔约实质上的不可能。为限制具有独占专营和寡头垄断地位的公用企业滥用缔约环节中的垄断权以损

---

① 李军：《从"强制缔约"到"承诺在先"：关于公共事业服务中承诺在先原则确立的实证分析》，《法律适用》2008 年第 Z1 期。

害公众消费者的合法权益，更为了保障公众的基本民生需求，维护社会稳定，国家就有必要通过法律对公用企业的垄断性缔约行为加以规制。可见，强制缔约之所以主要适用于邮政、运输、供水供电、医疗等公共服务领域或垄断行业，从价值层面来考量，它不仅是对契约自由的修正，而且体现了立法所追求的实质正义，反映了由个人本位向社会本位的转变。①

4. 公共产品供用合同要约与承诺程序的特殊性

与一般合同的缔约程序不同，公共产品供用合同缔约过程中，往往是经济、权利、信息具明显优势且处于垄断经营地位的公用企业，先行准备、提供或印制标准的公共产品供用合同、条款、表格、单据、票证或电子卡等，公众消费者的要约一般是按照公用企业的要求，在这些预先提供的合同、条款、表格、单据、票证或电子卡填写、输入相关内容，签字或输入电子密码，交付公用企业，或者进入其数据系统，要约即为完成。此一要约过程具有被动性、附属性特征，是一种典型的附合合同缔约方式。在此一缔约方式中，公众消费者完成的要约申请，除因为公用企业的垄断而具有被动性和被迫性外，更是基于对公用企业的信用，如提供公共产品供用合同、条款、表格、单据、票证或电子卡等一方的公用企业，对公众消费者的要约申请拒绝受理和承诺，则意味着公共产品供用合同不能成立，公众消费者的要约申请就会落空，这无疑完全有违公众消费者对公用企业要约申请的预期，更有悖其对公用企业的信赖。基于此一情形，法律规定公用企业特殊承诺义务，既是对其缔约优势地位和垄断经营权的一种平衡，更是对格式合同、标准合同、附合合同中诚信原则的维护和信赖利益的保护。因此，现代公用事业领域和公共产品供用合同中，不仅已广泛适用强制缔约规则，而且还出现了所谓"承诺在先"规则。②

例如高新技术支撑下各种"打车软件"的加价功能，就违背了出租车承运服务强制缔约之价格强制义务，而弱势群体对移动互联网技术的不熟悉使其丧失了平等缔约机会，违背了强制缔约实现契约实质正义的制度初衷。③

---

① 胡家强、刘巧娟：《强制缔约制度新论》，《东岳论丛》2013 年第 12 期。
② 李军：《从"强制缔约"到"承诺在先"——关于公共事业服务中承诺在先原则确立的实证分析》，《法律适用》2008 年第 Z1 期。
③ 单平基：《从强制缔约看"打车软件"的法律规制》，《法学》2014 年第 8 期。

（三）公共产品交易过程中涉及强制缔约的情形

对于公共产品供用合同的强制缔约规定，我国台湾地区有比较详细的规定，如"电业法"第 57 条规定："电业在其营业区域内对于请求供电者，非有正当理由，不得拒绝。"又如"邮政法"第 11 条第 1 项前段规定："邮政机关非依法令，不得拒绝邮件之接受及达送。"再如"电信法"第 1 条、"自来水法"第 61 条等均有类似规定。20 世纪 90 年代以来，我国也相继在立法及司法上对公共产品交易过程的强制缔约予以规定或采纳。一般常见的公共企业强制缔约有以下情形。

1. 公共运输领域的强制缔约义务

我国原《合同法》第 289 条、《民法典》第 810 条规定："从事公共运输的承运人不得拒绝旅客、托运人通常、合理的运输要求。"此处"通常、合理的运输要求"主要是就缔结合同而言。在运输中，承运人对于旅客所提出的通常合理要求应该予以满足。例如，航空运输中应该提供基本的能够保障旅客正常饮用的相关物品，如饮料、矿泉水等。值得注意的是，通常合理的要求不能依据个别乘客来确定，而应该根据交易习惯来认定。[①]

我国《铁路法》（2015 年修正）第 10 ~ 13 条规定，铁路运输企业应当采取有效措施做好旅客运输服务工作，做到文明礼貌、热情周到，保持车站和车厢内的清洁卫生，提供饮用开水，做好列车上的饮食供应工作；应当采取措施，防止对铁路沿线环境的污染。

我国《道路运输条例》（2019 年修订）第 16 ~ 20 条规定，班线客运经营者取得道路运输经营许可证后，应当向公众连续提供运输服务，不得擅自暂停、终止或者转让班线运输；客运经营者不得强迫旅客乘车，不得甩客、敲诈旅客；不得擅自更换运输车辆。

强制缔约义务也同样要求公交车、出租车不得拒载，[②] 如交通运输部《巡游出租汽车经营服务管理规定》（2016 年修正）第 23 条第 1 款第（八）规定，巡游出租汽车驾驶员应当按照乘客指定的目的地选择合理路线行驶，不得拒载、议价、途中甩客、故意绕道行驶。又如《上海市出租汽车管理

---

① 胡康生：《中华人民共和国合同法释义》，法律出版社，2009，第 448 页。
② 杨晓玲、史海涛：《从公交拒载看强制缔约》，《法学杂志》2006 年第 6 期。

条例》（2011 年修正）第 25 条规定，客运服务驾驶员不得拒绝乘客的运送要求，有下列行为之一的，属拒绝运送乘客的行为：（1）所驾驶的车辆开启空车标志灯后，遇乘客招手，停车后不载客的；（2）所驾驶的车辆开启空车标志灯后，在营业站内不服从调派的；（3）所驾驶的车辆开启空车标志灯后，在客运集散点或者道路边待租时拒绝载客的；（4）载客营运途中无正当理由中断服务的。《杭州市客运出租汽车管理条例》（2018 年修订）第 32 条也有类似规定。

如交通运输部等 7 部门《网络预约出租汽车经营服务管理暂行办法》（2019 年修正）第 25 条规定，网约车平台公司和驾驶员提供经营服务应当符合国家有关运营服务标准，不得途中甩客或者故意绕道行驶，不得违规收费，不得对举报、投诉其服务质量或者对其服务做出不满意评价的乘客实施报复行为。

2. 邮政企业的强制缔约义务

关于邮政企业的强制缔约义务，我国早在《邮政法》（1986 年）第 13 条第 1 款就规定，邮政企业及其分支机构不得擅自停办国务院邮政主管部门和地区邮政管理机构规定的必须办理的邮政业务。《邮政法》（2015 年修正）有更为详细的规定，如该法第 2 条第 2 款规定："邮政企业按照国家规定承担提供邮政普遍服务的义务。"又如第 15 条规定："邮政企业应当对信件、单件重量不超过五千克的印刷品、单件重量不超过十千克的包裹的寄递以及邮政汇兑提供邮政普遍服务。""邮政企业按照国家规定办理机要通信、国家规定报刊的发行，以及义务兵平常信函、盲人读物和革命烈士遗物的免费寄递等特殊服务业务。""未经邮政管理部门批准，邮政企业不得停止办理或者限制办理前两款规定的业务；因不可抗力或者其他特殊原因暂时停止办理或者限制办理的，邮政企业应当及时公告，采取相应的补救措施，并向邮政管理部门报告。"这些规定，均暗含着邮政企业负有应用户的缔约请求，而与用户签订邮政普遍服务合同的义务，且该义务为法定义务，在邮政实务惯例，我国也一直秉持这一原则。

3. 电信企业的强制缔约义务

我国《电信条例》（2016 年修订，以下简称《条例》）对电信业务经营者普遍服务的强制缔约义务有明确规定。（1）关于电信业务经营者的一般性强制缔约。《条例》第 5 条、第 30 条规定，电信业务经营者应当为电信用户提供迅速、准确、安全、方便和价格合理的电信服务。(2)主导的电信业务经营者之强制性互联互通缔约义务。如《条例》第17~19条规定,电信网之间应当按照技术可行、经济合理、公平公正、相互配合的原则,实现互联互通。主导的电信业务经营者不得拒绝其他电信业务经营者和专用网运营单位提出的互联互通要求。[1]　主导的电信业务经营者应当按照非歧视和透明化的原则,制定包括网间互联的程序、时限、非捆绑网络元素目录等内容的互联规程。前述有关电信业务经营者和主导的电信业务经营者的强制性规定,十分明确地表达了行政法规对电信业务经营者必须履行强制缔约义务的政策宣示。

4. 供电企业的强制缔约义务

关于供电企业的强制缔约义务,我国现行法律、行政法规和部门规章,主要在有关居民用户供电申请时有类似规定。如《电力法》(2018年修正)第26条第1款规定,供电营业区内的供电营业机构,对本营业区内的用户有按照国家规定供电的义务;不得违反国家规定对其营业区内申请用电的单位和个人拒绝供电。又如《电力供应与使用条例》(2019年修订)第23条规定,供电企业没有不予供电的合理理由的,应当供电。这些规定,均具有强制缔约的类似性质。此外,除一般居民生活用电外,诸如国家机关、医院、学校等部门的办公供电等,供电企业也不得以自愿、协商一致的原则为由,拒绝签订供用电合同。[2]

5. 供水企业的强制缔约义务

水,特别是城市清洁饮用水,是人们日常生活和工农业生产不可或缺的元素,在这个意义上讲,供水企业对所有用水人都负有强制缔约义务。关于供水企业的强制缔约义务,可以通过如下一些规则得到合理解释:(1)原《合同法》第184条、《民法典》第656条有关适用供用电合同的强制缔约规定。即供用水合同应参考供用电合同的有关规定。基于水与电的同样不可或缺性,对于城市居民、用户而言具有同等重要性,且比电更为人的基本生存所必需。既然供电企业对若干类型的用电人负有强制缔约义务,则供水企业当然应比照供电合同的有关规定,对城市居民和其他特定

---

[1]　所谓主导的电信业务经营者,是指控制必要的基础电信设施并且在电信业务市场中占有较大份额,能够对其他电信业务经营者进入电信业务市场构成实质性影响的经营者。参见《电信条例》(2016年修订)第17条第3款。

[2]　唐敏:《反思与重构:电网企业强制缔约义务立法完善研究》,《华东电力》2009年第7期。

用户（如机关、学校、医院、消防、抢险等部门）也负有强制缔约义务方面。（2）《水法》（2016 年修正）有关规定。如《水法》第 21 条第 1 款规定，开发、利用水资源，应当首先满足城乡居民生活用水，并兼顾农业、工业和生态环境用水以及航运等需要。此处所谓应当首先满足城乡居民生活用水的规定，结合我国水务的惯常做法，可被解释为水务公司或其他供水企业不得拒绝城镇居民的生活用水请求。（3）对《城市供水条例》相关条款的解读。如《城市供水条例》（2020 年修订）第 22 条规定，城市自来水供水企业和自建设施对外供水的企业应当保持不间断供水。该《条例》的此一规定，实则为城市自来水供水企业对城市居民和其他特殊用户实现"不间断供水"之强制缔约义务条款，也就是不管在何种情况下，城市自来水供水企业均负有应城市居民和其他特殊用户的要约申请，与之缔约承诺并承担"不间断供水"的义务。

6. 供气、供热企业的强制缔约义务

我国现行立法中，对供气、供热企业的强制缔约义务尚无明确、具体规定。但随着清洁能源的大量出现，天然气、煤气、液化石油气、沼气等清洁能源，已逐步取代燃煤、燃油、植物叶干等传统燃料，在绝大多数城市甚至在广大乡村得到越来越广泛的使用，燃气也就成为人们生活的必需品。此外，对北方和其他具有较长寒冬期的城市或居民生活区，集中的供热、供暖也成为不可或缺的必需品。在供气、供热行业，具有供水、供电一样的性质，均属于市政公用事业范畴，当然也应适用强制缔约的有关规定。（1）根据原《合同法》第 184 条、《民法典》第 656 条规定，适用供用电合同强制缔约的有关规定。[①]（2）其他规范性文件的规定。如《市政公用事业特许经营管理办法》（2015 年修正）第 23 条规定，未经直辖市、市、县人民政府批准，获得特许经营权的企业不得擅自停业、歇业。该规定同样应适用于供气、供热企业的缔约行为，规定强制缔约义务。

除此之外，境外的其他国家或地区，对公共产品供用合同的强制缔约，也有规定或涉及。如日本《电气事业法》第 18 条第 1 项、《煤气事业法》第 16 条、《铁道营业法》第 4～7 条；又如德国《商法典》第 453 条、《铁路交通法》第 3 条与第 9 条、《航空运输法》第 21 条第 2 款、《能源经济

---

① 崔建远：《强制缔约及其中国化》，《社会科学战线》2006 年第 5 期。

法》第 6 条、《旅客运输法》第 22 条、《邮政法》第 8 条与《能源法》第 6 条等，[①] 被学界和业界公认为典型的公用事业强制缔约规定。在法国，根据有关判例对某些享有垄断权力的个人或法人规定的原则，某些当事人（公用服务机构、司法助理人员如公证人等）必须和任何一个向其提出请求的人订立合同，这一规则也为典型的强制缔约规则。

（四）违反强制缔约义务的法律后果分析

强制缔约作为一种介于公法行为与私法行为之间的特定义务，是契约由私人化走向社会化的产物。由于强制缔约行为中的缔约内容本身具有私法性质，自然受到契约法的调整，但强制方式具有公法上的特征，强制缔约义务首先为公法上的强制义务，其次才是私法上的义务，理应由公法做出明确、具体规定。这种行为性质和法律调整的综合性决定了强制缔约当事人法律责任承担种类的综合性。这种综合性表现在负有强制缔约义务一方当事人违反该义务，不仅应当承担民事责任，而且可能会承担行政责任甚至刑事责任。[②]

1. 违反强制缔约义务的公法责任

（1）行政责任。与一般私人性、竞争性产品与服务的经营者不同，公用企业一般具有独占专营或市场支配地位，其垄断经营权的取得一方面与该市场的自然垄断特性有关；另一方面与政府法律、行政程序的许可有关，如行政许可或特许招标程序，在取得专有经营权的同时，就应当负有在该行业为社会公众提供普遍服务的义务，如违反此项义务，就应承担可能丧失享有公用事业专有经营权资格的法律后果。强制缔约义务是公用企业在享有对公用事业专有经营权、垄断权的同时，必须承担的一项特殊义务，此义务不仅仅是一项先合同义务，更应是一项法定义务，违反此一义务即构成违法，就应承担违反此项法定义务的行政法责任，包括警告；罚款；没收违法所得、没收非法财物；责令停产停业；暂扣或者吊销许可证、暂扣或者吊销执照；行政拘留；法律、行政法规规定的其他行政处罚等主要形式。笔者认为，鉴于公用企业违反强制缔约义务，实质是对公用事业专

---

① 朱岩：《强制缔约制度研究》，《清华法学》2011 年第 1 期。
② 韩世远：《合同法总论》第二版，法律出版社，2008，第 86~87 页；朱岩：《强制缔约制度研究》，《清华法学》2011 年第 1 期。

有经营权、垄断权的滥用，更是对享有专有经营权、垄断权所负特定义务的违反，只有如暂扣或者吊销许可证、暂扣或者吊销执照等剥夺公用事业专有经营资格和限制垄断权，才具有真正的震慑力。

（2）刑事责任。在美国，滥用垄断权行为构成犯罪，根据《美国司法部反垄断执法手册》第2章A节第1条的规定，构成垄断犯罪的基本要件包括：两个以上经营者的联合商定；不合理地限制竞争；影响州际的贸易；基于垄断的犯罪故意。① 尽管从立法与判例来看，垄断犯罪尚不涉及公用事业领域，但如果结合绝大多数美国公用事业领域的私人性和竞争性特点，加上美国早已把公用事业排除在反垄断豁免的范围之外，可以看出，垄断犯罪也是适用公用事业领域的。此外，在日本，反垄断法上的犯罪行为也列入立法范畴，罪名包括垄断或限制正当交易罪、违反国际协定罪、违反公司活动规定罪、违反有关申报规定罪四种。② 因此，引入刑事责任，将垄断行为犯罪化，以刑罚手段，对严重危害社会的垄断行为予以严厉制裁，是维护市场竞争机制和公平、自由的竞争秩序，保护消费者的合法权益之不可或缺的手段。③ 我国《刑法》和《反垄断法》均没有把严重垄断行为纳入刑事处罚的视野。公用企业违反强制缔约义务，垄断权滥用比较严重的行为，属严重损害社会公益的行为，如选择民事制裁、行政责任尚不足有效遏止垄断权滥用，本着刑法谦抑性原则，可考虑把其纳入刑法予以调整，规定公用企业严重违反强制缔约行为构成犯罪，通过适用刑罚的双罚制，可有效遏止严重违反强制缔约行为的发生概率。

2. 违反强制缔约义务的私法责任

（1）违反强制缔约义务所负私法责任的性质。违反强制缔约义务所负私法责任即民事责任，但目前学界对强制缔约义务所负民事责任的性质尚有不同看法，代表性观点与学说有缔约过失论、侵权责任论、违约责任论、独立责任论等。

缔约过失论者认为，强制缔约义务系合同成立前一方当事人应履行的

---

① *See U. S. Department of Justice Antitrust Manual Chapter 2. A. 1*（Supplement 2000）. 孙奕军：《美国垄断犯罪的实体规范与判例解析》，《犯罪研究》2008年第6期。

② 刘延和：《日本的垄断犯罪与制裁》，《吉林大学社会科学学报》1999年第2期。

③ 姜发根：《垄断行为犯罪化问题研究》，《经济法论丛》2008年第1期，中国方正出版社，2008，第172页。

义务，此义务属先合同义务的范畴，但在缔约过程中，由于负有对要约人承诺义务的一方当事人违反强制缔约义务，致使当事人之间未能成立合同，且该违反强制缔约义务的行为在合同成立之先，则违反强制缔约义务一方的当事人存在明显的缔约过失，造成另一方当事人信赖利益损失，且该信赖利益损失发生在契约成立之前的缔约过程中，故违反强制缔约义务一方的当事人应承担缔约过失责任。[①]

侵权责任论，主要体现在德国民法典和我国台湾地区"民法"中，此种学说强调强制缔约制度所要保护的并非相对人的某种具体权利，而是体现为一种利益，认为侵犯并造成要约申请人损害的，应是一种侵权行为，理应承担侵权民事责任。[②] 此论的理论逻辑是，强制缔约义务为法律规定受约人的基本义务，系法定义务，行为人违反此项义务对要约人的要约申请不为承诺意思表示，即为违反法定义务，必致相对要约人损失（因合同未成立而不能实现要约预期的给付或利益），为典型的侵权行为。负有强制缔约义务的受约人应对利益受损的要约申请人负侵权赔偿责任。

违约责任论者认为，违反强制缔约应承担违约责任。其理论逻辑是，强制缔约的绝大多数情形是负有强制缔约义务的受约方一般在要约人提出要约申请之前，就已经把给付的标的、种类、质量、规格、价格、给付方式等包含有合同主要内容和条款的事项，以明示或行业内所熟悉的方式告之包括要约人在内的所有相对人，此一行为实际上不应视为要约邀请，而应视为向不特定的相对人发出的要约。在此种情形下，只要申请人提出申请，则应视为申请人接受了该不特定要约，该合同就已经成立。负有强制缔约义务的申请受理方就只能接受；否则，就构成单方违约。但是，违约责任只在特定的关系中才能产生；违约责任的前提是当事人订立了有效的契约，如果不存在有效的合同，违约责任就无从谈起。而多数学者认为，强制缔约义务的违反通常是在契约成立之前，此时契约尚未成立，故违反强制缔约义务所产生的民事责任不应属于违约责任。[③]

独立责任论者认为，鉴于中国目前立法确定的侵权责任规范以及违反强

---

① 王利明、崔建远：《合同法新论·总则》，中国政法大学出版社，2000，第178页。

② 迪特尔·梅迪库斯：《德国债法总论》，杜景林、卢谌译，法律出版社，2004，第75～76页；王泽鉴：《债法原理》一，中国政法大学出版社，2001，第79页。

③ 崔建远：《强制缔约及其中国化》，《社会科学战线》2006年第5期。

制缔约义务承担方式的特殊性，不宜把违反强制缔约义务的民事责任纳入侵权责任体系，而应将其定位在与缔约过失责任、违约责任相并列的与合同相关的责任类型。在违反强制缔约义务的责任构成要件中，不必强调缔约义务人的过错，也不必以造成损害为前提条件，责任方式主要是要求公用企业实际履行强制缔约义务。① 该论的理论逻辑是强制缔约的特点决定了该责任无法纳入现有民事责任体系，主张综合侵权责任与缔约过失责任的各自特点，重新构造责任构成，把违反强制缔约义务责任最终定性为一个与缔约过失责任、侵权责任平起平坐的责任类型，单独列为一种责任，与上述三种责任均列入民事责任体系，且不要求把造成损害和缔约义务人具有过错作为构成要件。

笔者认为，基于强制缔约规则适用的特殊情形和法律的预先规定，援用侵权责任说，以追究违反强制缔约义务行为人的侵权责任，应符合民法法理和适用强制缔约规则的特殊领域，特别是在公用事业领域和公共产品供用合同缔约过程中。这是因为：（1）从义务产生的来源来看，强制缔约义务系法律、行政法规对公用事业领域和公共产品供用合同签订过程中，规定居于独占专营和市场支配地位的公用企业所应当履行的法定义务。公用企业对强制缔约义务的违反，就是对法定义务的违反；而违反法定义务恰恰是侵权责任承担的基本前提。（2）公用企业违反强制缔约义务，表象是违反了强制承诺的义务，并导致公共产品供用合同不成立；但实质是侵犯了公众消费者的基本生活必需品的获得与保障权。如前所述，水、电、气、油、邮政、电信、公共交通等公共产品，为人们日常生活所必需，且由于公用企业独占专营或寡头垄断，其非竞争性使公众消费者难以从其他市场主体或通过其他途径获得类似的必需品。因此，如果公用企业违反强制缔约义务，就必然会造成公众消费者丧失水、电、气、油、邮政、电信、公共交通等日常必需品的获得权和保障权，其日常生活就会陷于困境。不难看出，公用企业违反强制缔约义务，实质侵犯了公众消费者的基本生活保障权、普遍福利权等生存权利。（3）公用企业违反强制缔约义务，其结果是公众消费者与公用企业不能签订公共产品供用合同，不能形成公共产品供用合同法律关系，就不能从公用企业那里得到公共产品的供给。从合同法上讲，此时公众消费者与公用企业并

---

① 屈茂辉、蒋学跃：《我国强制缔约法律制度探析》，《人民法院报》（理论版）2001 年 11 月 2 日；蒋学跃：《论强制缔约》，《杭州商学院学报》2009 年第 2 期。

未订立合同，自然难以通过违约责任予以有效救济。虽然在此过程中，公用企业因违法而存在明显的过错，符合缔约过失责任的构成要件。但从严格的合同责任来看，缔约过失责任不是一种合同责任（因为合同违约责任不以过错为构成条件），而恰恰是因合同缔结过程中一方当事人的过错而须承担的损害赔偿责任，符合一般侵权的过错特征；且该责任不仅具有补偿性，更具有惩罚性。可以说，缔约过失责任其实就是一种侵权责任。（4）适用一般合同责任特别是违约责任，难以彻底遏制公用企业滥用独占专营、市场支配地位和垄断权利，对公众消费者进行有效救济。无论是缔约过失责任，还是违约责任，公用企业均可使用合同法中的有关规则进行抗辩，以减轻或推卸应负的民事责任。而对公众消费者而言，一方面，在经济、权利、信息处于明显劣势的情形下，举证证明公用企业构成缔约过错、违约事实比较困难；另一方面，合同责任的补偿性使受损利益有相当部分不能列入赔偿范围，难以得到及时、足额的救济。因此，适用侵权责任规则，追究违反强制缔约义务人的侵权责任，具有更为明显的制度效应。

我国《民法总则》（2017 年）第 176 条规定："民事主体依照法律规定和当事人约定，履行民事义务，承担民事责任。"又，《侵权责任法》（2009年）第 2 条第 1 款规定："侵害民事权益，应当依照本法承担侵权责任。"在适用侵权责任规则追究公用企业违反强制缔约义务的侵权责任时，可集中考虑如下几点：其一，有公用企业违反强制缔约义务的情形存在；其二，公用企业违反强制缔约义务，即违反法定义务，就应推定存在过错；其三，公用企业违反强制缔约义务，就应赔偿由此给公众消费者造成的一切损失。

（2）违反强制缔约义务所负私法责任的方式与范围。我国《侵权责任法》（2009 年）第 15 条规定，承担侵权责任的方式主要有："（一）停止侵害；（二）排除妨碍；（三）消除危险；（四）返还财产；（五）恢复原状；（六）赔偿损失；（七）赔礼道歉；（八）消除影响、恢复名誉。"以上承担侵权责任的方式，可以单独适用，也可以合并适用。依此规定，结合公用事业的基本特点，笔者认为，公用企业违反强制缔约义务，应承担下列侵权责任。

其一，责令公用企业和其他特许经营者立即向要约申请人做出承诺的意思表示，签订公共产品供用合同。在强制缔约情形下，缔结契约是违反强制缔约义务人的相对人追求的目的，对公众消费者来说，契约缔结是一种利益的体现。而这种缔约内容由法律或公序良俗预先加以规定，所以这种目的可以看作公众消费者所享有的一项法律上的利益。违反义务人由于拒绝缔约的不作为，损害了受害人的这种利益，对侵权损害的恢复就是对这种不利益的补偿。可以看出，强制缔约制度的责任承担方式应当包括损害赔偿和强制履行缔约义务两种形式。①

当负强制缔约义务一方违反法律规定、拒绝履行缔约义务时，对相对人进行损害赔偿，已被公认为是责任承担的一种主要方式，但相对人可否强制要求义务人与之缔约，则立法与学理上尚有分歧。在立法上，如《意大利民法典》第2932条规定，倘若订立契约的一方当事人没有履行本应自己履行的契约义务，在与契约条款不相矛盾的前提下，法院可判决该未成立的合同已经成立，或者该未生效的契约生效，以维护另一当事人的合法权益。又如《俄罗斯联邦民法典》也曾规定，在法律关于强制缔约义务的相关条文中，有义务根据该法律条文订立契约的当事人拒不履行订立契约义务时，另一当事人享有向法院申请，要求法院支持其要求该当事人与其订立契约的权利。拒不履行法律规定的强制缔约义务的一方当事人应对由此引起的损失向另一当事人赔偿。

其二，责令公用企业赔偿因违反强制缔约义务而给要约申请人造成的一切损失。其损失的范围既包括实际损失和信赖利益损失，也包括因请求赔偿实际损失和信赖利益而扩大的损失。

（五）公共产品供用合同强制缔约的立法完善与司法裁判

目前，我国《民法典》总则编、合同编和其他公用事业特别法，除个别条款和少数特别法涉及强制缔约外，尚没有系统引入公共产品供用合同的强制缔约制度，特别是作为民事基本法的《民法通则》《民法总则》和《民法典》合同编，有关强制缔约的规定明显缺乏系统化。（1）关于强制缔约规则的立法。除原《民法通则》第78条关于财产共同所有权的优先购买权、原《合同法》第230条关于承租人的优先购买权、原《合同法》第289条有关公共运输承运人的强制缔约义务等涉及强制缔约规则外，大部分强制缔约情形均散见于公用事业及特殊行业立法、地方性法规与规章、行业规范性文件中。我国《民法通则》《民法典》总则编和合同编、公用事业

---

① 翟艳：《强制缔约制度与经济法的契合性解读》，《政治与法律》2013年第7期。

特别法和其他行政法规，尚没有建立起有关强制缔约的统一立法原则。（2）关于强制缔约法律责任的立法。在我国现行立法文本有关强制缔约规定中，责任制度方面的规定缺乏统一的指导原则和具体规定，目前尚无违反强制缔约义务的统一法律责任。例如《电力法》《民用航空法》《电力供应与使用条例》《供电营业规则》《道路旅客运输及客运站管理规定》《巡游出租汽车经营服务管理规定》《网络预约出租汽车经营服务管理暂行办法》等，虽然规定了公用企业的缔约义务，却并未规定违法责任，对公用企业没有实质性拘束力。（3）关于违反强制缔约义务归责的司法适用。在我国司法实务操作中，有关强制缔约的案例并不少见，但由于司法部门对强制缔约的构成要件、法律责任及抗辩事由等存在比较大的分歧，表现在司法判决上，对其公共产品供用合同性质的认定，签约过程中拒绝受理、延迟办理、不予承诺等违反强制缔约义务的行为认定和责任判定，各地做法更显得五花八门、大相径庭。如关于出租车司机的拒载行为到底是违约，还是违反强制缔约义务，不同地方的法院判决结果就有很大差异。[①]

基于以上分析，笔者认为，未来有关立法文本的修改或解释中，涉及公用事业领域经营和公共产品供用合同签订，应从以下几个方面，系统引入强制缔约规则。

1. 在公共产品供用合同签订过程中系统性地引入强制缔约规则

（1）修改《合同法》总则，在《民法典·合同编》的总则部分明确规定，凡以电力、供水、供气、供热、管道、燃油等自然垄断类产品，公共基础设施（铁路、港口、码头、机场、公路等）、盐业、电信、公共交通、邮政等公共产品与服务为交易标的合同，应适用强制缔约规则，明确规定公用企业应承担强制缔约义务。如有学者就在《中国民法典草案建议稿》中，在第四编"合同"中"合同的订立"部分第852条建议规定："承诺是受要约人的权利，但邮政、电信、电业、煤气、天然气、自来水、铁路、公共汽车等公用事业单位负有缔约义务，非有正当理由，不得拒绝消费者的缔约请求。""出租车司机非有正当理由，不得拒载。"[②] 又如2019年1月《民法典·合

[①] 李小海等：《公共运输承运人在中国的强制缔约义务》，《现代物流报》2008年1月25日A7版。

[②] 梁慧星：《中国民法典草案建议稿》，法律出版社，2003，第166页。

同编（草案）（二次审议稿）》第 286 条第 3 款就有"依照法律、行政法规的规定负有承诺义务的当事人，不得拒绝对方合理的订立合同要求"等强制缔约的规定。[①] 2020 年 5 月通过的《中华人民共和国民法典》第 494 条第 3 款，对此规定作了肯定，使之固化为一般合同缔约规则。(2) 在制定或修改公用事业特别法过程中，把强制缔约规则引入到每一公用事业领域。

2. 适用侵权责任规则，严格追究公用企业违反强制缔约义务的侵权责任

如建议《民法典·合同编》的总则部分引入如下条文："强制缔约，是契约一方当事人基于法律的强制规定或公序良俗的要求，应当与对方当事人缔结合同的行为。负有强制缔约义务的合同一方当事人非有正当理由，不得拒绝另一方的缔约要求。违反前款义务者，应当承担立即向要约人承诺、赔偿损害等民事责任。"但遗憾的是，2020 年 5 月通过的《民法典》合同编并未订有此类条款。

3. 在司法解释与判决中引入强制缔约规则

通过司法解释和司法裁判，在具体的公共产品供用合同纠纷中，适用强制缔约规则，裁定公共产品供用合同的效力。通过判决未成立的公共产品供用合同推定成立，或者未生效的公共产品供用合同认定为生效，使强制缔约规则得以彻底贯彻。

四 法律、行政法规中特殊条款对公共产品供用合同内容的附加

由于公用事业的经营事项关乎国计民生，公共产品交易直接影响着社会发展的大局，关乎社会公共利益，于是公共产品交易涉及的合同相较于普通物品交易合同，必然要受到法律、行政法规的严格约束，更不可违反国家有关公共产品的强行性规范，法律、行政法规等规范性文件中有关公共产品交易、供给方式、履行要求的强行性规范，自然应视为公共产品供用合同之当然内容，这些内容并不一定直接写入公共产品供用合同，相当一部分是法律、行政法规等规范性文件公共产品类合同中双方权利与义务的附加，对公用企业和公众消费者具有直接的法律约束力，是公共产品供

---

① 全国人大常委会《民法典·合同编（草案）（二次审议稿）征求意见》，www.npc.gov.cn，最后访问日期：2019 年 1 月 27 日。

用合同中的特殊条款。在美国一些州，法律针对电信、运输、银行、保险等特殊的合同类型规定了特殊的条款，这些条款可以被当事人直接纳入合同，此即所谓法定条款或默示条款。英美合同法认为，除双方曾明示之条款外，契约之内容亦可能从既有的合同内容，衍生出其他条款，这些条款或经习惯，或经法律，或经法院之推论而成。① 同样，在我国，在公共产品交易过程中，公用企业与公众消费者双方之间订立合同，自然要遵守法律、行政法规等有关规定，这些规范性文件针对公用事业经营和公共产品供用合同，在限制垄断、平抑物价、保护消费者等方面制定了一些特殊条款，毋庸置疑，这些特殊条款必须附加在有关公共产品供用合同之中，即使公共产品供用合同没有这些内容或规定，这些特殊条款也应视为公共产品供用合同的必要组成部分，对公用企业与公众消费者双方之间产生法律约束力。

基于公共产品供用合同的前述特点，能对公共产品供用合同之内容和条款附加的规范文本，包括：（1）法律。包括原《民法通则》《合同法》《侵权责任法》和《民法典》等民事基本法；也包括《反不正当竞争法》《反垄断法》《消费者权益保护法》《价格法》等有关规制市场、保护竞争、反对垄断、维护消费者合法权益等方面的法律；还包括如《铁路法》《公路法》《煤炭法》《石油天然气管道保护法》《电力法》《邮政法》《民用航空法》《海商法》等公用事业特别法中有关公共产品供用合同的规定。（2）行政法规。典型如《电力监管条例》《城市供水条例》《城镇燃气管理条例》《电信条例》《道路运输条例》《国内水路运输管理条例》《国际海运条例》等。（3）国务院部门规章。如《市政公用事业特许经营管理办法》《基础设施和公用事业特许经营管理办法》《巡游出租汽车经营服务管理规定》等。（4）地方性法规、地方政府与部门规章。

鉴于公共产品公益性和公共产品供用合同的特殊性，在公共产品交易过程中的有些内容不能由当事人约定，而应遵守有关的法律、行政法规的规定或执行更高标准。就规范性文件对公共产品供用合同附加的内容来看，其主要包括公共产品合同条款、质量标准、价格与资费、附随义务、履行与供给方式、意外情形的处理、争议及解决方式等方面。兹分述如下。

---

① 王利明：《合同法研究》，中国人民大学出版社，2011，第91页。

（一）公共产品供用合同具体条款的罗列

法律、行政法规和其他规范文本，对公共产品供用合同具体内容的规定与主要条款的罗列，是规范文本对公共产品供用合同内容、条款附加的主要形式。代表性情形如下。

1. 关于电力供用合同

我国《电力供应与使用条例》规定，供用电合同应当具备以下条款：（1）供电方式、供电质量和供电时间；（2）用电容量和用电地址、用电性质；（3）计量方式和电价、电费结算方式；（4）供用电设施维护责任的划分；（5）合同的有效期限；（6）违约责任；（7）双方共同认为应当约定的其他条款。供电企业应当按照合同约定的数量、质量、时间、方式，合理调度和安全供电。用户应当按照合同约定的数量、条件用电，交付电费和国家规定的其他费用。供用电合同的变更或者解除，应当依照有关法律、行政法规和本条例的规定办理。①

2. 关于铁路运输合同

我国《铁路货物运输合同实施细则》规定，按年度、半年度、季度或月度签订的货物运输合同，应载明下列基本内容：（1）托运人和收货人名称；（2）发站和到站；（3）货物名称；（4）货物重量；（5）车种和车数；（6）违约责任；（7）双方约定的其他事项。又如，该《实施细则》还规定，货物运单应载明下列内容：（1）托运人、收货人名称及其详细地址；（2）发站、到站及到站的主管铁路局；（3）货物名称；（4）货物包装、标志；（5）件数和重量（包括货物包装重量）；（6）承运日期；（7）运到期限；（8）运输费用；（9）货车类型和车号；（10）施封货车和集装箱的施封号码；（11）双方商定的其他事项。②

3. 关于民用航空运输合同

根据《民用航空法》的有关规定，航空客运合同中的客票，至少应当包括以下内容：（1）出发地点和目的地点；（2）出发地点和目的地点均在中华人民共和国境内，而在境外有一个或者数个约定的经停地点的，至少

---

① 《中华人民共和国电力供应与使用条例》（2019年修订）第32~35条。
② 铁道部《铁路货物运输合同实施细则》（2011年修订）第6~7条。

注明一个经停地点；（3）旅客航程的最终目的地点、出发地点或者约定的经停地点之一不在中华人民共和国境内，依照所适用的国际航空运输公约的规定，应当在客票上声明此项运输适用该公约的，客票上应当载有该项声明。又，关于航空客运合同中的行李票，承运人载运托运行李时，行李票可以包含在客票之内或者与客票相结合。除应符合有前述规定外，行李票还应当包括下列内容：（1）托运行李的件数和重量；（2）需要声明托运行李在目的地点交付时的利益的，注明声明金额。关于航空货运合同，承运人有权要求托运人填写航空货运单，托运人有权要求承运人接受该航空货运单。航空货运单至少应当包括以下内容：（1）出发地点和目的地点；（2）出发地点和目的地点均在中华人民共和国境内，而在境外有一个或者数个约定的经停地点的，至少注明一个经停地点；（3）货物运输的最终目的地点、出发地点或者约定的经停地点之一不在中华人民共和国境内，依照所适用的国际航空运输公约的规定，应当在货运单上声明此项运输适用该公约的，货运单上应当载有该项声明。①

4. 关于市政公用事业特许经营协议

如《市政公用事业特许经营管理办法》规定，特许经营协议应当包括以下内容：（1）特许经营内容、区域、范围及有效期限；（2）产品和服务标准；（3）价格和收费的确定方法、标准以及调整程序；（4）设施的权属与处置；（5）设施维护和更新改造；（6）安全管理；（7）履约担保；（8）特许经营权的终止和变更；（9）违约责任；（10）争议解决方式；（11）双方认为应该约定的其他事项。②

上述举例所列具体规定，实际上对所在行业公共产品供用合同签订过程中条款的拟订，具有直接的指导意义与约束效力。

（二）关于公共产品质量或标准的附加条款

公共产品的质量是公共产品供用合同最为重要的内容，由于公众消费者对公共产品的质量往往因为信息不对称而无法提出具体要求；同时公共产品供用合同的格式特征，也使公众消费者在合同缔约阶段不可能有提出

---

① 《中华人民共和国民用航空法》（2018年修正）第109~123条。
② 住房和城乡建设部《市政公用事业特许经营管理办法》（2015年修正）第9条。

具体要求的机会。公用企业所具有的独占专营和市场支配地位，使其有滥用格式合同的便利，或为降低成本，或为减轻质量责任，往往缺乏有关公共产品质量的条款，即使有这样的条款，表达也比较模糊。在此情形下，法律、行政法规和其他规范文本通过具体规定，硬性要求公用企业所提供的某类公共产品需要达到的最低标准，就十分必要了。此举既可明确公用企业的责任范围，也可减少公共产品供用合同履行中的纠纷和争议。兹举例分析如下。

1. 关于公共产品的一般质量

我国《产品质量法》第三章对生产者、销售者的产品质量责任和义务有十分明确、具体的规定，其中在第 26~32 条对生产者的产品质量责任和义务、第 33~39 条对销售者的产品质量责任和义务进行了分别规定。① 另外，《产品质量法》第四章第 40~48 条对生产者、销售者因产品质量而导致的损害赔偿，做出了具体的规定。这些规定虽然只是针对一般产品，但对公共产品的生产、销售同样具有法律约束力。

2. 关于公共产品的一般标准

根据《标准化法》规定，（1）涉及农业、工业、服务业以及社会事业等领域需要统一的技术要求，应当制定标准。（2）标准包括国家标准、行业标准、地方标准和团体标准、企业标准；国家标准分为强制性标准、推荐性标准，行业标准、地方标准是推荐性标准；强制性标准必须执行。（3）对保障人身健康和生命财产安全、国家安全、生态环境安全以及满足经济社会管理基本需要的技术要求，应当制定强制性国家标准。② 公共产品事关社会公众的生命、健康和福利，其产品标准比一般产品更为重要。因此，有关《标准化法》对产品强制性标准的基本要求，同样适用于公共产品供用合同。

3. 关于供水的水质

如，根据《城市供水条例》规定，城市自来水供水企业，应当建立健全水质检测制度，确保城市供水的水质符合国家规定的饮用水卫生标准；应当按照国家有关规定设置管网测压点，做好水压监测工作，确保供水管网的压力符合国家规定的标准。③ 又如，《城市供水水质管理规定》

---

① 《中华人民共和国产品质量法》（2018 年修正）第 26 条、第 27 条。
② 《中华人民共和国标准化法》（2017 年修订）第 2 条、第 10~24 条、第 36 条。
③ 国务院《城市供水条例》（2020 年修订）第 20~21 条。

规定，城市供水单位应对水质负责，其中：（1）城市供水原水水质应当符合生活饮用水水源水质标准；（2）城市供水单位应当做好原水水质检测工作；（3）城市供水单位所用的净水剂及与制水有关的材料等，应当符合国家有关标准；（4）城市供水设备、管网应当符合保障水质安全的要求；（5）供水水质不达标应承担法律责任。① 另外，自 2008 年以来，国务院住房和城乡建设部发布了一系列有关城镇供水的行业标准近 50 个，这些规定与标准，对明确供水合同中有关水质、水压的标准与责任范围，有直接的适用效力。

4. 关于电力的质量

根据《电力法》的规定，电力生产与电网运行应当遵循安全、优质、经济的原则，电网运行应当连续、稳定，保证供电可靠性；供电企业应当保证供给用户的供电质量符合国家标准，对公用供电设施引起的供电质量问题，应当及时处理；用户对供电质量有特殊要求的，供电企业应当根据其必要性和电网的可能，提供相应的电力。② 又，国务院《电力供应与使用条例》规定，用户受电端的供电质量应当符合国家标准或者电力行业标准。③ 另，《供电营业规则》对供电质量做了更具体的规定。④ 这些规定均应视为供用电合同中供电质量条款的附添。

5. 关于邮政服务质量标准

我国《邮政法》规定，邮政企业在城市每周的营业时间应当不少于 6 天，投递邮件每天至少 1 次；在乡、镇人民政府所在地每周的营业时间应当不少于 5 天，投递邮件每周至少 5 次。邮政企业在交通不便的边远地区和乡、镇其他地区每周的营业时间以及投递邮件的频次，国务院邮政管理部门可以另行规定。邮政企业寄递邮件，应当符合国务院邮政管理部门规定的寄递时限和服务规范。⑤

6. 关于电信服务的质量标准

我国《电信条例》规定，电信业务经营者应当在电信服务质量上履行

① 建设部《城市供水水质管理规定》（2007 年）第 8~11 条、第 9~30 条。
② 《中华人民共和国电力法》（2018 年修正）第 18 条、第 28 条。
③ 《中华人民共和国电力供应与使用条例》（2019 年修订）第 19 条。
④ 电力工业部《供电营业规则》（1996 年）第 5~9 条。
⑤ 《中华人民共和国邮政法》（2015 年修正）第 19~21 条。

如下义务。（1）及时为需要通过中继线接入其电信网的集团用户，提供平等、合理的接入服务；未经批准，电信业务经营者不得擅自中断接入服务。（2）应当建立健全内部服务质量管理制度，并可以制定并公布施行高于国家规定的电信服务标准的企业标准。①

7. 关于公共交通工具的质量标准

我国《道路运输条例》规定，客运经营者、货运经营者应当加强对车辆的维护和检测，确保车辆符合国家规定的技术标准；不得使用报废的、擅自改装的和其他不符合国家规定的车辆从事道路运输经营。道路运输中车辆运输旅客的，不得超过核定的人数，不得违反规定载货；运输货物的，不得运输旅客，运输的货物应当符合核定的载重量，严禁超载；载物的长、宽、高不得违反装载要求。② 又如《国内水路运输管理条例》规定，水路运输经营者应当使用符合规定条件、配备合格船员的船舶，并保证船舶处于适航状态；应当按照船舶核定载客定额或者载重量载运旅客、货物，不得超载或者使用货船载运旅客。③

（三）关于公共产品价格的附加条款

公共产品价格既是公共产品供用合同中的重要内容，更是事关公众消费者权利与义务分配的核心条款。我国《合同法》《价格法》和其他公用事业特别法对公共产品与服务的价格，均有原则性或具体规定，这些规定无疑应视为公共产品供用合同价格条款的有机部分。兹举例分析如下。

1. 关于公共产品价格制定的一般原则与定价权

我国《价格法》第三章"政府定价"与第二章"经营者的价格行为"分别做出了规定。根据《价格法》规定，下列商品和服务价格，政府在必要时可以实行政府指导价或者政府定价：（1）与国民经济发展和人民生活关系重大的极少数商品价格；（2）资源稀缺的少数商品价格；（3）自然垄断经营的商品价格；（4）重要的公用事业价格；（5）重要的公益性服务价格。从此规定可以看出，公共产品基本属于政府定价的范围。政府指导

---

① 《中华人民共和国电信条例》（2016 年修订）第 37～38 条。
② 《中华人民共和国道路运输条例》（2019 年修订）第 28～35 条。
③ 国务院《国内水路运输管理条例》（2017 年修订）第 18 条。

价、政府定价制定后，由制定价格的部门向消费者、经营者公布。经营者不得在标价之外加价出售商品，不得收取任何未予标明的费用。① 上述规定，均是公用企业和其他特许经营者在公共产品供用合同履行过程中必须遵守的。

2. 关于水费

我国《城市供水条例》（2020 年修订）第 24 条规定，用水单位和个人应当按照规定的计量标准和水价标准按时缴纳水费。

3. 关于电价

我国《电力法》规定，（1）用户应当安装用电计量装置；用户使用的电力电量，以计量检定机构依法认可的用电计量装置的记录为准。（2）供电企业应当按照国家核准的电价和用电计量装置的记录，向用户计收电费。（3）制定电价，应当合理补偿成本，合理确定收益，依法计入税金，坚持公平负担，促进电力建设。（4）上网电价实行同网、同质、同价。（5）农业用电价格按照保本、微利原则确定；农民生产用电与当地城镇居民生活用电应当逐步实行相同的电价。②

4. 关于邮政资费

我国《邮政法》对邮政资费的确定、交付、邮资凭证有比较具体的规定。（1）关于邮政资费的确定。《邮政法》规定，邮政普遍服务业务资费、邮政企业专营业务资费、机要通信资费以及国家规定报刊的发行资费实行政府定价，资费标准由国务院价格主管部门会同国务院财政部门、国务院邮政管理部门制定；邮政企业的其他业务资费实行市场调节价，资费标准由邮政企业自主确定。（2）关于邮件资费的交付。《邮政法》规定，邮件资费的交付，以邮资凭证、证明邮资已付的戳记以及有关业务单据等表示。（3）关于邮资凭证。《邮政法》规定，邮资凭证包括邮票、邮资符志、邮资信封、邮资明信片、邮资邮简、邮资信卡等；任何单位和个人不得伪造邮资凭证或者倒卖伪造的邮资凭证，不得擅自仿印邮票和邮资图案。邮资凭证售出后，邮资凭证持有人不得要求邮政企业兑换现金。停止使用邮资凭证，应当经国务院邮政管理部门批准，并在停止使用 90 日前予以公告，停止销售。邮资凭证

---

① 《中华人民共和国价格法》（1997 年）第 6~32 条。

② 《中华人民共和国电力法》（2018 年修正）第 31~37 条、第 50 条。

持有人可以自公告之日起 1 年内，向邮政企业换取等值的邮资凭证。（4）关于邮票。《邮政法》规定，普通邮票发行数量由邮政企业按照市场需要确定，报国务院邮政管理部门备案；纪念邮票和特种邮票发行计划由邮政企业根据市场需要提出，报国务院邮政管理部门审定。国务院邮政管理部门负责纪念邮票的选题和图案审查；并依法对邮票的印制、销售实施监督。①

（四）关于公用企业与公众消费者附随义务的附加条款

附随义务是合同签订后，双方当事人为履行合同和实现合同之目的，而应当为一定行为，为对方当事人履行合同提供必要的方便所应承担的不可推卸的义务。广义的附随义务则包括先合同义务、合同履行中的附随义务、后合同义务；而狭义的附随义务仅是指在合同履行过程中，为协助实现主给付义务，遵循诚实信用原则而应当履行的合同约定之外义务。由于公用企业的特殊垄断经营地位，法律、行政法规和其他规范性文件对其附随义务的添加就显得更为必要。

1. 关于供电企业的附随义务

我国《电力法》规定，用户用电装置的设计、施工安装和运行管理，应当符合国家标准或者电力行业标准。供电企业查电人员和抄表收费人员进入用户家中，进行用电安全检查或者抄表收费时，应当出示有关证件。②

2. 关于公共运输企业的附随义务

我国《铁路法》规定，铁路运输企业应当采取有效措施做好旅客运输服务工作，做到文明礼貌、热情周到，保持车站和车厢内的清洁卫生，提供饮用开水，做好列车上的饮食供应工作。铁路的旅客票价，货物、包裹、行李的运价，旅客和货物运输杂费的收费项目和收费标准，必须公告；未公告的不得实施。③ 又如《道路运输条例》规定，客运经营者应当为旅客提供良好的乘车环境，保持车辆清洁、卫生，并采取必要的措施防止在运输过程中发生侵害旅客人身、财产安全的违法行为。客运经营者、危险货物运输经营者应当分别为旅客或者危险货物投保承运人责任险。④ 再如《国内

---

① 《中华人民共和国邮政法》（2015 年修正）第 39~44 条。
② 《中华人民共和国电力法》（2018 年修正）第 31~33 条。
③ 《中华人民共和国铁路法》（2015 年修正）第 13 条、第 26 条。
④ 《中华人民共和国道路运输条例》（2019 年修订）第 16~27 条。

水路运输管理条例》规定，水路旅客运输业务经营者应当为其客运船舶投保承运人责任保险或者取得相应的财务担保。① 又，《邮政法》规定，对提供邮政普遍服务的邮政企业交运的邮件，铁路、公路、水路、航空等运输企业应当优先安排运输，车站、港口、机场应当安排装卸场所和出入通道。带有邮政专用标志的车船在进出港口、通过渡口时，应当优先放行。②

3. 关于邮政企业的附随义务

我国《邮政法》规定，邮政企业承担如下附随义务：（1）邮政企业应当在其营业场所公示或者以其他方式公布其服务种类、营业时间、资费标准、邮件和汇款的查询及损失赔偿办法以及用户对其服务质量的投诉办法；（2）邮政企业收寄邮件和用户交寄邮件，应当遵守法律、行政法规以及国务院和国务院有关部门关于禁止寄递或者限制寄递物品的规定；（3）邮政企业应当依法建立并执行邮件收寄验视制度。对用户交寄的信件，必要时邮政企业可以要求用户开拆，进行验视，但不得检查信件内容。③

4. 关于电信企业的附随义务

根据我国《电信条例》的规定，经营本地电话业务和移动电话业务的电信业务经营者，应当免费向用户提供火警、匪警、医疗急救、交通事故报警等公益性电信服务并保障通信线路畅通。④

（五）关于公共产品供用合同履行与供给方式

公共产品供用合同的履行方式主要涉及公用事业经营者的供给方式，为防止公用企业和其他特许经营者利用公共产品格式供用合同或条款，豁免自己的义务或责任，法律、行政法规和其他规范文本，通过具体规定把公共产品的供给方式、时限、持续状态等予以明确，就很有必要。兹举例分析如下。

1. 关于供水

我国《城市供水条例》规定，城市自来水供水企业应当保持不间断供水。由于工程施工、设备维修等原因确需停止供水的，应当经城市供水行

① 国务院《国内水路运输管理条例》（2017 年修订）第 19~24 条。
② 《中华人民共和国邮政法》（2015 年修正）第 27~28 条。
③ 《中华人民共和国邮政法》（2015 年修正）第 21~38 条。
④ 《中华人民共和国电信条例》（2016 年修订）第 36 条。

政主管部门批准并提前 24 小时通知用水单位和个人；因发生灾害或者紧急事故，不能提前通知的，应当在抢修的同时通知用水单位和个人，尽快恢复正常供水，并报告城市供水行政主管部门。①

2. 关于供电

我国《电力法》规定，（1）供电企业在发电、供电系统正常的情况下，应当连续向用户供电，不得中断；因供电设施检修、依法限电或者用户违法用电等原因，需要中断供电时，供电企业应当按照国家有关规定事先通知用户；用户对供电企业中断供电有异议的，可以向电力管理部门投诉；受理投诉的电力管理部门应当依法处理。（2）因抢险救灾需要紧急供电时，供电企业必须尽速安排供电，所需供电工程费用和应付电费依照国家有关规定执行。（3）县级以上地方人民政府及其经济综合主管部门在安排用电指标时，应当保证农业和农村用电的适当比例，优先保证农村排涝、抗旱和农业季节性生产用电。电力企业应当执行前述规定的用电安排，不得减少农业和农村用电指标。② 又，《电力供应与使用条例》规定，供电企业在批准的供电营业区内向用户供电；供电营业区的划分，应当考虑电网的结构和供电合理性等因素。一个供电营业区内只设立一个供电营业机构。并网运行的电力生产企业按照并网协议运行后，送入电网的电力、电量由供电营业机构统一经销。③

3. 关于电信服务

根据我国《电信条例》的规定，电信企业提供电信服务应当符合如下要求。（1）电信用户申请安装、移装电信终端设备的，电信业务经营者应当在其公布的时限内保证装机开通；由于电信业务经营者的原因逾期未能装机开通的，应当每日按照收取的安装费、移装费或者其他费用数额 1% 的比例，向电信用户支付违约金。（2）电信用户申告电信服务障碍的，电信业务经营者应当自接到申告之日起，城镇 48 小时、农村 72 小时内修复或者调通；不能按期修复或者调通的，应当及时通知电信用户，并免收障碍期间的月租费用。但是，属于电信终端设备的原因造成电信服务障碍的除外。（3）电信业务经营者应当为电信用户交费和查询提供方便。电信用户要求

---

① 《中华人民共和国城市供水条例》（2020 年修订）第 22 条。
② 《中华人民共和国电力法》（2018 年修正）第 29 条、第 30 条、第 49 条。
③ 《中华人民共和国电力供应与使用条例》（2019 年修订）第 8 条、第 10 条。

提供国内长途通信、国际通信、移动通信和信息服务等收费清单的，电信业务经营者应当免费提供。电信用户出现异常的巨额电信费用时，电信业务经营者一经发现，应当尽可能迅速告知电信用户，并采取相应的措施。前述所称巨额电信费用，是指突然出现超过电信用户此前3个月平均电信费用5倍的费用。（4）电信用户应当按照约定的时间和方式及时、足额地向电信业务经营者交纳电信费用；电信用户逾期不交纳电信费用的，电信业务经营者有权要求补交电信费用，并可以按照所欠费用每日加收3‰的违约金。对超过收费约定期限30日仍不交纳电信费用的电信用户，电信业务经营者可以暂停向其提供电信服务。电信用户在电信业务经营者暂停服务60日内仍未补交电信费用和违约金的，电信业务经营者可以终止提供服务，并可以依法追缴欠费和违约金。经营移动电信业务的经营者可以与电信用户约定交纳电信费用的期限、方式，不受前款规定期限的限制。电信业务经营者应当在迟延交纳电信费用的电信用户补足电信费用、违约金后的48小时内，恢复暂停的电信服务。（5）电信业务经营者因工程施工、网络建设等原因，影响或者可能影响正常电信服务的，必须按照规定的时限及时告知用户，并向省、自治区、直辖市电信管理机构报告。因前述原因中断电信服务的，电信业务经营者应当相应减免用户在电信服务中断期间的相关费用；未及时告知用户的，应当赔偿由此给用户造成的损失。（6）电信业务经营者在电信服务中，不得有下列行为：第一，以任何方式限定电信用户使用其指定的业务；第二，限定电信用户购买其指定的电信终端设备或者拒绝电信用户使用自备的已经取得入网许可的电信终端设备；第三，无正当理由拒绝、拖延或者中止对电信用户的电信服务；第四，对电信用户不履行公开做出的承诺或者做容易引起误解的虚假宣传；第五，以不正当手段刁难电信用户或者对投诉的电信用户打击报复。（7）电信业务经营者在电信业务经营活动中，不得有下列行为：第一，以任何方式限制电信用户选择其他电信业务经营者依法开办的电信服务；第二，对其经营的不同业务进行不合理的交叉补贴；第三，以排挤竞争对手为目的，低于成本提供电信业务或者服务，进行不正当竞争。（8）电信业务经营者必须按照国家有关规定履行相应的电信普遍服务义务。①

---

① 《中华人民共和国电信条例》（2016年修订）第31~43条。

4. 关于公共交通运输服务

我国《铁路法》规定，铁路运输企业应当保证旅客和货物运输的安全，做到列车正点到达。（1）应当保证旅客按车票载明的日期、车次乘车，并到达目的站。因铁路运输企业的责任造成旅客不能按车票载明的日期、车次乘车的，应当按照旅客的要求，退还全部票款或者安排改乘到达相同目的站的其他列车。（2）铁路运输企业应当按照全国约定的期限或者国务院铁路主管部门规定的期限，将货物、包裹、行李运到目的站；逾期运到的，铁路运输企业应当支付违约金；逾期 30 日仍未将货物、包裹、行李交付收货人或者旅客的，托运人、收货人或者旅客有权按货物、包裹、行李灭失向铁路运输企业要求赔偿。① 又如《道路运输条例》规定，班线客运经营者取得道路运输经营许可证后，应当向公众连续提供运输服务，不得擅自暂停、终止或者转让班线运输。从事包车客运的，应当按照约定的起始地、目的地和线路运输；从事旅游客运的，应当在旅游区域按照旅游线路运输。客运经营者不得强迫旅客乘车，不得甩客、敲诈旅客；不得擅自更换运输车辆。② 再如《国内水路运输管理条例》规定，旅客班轮运输业务经营者应当自取得班轮航线经营许可之日起 60 日内开航，并在开航 15 日前公布所使用的船舶、班期、班次、运价等信息；旅客班轮运输应当按照公布的班期、班次运行；变更班期、班次、运价的，应当在 15 日前向社会公布；停止经营部分或者全部班轮航线的，应当在 30 日前向社会公布并报原许可机关备案。货物班轮运输业务经营者应当在班轮航线开航的 7 日前，公布所使用的船舶以及班期、班次和运价；货物班轮运输应当按照公布的班期、班次运行；变更班期、班次、运价或者停止经营部分或者全部班轮航线的，应当在 7 日前向社会公布。③

5. 关于邮政服务

根据我国《邮政法》的规定，邮政企业在提供邮政服务过程中，应符合以下要求。（1）邮政企业采取按址投递、用户领取或者与用户协商的其他方式投递邮件。（2）邮政企业对无法投递的邮件，应当退回寄件人。无法投递又无法退回的信件，自邮政企业确认无法退回之日起超过 6 个月无人

---

① 《中华人民共和国铁路法》（2015 年修正）第 10~16 条。
② 《中华人民共和国道路运输条例》（2019 年修订）第 18~20 条。
③ 《中华人民共和国国内水路运输管理条例》（2017 年修订）第 21 条、第 22 条。

认领的，由邮政企业在邮政管理部门的监督下销毁。无法投递又无法退回的其他邮件，按照国务院邮政管理部门的规定处理；其中无法投递又无法退回的进境国际邮递物品，由海关依照《中华人民共和国海关法》的规定处理。（3）邮政汇款的收款人应当自收到汇款通知之日起 60 日内，凭有效身份证件到邮政企业兑领汇款。收款人逾期未兑领的汇款，由邮政企业退回汇款人。自兑领汇款期限届满之日起 1 年内无法退回汇款人，或者汇款人自收到退汇通知之日起 1 年内未领取的汇款，由邮政企业上缴国库。（4）任何单位和个人不得私自开拆、隐匿、毁弃他人邮件。除法律另有规定外，邮政企业及其从业人员不得向任何单位或者个人泄露用户使用邮政服务的信息。因国家安全或者追查刑事犯罪的需要，公安机关、国家安全机关或者检察机关可以依法检查、扣留有关邮件，并可以要求邮政企业提供相关用户使用邮政服务的信息。邮政企业和有关单位应当配合，并对有关情况予以保密。①

6. 关于其他市政公用事业特许经营服务

根据《市政公用事业特许经营管理办法》规定，获得特许经营权的企业应当履行下列责任：（1）科学合理地制订企业年度生产、供应计划；（2）按照国家安全生产法规和行业安全生产标准规范，组织企业安全生产；（3）履行经营协议，为社会提供足量的、符合标准的产品和服务；（4）接受主管部门对产品和服务质量的监督检查；（5）按规定的时间将中长期发展规划、年度经营计划、年度报告、董事会决议等报主管部门备案；（6）加强对生产设施、设备的运行维护和更新改造，确保设施完好；（7）协议约定的其他责任。此外，获得特许经营权的企业，未经直辖市、市、县人民政府批准，不得擅自停业、歇业；擅自停业、歇业的，主管部门应当责令其限期改正，或者依法采取有效措施督促其履行义务。②

（六）关于公共产品供用合同履行中意外情形的处理

公共产品的必需性决定其供给必须具有连续性和不间断性，但在实际生活中，又常常会出现因合同双方或合同双方以外的不可抗力（如自然灾害、超负荷运行等）等因素，而发生公共产品供给中断或短缺等现象，而

① 《中华人民共和国邮政法》（2015 年修正）第 32~38 条。
② 建设部《市政公用事业特许经营管理办法》（2015 年修正）第 11 条，第 23~25 条。

一旦此一情况发生，则会严重影响公众消费者的生活和社会的正常运行，在此种情形下，除通过公共产品供用合同予以明确外，法律、行政法规和其他规范文件对这些意外情形的事前预案和应对处理，就十分必要。特别是如水、电、气、油等日常生活必需品的供给，更应如此。兹举例分析如下。

1. 关于供水意外情形的处理

如《城市供水水质管理规定》规定。（1）城市建设（供水）主管部门应当会同有关部门制定城市供水水质突发事件应急预案。（2）任何单位和个人发现城市供水水质安全事故或者安全隐患后，应当立即向有关城市供水单位、二次供水管理单位或者所在地直辖市、市、县人民政府城市供水主管部门报告；城市供水单位、二次供水管理单位接到安全事故或者安全隐患报告的，应当立即向所在地直辖市、市、县人民政府城市供水主管部门和其他有关部门报告；直辖市、市、县人民政府城市供水主管部门接到安全事故或者安全隐患报告的，应当按照有关规定，向同级人民政府报告，并通知有关城市供水单位、二次供水管理单位。（3）发现城市供水水质安全隐患或者安全事故后，直辖市、市、县人民政府城市供水主管部门应当会同有关部门立即启动城市供水水质突发事件应急预案，采取措施防止事故发生或者扩大，并保障有关单位和个人的用水；有关城市供水单位、二次供水管理单位应当立即组织人员查明情况，组织抢险抢修；城市供水单位发现供水水质不能达到标准、确需停止供水的，应当报经所在地直辖市、市、县人民政府城市供水主管部门批准，并提前24小时通知用水单位和个人；因发生灾害或者紧急事故，不能提前通知的，应当在采取应急措施的同时，通知用水单位和个人，并向所在地直辖市、市、县人民政府城市供水主管部门报告。（4）发生城市供水水质安全事故后，直辖市、市、县人民政府城市供水主管部门应当会同有关部门立即派员前往现场，进行调查和取证。①

2. 关于供电意外情形的处理

我国原《合同法》第180条、《民法典》第652条规定："供电人因供电设施计划检修、临时检修、依法限电或者用电人违法用电等原因，需要中断供电时，应当按照国家有关规定事先通知用电人。"《电力供应与使用条例》规定，因抢险救灾需要紧急供电时，供电企业必须尽速安排供电。

---

① 建设部《城市供水水质管理规定》（2007年）第24~32条。

所需工程费用和应付电费由有关地方人民政府有关部门从抢险救灾经费中支出，但是抗旱用电应当由用户交付电费。① 再如《电力安全事故应急处置和调查处理条例》规定，发生电力安全事故后，应按照如下应急处置和调查程序进行处理。（1）电力安全事故发生后，电力企业和其他有关单位应当按照规定及时、准确报告事故情况，开展应急处置工作，防止事故扩大，减轻事故损害。电力企业应当尽快恢复电力生产、电网运行和电力（热力）正常供应。（2）电力安全事故发生后，有关电力企业应当立即采取相应的紧急处置措施，控制事故范围，防止发生电网系统性崩溃和瓦解；事故危及人身和设备安全的，发电厂、变电站运行值班人员可以按照有关规定，立即采取停运发电机组和输变电设备等紧急处置措施。事故造成电力设备、设施损坏的，有关电力企业应当立即组织抢修。（3）根据电力安全事故的具体情况，电力调度机构可以发布开启或者关停发电机组，调整发电机组有功和无功负荷，调整电网运行方式，调整供电调度计划等电力调度命令，发电企业、电力用户应当执行。事故可能导致破坏电力系统稳定和电网大面积停电的，电力调度机构有权决定采取拉限负荷、解列电网、解列发电机组等必要措施。（4）电力安全事故造成电网大面积停电的，国务院电力监管机构和国务院其他有关部门、有关地方人民政府、电力企业应当按照国家有关规定，启动相应的应急预案，成立应急指挥机构，尽快恢复电网运行和电力供应，防止各种次生灾害的发生。（5）事故造成重要电力用户供电中断的，重要电力用户应当按照有关技术要求迅速启动自备应急电源；启动自备应急电源无效的，电网企业应当提供必要的支援。事故造成地铁、机场、高层建筑、商场、影剧院、体育场馆等人员聚集场所停电的，应当迅速启用应急照明，组织人员有序疏散。（6）恢复电网运行和电力供应，应当优先保证重要电厂厂用电源、重要输变电设备、电力主干网架的恢复，优先恢复重要电力用户、重要城市、重点地区的电力供应，等等。②

3. 关于公共交通意外情形的处理

如《铁路交通事故应急救援和调查处理条例》第四章对铁路交通"事故应急救援"做出了具体规定。其内容主要如下。（1）铁路交通事故发生

---

① 《中华人民共和国电力供应与使用条例》（2019 年修订）第 21 条。

② 国务院《电力安全事故应急处置和调查处理条例》（2011 年）第 6~20 条。

后，列车司机或者运转车长应当立即停车，采取紧急处置措施；对无法处置的，应当立即报告邻近铁路车站、列车调度员进行处置。为保障铁路旅客安全或者因特殊运输需要不宜停车的，可以不停车；但是，列车司机或者运转车长应当立即将事故情况报告邻近铁路车站、列车调度员，接到报告的邻近铁路车站、列车调度员应当立即进行处置。（2）铁路交通事故造成中断铁路行车的，铁路运输企业应当立即组织抢修，尽快恢复铁路正常行车；必要时，铁路运输调度指挥部门应当调整运输径路，减少事故影响。（3）事故发生后，国务院铁路主管部门、铁路管理机构、事故发生地县级以上地方人民政府或者铁路运输企业应当根据事故等级启动相应的应急预案；必要时，成立现场应急救援机构。现场应急救援机构根据事故应急救援工作的实际需要，可以借用有关单位和个人的设施、设备和其他物资。借用单位使用完毕应当及时归还，并支付适当费用；造成损失的，应当赔偿。有关单位和个人应当积极支持、配合救援工作；等等。[①]

（七）关于公共产品争议解决方法及责任分担的附加条款

公共产品供用合同在履行过程中，解决纠纷或争议，是公共产品供用合同最为重要的一环。由于在缔约阶段，作为要约方的公众消费者对公共产品供用合同的具体内容和条款没有协商的权利和机会，这容易造成居独占专营和市场支配地位的公用企业利用其预先准备或提供的标准合同或格式条款，置公众消费者于不利地位，典型的如通过标准合同或格式条款预定的责任分担方式、争议解决办法，豁免自己的义务和责任，排斥公众消费者的自主选择权，或加重公众消费者的义务或责任范围。特别是在公用企业存在欺诈的情况下，公众消费者很难根据公共产品供用合同的有关条款寻求有效救济。在此情形下，通过法律、行政法规和其他规范文本的规定，对公共产品供用合同有关争议解决和责任分担的空白内容或不公平条款做出平衡，则可以有效遏制公用企业的垄断滥用行为，保护公众消费者的正当、合法权益和基本福利。

1. 法律对公共产品争议解决方法及责任分担的一般性规定

这些一般性规定散见于《民法典》《消费者权益保护法》等法律文本

---

① 国务院《铁路交通事故应急救援和调查处理条例》（2012 年修订）第 18~25 条。

中，如原《合同法》第 181 条、《民法典》第 653 条关于断电争议的解决，原《合同法》第 292 条、《民法典》第 813 条关于运输争议的解决。又如原《侵权责任法》（2009 年）第 69 条、《民法典》第 1236 条规定："从事高度危险作业造成他人损害的，应当承担侵权责任。"再如在公众消费者受欺诈的情况下，可适用《消费者权益保护法》（2013 年修正）的有关规定，如该法第 55 条规定："经营者提供商品或者服务有欺诈行为的，应当按照消费者的要求增加赔偿其受到的损失，增加赔偿的金额为消费者购买商品的价款或者接受服务的费用的三倍；增加赔偿的金额不足五百元的，为五百元。法律另有规定的，依照其规定。"除此之外，最高人民法院《关于审理触电人身损害赔偿案件若干问题的解释》（2001 年 1 月 21 日施行）中规定，非不可抗力或者用电人自身过错，供电人未按照国家规定的供电质量标准安全供电造成用电人人身损害的，赔偿范围包括：医疗费、住院伙食补助费和营养费、护理费、残疾人生活补助费、残疾用具费、丧葬费、死亡补偿费、被扶养人生活费、交通费、住宿费等。该释文先后被最高人民法院《关于审理人身损害赔偿案件适用法律若干问题的解释》（法释〔2003〕20 号）、《关于审理人身损害赔偿案件适用法律若干问题的解释》（2020 年修正，法释〔2020〕17 号）所取代，赔偿范围还包括精神损害抚慰金等项目。除此之外，《反垄断法》《反不正当竞争法》《产品质量法》《价格法》《标准化法》《广告法》《商标法》《食品安全法》《药品管理法》甚至《刑法》等法律，均涉及有一般产品或公共产品供用合同的责任分配规定。上述规范文本中的规定，均可适用于公共产品供用合同履行过程中所产生争议的解决及责任分担。

2. 关于供水中争议的解决方法及责任分担

我国《城市供水条例》规定，城市自来水供水企业有下列行为之一的，由城市供水行政主管部门责令改正，可以处以罚款；情节严重的，报经县级以上人民政府批准，可以责令停业整顿；对负有直接责任的主管人员和其他直接责任人员，其所在单位或者上级机关可以给予行政处分：（1）供水水质、水压不符合国家规定标准的；（2）擅自停止供水或者未履行停水通知义务的；（3）未按照规定检修供水设施或者在供水设施发生故障后未及时抢修的。此外，供水企业以外的个人或单位违反规定，有下列行为之一的，由城市供水行政主管部门或者其授权的单位责令限期改正，可以处以罚款：（1）盗用或者转供城市公共供水的；（2）在规定的城市公共供水管道及其附属设施的安全保护范围内进行危害供水设施安全活动的；（3）擅自将自建设施供水管网系统与城市公共供水管网系统连接的；（4）产生或者使用有毒有害物质的单位将其生产用水管网系统与城市公共供水管网系统直接连接的；（5）在城市公共供水管道上直接装泵抽水的；（6）擅自拆除、改装或者迁移城市公共供水设施的。其中有前述第（1）项、第（3）项、第（4）项、第（5）项、第（6）项所列行为之一，情节严重的，经县级以上人民政府批准，还可以在一定时间内停止供水。①

3. 关于用电中争议的解决方法及责任分担

我国原《合同法》第181条、《民法典》第653条规定："因自然灾害等原因断电，供电人应当按照国家有关规定及时抢修。未及时抢修，造成用电人损失的，应当承担损害赔偿责任。"又如《电力供应与使用条例》规定，除有特殊规定外，在发电、供电系统正常运行的情况下，供电企业应当连续向用户供电；因故需要停止供电时，应当按照下列要求事先通知用户或者进行公告：（1）因供电设施计划检修需要停电时，供电企业应当提前7天通知用户或者进行公告；（2）因供电设施临时检修需要停止供电时，供电企业应当提前24小时通知重要用户；（3）因发电、供电系统发生故障需要停电、限电时，供电企业应当按照事先确定的限电序位进行停电或者限电，引起停电或者限电的原因消除后，供电企业应当尽快恢复供电。②

4. 关于公共交通中争议的解决方法及责任分担

我国原《合同法》第292条、《民法典》第813条规定："承运人未按照约定路线或者通常路线运输增加票款或者运输费用的，旅客、托运人或者收货人可以拒绝支付增加部分的票款或者运输费用。"依据该规定，承运人未按照约定路线或者通常路线运输即构成违约；如果当事人在合同中规定了违约金或损害赔偿应当依约定确定责任。在没有约定救济方式的情况下，可按规定拒绝支付增加部分的票款或者运输费用；如因此造成托运人、旅客的其他损失，受害人也可以要求赔偿。

我国《铁路法》规定，第一，铁路运输企业应当区分以下不同情况，对承运的货物、包裹、行李自接受承运时起到交付时止发生的灭失、短少、

---

① 《中华人民共和国城市供水条例》（2020年修正）第33条、第35条。
② 《中华人民共和国电力供应与使用条例》（2019年修订）第28条。

变质、污染或者损坏，承担赔偿责任。（1）托运人或者旅客根据自愿申请办理保价运输的，按照实际损失赔偿，但最高不超过保价额。（2）未按保价运输承运的，按照实际损失赔偿，但最高不超过国务院铁路主管部门规定的赔偿限额；如果损失是由于铁路运输企业的故意或者重大过失造成的，不适用赔偿限额的规定，按照实际损失赔偿。托运人或者旅客根据自愿办理货物运输保险的除外。第二，由于下列原因造成的货物、包裹、行李损失的，铁路运输企业不承担赔偿责任：（1）不可抗力；（2）货物或者包裹、行李中的物品本身的自然属性，或者合理损耗；（3）托运人、收货人或者旅客的过错。第三，有关责任的具体分配与纠纷的处理程序。如关于托运货物；关于托运货物包装；关于货物、包裹、行李的领取、保管、处理；关于旅客、托运人或者收货人的责任；关于铁路运输合同争议的解决等，《铁路法》均有比较明确、具体规定。① 另，《铁路交通事故应急救援和调查处理条例》规定，因铁路交通事故造成人身伤亡的，铁路运输企业应当承担赔偿责任；但是人身伤亡是不可抗力或者受害人自身原因造成的，铁路运输企业不承担赔偿责任。违章通过平交道口或者人行过道，或者在铁路线路上行走、坐卧造成的人身伤亡，属于受害人自身的原因造成的人身伤亡。②

再如《民用航空法》第三节"承运人的责任"（第124~136条）和第四节"实际承运人履行航空运输的特别规定"（第137~144条），对民用航空运输过程中所产生的争议与纠纷的民事责任分配，特别是航空运输承运人的赔偿责任限额，做出了比较明确的规定。其中，国际航空运输承运人的赔偿责任限额按照下列规定执行。（1）对每名旅客的赔偿责任限额为16600计算单位；但是，旅客可以同承运人书面约定高于本项规定的赔偿责任限额。（2）对托运行李或者货物的赔偿责任限额，每公斤为17计算单位。旅客或者托运人在交运托运行李或者货物时，特别声明在目的地点交付时的利益，并在必要时支付附加费的，除承运人证明旅客或者托运人声明的金额高于托运行李或者货物在目的地点交付时的实际利益外，承运人应当在声明金额范围内承担责任。托运行李或者货物的一部分或者托运行

---

① 《中华人民共和国铁路法》（2015年修正）第17~32条。
② 国务院《铁路交通事故应急救援和调查处理条例》（2012年修订）第32条、第33条。

李、货物中的任何物件毁灭、遗失、损坏或者延误的，用以确定承运人赔偿责任限额的重量，仅为该一包件或者数包件的总重量；但是，因托运行李或者货物的一部分或者托运行李、货物中的任何物件的毁灭、遗失、损坏或者延误，影响同一份行李票或者同一份航空货运单所列其他包件的价值的，确定承运人的赔偿责任限额时，此种包件的总重量也应当考虑在内。（3）对每名旅客随身携带的物品的赔偿责任限额为 332 计算单位。任何旨在免除前述规定的承运人责任或者降低前述规定的赔偿责任限额的条款，均属无效；但是，此种条款的无效，不影响整个航空运输合同的效力。① 另《国内航空运输承运人赔偿责任限额规定》规定，除《民用航空法》另有规定除外，国内航空运输承运人应当在下列规定的赔偿责任限额内按照实际损害承担赔偿责任：（1）对每名旅客的赔偿责任限额为人民币40 万元；（2）对每名旅客随身携带物品的赔偿责任限额为人民币 3000 元；（3）对旅客托运的行李和对运输的货物的赔偿责任限额为每公斤人民币100 元。②

5. 关于邮政服务中争议的解决方法及责任分担

我国《邮政法》第五章"损失赔偿"对邮政服务中所发生争议与纠纷的解决方法、责任分担有比较具体的规定，主要包括以下内容。第一，关于邮政企业的赔偿范围。邮政企业的赔偿范围包括邮政普遍服务业务范围内的邮件和汇款的损失赔偿；邮政普遍服务业务范围以外的邮件的损失赔偿，适用有关民事法律的规定。其中邮政企业对平常邮件的损失不承担赔偿责任；但是，邮政企业因故意或者重大过失造成平常邮件损失的除外。邮政企业对给据邮件的损失（包括邮件丢失、损毁或者内件短少）依照下列规定赔偿。（1）保价的给据邮件丢失或者全部损毁的，按照保价额赔偿；部分损毁或者内件短少的，按照保价额与邮件全部价值的比例对邮件的实际损失予以赔偿。（2）未保价的给据邮件丢失、损毁或者内件短少的，按照实际损失赔偿，但最高赔偿额不超过所收取资费的 3 倍；挂号信件丢失、损毁的，按照所收取资费的 3 倍予以赔偿。邮政企业应当在营业场所的告示中和提供给用户的给据邮件单据上，以足以引起用户注意的方式载明前述

---

① 《中华人民共和国民用航空法》（2018 年修正）第 124~144 条。
② 中国民用航空总局《国内航空运输承运人赔偿责任限额规定》（2006 年）第 3 条。

规定。邮政企业因故意或者重大过失造成给据邮件损失，或者未履行前述规定义务的，无权援用前述规定限制赔偿责任。因下列原因之一造成的给据邮件损失，邮政企业不承担赔偿责任：（1）不可抗力，但因不可抗力造成的保价的给据邮件的损失除外；（2）所寄物品本身的自然性质或者合理损耗；（3）寄件人、收件人的过错。第二，关于邮件的查询与赔偿。用户交寄给据邮件后，对国内邮件可以自交寄之日起1年内持收据向邮政企业查询，对国际邮件可以自交寄之日起180日内持收据向邮政企业查询。查询国际邮件或者查询国务院邮政管理部门规定的边远地区的邮件的，邮政企业应当自用户查询之日起60日内将查询结果告知用户；查询其他邮件的，邮政企业应当自用户查询之日起30日内将查询结果告知用户。查复期满未查到邮件的，邮政企业应当依照前述限制赔偿责任的规定予以赔偿。用户在前述规定的查询期限内未向邮政企业查询又未提出赔偿要求的，邮政企业不再承担赔偿责任。第三，关于邮政汇款的查询与赔偿。邮政汇款的汇款人自汇款之日起1年内，可以持收据向邮政企业查询。邮政企业应当自用户查询之日起20日内将查询结果告知汇款人。查复期满未查到汇款的，邮政企业应当向汇款人退还汇款和汇款费用。①

6. 关于电信服务中争议的解决方法及责任分担

我国《电信条例》对电信企业在提供电信服务过程中所发生的争议或纠纷，规定有比较具体的解决方法及责任分担规则。其中，关于电信服务不达标的责任分担为：电信业务经营者提供的电信服务达不到国家规定的电信服务标准或者其公布的企业标准的，或者电信用户对交纳电信费用持有异议的，电信用户有权要求电信业务经营者予以解决；电信业务经营者拒不解决或者电信用户对解决结果不满意的，电信用户有权向国务院信息产业主管部门或者省、自治区、直辖市电信管理机构或者其他有关部门申诉。收到申诉的机关必须对申诉及时处理，并自收到申诉之日起30日内向申诉者做出答复。电信用户对交纳本地电话费用有异议的，电信业务经营者还应当应电信用户的要求免费提供本地电话收费依据，并有义务采取必要措施协助电信用户查找原因。②

① 《中华人民共和国邮政法》（2015年修正）第45~50条。
② 《中华人民共和国电信条例》（2016年修订）第30~39条。

五 对公共产品供用合同中格式条款的立法限制

(一) 合同格式条款的一般理论与效力分析

格式条款在学理上又称为格式合同、标准合同 (条款)、① 定型化合同 (条款) 或定式合同 (条款)、② 附合合同 (条款),是指一方当事人为了重复使用而预先拟定、并在订立合同时未与对方协商的条款;即当事人一方预先拟定合同条款,对方只能表示全部同意或者不同意的合同。因此,对于格式合同的非拟定条款一方当事人而言,要订立格式合同,就必须全部接受合同条件;否则就不订立合同。现实生活中的车票、船票、飞机票、保险单、提单、仓单、出版合同、保险合同、拍卖成交确认书、商品房屋买卖合同等,都是格式合同。我国原《合同法》第 39 条第 2 款、《民法典》第 496 条第 1 款规定:"格式条款是当事人为了重复使用而预先拟定,并在订立合同时未与对方协商的条款。""采用格式条款订立合同的,提供格式条款的一方应当遵循公平原则确定当事人之间的权利和义务,并采取合理的方式提请对方注意免除或者限制其责任的条款。"国家工商总局于 2014 年 7 月发布的《网络交易平台合同格式条款规范指引》(工商市字〔2014〕144 号) 第 3 条规定,网络交易平台合同格式条款"是网络交易平台经营者为了重复使用而预先拟定,并在订立合同时未与合同相对人协商的以下相关协议、规则或者条款:(一) 用户注册协议;(二) 商家入驻协议;(三) 平台交易规则;(四) 信息披露与审核制度;(五) 个人信息与商业秘密收集、保护制度;(六) 消费者权益保护制度;(七) 广告发布审核制度;(八) 交易安全保障与数据备份制度;(九) 争议解决机制;(十) 其他合同格式条款"。"网络交易平台经营者以告示、通知、声明、须知、说明、凭证、单据等形式明确规定平台内经营者和消费者具体权利义务,符合前款规定的,依法视为合同格式条款。"《深圳经济特区合同格式条款条例》(2019 年修正) 第 3 条规定,合同格式条款是指"经营者与因生活消费而购

---

① 苏惠祥:《合同形式初论——兼谈标准合同问题》,《吉林大学社会科学学报》1991 年第 2 期;杨济华、汪涌:《标准合同与消费者权益保护》,《法学》1993 年第 2 期。

② 张新宝:《定式合同基本问题研讨》,《法学研究》1989 年第 6 期;苏号朋:《定式合同研究——以消费者权益保护为中心》,《比较法研究》1998 年第 3 期。

买、使用商品或者接受服务的消费者为了重复使用而预先拟定，并在订立合同时未与消费者协商的条款"，"以商业广告、告示、通知、声明、须知、说明、凭证、单据等形式明确规定经营者和消费者具体权利义务的，依法视为合同格式条款"。《上海市合同格式条款监督条例》（2000 年）第 2 条规定，格式条款是指"格式条款的提供方为了重复使用而预先拟定，并在订立合同时未与对方协商的条款"，"商业广告、通知、声明、店堂告示、凭证、单据等的内容符合要约规定和前款规定的，视为格式条款。"即只要其内容符合"为了重复使用而预先拟定，并在订立合同时未与对方协商"这一特征，都属于格式条款。

需要说明的，我国 20 世纪 90 年代初期，学理上经常以"标准合同"来指称格式合同，[①] 虽然也有学者认为，从标准合同的起源、发展来看，标准合同和格式合同尚有比较大的差异。[②] 但在英美法概念里，标准合同并不是一个非常严格意义上的法律概念，那些预先拟定的、以书面标准形式规定合同条款的合同都被视为标准合同，至于它是作为合同当事人双方进一步协商基础的示范合同文本，还是不允许对方当事人更改、只能被动地接受或者拒绝的格式合同或者附合合同，在英美法里似乎没有什么本质不同。可见，在英美法里，标准合同既包括示范合同又包括格式合同，格式条款存在于标准合同之中，也正因为有格式条款存在，呈现的标准合同就体现为格式合同而不是示范合同。与一般共同协商合同不同，格式条款具有如下显著特征。

1. 系一方预先拟定、提供

格式条款是由一方当事人于订立合同前拟定，而不是在双方协商基础上形成的。拟定格式条款的一方一般为固定提供某种商品或服务的企业，也有政府有关部门为固定提供某种服务或商品的企业，如商品房屋买卖合同、运输合同条款等。由于格式条款由一方事先拟定，因此，无论是何方先提出要约，提供格式条款一方总是处于受要约人地位。

2. 包含全部要约内容，且具有内容上的广泛性、持久性和细节性

格式条款包括要约的全部内容和未来合同的条款，系向不特定多数公

---

① 王利明：《论标准合同》，《法商研究》1994 年第 3 期；徐涤宇：《关于标准合同若干问题的探讨》，《法商研究》1994 年第 6 期；黄秋生：《标准合同相关问题研究》，《现代法学》1996 年第 3 期。

② 苏号朋：《格式合同条款研究》，中国人民大学出版社，2004，第 48~52 页。

众发出。单就格式条款本身而言，它不是要约，但却包括要约的全部内容，并且规定在某一特定时期订立该合同的全部条款。

3. 合同意思的单方面性

格式合同条款由一方当事人单方事先制定和提供，因此，只充分体现该格式条款提供方的真实意思。

4. 格式条款可重复使用

格式条款是为重复使用而不是为一次性使用而制定。由于固定提供某种商品或服务的当事人无论向何人提供该种商品或服务将遵行同样的条件，因此，该当事人将该同样条件、条款标准化、格式化。格式条款的重复使用性，一方面决定格式条款的提供方作为受要约人总是特定的，而要约人则往往是一定范围内需要该种商品或服务的不特定多数人；另一方面决定使用格式条款有减少谈判时间和费用，从而节省交易成本的优点。

5. 格式条款形式标准、内容规范

格式条款是格式条款的提供方根据经常、重复提供某类商品或服务所签合同的一般特点，对该类合同的高度抽象和概括，它反映该类合同最一般的特点和最核心的条款，具备形式标准、条款完备、内容规范等明显特征，是一种形式意义的标准合同。

6. 格式条款的订立不具有协商性

格式合同条款的定型化导致对方当事人不能就合同条款进行协商。在订立合同过程中，格式条款提供方并不就格式条款的内容、条款与相对方进行协商或谈判，即格式条款的内容、条款是不能改变的，相对方只能选择同意格式条款的内容，与对方订立合同；或是拒绝接受格式条款的内容，与提供方订立合同；而不存在与对方协商修改格式内容、条款的可能性。在合意形成中，相对方的意思是附合于格式条款提供方的意思，正因如此，格式条款又称为标准条款、附合条款。

7. 合同当事人实质地位的不对称性

格式条款的制定方、提供方一般具有绝对经济优势或垄断地位，而另一方为不特定、分散、信息不对称的消费者。

格式合同条款产生的主要原因有：（1）降低营业交易和谈判成本的需要；（2）垄断经营或一方经济优势的存在；（3）市场交易和营业专业化的需要；（4）合同规范的需要。从 19 世纪最后 30 年开始，随着社会经济条件变化，当事人之间经济地位的明显差异和国家干预经济的加强，契约自由受到越来越多的限制，当事人在缔约法中的平等地位也随之衰落；① 更为重要的是，随着经济发展，特别是企业对外交往中由于交易标的物的固定和交易内容的重复，为减少交易中的谈判和签约流程，提高签约和交易效率，当事人之间自发地产生利用格式条款来简化缔约程序，格式合同得以产生并被广泛接受。至 19 世纪末，很多垄断企业采用各种手段提高效益，格式合同就是其中最重要的手段之一。垄断企业提供服务或者商品，都是用事先拟定好的规范、标准合同，无须双方进一步讨价还价，从而节约大量人力、物力、时间以获得更多利益，市场支配地位得到进一步巩固，格式合同随之也越来越广泛地被应用到诸如水、电、气、油、公共交通等公用事业领域和其他社会经济领域。关于格式条款的发展历程，我国台湾地区学者黄越钦先生认为格式合同大致遵循着科技发达、企业组织扩张→大规模生产、大众化消费→经济生活内容定型化→契约定型化→格式合同→一般契约条款（即格式条款）这一发展流程，② 并本着由简单向复杂、个别领域向全社会领域、垄断领域向非垄断领域不断扩张的态势发展。

格式合同作为规模经济和专业化经济的产物，旨在追求交易之迅捷，但与契约公平、正义价值发生冲突；③ 格式合同条款既有利，也存弊。其积极意义在于：（1）因有效地减少签约协商、谈判环节，大大提高签约和交易效率；（2）格式条款的标准性和规范性，有利于促进签约流程的规范化、合同内容的完备化和合同形式的标准化；（3）有助于提高标准、规范的格式条款，明确当事人的权利与义务，消除或减少合同履行中的各种纠纷。但格式合同条款也有明显的缺陷与不足：（1）格式条款因只反映了一方当事人的意思，另一方当事人的意思是附合格式条款提供方的意思，签约过程省去了协商和谈判的环节，明显掩盖了合同意思真实，限制了合同自由，典型的如所谓霸王条款的出现；④（2）格式条款被严重工具化，常常被垄断

---

① 苏号朋：《格式合同条款研究》，中国人民大学出版社，2004，第 15~26 页。
② 黄越钦：《论附合契约》，载郑玉波主编《民法债编论文选辑》上，五南图书出版公司，1984，第 289~290 页。
③ 韩从容：《论格式合同的价值冲突与利益平衡机制》，《现代法学》2000 年第 6 期。
④ 所谓"霸王条款"不是一个法律术语，一般是指免除或者限制格式条款提供方责任，加重对方责任，排除对方主要权利的合同格式条款。

企业和营业优势方作为攫取垄断、超额、法外利益的合同工具，从而极大地损害被动接受方的合法权益。

格式合同的主要类型有：

1. 一般消费类合同

包括：（1）产品消费类格式合同；（2）服务消费类格式合同，如旅游服务、餐饮服务、住宿服务、金融服务、物业管理服务、运输服务等。

2. 公共产品与服务类合同

包括：（1）城市公共交通服务合同；（2）供用电合同；（3）燃料（气、油、煤等）供应合同；（4）自来水供应合同；（5）公用设施（如公园）有偿使用合同；（6）广播、通信服务合同；（7）航空运输服务合同；（8）铁路运输服务合同；（9）其他公共产品与服务类合同。

3. 特殊商事合同

包括：（1）保险合同；（2）仓储、保管合同；（3）商品房地产买卖合同；（4）信贷合同；（5）专业类委托合同；（6）电子商务（如网络、拆封）合同；（7）其他特殊商事合同。

为了维护交易安全，格式合同在一般情形下应该认定有效。但是，企业制定并滥用大量不公平的格式合同或格式条款，以损害消费者的合法权益，也日益成为现代社会经济生活中的顽症。正是因为这样，现代合同法引入了格式合同或格式条款的否定、限制与解释机制，一方面，直接规定凡豁免或规避格式合同或条款提供方义务或责任的条款无效，通过限制格式条款提供方的权力滥用行为，以从合同缔约源头防止合同优势方、格式条款提供方利用格式条款的形式，置消费者于不利地位；另一方面，明确规定对格式合同或条款的解释原则，即本着不利于格式合同或条款提供方的解释原则，对格式合同的争议条款进行符合公平正义和社会公序良俗的解释和认定。如为防止格式条款阻却正义、伤害社会，德国和欧盟法就建构起不公平条款制度，使之与传统民法中的显失公平制度区分开来，从而为格式条款自律、行政监督、公益诉讼和司法审查提供制度支撑，此举对我国无疑极具借鉴意义。①

---

① 范雪飞：《论不公平条款制度——兼论我国显失公平制度之于格式条款》，《法律科学》2014年第6期。

（二）公共产品供用合同中格式条款的主要特点与存在形式

1. 公共产品供用合同中格式条款的一般特征

格式合同最早出现在 19 世纪的保险业和铁路运输业，并于 20 世纪 20 年代后广泛用于公用事业。① 格式合同的前述发展历程和内在特征，由于高度契合了公用企业对简化交易程序、提高交易效率的基本要求，其具有的交易成本低廉、交易频率快捷、交易环节简化、交易纠纷减少等明显优势，比较适合于大规模、成批量、重复性、继续性的公共产品供用合同的签订与履行，因此，如前所述，公共产品供用合同的签约过程和缔约程序，呈现明显的格式合同特征，这正是格式合同在公共产品供用合同大量存在并具有积极意义的一面；但是，也必须看到，格式合同由于是以限制甚至剥夺消费者协商权、谈判权、选择权为基本前提的，格式合同的提供方又往往利用格式合同条款，豁免或规避自己的义务、责任，或者加重消费者的义务与责任，自然容易造成对消费者权利的侵害。正因如此，格式合同同时又契合了公用企业利用独占专营和市场支配优势地位，谋取不正当利益的需求，逐渐成为公用企业滥用垄断优势的偏爱手段和主要工具。②

与一般产品供用合同中的格式条款不同，公共产品供用合同中的格式条款具有如下特点。（1）普遍性。即在公共产品供用合同所涉公用事业领域广泛存在。如供水、供电、供热等市政公用事业；铁路、公路、民航、内河航运、国际航运等公共交通领域；煤炭、石油、天然气等自然资源垄断性供给等；邮政、电信等公共服务行业等，只要是基于公共产品供用合同建立的公共产品供用法律关系，就是以格式条款的形式出现的。（2）法定性。公共产品供用合同中的格式条款一般在法律（特别是公用事业特别法）、行政法规中有明确的规定要求，其中法律、行政法规中的规定被引入合同中作为公共产品供用合同的重要组成部分，也被称为"法定格式条款"。该法定格式条款不仅没有违反法律原则，而且在实际上是以特别法和格式条款的形式对法律原则的强调和法律条文的贯彻；特别是公用事业特别法中的许多条文，其立法初衷大多是防止交易中强者对弱者的损害。如

---

① 萧燕：《对免责条款订入格式合同的法律控制》，《法学》1997 年第 3 期。
② 焦蕴：《论对公用企业滥用格式合同的法律规制》，《消费导刊》2008 年第 24 期。

《邮政法》《电信条例》《城市供水条例》等，对邮政普遍服务合同、电信服务合同、供水合同这样条款的罗列等。由于既有涉及公用事业的法律、行政法规等规范文本，大多制定于传统计划经济向市场经济过渡的时期，限于当时的政策背景和经济环境，立法机关、行政机关和各级政府部门，其制定的规范性文件对公用事业的规范，也就带有鲜明的行政本位和部门利益痕迹。受其影响，这些规范性文本中有关公共产品供用合同中的格式条款，利益、权利分配也体现着向其主管的公用企业倾斜，所制定的行政法规或行政规章，就包含有许多内容不合理甚至损害公众消费者权益的法定格式条款。因此，公用企业以本领域中行政法规、行政规章的全部或者一部分条文作为格式条款的情形就十分普遍，并广泛见于供水、供电、邮政、电信等行业。(3) 标准性。公共产品供用合同由于所涉及的水、电、气、油、公共交通、邮政、电信等公用事业领域，无论具体产品质量，还是服务的品质，均具有单一性、标准性等明显特征，因此，公共产品供用合同的内容常常包括有公共产品标准化的条款，主要内容也具有一定意义上的同质性。可以这样说，公共产品供用合同是一种典型意义的标准合同。(4) 规范性。公共产品供用合同由于涉及社会公众必需的公共产品，且供给具有非竞争性、不间断性和重复性，涉及社会的千家万户和经济的方方面面，具有牵一发而动全身的特点，因此，无论内容，还是形式，均必须十分规范。如供水合同、供电合同、机票、托运单、邮政汇款单、电话装机开户单、有线电视开户单等，不论是内在的记载事项，还是外在的表现形式，均十分规范、标准。(5) 多样性。公共产品供用合同中的格式条款表现形式是多样性的，既可以是标准合同形式的公共产品供用合同；也可以是公用企业单方面所提供的广告、告示、通知、声明、须知、说明、凭证、单据；还可以是公用企业配制的、内含格式条款的各种证、卡、表等。(6) 强制性。公共产品供用合同由于所涉产品具有公共性，内含或独立存在的格式条款，往往涉及有关公共产品供给与使用中的许多强制性规范，不仅对公众消费者具有强制约束力，也对格式条款提供方具有强制约束力。

2. 公共产品供用合同中格式条款的主要形式

公共产品供用合同格式条款或公共产品供用格式合同的主要表现形式如下。

第一，标准合同形式的公共产品供用合同。公共产品供用合同中格式条款，在多数情况下是存在于公用企业与公众消费者所签订标准格式的公共产品供用合同之中的。因此，以标准合同形式存在的公共产品供用合同，是公共产品供用合同中格式条款最主要的表现形式。以标准合同形式、内含有格式条款的公共产品供用合同主要有：（1）自来水供用合同；（2）电力供用合同；（3）燃料（气、油、煤等）供用合同；（4）公用设施（如公园）有偿使用合同；（5）城市公共交通运输合同；（6）城市轨道交通运输合同；（7）铁路运输合同；（8）公路运输合同；（9）水路运输合同；（10）海运合同；（11）航空运输合同；（12）邮政服务合同；（13）电信服务合同；（14）网络服务合同；（15）广播、电视服务合同；（16）其他公共产品与服务类合同。

第二，证明公用企业与公众消费者存在公共产品供用合同关系的各种凭证、票据、单据等。主要包括：（1）由公用企业开具的各种公用事业收费凭证，包括收据、发票等，如水费、电费、热费、气费、油费、网络使用费、电话费、有线广播电视收视费等收费凭证等；（2）由公用企业制作并交付的各种票证；如汽车票、公共汽车票、地铁票、火车票、船票、飞机票、公园门票、博物馆入场券、油票等；（3）由公用企业开具的各种单据，如固定电话开户单、网络开户单、移动电话开户单、有线广播电视开户单、托运单、提单、寄存单、仓单等。如我国《铁路法》规定，旅客车票、行李票、包裹票和货物运单是铁路运输合同或者铁路运输合同的组成部分。[①]

第三，公用企业配制的、内含格式条款的各种证、卡、表等。其中，证件如各种优惠性公共交通证件等；各种卡如水卡、电卡、气卡、油卡、有线电视卡、公园门禁卡、公共交通卡、轨道交通卡等；各种表如水表、电表、气表、油表等。

第四，公用企业单方面提供的各种广告、告示、通知、声明、须知、说明等。

（三）公共产品供用合同中格式条款存在的问题

在上述几种主要形式的公共产品供用合同格式条款中，公用企业利用

[①]　《中华人民共和国铁路法》（2015年修正）第11条第2款。

独占专营和市场支配这一垄断优势地位，往往利用公众消费者信息不对称的情势，做出对公众消费者不公平、不合理的规定，减轻、免除公用企业义务、责任。这些格式条款按其内容和性质，可分以下几种。

1. 免责条款

合同法上的免责条款（Exclusion clause，Exemption clause）是指当事人双方在合同中事先约定的、旨在限制或免除其未来责任的条款，它通常为合同中双方当事人在订立合同或格式合同提供者所提供的格式条款中，为免除或限制一方或者双方当事人责任而设立的条款。① 免责条款有广义和狭义之分，广义的免责条款不仅包括完全免除当事人责任的条款，也包括限制当事人责任的条款；而狭义的免责条款仅指完全免除责任的条款，下文如无特别说明，均从广义角度来分析。

公共产品供用合同中的免责条款是指公用企业在公共产品供用合同格式条款中约定的、用以免除或限制未来公共产品供给义务或责任的条款。公共产品供用合同格式条款中的免责条款既可以通过明确规定而存在，也可以隐含的意思暗藏在某些条款之中。由于公共产品供用合同的格式条款是由公用企业预先提供的，因此，其中所包含的免责条款，在多数情况下是以免除或限制公用企业的义务与责任为主的。

公共产品供用合同中的免责条款，按其免除或限制义务或责任的范围，可分为以下几类。（1）全部免责条款。即公用企业事先约定公众消费者（未来的受害人）放弃将来对责任方提出任何赔偿的请求。此种免责条款只在意外情形下的供水、供电、供气等合同中才存在，且比较少见。（2）限制责任条款。即公用企业事先约定对将来的违约供给义务或损害赔偿以特定方式计算或不超过一定数额的有限赔偿。典型的如前述铁路运输、航空运输、海上运输、邮政投递、快递中的限额赔偿条款等。（3）限制请求期限的条款。即公用企业事先约定公众消费者须在一定期限内提出损害赔偿请求，逾期行使将不再享有请求赔偿的权利。此种免责条款不以直接免除责任为表象，而以限制请求期限约束当事人的请求权，借此免除公用企业供给义务或赔偿责任的规制，属间接性免责条款，此种条款在公共产品供

---

① 王传丽：《标准合同中的免责条款》，《法学评论》1988 年第 1 期；崔建远：《免责条款论》，《中国法学》1991 年第 6 期；韩世远：《免责条款探讨》，《当代法学》1993 年第 2 期。

用合同中大量存在。（4）设立固定赔偿金额或模式。即公用企业事先在公
共产品供用合同中约定，如因公共产品供给过程中发生致害公众消费者的
情形，以某一数额的固定金额进行赔偿，不足部分则予以免除或以一种固
定的比例模式进行赔偿，而排除依照相关法律规定据实赔偿。以上四种形
式的免责条款，其内容或者明显违反公平原则，或者严重损害公众消费者
利益，其有效性均值得商榷。

2. 限制性条款

合同法上的限制性条款，又称限制性商业条款（Restrictive Business
Clauses），其原义是指在买卖合同或者技术转让合同中，卖方、许可方对买
方、被许可方所受让的产品或技术作出某种限制的条款，最常见如对销售
地区、产品数量和价格、引进技术使用范围、引进竞争性技术、搭卖条款
的限制等。① 限制性条款由于排斥了合同自由和公平竞争，历来受到反不正
当竞争法和反垄断法的规制，明显限制消费者选择权和排斥市场自由竞争
的限制性条款，一般被认定为垄断行为。我国学者对合同中限制性条款的
关注与研究是从国际货物买卖合同和国际技术转让合中的限制性条款介绍
和分析开始的。1980 年 4 月 22 日在联合国控制限制性商业惯例会议上制定
的《关于控制限制性商业惯例的公平原则和规则的多边协议》，其所称的
"限制性商业惯例" 与 "限制性商业条款" 内涵基本一致。在该《多边协
议》中，限制性商业惯例是指企业的下述行动和行为："通过滥用或谋取滥
用市场力量的支配地位，限制进入市场或以其他方式不适当地限制竞争，
对国际贸易，特别是发展中国家的国际贸易及其经济发展造成或可能造成
不利影响；或通过企业之间的正式或非正式、书面或非书面的协议或其他
安排造成了同样的影响的一切行动或行为都叫限制性贸易做法。"但对此条
的解释，发达国家与发展中国家之间尚存有较大分歧，发达国家坚持凡是
在国际许可合同中出现的构成或导致市场垄断、妨碍自由竞争的条款都属
于限制性商业条款；发展中国家则认为不仅构成或导致市场垄断、妨碍自
由竞争的条款属于限制性商业条款，有些条款虽然不一定导致垄断、削弱
竞争，但显然不利于买方、技术接受方经济、技术发展的也应属于限制性

---

① 张丽娜：《论国际许可合同中的限制性条款》，《河北法学》2003 年第 3 期；张建军：《技
术进口合同中限制性条款与滥用知识产权条款之辨析》，《知识产权》2014 年第 3 期。

条款。尽管如此，根据联合国《关于控制限制性商业惯例的公平原则和规则的多边协议》的定义，"限制性商业惯例"条款须具有以下要件：（1）该条款仅限于国际技术贸易中，不包括商品贸易；（2）该条款是不合理的，它旨在通过卖方、技术许可方滥用或谋取滥用市场力量的支配地位限制进入市场或以其他方式不适当地限制竞争等，合理的竞争不在此列；（3）该条款是法律明文禁止的，国际许可合同中可以设定限制条件，不为法律禁止的限制则不属于限制性条款；（4）该条款一般是卖方、技术许可方施加于买方、技术受让方的限制。此外，1985 年 4 月 5 日联合国技术转让行动守则第六届会议制定的《联合国国际技术转让行动守则（草案）》，下列 14 种条款被纳入《守则（草案）》，以"限制性商业惯例（条款）"称之：（1）单方面的回授条款；（2）对效力异议条款；（3）独家经营条款；（4）对研究的限制条款；（5）对受方使用人员的限制条款；（6）限定价格条款；（7）对技术更改的限制；（8）包销协定和独家代理协定；（9）搭买条款；（10）出口限制；（11）供方垄断性安排；（12）对宣传的限制；（13）工业产权期满后的付款和其他义务；（14）在技术转让合同期满后的限制。① 但是，事实上，限制性条款却广泛存在于其他合同之中，其中，尤以公共产品供用合同最具典型性。

公共产品格式供用合同中的限制性条款，是指在公共产品供用格式合同文本中，对公共产品受让方公众消费者购买公共产品或接受公共服务作出某种限制的条款，最常见如供用数量限制、时间限制、方式限制、价格限制和搭售限制等。如自来水企业对用户用水量的限制；供电企业对用户用电量、用电时段、超额用电价格的限制等；天然气企业对用户用气量的限制等。供水企业、供电企业、供气企业、电信企业、有线电视等公用事业经营者对用户水表、电表、气表、装配电话、网络配件、接线盒等限制性搭售规定和隐性搭配行为等。公共产品格式供用合同中的限制性条款与一般合同中的限制性条款相比较，除具有普遍性和广泛性外，其表现形式不仅可以通过公共产品格式供用合同以条文的形式作明确规定；而且即使在合同条文中未予以规定的情况下，也可以通过如初装、开通过程中的硬性配制

---

① 刘岩：《国际技术转让合同中的限制性条款》，《吉林大学社会科学学报》1988 年第 3 期；禹华英：《国际技术贸易中的限制性商业条款》，《现代法学》1998 年第 4 期。

等事实行为，间接达到公共产品供用合同中格式条款的限制目的和效果。

3. 失权条款

合同法上的失权条款，又称除权条款、除斥条款，是指当事人在合同中约定，一方当事人在一定期限内或者一定条件下不行使应当享有的权利，在该期限届满或该条件成就后就不再享有或不得再行使该权利的条款。在合同法理论上，失权条款往往与另一重要概念除斥期间存在关联性。所谓除斥期间是指法律规定某种民事实体权利存在的期限；权利人在此期间内不行使相应的民事权利，则在该法定期限届满时导致该民事权利的消灭。如原《合同法》第 193 条有关继承人、法定代理人对赠予的法定撤销权，第 286 条关于工程款优先受偿权，其除斥期间为 6 个月；又如原《合同法》第 55 条对可撤销合同的撤销权、变更权，《民通意见》第 73 条第 1 款对可变更、可撤销民事行为的变更权、撤销权，原《合同法》第 192 条对赠予人的法定撤销权；《婚姻法》第 11 条对受胁迫一方的婚姻撤销权，除斥期间为 1 年；再如原《合同法》第 104 条关于领取提存物的权利，《合同法》第 75 条关于保全撤销权，除斥期间为 5 年。还有，如我国《个人独资企业法》（1999 年）第 28 条规定："个人独资企业解散后，原投资人对个人独资企业存续期间的债务仍应承担偿还责任，但债权人在五年内未向债务人提出偿债请求的，该责任消灭。"《合伙企业法》（1997 年）第 63 条规定："合伙企业解散后，原合伙人对合伙企业存续期间的债务仍应承担连带责任，但债权人在五年内未向债务人提出偿债请求的，该责任消灭。"这些均属于除斥期间。应该说，基于除斥期间的规定或约定，有关当事人在该除斥期间内未行使该项权利，其权利将丧失，即会产生失权的法律后果。但除斥期间仅仅只是导致失权法律后果的原因之一，而非全部，因此，除斥期间与失权不可画等号，其他条件的成就或不成就，均可导致当事人一方失权。

公共产品格式供用合同中的失权条款，是指在公共产品供用格式合同文本中，明确约定用户或其他公众消费者在一定期限或者一定条件下不行使某项应当享有的权利，在该期限届满或该条件成就后就不再享有或不得再行使该权利的条款。如颇受社会非议的移动电话网络月包流量，在该月末未消费部分将被清零等。公共产品格式供用合同中的失权条款，既有约定的除斥期间届满产生的失权，如有关损害赔偿请求权的行使期间；也有因其他条件的丧失而引发的失权，如欠费导致的号码丧失、停机等。再如，根据 2010 年《铁路旅客运输规程》《铁路旅客运输办理细则》和各火车站售票大厅的退票窗口自该年 12 月 1 日起摆出退票须知中有关"普通车票在列车开车后不予退票"的规定，就意味着该普通车票迟到作废。

4. 单方面价格或计价、计费条款

公共产品格式供用合同中的单方价格条款，是指在公共产品供用格式合同文本中，明确约定用户或其他公众消费者只能接受规定的价格，或者用户或其他公众消费者只能按照规定的计价、计费方式交纳费用的条款。单方面价格或计价、计费条款在供水、供电、供气、电信、有线电视等供用合同普遍地、大量地存在，如全国政协委员卜仲宽在一份提案中援引的数据显示，早在 1997 年，全国电话用户 1 年内因电信按分计费方式而多支出的话费就已高达 266 亿元。①

5. 指定纠纷解决条款

公共产品格式供用合同中的纠纷解决条款，是指在公共产品供用格式合同文本中，明确约定用户或其他公众消费者在购买公共产品或接受公共服务的过程中，如产生纠纷或发生争议，必须按指定的途径、方式或提交指定的机构进行解决的条款。公共产品格式供用合同中的纠纷解决条款最常见的有行政机关处理条款、行政裁决条款、指定仲裁条款和排除仲裁或诉讼条款等。

6. 单方面违约与处罚条款

公共产品格式供用合同中的违约处罚条款，是指在公共产品供用格式合同文本中，明确约定用户或其他公众消费者，比如，在购买公共产品或接受公共服务过程中存在诸如违规使用、欠费等违法、违约情形时，公用企业可单方面进行处罚的条款。典型的，如在供水、供电、供气、电信、有线电视等公共产品格式供用合同中规定，用户欠费，供水、供电、供气、电信、有线电视等企业就可单方停水、停电、停气、停机、停号、切断网络、关闭信号等处罚措施；又如，对因飞机延误提出异议的，擅自以安全飞行为由对该乘客进行拒载等条款。不仅如此，这些合同中均只规定了用户

① 李薇：《电信资费计费，争"分"还是夺"秒"?》，《中国水运报》2012 年 2 月 17 日第 5 版；王靖：《公用企业滥用市场支配地位与反垄断法律规制》，《经济导刊》2007 年第 10 期；杨慧：《公用企业垄断对消费者权益的侵害及法律对策》，《安徽大学学报》（哲学社会科学版）2009 年第 4 期。

或其他公众消费者一方的违约责任，而对公用企业的违约和违约责任却基本不作规定，或者根本就不规定。如《铁路法》（2015 年修正）第 12 条规定和根据此规定制定的《铁路运输合同》格式条款中，就只规定"因铁路运输企业的责任造成旅客不能按车票载明的日期、车次乘车的，铁路运输企业应当按照旅客的要求，退还全部票款或者安排改乘到达相同目的站的其他列车"；但是，在《铁路法》、铁路部门规章和《铁路运输合同》格式条款中，却找不到一条旅客列车晚点后铁路运输企业应当承担赔偿责任的规定。

7. 危险、风险及损害分担条款

公共产品格式供用合同中的危险、风险及损害分担条款，是指公共产品供用格式合同文本中，明确约定如出现危险或其他意外事故，对所造成的损害，由用户或其他公众消费者按照一定的规则与公用企业共同分担该损失的条款。比如供水单位对自来水污染、供水设备毁损等情形，要求用户承担一定比例的改造费用；诸如供水、供电、供气、电信、有线电视等供用合同中对用户交纳入户费、初装费、开通费、建设费的规定等，均属于危险、风险及损害分担条款。

8. 其他单方面支配条款

上述公共产品供用合同中不同内容与性质的格式条款，存在如下明显问题：（1）明显剥夺了公众消费者的合同自由权；（2）普遍地限制了公众消费者的公平交易权；（3）严重侵害了公众消费者的实体权利和基本福利。其结果是导致公用企业经常性地滥用垄断经营权，置广大公众消费者合法权益和正当利益于不顾，致使所提供的公共产品与服务质量远远不能达到合同所约定和公众消费者所预期的目的。

（四）公共产品供用合同中格式条款的效力判断与立法规制

格式合同在市场经济中利弊兼存，对其规制自然应从效力、解释、责任多方面应对；[①] 其中，格式合同的立法规制是行政规制和司法规制的前提和依据，且在格式合同的规制体系中居于基础性的地位，[②] 这些无疑可一体适用于公共产品供用合同中格式条款的规制。当然，由于公共产品供用合同

---

① 马齐林：《关于完善我国格式条款合同制度的思考》，《现代法学》2000 年第 2 期。
② 张建军：《格式合同的立法规制》，《甘肃政法学院学报》2005 年第 5 期。

中的格式条款，普遍性地内含着前述免责条款、限制性条款、失权条款、单方面价格或计价（费）条款、指定纠纷解决条款、单方面违约与处罚条款、危（风）险及损害分担条款等多方面的内容，条款或明显违法；或显失公平；或严重损害公众消费者的权益；更为严重的是剥夺了公众消费者的合同自由权、公平交易权，破坏了市场的正常竞争秩序，理应受到法律的规制。笔者认为，对公共产品供用合同中格式条款的规制，应从以下几个方面入手。

1. 《民法典》对公共产品供用合同中格式条款的限制

公共产品供用合同中格式条款首先是一种合同条款，因此，首要的规制方式必须是《民法典》的规制。关于《民法典》对公共产品供用合同中格式条款的规制，笔者认为，又必须从以下几个方面通盘考虑。

其一，以《民法典》合同编一般原则对格式条款的订立进行约束。

我国原《合同法》总则和《民法典》总则编、合同编通则的一般规定中就规定，合同当事人的法律地位平等，一方不得将自己的意志强加给另一方；当事人订立、履行合同，应当遵守法律、行政法规，尊重社会公德，不得扰乱社会经济秩序，损害社会公共利益；当事人应当遵循公平原则确定各方的权利和义务；当事人行使权利、履行义务应当遵循诚实信用原则。[①] 在公共产品供用合同的签订过程中，理所应当遵循这些基本原则。

其二，以格式合同订立规则进行具体约束。

我国原《合同法》第 39 条第 1 款、《民法典》第 496 条第 2 款规定："采用格式条款订立合同的，提供格式条款的一方应当遵循公平原则确定当事人之间的权利和义务，并采取合理的方式提示对方注意免除或者减轻其责任等与对方有重大利害关系的条款，按照对方的要求，对该条款予以说明。"从上述规定的精神来看，为维护交易公平、保护消费者，在格式条款的订立过程中，应从如下三个方面对格式条款制定方和提供方予以限制：（1）提供格式条款一方有提示、说明的义务，应当提请对方注意免除或者限制其责任的条款，并按照对方的要求予以说明；（2）免除提供格式条款一方当事人主要义务、排除对方当事人主要权利的格式条款无效；（3）对格式条款的理解发生争议的，应当作出不利于提供格式条款一方的解释。

[①] 《中华人民共和国合同法》（1999 年）第 3~7 条；《中华人民共和国民法典》（2020 年）第 4~9 条，第 463~468 条。

原《合同法》第 39 条和《民法典》第 496 条规定不仅是对格式条款提供方应当遵循公平原则确定当事人之间的权利和义务，应当采取合理的方式提请对方注意免除、减轻或限制提供方责任的条款，应当按照对方的要求，对免除、减轻或限制提供方责任的条款予以说明，必须遵循民法的一般缔约原则和不能具备任何法定禁止情形等几个方面进行权利限制，更应视为格式合同提供方的法定义务。①

由于格式条款的订立过程及不公平权利义务分配，在多数情况下源于不完全信息会导致市场信息失灵和经营者对信息的垄断；因此，应通过信息规制来改良我国现有的格式条款信息义务，需增强条款提示的外观和内容显著性，要求经营者提供通俗化与标准化的条款信息，并运用行政手段创设具体的揭示规则并强化事前监管，构建信息规制的公私法合作机制。② 具体而言，有学者建议应根据我国《合同法》第 3 条与第 39 条分别规定的法律地位平等、实质公平原则，将"击倒"规则确定为解决格式合同解释的基本方法。③ 格式免责条款，只有条款提供方尽到说明或提请注意义务，才能在格式免责条款上达成自由与公平的平衡。④ 如科以格式合同提供方强制说明义务，则提供方不履行说明或提请注意义务，将导致某些未说明部分的条款不具有约束相对方的效力。《民法典》第 496 条第 2 款在原《合同法》第 39 条第 1 款的基础上加上的关于"提供格式条款的一方未履行提示或者说明义务，致使对方没有注意或者理解与其有重大利害关系的条款的，对方可以主张该条款不成为合同的组成部分"的规定，就是遵循这样的思路。

其三，以格式条款判断规则对个别条款效力进行否定。

对前述公共产品供用合同中所普遍性地内含着免责条款、限制性条款、失权条款、单方面价格或计价（费）条款、指定纠纷解决条款、单方面违约与处罚条款、危（风）险及损害分担条款等格式条款，其效力的认定和判断，是规制公共产品供用合同中格式条款的重要方式。我国原《合同法》第 40 条规定："格式条款具有本法第五十二条和第五十三条规定情形的，或者提供格

---

① 傅健：《略论格式条款提供方的法定义务》，《法学评论》2001 年第 4 期。
② 马辉：《格式条款信息规制论》，《法学家》2014 年第 4 期。
③ 朱广新：《论合同订立过程中的格式之战问题》，《法学》2014 年第 7 期。
④ 周清林：《论格式免责条款的效力层次——兼谈〈合同法〉及其司法解释之间的矛盾及其协调》，《现代法学》2011 年第 4 期。

式条款一方免除其责任、加重对方责任、排除对方主要权利的，该条款无效。"对此条的解释与适用，有学者认为，格式条款规制的范式应以存有疑义为基本判断规则，若格式条款违背了法律规定的实质性基本思想，则不生效力，如自始不能情形之积极利益赔偿、合同解除不要求具备应当归责的要件、无谓支出费用的赔偿请求权以及作为原级履行请求权之延伸的再履行请求权等，均是这一认识的反映；[①] 有学者认为，应区分《合同法》第 39 条认可限制、免除责任格式条款的正当性和第 40 条规定格式条款绝对无效情形的不同制度功能。[②] 但由于 2017 年《民法总则》对无效、可撤销民事法律行为有重大修改[③]，《民法典》第 497 条，遵循《民法总则》新的无效民事法律行为之内在逻辑，规定有下列情形之一的，该格式条款无效："（一）具有本法第一编第六章第三节和本法第五百零六条规定的无效情形（即合同中存在'造成对方人身损害的''因故意或者重大过失造成对方财产损失的'两种免责条款，笔者注）；（二）提供格式条款一方不合理地免除或者减轻其责任、加重对方责任、限制对方主要权利；（三）提供格式条款一方排除对方主要权利。"这说明，《民法典·合同编》更倾向于格式合同无效情形的明晰化。

除我国《民法典》和有关司法解释对格式条款效力有明确规定外，我国也有一些地方性法规、地方规章，对合同格式条款的签订、效力判断做出了比较明确的规定。其中具代表性的地方性法规有《深圳经济特区格式合同条例》（1998 年，现已失效）、《上海市合同格式条款监督条例》（2000年）、《内蒙古自治区合同格式条款监督条例》（2006 年）、《重庆市合同格式条款监督条例》（2010 年修正）、《新疆维吾尔自治区合同格式条款监督条例》（2010 年、2020 年修正）、《深圳经济特区合同格式条款条例》（2012年、2019 年修正）、《黑龙江省合同格式条款监督条例》（2016 年修正）、《广西壮族自治区合同格式条款监督管理条例》（2019 年修正）等。

在上述地方性法规中，《深圳经济特区格式合同条例》（1998 年）是最早对格式合同和格式合同条款的效力做出规定的，该《条例》对格式合同或格式合同条款无效、可撤销的各种情形做出具体的规定；2012 年 4 月新

---

① 杜景林：《合同规范在格式条款规制上的范式作用》，《法学》2010 年第 7 期。
② 马一德：《免除或限制责任格式条款的效力认定》，《法学》2014 年第 11 期。
③ 《中华人民共和国民法总则》（2017 年）第 143~157 条。

的《深圳经济特区合同格式条款条例》取代了原有的《深圳经济特区格式合同条例》，其规制方式也由对合同格式条款的事后救济改为缔约前的明令禁止。根据《深圳经济特区合同格式条款条例》（2019 年修正）的规定，下列合同采用格式条款的，经营者应当在使用之日起 5 个工作日内报主管部门备案：（1）供用水、电、气合同；（2）电信合同；（3）邮政合同；（4）有线电视使用合同；（5）物业服务合同；（6）旅游合同。关于合同格式条款的内容，该《条例》有以下规定。第一，合同格式条款不得含有免除或者减轻经营者下列责任的内容：（1）造成消费者人身伤害依法应当承担的责任；（2）因故意或者重大过失造成消费者财产损失的责任；（3）对提供的商品或者服务依法应当承担的保证责任；（4）依法应当承担的违约责任和其他责任。第二，合同格式条款不得含有扩大经营者下列权利的内容：（1）合同的最终解释权；（2）违法变更、转让、解除或者终止履行合同的权利；（3）在不确定期限内履行合同的权利；（4）合同附终止期限的，擅自延长合同效力期时的权利；（5）违法扩大经营者的其他权利。第三，合同格式条款不得含有加重消费者下列责任的内容：（1）使消费者承担违约金或者损害赔偿明显超过合理数额；（2）使消费者承担本应当由经营者承担的风险责任；（3）违法加重消费者的其他责任。第四，合同格式条款不得含有排除或者限制消费者下列权利的内容：（1）依法变更、撤销或者解除合同的权利；（2）依法中止履行或者终止履行合同的权利；（3）请求继续履行、采取补救措施、支付违约金或者损害赔偿的权利；（4）就合同争议提起诉讼、仲裁或者其他救济途径的权利；（5）消费者依法享有的其他权利。①

依据上述规定和规则，当公共产品供用合同中格式条款的效力受到公众消费者质疑时，为了加强对公共产品供用合同中格式条款的规范，充分保护公众消费者的利益，对待这些格式条款的解释就要遵守如下三项重要规则：（1）明确格式条款制订者采取合理方式，提请对方注意免除、减轻或者限制其责任的条款；（2）禁止格式条款的制订者利用格式条款免除其责任、加重对方责任、排除对方主要权利；（3）在解释格式条款时应当做出不利于提供格式条款一方的解释。② 通过适用这些规则，以判断和认定公

---

① 《深圳经济特区合同格式条款条例》（2019 年修正）第 9~13 条。
② 王利明：《对〈合同法〉格式条款规定的评析》，《政法论坛》1999 年第 6 期。

共产品供用合同中格式条款的效力，对其中的免责条款、限制性条款、失权条款、单方面价格或计价（费）条款、指定纠纷解决条款、单方面违约与处罚条款、危（风）险及损害分担条款等做出否定性评价，可有效遏制公用事业经营者滥用公共产品供用合同中格式条款损害公众消费者的利益。

其四，歧义条款不利于格式合同提供方的解释原则。

格式条款解释的目的，在于探求当事人真意和实现社会公平正义，如果当事人真意与社会公平正义相违背，则舍当事人真意而追求公平正义；在具体解释格式条款时，除遵循原《合同法》和《民法典》的有关规定外，还应遵循严格解释、诚信解释原则，以保障格式条款解释的统一性和目的性。① 我国原《合同法》第 41 条和《民法典》第 498 条规定："对格式条款的理解发生争议的，应当按照通常理解予以解释。对格式条款有两种以上解释的，应当作出不利于提供格式条款一方的解释。格式条款和非格式条款不一致的，应当采用非格式条款。"按照此条的基本精神，如在公共产品供用合同履行过程中，公用企业和用户之间因对格式条款的理解发生争议，在无法按常理解释的情况下，应当做出不利于提供格式条款的公用企业一方的解释；如果公用企业和用户之间既有格式条款，也有其他非格式条款的协议，对两者之间的规定或解释出现分歧，如非格式条款对用户更为有利，或者用户坚持适用非格式条款，则应适用非格式条款的规定或解释。通过歧义条款不利于格式合同提供方的解释原则，也可有效抑制公用企业滥用公共产品供用合同格式条款实施垄断行为，保障公平交易和自由竞争，切实维护公众消费者的合法权益。

2. 特别法对格式合同的规制

公共产品供用合同中格式条款除应受前述合同法规制外，还应受有关市场规制法、商事特别法、共用事业特别法等法律的规制。

第一，商事特别法对公共产品供用合同中格式条款的规制。

公用事业经营行为是一种营业行为，自然应受特别商事法的调整和规制。如我国原《合同法》和《民法典》所规定的"供用电、水、气、热力合同"和"运输合同"，就是典型的商事合同。《合同法》和《民法典》有关"供用电、水、气、热力合同"的规定，对供用电、水、气、

---

① 王丽萍、李燕：《格式条款解释研究》，《法制与社会发展》2001 年第 6 期。

热力合同的主要条款、履行地、公用企业的安全供给义务及责任、公用企业中断供给的通知义务、公用企业不可抗力中断供给的抢修义务等内容有比较具体的规定，① 对供用电、水、气、热力类公共产品供用合同中格式条款有直接的约束力。又如，我国《电子签名法》就规定，涉及停止供水、供热、供气、供电等公用事业服务的合同或者其他文件、单证等文书，如公共产品供用合同中格式条款中存在有约定用户使用电子签名、数据电文的文书，而排除或否定电子签名、数据电文形式之外的签名、文书的法律效力等条款，② 则该格式条款因违反《电子签名法》的强制性规定，应认定为无效。其他如《公司法》《合伙企业法》《个人独资企业法》《民用航空法》《海商法》《保险法》《商业银行法》等，对合同格式条款均有涉及，其对公共产品供用合同中格式条款，也具有规范意义。

第二，市场规制法对公共产品供用合同中格式条款的规制。

公用事业经营行为是一种市场行为，其经营活动无疑也应受市场规制法的调整和规制，制定和提供公共产品供用合同中的格式条款，自然也要受其调整和规制，这些法律包括《反不正当竞争法》《反垄断法》《产品质量法》《消费者权益保护法》等法律，以及根据这些法律所制定的行政法规、部门规章、地方性法规或政府规章。如《反垄断法》（2007 年）以国有经济占控制地位的关系国民经济命脉和国家安全的行业以及依法实行专营专卖的行业为规制对象，对公用事业经营者利用公共产品供用合同中的格式条款实施垄断行为，作出了禁止性的规定；③ 另，《禁止滥用市场支配地位行为暂行规定》（2019 年），更细化了《反垄断法》第三章"滥用市场支配地位"的相关规定，对包括公用事业经营者在内的具有市场支配地位的经营者从事滥用市场支配地位，利用公共产品供用合同中的格式条款实施损害公众消费者的垄断行为，作了更为明确、具体的罗列和禁止。④

公共产品供用合同中的格式条款涉及公众消费者的权益，更应受《消费者权益保护法》的调整和规制。2013 年修正的《消费者权益保护法》，对

---

① 《中华人民共和国合同法》（1999 年）第 167~184 条；《中华人民共和国民法典》第 648~656 条。
② 《中华人民共和国电子签名法》（2019 年修正）第 3 条。
③ 《中华人民共和国反垄断法》（2007 年）第 7 条、第 17 条。
④ 国家市场监督管理总局《禁止滥用市场支配地位行为暂行规定》（2019 年）第 14~19 条。

此作出了更具针对性的规定：（1）经营者在经营活动中使用格式条款的，应当以显著方式提请消费者注意商品或者服务的数量和质量、价款或者费用、履行期限和方式、安全注意事项和风险警示、售后服务、民事责任等与消费者有重大利害关系的内容，并按照消费者的要求予以说明；（2）经营者不得以格式条款、通知、声明、店堂告示等方式，作出排除或者限制消费者权利、减轻或者免除经营者责任、加重消费者责任等对消费者不公平、不合理的规定，不得利用格式条款并借助技术手段强制交易；（3）格式条款、通知、声明、店堂告示等含有前款所列内容的，其内容无效。①

第三，公用事业特别法对公共产品供用合同中格式条款的规制。

如前所述，我国公用事业特别法中，所内含的强制性规范，实质是对公共产品供用合同条款的附添，应视为公共产品供用合同的重要造成部分。如公共产品供用合同中的格式条款与公用事业特别法中的强制性规范相冲突，其效力应适用原《合同法》和《民法典》的有关规定，认定为无效。如《邮政法》规定，邮政企业采用其提供的格式条款确定与用户的权利和义务的，该格式条款适用《中华人民共和国合同法》关于合同格式条款的规定。② 有关公用事业特别法中的强制性规范，前文有详细列举，在此不再赘述。

总之，对公共产品供用合同中格式条款和格式合同中霸王条款的规制，须从完善《合同法》中有关格式条款的规定、出台有关公共产品供用格式合同的管理规定、制定具有示范意义的公共产品供用格式合同文本、建立公共产品供用格式合同必要的事前审查程序等多个角度入手，对其进行综合治理。

六　对公用企业履约行为的特殊规制

（一）公用企业履约行为特殊性的一般分析

履约行为指合同生效后双方依合同约定行使权利、履行义务的行为。为了保障契约将来产生效力，当事人须受订立的合同之约束，此即契约严

---

① 《中华人民共和国消费者权益保护法》（2013年修正）第26条。
② 《中华人民共和国邮政法》（2015年修正）第22条。

守原则。契约严守原则的主要目的在于保护交易以及信赖。与一般合同的
履行相比，公用企业的履约行为事关百姓日常生活、公众普通福利、社会
公共秩序、公共基础安全等诸多方面。一般合同的履行通常奉行"财产权
至高无上"的原则，通过履行合同使双方预期利益得以充分实现，而公用
企业的履约行为应以社会利益为上。公用企业提供的产品作为社会公共利
益的载体，为社会福利的增进与改善提供了一个最基本的平台，一个和谐、
可持续发展的社会有赖于公共产品的充分、有效供给。[①] 足见，公用企业作
为公共产品的提供者和公共产品供用合同一方当事人，对公共产品供用合
同的履行，即公共产品的供给行为，具有牵一发动全身的社会影响力，且
在公共产品供用合同履行过程中占据主导地位，所以，契约严守原则对于
公共产品供用合同中提供公共产品的公用企业一方来说，必然要制定比一
般合同当事人更为严格的履约标准。

（二）对公用企业履约行为作特殊规制的基本思路

由于公用企业具有强大的履约能力，履约后果又关乎社会大局，在公
共产品供用合同中占主导地位，对公用企业的履约行为进行规制，有利于
公用企业实现社会责任，降低利用公共产品供用合同中格式条款这一看似
形式合法，而实则谋取私利、损害消费者行为的发生概率。规制公用企业
履约行为主要是强化义务的履行，限制权力的滥用，基本思路如下。

1. 公用企业应无条件履行法律规定和公共产品供用合同中约定的公共
产品供给义务

合同的履行是合同法律效力最集中的体现，而合同履行原则又是"合
同履行法律制度的核心，是法律对合同履行要求的高度概括"，"是合同当
事人履行义务、行使权利并实现最终定约目的的行为准则"。[②] 与一般合同
中可附条件履行不同，公用企业的履约行为必须是无条件的。如邮政企业
不能因为地区偏远而拒绝履约；公交汽车不能由于企业效益、天气原因而
停运。无条件履约，也即无条件履行合同，既是公用企业的主合同义务，
更是法定义务。

---

① 钟雯彬：《公共产品法律调整研究》，法律出版社，2008，第3页。
② 侯国跃：《试论合同履行原则的唯一性》，《重庆大学学报》2005年第5期。

2. 限制甚至剥夺公用企业行使合同履行抗辩权

诸如水、电、气、油和公共交通，为现代社会特别是现代城市所必需，公用企业不得以用户存在违约（如欠费）和未先履行（如未交费）为由，行使合同法所规定的同时履行抗辩权、先履行抗辩权和不安抗辩权，拒绝自己应履行公共产品的供给义务。因此，法律应明文规定公用企业合同履行抗辩权的排除适用。

3. 限制公用企业违约救济手段的使用方式和范围

即使在公众消费者存在严重违约的情况下，如欠费、超额用水、用电、用气等，公用企业也不得擅自行使违约救济权，而随意对公众消费者采取断水、断电、断气、断网、断线等非常措施，而必须严格依照法律规定，履行及时提醒或通知义务，给予一定的宽展期。不到不得已情形，公用企业不得单方面行使违约救济权。

4. 规定在不可抗力等意外情形下公用企业的特殊履约义务和责任

在发生自然灾害、战争、社会事件等不可抗力事件和重大公用事业事故，导致一定范围或大面积停水、停电、停气的情况下，公用企业应启动紧急应对措施，尽一切努力，尽快恢复公共产品的供给。

（三）公用企业无条件履约的缘由分析与立法规制

当事人订立合同的目的是实现合同中预定目的与期待利益，只有在不得已情况下才退而求其次，要求损害赔偿。无条件履约作为公用企业的基本义务，既是严守契约精神的彰显，也是社会责任的直接体现，更是对公众消费者权益的基础保障。

公用企业无条件履约集中体现在如下三个方面。

（1）公用企业不能以客观条件为由而怠于履约。如电力企业不能因为山高路远而疏于电力的供应和维修，邮政不能因为交通不便而拒绝邮递。

（2）在公用企业存在违约的情况下，除应赔偿由此给公众消费者造成的损失外，还应按照公共产品供用合同的性质，无条件继续履行，且继续履行应先于损害赔偿而实现。如我国原《合同法》第 299 条规定："承运人迟延运输的，应当根据旅客的要求安排改乘其他班次或者退票。"此条规定了承运人应当尽可能地继续履行合同，因为即使退票，这个时候也不能解决和满足旅客到达目的地的需求；此时，继续履行合同不仅能够保障旅客的合法权益，也能够实现合同目的，促进市场交易。因此，只要公共产品的供给条件具备，公用企业就应当无条件继续履行合同。当然，在继续履行已无必要或者根本达不到合同目的的情况下，应该允许旅客退票即解除合同；造成旅客损失的，当然还应予以赔偿；公用企业绝对不能以继续履行为借口推托迟延履行的违约责任。为此，《民法典》第820条对此作了如下改进，即"承运人迟延运输或者有其他不能正常运输情形的，应及时告知和提醒旅客，采取必要的安置措施，并根据旅客的要求安排改乘其他班次或者退票；由此造成旅客损失的，承运人应承担赔偿责任，但是不可归责于承运人的除外。"这一改正就更多反映了公众消费者的缔约目的。

（3）公用企业确实不能履约时，要规定严格的责任标准。我国合同法从违约责任的角度规定了债务人继续履行、采取补救措施、赔偿损失三种违约责任。当公用企业出现履约瑕疵或严重违约时，必须首先规定公用企业无条件继续履行；在确实无法继续履行或继续履行已无必要的情形下，才能以损害赔偿的方式解决。例如列车、航班晚点具有多方面的危害性和损害性，导致旅客经济损失，是铁路旅客、民用航空运输承运人的违约行为。但是我国《铁路法》《民用航空法》《铁路货物运输合同实施细则》和与公共交通有关的运输格式合同，均没有规定客运列车、航班晚点的违约责任。公用企业违约民事责任立法的缺失，是我国公用企业无条件履约难以实现的重要原因，因此，完善公用企业违约民事责任立法，严格公用企业违约民事责任的构成要件、归责原则、责任形式、损害赔偿范围，则可有效督促公用企业的履约责任，减少其违约的发生概率，切实维护公众消费者的利益。可以充分看出，《民法典》第82条的相关改进是值得肯定的。

（四）公用企业合同履行抗辩权排除适用的缘由分析与立法安排

我国合同法规定了合同当事人在履行合同过程中享有同时履行抗辩权、后履行抗辩权和不安抗辩权三种抗辩权，它对于保障交易安全，维护守约方利益和社会信用，分清违约责任，及时解决合同纠纷都具有重要作用。但在公共产品供用合同履行过程中，公用企业常常利用特定公众消费者存在违法或违约，哪怕是轻微违约的情况下，即借口行使抗辩权拒绝履行其应尽的公共产品供给义务，给特定公众消费者的日常生活和社会生产造成极大的不便，有时还因为个别用户存在违法或违约，而公用企业以抗辩权为由拒绝向更大范围内的公众消费者提供公共产品，如因为某小区部分人欠费，自来水公司或供电企业就停了整个片区的水或电。足见，公用企业如在履约过程中任意行使抗辩权，会产生严重的经济损失和社会后果；它不仅使公共产品供用合同得不到切实履行，而且也根本违背了设立抗辩权制度的立法宗旨。由此观之，合同履行抗辩权虽然是法律赋予当事人的一项重要权利，但公用企业行使这一权利不能是随意的，不能让公用企业借口行使抗辩权而规避应该承担的法定强制义务，以维护合同的严肃性，遵循公共产品的公共利益性质。基于此，法律、行政法规应对公用企业行使合同履行抗辩权作出排除适用的规定，对公用企业在公共产品供用合同履行过程中行使抗辩权进行必要的限制甚至剥夺。

公共产品供用合同从签订、确认、履行和违约的救济，几乎贯串公共产品供给的全过程，涉及公用企业和公众消费者之间所有权利与义务，公用企业滥用垄断经营权和市场支配地位，以损害公众消费者的合法权益，或者限制其他竞争者公平竞争、损害其他经营者的利益，在多数情况下也是通过公共产品供用合同的签订与履行来实施的。因此，对公用企业垄断经营进行规制，在前述通过公用事业准入环节的改革，仍然不足以在源头上解决或消除公用企业垄断经营的负面效应时，则应从公共产品供用合同的规制入手，从缔约程序、合同内容、格式条款、合同履行、违约救济等不同环节，对公用企业进行必要的限制、监督，整体性的制度构架应为：在公共产品供用合同缔约环节中引入并适用强制缔约规则；通过法律、行政法规等规范文本对公用事业经营者强制性义务与责任的规定，以对公共产品供用合同条款进行补充与附添；对公共产品供用合同中格式条款进行立法限制和适用特定的解释原则；对公用企业违约私力救济行为进行必要限制和有效监管，则可把具有垄断经营权和市场支配地位的公用企业利用公共产品供用合同，以损害公众消费者的合法权益，或限制其他竞争者公平竞争、损害其他经营者利益的消极后果降至最小。

第八章 公用企业经营环节与产品
定价监督的社会化

前文已提到，公用事业垄断的负效应集中反映在公用事业产品或服务（如前所述，以下统称公共产品）的质量标准以及价格决定问题，因此，对此的应对规制方案也应是通盘性、整体性和外部性的。首先，政府通过有关公共产品质量标准方面的法律，对公共产品质量标准进行规范，可有效解决长期积累下来的公共产品质量不高和公共服务标准不到位的问题。其次，由于公共产品的价格属于公用企业与公众消费者之间以公共产品为标的物所订契约的最主要也是最重要的条款，基于合同订立中的平等、自愿、协商一致原则，公众消费者乃至全社会成员均有权参与定价，而公共产品定价的公开化、民主化和社会化（如价格听证会等），则可有效抑制处于垄断地位的公用企业滥用定价权以损害公众消费者的合法权益或降低全社会的普遍福利水平。

一 公用企业经营环节与产品定价监督的现状分析

（一）公用企业经营环节监督的现状

公用企业是生产力发展到一定阶段、人类生活和经济社会化的产物。公用企业提供的公共产品或服务为公众消费者日常生活所需，一般情况下没有替代选择的可能，而且需求弹性较小。习惯于现代生活的人们，衣、食、住、行都已经离不开水、电、气、通信、电视、交通等产品或服务，而提供这些产品的公用企业一般都处于独占专营或寡头垄断的市场支配地位。公用企业垄断或限制竞争的初衷，是为了提高效益、维护公众利益。然而事与愿违，高成本、低效率构成了传统公用事业经营模式的基本特征，公用企业的合法垄断地位受到了公众质疑和严峻挑战。

我国公用企业资本背景的国有性、市场地位的垄断性、所提供产品的公共性，其经营与一般企业相比，具有一定的社会性和公共性，所进行投资、生产、经营和交易活动，不是一般企业的纯粹民事活动，其私人事务和私权属性因国有性、垄断性和公共性，必然要受到法律特别是公法的限制和规制，而国家、社会和公众消费者个人，因与公用企业的投资、生产、经营和交易有密切的利害关系，公用企业的投资、生产、经营和交易的成果和公共产品的质量、供给方式，对国家经济的持续运行、社会的稳定安宁和公众消费者的生活福利，有着重要的基础性意义。从这一意义上讲，国家、社会、公众消费者就有权利，同时也有义务对公用企业的投资、生产、经营和交易（以下统称经营环节）进行必要、及时、有效的监督，因此，对公用企业的经营环节进行有针对性的监督，是抑制其滥用独占专营或寡头垄断的市场支配地位，实施垄断、损害公众消费者利益最有效的制度设计和法律措施之一。

目前，我国对公用企业经营环节的监督尚存在如下明显缺陷与不足。

1. 公用企业经营理念的计划思维

如前所述，我国公用企业由于特定的国家投资背景和与政府部门存在千丝万缕的联系，作为计划经济体制的遗留产物，其经营理念尚具有典型的计划思维，经营方式仍然沿用行政或事业单位的管理模式。公用企业改革以前，国家既是公用企业投资者、资产的所有者，也是公用企业的经营者，企业按照国家的计划指令进行生产。在这种计划经济体制下，公用企业产权不明、政企不分，企业缺乏微观自主性、效益最大化的经营自觉性和必要动力，在产品质量、服务水平、收费定价等经营事务上往往并不完全按照市场规律，而是按照国家计划或行政决定行事，从而导致生产效率低下，缺乏市场竞争活力。自 20 世纪 80 年代中期以来，虽然我国对包括公用企业在内的国有企业进行了一系列改革，特别是 2004 年以来，随着投资体制改革的启动，作为与基础设施、垄断行业、公共领域结合的公用事业领域的投资多元化和经营方式的改革，业已取得明显成效；但是，由于公用企业国家独资、控股的情况尚无根本性改变，加上公用企业与其主管行政机关之间存在特殊的亲缘关系与利益关系，传统计划经济和行政管理的惯性依然对公用企业产生着影响，并以新的方式表现出来。

2. 公用企业管理组织的官僚化倾向依然十分严重

在我国 20 世纪 90 年代公司化改革的推动下，绝大部分原全民所有制企业以上市、内部股份制改造、兼并、出卖、破产重组等方式，进行了公司化改组，分别被改造为国有资本独资公司、国有资本控股公司、国有资本参股公司等不同的有限责任公司或股份有限公司。但是，在这波规模宏大、范围广泛且过程较长的国有企业公司化改革中，国有公用企业则明显迟缓，且不同行业也存在比较大的差异，如相对而言，公路运输、水上运输、海上运输、民用航空、电信、快递等领域，行业的公司化、民营化、市场化改革的步伐要稍微快一些，公司化和市场化改革也比较彻底，成效也更为明显。而诸如供水、供电、铁路运输、邮政、供气、供热、城市公共交通、城市轨道等领域、行业，公司化、民营化、市场化则仍未完成，或极不彻底。如 2006 年启动邮政经营体制改革后的中国邮政集团之公司化改革尚未完成；2013 年开始的铁路运输经营体制改革仍然没有打破铁老大的垄断经营格局；供水、供电、供热、城市公共交通、城市轨道的市场化改革虽已提上日程，但进展与成效不大。

就公用企业的组织形式而言，虽然供水、供电、铁路运输、邮政、供气、供热、城市公共交通、城市轨道等公用事业领域、行业的公司化改革，早在 1999 年前后就被列入执政者和决策者的改革计划，但基本上一直处在雷声大雨点小的状态，到现在，除个别领域（如城市公共交通、邮政）、个别地区（如深圳、上海等地）、个别环节（如发电、邮政快递、城市公用事业的特许经营）的投资者、经营者选择公司作为公用企业的组织形式外，在供水、供电、铁路运输、邮政、供气、供热、城市公共交通、城市轨道等领域或行业，绝大部分还依然沿用传统的全民所有制企业的组织范式，即《企业国有资产法》（2008 年）所称的"国家独资企业"。在这些国家独资类的公用企业中，内部组织构建，既不按照公司的治理结构、规则组建，也不按照《全民所有制工业企业法》所规定的基本原则和制度范式来构建。如，根据《公司法》《企业国有资产法》的有关规定，公司制国有公用企业的内部治理结构应由股东（大）会、董事会、监事会等构成，并由股东（大）会上资本表决民主和董事会上的决策民主来对公司重要问题做出决定。而如按照《全民所有制工业企业法》，未进行公司制改革的全民所有制企业即"国家独资企业"，其内部治理制度为厂长（经理）负责制；厂长

(经理) 的产生，除国务院另有规定外，由政府主管部门根据企业情况决定采取下列一种方式：（1）政府主管部门委任或者招聘；（2）企业职工代表大会选举。其中，政府主管部门委任或招聘的厂长（经理）人选，须征求职工代表的意见；企业职工代表大会选举的厂长，须报政府主管部门批准。政府主管部门委任或者招聘的厂长，由政府主管部门免职或者解聘，并须征求职工代表大会的意见；企业职工代表大会选举的厂长，由职工代表大会罢免，并须报政府主管部门批准。① 对比现有国家独资类公用企业，既非依照《公司法》《企业国有资产法》的规定，以政府和国资委提名并经企业内部的股东（大）会、董事会选举产生；也不是按照如《全民所有制工业企业法》《企业国有资产法》的规定，在政府任命之前征求职工代表（大会）的意见或经职工代表大会选举报政府主管部门批准任命，而完全是政府以行政程序任命的方式产生，法定代表人、内部组织机构和组织运行，均按照行政机构的产生方式、组织原则和运行方式进行，表现出明显的行政化、官僚化特征。

3. 公用企业内部决策民主程序的缺失

现代企业的最大特征是民主决策与民主管理，在公司型企业里，基于资本民主的股东（大）会多数决与管理民主的董事会表决多数决，使公司重大问题和重要事项，须经股东（大）会或董事会的民主决策或民主表决才能决定；而在传统公有制企业里，也存在基于职工参与下的民主管理制度。如我国《全民所有制工业企业法》规定，全民所有制企业中的职工代表大会是企业实行民主管理的基本形式，是职工行使民主管理权力的机构，行使下列职权：（1）听取和审议厂长关于企业的经营方针、长远规划、年度计划、基本建设方案、重大技术改造方案、职工培训计划、留用资金分配和使用方案、承包和租赁经营责任制方案的报告，并提出意见和建议；（2）审查同意或者否决企业的工资调整方案、奖金分配方案、劳动保护措施、奖惩办法以及其他重要的规章制度；（3）审议决定职工福利基金使用方案、职工住宅分配方案和其他有关职工生活福利的重大事项；（4）评议、监督企业各级行政领导干部，提出奖惩和任免的建议；（5）根据政府主管部门的决

---

① 《中华人民共和国全民所有制工业企业法》（2009 年修正）第 44 条、第 45 条、第 47 条。

定选举厂长，报政府主管部门批准。①

受上述国家独资类企业内部组织的行政化和官僚化影响，现有公用企业内部普遍性缺乏民主的决策程序和必要的内部合议机制。由于我国公用事业长期政企不分，公用企业大多是等级森严的金字塔式官僚化组织模式，管理层次多，机构膨胀，而决策缺乏最起码、最基本的民主，企业经营、管理事务民主决策、民主合议的机会几乎没有，从而导致信息传输慢，决策迟缓，上下沟通不良，养成许多随大流的雇员。由于公用企业组织的固化，成员的稳定，体制的僵化，抵制变革成为标准的操作程序，自我保存成为标准的生活方式，组织内部机构与人员日趋保守，一切创新的动议或计划都会被扼杀在摇篮里，整个组织犹如"机车型"的运转，只有火车头才有动力。这种"机车型"结构使"组织的智障妨碍了组织的学习及成长，使组织被一种看不见的巨大力量侵蚀，甚至吞没了"。② 在这一情形下，行政化、官僚化的公用企业因内部组织的运行仅凭长官意志决定，无法通过民主、合议等机制，聚集外部市场信息和内部合理建议，因而决策、经营、管理总是与市场、公众消费者脱节，经济效益和社会效益也总是不尽如人意。

4. 公用企业经营信息的不公开、不透明

公用企业组织属性的准行政性、准官僚性以及在绝大多数情况下的自然垄断地位，极易导致公用企业在经营过程中信息的封闭性，有关企业信息、经营管理人员信息、营业信息、契约信息、公共产品质量与服务标准信息、公共产品与服务价格信息、公共产品供求信息、公用事业事故信息、公用企业交易信息、其他关联信息等经营信息，均处于内部分享或由内部极少数部门掌控的状态，其透明度、公开性均比较低。没有有效的公用事业经营信息公开披露制度进行强制性约束，公用企业尤其是国家独资类公用企业，没有规范、系统和制度化的经营信息管理、集成、发布、公开、共享和监督机制，导致经营信息的不透明、不公开成为常态，为滥用垄断优势地位、损害其他生产者和经营者的合法权益、侵犯公众消费者权益提供了便利。

---

① 《中华人民共和国全民所有制工业企业法》（2009 年修正）第 52 条。
② 彼得·圣吉：《第五项修炼》，郭进隆译，上海三联书店，1998，第 74 页。

5. 公用企业经营管理监督的行政本位

目前我国对公用企业尤其是国家独资类公用企业经营环节的监督，仍然沿袭计划经济时期的行政本位监督，而且就行政管理与监督而言，公用企业也因行业属性的不同分属并接受不同行政机关的管理与监督，如城市供水、供热、供气等公用企业一般是由建设部门进行监督管理；供电企业则由原电力部门、电监会或能源部门实施管理和监督；铁路运输企业则由铁路行政部门（如国家铁路局）负责监督管理；民用航空运输企业则由民航行政机关（如国家民航局）进行监督管理；城市公共交通则属于城市公用事业管理机关的监督管辖范围；邮政企业则由邮政行政监督管理部门（如国家邮政局）进行监督管理；电信企业的监督管理则调整到现有工业与信息化行政部门；石油、天然气企业则由能源部门负责监督管理；等等，虽然就国家层面而言，如上述国家邮政局、国家铁路局、国家民航局等已调整至大交通部的下属国家局，受交通部直接管理，但就地方而言，除深圳等个别地方外，① 绝大多数地方公共交通则完全分属于不同行政部门进行监督管理。至于其他监督方式，如国家独资类公用企业职工代表大会的内部监督、公众消费者的外部监督，虽有法律规定和制度构架，但因国家独资类公用企业普遍性的监督缺失，法律上规定的监督制度和监督方式则几乎流于形式。

6. 对公众消费者监督权利的漠视与缺失

公众消费者作为公用企业经营过程中的利害关系人，享有对公用企业经营过程的监督权，《中华人民共和国消费者权益保护法》规定，消费者享有对商品和服务以及保护消费者权益工作进行监督的权利；消费者有权检举、控告侵害消费者权益的行为和国家机关及其工作人员在保护消费者权益工作中的违法失职行为，有权对保护消费者权益工作提出批评、建议。②

---

① 与全国其他地方一样，深圳市公用事业经营的监督管理也分别由深圳市发展和改革委员会、深圳市经济贸易和信息化委员会、深圳市规划和国土资源委员会、深圳市交通运输委员会、深圳市住房和建设局、深圳市水务局、深圳市市场监督管理局、深圳市城市管理局、深圳市人民政府应急管理办公室、深圳市无线电管理局等不同行政机构负责，但仅就其中的深圳市交通运输委员会而言，作为公共交通的综合管理机构，负责公共交通、轨道交通、道路交通、道路、港口、水运、空港、物流及地方事权内的航空、铁路等公共交通运输的管理与监督，并协调管理邮政行业，这在全国是比较有代表性的。参见"深圳政府在线·信息公开"，http://www.sz.gov.cn/jtj/jgzn/jggk/，最后访问日期：2013 年 12 月 18 日。
② 《中华人民共和国消费者权益保护法》（2013 年修正）第 15 条。

但是，在我国公用企业经营过程中，公众消费者参与公用企业经营环节中的监督权利被一再漠视，典型的例证如下。（1）对公众消费者的投诉、申诉不及时做出处理。目前在公用事业行业里对公众消费者的投诉、申诉比较重视的只有信息产业部、国家邮政局等少数几个部门，如信息产业部先后于 1999 年 2 月、2007 年 5 月发布《关于为国家工商行政管理局核配消费者投诉服务专用电话号码的函》（信部电函〔1999〕59 号）、《关于严厉打击信息服务企业恶意侵害消费者利益行为的通知》（信部清〔2007〕236 号）等针对电信消费者投诉的规范性文件；国家邮政局于 2008 年 4 月发布《邮政业消费者申诉处理办法》（2011 年、2014 年两次修订），2020 年 9 月发布《邮政业用户申诉处理办法》（国邮发）〔2020〕59 号），对邮政业消费者申诉的专用电话（12305）、受理、处理程序等作出了具体规定。如根据国家邮政局 2014 年 4 月发布的《关于 2014 年 3 月邮政业消费者申诉情况的通告》所述，仅 2014 年 3 月，国家邮政局和各省（区、市）邮政管理局通过"12305"邮政行业消费者申诉电话和申诉网站共受理消费者申诉50920 件；申诉中涉及邮政服务问题的 2088 件，占总申诉量的 4.1%；涉及快递业务问题 48832 件，占总申诉量的 95.9%；已处理申诉中有效申诉（确定企业责任的）18317 件，同比下降 11.4%。有效申诉中涉及邮政服务问题的 333 件，占有效申诉量的 1.8%；涉及快递业务问题的 17984 件，占有效申诉量的 98.2%。经调解消费者申诉已全部妥善处理，为消费者挽回经济损失 223 万元，消费者对邮政管理部门申诉处理工作满意率为 96.6%，对企业申诉处理结果满意率为 93.7%。而电信、邮政服务之外的供水、供电、供气、供热、公共交通等行业的投诉和申诉，则问题比较大。国家工商行政管理总局在其《关于全国工商行政管理机关 2009 年受理消费者咨询申诉举报情况的通报》报告中，所列举 2009 年排在服务消费申诉前五位中，与公用事业有关就有电信服务 43970 件、公共设施服务 13688 件；在《2010 年全国工商行政管理机关受理消费者咨询申诉举报情况的通报》中，电信服务以 4.3 万件排在服务消费申诉前五位中的首位；[1] 在《2013 年上半

---

[1] 国家工商行政管理总局：《2010 年全国工商行政管理机关受理消费者咨询申诉举报情况的通报》，国家工商总局门户网站、中国消费者权益保护网，www.saic.gov.cn/xbj/sgpt/，2011 年 3 月 31 日，最后访问日期：2013 年 8 月 27 日。

年全国工商行政管理机关受理消费者咨询申诉举报情况分析》中，电信服务（包括通信、游戏、下载、上网等服务）以 30293 件仍然排在服务消费申诉前五位的首位。① 而其他涉及供水、供电、供气、供热、公共交通等市场化程度比较低的行业尚没有纳入统计的范围，这说明电信行业等公用事业服务类，是消费者投诉和申诉的重灾区。（2）对公众消费者知情权的漠视。我国《消费者权益保护法》（2013 年修正）第 8 条规定："消费者享有知悉其购买、使用的商品或者接受的服务的真实情况的权利。""消费者有权根据商品或者服务的不同情况，要求经营者提供商品的价格、产地、生产者、用途、性能、规格、等级、主要成分、生产日期、有效期限、检验合格证明、使用方法说明书、售后服务，或者服务的内容、规格、费用等有关情况。"对公用企业基本营业信息、公共产品与服务供给质量与标准、公共产品与服务的价格、公共产品与服务的供给方式等信息的知悉，是公众消费者在接受公共产品或服务的过程中应当享有的基本权利。但是，如前所述，由于公用企业经营环节的信息严重封闭化并被高度行政管制，使广大公众消费者的知情权难以实现。（3）对公众消费者监督参与权的漠视。如在公共产品与服务价格决定的过程中，法律所规定的价格听证会，本为公众消费者参与公共产品、服务价格制定和监督的有效制度安排，诸如城市供水、供电和铁路票价等公共产品与服务价格制定和调整时，本应举行有广泛代表性的公共产品与服务价格听证会，但有关部门和特定公用企业不是以种种借口取消价格听证会的举行，就是在公共产品与服务价格听证会召开时指定所谓"公众消费者代表"，使其流于形式。

可见，在我国，对公用企业经营环节的社会化监督基本上是缺失的。这也是我国公用企业一再滥用垄断经营地位，损害公众消费者合法权益和其他经营者竞争利益的事件比较常见的制度性原因之一。

（二）公共产品定价社会化监督的现状

公用企业通常依法处于垄断地位，消费者对公共产品的选择余地很少，

---

① 国家工商行政管理总局：《2013 年上半年全国工商行政管理机关受理消费者咨询申诉举报情况分析》，国家工商总局门户网站、中国消费者权益保护网，www. saic. gov. cn/xbj/sgpt/，2013 年 8 月 1 日，最后访问日期：2013 年 8 月 27 日。

在与公用企业的交易博弈中往往处于弱势地位。由于公共产品价格与普通大众密切相关，特别是贫困人群还涉及基本人权的保障。因此，公共产品的定价常常需要国家干预，公共产品生产领域中普遍存在的垄断现象，促成公用企业在交易中常常滥用优势地位，在政府部门的支持或许可下，擅自调整或抬升公共产品或服务的价格，因此，我国公共产品的价格尚未形成反映公用事业经营成本和市场供求状况、公众消费者需求的有效、规范、公正的形成机制，其内在的弊端十分明显，有学者把我国公用事业价格形成机制上所存在的各种问题归纳为公共产品形成缺乏科学性、公用事业定价缺乏成本约束、公用事业价外加价现象严重、公用事业价格上涨过快、公用事业价格形式单一、规制公用事业价格的法律法规不完善、公用事业定调价程序中监督机制不完善等多个方面。[①] 就笔者看来，我国公共产品价格决定的最大问题，是没有建立起有效的公共产品社会化价格决定机制，集中体现在如下几个方面。

1. 政府对公共产品定价权的集中控制

目前，在我国，公用事业价格由政府直接制定或批准，政府对公共产品定价权仍然保持着高度集中的控制权和决定权。根据《价格法》（1997年）第18条规定，"与国民经济发展和人民生活关系重大的极少数商品价格""资源稀缺的少数商品价格""自然垄断经营的商品价格""重要的公用事业价格""重要的公益性服务价格"等商品和服务价格，政府在必要时可以实行政府指导价或者政府定价，这是政府对公共产品拥有并行使定价权的法律依据。政府对公共产品保留着最后定价的决定权，从积极意义来说，有利于克制公用企业对公共产品定价的擅权行为，在理论上政府作为公共利益代表者对公共产品的定价行为，可以使公共产品的价格水平，能在公用企业预期可接受利润和公众消费者最低可保障福利之间寻求一个适度平衡值。

但是，政府对公共产品拥有并行使定价权的消极面，是由于政府价格行为的越权、滥权、弄权现象，往往导致政府对公共产品的定价决策或决定缺乏科学性，公共产品价格制定、调整往往"失度"，既不能反映公用企业的利润预期，也不能满足公众消费者的福利需求。主要有以下原因。

（1）政府的行政组织与官僚化运行模式难以全面、准确、及时、真实

---

① 冷淑莲：《公用事业价格改革问题探索》，《价格月刊》2004年第8期。

地掌握公用事业经营过程中的各种供求信息。政府在制定公共产品价格时，既要考虑成本的变动，保证生产企业能够获得合理的利润，以保证公共产品的供给；又要考虑公共产品价格变动对其他部门、行业及居民生活的影响和社会福利的增进，这就需要政府全面、准确、及时、真实地获取和掌握公用事业经营过程中的各种供求信息，并针对这些信息进行必要的分析、研究，然后才能从专业化的角度做出判断和决定。但在实践中，政府的行政组织与官僚化运行模式，决定在获取和掌握公用事业经营过程中的各种供求信息，往往有相当部分是片面的、模糊的、滞后的和虚假的，信息的不对称必然导致决策的被动性和非理性，致使决定的公共产品价格常常不能及时反映成本的变动。

（2）政府与公用企业之间的利益关联性决定价格行为的非中立性。在我国，公用事业领域不但存在经济垄断，而且在更多情况下是以行政垄断、部门垄断、地方垄断的形式存在的，公用事业领域经济垄断和行政垄断、部门垄断与地方垄断并存的现象，导致公共产品价格决定者——政府与公共产品生产者、经营者——公用企业之间，存在着各种内在的利益关系，使公共产品价格决定者——政府丧失应有的中立者和公共利益代表者身份，在这种情况下，公众消费者对公共产品价格的要求被这样一种利益关联性所排斥，利益被边缘化，再加上后述的听证机制被严重虚置，公众消费者在整个公共产品定价过程中几乎没有讨价还价的余地，只能是政府与公用企业价格共谋的接受者。

（3）公用企业常常以不真实的经营信息来干扰政府的定价。由前述信息不对称所使然，公共产品价格形成缺乏全面、准确、及时、真实的公用事业经营信息做支撑，就难以根据公共产品市场的供求状态以形成比较理性的价格。不仅如此，就公用事业企业来说，它在提出定价要求时，往往从部门、行业、企业自身的利润或利益出发，向政府主管与价格部门提出过分或不合理的要求，甚至采取多报成本支出的办法来达到提高价格的目的。政府在不能通过其他方式、途径、办法、手段获取有效的公用事业经营信息的情况下，公用企业所提供的公用事业经营数据，就可能就成为唯一的定价依据，该定价也就往往演变成企业与政府价格主管部门之间的讨价还价，结果是成本涨多少，价格就提多少，甚至是价格的上涨比成本的提高还要快。特别是以经营者个别实际成本制定价格，更缺乏规范性和科学性，导致成本约束软化，经营效率低下。一方面由于垄断经营难以形成社会平均成本，经营者提供的成本只能是个别实际成本；另一方面由于成本信息垄断，价格部门很难掌握企业真实的成本信息，只能按照企业上报的个别实际成本定价，导致企业缺乏自觉降低成本的内在动力，寄希望于通过提价转嫁成本上涨的压力。同时，在公用事业产品价格形成中，对政策性因素和经营性因素的界定模糊不清，往往将公用企业的经营性亏损也摊入定价成本中。

2. 公共产品定价缺乏成本约束

在马克思《资本论》发表以前，古典经济学就已在商品价格是生产和交换该商品所需必要劳动时间凝结达成共识，商品价格只不过是生产和交换这一商品的必要劳动时间集中表现而已，这一必要劳动时间就是经济学上的成本。从经营环节的定价行为来分析，任何产品或服务的定价，均必须考虑到生产成本与供求状况，其中生产成本是决定价格的前提和基础，而供求状况则是影响价格波动的条件因素。我国《价格法》（1997年）第21条规定，制定政府指导价、政府定价，应当依据有关商品或者服务的社会平均成本和市场供求状况、国民经济与社会发展要求以及社会承受能力，实行合理的购销差价、批零差价、地区差价和季节差价。

价格监管的基础是成本，我国成本监审起步晚，缺乏统一标准，有许多问题有待深入探讨和进一步完善。公共产品的成本监审和价格确定涉及面广、难度大，如何科学合理地实施成本监审和确定公共产品的价格，成为社会公众关注的热点问题，也是价格主管部门工作的一个难点。[1] 长期以来，我国公用事业产品与服务定价一直沿用成本加成定价法，各级政府价格部门确定公共产品价格的依据，主要是被管制企业上报的成本，这种由公用企业上报的成本，存在如下缺陷：（1）公用企业为提高其预期利润，往往夸大或虚报其成本，导致其所报的成本失真；（2）即使该公用企业所上报的成本是真实的，也仅仅反映某特定行政区域内公用事业企业的个别成本，而非该领域、行业、部门合理的社会平均成本；（3）公用企业所上报的成本往往只反映一个时期的成本状况，而对因其他生产要素变动导致该领域、行业、部门社会平均成本变化则没有充分的说服力；（4）公用企

---

[1] 郭斌、程怀志：《政府制定价格成本监审的风险问题研究》，《改革与战略》2016年第11期。

业所上报的成本数据只反映了公用事业经营者的预期利润状况，却不能反映同时期公众消费者的收入状况、需求状况和可接受程度。2017 年 10 月，国家发改委在国计委 2006 年《政府制定价格成本监审办法》的基础上，制定并发布新的《政府制定价格成本监审办法》（以下简称《办法》），该《办法》规定，自然垄断环节以及依成本定价的重要公用事业和公益性服务应当列入成本监审目录；定价机关原则上应当"对生产经营同种商品或者提供同种服务的所有经营者实施成本监审"，如"经营者数量众多的，可以选取一定数量的有代表性的经营者实施成本监审"；核定定价成本应当遵循合法性、相关性、合理性原则，应当"以经会计师事务所审计或者政府有关部门审核的年度财务报告以及手续齐备的原始凭证及账册为基础"，按照"原材料、燃料等购进价格""职工工资总额""固定资产、无形资产等各类资产的原值及折旧、分摊""修理费用""管理费用""销售费用""财务费用""经营者获得的与监审商品或者服务有关的政府补助""其他业务成本或费用"等有关费用，进行综合核算与监审。① 对传统成本加成定价法做进一步的改进。

在此成本监审机制下，如按公用企业个别成本定价，成本越大价格越高，不仅使企业失去降低成本的压力和动力，而且还会诱使企业虚报成本。如此一来，公共产品定价既没有法定的定价成本范围，也没有明确的效率提高标准和要求，更没有明确的合理利润率或投资报酬率，加上价格管理部门职能单一，无法控制与价格相关的因素，也不参与市场准入、需求管理及运行成本的监控，存在管理部门与企业之间信息严重不对称的情况，难以对公用事业成本进行约束。一旦公用事业投入运营，无论其社会效益好坏，经营管理水平高低，价格部门都要根据其已形成的实际成本定价；或者公用企业在公共产品成本增加后，为不减少利润而要求对价格进行调整，从而出现成本推动价格上涨，企业倒逼政府的提价现象，最终形成"成本增加—企业要求提价—成本再增加—价格再提高"之公用事业产品与服务价格运行的恶性循环。②

---

① 国家发展改革委：《政府制定价格成本监审办法》（2017 年）第 3～12 条、第 22～38 条。
② 赵全新：《关于公用事业价格成本监审若干问题的思考》，《价格理论与实践》2017 年第 11 期；赵全新：《价格成本监审的发展历程成效评估与问题剖析》，《发展改革理论与实践》2018 年 6 期。

3. 公共产品定价听证程序的虚置

价格听证会是价格听证的主要形式，它是指在制定、调整实行政府指导价或政府定价的重要商品价格和服务价格前，政府价格主管部门遵循公开、公平、公正的原则，以会议形式组织社会有关方面的代表对其必要性、可行性进行的论证，充分听取各方面意见的一种制度形式。我国《价格法》（1997年）第23条规定："制定关系群众切身利益的公用事业价格、公益性服务价格、自然垄断经营的商品价格等政府指导价、政府定价，应当建立听证会制度，由政府价格主管部门主持，征求消费者、经营者和有关方面的意见，论证其必要性、可行性。"价格听证会是公共产品定价社会化的重要制度形式和制度工具，通过价格听证会中公众消费者、社会代表、专家代表、公用企业代表、政府决策部门代表等不同利益主体、理论观点的表达，可以倾听各方面对公共产品定价的意见，做到信息共享、兼听勿偏，使公共产品的价格能符合各方利益的期待。因此，公共产品价格听证会，既是定价社会化的基本形式，更是定价程序中法定程序和必要环节。

但是，目前在我国公共产品的定价程序中，尚存在如下明显缺陷。

（1）价格听证会的应有制度功能未被全面、准确理解。价格听证会本为公共产品定价权力社会化、程序公开化、参与公众化的重要制度形式，它既是对传统私人产品企业定价自由化、市场化的革命，也是对计划经济时期政府定价行为行政化、官僚化的变更和升华，是因公用事业的公共性所决定的，在传统企业（私人）定价、政府定价的基础，对公共产品定价制度的一种创新，创新具体表现在参与主体、代表遴选、会议程序、听证形式和听证效力等多个方面。但是，在我国，价格听证会仅仅被看作政府定价行为的辅助手段和次要形式，立法安排和实际运行中，均未赋予价格听证会作为公共产品定价过程中根本性的、基础性的制度地位。

（2）价格听证会并非作为必要的程序而受重视。价格听证会本为公共产品定价过程中的法定程序和不可或缺的环节，但是，受对价格听证会制度功能曲解和误读的影响，我国除个别公用事业领域、行业尝试过举行价格听证会外，在多数公用事业领域和行业如铁路票价、机场建设费、国家公园门票、水价、电价、气价、电话计费标准、移动资费、网络资费、邮政资费、有线电视收视费等几乎涉及社会公众日常生活方方面面、公共领域各个角落的公用事业产品或服务定价，很少甚至从未举行过价格听证会。既然我国《价格法》第 23 条已经明文规定了公共产品的政府定价应当举行价格听证会,从严格意义上讲,上述这些做法和现象均是严重违法的。

(3) 价格听证会被严重工具化和形式化。价格"听证会"变成"涨价会"是我国公共产品定价机制中一种十分奇特的现象,导致这一现象发生的主要原因在于我国目前的价格听证制度中,价格听证会被政府与公用企业共谋定价而工具化和形式化,集中表现在价格听证会参与主体的内定形式化与先天不足,价格听证会召开仅为走过场和表面化,缺乏有效的公开质疑与辩论环节等多个方面。价格听证会本来为准司法程序,由于制度设计与程序安排的缺陷,导致价格听证被严重工具化和形式化,难以在公共产品定价过程中发挥应有的实质性监督效应。

(4) 价格听证会本身存在严重的程序瑕疵。目前我国有关价格听证会的法律与规范依据为《价格法》(1997 年)第 23 条和国家发改委《政府制定价格听证办法》(2018 年)等规范性文件,其中《政府制定价格听证办法》(2018 年)对听证的组织召集、代表遴选、通知、时间、公告等有原则性规定,但其中的许多程序性规定存在明显缺陷,如价格听证会的提起,消费者代表与社会代表的产生方式,价格听证会召开的程序,价格听证会的内容,价格听证会结论,公报的公开与发表等,其规范均存在模糊性,并明显有政府定价机关所主导的倾向。价格听证会程序设计上的内在瑕疵,使价格听证会难以有效反映公用企业、公众消费者、社会代表、专家各方面的意见和建议,为价格听证会流于形式提供了便利。

4. 公用企业对公共产品价外加价的任意性与随意性

价外加价是我国公共产品定价过程中经常出现的现象。由于公用事业是关系到公众基本生活质量的行业,在过去相当长的时期内,这些行业基本上由国家直接拨款投资建设,价格水平也相应较低,由此导致资金不足而严重影响这些行业的发展,长期以来成为国民经济发展的"瓶颈"。为了解决这一问题,促进这些行业的发展,国家陆续对部分公用事业开征建设基金。由于这些基金都是随价征收的,造成消费者或购买者在消费或购买产品时需付出价格、基金、杂费等两项甚至三项费用,从而形成公用事业价格表面偏低而实际价外加价、价外有价的情况。由于基金、杂费必须由公众消费者负担,而恰恰是基金、杂费这些价外费用,有时要远远高出正式的标价，但这些所谓基金、杂费又没有经过严格的定价程序控制，由定价机关或公用企业单方面确定或发布，公众消费者根本就没有任何参与和知情的权利。特别是2000年以来，随着市场机制被引入公用事业领域，公共产品价格呈不断上涨趋势。公共产品价格的不断上涨，不仅使公众消费者负担加重，其他企业的基础成本也随之攀升。

5. 公共产品定价监督机制的缺失

我国《价格法》（1997年）第四章"价格总水平调控"和第五章"价格监督检查"对价格决定与执行过程中的各种违法现象，规定了比较严格的监督制度，如政府价格总水平调控制度（第26~32条）、价格主管部门行政监督检查制度（第33~36条）、价格社会监督制度（第37条）、价格违法行为举报制度（第38条）等，根据这些规定，县级以上各级人民政府价格主管部门，依法对价格活动进行监督检查，并依照法律规定对价格违法行为实施行政处罚。消费者组织、职工价格监督组织、居民委员会、村民委员会等组织以及消费者，有权对价格行为进行社会监督。政府价格主管部门应当建立对价格违法行为的举报制度；任何单位和个人均有权对价格违法行为进行举报；政府价格主管部门应当对举报者给予鼓励，并负责为举报者保密。这些制度本应在公共产品定价过程中发挥其应有的作用，但是由于监督机制不健全，价格主管监管机构形同虚设，没有发挥价格监督中的行政监督、检查、处罚职能，更为重要的是，有关公众消费者及消费者组织的社会监督几乎没有发挥应有的制度功能。如在我国城市公用事业的监督管理中，主管部门往往身兼数职，既是法律规范、行政命令的制定者，又是企业价格的制定者，甚至还是企业的出资人，政企合一的特征仍比较明显；城市煤气、公交、自来水供应以及邮政、电信、有线电视等行业，都是由相关行业主管部门管理、监督，主管部门既是政策的制定者与监督者，又与具体业务的垄断经营密切相关，再加上客观存在的价格主管部门与城市公用事业企业之间信息不对称问题，往往会造成决策的失误。由于缺乏有效的公共产品价格监督和约束，政府定价机关中的计划经济思维和监督过程中的官僚主义，公用企业利用行业或地区垄断地位、虚列成本、乱收费、损害公众消费者利益现象也就经常性、普遍性地存在。

二 公用企业经营环节与产品定价监督的改革思路

(一) 公用企业经营环节监督的改革对策

1. 公用企业经营环节监督的正当性依据与必要性分析

从主体独立、私法自治、营业自由的角度来看，公用企业的经营环节本应属于公用企业的内部事务，应归于公用企业独立、自治、自由的范畴，国家机关、社会组织和其他个人，本不应对其进行干预甚至进入内部进行直接参与。但是，公用企业在经营过程中，其经营行为、经营成果与国家利益、社会公众、公共利益有直接的关联性。①

(1) 就公用企业的经营行为而言，经营中决策目标、内部决议、经营信息，应既渗透着作为经营者公用企业的效益最大化、利润最大化和风险最小化、责任最大化目标，同时也必须照顾并反映国家利益、公共利益(主要表现为社会公众的普遍性利益)和整体利益(而非个别地区的利益)。这就说明公用企业的经营行为，已不仅仅是单个或某一公用企业的内部、私人事务，而带有准公共事务的性质，作为与经营行为、管理过程有利害关系的国家、社会和公众消费者个人，就有权利(力)、当然也有义务(职责)对公用企业的经营行为、管理过程进行必要的监督，其监督方式既可以是外部的行政许可、行政审批、行政处罚、公众消费者的举报，也可以是特殊情况下的有限干预、内部参与。

(2) 就公用企业的经营成果而言，如前所述，公用企业的经营成果即所生产的产品或提供的服务，具有必需性、日常性、持续性、公共性、非竞争性、非排他性(普遍性)和不可替代性，属于准公共产品范畴，产品的质量和服务的标准，直接决定国家根本利益、社会公众普遍利益和其他经营者基础利益，因此，对公用企业的经营成果，就必须有更为强制性、具体化的产品质量和服务标准。更为重要的是，公用事业类产品或服务，在绝大多数情况下，均是以标准化的产品和服务形式出现的，如水、电、气、煤、油等具体生活必需品的等级、质量和标准；电话信号、网络速度、有线电视信号等专业标准，公共交通的服务质量、安全卫生标准、准点

① 游钰:《公用事业反垄断利益关系研究》，法律出版社，2017，第84~124页。

率、事故率、顾客的满意度等服务标准，均是可以通过量化指标来进行管理的，正是因为公用事业类产品或服务内在统一、标准的数量关系，使国家、社会、公众消费者进行监督有了可能性，特别是为国家通过专业立法和严格执法，建立严格的公用事业类产品或服务标准化监督管理制度提供了可能。

2. 公用企业经营环节监督的总体目标

通过上面的分析，笔者认为，对公用企业经营环节的监督要着力解决的问题或所要达到的目标主要有两个：（1）建立外部、内部监督机制，使公用企业在经营管理过程中的决策目标、内部决议、经营信息等，尽量符合国家的根本利益、社会公众的普遍利益和其他经营者的基础利益之最低要求，或者不与国家的根本利益、社会公众的普遍利益和其他经营者的基础利益发生冲突；（2）公用事业类产品或服务标准化监督管理制度的建立与运行，使公用企业的经营成果即所生产的公共产品，能满足国家国民经济发展、社会公众日常生活和其他经营者生产经营的基本需要。

3. 公用企业经营环节监督的具体对象与制度安排

结合以上分析，笔者认为，我国未来立法和相关制度安排对公用企业经营环节监督的具体对象，应集中于公用企业经营行为与经营过程、公用企业经营成果和供给标的两个方面，具体的制度安排简述如下。

（1）对公用企业经营行为与经营过程的监督。对公用企业经营行为与经营过程的监督，监督的目标为公用企业在经营管理过程中的决策目标、内部决议、经营信息，监督的制度安排包括行政监督、职工与社会董事的内部监督、消费者的社会监督以及公用事业经营信息的公开化等。

（2）公用企业经营成果和供给标的的监督。对公用企业经营成果和供给标的的监督，监督的重点是公用事业产品质量和公共服务标准化制度的建立与完善。其中包括：公用事业产品质量达标制度，公共服务标准化制度，公用事业产品质量和公共服务标准检验制度，公用事业产品质量和公共服务标准抽查制度，公用事业产品质量和公共服务标准投诉制度，公用事业产品质量和公共服务标准损害赔偿制度等。

有关公用企业经营环节监督的具体对象与制度安排，将在下文做专题分析，在此不再赘述。

（二）公共产品定价社会化监督的改革思路

1. 公共产品定价社会化监督的正当性与必要性分析

公共产品定价监督之所以要引入社会化的监督方式和制度机制，在于：（1）公共产品价格的高低严重影响公众消费者的收入支出和福利水平。公共产品的必需性、持续性、非竞争性和不可替代性，特别是网络型自然垄断性产品尤其如此，① 且由于需求价格弹性小，使公众消费者不如普通商品那样，可随意增加或减少购买、消耗公用事业产品或接受公用事业服务的数量或频率。自然，公共产品价格的提高，对公众消费者就只能产生收入效应，而不会产生替代效应，即公共产品价格的提高，只会降低公众消费者的收入，减少其他应当享受的福利或支出。在此情形下，在公共产品定价过程中，就有必要引入公众消费者的参与机制，使公众消费者对公共产品价格的可接受程度能充分表达意见和提出建议。（2）公共产品价格是公共产品供用合同的核心条款，对该核心条款，作为公共产品供用合同一方当事人、公用事业产品的购买者、公用事业服务的接受方——公众消费者，自然就拥有对该合同核心条款进行协商、谈判的权利。（3）公共产品供用合同的标准合同格式和批量签约方式，其附合性质的要约、承诺方式与程序，使公众消费者无法通过签约过程，或在公共产品供用合同的缔约阶段，对公共产品价格提出任何有法律约束力的异议，表达有关公共产品供用合同中价格条款的真实意思。而前述公共产品的定价机制也说明，公共产品价格在签约之前，就已经由政府定价机关，通过一定的程序早已确定下来，因此，有关公用事业产品与服务的价格条款，是公共产品供用合同签约时不能协商、不能谈判且不能改变的条款。在此情形下，为维护公众消费者的合法权益，不至于因公共产品价格的变动而减少收入、降低福利，更为了平衡公用企业和公众消费者的利益诉求，兼顾国家利益、企业利益、公共利益和公众消费者的个人利益，在国家财政支出可承受的范围内，确定一个各方面均可接受、合理的公共产品价格。而在确定该价格指数的过程中，就应有公众消费者和其他社会公益代表的广泛、全程、有效参与。足

---

① 肖旭：《网络型自然垄断行业接入价格管制研究》，北京交通大学出版社，2014，第116~119页。

见，公共产品定价过程的社会化参与、监督，不仅理由正当，而且十分必要。

反观我国，长期以来，公用事业一般由国家垄断经营，产品和服务价格由政府直接制定或批准，虽然自 2000 年以来，随着公用事业市场化改革步伐的加快，公共产品价格改革也取得了积极进展和明显成效。但是，随着改革的深入，公用事业市场化的改革目标及任务，迫切需要对现行公共产品定价制度加大监督力度，在此新的形势下，适时引入并不断完善公共产品定价社会化监督机制，既是我国深化公用事业市场化改革的重要内容，也是规制公用企业垄断经营、确保公共产品定价制度改革取得成功的重要举措之一。

2. 公共产品定价社会化监督的目标

公共产品定价社会化监督的目标，是使公共产品定价参与主体的社会化、程序的规范化、过程的公开化、结果的合理化、监督的有效化。所要解决的主要问题如下。

（1）转换价格形成机制以实行定价方式多元化。公用事业市场化改革，使公用事业领域自然垄断业务和非自然垄断业务分离后，对非自然垄断业务引入竞争机制，价格在市场竞争中形成；对自然垄断业务继续实行政府定价或政府指导价格。即对非自然垄断性公用事业业务逐步放开价格，根据供求关系，由市场决定价格，以充分发挥市场在这些领域中的基础性调节作用，指导投资者的投资方向，实现资源的有效配置。对带有自然垄断性的公用事业，根据行业平均成本加合理利润，制定合理价格，并针对市场准入、价格、服务建立约束市场供求双方的准则，充分保护公众消费者的应有权益，保障公用企业开展正常经营的积极性；同时防止公用企业滥用市场垄断力量来谋取高额利润。对部分垄断业务也可引入竞争，可实行特许权招标，竞价进入。

（2）改进定价方式以完善公共产品的价格体系。受公共产品价格形成机制和居民收入增长水平的制约，目前我国公用企业普遍性地存在亏损经营、负债运行，政策性亏损掩盖着经营性亏损、经营不善和管理低效的现象，难以刺激企业通过改善经营、降低成本和提高效益。公用事业市场化必须以一定的价格形成机制为支撑，如果没有一定的利润回报，就不可能吸引多元投资主体的广泛参与，而打破传统的政府单一定价模式，依据市场化改革的方向，按照成本加微利的原则，及时反映公众消费者的价格意愿和可接受价格水平的承受程度，以建立由政府主导、充分发挥公用企业的主体积极性、广泛倾听专家、公众消费者和其他社会公益代表的呼声、建议，建立起一种全新的公共产品定价社会化参与和监督机制，以稳步推进公共产品价格市场化的改革，逐步建立起既可激励社会投资和可稳定增长公众消费者福利水平的科学价格形成机制、管理机制和监督机制。因此，通过引入公共产品定价社会化参与和监督机制，可有效督促政府部门根据各行业的具体收益率水平以制定适度的公共产品价格调控措施，即当成本、费用的上升对公用企业的收益带来较大影响时，就要及时调整公共产品价格；若为满足社会公众消费者利益需要，公共产品定价低于核定的收益率，价格又不能及时调整时，或在公用企业为完成政府公益性目标而承担政府指令性任务时，则应由政府给予相应公用企业以适当的补贴。此外，为确保公共产品价格相对稳定，政府还可根据不同公用事业行业特点设立价格调节准备金，专项用于公共产品价格和利润的调控。

（3）规范政府的公共产品价格行为。与市场化程度很高的一般产品与服务不同，公共产品价格的市场化程度相对比较低，公共产品价格属于政府价格行为的职权范畴，政府在定价权力、定价环节、价格调控等问题上，拥有主导权。但是，要使政府对公共产品的定价既能反映公用企业的经营成本和最低利润，又要满足公众消费者和其他经营者的基本需求和可接受力，政府就必须创造一种制度机制，能使公用企业、社会公众消费者、专家学者、其他经营者就有关公共产品价格的信息、意愿、建议，能有集中、共享、交流甚至辩论的平台和机会，而全新的公共产品定价社会化参与和监督机制就可以解决这一系列问题。在政府的主导下，这样一种制度平台不仅可使公用企业、公众消费者、专家学者、其他经营者就有关公共产品价格的信息、意愿、建议，实现有效的集中、共享、交流甚至辩论，而且因为参与主体的多元广泛，程序的规范严格，信息的公开、透明、共享，各种意愿、意见和建议的集中与充分交流，可有效地减少甚至杜绝过去政府价格行为中的暗箱操作、长官意志和行政本位主义，对政府的公共产品价格行为产生良好的规范和监督功效。

（4）建立有效的公用企业成本约束机制。制定公共产品价格要保证定价成本的真实合理。首先，要划定定价成本的合理开支范围，建立合理的成本开支项目体系，从而使政府的公共产品定价成本具有确定性，避免公用企业乱摊滥增成本；其次，要以公用事业经营的社会平均成本而非个别公用企业的实际生产成本作为政府的公共产品定价成本的直接依据。为了保障上述因素不致因公用企业的单向上报而走样，就有必要引入一种全新的公共产品定价社会化参与和监督机制，通过公众消费者、专家学者、社会中介机构、其他经营者的参与和质疑，对公用企业所提供的经营成本数据的真实性进行必要的审核和监督；同时发挥价格部门成本调查优势，以建立公用企业定期上报成本资料制度，由公用企业按规定期限上报成本构成情况，由价格管理部门进行审核认定，剔除虚置成本，建立公用事业的成本资料数据库，则方可有效约束公用企业的成本核算行为，从而倒逼政府定价行为的改革和改进。

（5）完善公共产品价格立法和价格监督管理制度。通过引入公共产品定价社会化参与和监督机制，建立公用企业、公众消费者、消费者协会、社会中介机构、专家学者、其他经营者等代表共同参与公共产品价格决策的多元复合决策主体，形成价格主管部门、公用企业、公众消费者之间相互制衡的约束机制和信息沟通机制。建立职能完备的价格管制机构，实现价格审批与成本监控一体化，以及价格管制机构与市场准入、运行规程等管制机构的相互协调。此外，通过引入公共产品价格社会化监督管理制度体系，由法律、行政法规等明文规定公共产品价格社会化监督的政策目标、主体、范围、对象、方式、手段等，可有效地弥补现行单一行政监管和虚置社会监督的制度缺陷，提高公共产品价格监督的效应。

3. 公用事业产品与服务定价参与和监督社会化的具体对象与制度安排

公共产品定价参与社会化的具体对象为政府定价环节，监督社会化的具体对象主要为政府的定价行为和公用企业的成本核算行为、成本核算报告的真实性。公共产品定价参与和监督社会化的制度安排包括：（1）全面推进公共产品价格听证制度；（2）引入公共产品价格异议制度；（3）完善公共产品价格决策专家评审制度；（4）完善价格违法行为举报制度；（5）建立严格的价格处罚制度。

对以上内容，下文拟做具体探讨，在此不做细述。

三 公用企业经营管理过程中的行政与社会监督

（一）公用企业经营管理过程中的多元化监督机制

如前所述，公用企业作为公用事业经营的组织载体，其经营效益、提供公共产品或服务的数量、质量和标准，直接关乎社会公共利益，关乎公众消费者的生活质量，影响经济与社会的可持续发展。对公用企业经营行为与经营过程的监督，监督目标应为公用企业在经营管理过程中的决策目标、内部决议、经营信息。监督制度安排应包括行政监督、职工与社会董事的内部监督、消费者的社会监督以及公用事业经营信息的公开化等多元化监督机制。

（二）公用企业经营管理过程中行政监督的改革与完善

前文已经提到，我国对公用企业经营环节的监督，虽然主要沿袭计划经济时期的行政监督本位，有学者把各种行政监督方式概括为"双合一"型（政企合一和政监合一）、"一分一合"型（名义上已政企分离但实质仍为政监合一）、"双分离"型（基本实现政企分离、政监分离）等不同类型;① 但由于我国现有公用事业领域和行业又分属不同的主管部门，因而造成目前对公用企业经营的分散、多头监督，严重影响政府对公用企业监督效能的发挥和监督举措的到位，笔者认为，对我国现有公用企业经营管理过程中的行政监督应做出如下改革与完善。

1. 落实政资分离和政企分离，厘清公用企业的资本运行关系与经营监督关系

目前我国公用企业有相当部分尚未完成公司化改造，2017 年 7 月国务院办公厅下发《中央企业公司制改制工作实施方案》（国办发〔2017〕69号），要求在"全国国有企业公司制改制面已达到 90% 以上"的基础上，中央企业应于"2017 年底前基本完成国有企业公司制改制工作"；该文件效力仅及中央企业，而绝大多数公用企业属于地方国有企业，仍然延续未公司

---

① 谢地、刘佳丽：《垄断行业监管机制的法经济学研究——监管机制、体制与制度协调论》，经济科学出版社，2013，第 117~125 页。

制改革的全民所有制企业体制。这些国家独资类公用企业，政资、政企关系很模糊，依照《企业国有资产法》和目前的行政管理体制，国务院和地方政府国有资产监督管理机构代表国务院和地方政府对国家独资类公用企业履行出资人职责，依法对国家独资类公用企业中国家资本进行监督、管理，代表本级人民政府对国家独资类公用企业依法享有资产收益、参与重大决策和选择管理者等出资人权利。政府与履行政府出资人职责的机构管理的对象包括国有资产管理、企业重要人事管理、经营决策管理、企业重大交易管理和企业变更、终止、破产、清算的监督与管理等。① 但是，目前的国家独资类公用企业，又分别隶属于不同的行业主管部门。不同的行业主管部门除对主管下的公用企业行使行业监督管理职能外，也兼及对经营事务的管理。国家独资类公用企业现行的政资不分和政企不分体制，使国有资产监督管理机构对公用企业的资本运行监管关系与不同行业主管部门对公用企业的行业监管、经营监管关系混为一谈、彼此交叉、相互掣肘，从而出现国有资产监督管理机构、不同行业主管部门对国家独资类公用企业的经营事务谁都有权监管，但谁都不能监管到位的局面。② 因此，解决之策，应是在切实落实政资分离和政企分离的前提下，厘清国家独资类公用企业的资本运行关系与经营监督关系，把国有资产监督管理机构对国家独资类公用企业的资本运行监管职能和不同行业主管部门对国家独资类公用企业的行业监管职能分离，而有关国家独资类公用企业外部经营行为的监管问题，则应集中、统一由整合后的公用事业监督管理机构来承担。

2. 公用企业经营管理过程中行政监督的目标应锁定在公用企业的外部经营行为上

公用企业经营管理过程中行政监督的对象比较复杂，但行政监督的主要目标应锁定在诸如格式条款、公用事业产品或服务价格、经营信息发布、公共产品或服务的供给等外部经营行为，而对公用企业的内部经营行为，如内部机构设置、内部治理与决策、内部管理等事务，应通过国有资产监督管理机构委任的国家出资人代表或国家股权代表，以治理监督或其他方

---

① 《中华人民共和国企业国有资产法》（2008 年）第 22~67 条。
② 陈林：《中国垄断性行业的政府管制体系研究》，经济管理出版社，2017，第 115~130 页。

式、手段,^① 达到政府所要达到的监管目的，政府应充分尊重公用企业的内部经营自主权。

3. 适度分离公用企业的行业管理与经营监督，集中政府对公用事业经营的监管职能

有鉴于英美等发达国家在公用事业监管机构设置与职能配置上独立性、统一性、集中性和权威性的成功监管经验,^② 在保留现有不同政府行业主管部门对公用企业进行行业监管的前提下，把现行分散于不同政府行业主管部门的公用事业方面经营环节的监督管理职能，如有学者提出的大部制公用事业监管机构^③或多维度特许经营监管机构,^④ 统一到新成立的公用事业管理部门（部、委员会、厅、局等机构），赋予其集中、统一管理公用企业的经营环节。有学者从城市公用事业监管的视角出发，认为应建立统一、集中的城市公用事业监管机构，具有参考意义。^⑤

公用事业管理机构是一个综合性的公用事业经营监督管理机构，其职责主要是负责城镇与乡村供水、公用设施、公交车、出租车、户外广告、市容、环卫、园林绿化、公厕、路灯、燃气、热力、广场、下水管道、城市养犬、市政工程、城区防洪排渍、污水处理、城市综合事务等管理，以及本级政府交办的其他城市公用事业的管理职责。具体职责范围包括以下几个方面。（1）贯彻执行公用事业的法律、法规和政策；负责拟订行业管理办法及其他规范性文件；制定行业发展目标及相关政策，并组织实施和监督检查。（2）配合有关部门编制城镇、乡村总体规划相关内容；负责编制城镇、乡村公用设施、城市供水节水、供气、园林绿化、风景名胜和市容环境卫生的中长期发展规划和专业规划；负责城镇、乡村公用事业行业的中长期专业规划编制和年度计划的组织实施，推进行业的改革与发展；制订年度计划及重点工作目标，并组织实施和监督检查。（3）负责城镇、乡村供水、

① 肖海军：《国有股权代表人制度研究》，中国检察出版社，2015，第 147~197 页。
② 李莎莎：《英美国家公用事业监管机构研究及其对我国的启示》，《行政与法》2013 年第5 期。
③ 陈秀娟、许立根：《大部制视野下公用事业管理机构设置的理性思考》，《上海城市管理职业技术学院学报》2008 年第 5 期。
④ 李明超、章志远：《公用事业特许经营监管机构模式研究》，《学习论坛》2011 年第 3 期。
⑤ 王俊豪等：《中国城市公用事业政府监管体系创新研究》，中国社会科学出版社，2016，第78~123 页。

供热、燃气、市政行业（城镇排水、城镇道路桥梁、城镇照明）的管理工作；负责对城镇、乡村供水、供热、燃气、市政行业（城镇排水、城镇道路桥梁、城镇照明）实行企业资质、市场监管等行业管理。（4）负责管辖行业工程建设项目规划、设计方案的编制和初审工作；组织管理行业建设项目的申报、立项、委托设计和建设招投标；指导直属单位合理配置资源，优化产业结构，监督管理和经营国有资产。（5）依照有关法律、法规实施行业管理，负责城镇、乡村公用设施、城市供水节水、供气、园林绿化、风景名胜和市容环境卫生等生产经营单位的资质审查与管理。（6）制定管辖行业科技规划；组织重点科研项目开发、对外经济技术交流与合作；制定专业人才培养规划，组织专业技术人员的培训；负责拟订管辖行业权限内基础设施的技术标准；负责管辖行业统计和技术资料档案管理工作。（7）负责编制管辖行业建设、管理、养护维修项目计划和资金筹措；负责管辖行业相关的行政事业性收费和经营性收费的征收、申报工作；研究提出管辖行业的价格及服务收费标准等方面的政策建议；负责拟订管辖行业服务质量标准、管理标准和服务规范，并组织实施和监督检查。（8）负责管辖行业基础设施的管理，对施工质量进行监督检查，参与竣工验收；负责管辖行业的安全生产检查、监督，组织调查处理重大灾害、质量和安全事故；综合管理城镇、乡村道路占用、挖掘和城市户外广告的设置。（9）依法行使对城镇、乡村公用设施、公用事业、园林绿化、风景名胜、市容环卫等的行政执法和执法监督。（10）承担政府交办的其他公用事业管理事项。

4. 强化政府市场监督管理部门对公用企业的市场监管

如反垄断部门对公用企业滥用市场支配地位的行为启动反垄断调查；价格监管部门依法对公用企业的价格违法行为进行调查、处罚；技术、质量监督部门依法对公用企业违反产品质量和服务标准的行为进行调查、处罚等，目的是抑制公用企业垄断经营权的滥用，督促严格遵守法律、行政法规，为公众消费者提供价格适中、质量稳定、标准可靠的公用事业产品或服务。

（三）独立董事与社会监事的引入

独立董事和社会监事的引入是对公用企业经营实施社会化监督的重要制度安排。独立董事制度源于 20 世纪 30 年代，制度设计目的在于防止控制股东及管理层的内部控制而损害公司整体利益，1934 年美国颁布的《证券交易法》就涉及 "非雇员董事"；① 1940 年美国颁布的《投资公司法》，规定投资公司的董事会成员中应有不少于 40% "非利益相关" 的独立人士。20 世纪 60—70 年代以后，西方发达市场经济国家尤其是美国各大公众公司（上市公司）的股权越来越分散，董事会逐渐被以 CEO 为首的经理人员控制，以至于董事会对以 CEO 为首的经理人员的监督已严重缺乏效率，内部人控制问题日益严重。为强化董事会运作的独立性、公正性、透明性和客观性，美国立法机构及中介组织自 20 世纪 70 年代以来加速推进独立董事制度的进程。② 1976 年美国证监会批准一条新的法例（New York Exchange, Listed Company Manual, Paragraph 303.00），要求每家上市公司在不迟于1978 年 6 月 30 日前设立并维持一个专门的独立董事组成的审计委员会，③由此独立董事制度逐步发展成为英美公司治理结构的重要组成部分。据科恩·费瑞（Kom-Fery）国际公司 2000 年 5 月发布的调查研究报告显示，《财富》美国公司 1000 强中，董事会的年均规模为 11 人，其中内部董事 2人，占 18.2%，独立董事 9 人，占 81.1%；另外，据经合组织（OECD）《1999 年世界主要企业统计指标的国际比较》报告，独立董事成员在各国董事会所占比例分别为：英国 34%，法国 29%，美国 62%。④ 由于英美国家公司制度的强势与扩张，独立董事制度不断向日本、德国等传统大陆法系国家渗透，独立董事制度也就成为公司经营监督社会化最为重要的制度形式。

2001 年 8 月我国证监会发布《关于在上市公司建立独立董事制度的指导意见》，强制要求所有上市公司必须按照《意见》规定，建立独立董事制度。2002 年 1 月，中国证券监督管理委员会、国家经济贸易委员会联合发布《上市公司治理准则》（证监发〔2002〕1 号），该《准则》第三章第五节对 "独立董事制度" 作出具体规定，要求 "上市公司应按照有关规定建立独立董事制度。独立董事应独立于所受聘的公司及其主要股东"。⑤ 2004

① 马更新：《独立董事制度研究》，知识产权出版社，2004，第 26~27 页。
② 谢朝斌：《独立董事法律制度研究》，法律出版社，2004，第 134~135 页。
③ 马更新：《独立董事制度研究》，知识产权出版社，2004，第 29 页。
④ 孔翔：《独立董事制度研究报告》，深圳证券交易所综合研究所《研究报告》2001 年 2 月12 日（深证综研字第 0030 号），第 14~15 页。
⑤ 中国证券监督管理委员会、国家经济贸易委员会《上市公司治理准则》（2002 年）第 49~58 条。

年9月，中国证监会发布《关于加强社会公众股股东权益保护的若干规定》，进一步肯定并完善了独立董事制度。2005年《公司法》修订案第123条规定"上市公司设立独立董事"。独立董事制度已成为我国上市公司和部分股份有限公司内部治理制度的重要组成部分。

公用企业投资主体的国家性和经营事务的准公共性，是国家、社会对其监督的重要依据，虽然我国尚无法律、行政法规关于公用企业引入独立董事的规定，但我国《全民所有制工业企业法》、《企业国有资产法》、《公用事业特别法》、《产品质量法》和《消费者权益保护法》都有关于全民所有制企业、公用企业、国有企业在生产、经营、交易和产品质量、消费者权益保护应接受社会监督的规定。如《企业国有资产法》（2008年）第66条规定："国务院和地方人民政府应当依法向社会公布国有资产状况和国有资产监督管理工作情况，接受社会公众的监督。""任何单位和个人有权对造成国有资产损失的行为进行检举和控告。"这些规范性文件有关公用企业应当接受社会监督的条款，是引入独立董事制度的重要法律依据。笔者认为，为强化对公用企业经营环节的社会监督，并使这种社会监督制度在公用企业经营决策过程中能够产生实质效果，就应适时引入独立董事、社会监事制度。具体做法，即通过建立公用企业独立董事、社会监事资格制度和备用人选制度，广泛征集专家学者、企业家、社会志愿者、社会公益人士、普通公众消费者代表等积极参与，组成具有广泛代表性的公用企业独立董事、社会监事备用人选库，并以随机组合的形式，形成向特定公用企业选派独立董事、社会监事的具体方案，经过公示、异议程序之后，由特定公用事业监督管理机关任命。

向特定公用企业所选派的独立董事、社会监事，分别在公用企业的董事会、监事会任职，其中在公用企业董事会任职的独立董事，为非执行董事，不在公用企业内部担任具体职务，主要职责是对公用企业董事会在涉及公共利益、社会利益、公众消费者普遍利益的经营决策实施决议前的监督。社会监事在公用企业的监事会任职，主要职责是协调或促进其他监事，通过财务监督等专业监督手段，对公用企业董事会、经理机关及其成员所制定的经营决策议案和实施的经营管理行为是否与公共利益、社会利益、公众消费者普遍利益存在冲突进行监督。

为保证公用企业中的独立董事、社会监事的独立性，使其不至于异化为公用企业滥用垄断支配权的又一工具，建议对在公用企业中任职的独立董事、社会监事，由政府通过财政拨款或从公用事业基金中列支一笔经费，作为适当的报酬；禁止独立董事、社会监事从任职的公用企业领取任何报酬或报销任何费用；通过年度述职报告公示、社会评议、公众消费者举报等制度对之进行跟踪监督。

（四）职工对公用企业经营的内部监督

在公用企业经营中，企业职工是最具利益关联的利害关系人，拥有的信息具有原始性、直接性、真实性和全面性，关注的利益不仅与切身的个体利益和群体利益有关，而且因为符合公用企业的整体与长远利益；况且，企业职工如取消传统计划体制的内部照顾式的消费特权之后，也是公众消费者的一分子，其利益关切自然也符合社会公众消费者的利益。因此，由企业职工通过企业内设机构，对公用企业的经营进行监督，具有不为其他监督方式所替代和比拟的信息、效应和利益优势，是对公用企业滥用垄断支配权监督的重要制度形式。

职工对公用企业经营实施内部监督的法律依据，首先来自我国《宪法》所创设的广泛多元的人民监督，具体的法律条款依据是《全民所有制工业企业法》《公司法》和其他公用事业特别法。如根据《全民所有制工业企业法》的有关规定，全民所有制企业通过职工代表大会和其他形式，实行民主管理；企业工会应当代表和维护职工利益，依法独立自主地开展工作；企业工会组织职工参加民主管理和民主监督。特别是全民所有制企业的职工代表大会（会议），作为企业实行民主管理的基本形式，是职工行使民主管理权力的机构，可行使前述一系列监督职权。[①] 又根据《公司法》的有关规定，公司职工依照《中华人民共和国工会法》组织工会，开展工会活动，维护职工合法权益；公司依照《宪法》和有关法律的规定，通过职工代表大会或者其他形式，实行民主管理；公司研究决定改制以及经营方面的重大问题、制定重要的规章制度时，应当听取公司工会的意见，并通过职工代表大会或者其他形式听取职工的意见和建议。在有关公司内部治理机构的设置中，就董事会而言，国有独资公司董事会成员中应当有公司职工代

[①] 《中华人民共和国全民所有制工业企业法》（2009年修正）第10条、第11条、第49~54条。

表，并应由公司职工代表大会选举产生；股份有限公司董事会成员中可以有公司职工代表，并由公司职工通过职工代表大会、职工大会或者其他形式民主选举产生。就监事会而言，公司监事会应当包括股东代表和适当比例的公司职工代表，其中职工代表的比例不得低于 1/3；监事会中的职工代表由公司职工通过职工代表大会、职工大会或者其他形式民主选举产生。[1]上述这些规定，是公用企业职工参与其内部经营监督的直接法律依据。

由于我国《全民所有制工业企业法》从未得到过真正的实施，在实践中，公用企业的职工参与内部民主管理和经营监督的主要形式，就是选举或推举具有广泛代表性和一定的管理、参与能力的职工董事和职工监事代表。为保证所产生的职工董事和职工监事代表的正当性、合法性和有效性，应遵循如下基本条件和严格程序：（1）应确保职工董事和职工监事代表人选不少于 3 年以上在本公用企业的工作经历，以确保对该特定公用企业内部情况的了解；（2）应确保真正的职工身份，即企业内部高管包括企业经理机构负责人、财务负责人、董事会秘书、董事会及经理机构办公室负责人等，不得当选为职工董事和职工监事代表，以防止职工董事和职工监事代表变相贵族化和买办化；（3）应确保职工董事和职工监事代表的基本参与和监督能力，一般应对经营、专业、技术等业绩有基本要求，并从消极方面禁止曾经在经营、技术、管理、专业等方面有重大劣迹和瑕疵的职工担任或当选为职工董事和职工监事代表；（4）要确保程序上的公开、透明，确保职工董事和职工监事代表的选举、推举不被公用企业经营管理者或政府有关部门操纵；（5）要确保广大职工对职工董事和职工监事代表的履职进行及时、动态和有效的监督。

职工董事和职工监事代表对公用企业经营的监督方式有：征求职工意见，提出专题议案，参加公用企业董事会和监事会的各种会议，向职工及时通报掌握的除涉及国家秘密和商业秘密之外有关公用企业经营的关键信息，代表职工向公用企业经营管理层提出各种请求和申诉等。

（五）公众消费者对公用企业经营活动的监督

公众消费者与公用企业经营成果有直接的利害关系，由其通过一定的

---

[1]　《中华人民共和国公司法》（2018 年修正）第 18 条、第 51 条、第 67 条、第 70 条、第 108 条、第 117 条。

机制和机构，对公用企业的经营活动进行监督，其正当性不容否认。特别是公用事业市场化、民营化改革后，公用事业法律关系由传统政府—消费者的二元格局，转型为政府—企业—消费者的三元格局，消费者处于三方格局的底端，某些权利被弱化甚至被剥夺，如何保障消费者监督权利的行使与实现，就显得更为重要。① 我国《消费者权益保护法》规定，消费者享有对商品和服务以及保护消费者权益工作进行监督的权利；消费者有权检举、控告侵害消费者权益的行为和国家机关及其工作人员在保护消费者权益工作中的违法失职行为，有权对保护消费者权益工作提出批评、建议。②

关于公众消费者对公用企业经营的监督，在我国现行法律规定和制度安排的框架内，其实现的制度路径有：（1）通过前述的独立董事、社会监事等外部社会化监督制度，遴选公众消费者代表担任公用企业的独立董事、社会监事，以参与公用企业的内部治理和经营监督；（2）推举公众消费者听证会代表，通过价格听证会等价格决定社会化机制，表达关于公共产品价格的意见、建议和态度；（3）对公用企业提供的产品质量和服务标准提出具体的批评、意见和建议；（4）对公用企业在提供公共产品过程中有关产品质量和服务标准的问题或瑕疵、损害公众消费者权益、侵犯公众消费者利益和其他滥用垄断支配权的行为，向国家有关部门进行检举、控告和申诉；（5）对公用企业在提供公共产品过程中有关产品质量和服务标准的问题或瑕疵、损害公众消费者权益和其他滥用垄断支配权的行为，向司法机关和仲裁机关提起诉讼或申请仲裁，通过国家司法审判和仲裁裁决，实现对公用企业经营的间接监督。

（六）公用事业经营信息的持续公开

1. 公用事业经营信息持续公开的正当性与必要性

公用事业经营信息持续公开的正当性、合理性，源于公用企业的公共服务属性与公众消费者的知情权、信息监督的法治化与服务型政府的建设、政府职权的社会化与社会化的公用企业职能定位。③ 在公用企业的经营过程

---

① 邓敏贞：《论公用事业消费者的权利——基于公私合作背景的考察》，《河北法学》2014 年第 4 期。

② 《中华人民共和国消费者权益保护法》（2013 年修正）第 15 条。

③ 郭泰和：《公用企业信息公开研究》，中国政法大学出版社，2015，第 93~129 页。

中，有关公用事业经营信息不仅可动态地反映经营、管理的基本状况，而且对公众消费者、其他经营者的权利有着至关重要的告之、提示作用，持续公开并接受社会公众监督，是公用企业经营监督社会化的重要形式。

2. 公用事业经营信息持续公开的制度功能

公用事业经营信息持续公开具有如下制度功能。（1）公用企业经营状况公示功能。公用事业经营信息能全面、及时、真实地反映经营者的经营、管理、供给的基本状况，特别是公用事业产品与服务的质量、标准、数量、供给方式、供给时间、紧急情况的处理等重要经营信息的持续公开，可让政府及主管部门、社会公众和其他经营者能及时了解公用企业的经营管理状况。（2）对社会与公众消费者告之与提示功能。公用事业经营信息事关公众消费者的日常生活和基本福利，涉及诸如供水、供电、供热、供气、公共交通等经营、管理、供给信息的及时公布，可起到及时、有效的告之和提示公众消费者的作用。（3）对不特定公众消费者要约邀请功能。有关供水、供电、供热、供气、公共交通等公共产品的价目表、供给方式、通知、声明、店堂告示等经营信息，本身在于告之和提示公众消费者向公用事业经营者的要约，有明显的要约邀请功能。（4）接受多元监督功能。公用事业经营的信息持续公开，有助于政府、社会、公众消费者和其他主体对公用企业经营实施及时、有效的监督。

3. 公用事业经营信息持续公开的规范依据

公用事业经营信息属于准公共信息，2007年4月国务院发布的《政府信息公开条例》，是公共信息公开最重要的法律依据。随后，国务院其他部门根据此《条例》，颁发适用于本部门和行业的有关公共信息、公用事业经营信息公开的规范性文件。如2008年11月住房和城乡建设部印发的《供水、供气、供热等公用事业单位信息公开实施办法》（建城〔2008〕213号），就规范供水、供气、供热等公用事业单位（企业）信息公开工作作出了原则性规定，此《办法》是目前为止最为全面的有关公用事业经营信息公开的规范性文件。此外，2014年8月国务院发布《企业信息公示暂行条例》，对一般企业信息的公示作了具体规定。

除此之外，其他法律、行政法规和部门规章，也涉及有关公用事业经营信息公开的规定，如《城市供水条例》（2020年修订）第22条、《电力法》（2018年修正）第29条、《电力企业信息披露规定》（2005年）、《供电企业信息公开实施办法》、《铁路法》（2015 年修正）第 26 条、《民用航空法》（2018 年修正）第 96 条第 2 款、《邮政法》（2015 年修正）第 21 条、《电信条例》（2016 年修订）第 30 条第 1 款和第 35 条第 1 款均有具体规定。

　　另外，有些地方有关公用事业单位信息公开的规范性文件，也对公用事业经营信息的公开有一定的示范意义。如 2007 年 3 月 23 日上海市政府信息公开联席会议办公室、上海市政务公开联席会议办公室联合下发的《关于进一步做好本市各政府机关及有关公用事业单位电话号码公开工作的通知》中，要求供水、供电、供气、公交、邮政、电信等有关公用事业单位，应及时、准确公开本单位的电话号码，以接受公众的信访、投诉、咨询等事务。此外，如 2007 年 8 月河北省建设厅《关于在市政公用事业单位推行办事公开制度的实施意见》（冀建城〔2007〕422 号）、2008 年 1 月九江市人民政府办公厅《九江市公用事业单位办事公开规定》（九府厅发〔2008〕4 号）、2009 年 4 月陕西省建设厅《关于加强城市供水、供气、供热等公用事业单位信息公开工作的通知》（陕建发〔2009〕43 号）等，也对本地公用事业单位信息公开工作作了具体规定。又，国务院《优化营商环境条例》（2019 年）第 28 条规定："供水、供电、供气、供热等公用企事业单位应当向社会公开服务标准、资费标准等信息，为市场主体提供安全、便捷、稳定和价格合理的服务，不得强迫市场主体接受不合理的服务条件，不得以任何名义收取不合理费用。各地区应当优化报装流程，在国家规定的报装办理时限内确定并公开具体办理时间"；"政府有关部门应当加强对公用企事业单位运营的监督管理"。

　　上述规范性文件，是目前我国公用事业经营信息公开的主要规范依据。从中可看出所存在的问题。（1）规范性文件的效力等级尚比较低，目前有关专门调整公用事业经营信息公开的规范性文件，效力等级最高的均为国务院各部委的部门规章，如住建部的《供水、供气、供热等公用事业单位信息公开实施办法》、国家电监会的《电力企业信息披露规定》和国家能源局的《供电企业信息公开实施办法》（2009 年，2014 年修订）等，尚无效力等级更高的法律、行政法规等规范文本。（2）有关调整公用事业经营信息公开的规范性文件比较分散，未形成系统、完整、全面、有效的统一性规范。（3）有关调整公用事业经营信息公开的规范性文件的内容尚存在明显缺陷，未对公用事业经营信息公开的主体、原则、范围、内容、方式、程序、形式、时间作出具体规定。(4)有关违反公用事业经营信息公开的法律责任尚无统一规定,强制性和操作性均缺乏严格的法律约束。

4. 公用事业经营信息持续公开的基本原则和具体要求

我国《供水、供气、供热等公用事业单位信息公开实施办法》(2008年)第5条规定,信息公开工作应当遵循准确、及时、公正、公平和便民的原则;除涉及国家秘密以及依法受到保护的商业秘密、个人隐私等事项外,凡在提供社会公共服务过程中与人民群众利益密切相关信息,均应当予以公开。也就是说,公用事业经营信息持续公开应遵循如下基本原则。(1)准确原则。即所公开的公用事业经营信息应当是全面的、真实的,能准确反映公用事业经营、公用企业管理和公用事业产品或服务供给的基本状况。(2)及时原则。即所公开的公用事业经营信息应当符合时效性,特别是紧急情况信息的公开必须依照法律所规定的时限及时披露和公告。(3)公正原则。即凡公开的公用事业经营信息应当有全面系统的内容、有效的形式、合法的程序。(4)公平原则。即公用事业经营信息应当面向广大社会公众和所有消费者、其他经营者公开,不可对不同地区、行业、主体实行差别待遇和歧视。(5)便民原则。即公用事业经营信息的公开应当以方便广大社会公众和所有消费者、其他经营者为基本原则,以适当的方式和法律规定的形式,做到让广大社会公众和所有消费者、其他经营者便利阅读和知晓。

公用事业经营信息持续公开的具体要求应为:(1)涉及公众消费者的关键公用事业经营信息必须公开;(2)公用事业经营信息公开的内容应当准确、全面、真实、及时;(3)公用事业经营信息公开的方式应当适当,形式应以方便公众消费者阅读和知晓为要;(4)公用事业经营信息公开的程序应当有严格的法律约束和监督控制。

4. 公用事业经营信息持续公开的主要内容

关于公用事业经营信息公开的内容,我国《企业信息公示暂行条例》规定,涉及工商登记信息、行政许可信息、年度报告、重要事项信息等企业信息,企业必须履行及时、全面、真实、合法的公示义务。[①] 另,《供水、供气、供热等公用事业单位信息公开实施办法》规定,除涉及国家秘密以

---

① 国务院《企业信息公示暂行条例》(2014年)第6~11条。

及依法受到保护的商业秘密、个人隐私等事项外，凡在提供社会公共服务过程中与人民群众利益密切相关信息，公用事业单位均应当予以公开；其中对下列信息应主动公开：（1）涉及用水、用气、用热等群众切身利益的；（2）需要社会公众广泛知晓或者参加的；（3）反映公用事业单位机构设置、职能、办事程序等情况的；（4）其他依照法律、法规、规章和有关规定应当主动公开的。① 另，根据我国《保密法》《政府信息公开条例》和其他规定，公用事业经营信息中涉及国家秘密、商业秘密或者个人隐私的，不予公开；但法律、行政法规另有规定的除外。②

公用事业经营信息持续公开的主要内容应包括如下几大部分。（1）有关公用事业经营者的企业信息。如主要投资者与资本来源、控制股股东及社会背景、企业形式、企业章程、企业注册资本、工商注册登记及执照号、企业转投资与资本控制关系、企业主要经营管理者及社会背景、企业经营范围与主业、许可证及编号、特许经营合同及文号、企业资质、企业奖惩信息和其他影响国家监管、公众消费者判断、其他经营者决策的企业信息。（2）公共产品的信息。如有关公共产品销售价格、维修及相关服务价格标准、收费依据；公共产品申请报装工作程序；公共产品缴费、维修及相关服务办理程序、时间、网点设置、服务标准及承诺；公共产品供给、停止及恢复信息、巡检及查表信息；公共产品质量或服务标准信息及公共产品设施安全使用常识和安全提示；公共产品咨询服务电话、报修和救援电话、监督投诉电话。（3）公共产品供用合同格式条款及附属文件。包括公共产品供用合同格式文本、票证或单据样式、填写要求、附属条款说明和提示等。（4）公共产品供给的变动与异动信息。如公共产品供给地点、方式、时间、价格、数量、质量、标准的变动信息等；紧急情况下引发的公共产品供给停止、中止的原因，范围，强度，目前现状，抢救措施，预计恢复时间和方式等。（5）需要社会公众广泛知晓或者参加的信息。如征求有关公用事业经营意见、建议的通知等；召开公共产品价格听证会或协调会的

---

① 住房和城乡建设部《供水、供气、供热等公用事业单位信息公开实施办法》（2008 年）第7 条。

② 住房和城乡建设部《供水、供气、供热等公用事业单位信息公开实施办法》（2008 年）第9 条、国家电力监管委员会《电力企业信息披露规定》（2005 年）第 10 条、国家能源局《供电企业信息公开实施办法》（2014 年）第 8 条。

通知和具体情况介绍等。（6）其他影响国家监管、公众消费者判断、其他经营者决策的公用事业经营信息。具体内容，兹分述如下。

关于公用事业经营者的信息公开。《供水、供气、供热等公用事业单位信息公开实施办法》规定，企业概况，包括企业简介、企业领导简介、企业组织机构设置及职能等信息，[①] 应属于重点公开的经营信息。又如《供电企业信息公开实施办法》规定，供电企业应当依法和国家有关规定，主动公开供电企业的基本情况，包括企业性质、办公地址、营业场所、联系方式、电力业务许可证（供电类）及编号等。如有变化需自发生变化之日起20个工作日内更新。[②]

关于公共产品的信息。如《供水、供气、供热等公用事业单位信息公开实施办法》规定，关于重点公用事业产品或服务信息的公开，第一，供水行业应重点公开的信息为：（1）供水销售价格，维修及相关服务价格标准，有关收费依据；（2）供水申请报装工作程序；（3）供水缴费、维修及相关服务办理程序、时间、网点设置、服务标准及承诺；（4）停水及恢复供水信息、巡检及查表信息；（5）供水水质信息及供水设施安全使用常识和安全提示；（6）咨询服务电话、报修和救援电话、监督投诉电话。第二，供气行业应重点公开的信息为：（1）燃气销售价格，维修及相关服务价格标准，有关收费依据；（2）供气申请报装工作程序；（3）燃气缴费、维修及相关服务办理程序、时间、网点设置、服务标准及承诺；（4）停气及恢复供气信息、巡检及查表信息；（5）燃气及燃气设施安全使用规定、常识和安全提示；（6）咨询服务电话、报修和救援电话、监督投诉电话。第三，供热行业应重点公开的信息为：（1）热力销售价格，维修及相关服务价格标准，有关收费依据；（2）供热申请报装工作程序；（3）法定供热时间，供热收费的起止日期；（4）供热缴费、维修及相关服务办理程序、时间、网点设置、服务标准及承诺；（5）停热及恢复供热信息、巡检及查表信息；（6）供热及供热设施安全使用规定、常识和安全提示；（7）咨询服务电话、报修和救援电话、监督投诉电话。第四，与供水、供气、供热服务有关的规定、标准等。

---

① 住房和城乡建设部《供水、供气、供热等公用事业单位信息公开实施办法》（2008年）第8条第1款。
② 国家能源局《供电企业信息公开实施办法》（2014年）第5条、第6条。

还有，根据《电力企业信息披露规定》的规定，第一，从事发电业务的企业应当向电力调度交易机构披露下列信息：（1）发电机组基础参数；（2）新增或者退役发电机组、装机容量；（3）机组运行检修情况；（4）机组设备改造情况；（5）火电厂燃料情况或者水电厂来水情况；（6）电力市场运行规则要求披露的信息；（7）电力监管机构要求披露的其他信息。第二，从事输电业务的企业应当向从事发电业务的企业披露下列信息：（1）输电网结构情况，输电线路和变电站规划、建设、投产的情况；（2）电网内发电装机情况；（3）网内负荷和大用户负荷的情况；（4）电力供需情况；（5）主要输电通道的构成和关键断面的输电能力，网内发电厂送出线的输电能力；（6）输变电设备检修计划和检修执行情况；（7）电力安全生产情况；（8）输电损耗情况；（9）国家批准的输电电价，跨区域、跨省（自治区、直辖市）电能交易输电电价，大用户直购电输配电价，国家批准的收费标准；（10）发电机组、直接供电用户并网接入情况，电网互联情况；（11）电力监管机构要求披露的其他信息。第三，从事供电业务的企业应当向电力用户披露下列信息：（1）国家规定的供电质量标准；（2）国家批准的配电电价、销售电价和收费标准；（3）用电业务的办理程序；（4）停电、限电和事故抢修处理情况；（5）用电投诉处理情况；（6）电力监管机构要求披露的其他信息。第四，电力调度交易机构应当向从事发电业务的企业披露下列信息：（1）电网结构情况，并网运行机组技术性能等基础资料，新建或者改建发电设备、输电设备投产运行情况；（2）电网安全运行的主要约束条件，电网重要运行方式的变化情况；（3）发电设备、重要输变电设备的检修计划和执行情况；（4）年度电力电量需求预测和电网中长期运行方式，电网年度分月负荷预测；电网总发电量、最高最低负荷和负荷变化情况；年、季、月发电量计划安排和执行情况；（5）跨区域、跨省（自治区、直辖市）电力电量交换情况；（6）并网发电厂机组的上网电量、年度合同电量和其他电量完成情况，发电利用小时数；实行峰谷分时电价的，各机组峰、谷、平段发电量情况；（7）并网发电厂执行调度指令、调度纪律情况，发电机组非计划停运情况，提供调峰、调频、无功调节、备用等辅助服务的情况；（8）并网发电厂运行考核情况，考核所得电量、资金的使用情况；（9）电力市场运行规则要求披露的有关信息；（10）电力监管机构要求披露的其他信息。除此之外，电力监管机构还可根据监管工作的需要适时调整电力企业、电力调度交易机构披露信息的范围和内容。① 此外，根据《供电企业信息公开实施办法》规定，供电企业应当依照有关规定，主动公开以下与人民群众利益密切相关的信息。（1）供电企业基本情况（内容如前所述）。（2）供电企业办理用电业务的程序及时限。各类用户办理新装、增容与变更用电性质等用电业务的程序、时限要求等。如有变化需自发生变化之日起 20 个工作日内更新。（3）供电企业执行的电价和收费标准。供电企业向各类用户计收电费时执行的电价标准以及供电企业向用户提供有偿服务时收费的项目、标准和依据等。如有变化需自发生变化之日起 20 个工作日内更新。（4）供电质量和"两率"情况。供电企业执行的供电质量标准以及供电企业电压合格率、供电可靠率情况等。电压合格率和供电可靠率按季度公布。（5）停限电有关信息。因供电设施计划检修需要停限电的，供电企业应当提前 7 日公告停电区域、停电线路和停电时间；因供电设施临时检修需要停限电的，供电企业应当提前 24 小时公告停电区域、停电线路和停电时间；其他情况发生停限电，包括供电营业区有序用电方案、限电序位等，供电企业应按国家规定将有关情况及时公布。（6）供电企业供电服务所执行的法律法规以及供电企业制定的涉及用户利益的有关管理制度和技术标准。如有变化需自发生变化之日起 20 个工作日内更新。（7）供电企业供电服务承诺以及投诉电话。如有变化需自发生变化之日起 20 个工作日内更新。（8）供电企业应按照《国家能源局关于进一步规范用户受电工程市场的通知》（国能监管〔2013〕408 号）要求，公开用户受电工程相关信息。（9）其他需要主动公开的信息。此外，电力用户还可以根据自身生产、生活、科研等特殊需要，向供电企业申请获取相关信息。②

关于公共产品供用合同格式条款及附属文件的公开。如《铁路法》规定，铁路的旅客票价，货物、包裹、行李的运价，旅客和货物运输杂费的收费项目和收费标准，必须公告；未公告的不得实施。③《民用航空法》规定，公共航空运输企业经营航班运输，应当公布班期时刻。④ 又如《邮政

---

① 国家电力监管委员会《电力企业信息披露规定》（2005 年）第 5~9 条。
② 国家能源局《供电企业信息公开实施办法》（2014 年）第 6 条、第 7 条。
③ 《中华人民共和国铁路法》（2015 年修正）第 26 条。
④ 《中华人民共和国民用航空法》（2018 年修正）第 96 条。

法》规定，邮政企业应当在其营业场所公示或者以其他方式公布其服务种类、营业时间、资费标准、邮件和汇款的查询及损失赔偿办法以及用户对其服务质量的投诉办法。[①] 再如国务院《电信条例》规定，电信业务经营者提供服务的种类、范围、资费标准和时限，应当向社会公布，并报省、自治区、直辖市电信管理机构备案。[②] 此外，国家发展改革委、财政部《行政事业性收费标准管理暂行办法》（发改价格〔2006〕532号）规定，除涉及国家秘密外，价格、财政部门应及时将批准的收费标准通知申请人和有关单位，并向社会公布；收费单位应在收费地点的显著位置公示收费项目、收费标准、收费主体、收费文件依据、收费范围、收费对象等，接受社会监督。[③]

关于公用事业产品或服务供给的变动与异动信息的公开。如《电力法》规定，供电企业在由于供电设施检修、依法限电或者用户违法用电等原因，需要中断供电时，供电企业应当按照国家有关规定事先通知用户；用户对供电企业中断供电有异议的，可以向电力管理部门投诉；受理投诉的电力管理部门应当依法处理。[④] 又如《城市供水条例》规定，供水企业由于工程施工、设备维修等原因确需停止供水的，应当经城市供水行政主管部门批准并提前24小时通知用水单位和个人；因发生灾害或者紧急事故，不能提前通知的，应当在抢修的同时通知用水单位和个人，尽快恢复正常供水，并报告城市供水行政主管部门。[⑤] 再如《电信条例》规定，电信业务经营者因工程施工、网络建设等原因，影响或者可能影响正常电信服务的，必须按照规定的时限及时告知用户，并向省、自治区、直辖市电信管理机构报告。[⑥]

5. 公用事业经营信息持续公开的程序控制

公用事业经营信息持续公开的程序包括信息收集、编制、审查、核实、审批、发布、公告等基本步骤及时限规定。公用事业单位公开信息，是十分严肃、重大的事情，不得危及国家安全、公共安全、经济安全和社会稳

---

① 《中华人民共和国邮政法》（2015年修正）第21条。
② 中华人民共和国《电信条例》（2016年修订）第31条。
③ 国家发展改革委、财政部《行政事业性收费标准管理暂行办法》（发改价格〔2006〕532号）第27~28条。
④ 《中华人民共和国电力法》（2018年修正）第29条。
⑤ 国务院《城市供水条例》（2020年修订）第22条。
⑥ 中华人民共和国《电信条例》（2016年修订）第35条。

定，其中重要程序包括以下几个方面。

（1）信息收集、编制。信息收集、编制是最为基础的工作。如《供电企业信息公开实施办法》规定，供电企业应当编制并公布信息公开指南和目录，并应及时更新；信息公开指南应当包括信息分类、获取方式、信息公开工作机构名称、办公地址、办公时间、联系电话、传真号码、电子邮箱等内容；信息公开目录，应当包括信息索引、名称、内容概要、生成日期等内容。[①]

（2）信息的审查、核实和审批。信息的审查、核实和审批是最为重要的环节，决定公用事业经营信息公开的真实性和严肃性。如《供水、供气、供热等公用事业单位信息公开实施办法》规定，公用事业单位应当建立健全信息发布保密审查机制，明确审查的程序和责任，应当依照《保守国家秘密法》以及有关规定对拟公开的信息进行保密审查和管理；公用事业单位不得公开涉及国家秘密、商业秘密、个人隐私及有可能影响公共安全和利益的信息。住房和城乡建设部负责全国供水、供气、供热等公用事业单位（企业）信息公开的监督管理工作；县级以上地方各级人民政府供水、供气、供热等主管部门负责本行政区域内的供水、供气、供热等公用事业单位（企业）信息公开的监督管理工作。信息公开依照国家有关规定需要批准的，未经批准不得发布。[②]

（3）信息的发布和公告。发布和公告是信息公开最后也是最重要的环节。其中发布和公告的形式和方式决定信息公开的有效性。

（4）信息公开的时限。信息公开的时限是决定信息公开及时的制度保障。如《供水、供气、供热等公用事业单位信息公开实施办法》规定，属于主动公开范围的信息，应当自该信息形成或者变更之日起 20 个工作日内予以公开；紧急信息应当即时公开；法律、法规和有关规定对信息公开的期限另有规定的，从其规定。如发生停水、停气、停热等紧急情况时，应当将有关信息及时在用户所在地公开。[③]

---

① 国家能源局《供电企业信息公开实施办法》（2014 年）第 10 条。

② 住房和城乡建设部《供水、供气、供热等公用事业单位信息公开实施办法》（2008 年）第 3～9 条。

③ 住房和城乡建设部《供水、供气、供热等公用事业单位信息公开实施办法》（2008 年）第 11～12 条。

6. 公用事业经营信息持续公开的形式

公用事业经营信息持续公开的形式包括主动公开和申请公开两种形式。如《供水、供气、供热等公用事业单位信息公开实施办法》规定，除属公用事业单位主动公开的信息外，公民、法人或者其他组织还可以根据与自身利益直接相关的生产、生活、科研等特殊需要，向公用事业单位申请获取相关信息，公用事业单位应当依据有关规定确定是否提供相关信息并给予答复，并可以要求申请人提供有关证明其特殊需要的材料。对非涉密或非公共安全等敏感信息，经权利人同意公开或者不公开可能对公共利益造成重大影响的，可以予以公开。① 又如《电力监管信息公开办法》规定，公民、法人或者其他组织可以向电力监管机构提出公开电力监管信息的建议；电力监管机构认定公民、法人或者其他组织建议公开的监管信息符合公开条件的，应当予以公开。除电力监管机构向社会公开的电力监管信息外，公民、法人或者其他组织可以申请电力监管机构向其提供与自身有关的电力监管信息。② 再如《供电企业信息公开实施办法》规定，供电企业信息公开的内容，分为主动公开的信息和依申请公开的信息。③

7. 公用事业经营信息持续公开的方式

公用事业经营信息持续公开包括下列方式。（1）网络发布或公告。如公用事业主管部门的门户网站及其子网站、公用企业的网站和其他公众所熟悉的网站上发布或公告。（2）媒体发布或公告。如在法律规定或主管公用事业部门规定的报刊、广播、电视、门户网站等媒体上发布或公告。（3）召开新闻发布会或通过新闻发言人进行发布或公告。（4）政策法规文件、公报、简报、格式合同文本、有关公用事业产品或服务信息及知识的汇编、印刷和发行。（5）对公众消费者的咨询、申诉、投诉、意见、建议的及时回复（包括信函、传真、电子邮件等形式）和公告。（6）其他方便获取信息的方式。

如《供水、供气、供热等公用事业单位信息公开实施办法》规定，公用事业单位应当将主动公开的信息，通过企业网站、公开栏、办事大厅、电子显示屏、便民资料、新闻媒体、信息发布会、咨询会、论证会等一种

---

① 住房和城乡建设部《供水、供气、供热等公用事业单位信息公开实施办法》（2008 年）第 9~10 条。
② 国家电力监管委员会《电力监管信息公开办法》（2005 年）第 8~9 条。
③ 国家能源局《供电企业信息公开实施办法》（2014 年）第 5 条。

或多种便于公众知晓的形式公开。① 又如《电力企业信息披露规定》规定，电力企业、电力调度交易机构披露信息可以采取下列方式：（1）电力企业的门户网站及其子网站；（2）报刊、广播、电视等媒体；（3）信息发布会；（4）简报、公告；（5）便于及时披露信息的其他方式。电力企业、电力调度交易机构披露信息应当保证所披露信息的真实性、及时性，并方便相关电力企业和用户获取。电力企业、电力调度交易机构应当指定具体负责信息披露的机构和人员，公开咨询电话和电子咨询邮箱，并报电力监管机构备案。② 再如《供电企业信息公开实施办法》规定：（1）供电企业应当将主动公开的信息，通过企业网站、营业厅、公开栏、电子显示屏、便民资料手册、信息发布会、新闻媒体等多种便于公众知晓的方式公开，同时通过网站链接、开设专栏等方式在国务院能源主管部门派出机构的门户网站进行公开。（2）供电企业应当编制并公布信息公开指南和目录，如有变动应及时更新；信息公开指南应当包括信息的分类、获取方式、信息公开工作机构的名称、办公地址、办公时间、联系电话、传真号码、电子邮箱等内容；信息公开目录，应当包括信息索引、名称、内容概要、生成日期等内容。（3）电力用户依照规定向供电企业申请获取信息的，应当采用书面形式；书面申请内容应当包括申请人的名称、身份证明及联系方式、申请公开的内容、申请公开内容的用途。（4）供电企业收到信息公开申请，能够当场答复的，应当当场予以答复；不能当场答复的，应当自收到申请之日起 15 个工作日内予以答复；如需延长答复期限的，应当经供电企业信息公开工作机构负责人同意，并告知申请人，延长答复的期限不得超过 15 个工作日。如不能公开的，应当说明理由。（5）供电企业依申请提供信息的，除可以收取检索、复制、邮寄等成本费用外，不得收取其他费用；供电企业不得通过其他组织、个人以有偿服务的方式提供信息；供电企业收取检索、复制、邮寄等成本费用的标准，按照政府主管部门的相关规定执行。③

8. 公用事业经营信息持续公开的监督

公用事业经营信息持续公开的监督主要包括：（1）行政监督，主要为

---

① 住房和城乡建设部《供水、供气、供热等公用事业单位信息公开实施办法》（2008 年）第 11 条。
② 国家电力监管委员会《电力企业信息披露规定》（2005 年）第 11~13 条。
③ 国家能源局《供电企业信息公开实施办法》（2014 年）第 9~13 条。

公用事业政府主管部门的行政监督；（2）社会监督，包括公民、法人或其他组织的建议、批评、举报等；（3）公众消费者监督，如公众消费者的申请、查阅、投诉、申诉等。

如《供水、供气、供热等公用事业单位信息公开实施办法》规定，公用事业行政主管部门应当加强对公用事业单位信息公开的指导，规范信息公开行为；对信息公开情况开展评议考核和监督检查。公民、法人或者其他组织认为公用事业单位不依法履行信息公开义务的，可以向其行业主管部门举报。收到举报的机关应当予以调查处理。公民、法人或者其他组织认为公用事业单位在信息公开工作中的行为侵犯其合法权益的，可以依法投诉、控告和检举，或依法向人民法院提起诉讼。① 又如《电力企业信息披露规定》规定，电力监管机构对电力企业、电力调度交易机构披露信息的情况进行监督检查；根据工作需要，对电力企业、电力调度交易机构披露信息的情况进行不定期抽查，并将抽查情况向社会公布；每年对在信息披露工作中取得突出成绩的单位和个人给予表彰。② 再如《供电企业信息公开实施办法》规定，国务院能源主管部门及其派出机构采取以下措施对供电企业的信息公开工作进行监督、评议和考核。（1）供电企业应每年 3 月 5 日前编写上一年度信息公开年报，并在其门户网站上发布，同时按要求报国务院能源主管部门派出机构。（2）国务院能源主管部门派出机构于每年 3 月 31 日前，对辖区内所有供电企业上一年度通过企业门户网站主动公开信息情况进行统计、评价、形成年报，予以公布。（3）国务院能源主管部门及其派出机构将供电企业信息公开工作纳入监管范围，对工作突出的企业和个人予以表彰，并通报当地政府和上级企业。（4）供电企业未按照本办法公开有关信息或者公开虚假信息的，国务院能源主管部门及其派出机构依法追究其责任。公民、法人或者其他组织认为供电企业不依法履行信息公开义务的，可以拨打电话或发送短信至投诉举报热线 12398 向国务院能源主管部门及其派出机构投诉。③

---

① 住房和城乡建设部《供水、供气、供热等公用事业单位信息公开实施办法》（2008 年）第 13~15 条。
② 国家电力监管委员会《电力企业信息披露规定》（2005 年）第 14~15 条。
③ 国家能源局《供电企业信息公开实施办法》（2014 年）第 14~15 条。

9. 违反公用事业经营信息持续公开的法律责任

公用事业经营信息持续公开是公用事业经营者的法定义务，公用企业违反此项义务，没有按照法律、行政法规和其他规范性文件的要求，及时公开和披露前述规定的信息，应当承担民事、行政甚至刑事责任。

如《供水、供气、供热等公用事业单位信息公开实施办法》规定，公用事业单位违反规定，未建立健全信息发布保密审查机制的，由其行业行政主管部门责令改正；情节严重的，对单位主要负责人依法给予处罚。公用事业单位违反规定，有下列情形之一的，由行业行政主管部门责令改正；情节严重的，对单位直接负责的主管人员和其他直接责任人员依法给予处罚；构成犯罪的，依法追究刑事责任：（1）不依法履行信息公开义务的；（2）不及时更新公开的信息内容的；（3）违反规定收取费用的；（4）公开不应当公开的信息的；（5）违反其他规定的行为。① 又如《电力企业信息披露规定》规定，电力企业、电力调度交易机构未按照规定披露有关信息或者披露虚假信息的，由电力监管机构给予批评，责令改正；拒不改正的，处 5 万元以上 50 万元以下的罚款，对直接负责的主管人员和其他直接责任人员，依法给予处分。②

综上，如公用企业在经营过程中，按照前述要求，能及时主动公开、披露或应公众消费者的申请、要求，及时公开、披露公用事业经营的主要信息，则不仅可有效地约束公用企业的垄断经营行为，而且因公用事业经营信息的及时公开，为政府主管部门、社会和公众消费者的监督，提供必要、充分的信息条件和基础，从而更有利于对公用企业经营环节监督社会化的实现。

四　公共产品质量标准化制度的建立与完善

（一）公共产品质量标准化制度建立的必要性分析

产品质量的恒定与服务标准化是公共产品的基本特性。③ 随着我国经济

---

① 住房和城乡建设部《供水、供气、供热等公用事业单位信息公开实施办法》（2008 年）第 16~17 条。
② 国家电力监管委员会《电力企业信息披露规定》（2005 年）第 16 条。
③ 张长元：《标准是社会公共产品》，《中国标准化》1997 年第 2 期。

快速发展，我国公用事业产品或服务质量水平也在不断提升，但公众对公共产品的需求，尤其是对质量的要求也在不断提升，对高质量产品或服务的需求更是愈加迫切。[①] 公共产品质量标准化建设是适应公共需求变化的必然要求。这一制度有利于提高公共产品质量标准，有利于监督公共产品的提供者，保护社会大众的权益。公共产品质量标准化建设就是要提供标准化的公共产品，对于政府、公用企业提供公共产品质量标准化发挥技术支撑的作用。

1. 公共产品质量标准化有助于公用企业经营和供给的规范化

目前，我国公共产品质量标准的供给决策是一种自上而下的机制，加之社会公众缺乏公共产品需求的有效表达机制，决策者不能准确了解和掌握公众消费者的公共产品需求，导致基本公共产品质量标准与公众消费者需求不相适应。而通过法律、行政法规的具体规定，明确公共产品质量的强制性标准和公共服务的必要标准，在生产、提供公共产品中，无疑可起到强制性约束作用，进而促进公用企业经营和供给的规范化。

2. 公共产品质量标准化可有效遏止公用企业垄断经营地位的滥用

收取高额费用，提供质次或不达标的公共产品，是公用企业滥用垄断经营地位最常见的行为或手段之一。基于公共产品质量恒定、服务标准可量化等基本特征，通过法律、行政法规、部门规章、行业协会等，为不同公用事业行业、产业、领域的产品或服务，制定强制性、约束性或指引性标准，就可严格约束居垄断经营地位的公用企业的生产行为、经营行为、交易行为，其通过滥用市场支配地位、从公共产品质量标准上做手脚的可能性，就会大大降低。

3. 通过科学方式和方法整合需求以充分提高公共产品质量标准

公共产品质量标准是为维持人们日常生活持续进行、社会再生产正常运行、市场经济正常秩序所必需的，由于公共产品的需求具有基础性、恒定性，公众消费者对产品质量与服务标准具有比较高的期待值，而公用企业可能基于成本—收益的最大化计算，并不一定能满足公众消费者的良好期待和更高需求。在此情形下，居社会利益总代表地位的国家（政府）就应以公众消费者需求为导向，形成一套建立在包括公共选择的民主过程和

---

① 张志强等：《以用户评价促进公用事业服务质量提升》，《中国质量》2019 年第 3 期。

调查分析的科学程序基础上的需求整合机制，准确判断公共产品需求的种类和数量、质量与标准，明确公共产品供给的步骤和方式。因为，"政府在提供公共服务时，既要考虑到公民的需求层次，又要考虑到自身能力的限制，实现公共服务'需求'与'供给'的平衡。两者只有有机地结合起来，实现公共服务需求和供给的平衡，才能科学界定一国政府在具体历史阶段提供公共服务的基本内容和重点及责任范围，实现公共服务的科学发展"。[①] 正是政府的这角色和地位，才使政府有可能居于公众消费者和公用企业之间，提供一套两者均可接受、执行的公共产品质量标准方案，从而起到既能充分满足公众消费者对公共产品质量标准的需求，又能有效引导公用企业合法生产、规范经营、正当交易的规制效应。

4. 公共产品质量标准化也有助于政府和公用企业对公众消费者需求进行引导

人的需求是无限的，但是自然资源和物质财富是有限的；无限的需求与有限的资源和财富之间的矛盾是人类需要面对的一对永恒矛盾。政府通过公用企业提供公共产品时，应对公众消费者的需求进行精细化区分，在满足公共产品基本需求的同时，应通过提供满足高层次精神需求的公共服务，激活公众高层次的需求，引导公众从低层次的需求向高层次需求发展，从而实现经济社会可持续发展。一个好的政体应当"比任何其他政体更有利于提供良好的管理，又能促进较好与较高形式的民族性格的发展"。[②] 而通过创制公用事业产品质量或服务标准体系，就能有效地达到此目的。

（二）公共产品质量标准化制度建立的可行性分析

公共产品之所以可以实行标准化管理和过程控制，是因为公共产品的质量和服务的满意度具有可标准化的内在特质，主要缘由分述如下。

1. 公共产品质量标准具有内在的同质性

公共产品包括日常生活和社会经济中的初级产品和基础服务，不存在因地域、时间、供给主体、价格等因素不同而产生的实质差异。如水、电、气、热、油等，水质成分、电压电流、气压气量、温度、品种标号等，只

---

① 王海龙：《公共服务的分类框架：反思与重构》，《东南学术》2008 年第 6 期。
② J. S. 密尔：《代议制政府》，汪瑄译，商务印书馆，1982，第 44 页。

与特定产品的质量标准有关，而与所在地域、时间、供给主体、价格等因素无关。又如网络信号、有线电视信号、电信信号等电信传输类服务，信号服务的质量和标准也具有同质性，在世界范围内均是通用的、统一的。再如邮政、物流快递、铁路、民航、公路交通、水路运输、海上运输、城市公共交通、城市轨道运输等运送类公用事业服务，虽然公用企业可以根据不同的消费者进行定制性的个别服务，但不同种类、行业的运输服务的质量和标准也是基本统一的。公共产品所存在的同质性，为其进行质量标准化管理和过程控制创造了基础性条件。

2. 对公共产品质量标准判断的可计量性和指标性

公共产品可细分为公用事业产品质量和公用事业服务标准两大类，这两大类的质量、标准评判均可依据确定的计量单位和定量的指标进行确定。（1）就公用事业产品质量而言，其共同特性就是初级产品、基础产品、原始产品、单位产品。其中单位产品是公用事业产品的最大特征，即公用事业产品均是可以以一定单位的质和一定单位的量来计量的产品。如水、电、气、热、油等，就分别可用水质成分、电压电流、气压气量、温度、品种标号等来进行测算和判断，该类特定产品的质量具有可计量性。（2）就公用事业服务标准而言，其共同特征是服务标准认定的可指标性。如前述网络信号、有线电视信号、电信信号等电信传输类服务，信号服务的质量和标准就可通过信号的专业指标来测算；又如前述的邮政、物流快递、铁路、民航、公路交通、水路运输、海上运输、城市公共交通、城市轨道运输等运送类公用事业服务，其服务质量和标准也可通过如事故率、准点率、误差率、舒适度、顾客满意度、清洁标准、硬件设施、服务程式等方面的指标进行综合考虑。由于公共产品质量标准判断的可计量性和指标性，决定对其进行标准化质量管理和过程控制具有可操纵性。

3. 公众消费者对公共产品质量标准满意度的评价具有普遍性

公共产品为公众消费者提供最基础的、最日常的产品或服务，这种产品或服务是人们最基本的需求，公众消费者在接受公共产品过程中，对接受、消费、满足和评价的参考因素和具体感受也是基本相同的，这一同样性就使得在评价公共产品质量标准满意度时，可适用统一、通用的普遍性标准。

4. 公共产品质量标准化制度实践的有效性

公共产品质量标准化制度的运行实践证明，对公共产品质量实行标准化管理和过程控制，在抑制公用企业滥用垄断经营行为，对公用企业经营环节进行社会化、专业化监督等方面，是十分有效的。

（三）我国公共产品质量标准化制度的现状分析

目前我国有关公共产品质量标准化制度的规制，是通过产品质量和标准化一般法、公用事业特别法、具体公共产品质量标准三个层面进行的，其中《产品质量法》《标准化法》《计量法》是对一般类产品或服务质量的标准化进行规定的；公用事业特别法是对某一具体行业的公共产品质量标准化作原则性的规定；而具体公共产品质量标准则由公用事业主管部门或公用事业行业协会所颁布或制定的行业标准。兹分述如下。

1. 《产品质量法》《标准化法》《计量法》关于公共产品质量标准的一般规定

我国《产品质量法》第三章对生产者、销售者的产品质量责任和义务有十分明确、具体的规定，其中在第26～32条对生产者的产品质量责任和义务、第33～39条对销售者的产品质量责任和义务进行了分别规定。① 这些规定虽然只是针对一般产品，但对公共产品的生产、销售同样具有法律约束力。

我国《标准化法》规定，（1）农业、工业、服务业以及社会事业等领域需要统一的技术要求，表现制定标准。（2）标准包括国家标准、行业标准、地方标准和团体标准、企业标准；国家标准分为强制性标准、推荐性标准，行业标准、地方标准是推荐性标准；强制性标准必须执行。（3）对保障人身健康和生命财产安全、国家安全、生态环境安全以及满足经济社会管理基本需要的技术要求，应当制定强制性国家标准。（4）不符合强制性标准的产品、服务，不得生产、销售、进口或者提供。生产、销售、进口产品或者提供服务不符合强制性标准，或者企业生产的产品、提供的服务不符合其公开标准的技术要求的，依法承担民事责任；除应依法查处、记入信用记录，并依法予以公示外；构成犯罪的，依法追究刑事责任。② 公

---

① 《中华人民共和国产品质量法》（2018年修正）第26条、第27条。

② 《中华人民共和国标准化法》（2017年修订）第2条、第7条、第10条、第25条、第36～37条。

共产品事关社会公众的生命、健康和福利，其产品标准比一般产品更为重要。因此，有关《标准化法》对产品标准化的基本要求，同样适用于公共产品供用合同。

再如我国《计量法》第二章对"计量基准器具、计量标准器具和计量检定"、第三章对"计量器具管理"作出了比较具体的规定、第四章对"计量监督"有比较具体的规定，① 这些规定无疑也应普遍适用于公共产品质量标准的规制。

2. 公用事业特别法关于公共产品质量标准的原则性规定

关于供水的水质。如《城市供水条例》规定，城市自来水供水企业，应当建立健全水质检测制度，确保城市供水的水质符合国家规定的饮用水卫生标准；应当按照国家有关规定设置管网测压点，做好水压监测工作，确保供水管网的压力符合国家规定的标准。② 又如《城市供水水质管理规定》规定，城市供水单位应对水质负责，并应使水质和与水质有关的材料、设施、设备达到法定标准，主要内容有：（1）城市供水原水水质应当符合生活饮用水水源水质标准；（2）城市供水单位应当做好原水水质检测工作；（3）城市供水单位所用的净水剂及与制水有关的材料等，应当符合国家有关标准；（4）城市供水设备、管网应当符合保障水质安全的要求；（5）关于供水水质不达标的法律责任。③

关于电力的质量。根据《电力法》的规定，电网运行应当连续、稳定，保证供电可靠性。并网运行必须符合国家标准或者电力行业标准。供电企业应当保证供给用户的供电质量符合国家标准；对公用供电设施引起的供电质量问题，应当及时处理；用户对供电质量有特殊要求的，供电企业应当根据其必要性和电网的可能，提供相应的电力。④ 又《电力供应与使用条例》规定，用户受电端的供电质量应当符合国家标准或者电力行业标准。⑤ 再如《供电营业规则》，对供电质量作出了更具体的规定，具体内容包括：（1）供电企业供电的额定频率为交流 50 赫兹。（2）供电企业

---

① 《中华人民共和国计量法》（2018 年修正）第 5~22 条。
② 国务院《城市供水条例》（2020 年修订）第 20~21 条。
③ 建设部《城市供水水质管理规定》（2007 年）第 8~11 条、第 9~30 条。
④ 《中华人民共和国电力法》（2018 年修正）第 18 条、第 22 条、第 28 条。
⑤ 中华人民共和国《电力供应与使用条例》（2019 年修订）第 19 条。

供电的额定电压：低压供电：单相为 220 伏，三相为 380 伏；高压供电：为 10、35（63）、110、220 千伏。除发电厂直配电压可采用 3 千伏或 6 千伏外，其他等级的电压应逐步过渡到上列额定电压。用户需要的电压等级不在上列范围时，应自行采取变压措施解决。用户需要的电压等级在 110 千伏及以上时，其受电装置应作为终端变电站设计，方案须经省电网经营企业审批。（3）用户单相用电设备总容量不足 10 千瓦的可采用低压 220 伏供电。但有单台设备容量超过 1 千瓦的单相电焊机、换流设备时，用户必须采取有效的技术措施以消除对电能质量的影响，否则应改为其他方式供电。（4）用户用电设备容量在 100 千瓦及以下或需用变压器容量在 50 千伏安及以下者，可采用低压三相四线制供电，特殊情况也可采用高压供电。①

关于邮政服务质量标准。根据《邮政法》规定，邮政企业在城市每周的营业时间应当不少于 6 天，投递邮件每天至少 1 次；在乡、镇人民政府所在地每周的营业时间应当不少于 5 天，投递邮件每周至少 5 次。邮政企业在交通不便的边远地区和乡、镇其他地区每周的营业时间以及投递邮件的频次，国务院邮政管理部门可以另行规定。邮政企业寄递邮件，应当符合国务院邮政管理部门规定的寄递时限和服务规范。②

关于电信服务的质量标准。除《电信条例》有一般性、原则性规定外，《电信服务质量监督管理暂行办法》规定，电信管理机构将用户满意度指数作为对电信业务经营者服务质量评价的核心指标，组织进行电信服务质量的用户满意度评价活动；鼓励电信业务经营者建立科学的用户满意度评价体系。电信管理机构定期向社会公布电信服务质量状况和用户满意度指数。③

关于公共交通工具的质量标准。如《道路运输条例》规定，客运经营者、货运经营者应当加强对车辆的维护和检测，确保车辆符合国家规定的技术标准；不得使用报废的、擅自改装的和其他不符合国家规定的车辆从事道路运输经营。道路运输车辆运输旅客的，不得超过核定的人数，不得

①　电力工业部《供电营业规则》（1996 年）第 5~9 条。
②　《中华人民共和国邮政法》（2015 年修正）第 19~21 条。
③　工业和信息化部《电信服务质量监督管理暂行办法》（2014 年修正）第 9~10 条。

违反规定载货；运输货物的，不得运输旅客，运输的货物应当符合核定的载重量，严禁超载；载物的长、宽、高不得违反装载要求。① 又如《国内水路运输管理条例》规定，水路运输经营者应当使用符合规定条件、配备合格船员的船舶，并保证船舶处于适航状态；应当按照船舶核定载客定额或者载重量载运旅客、货物，不得超载或者使用货船载运旅客。②

3. 公用事业主管部门或公用事业行业协会所颁布或制定的公共产品质量标准

如自 2008 年以来，住房和城乡建设部发布了一系列有关城镇供水的行业标准近 50 个，其中有关供水质量的有《稳压补偿式无负压供水设备》（2008 年）、《城镇供水营业收费管理信息系统》（2008 年）、《箱式无负压供水设备》（2008 年）、《城镇供水厂运行、维护及安全技术规程》（2009 年）、《二次供水工程技术规程》（2010 年）、《高位调蓄叠压供水设备》（2010 年）、《城镇供水管网漏水探测技术规程》（2011 年）、《城镇供水管网加压泵站无负压供水设备》（2013 年）、《供水水文地质钻探与管井施工操作规程》（2013 年）、《城镇供水管网运行、维护及安全技术规程》（2013 年）、《管网叠压供水设备》（2014 年）、《城镇供水水量计量仪表的配备和管理通则》（2014 年）、《气体保压式叠压供水设备》（2014 年）、《城镇供水管网抢修技术规程》（2014 年）、《城镇供水与污水处理化验室技术规范》（2014 年）等，这些规定，对明确供水合同中有关水质、水压的标准与责任范围，有直接的适用效力。又如住房和城乡建设部发布的《交流电气装置的过电压保护和绝缘配合设计规范》（2014 年）、《电气装置安装工程低压电器施工及验收规范》（2014 年）、《继电保护及二次回路安装及验收规范》（2014 年）、《建设事业集成电路（IC）卡应用技术条件》（2014 年）、《城市电力规划规范》（2014 年）等行业国家标准等；国家电力公司《中国一流管理的电力公司考核标准（试行）》（1997 年）、《火力发电厂劳动定员标准（试行）》（1998 年）、《输变电工程达标投产考核评定标准（1998 年版）》（1998 年修订）、《直流换流站安全文明达标标准及考核实施细则》（1999 年）、《中国一流电力公司考核标准（试行）》（1999

---

① 中华人民共和国《道路运输条例》（2019 年修订）第 30~35 条。
② 国务院《国内水路运输管理条例》（2017 年修订）第 18 条。

年）、《超高压输变电企业一流企业考核标准（试行）》（1999 年）、《超高压输变电企业安全文明生产达标考核标准》（1999 年）、《一流县级供电企业考核标准（试行）》（2000 年）和国家电网公司印发的《国家电网公司送变电工程施工安全设施标准化规定》（2003 年）等行业标准。再如交通运输部于 2011 年 10 月发布的交通运输行业标准《机动车维修服务规范》（JT/T 816—2011）等。

从上述我国公共产品质量标准化制度的现状分析中，可以发现存在下列问题和不足。（1）我国公共产品质量标准的立法效力等级普遍不高。由于目前《产品质量法》《标准化法》《计量法》等法律只涉及一般产品或服务的质量、标准化和计量，对公共产品没有特别的针对性；而公用事业特别法虽有部分条款涉及具体行业的公共产品质量标准问题，但规定十分原则化，缺乏操作性。因此，绝大部分公共产品质量标准的规范性文件多表现为国务院行政法规、部门规章，且多以部门规章和行业标准为主。（2）既有公共产品质量标准缺乏系统性，不同行业和部门之间缺乏协调、统一，所谓标准化管理在无形之中被打了折扣。（3）既有公共产品质量标准的制定带有典型的行政本位、行业本位、部门本位、既得利益集团本位等特征，没有全面、准确、真实反映公共产品质量标准的内在要求和公众消费者的切实利益关切。（4）我国既有部分公共产品质量标准，尚缺乏与国际标准、最新技术标准接轨，国别特征严重影响我国公共产品质量标准化制度跟踪当今世界潮流和前沿技术，其领引、规范、规制公用企业的功能被模糊化。

（四）完善我国公共产品质量标准化制度的对策分析

1. 以法律方式确定公共产品质量标准化水平

以法律形式明晰公用企业提供的公共产品质量标准，对公共产品质量标准进行强制性规范，有效解决长期积累下来的公共产品质量不高和服务不达标等问题。并用法律来确定如果公用企业违反有关公共产品质量标准化的相关规定，所提供的产品和服务未达到法律或合同标准时，应承担严格的法律责任。[①] 与此同时，政府应当发挥对公用企业的管理者与监督者职能，在公用企业违反法律规定或合同约定，未提供质量达标之公用事业产

---

① 卓越等：《公共服务标准化的创新机制》，社会科学文献出版社，2016，第 315~352 页。

品或服务时，应对该公用企业进行行政处罚甚至追究其刑事责任，并赔偿由此给公众消费者造成的损失。

2. 提高我国公共产品质量标准化的立法效力等级

如在《产品质量法》《标准化法》《计量法》等法律中引入公共产品质量标准化的强制性条款，科以公用企业应承担公用事业产品质量、服务标准化、计量精准化等强制性法定义务和严格法律责任。又如有计划而系统地修改现有的公用事业特别法，对涉及具体行业的公共产品质量、标准、计量问题的部分条款，作出具体、明确、详细的规定，使之具有可适用性和可操作性。

3. 完善公共产品质量的国家标准和行业标准

克服传统的计划经济思维和行政本位、行业本位、部门本位、既得利益集团本位观念，跟踪当今公用事业领域的世界潮流和前沿技术，对现有涉及公共产品质量标准化内容的国务院行政法规、部门规章进行有针对性的修改、补充和完善，全面、准确、真实反映公共产品质量标准的内在要求和公众消费者的切实利益关切，使行业和部门之间的公共产品质量标准协调、统一，并与公用事业的国际标准、最新技术标准接轨。

4. 确定公共产品质量标准的最低层级，把握基本公共产品质量标准化的关键环节

由于基本公共产品集中于民生层面，实施公共产品质量标准化过程也是公用事业逐渐贴近百姓的过程。对于每一种类的公共产品来说，公共产品质量标准化指标体系必须发挥在关键环节方面的衡量作用。建立标准化的指标体系就是通过衡量公共产品提供者——公用企业按照一定的方式（包括产品质量标准、服务行为标准等）提供标准化公共产品。通过对公共产品质量标准化的内容、管理流程、标准化的工作方式等关键环节的衡量，达到保障并满足公众消费者在公共产品上的基础需求。

5. 公民、政府等多方参与推动公共产品质量标准化实施

公共产品质量标准化之路应由政府主导，公众消费者积极参与和监督，但是接受公共产品是公众消费者的基本权利，而非政府或公用企业的恩惠。因此，在推进公共产品质量标准化实施过程中，公用企业提供的基本公共产品的质量、标准和效果，必须由公共产品的接受者——公众消费者进行评价。在建立公共产品质量标准化指标体系过程中，需要建立由公众消费

者、社会组织、政府等多方参与的评价体系，来督促公用企业不断提高公共产品质量或服务水平，避免将公共产品质量标准化流于形式。

五　公共产品定价机制的公开化、民主化和社会化

（一）公共产品定价机制公开化、民主化和社会化的必要性与制度建构

1. 公用企业价格垄断行为的制度应对与规制重点

由于公用企业垄断经营和滥用市场支配地位，在多数情形下是通过公用企业垄断性价格行为和公用事业不合理垄断性价格集中表现出来的，因此，有效规制公用企业的价格垄断行为，就成为规制公用企业垄断经营最主要的对策。对此，学界的既有研究，有比较深入的讨论，代表性观点如下。（1）建立有效的公用事业价格定价机制。如有学者认为，公用事业价格改革应从制定方式、企业制度、科学评价、价格构成多方面入手；[1] 或者认为，公用事业定价机制应在资本收益率管制定价、价格上限管制定价、综合间接管理定价等既有方法的基础上，结合区域化、弹性化等辅助、配套措施确定；[2] 或者认为，公用事业产品定价机制，应以合理经营成本为基础，把社会福利最大化作为重要的考量因素。[3]（2）应从破除垄断与价格决定两方面入手。如有学者认为，解决公共产品定价中的"价格陷阱"，必须打破政府垄断机制，建立合理的定价机制；[4] 或者认为，应对公用产品市场价格寡头垄断和企业间合谋的根本之策，是建立规范的特许权经营制度和改变现有的亏损补贴政策；[5] 或者认为，特许经营合同的保证金机制和公用事业价格的成本监管对公用事业价格的形成有基础意义。[6]（3）价格多元环

---

① 蔡龙、黄贤金：《城市公用事业价格改革的思路研究——以南京市供水行业为例》，《南京社会科学》2002 年第 S1 期。

② 马进、谢巧燕：《市场化进程中我国公用事业定价机制设计》，《社会科学家》2010 年第 6 期。

③ 张国运：《对我国公用事业产品定价机制的思考》，《辽宁经济》2019 年第 6 期。

④ 姚力、张宗新：《论公共产品供给的"价格陷阱"》，《学习与探索》2002 年第 2 期。

⑤ 陈昆玉、王跃堂：《公用事业行业的价格管制缺陷及其治理途径——基于南京市公交行业涨价的案例研究》，《软科学》2007 年第 4 期。

⑥ 严国海：《公用事业的特许经营与价格监管——以近代上海民营水电业为例的考察》，《财经研究》2010 年第 7 期。

节管制。如有学者认为，遏止公用事业行业垄断应抓住规制垄断价格这个标本兼治的关键，应以价格监管、定价方式、成本约束、决策程序、竞争机制为规制重点；① 有学者认为，公用事业价格改革的过度市场化必然会损害消费者的利益，企业市场化定价必须接受政府监管，② 即应从强化市场定价、设计经济杠杆、完善社会监督、加强政府监管、构建价格体系等多方面综合改革。③ （4）引入价格竞争机制。如有学者认为，公共产品定价也存在消费者竞争和生产者竞争两种状态，如从"价格—规模—种类数"的影响因素来考察，公共产品同私人产品的定价并无本质差别，因此，特殊定价机制与价格管制均无明显效应，唯有价格竞争才有实际效果。④

笔者认为，上述观点或对策，均有一定的合理性，但均只看到公用企业价格垄断行为的某一方面，未从公用事业垄断性价格的形成原因和定价机制，做源头性、整体性、通盘性考量；而解决的根本之策，就在于公共产品定价机制公开化、民主化和社会化。

2. 公共产品定价机制公开化、民主化和社会化的必要性分析

公共产品的定价机制是控制公用企业垄断经营权滥用的关键，传统公共产品的定价模式与社会经济发展、市场经济机制的构建，已形成相当程度的矛盾与冲突，科学制定公共产品定价机制，已势在必行。笔者认为，要完善公共产品定价体系，准确、合理地把握公共产品的经营成本，就必须使公共产品的定价机制公开化、民主化和社会化。

按照劳动价值论观点，价格应该以价值为基础，反映供求关系，而价值即凝聚在商品中的一般劳动时间；现代西方经济学普遍认为，价格是商品稀缺性通过市场交易双方的信息掌握而对供求力量对比做出的反应。公用事业作为受众面极其广泛的行业，建立科学的公开化、民主化、社会化定价机制，是十分必要的。

（1）公共产品定价机制公开化、民主化和社会化是确保公众消费者利

① 卞彬：《论公用事业行业垄断价格的特征与规制》，《经济体制改革》2007 年第 1 期。

② 崔惠民、李文庆：《市场化与政府管制融合：城市公用事业定价机制选择》，《学术交流》2011 年第 1 期。

③ 崔惠民、李文庆：《公用事业产品定价的市场机制与政府规制》，《城市问题》2011 年第 7 期。

④ 赵燕菁：《公共产品价格理论的重建》，《厦门大学学报》（哲学社会科学版）2010 年第 1 期。

益的需要。如前所述，价格是公共产品供用合同中的核心条款，但公共产品供用合同的附合、格式特殊缔约方式和签约程序，使公众消费者丧失了在缔约阶段和签约环节就价格等条款与公用企业进行协商、谈判的可能性。因此，从维护公众消费者利益这一前提出发，就应把公众消费者参与公共产品定价协商、谈判，提到公共产品供用合同缔约阶段和签约程序之前，使公众消费者对公共产品定价的意愿、意见、建议能得到更为充分的表达。

（2）公共产品定价机制公开化、民主化和社会化是抑制公用企业滥用垄断经营权的需要。价格擅定和垄断性定价权的滥用，是居独占专营或寡头垄断等市场支配地位的公用企业滥用垄断经营权最常见的行为。如引入公用事业产品或服务的公开化、民主化和社会化定价机制，就可打破政府和公用企业在公共产品定价上的专擅和垄断局面，从而有效抑制公用企业滥用垄断经营权的发生概率。

（3）公共产品定价机制公开化、民主化和社会化是提高效益、促进经济发展的需要。就内部经济效率而言，公共产品定价机制公开化、民主化和社会化应能促进公用企业改善经营管理，促进采用新的实用技术，降低成本，提高运营效率，能给公用企业优胜劣汰的压力和激励作用。在竞争市场背景下，公众消费者效用的支付与生产者最低成本相交，达成同时出清，共同实现效用最大化；在非竞争背景下，促使企业定价由垄断定价向相对竞争定价靠拢。就外部经济效率而言，公共产品定价机制公开化、民主化和社会化应能使企业在追求微观个别效益的同时，对公众消费者、环境、下游产业产生适当的积极影响，促进经济的可持续发展，即所谓公用事业经营的溢出效应；而不是外部不经济或制约下游产业发展。除此之外，公共产品定价机制公开化、民主化和社会化还能提供投资者与其承担风险相适应的报酬水平，从而有利于吸引投资和促进行业发展。由于生产和经营城市气、水、热等公用事业存在着巨大的需求，且这些产业的发展对城市建设、房地产和地区经济发展起着基础性推动作用，在增量投资越来越依赖社会资金投入的现阶段，能吸引资金投向这些行业是保障其发展的前提。按照资本资产定价模型，资本总是追逐利润的，而且资本的回报要求与其承受的风险成正比；否则，如果行业内不能获得与其风险相匹配的收益率，资本就会退出该行业。

（4）公共产品定价机制公开化、民主化和社会化是实现社会公平正义的需要。促进社会公平主要体现在普遍服务与适当负担两方面，其中普遍服务原则就是公用企业对所有公共产品的需求者应尽可能提供相应服务，满足其需求；公用企业不能在允许经营范围内进行歧视性的市场选择，不能只对具有短期财务效益的需求者提供服务，而对短期不具备财务效益的需求者采取歧视性价格或消极提供服务。公共产品定价过程中应当体现适当负担原则，意即公用事业的定价应能使受用者具有支付能力，应能使受用者的负担适当；应尽可能反映不同消费者的消费特性差异而导致的生产及传输成本差异。而公共产品定价机制公开化、民主化和社会化，则使居于市场、信息、缔约、谈判劣势的公众消费者，有机会参与公共产品的定价过程，并可通过自己的行为限制、修正处于市场、信息、缔约、谈判强势的政府、公用企业的价格擅断行为，从而实现社会的实质公平。

（5）公共产品定价机制公开化、民主化和社会化是推进社会、经济和公共民主的需要。在西方发达市场经济国家，有关公共产品定价属于公共政策的范畴，其主要目的在于促进公用事业更富竞争力和管制垄断价格。其中，公共产品定价机制公开化、民主化和社会化，实质是一般公民、公众消费者、非政府的社会组织和社会人士，以不同的制度平台参与公共产品的定价过程，是社会民主、经济民主、公共民主在公共产品价格决定中的集中表现。

3. 公共产品定价机制公开化、民主化和社会化的制度建构

2006 年国家发改委起草《关于深化价格改革促进资源节约和环境保护的意见》（征求意见稿），启动资源垄断型公用事业价格的改革，但由于各种原因，该《意见》稿最终没有出台。2015 年 10 月，《中共中央、国务院关于推进价格机制改革的若干意见》发布，在"深化重点领域价格改革，充分发挥市场决定价格作用"部分，明确要"创新公用事业和公益性服务价格管理"，特别提出要"全面实行居民用水用电用气阶梯价格制度，推行供热按用热量计价收费制度"，① 公用事业价格改革进入深水区。2017 年 8 月国家发展改革委下发《关于进一步加强垄断行业价格监管的意见》（发改价格规〔2017〕1554 号），提出"按照'准确核定成本、科学确定利润、严格进行监管'的思路，以成本监审为基础，以科学定价机

① 《中共中央、国务院关于推进价格机制改革的若干意见》（2015 年）第二条第（九）项。

制为支柱，建立健全以'准许成本+合理收益'为核心的约束与激励相结合的垄断行业定价制度，实现科学化、精细化、制度化、透明化监管，促进垄断行业健康可持续发展，合理降低垄断行业价格"的总体改革与监管思路。① 2017 年 11 月国家发改委发布《关于全面深化价格机制改革的意见》（发改价格〔2017〕1941 号），明确把"进一步深化垄断行业价格改革"和"加快完善公用事业和公共服务价格机制"列入此次价格改革的重点，主要内容包括进一步推进价格市场化，强化网络型自然垄断环节价格监管，深化公用事业和公共服务价格改革，建立健全价格动态调整机制等。② 但上述价格改革指导性意见，并未就公共产品定价机制公开化、民主化和社会化作出明确规定。

笔者认为，公共产品定价机制公开化、民主化和社会化的主要制度安排应包括如下几个方面：（1）建立独立的第三方价格决定监督机构；（2）全面推进公共产品价格听证制度；（3）引入公共产品价格异议制度；（4）完善公共产品价格决策专家评审制度；（5）完善公共产品价格违法行为举报制度；（6）建立严格的公共产品价格违法处罚制度。以下拟作具体分析。

（二）建立独立、中立的第三方价格决定监督机构

既有公用事业垄断性价格的形成，不外乎政府定价与企业定价两种典型形式，但是，政府定价有明显的市场滞后性，企业定价有基于最大化驱动的自利性、垄断性和擅断性，表明无论是政府定价也好，还是企业定价也好，均有明显的局限性。因此，如前文所举立法与制度例，多数市场经济发达国家或地区，在公用事业领域，已无绝对的政府定价或者企业定价机制，而更多是选择政府与企业相结合的定价模式。对此，有学者认为，公用事业价格的定价主体应该多元，即以公用事业价格规制部门为主，经营者、消费者、专业性的消费者协会共同参与的复合主体；③ 有学者认为，公用事业价格监管机构设置改革是重建价格管制机能的重要内容，应从引

---

① 国家发展改革委《关于进一步加强垄断行业价格监管的意见》（发改价格规〔2017〕1554 号）第二、三条。
② 国家发展改革委《关于全面深化价格机制改革的意见》（发改价格〔2017〕1941 号）第三、四条。
③ 刘华光、李建平：《我国公用事业价格形成机制问题研究》，《财贸经济》2002 年第 7 期。

入竞争机制和重建价格管制机能两方面，对既有价格形成机制进行改革；[1] 有学者认为，在公用事业价格问题上，民营化下的市场价格失灵与政府定价下的政府价格失灵是同时存在的，唯有按照"多元"治理新理念，实现政府、企业、公民参与的多元定价机制，将效率与公平的均衡作为政府定价的根本目标，并将竞争优先、合理公正、共同决策、公开透明作为定价原则，引入招投标制度、公民参与制度、信息公开制度、价格听证制度等。[2] 这些观点、主张与建议，无疑极具参考价值。

比较世界不同国家或地区有关公共产品价格的定价机制、决定模式、监督机构，加拿大的做法最具代表性和参考性。[3] 笔者认为，我国公共产品价格的定价机制、决定模式、监督机构，完全可以参考加拿大的成功经验进行重构。即改革《价格法》规定的既有政府定价机制与企业申请、政府审批的价格决定模式，建立全新的公用事业价格多元定价机制与中立、独立价格决定模式，新创设一个由政府代表、公用企业代表、公众消费者代表、社会专家代表四方代表组成的公用事业价格监督委员会，来决定公共产品价格，并依法对公用企业的价格行为进行监督。具体内容如下。

1. 公用事业价格监督委员会的组成

（1）公用事业价格监督委员会由政府、公用企业、公众消费者、社会专家库中，各委任、选派或推荐 2~3 名代表或委员共 8~12 位成员组成。除此之外，由政府另委派的一名代表或委员担任主席，主席负责召集、主持委员会会议。（2）政府、公用企业、公众消费者任何一方，有公用事业方面的价格提议、申请、请求、申诉、动议，均可提请召开委员会会议。（3）委员会会议由主席负责召集、主持。在公用事业价格监督委员会讨论问题时，一般情形下，主席无投票权或表决权；只有当 8~12 人委员会讨论问题出现分歧或发生票决数僵局时，主席才可行使表决权，且这一表决权可投任何一方，但不可投弃权票。（4）委员会决议任何事项，均采用合议

---

[1] 谢臣英、张秀昇：《我国公用事业价格管制的机构设置改革初探》，《商业研究》2003 年第 11 期。

[2] 张小明、刘建新：《民营化进程中公用事业定价的制度基础》，《中国行政管理》2007 年第 5 期。

[3] 陕西省物价局：《加拿大公用事业价格管理和改革的经验和启示》，《中国物价》2008 年第 2 期。

制与票决制，实行简单多数决。

2. 公用事业价格监督委员会的地位

公用事业价格监督委员会为独立于政府、公用企业、公众消费者的中立机构，为保持公用事业价格监督委员会中立，委员会经费不由政府划拨或企业支付，而由消费者购买公共产品支付价格的1‰提成税；委员会可聘请律师、会计师和专业咨询顾问为其服务。

3. 公用事业价格监督委员会的职权

公用事业价格监督委员会有权决定公用事业价格，有权对公用事业价格中的任何行为进行监督，有权对公用企业提交的公用事业价格申请、公众消费者提出的价格诉求等事项进行审查，并作出决议、决定或裁决。

建立独立、权威、中立的公用事业价格监督委员会，可有效解决目前我国公用事业价格中政府定价与企业定价的各种缺陷与弊端，使公共产品价格的定价更具有机构上的中立性、参与上的广泛性、程序上的合理性和价格上的均衡性。

（三）全面推进公共产品价格听证制度

1. 公共产品价格听证制度的法律依据

如前所述，价格听证，又称政府制定价格听证，简称定价听证，是指定价机关（有定价权的省级以上政府价格主管部门、有关部门和经省级政府授权的市、县政府）在依法制定或调整政府指导价、政府定价的价格水平或者定价机制过程中，由政府价格主管部门采取听证会形式，征求经营者、消费者和有关方面的意见，对制定价格的必要性、可行性、合理性进行论证的活动。[①] 价格听证既是政府定价行为和定价程序中的重要环节，也是公共产品定价的主要制度形式。我国《价格法》第18条规定，与国民经济发展和人民生活关系重大的极少数商品价格、资源稀缺的少数商品价格、自然垄断经营的商品价格、重要的公用事业价格、重要的公益性服务价格，政府在必要时可以实行政府指导价或者政府定价。该法第22条还规定，政府价格主管部门和其他有关部门制定政府指导价、政府定价，应当开展价格、成本调查，听取消费者、经营者和有关方面的意见；政府价格主管部

---

① 国家发展改革委《政府制定价格听证办法》（2018 年）第 2 条。

门开展对政府指导价、政府定价的价格、成本调查时，有关单位应当如实反映情况，提供必需的账簿、文件以及其他资料。特别是该法第 23 条规定，制定关系群众切身利益的公用事业价格、公益性服务价格、自然垄断经营的商品价格等政府指导价、政府定价，应当建立听证会制度，由政府价格主管部门主持，征求消费者、经营者和有关方面的意见，论证其必要性、可行性。2001 年 7 月，国家发展计划委员会制定了《政府价格决策听证暂行办法》，随后，国家发展计划委员会于 2001 年 10 月下发了《关于公布价格听证目录的通知》（计价格〔2001〕2086 号），对政府价格决策听证作出了原则性的规定。2002 年 11 月，国家发展计划委员会又发布新的《政府价格决策听证办法》（国家发展计划委员会令第 26 号）。2006 年 3 月，国家发展改革委、财政部联合发布《政事业性收费标准管理暂行办法》（发改价格〔2006〕532 号），该《暂行办法》第 13 条规定，价格、财政部门可以采用召开座谈会、论证会、听证会或书面征求意见等形式，征求社会有关方面的意见。2008 年 10 月，国家发展和改革委员会在原《政府价格决策听证办法》的基础上，制定新的《政府制定价格听证办法》，该《办法》于 2018 年修订后重新发布。除此之外，国家发改委还制定、发布了《价格认定规定》（2015 年）、《价格认定依据规则》（2016 年）、《政府制定价格行为规则》（2017 年）、《政府制定价格成本监审办法》（2017 年）、《价格认定复核办法》（2018 年）、《政府定价的经营服务性收费目录清单》（2018 年，2020 年修订）等规范性文件。

上述法律、部门规章，是我国目前公共产品价格听证制度的主要规范依据。

2. 公共产品价格听证制度的适用范围

根据《政府制定价格听证办法》第 3 条规定，制定关系群众切身利益的公用事业价格、公益性服务价格、自然垄断经营的商品和服务价格等政府指导价、政府定价的价格水平，应当实行定价听证。听证的具体项目通过定价听证目录确定，容易引发抢购、囤积，造成市场异常波动的商品价格，通过其他方式征求意见，不纳入定价听证目录。定价听证目录是指由省级以上人民政府价格主管部门依据政府定价目录制定的应当经定价听证的商品和服务清单。法律、法规、规章规定实行定价听证的项目自动进入定价听证目录。制定定价听证目录以外的政府指导价、政府定价，定价机关认为有必要的，也可以实行定价听证。根据《关于公布价格听证目录的通知》规定，居民生活用电价格，铁路旅客运输基准票价率（软席除外），民航旅客运输公布票价水平，电信基本业务资费中的固定电话通话费、月租费，移动电话通话费、月租费对国家计委价格听证目录等，被列入国家计委价格听证目录的范围。另，2020 年 12 月国家发改委公布的《政府定价的经营服务性收费目录清单（2020 年）》列入政府定价收费目录中的公用事业价格，均应属于价格听证的适用范围。

3. 公共产品价格听证会的组织与召集

根据《政府制定价格听证办法》第 6~9 条规定，（1）定价听证由政府价格主管部门组织。省级以上定价机关制定价格需要听证的，由同级政府价格主管部门组织听证；省级人民政府授权市、县人民政府制定价格的，由市、县人民政府价格主管部门组织听证；制定在局部地区执行的价格需要听证的，政府价格主管部门可以委托下级政府价格主管部门组织听证；委托听证的，应当出具书面委托书并予以监督指导。（2）政府价格主管部门可以通过政府购买服务等方式，由第三方机构参与定价听证的组织工作。第三方机构，是指政府价格主管部门、定价机关、与听证事项直接相关的经营者及其主管单位以外的机构，包括但不限于科研机构、咨询机构等企事业单位和社会组织。（3）听证会设听证人，代表政府价格主管部门专门听取听证会意见。听证人由政府价格主管部门工作人员、定价机关工作人员，以及政府价格主管部门聘请的社会知名人士、专业人士担任。听证会主持人由听证人中的政府价格主管部门的工作人员兼任。听证人不得少于 3 人，具体人数及人员构成由政府价格主管部门确定。听证人须履行下列职责："（一）听取听证会参加人的意见陈述，并可以询问；（二）提出听证报告。"

4. 公共产品价格听证会的参加人及产生

《政府制定价格听证办法》第 10~16 条对价格听证会参加人与产生有具体规定。听证会参加人由下列人员构成：（1）消费者；（2）经营者；（3）与定价听证项目有关的其他利益相关方；（4）相关领域的专家、学者；（5）政府价格主管部门认为有必要参加听证会的政府部门、社会组织和其他人员。鼓励消费者组织参加听证会。听证会参加人的人数和人员的构成比例由政府价格主管部门根据听证项目的实际情况确定，其中消费者人数不得少于听证会参加人总数的 2/5。

听证会参加人由下列方式产生：（1）消费者采取自愿报名、随机选取和消费者组织或者其他群众组织推荐相结合的方式；（2）经营者、与定价听证项目有关的其他利益相关方采取自愿报名、随机选取方式，也可以由政府价格主管部门委托行业组织、政府主管部门推荐；（3）专家、学者、政府部门、社会组织和其他人员由政府价格主管部门聘请。随机选取可以结合定价听证项目的特点，根据不同职业、行业、地域等，合理设置类别并分配名额。政府价格主管部门可以根据听证项目的实际情况规定听证会参加人条件。定价机关、听证组织部门的工作人员及其近亲属不得担任听证会参加人。

听证会参加人的权利和义务：（1）可以向有关经营者、行业组织、政府主管部门了解与听证事项相关的情况；（2）出席听证会，就听证事项发表意见、阐明理由；（3）保守国家秘密和商业秘密，遵守听证会纪律；（4）因特殊原因不能出席的，应当提前 3 个工作日告知听证组织部门，同时提交书面意见。

另，根据《政府制定价格听证办法》规定，听证会设记录员；公开举行的听证会设旁听席和记者席。所有参与听证会的人员应当遵守宪法和法律法规、遵守公共秩序、尊重社会公德，不得使用不文明用语，不得进行恶意攻击以及有组织的言论煽动，不得恶意片面传播听证发言内容，不得编造、传播虚假信息扰乱经济秩序和社会秩序，不得发表与定价方案无关的内容。

5. 公共产品价格听证会召开的基本程序

根据《政府制定价格听证办法》第 17~34 条规定，公共产品价格听证会召开的基本程序如下。

第一，定价听证的提起与定价听证方案的制订。定价听证依据下列情况提起：（1）定价机关是政府价格主管部门的，由政府价格主管部门提起；（2）定价机关是其他部门的，由该部门向同级政府价格主管部门提起；（3）定价机关是多个部门的，由牵头部门向同级政府价格主管部门提起；（4）定价机关是市、县人民政府的，由负责具体定价工作的市、县政府价格主管部门提起，或者由负责具体定价工作的市、县政府有关部门向同级政府价格主管部门提起。

定价机关在提起定价听证时，应当向政府价格主管部门提交定价方案、与制定价格有关的定价成本监审报告或者成本调查报告，以及经营者按要求公开成本信息的情况、其他相关信息资料。定价机关和经营者应当确保所提供资料的完整、真实和准确性。定价方案应当包括下列内容：（1）拟制定价格水平或者定价机制的具体项目；（2）现行价格和拟制定的价格水平，单位调价额和调价幅度；（3）拟制定的定价机制主要内容、适用条件；（4）拟制定价格水平或者定价机制的依据和理由；（5）拟制定价格水平或者定价机制对经济、社会影响的分析；（6）其他与制定价格水平或者定价机制有关的资料。

第二，听证会的通知与听证材料的送达。听证会举行前 30 日，政府价格主管部门应当通过政府网站、新闻媒体向社会公告以下事项：（1）定价听证事项；（2）听证会举行的时间；（3）听证会参加人、旁听人员、新闻媒体的名额、产生方式及具体报名办法。拟对听证会进行网络公开的，应当一并公告。

听证会举行前 15 日，政府价格主管部门应当通过政府网站、新闻媒体向社会公告以下事项：（1）听证会举行的时间、地点；（2）定价方案；（3）与制定价格有关的成本监审或者成本调查的办法和结论；（4）听证人、听证会参加人、旁听人员名单，包括姓名、职业。听证会同时网络公开的，应当一并公告网址及时间。第三方机构参与定价听证的组织工作的，应当公布第三方机构的基本信息。听证会因故取消或推迟举行的，政府价格主管部门应当向社会公告并作出说明。

听证会举行前 15 日，政府价格主管部门应当向听证会参加人送达下列材料：（1）听证会通知；（2）定价方案；（3）与制定价格有关的成本监审或者成本调查报告；（4）听证会议程；（5）听证会纪律。

第三，听证会的召开与基本听证议程。听证会应当在有 2/3 以上听证会参加人出席且消费者人数不少于实际出席人数 2/5 时举行；出席人数不足或者消费者人数不足的，听证会应当延期举行。听证会可以一次举行，也可以分次举行。听证会按照下列议程进行：（1）主持人宣布听证事项和听证会纪律，介绍听证会参加人、听证人；（2）定价方案提出人陈述定价方案；（3）定价成本监审人或者成本调查人介绍定价成本监审、成本调查的办法、结论及相关情况；（4）听证会参加人对定价方案发表意见，进行询问，被询问人应当进行必要的解释说明；（5）必要时，主持人可以组织听证会参加人围绕主要分歧点进行补充陈述；（6）主持人总结发言。

制定在局部地区执行的价格或者降低价格的，听证会可以采取下列简易程序：（1）只设主持人；（2）听证会参加人由消费者、经营者构成；（3）听证会按照上述第（1）（4）（6）项规定的议程进行。采取简易程序时，公告时限和材料送达时限可以适当缩短。

定价机关可以通过政府网站、新闻媒体就听证事项听取社会各方面的意见。政府价格主管部门可以参照有关规定，通过互联网试点开展定价网络听证。网络听证的参加人应当实行实名注册。

第四，听证笔录与听证报告。听证会参加人应当审阅涉及本人的听证笔录并签字。听证会举行后，听证人应当根据听证笔录制作听证报告。听证报告包括下列内容：（1）听证会的基本情况；（2）听证会参加人对定价方案的意见；（3）听证人对听证会参加人意见的处理建议，包括对听证会参加人主要意见采纳与不采纳的建议和理由说明；（4）其他有关情况。听证人之间对听证会参加人意见的处理建议存在分歧的，应当在听证报告中列明相关听证人的不同意见。

政府价格主管部门应当在听证会举行后15日内将听证笔录、听证报告一并提交定价机关。

第五，定价听证会的约束力。定价机关作出定价决定时应当充分考虑听证会的意见。定价机关根据听证会的意见，对定价方案作出修改后，如有必要，可以再次举行听证会，或者采取其他方式征求社会意见。

定价机关须报请本级人民政府或者上级定价机关批准后才能作出定价决定的，上报定价方案时应当同时提交听证报告。定价机关应当在定价听证结束之日起1年内作出定价决定；逾期未作出定价决定的，应当重新开展定价听证；开展定价听证后，制定价格的依据发生重大变化的，定价机关应当重新提起定价听证。定价机关作出定价决定后，应当通过政府网站、新闻媒体向社会公布定价决定和对听证会参加人主要意见的采纳情况及理由。

6. 违反公共产品价格听证规定的法律责任

根据《政府制定价格听证办法》第35~38条规定，违反公用事业产品或服务价格听证规定，应承担如下法律责任。（1）定价机关制定定价听证目录内商品和服务价格，未举行听证会的，由本级人民政府或者上级政府价格主管部门宣布定价无效，责令改正；对直接负责的主管人员和其他直接责任人员，依法给予行政处分。（2）政府价格主管部门违反规定程序组织或者举行听证会，情节严重的，由本级人民政府或者上级政府价格主管部门责令改正，给予通报批评；对直接负责的主管人员和其他直接责任人员，依法给予行政处分。（3）政府价格主管部门、定价机关和第三方机构的工作人员在听证会的组织或者举行过程中，玩忽职守、滥用职权、徇私舞弊的，依法给予行政处分；构成犯罪的，依法追究刑事责任。（4）参与听证会的其他人员违反听证纪律、妨碍听证秩序情节严重的，记入信用记录，纳入全国信用信息共享平台。参与听证会的其他人员违反法律法规的，依法追究法律责任。

7. 完善公共产品价格听证制度的若干建议

在既有公用事业价格政府定价机制下，听证具有重要的信息共享、社会咨询、意见表达、利益平衡等多重功能，而要使价格听证真正发挥作用，实现前述一系列制度功能，就必须解决谁来举行听证、听证代表如何产生、如何保证听证的真相性与有效性等关键问题。[①] 相对而言，国家发改委 2018 年修订后的《政府制定价格听证办法》，在 2008 年《办法》的基础上，增加了委托第三方组织听证、听证参与义务等内容，完善了听证程序、严格了听证责任，确实有了明显的进步。尽管如此，我国现行公共产品价格听证制度仍然存在诸多缺陷和不足，有针对性对之进行完善，是十分必要的。

（1）应把价格听证强制性地规定为所有公共产品定价的必经程序，使公用产品价格听证制度发挥普遍性的公开化、民主化、社会化的监督和制约功能。虽然新的《政府制定价格听证办法》第 3 条关于列入"定价听证目录"必须举行听证和第 35 条关于"定价机关制定定价听证目录内商品和服务价格，未举行听证会的"应宣布定价无效的规定，赋予价格听证以法定、强制效力，但前提必须是这种公用事业价格属于已列入"定价听证目录"范围之内，2001 年《关于公布价格听证目录的通知》早已过时，尚未更新；而依据《政府定价的经营服务性收费目录清单》（2018 年），又只涉及商业银行、征信、电信、互联网、民航、港口等服务收费，尚有如水、

---

① 彭兴庭：《"公用事业"的定价和"价格听政"》，《经济导刊》2007 年第 2 期。

商业用电、气、油等大量公用事业价格，未列入法定、强制性"定价听证目录"，这说明，对公用事业价格实行"定价听证"全覆盖尚有待时日。

（2）改善价格听证参加人的提名和遴选制度，加大社会公推公众消费者、专家代表的比例，引入消协、律师、注册会计师、审计师事务所的专业参与。定价听证、价格管制本身就是一个多元利益主体参与、以信息为媒介的博弈活动，由于有限理性的消费者个体参与存在着参与不足和"羊群效应"两大问题，相对而言，消费者组织、专业团体的参与，则更具代表性，能够减轻信息不对称，实现消费者与厂商的平等对抗。① 因此，在定价听证过程中，一方面必须坚持价格听证中消费者代表选拔的志愿性、代表性和专业性等标准，并以志愿性为基础，代表性为优先;② 另一方面，应尽量发挥消费者协会、专业社会团体在定价听证中的参与作用和专业功能。

（3）引入公共产品成本信息披露与说明环节。公用事业定价公开透明是定价公正的一种制度约束，如果定价过程不公开透明，消费者无从知道定价依据，就很难说定价是公正的。那么，要做到定价公开，第一步就是价格决定的内容必须公开，而最关键的就是完善成本监审制度。定价成本监审的实质是通过确定成本内容、构成和计算方法，将企业财务成本转变为适于定价需要的定价成本，扣除不合理的财务成本。建立公用事业成本信息披露制度，披露包括经营者财务状况、发展规划、行业指导意见等内容，可切实解决价格监管部门、消费者与经营者在定价听证中的信息不对称问题。

（4）引入定价听证方案的审计报告制度。价格听证是实现公用事业价格有效监督与管制的重要内容，但在公用事业价格听证中，公众消费者参与在信息、能力和制度模型三个方面都存在问题，③ 其中最重要的原因在于价格、成本、经营、财务等信息不对称。这说明，引入专业会计审计报告，补充公众消费者在定价信息方面的不足，尤为关键。

（5）增加价格听证会上的质证和辩论程序或环节。

---

① 刘大伟、唐要家：《社会公共组织参与管制优势的法经济学分析——以公用事业价格听证中的消费者组织为例》，《法商研究》2009 年第 4 期。
② 刘大伟：《公用事业价格听证中消费者代表选拔标准研究》，《学术论坛》2010 年第 3 期。
③ 刘大伟、唐要家：《中国公用事业价格听证中消费者参与的调查分析》，《开放时代》2009 年第 4 期。

（6）建立听证报告公示与异议制度，强化对定价听证的社会监督。详见后文。

当然，既有定价听证制度与程序，总体上是在政府定价机制下进行的，无论如何改革，都改变不了政府主导的行政本位特征和惯性，因此，根本的解决之策，还是应把定价听证制度与程序放在前述独立、中立的第三方价格决定机制与监督机构内考虑，才会有明显的效应。

（四）引入公共产品价格异议制度

由于公共产品价格听证会被严重虚置，其科学、民主、协商、理性的定价功能被淹没和抹杀，社会公众也一再调侃"听证会"变成"涨价会"。究其缘由，主要在公共产品肆意涨价的过程中，作为利害关系人——公众消费者没有真正的参与权、发言权和决定权，对于听证结果或最终定价虽有异议，但制度和程序安排的缺失，又没有进一步的表达途径和纠错机制。而设立公共产品价格异议制度，任何个人或组织就可以针对政府定价或价格听证中所存在的违反法律、行政法规和程序，损害公众消费者的权益、福利的价格和定价行为提出异议。该异议提出后，定价机关必须启动异议程序，定价机构应当即时受理异议申请，或者对产品定价进行重新计算，或者根据需要重新提起价格听证，并把价格异议申请、受理和处理结果等有关信息及时公示。

（五）完善公共产品价格决策专家评审制度

专家学者作为监管者和被监管者、公用企业与公众消费者之外的第三人，具有相对独立性，能够客观地对公共产品价格的制定与调整做出评价。通过建立公共产品价格评审专家库，聘请相关行业专家参与公共产品价格评审工作，特别是制定或调整具有较强专业性、技术性的垄断性公共产品价格，必须严格执行专家评审制度，对公共产品定价、调价的必要性与可能性、对经济社会的影响进行评审，以弥补政府定价机关和价格决策者可能存在的专业知识缺失，提高价格决策的科学性。公共产品价格评审专家可分不同行业、领域成立相应的专家评审委员会，当有关公用企业向物价部门提出公共产品定价申请或价格调整时，经过价格听证后，由专家评审委员会对调价或定价的真实性、正当性、合理性、合法性、妥当性和可行性进行论证，对由此给相关行业和消费者带来的影响进行分析，对制定或调整公共产品价格、收费标准提出具体建议，最后形成专家评审会议报告，定价部门将把专家意见作为最终确定价格的重要依据。完善公用事业产品或服务价格决策专家评审制度，可确保公共产品定价的科学性和专业性，使其尽量合理、适当。

（六）完善公共产品价格违法行为举报制度

经法定程序和严格定价机制确定下来的公共产品价格，能否得到切实的遵守和实施，对公众消费者和其他经营者的利益能否得到保障关系重大。为保证公共产品价格不至于因公用企业滥用价格垄断权而遭破坏，就有必要完善有关公共产品价格违法行为的举报制度。关于价格违法行为的举报制度，2004 年 8 月国家发改委曾经发布过《价格违法行为举报规定》，对价格违法行为举报制度作了原则性的规定；2014 年 1 月，国家发改委在此基础颁布了《价格违法行为举报处理规定》，对价格违法举报人、举报形式、举报程序、举报处理、价格调解等作出了比较具体的规定。① 目前，该《规定》尚只适用于一般产品或服务的价格违法，且其举报的程序和处理的方式尚有需完善之处。

（七）建立严格的公共产品价格违法处罚制度

关于价格违法的处罚，我国现行《价格法》（1997 年）等法律，《中华人民共和国价格管理条例》（1987 年）、国务院《价格违法行为行政处罚规定》（2010 年修订）等行政法规，市场监管总局《禁止垄断协议暂行规定》（2019 年）、《禁止滥用市场支配地位行为暂行规定》（2019 年）、《制止滥用行政权力排除、限制竞争行为暂行规定》（2019 年）等部门规章，有原则性的规定。除市场监管总局有关反垄断性价格行为的规定外，这些规定绝大部分是针对一般类产品或服务的价格违法行为。而如前所述，公共产品价格违法行为，带有相当程度的垄断违法性，该类价格违法行为除应承担行政责任，科以行政处罚外，还应从有效救济公众消费者和其他经营者的角度，引入严格的公共产品垄断性价格违法损害赔偿制度，以有效遏制公

---

① 国家发展改革委《价格违法行为举报处理规定》（2014 年修订）第 2～18 条。

用企业的垄断性价格违法行为。

如前所述，公用事业垄断经营的负效应集中反映在公共产品质量和公共服务标准以及价格决定问题上，而经营环节监管经常化，公共产品质量标准化，公共产品定价公开化、民主化和社会化等制度设计，目的就是最大限度控制公用企业的垄断经营权滥用。首先，在经营环节经常化监管过程中，公用事业经营信息的持续公开是核心。其次，政府通过有关公共产品质量标准方面的法律，对公共产品质量和公共服务标准进行统一、强制规范，可有效地解决长期积累下来的公共产品质量不高和服务标准不到位的问题。最后，由于公共产品的价格属于公用企业与公众消费者之间以公共产品为标的物所订契约的最主要、最重要条款，基于合同订立中的平等、自愿、协商一致原则，公众消费者乃至全社会成员均有权参入定价；公共产品定价的公开化、民主化和社会化（如价格听证会等），则可有效抑制处于垄断地位的公用企业滥用定价权以损害公众消费者的合法权益，或降低全社会的普遍福利水平的行为。当然，根本的解决之策，是创设独立、中立的第三方价格决定机制与监督机构。

第九章　公用事业垄断经营损害的法律救济

公用事业涉及国计民生，纵观历史，公用事业经营沿着从私人垄断向国家垄断发展。随着时代发展，电力、燃气、石油、电信等公用企业高价低质、价格歧视等问题受到社会诟病，因此，逐步实现公用事业市场化经营已成为一种趋势。基于对公用事业垄断经营损害的分析，从垄断行为入手探析公用企业经营垄断所造成的损害、特征及具体表现，从司法、行政、私力救济等角度入手，提出具体的救济途径与完善建议，无疑具有十分重要的意义。

一　公用事业垄断经营的损害

公用事业经营是为公众或不特定多数人提供公共产品，不同于其他商业领域，它与社会公众日常生活和民生幸福息息相关，对整个社会经济发展极为重要。如前所述，公用事业经营中产品的必需性、自然垄断性、服务广泛性和社会敏感性等特征，决定其垄断经营所造成损害的影响也更大、范围也更广。

（一）公用事业垄断经营损害的具体表现

1. 微观层面：对其他经营者和公众消费者合法权益的侵害

公用事业产品或服务涉及千家万户的日常生活和社会生产的各个环节，经营状况直接影响着国计民生。正因如此，公用事业垄断经营中违法行为造成的损害涉及社会生活、生产的方方面面，受损对象也非常广泛，既可能是同一行业或类似行业的经营者，也可能是同一行业的上下游经营者，还可能是单纯以消费公共产品为目的的公众消费者，甚至包括潜在的市场投资者。

（1）对其他经营者竞争利益、营业利益的侵害。其他经营者是指公用企业之外的以公共产品为生产、经营基础的市场主体，不仅包括同业经营者、上下游经营者，还包括市场上的潜在经营者。

有效竞争是市场得以形成和发展的基础，竞争赋予市场活力，能促进市场经济健康有序运行，优化资源配置。公用企业往往需要以管道或网络等基础设施作为供给媒介，向消费者和其他服务对象提供公共产品。如自来水管道、输电线路、暖气管道、燃气管道、通信网、有线电视网、铁路轨道网、公路等公用企业提供的公共产品，就具有明显的网络特性，公共产品的供给往往牵涉管网的铺设和搭建。同业竞争者间可能存在着共用同一基础网络的情况，而我国公用企业的服务管网基本是由提供服务的公用企业自建，使得其他同业竞争者需要借助基础管网向公众消费者提供产品或服务，因此，同业竞争者与公用企业之间既是竞争关系，又是上下游的商品消费关系。管网的使用者与建设者之间所存在的竞争关系，导致同业经营者地位的实质不平等。例如，中国电信和中国联通在宽带接入及网间结算领域，利用自身具备的市场支配地位，阻碍其他经营者进入该市场。2009年8月中国电信在其实施的"清理穿透流量"行动中，就涉嫌利用"二次"垄断经营行为、控制带宽和服务器等手段，来限制中小互联网接入服务提供商的网络连接质量。① 这是典型的借助自己市场支配地位排挤同业竞争者的行为。

公用企业发展也需要有一定的科学技术支撑，且投入成本大，公共资源的非强制性和非排他性明显，许多掌握核心技术的公用企业往往利用这一优势，排挤或并购其他同业经营者；一旦这些掌握核心技术的公用企业在市场占有绝对地位，往往也会采取限制交易、固定价格等违法手段，损害上下游经营者的利益，甚至剥夺其经营自主权。例如，美国电话电报公司（AT&T）曾在美国长期独占电话通信技术，AT&T利用贝尔系统最好的互通性能以及长途业务优势，使一家又一家小电话公司被贝尔系统收购，或被迫关闭；② 同时，AT&T利用价格调节的绝对话语权，对

---

① 启言：《清理穿透流量：中国电信成"搅局者"》，《互联网周刊》2010年第21期。

② 王益苓：《美国电话电报公司（AT&T）的成功秘诀》，《中外科技信息》1992年第5期。

上下游经营者采取纵向协议、固定价格等手段，剥夺上下游经营者的合理商业利润。①

随着时代的发展，新型科学技术和设备打破了传统意义上公用事业的自然垄断性，部分公用事业经营也越来越呈现非自然垄断的特征。但也正是科学技术和先进设备的发展，使行业间的划分渐渐模糊，越来越多的大型公用企业往往能自主地带动从产品原材料挖掘到加工、包装、运输、销售、售后服务一整条产业链。这就使得上下游经营者的竞争更为激烈。如此一来，公用企业垄断经营已经逐步走上自产自销的路线，导致公用企业垄断经营行为由同一行业延展到上下游多个行业，使更多的上下游经营者受到公用企业垄断经营行为的损害。典型的如美国历史上最大的托拉斯——洛克菲勒标准石油（1886 年定名为美孚石油）案，作为全球第一家托拉斯，标准石油合并 40 多家厂商，联合组成一个综合性企业集团，垄断美国 80% 的炼油工业、90% 的油管生意；1886 年又创建天然气托拉斯；1888 年收购油田，并于 1890 年成为美国最大的原油生产商，垄断美国 95% 的炼油能力、90% 的输油能力、25% 的原油产量，发展成为一家拥有自己的油田、制桶工厂、油库、运输车队、输油管线，甚至在铁路旁设置储油站的大型油料企业；不但如此，标准石油还迫使铁路公司给其大量折扣，以交换一定的货运量，有时甚至强迫铁路公司付给其回扣。② 标准石油公司垄断案很清楚地说明，公用企业滥用市场支配地位，给上下游经营者造成的危害是巨大的。它不仅可控制上下游经营者的产品或服务价格，严重的还会导致上下游经营者经营自主权的丧失，对上下游经营者的损害有时是毁灭性的。

在我国，由于公用事业垄断经营格局具有自然垄断、行业垄断、国家垄断、国企垄断、行政垄断、地区垄断等多重特征，对其他投资者、经营者的损害，主要表现在如下几个方面。其一，对民间资本、民营企业进入公用事业形成限制、阻挠，如电信垄断形成对民间资本的阻挠等。其二，通过滥用市场支配地位、垄断性定价，影响其他经营者的生产或经营，剥夺或严重压缩其他经营者的利润、收益，如水、电、铁路运输等"卡脖子"

---

① 王奔洲：《美国电话电报公司改组——一个巨人的解体》，《世界知识》1985 年第 11 期。

② 王砚峰：《标准石油公司解散》，《中国经营报》2003 年 5 月 19 日第 1 版；王建红：《20 世纪初美国石油产业反托拉斯及其市场结构的新转变》，《东南学术》2011 年第 3 期。

行为或擅自加价行为等。其三，通过延伸上下游产业，影响、限制、压缩上下游产业链中的其他投资者、经营者的投资与经营，如中石油、中石化的产业链型垄断等。

综上，行政性质的公用事业垄断经营行为对于同业竞争者和潜在经营者均存在损害，经济性垄断同样使公用企业有能力利用独占专营或寡头垄断的市场支配地位，对同业竞争者和潜在经营者进行限制和阻挠，以达到排斥竞争对手的目的。显然，无论是何种性质、何种形式的垄断行为，最终都将排斥、限制同业竞争者和潜在竞争者。除此之外，公用事业垄断经营行为还常常以垄断性价格行为的形式出现，而垄断性价格行为在多数情况下又是以擅自提价、涨价等为主要手段，而公共产品的基础性、必需性、非竞争性和不可替代性，决定垄断性价格行为必然会提升整个市场的生产支出和社会生产的平均成本，最终压缩其他经营者的合理利润空间，严重损害国家、社会、市场和企业的整体竞争力。

（2）对公众消费者合法权益的侵害。在传统反垄断法理论与实务中，保护消费者权益并不是反垄断法的主要目的。但是，20世纪五六十年代以后，随着消费者运动在世界范围内的兴起，各国消费者权益保护方面的法律制度也在不断发展和完善，消费者权益保护在各国反垄断法中居于越来越重要的地位。

首先，公用企业垄断经营损害公众消费者的知情权。知情权是消费者最基本、最基础的权利之一，[①] 知悉商品或服务的真实情况是消费者购买商品或接受服务的前提。在购买竞争性产品或接受竞争性服务时，由于消费者有充分的选择余地，因此可以通过获得必要的商品信息对产品或服务进行反复比较、甄别，从而购买更为实用的产品或服务。但是，由于公用企业提供公共产品的垄断性，消费者对公用事业产品和服务信息的获得完全依赖于公用事业经营者，无法获取更多信息。这就要求公用企业比竞争性产品、服务提供者，更加主动且无保留地向消费者提供完整而真实的公共产品信息。但在我国，公用企业不但垄断经营，而且垄断信息，公用企业对所有的经营信息进行封锁，尤其是公共产品的成本信息。公用企业封锁经营信息，侵犯消费者知悉真情权，也使消费者对公用企业的监督批评

权无从实现。如北京周泽诉北京移动、中国移动滥用市场支配地位损害赔偿案中，[①] 有关电信企业的各种"月租费"、普遍服务计费、增值服务收费，绝大部分电信消费者是不知情的。此案说明，在公用事业垄断经营中，公众消费者知情权被侵害的情形相当普遍。

其次，公用企业垄断经营使得消费者失去对公用事业相关产品和服务的自主选择权。它集中表现在两个方面。一方面，公共产品的基础性与不可替代性，决定消费者既不可选择特定公用事业产品或服务，也不可选择特定公共产品的经营者，如供水、电力、燃气等行业及经营者，消费者完全没有自主选择权；另一方面，公用企业通过行政手段或经济手段，使消费者在相关竞争性产品和服务的选择上也受到极大限制。如消费者在接受服务时，必须选择公用企业指定的上下游产品或服务，否则可能遭受价格、服务等方面的歧视待遇。如江苏省邳州市邮电局限定电话用户使用指定中国工商银行邳州市支行发行的牡丹交费卡案、太原市煤炭气化公司强制用户安装燃气热水器案，就为典型例证。[②]

再次，公用企业垄断经营行为侵害消费者的公平交易权。公平交易权具体表现为消费者在购买商品或接受服务时有权获得质量保障、以合理价格交易、要求经营者计量准确、拒绝强制交易。消费者在面对公用企业提供的产品和服务时，公平交易权往往难以得到有效的保障，这种公平原则的失衡不仅体现在商品购买上，也体现在商品购买后的服务和维权上。由于公用企业的垄断经营，没有其他可替代产品或服务供消费者选择，在公用企业提供的产品和服务不合质量要求或达不到服务标准的情况下，如当水压、电压、网速、公共交通准点率等达不到标准或要求时，消费者往往难以正常维权，或损失后得不到必要的补偿；又如水、电、气、油等价格长期偏高、随意涨价、不合理计价、不合理计费方式等已饱受社会诟病，但长期以来，不能实现有效的救济。

---

① 贾丽：《中移动首次卷入反垄断诉讼 涉嫌滥用市场支配地位》，《证券日报》2009 年 4 月 3 日，C03 版；于阳：《中移动被诉垄断赔千元》，《品牌与标准化》2009 年第 23 期；颜运秋、周晓明、丁晓波：《我国反垄断私人诉讼的障碍及其克服》，《政治与法律》2011 年第 1 期。

② 贾君：《全国工商反垄断 14 起典型案例立此存照》，《中国消费者报》2005 年 7 月 1 日，第 1 版；国家工商总局公平交易局反垄断处：《〈反不正当竞争法〉实施以来工商部门反垄断执法工作盘点》，《工商行政管理》2005 年第 14 期。

最后，公用企业价格歧视行为在侵犯消费者经济利益的同时，也侵犯了消费者的平等权。公用企业的价格歧视行为表现为两种形式：一种形式是对不同地区的消费者实行差异价格，另一种形式是对不同职业身份的消费者实行差异价格，如铁路、电信、电力、公交等内部职工和家属的价格优惠待遇。公用企业的价格歧视行为无疑侵犯了消费者的平等权。

对于公用企业垄断经营行为的表现，对其他经营者或竞争者、消费者造成损害，还可从政府主管部门查处公用企业垄断违法行为的有关规范文本或公告中窥见一二。如2016年4月，国家工商总局在《关于公用企业限制竞争和垄断行为突出问题的公告》中就把供水、供电、供气、公共交通、殡葬等行业的公用企业实施的限制竞争和垄断行为，总结为强制交易、滥收费用、搭售商品、附加不合理交易条件等形式。又如2019年6月工信部发布的《关于电信服务质量的通告（2019年第2号）》（工信部信管函〔2019〕176号）披露，在2019年第一季度，全国电话用户总数达到17.89亿户，其中移动电话用户15.97亿户；各级电信用户申诉受理机构受理电信用户申诉18057件，环比上升2.9%，同比上升5.9%，其中收费争议类申诉占比34.7%、用户服务类申诉占比42.9%、网络质量类申诉占比22.3%。再如2019年6月国家发改委、住建部、市场监管总局联合下发的《关于规范城镇燃气工程安装收费的指导意见》（发改价格〔2019〕1131号）明确要求"取消城镇燃气工程安装不合理收费"，范围包括"开口费、接口费、接入费、入网费、清管费、通气费、点火费等类似费用，涉及建筑区划红线外市政管网资产的增压费、增容费等，涉及市政管网到建筑区划红线连接的初装费、接驳费、开通费等费用，以及其他成本已纳入配气价格的表具更换等收费项目"。以上列举，虽只涉及公用事业的部分行业与领域，但也足可看出，公用企业滥用垄断权的行为仍然十分普遍，对其他经营者或竞争者、消费者的损害也是多方面的。

2. 宏观层面：对全体社会成员基本权利与普遍福利的剥夺

（1）损害国家的宏观经济结构。在我国，由于公用事业领域仍然沿袭国家垄断、国企垄断、自然垄断、行业垄断、行政垄断、地区垄断的多重垄断格局与惯性，尽管自20世纪90年代中期以来，本着政企分离、政资分离、业务调整、机构分拆等原则，经过多次改革，如对邮电、电信、电力、邮政、铁路等行业或部门的改革与分拆，公用事业与公用企业的政企合一、独占经营局面有所打破。但是，公用事业领域的国家垄断、国企垄断、行业垄断局面仍然没有根本性变化。公用事业的垄断经营，事实上已经形成对民间资本、民营企业的进入阻挠，不利于生产要素和社会资本在公用事业与非公用事业之间通过市场调节进行正常流动、合理配置。有学者基于 1999~2006 年中国 30 个省份制造业宏观成本效率的数据，发现地区性行政垄断会明显增大宏观成本，造成巨大效率损失。以 2006 年为例，维持既有产出，消除地区性行政垄断可使制造业部门减少 11.8%~29.2% 的投入。[①] 社会资源的高度集中，使得各行业、部门之间难以协调发展，导致整个公用事业与非公用事业产业发展失衡，虽然也产生了一定规模的经济效益，但宏观上终究无法产生最大的经济效应，引发国家经济结构、产业结构、地区结构的"短板效应"。

（2）破坏正常的市场经济秩序。市场经济活动总是在一定社会经济条件下发生、进行的，公用事业亦应如此。一个良好的市场经济秩序应该建立在公平准入、平等互利、正当竞争、有序退出的基础上，它包括市场进入秩序、市场行为秩序、市场结构秩序、市场退出秩序。由于公用企业长期处于垄断经营状态，市场经济秩序在该领域的进入、行为、结构、退出等多个环节已经不起作用。有学者基于 ISCP 分析框架，使用统计年鉴及实际调查采集的数据，对电力、电信、石油、铁路四个典型行政垄断行业的垄断强度进行实际测算，认为行业性行政垄断在各个层面、环节上均造成了较大的效率损失。[②] 不仅如此，公用企业垄断经营还产生严重的负面溢出效应，引发其他产业、部门的连锁反应，导致市场调节机制在国资、国企占垄断地位的其他产业、部门也相继失灵，进而对市场结构与宏观经济局势造成结构性破坏。

（3）侵蚀国民的普遍社会福利。不断提高国民福利并使之最大化，是经济增长与社会发展的终极目的。公用事业经营与发展也是如此，既要在经济目标上追求效益，也要在社会目标上实现国民福利。[③] 垄断带来的效

---

① 许开国：《地区性行政垄断的宏观成本效率损失研究》，《经济评论》2009 年第 5 期。

② 于良春、张伟：《中国行业性行政垄断的强度与效率损失研究》，《经济研究》2010 年第 3 期。

③ 张孝德：《"国民福利最大化"是四个均衡的最大化》，《中国经济时报》2010 年 3 月 9 日，第 5 版。

率损失表现为较高的价格和较低的产量，价格与边际成本间的差距，必然导致社会成本增高和社会福利损失。[①]

公用企业滥用垄断经营权，如垄断性价格行为、公共产品质量标准不能满足消费者的需求，就明显侵蚀了消费者的权益，一方面，直接减少了作为消费者的全体社会公众的可支配收入，造成其直接生活水平下降；另一方面，质次价高的公共产品必然严重影响其他经济行业、领域、部门的发展，同步损害社会整体福利的增长。很明显，公用企业垄断违法行为侵蚀的是整个国民的普遍福利。而垄断行业的最大危害又主要表现为垄断价格，垄断厂商普遍以成本加成方式制定垄断性价格，以攫取更多的消费者剩余，在实现垄断厂商利润最大化的同时，社会福利却趋于最小化。[②] 有学者研究发现，2003~2009 年，中国 40 个工业垄断行业的福利损失合计占当年 GDP 的比值年均为 1.89%，最低为 2003 年的 1.63%，最高为 2007 年的 2.09%。[③] 甚至有研究报告披露，2010 年中国因行政性行业垄断所造成的全社会福利损失高达 11244 亿元。[④]

（4）限制国家的核心竞争力。公用事业领域属于国民经济结构中的基础产业与核心部门，其经济实力、企业管理和科学技术三大要素，首先构成了公用事业领域的核心竞争力；其次，公用事业领域的发达程度、效益状况、物价水平又会影响其他非公用事业领域，进而影响这些公用事业领域的发达程度、效益状况、物价水平，如没有运行良好、供应充足、效益最佳的电力、电信、交通等行业的支撑，就谈不上其他行业、领域、部门的发展。有学者对中国电力行业行政性垄断的影响做了实证分析，认为其所造成的负面影响包括微观效率损失、宏观经济影响、地区电力市场分割对经济运行成本的影响三个方面，其中历年电力行业行政性垄断所造成的损失占当年国内生产总值的比重为 5%~13%，且多数年份比重要高于 10%。[⑤] 公用

① 周学荣：《垄断带来效率损失的政府管制研究》，《中国行政管理》2009 年第 5 期。
② 车圣保：《论规制条件下垄断价格给消费者造成的福利损失》，《价格月刊》2007 年第 10 期。
③ 张柏杨、魏强：《中国工业垄断行业福利损失的估计及其影响因素》，《经济与管理研究》2015 年第 5 期。
④ 天则经济研究所课题组：《中国行政性垄断的原因、行为与破除》，《新华月报》2013 年第 18 期，第 23~26 页。
⑤ 于良春、牛帅：《中国电力行业行政性垄断的损失测算分析》，《经济与管理研究》2009 年第 1 期。

事业领域的垄断性经营及权利滥用，就有可能使国民经济基础性、支撑性体系的发展受到严重制约，进而波及其他非公用事业领域的发展，从而对一国的核心竞争力构成严重威胁。

（二）公用事业垄断经营损害的特征分析

公用事业的自然垄断性、产品必需性、服务广泛性、资本巨额性、功能公共性等特点，决定了公用事业垄断经营造成的损害与一般民事侵权行为造成的损害相比，具有如下显著特征。

1. 损害的广泛性

公用事业垄断经营损害的广泛性，表现为受损主体的广泛性、损害环节的广泛性和侵害领域的广泛性。

首先，一般侵权行为的受害主体多为特定人，但是公用事业垄断侵权行为的受害主体既包括特定人，也包括不特定人。由于社会经济活动普遍而复杂的相互联系与相互影响，垄断侵害具有"涟漪效应"，它不仅直接作用于多个和多种当事人，而且像涟漪一样向周围渐次传递。[①] 由于该侵害传导、波及的产品范围、地域范围异常广泛，因此它往往可同时作用于公用事业产业链条的上下游经营者、消费者，甚至其他产业领域的经营者和消费者。

其次，公共产品的供给对象是全体社会公众，满足的是社会大众的普遍需求，这种需求关系涉及社会生活中的每一个人，正是由于公用事业产品或服务涉及人们的日常生活和工作，直接影响到百姓生活和社会秩序。所以，一旦侵权行为发生，几乎所有个体都将受到损害。

最后，由于公用企业提供的产品或服务包括水、电、热、气、邮政、电信、交通运输等，这些产品或服务对消费者日常生活、国家经济运行而言是不可或缺的，它牵涉千家万户的日常生活、工作和经济产业的各个环节，公用事业产品或服务能否保证质量和供给，将直接影响到国计民生。正是因为公共产品的必需性，社会生活中的每个个体以及国民经济生产的每个环节都离不开公用事业的存在，当公用事业垄断经营给各个社会主体

---

① 谢建国、杨婷婷：《美国对华反倾销的产业涟漪效应——基于135部门的投入产出分解》，《经济评论》2014年第3期。

造成损害时，社会的各个领域都将被波及。

2. 损害的规模性

公用企业往往以管道或网络等基础设施为媒介，借此向消费者和其他接受服务的对象提供产品或服务，这种基础管网的铺设在地理上呈现出区域性。比如，我国公用事业的供水、供电、通信服务等是以铺设供水管道、电网、通信网络为基础的，它们往往与我国的行政区划相一致，以此来成片区地供给产品、提供服务、运营管理。基础网络在相应的地域内具有规模经济优势。正是由于这一特性以及公用事业产品或服务借助基础网络成片覆盖，公用企业垄断经营造成的损害也会因网络的外部性和覆盖的规模性而成倍地放大，即基础网络中的用户越多，受到损害的消费群体也就越大，这样一来，垄断损害就凭借基础网络波及该网络中的每一个消费者。这就是公用事业在区域上损害所呈现的规模性和普遍性特征。

3. 损害的集中性

公用企业所提供的产品和服务需要在一定区域内为输送人员、货物或者信息而形成的系统，通过网络或者其他关键设施（主要是基础设施）提供公共服务。如由公路、铁路、水陆和航空而形成的交通运输网络；由输送燃气、自来水、电力而形成的管道网络；由邮电业务而形成的邮政网络；由计算机连接而形成的互联网络；等等。因此，网络性公用事业有不同于其他经济部门的基础特性。首先，公用事业垄断经营导致网络中某一个环节出现问题，由此带来的损害将影响同一网络下的其他消费者或上下游的经营者，这种损害呈现集中性。这种垄断损害不同于其他的一般损害，它所造成的损害范围就在公用企业的基础网络之内，不会离开这个网络而独立地出现一个或几个受害者，具体表现为受损人员的集中性和受损区域的集中性。其次，由于公用事业涉及的行业不同，涉及的社会生活、国民经济生产环节也有不同，当某一行业的垄断经营行为造成损害时，这种损害会集中反映在该行业、领域。如电信行业的垄断行为，无论是价格固定、捆绑销售还是行政手段的垄断行为，都会集中波及电信行业及其用户。

4. 损害的多样性

公用事业垄断经营作为垄断行为的具体形态，也具有一般垄断行为的基本特征，其垄断行为的表现形式具有多样性，如联合抵制、串通招投标、搭售、超高定价、独家交易、价格歧视、掠夺性定价等。与此同时，除损害方式的多样性外，受损对象也具多样性，既有同业经营者、潜在经营者、上下游产业经营者，又有直接消费者和间接消费者。对这些数量庞大的利害关系人造成的损害，既可能是直接的，如垄断企业以超高定价直接向消费者出售商品，也可能是间接的，如垄断企业以超高定价向批发商出售商品，批发商再将经济损失层层转嫁给零售商和终端消费者。公用事业垄断经营损害的多样性首先表现在不同的垄断违法行为给为数众多的受害人带来不同类型、不同比例的损害。此外，公用事业垄断经营行为所造成的损害极为广泛，既包含受害主体的广泛性，也包含受损领域的广泛性。由于公用企业涉及的领域众多，如果在提供基础产品或服务时出现问题，随之而来的便是相关领域的产品也会受到牵连或无法正常生产。然而不同领域对于公用事业的需求程度和需求内容又是不一样的，公用事业同一产品在不同领域也可能起着不同的作用。因此，当公用企业垄断经营造成损害时，这种损害在不同行业引起的后果也可能是不同的，损害的性质、类型、程度、范围可能都存在差异。

二 公用事业垄断经营损害的认定

(一) 受害主体的确定

1. 受害主体的法律意义

确定公用事业垄断经营受害主体的范围，可以使反垄断法得到有效的执行，从而有效维护市场的竞争秩序，保护竞争者和消费者的合法权益。公用事业垄断经营受害主体范围的确定，最重要的是便于法院和政府职能部门在审理、处理相关垄断损害赔偿时，确认索赔主体是否适格。从某种程度上说，确定受害主体的范围是确定垄断损害诉讼原告资格的前提。

正如前文所述，公用事业垄断经营造成的损害具有广泛性和规模性，受害主体既有同业经营者，也有公众消费者；既有直接受到公用企业垄断行为侵害的，也有间接受到垄断行为侵害的。受害主体范围之广，使得行政机关、司法机关在办理公用事业垄断损害案件时，难以确定受害人的人数、受损的数额等问题，如果不能明确受害主体的标准，就会导致司法、行政、社会资源的浪费。适当地扩大或缩小受害主体的范围，既能有效地维护受害者的合法权益，使其获得应有的救济，又利于反垄断法基本宗旨和良好经济秩序的实现。

2. 受害主体的确定原则

对于公用事业垄断经营受害主体的确定，国外一般是从受损害标准或受影响标准来确定原告的范围。① 美国反垄断诉讼就发展出"间接购买者规则"、"禁止转嫁抗辩规则"及"反垄断损害规则"等原告认定规则；欧盟则扩大了原告范围，赋予间接购买者等受到垄断侵害的任何人提起反垄断诉讼，以行使损害赔偿的权利。② 例如，德国就是典型的间接利害关系说立法例与坚持者，《反限制竞争法》（2011 年修订）第 33 条规定：违反本法规定者；或者违反《欧洲共同体条约》第 81 条或 82 条规定者，或者违反卡特尔当局处分者，对相关主体负有排除妨碍的义务，存在重犯危险时，还负有停止侵害义务。只要受到违法行为的威胁，相关主体就享有停止侵害请求权。相关主体指受到非法损害的竞争者或者其他市场参与者。③

我国学界存在直接利害关系说、间接利害关系说、垄断损害原则说、综合权衡说等不同观点或主张。（1）直接利害关系说。该论认为市场上的竞争者与垄断违法行为关系最为密切，最易受到垄断损害，也最能直接发现违法行为，因而竞争者享有民事起诉权是普遍的共识。此外，直接购买产品或接受服务的消费者也应直接列为受害人。④ 由于人数众多、间接概念模糊、引发滥诉等原因，如间接消费者、受直接竞争者影响的其他间接竞争者等间接利害关系人，不应直接列为受害人。（2）间接利害关系说。该论认为垄断损害主体既包括有直接利害关系的竞争者，也包括有间接利害关系的购买者（消费者），即应包括竞争者、消费者、社会团体等；⑤ 或者认为垄断私人诉讼的原告资格即受害者，应包括消费者、竞争对手、供货商和互补品市场的相关企业等，应赋予消费者和经营者以程序当事人地位。⑥

---

① 李俊峰：《反垄断法私人实施》，中国法制出版社，2009，第 143~148 页。
② 陈灿祁：《欧盟反垄断私人实施原告资格研究》，《学术论坛》2016 年第 10 期。
③ 中华人民共和国商务部反垄断局：《世界主要国家和地区反垄断法律汇编》（上册），中国商务出版社，2013，第 705 页。
④ 李国海：《反垄断法实施机制研究》，中国方正出版社，2006，第 217~220 页。
⑤ 王秋良、刘金妩：《反垄断民事诉讼原告资格的认定——基于他国经验的思考与借鉴》，《东方法学》2011 年第 4 期。
⑥ 万宗瓒：《论反垄断私人诉讼中原告资格的扩张——基于域外经验的法律借鉴》，《东南学术》2013 年第 1 期。

考虑到公用事业本身的特殊性，这一领域的受害主体不应局限于与垄断行为存在直接利害关系的人，还包括与垄断行为存在间接关系的人。（3）垄断损害原则说。该论认为，反垄断诉讼就是为了给受垄断损害的当事人以有效的赔偿或救济，而垄断违法行为侵害的利益，既有公共利益也有个人利益；存在多种受害者，既包括竞争者、中间商、零售商、消费者等个人利益，也包括因垄断使竞争环境受到破坏的公共利益，如美国司法部就代表公益受害者的利益。① （4）综合权衡说。该论认为我国法律法规及司法实践赋予了竞争者、直接购买者、间接购买者的原告资格，但扩大原告范围虽有利于公平，但会减损效率，造成多重原告之间的诉求矛盾、组织成本过高等诸多问题；而运用"直接利害关系"原则不能有效地激励间接购买者和终端消费者提起反垄断诉讼，影响反垄断法私人实施的效果；引入"垄断损害原则"，既扩大了潜在适格原告的范围，又增强了激励效果；通过"多重原告协调机制"来观察下游企业数量和市场结构特征，以垄断侵害是否出现转嫁确定间接购买者或直接购买者中谁才是反垄断民事诉讼的最佳原告。②

3. 受害主体的基本范围

以上不同观点与主张各有利弊。反垄断诉讼的私法救济重在对因垄断行为造成损害的民事主体进行有效的赔偿，而赔偿无疑应以损失的实际发生为基本前提，而不管该受损主体与垄断行为究竟是一种直接关系还是间接关系；只要损失发生，受害人就有权获得救济，垄断行为的实施者就有责任予以赔偿。从这一意义上讲，以"垄断损害原则"来确定受害主体的范围，是比较适当的。

"垄断损害原则"也是当今绝大多数国家或地区在确定受害主体范围时所选择的基本原则。如美国《克莱顿法》第 4 条就规定：任何因反托拉斯法所禁止的事项而遭受财产或营业损害的人，可在被告居住的、被发现的，或有代理机构的区向美国区法院提起诉讼，不论损害大小，一律给予其损害额的三倍赔偿、诉讼费和合理的律师费；第 4 条 A 规定：无论何时美国因反托拉斯法所禁止的事项而遭受财产及事业的损害时，可在被告

---

① 时建中：《私人诉讼与我国反垄断法目标的实现》，《中国发展观察》2006 年第 6 期。

② 冯博：《反垄断民事诉讼原告资格问题研究》，《法学评论》2018 年第 5 期。

居住的、被发现的，或有代理机构的区向美国区法院提起诉讼，不论损害数额大小一律予以赔偿其遭受的实际损失和诉讼费。① 加拿大《竞争法》第 36 条规定，任何"由于以下原因（主要为垄断或限制竞争的行为，笔者注）遭受损害或损失的人"均可向有管辖权的法院提起诉讼，请求损害赔偿。② 爱尔兰《竞争法》规定：任何人对因违反欧共体条约第 81 条和第 82 条的协议、决定和协同行为而受到的侵害都有起诉的权利。③ 在欧盟，虽然欧盟法赋予间接购买者以原告的起诉资格，实际上也是从"垄断损害原则"这一基本原则出发所作的扩大解释而已，如德国《反限制竞争法》的规定；又如法国《商法典》之"价格与竞争自由法"编第 L470 - 7 条规定：行业组织可因对其行业或其代表的领域的集团利益或正当竞争造成直接或间接损害的行为向民事法院或商事法院提起诉讼。④ 在亚洲，如日本《禁止垄断法》（2006 年修订）第 24 条规定，因垄断违法行为的发生而使其利益受到侵害或可能受到侵害的相关者，当该违法行为的发生已造成严重损害或可能造成严重损害时，可以向侵害其利益的经营者或经营者团体；或者可能造成侵害的经营者或经营者团体提出停止侵害或防止侵害的请求；第 25 条第 1 款规定：实施垄断违法行为的经营者或经营者团体应当对受害人承担损害赔偿的责任。⑤ 又如韩国《垄断规制及公平交易法》（2012 年修订）第 56 条第 1 款规定：任何经营者或者经营者组织因违反本法导致发生受害者的，应当对该受害者承担损害赔偿责任。⑥ 虽然这样不利于保护间接受害者，但是仍然可以通过司法解释等方式对间接受害者的确定以及举证等问题作出解释并加以补救，以达到对间接保护受害者的目的。

我国台湾地区所谓"公平交易法"（2015 年修订）第 29 条、第 30 规

① 尚明主编《主要发达国家（地区）反垄断法汇编》，法律出版社，2004，第 190 页。
② 时建中主编《三十一国竞争法典》，中国政法大学出版社，2009，第 25 页。
③ *Ireland Competition Act*（2002），转引蒋小红《反垄断法的私人实施在欧盟及其成员国的发展》，http：//www.iolaw.org.cn/showarticle.asp? id = 2129，2008 - 01 - 15，最后访问日期：2013 年 8 月 16 日。
④ 《法国商法典》，罗结珍译，北京大学出版社，2015，第 572 页。
⑤ 中华人民共和国商务部反垄断局：《世界主要国家和地区反垄断法律汇编》下册，中国商务出版社，2013，第 870 页。
⑥ 中华人民共和国商务部反垄断局：《世界主要国家和地区反垄断法律汇编》下册，中国商务出版社，2013，第 834 页。

定："事业违反本法之规定，致侵害他人权益者，被害人得请求除去之；有侵害之虞者，并得请求防止之"；"事业违反本法之规定，致侵害他人权益者，应负损害赔偿责任"。① 我国《反垄断法》第 50 条规定：经营者实施垄断行为，给他人造成损失的，依法承担民事责任。很显然，我国《反垄断法》和台湾地区的相关规定，均以"垄断损害原则"来确定受害主体亦即反垄断诉讼的原告及主体范围。

对公用事业垄断经营的侵权，更应如此。这是因为公用企业垄断经营中实施的违法行为，不仅损害同业或关联经营者、竞争者或潜在经营者及竞争者的竞争利益，而且损害购买、接受公共产品的公众消费者的直接利益和其他权益。因此，以"垄断损害原则"来确定公用事业垄断经营受害主体及基本范围是比较适当，也是比较可行的。在确定受害主体时，首要条件应当是受害主体是否因公用企业垄断经营而受到实质损害，即特定主体应当受到损害，且该损害是由公用企业的垄断经营行为造成的；其次，受害主体的损失应当是可确定、可计算的。

（二）损害范围的计算

受害主体损失的可确定性和可计算性，是对垄断违法行为提起损害赔偿诉讼的前提条件。从各国反垄断立法来看，计算垄断损失时面临着诸多困难，有相当多的国家和地区因此而没有规定反垄断私人诉讼制度，即使在规定了相关制度的国家或地区，如美国、日本及欧共体等，反垄断民事诉讼发生的数量也微乎其微，足见垄断损害计算的难度之大。② 世界上不同国家或地区的反垄断法对垄断损害的计算方式均未做出强制性规定，计算方法能否被采纳，关键在于涉案垄断行为的种类与具体案情是否相适应，"只要理论基础坚固可靠，法院对采取何种理论（计算损失）并无严格限制"。③

从美国判例来看，垄断损失计算有码尺计算法、前后比较法、市场份

---

① 黄昭元、蔡茂寅、陈忠五、林钰雄等主编《综合小六法》，新学林出版股份有限公司，2017，第 B323 页。

② 李俊峰、岳华芳：《反垄断民事诉讼中损失计算问题探讨》，《黑龙江省政法管理干部学院学报》2006 年第 3 期。

③ 郝伯特·霍温坎普：《联邦反托拉斯政策——竞争法律及其实践》，许光耀等译，法律出版社，2009，第 748~750 页；李志刚、徐式媛：《反垄断法上的民事赔偿责任》，《人民司法》2011 年第 7 期。

额法、持续经营法等多种方法，① 这些计算方法并不相互排斥，原告往往将它们结合使用，而且通常会用多种方法对同一损失进行多次计算；如果不同方法计算出的损失大小基本相同，那么这一计算结果无疑会有较强的说服力和较高的可信度。② 美国判例法中就垄断损失计算问题所形成的比较成熟的制度范例，这无疑对我国公用事业垄断经营损害的计算有借鉴意义。当然也有许多的启示性经验，其中最为重要的一条就是垄断损失计算很难做到严格的精确性。垄断损失是纯粹的经济损失或营业损失，是受害人在受到垄断行为侵害期间的经济状况与假定在侵害期间没有受到垄断侵害的经济状况之间的差额，因此，计算损失就要对实际发生的情况与假定发生的情况进行对比。然而"把垄断者限制产量对社会境况的整体破坏精确地量化是非常困难的"，③ 经济学家在收集的有限的、未必完全真实的市场数据的基础上，运用抽象理论和假定分析得出的结论，与客观事实之间肯定存在一定差异。美国法院一直以来对反垄断案件中损失大小的证明持宽松态度，一旦原告证明被告触犯反垄断法，多数法院就会在损失计算环节给原告留出很大的弹性空间。所以，美国最高法院在有关垄断私人诉讼的判决中声明"如果损害确定，但损害的程度不能确定，原告仍可获得赔偿"；④ 由于"市场变幻莫测，我们通常无法确切知晓原告在不受垄断行为影响下的状态"，所以对垄断行为造成的损失，法院"愿意接受某种程度的不确定性"。⑤ 美国最高法院强调，拒绝向受害人提供救济，从而让违法者逃脱责任，践踏基本的公正原则；因此，在反垄断诉案中，只要损害结果不是纯粹的假设和臆测，哪怕只是一个近似的金额，也应被视为是公平合理的推论，足以作为证明损害程度的证据；在这种情况下，被告不能以损害结果不准确为由提出抗辩。⑥

---

① 黄勇：《反垄断法上的损害赔偿及其计算初论》，《中国社会科学院研究生院学报》2009 年第 4 期。

② 郝伯特·霍温坎普：《联邦反托拉斯政策——竞争法律及其实践》，许光耀等译，法律出版社，2009，第 748~750 页。

③ 沈敏荣：《法律的不确定性：反垄断法规则分析》，法律出版社，2001，第 76 页。

④ Story Parchment Co. v. Patterson Parchment Paper Co., 282 U. S. 555 (1931).

⑤ J. Truett Payne Co. v. Chrysler Motors Corp., 451 U. S. 566 (1981).

⑥ 李俊峰、岳华芳：《反垄断民事诉讼中损失计算问题探讨》，《黑龙江省政法管理干部学院学报》2006 年第 3 期。

公用事业虽不同于一般行业，但在损害的计算方法上，一般垄断损害的计算方式与方法无疑具有指导意义。从美国及欧盟的反垄断司法经验来看，反垄断法对价格歧视行为规制的核心要件是竞争损害，而竞争损害的认定又基本上以经济效率计算为基础，而非以法律形式主义为标准；① 特别是交易不成损害，作为垄断民事损害的典型表现之一，虽然各国司法对判决赔偿和计算赔偿金额缺乏共识，但以"转换成本"为核心的判定标准则比较常用，它可简化交易不成损害可赔偿性的判断与计算过程，增强此类损害赔偿诉讼裁判的稳定性与连续性。② 综合来看，垄断损害的计算方法包括标杆比较法、前后比较法、市场份额法、持续经营法等典型算法。③

通常，垄断损害大致可分超额要价损害、利润损失与收益减少损害、被终止的商业损害三种典型形式。以下结合具体的损害计算方法，对三种损害范围的计算作具体分析。

1. 超额要价损害

超额要价或多付价款损害是指由公用企业垄断经营行为导致受害主体可能为此产品或服务支付了过高的价格（或被支付了过低的价格）。例如，公用企业收取受害主体（消费者）过高的价格，或者受害主体（上下游经营者）被公用企业支付过低的价格。超额要价损害的计算，一般有"标杆比较法"或"前后比较法"。

（1）标杆比较法。该方法又称标尺比较法、码尺计算法，源于美国最高法院对影院通谋拷贝案裁判时适用的一种损害计算方法。④ 运用该方法所计算的垄断损失是受害主体在受到垄断行为侵害期间的经济状况，与假定在侵害期间没有受到垄断侵害的经济状况或者未受公用企业行为影响的价格之间的差额。如果能找到一个与受害主体所处市场环境实质相似，又没有受到公用企业垄断经营行为影响的其他主体，以此主体作为"标杆"，将受害主体在此期间的经济状况与此标杆在同一时期的经济状况进行比较，

---

① 刘廷涛：《反垄断法下价格歧视之竞争损害分析》，《东方法学》2016 年第 3 期。

② 李俊峰：《反垄断法中交易不成损害的可赔偿性》，《现代法学》2012 年第 4 期。

③ 郑鹏程：《美国反垄断法三倍损害赔偿制度研究》，《环球法律评论》2006 年第 2 期；黄勇：《反垄断法上的损害赔偿及其计算初论》，《中国社会科学院研究生院学报》2009 年第 4 期。

④ Bigelow v. RKO Radio Pictures, Inc. 327 U. S. 251, 257-58, 264 (1946).

就可以得知受害主体损失的大概范围。适用"标杆比较法"的最大困难是找到恰当的"标尺"。"标尺"与受害主体（原告）之间允许有不同之处，但受害主体必须证明受到侵害的营业、利益与"标尺"具有实质相似性。所谓实质相似性，一般而言，是指受害主体与"标尺"处于同一产品市场、不同地域市场，具有基本相同的商誉、产品种类、成本构成等。

（2）前后比较法。该方法也源于前述美国影院通谋拷贝案，是把受害主体在垄断行为实施前或结束后的经济状况，与受到侵害期间的经济状况进行对比，以证明受害主体在没有受到垄断行为侵害时，在侵害期间将会处于何种经济状况，并将两种状况的差额作为垄断损失，以此确定损害范围。

2. 利润损失与收益减少损害

利润损失与收益减少损害是反垄断损害中较为普遍的一种类型，包括已损失的利润、减少的收入及预期利润的减损等。这种损失的受害主体一般是与公用企业处于竞争地位的市场经营者或潜在的市场进入者。计算这种类型的损害，应根据案情复杂性、具体垄断经营行为的不同而有所区别，既可采取前述的"标杆比较法""前后比较法"，也可采用"市场份额法"，还要考量受害主体的客户、行业交易习惯及交易方法等因素。

当市场外部环境在公用企业垄断经营造成侵害期间发生变化，无法找到可供参考的对象或价格，从而不能采用"标杆比较法"和"前后比较法"定损时，"市场份额法"则是一种有效的损失计算方法。但"市场份额法"并非一个完全独立的计算方法，而是运用"前后比较法"和"标杆比较法"时的一个中间计算步骤，比较典型的案例如美国的牛奶制造商联合会案。① 所谓"市场份额法"，就是根据受害主体因公用企业的垄断经营而丧失的市场份额计算损失的一种方法。也就是说，先将受害主体减少的市场份额换算成相应减少的销量额，然后按单位产品的利润率计算出损失的利润总额，即可大致得出损害范围。

3. 被终止的商业损害

被终止的商业损害指公用企业的垄断经营行为将受害主体驱逐出公用

---

① National Farmers' Organization, Inc. v. Associated Milk Producers, Inc. 850 F. 2d 1286（8thCir. 1988）.

事业市场而使受害主体遭受到损失，这种损失与利润损失一样，都是垄断经营行为给处于市场竞争地位的同业经营者或潜在市场进入者造成的损害。在受害主体被垄断经营行为彻底逐出市场或限制、排斥经营的情况下，损失计算一般采用"持续经营法"。

"持续经营法"的具体步骤为：首先，假定受害主体的营业没有受到垄断行为的侵害，一直到起诉时仍持续经营，计算出该营业在市场上出售时的持续经营价值，该价值相当于一个理性收购者，在收购该持续经营的营业时愿意支付的价格；其次，计算受害主体营业在目前的实际价值；最后，把两个价值相减，差额即垄断损害的范围。

计算持续经营价值的过程涉及较为复杂的经济分析和会计操作，具体计算方法有以下两种。（1）有形资产账面价值评估法。即调整或评估有形资产账面价值，使其能够反映公平的市场价值，然后减去负债，得出受害主体净资产的市场公平价值。受害主体预期利益（因公用企业垄断经营而丧失的利益，该利益的数值可用"前后比较法"或"标杆比较法"计算出来）的现值，加上净资产的市场公平价值，就得出持续经营的价值。（2）商誉价值加有形资产价值法。即首先将原告未受垄断侵害之前的收入减去投资的平均回报、资产贬损和无形资产摊销而得出的金额视作资本化的商誉，然后把商誉的价值加上有形资产的价值，就可得出受害主体营业的价值。

（三）致害因素的考量

致害因素是考量公用企业责任承担的重要因素，公用企业只有存在垄断经营的违法行为，才有可能要求其承担相应的法律责任。对公用企业垄断经营行为的任何认定，都应以垄断经营行为是致害因素为必要前提，即认定公用企业的经营行为是反垄断法所禁止的垄断行为。对于处于不同生产环节的各个公用企业来说，所实施的垄断行为也会因作用对象、预期目的的不同而有所不同，其对应的致害因素也有所不同。因此，认定垄断违法行为及垄断损害时，除计算损害之外，还应对政策、商业、垄断行为和其他因素做整体考量。

1. 政策因素

任何经济活动都会不同程度地受到执政党政策的影响或政府部门的引导、调控，公用企业更是如此。执政党和政府可以通过文件、政策导向、行政法规、部门规章、地方规章等手段影响甚至主导公用企业的行为。在我国公用事业垄断经营格局的形成过程中，如有关公用事业产业政策与市场准入的规定，在公用企业设立条件、资格取得程序、行政许可、行政审批和登记程序等方面的相关制度设计，公用事业价格的既有定价机制，等等，均为公用企业的垄断经营提供了政策支撑与法律依据。在此情形下，公用企业的多数垄断经营行为不属于也不应被认定为违法行为。只有政策、法律所规定的公用企业滥用垄断经营权与市场支配地位，损害竞争对手或公众消费者的利益，才构成反垄断法上的违法行为。

2. 商业因素

所谓"商业因素"，是指公用事业经营者在营业活动中的各个环节或经营过程中，因经营者的逐利性而给交易、市场中的其他主体造成损害的因素。公用事业经营者——公用企业，是营利性组织，与一般企业一样，都有逐利的明显目的性，具有实现盈利最大化的内在特质；在多数情况下，只有在确保企业有最起码利润（微利）的同时，才能考虑社会公益目标的实现。由于公用企业滥用垄断经营权与市场支配地位，在多数情况下以垄断性定价为表象，而垄断性价格中又包含公用企业生产成本、基本利润等合理要素。因此，在认定公用企业因垄断行为而导致的垄断损害时，公用企业对生产、经营中的成本、利润因素也必须做合理考量。

3. 垄断行为

垄断行为造成的损害在反垄断法上被称为"反垄断损害"或"垄断损害"，从一般形态上看，典型的垄断违法行为包括排除或限制竞争的垄断协议、滥用市场支配地位、经营者集中三种，在我国还包括行政垄断行为。不同类型的垄断行为对不同主体造成的损害，毫无疑问是存在很大差异的。对公用企业违法垄断而言，其主要形式是公用企业滥用垄断经营权与市场支配地位。不仅如此，由于绝大部分公用事业领域具有一定的自然垄断特征，因此，对其他竞争者、经营者或潜在竞争者、经营者的竞争限制、阻挠损害，并不如其他行业、领域、部门那样明显。相对而言，公用事业领域的基础性、产品或服务的必需性，决定其损害的对象主要为以公共产品为生产、生活基础的上下游生产者、经营者，以及经常性消费公共产品的公众消费者。因此，从公用事业领域及产品或服务的特性看，公用企业垄断违法行为的损害对象应是公用事业领域的上下游生产者、经营者和公众消费者,有关损害计算也应以此为基点进行考量。

4. 其他因素

除了上述政策、商业等因素以外,自然灾害、社会事件等不可抗力因素和受害人自身的原因也是很重要的。在公用事业垄断经营损害赔偿的认定中,不可抗力因素一般认为属于免责事由,由于不可抗力因素而给受害人造成的损害,公用企业虽仍应承担应负的民事责任,但可免予承担垄断违法责任。受害主体自身或第三人的致害因素,也属垄断损害赔偿上的免责事由。

(四) 因果关系的推定

因果关系的推定要求反垄断损害的认定,必须是公用企业的垄断经营行为与受害主体的损失之间存在因果关系,即受害主体的损失是由公用企业的垄断经营行为所导致或造成的,而不是由其他原因引起的,损害结果与致害行为之间存在法律上的因果关系。推定因果关系是为了确保公用企业仅对由自身的垄断经营行为所引起的损害承担赔偿责任,避免责任范围的任意扩大和其他非法目的实现。

依照侵权法和反垄断法的基本法理和一般原则,违法行为与损害结果之间的因果关系是构成民事责任的必要条件,反垄断法上的损害赔偿构成也不例外。然而,由于垄断违法行为的复杂性,垄断经营行为与损害事实之间的因果关系极其复杂,很难得到完全证明。对公用事业垄断经营损害因果关系的认定,需要建立在大量证据事实和经济数据的基础上,其中牵涉的经济关系、市场行为等因素,跟其他反垄断规则一样,往往具有极大的不确定性。

由于公用企业占据市场支配地位,控制着企业的经营信息,这些信息是证明公用企业存在垄断经营行为的有力证据。然而,公用企业对信息的封锁、不公开,使得其他受害主体无法获取关键证据,这就直接导致受害主体没有直接证据证明所受损害与公用企业的垄断经营行为存在关联,也就无从索赔。在公用企业明显处于信息垄断地位的情况下,如果此时还要求处于相对弱势的受害主体承担全部因果关系的证明责任,多数情况下会使维权请求难以为继,导致危害结果确定上的困难以及因果关系证明上的误区,从而使加害方逃脱法律的惩治。"尤其是当这个企业排他性地独占了科学技术上的知识,掌握着犯罪证明的关键之类的案件,即使是拥有强大搜查权限的国家，对企业一方来说，也不好说就是强者。从这种关系来看，企业活动甚至带有相对独立于国家权力的一种所谓治外法权性的圣地色彩。"[①] 在此情形下，如果还坚持严格的因果关系证明，很可能导致受害主体的救济途径被封闭。因此，在证明公用企业垄断经营行为与实质损害的因果关系上，不能完全严格地依赖科学性的逻辑证明以达到因果关系的拟制，选择高度盖然性原则与新的证明规则，就显得十分必要。

所谓高度盖然性原则，即公用企业垄断经营与损害结果之间因果关系的推定，如符合损害后果与垄断行为之间经证明有高度盖然性联系，在公用企业不能举证证明损害结果并非自身造成时，则应推定损害结果即该垄断经营行为所致。高度盖然性原则要求，在认定公用企业的垄断经营与受损结果之间的因果关系时，无须直接证明主体行为与受损结果之间存在必然的因果关系，而是以公用企业的垄断经营行为与受损结果发生的时间、地点以及该行为导致该后果的可能性作为认定因果关系的依据，推定公用企业的垄断经营行为可能产生的受损结果，从而推断公用企业是否需要承担相应的损害赔偿责任。如果根据已查明事实、行业规则和经验法则等能够证明在绝大多数情况下这一垄断行为会造成该受损结果，且公用企业无法举证来推翻这一结论，则可推定因果关系成立。

（五）归责原则的适用

从《中华人民共和国侵权责任法》的立法体系来看，侵权责任归责原则上采纳的是二元说，即过错责任与无过错责任。[②] 在过错责任原则下，举证责任应在受害人一方；在无过错责任原则下，举证责任由侵权责任人一方承担，但侵权行为人举证证明其没有过错并不能免责，只有举证证明受害人的损失是因受害人自己或第三人的过错造成，方可免责。

垄断违反行为具有明显的目的性（排除、限制、阻挠竞争，独占或获取垄断利润）和违法性（违反法律明确的禁止性或限制性规定），因此，很难说垄断行为的实施者在从事垄断经营行为时，自己却不知情，或基于无

[①] 藤木英雄：《公害犯罪》，丛选功、徐道礼、孟静宜译，中国政法大学出版社，1992，第53页。

[②] 《中华人民共和国侵权责任法》（2009 年）第 6 条、第 7 条；《中华人民共和国民法典》第 165 条、第 166 条。

过错、无意识的状态而为垄断违法行为。因此，尽管各国反垄断法或竞争法均以违法作为追究垄断行为实施者垄断法律责任的基本原则，并没有严格区分此种违法责任究竟属于过错责任还是属于无过错责任，但从垄断行为实施的目的性与违法性来看，违法即有过错，可以认为垄断违法的归责原则，应以过错责任原则或过错归责原则为宜。

虽然垄断损害赔偿应适用过错责任原则，但在涉及公用企业的垄断诉讼或损害赔偿中，由于公用事业领域存在经营信息严重不对称情形，不管受害主体是普通的公众消费者，还是竞争市场中的其他投资者、经营者，在面对规模庞大、经济实力雄厚的公用企业时，都是弱势一方。因此，由受害主体通过合法手段获取证据，证明公用企业在实施垄断经营行为时存在过错，是很难做到的。如1901年美国政府开始对标准石油公司的反垄断调查，2011年11月我国商务部开始对中国移动、中国联通的反垄断调查，都持续了相当长时间，可见取证难度之大。因此，在涉及公用企业的垄断诉讼或损害赔偿中，需要重点解决的问题应是举证责任的分配问题；应把更多的举证责任、证明责任分配给公用企业，特别是证明其他投资者、经营者和公众消费者的损害，不是由公用企业的垄断行为所造成的，公用企业应负主要证明责任。

三　公用事业垄断经营损害的救济途径

（一）公用事业垄断经营损害救济途径的一般分析

有损害必有救济，垄断行为危害性集中表现为社会损失，从垄断规制的威慑过度与威慑不足这一现实矛盾出发，应以维护竞争秩序、提高经济运行效率为目标，从维护社会公平、正义价值的角度构建起有效的垄断损害赔偿救济制度。反垄断法规制与损害赔偿救济，不应局限于金钱给付，而应构建民事、行政、刑事三位一体的垄断法律责任体系，即实现行政执法、民事诉讼的互动机制，使二元模式充分发挥作用；以垄断行为侵权责任理论为基础，优化既有行政执法、民事诉讼制度，平衡私益救济以及公共利益损害补偿之间的关系；在谦抑性基础上使恶性极强的垄断行为入刑。① 对于

---

① 张晨颖：《损失视角下的垄断行为责任体系研究》，《清华法学》2018年第5期。

公用事业领域而言，公用企业的垄断经营是一种基本的状态，此领域的垄断违法行为集中表现为公用企业滥用垄断经营权或市场支配地位，受损害的对象主要包括两大群体：（1）在特定公用事业领域与公用企业存在上下游关系的投资者、生产者、经营者（下称其他经营者）；（2）直接购买、接受公共产品的公众消费者。

对因公用企业滥用垄断经营权或市场支配地位，损害其他经营者的竞争利益或公众消费者的合法权益，法律救济的主要途径，其实与其他侵权救济并无二致，包括公力救济、社会救济、私力救济。其中私力救济在反垄断损害赔偿中，所适用的情形和所能发挥的作用已十分有限，占主导地位的无疑是公力救济和社会救济。其中，公力救济又包括行政救济（反垄断调查与行政处罚）、民事救济（垄断损害赔偿诉讼）、刑事救济（反垄断犯罪与刑罚）。社会救济主要包括垄断性纠纷调解、损害纠纷仲裁和其他社会纠纷解决方式。以下重点阐释司法救济与行政救济。

（二）公用事业垄断经营损害的司法救济

1. 普通民事救济

（1）私人民事诉讼。在反垄断法理论和实务中，私人民事诉讼属于私人实施法律范畴。所谓"私人实施法律"，是指私人依法开展的监督、追诉、裁判和制裁垄断违法行为的活动，包括反垄断私人诉讼和反垄断私人监督两种典型形式。除反垄断私人诉讼外，反垄断私人监督是私人实施反垄断法的另一种重要方式，它又包括守法者监督和违法者监督两种形式。守法者监督是指没有参与垄断违法行为的私人，收集违法者实施违法行为的信息，并将这些信息提交给有关公共机构，供调查和处理违法者的活动。与守法者监督相配套的典型激励制度是罚款分享制度。违法者监督是指已经实施垄断违法行为的私人，针对与其共同实施垄断违法行为或另行实施其他垄断违法行为的他人的违法信息，收集和提供给有关公共机构，并配合进一步调查的活动。与违法者监督相配套的典型激励制度是从宽处理制度。①

反垄断私人诉讼作为私人实施反垄断法的重要方式之一，主要是通过

---

① 李俊峰：《反垄断法私人实施》，中国法制出版社，2009，第5页以下。

因垄断违法行为而利益受损的受害主体，以原告身份向实施垄断违法行为的企业提出以损害赔偿为主要诉求的民事诉讼，故反垄断私人诉讼又称垄断损害赔偿诉讼。世界上不同国家或地区的反垄断法损害赔偿制度，以损害赔偿额与实际损害额的倍数关系为依据，可划分为绝对三倍损害赔偿、酌定三倍损害赔偿、单倍损害赔偿、侵害利益赔偿等多种类型。[①] 特别是美国反垄断法中的三倍损害赔偿制度，其基本目标是激励受害者、威慑违法者，极具标杆价值，对其他国家或地区具有示范意义。[②]

我国最早对公用企业垄断进行规制的法律是 1993 年《反不正当竞争法》，根据该法第 20 条的规定，因公用企业垄断而遭受损害的其他经营者可以向人民法院提起损害赔偿诉讼，但该法并没有规定因公用企业垄断而遭受损害的消费者可以向人民法院提起损害赔偿诉讼。2007 年 2 月 1 日起施行的《最高人民法院关于审理不正当竞争民事案件应用法律若干问题的解释》，对违反《反不正当竞争法》第 6 条规定，公用企业侵害消费者权益的垄断行为的民事责任，也没有相关规定；2020 年 12 月 29 日最高人民法院发布的《关于审理不正当竞争民事案件应用法律若干问题的解释》（2020 年修正，法释〔2020〕19 号），仍无实质性修改。2008 年施行的《反垄断法》第五十条规定："经营者实施垄断行为，给他人造成损失的，依法承担民事责任。"此条中的"他人"，并无专指其他经营者、竞争者；另，依照《反垄断法》第一条"为了预防和制止垄断行为，保护市场公平竞争，提高经济运行效率，维护消费者利益和社会公共利益，促进社会主义市场经济健康发展"之立法宗旨，体现了《反垄断法》既保护公平竞争利益，又保护消费者利益和社会公共利益，更说明第五十条中的"他人"应该包含因公用企业垄断而遭受损害的消费者。

具体对公用事业垄断经营损害赔偿而言，主要应着重解决如下问题。第一，公用事业垄断经营损害赔偿的提起主体，根据前述分析，既可以是在特定公用事业领域因垄断违法行为而使竞争利益受损、与公用企业存在上下游关系的其他经营者，也可以是直接购买、接受公用企业产品或服务并因公用企业垄断违法行为而利益受损的公众消费者。不仅如此，其他经

[①] 李国海：《反垄断法损害赔偿制度比较研究》，《法商研究》2004 年第 6 期。

[②] 郑鹏程：《美国反垄断法三倍损害赔偿制度研究》，《环球法律评论》2006 年第 2 期。

营者、公众消费者既可以个体名义起诉，也可以团体、集体、代表的名义进行诉讼。第二，被告是滥用垄断经营权或市场支配地位、实施了违法垄断行为的特定公用企业。第三，诉讼的目的是损害赔偿，即特定公用企业的垄断违法行为给其他经营者、公众消费者造成的损失，至于损失的计算，与普通垄断诉讼并无不同。第四，与普通垄断诉讼最大不同的是，公用事业垄断经营损害赔偿诉讼在更多情形下可能是同质、同类公众消费者的集体诉讼或代表诉讼，这类诉讼具自益特点，更具公益性质。

（2）社会团体民事诉讼。社会团体具有与个体难以比拟的群体优势。社会团体由市场中的利益共同体自由组成，既有消费者间组成的社会团体，也有行业经营者组成的行业协会等。社会团体始终代表自身利益，发掘和运用分散的社会资源，自律性地参与行业治理、社会监督，成为公权力和私人利益之间的有力补充。因此，社会团体作为群体利益的代表，是政治国家和公民个人之间的桥梁。[①]

在公用事业垄断经营对公众利益造成普遍性侵害的情形下，分散的中小型经营者和公众消费者经常会遇到诉讼困境，即受损害的中小型经营者或单个消费者，特别是那些分散以及受损利益相对较小的人，会因诉讼成本、不确定性、败诉风险等因素而最终放弃维权，致使受损利益无法获得及时、有效救济。同时，单个经营者或消费者的力量难以与实力雄厚的公用企业相抗衡，诉讼资源、社会力量上的不平等导致诉讼地位的不平等，败诉的结果常在意料之中。在此情形下，社会团体诉讼这一有效制度安排，既能保护中小型经营者和分散消费者的合法权益，节约司法资源，又能更有效地实现反垄断法维护市场秩序、社会公益的目标。

社会团体诉讼是一种诉讼组织形式，并非具体的诉讼途径，即由公用事业垄断经营中受害的公众消费者、同业经营者等受害主体共同组成诉讼团体进行诉讼维权。社会团体诉讼可以通过多种诉讼途径进行维权，比如共同诉讼、公益诉讼等。[②] 社会团体诉讼的特别之处在于：首先，社会团体代表的是一部分公共利益，因为公用企业的垄断行为所侵犯的法益中，既

---

① 雷兴虎、陈虹：《社会团体的法律规制研究》，《法商研究》2002年第2期。
② 汤维建：《论团体诉讼的制度理性》，《法学家》2008年第5期；刘学在：《请求损害赔偿之团体诉讼制度研究》，《法学家》2011年第6期。

有公众消费者群体的利益，也有同业经营者的利益，故社会团体应该是具有同种或同类利益的社会利群集合体；其次，不管社会团体是采取代表诉讼还是采取公益诉讼进行维权，最终判决结果的效力都具有扩张性，即团体诉讼原告的胜诉判决，团体各成员可以援用，据以主张判决对己具有拘束力。如我国的《民事诉讼法》（2017年修正）第五十四条和德国的《普通契约约款法》第二十条等均有规定。①

2. 检察院公诉制度

我国《宪法》《人民检察院组织法》等现行法律均将检察机关定位为国家公诉机关，其依法行使国家检察权、公诉权。检察机关执行反垄断法，履行法定职权，主要是通过反垄断公诉实现的。反垄断公诉制度是指检察机关作为国家公诉机关，为执行反垄断法，代表国家对垄断违法行为实施主体提起刑事公诉和民事公诉，追究垄断行为人的刑事责任和民事责任的诉讼制度。反垄断公诉制度既是反垄断法公共执行机制的重要组成部分，也是反垄断行政执法与反垄断司法衔接的纽带和桥梁。反垄断公诉可分为反垄断刑事公诉和反垄断民事公诉两个有机组成部分，我国《宪法》《反垄断法》《人民检察院组织法》《刑法》《刑事诉讼法》《民法典》《民事诉讼法》及两高司法解释等规范性法律文件中都有具体、明确规定。②

（1）反垄断民事公诉。民事公诉是指检察机关作为国家公诉机关代表国家对侵犯国家公共利益的行为提起民事诉讼。我国《刑事诉讼法》（2018年修正）第101条第2款规定，"如果是国家财产、集体财产遭受损失的，人民检察院在提起公诉的时候，可以提起附带民事诉讼"。此为民事公诉的主要法律依据。在民事公诉中，检察机关代表国家提起民事起诉，所维护的应当是国家利益、公共利益，这也是民事公诉的受案范围。具体而言，其一，保护国家财产类案件。依据我国《宪法》《民法典》《企业国有资产法》规定，凡国家所有的财产、权益、资产、资本等，如不同政府、政府部门、经营者、管理者，在管理、使用、经营国家财产时，损害了国家所有的财产、权益、资产、资本等利益，即国家利益受到侵害时，检察机关

---

① 罗冠男：《中西消费者团体诉讼权比较研究》，《法学杂志》2013年第11期。
② 周炳旭：《我国垄断犯罪与检察权完善探析》，《中国检察官》2013年第21期；荣国权、史丽琴：《垄断犯罪与检察院公诉职能之完善》，《中国检察官》2014年第1期；沈国婧《反垄断民事公益诉讼的思考——赋予检察机关公诉权》，《黑河学刊》2015年第7期。

可代表国家向损害国家利益的侵权人提起民事起诉。其二，维护市场经济秩序的案件。为维护市场经济秩序、竞争环境，对破坏市场秩序、实施垄断行为的主体提起反垄断诉讼。如美国自《谢尔曼法》颁布以来，就是由联邦司法部通过提起公益民事诉讼方式予以实施的。其三，维护公共利益、社会公序良俗的案件。如我国《民事诉讼法》（2017 年修正）第 55 条第 2款规定："人民检察院在履行职责中发现破坏生态环境和资源保护、食品药品安全领域侵害众多消费者合法权益等损害社会公共利益的行为，在没有前款规定的机关和组织或者前款规定的机关和组织不提起诉讼的情况下，可以向人民法院提起诉讼。前款规定的机关或者组织提起诉讼的，人民检察院可以支持起诉。"其四，法律规定或者检察机关决定提起的其他民事公诉案件。

我国《反垄断法》并没有授予检察机关代表国家提起反垄断民事起诉之权，因此，由检察机关代表国家提起公用事业领域的反垄断或垄断损害赔偿民事起诉，尚无法律依据。但是，我国《民事诉讼法》（2017 年修正）第 55 条第 2 款授权检察机关针对"破坏生态环境和资源保护、食品药品安全领域侵害众多消费者合法权益等损害社会公共利益的行为"，可代表国家提起公益民事起诉。虽然该条款的范围仅限于"破坏生态环境和资源保护、食品药品安全领域侵害众多消费者合法权益等损害社会公共利益的行为"，但此条款中的"等损害社会公共利益的行为"如与该条第 1款中"侵害众多消费者合法权益"对应，则范围应及于所有"侵害众多消费者合法权益"的领域；而公用事业领域恰恰符合"侵害众多消费者合法权益"这一特点。显而易见，虽然我国《民事诉讼法》（2017 年修正）第 55 条第 2 款对检察机关提起公益诉讼的授权尚不明确，但如结合第 55 条整条立法主旨与条款文义，由检察机关代表国家，对实施垄断违法行为、"侵害众多消费者合法权益"的公用企业提起民事公诉，追究滥用垄断经营权的公用企业之损害赔偿责任，应有一定的法律依据。为进一步明确此一制度的具体适用，建议全国人大常委会或最高人民法院，分别作出立法或司法解释。

（2）反垄断刑事公诉。从世界各国反垄断法的发展历程来看，垄断犯罪入刑、强化反垄断法刑事责任已经成为一种趋势，美国、加拿大、德国、奥地利、意大利、日本、俄罗斯等许多国家或地区都通过修改法律、鼓励私人诉讼等方式强化刑事责任。① 如美国《谢尔曼法》《克莱顿法》等多个法律文件规定，对价格固定、串通投标、划分市场等本身违法的垄断行为进行刑事制裁；日本在《禁止垄断法》第十章就专门规定反垄断法上的犯罪与刑罚，对企业和个人均追究刑事责任。

我国《刑法》对反垄断行为的规定主要体现在第三章第八节的"扰乱市场秩序罪"中，其中非法经营、串通投标、强迫交易罪等罪名主要为不正当竞争行为，很多垄断行为并未纳入刑法进行规制。我国《反垄断法》涉及垄断行为刑事责任的只有两条，即第52条规定的"妨害执法机构执行公务的犯罪"和第54条规定的"反垄断执法机构工作人员滥用职权的犯罪"，这些原则性、粗略性规定与不少垄断违法行为的严重危害性极不相符。

学界对于反垄断法应否入刑、追究刑责问题尚有分歧与争论，支持者认为对垄断经营行为设置刑事责任是完全必要的，它能够提高垄断行为的违法犯罪成本，降低垄断行为实施者的预期收益，强化反垄断法的威慑力。② 而且，将具有严重社会危害性的垄断行为加以刑事规制，追究行为主体的刑事责任，是对反垄断法民事和行政责任制度的辅助和补充，有利于实现反垄断法律责任体系的立体化和合理化，更有利于实现反垄断法的立法宗旨；同时，追究垄断行为人的刑事责任，既可以挽回受害人的损失，还可以对其他潜在垄断行为形成有效法律震慑。③ 笔者认为，秉持刑法的谦抑性原则，反垄断法的刑事制裁可作为民事制裁和行政制裁之后的"最后一道防线"，以实现遏制垄断行为、维护正常市场竞争秩序、保护社会公共利益的功能。这既是遏止垄断违法行为、反垄断实践的需要，也符合当今世界反垄断刑事责任制度的发展趋势。

关于严重垄断违法行为入刑、追究刑责的具体罪名，根据法益理论，垄断行为侵犯了我国《反垄断法》第1条所保护的竞争者、消费者、社会等法益，这一行为破坏了市场公平竞争机制，降低了市场经济运行效率，损害了消费者及社会公众的利益，危害了市场经济健康发展；更主要的是

① 王健：《威慑理念下的反垄断法刑事制裁制度——兼评〈中华人民共和国反垄断法（修改稿）〉的相关规定》，《法商研究》2006年第1期。
② 陈兴良：《刑法哲学》，中国政法大学出版社，1997，第6页。
③ 郑鹏程：《垄断罪的依据、构成与刑事责任》，《河北法学》2003年第2期。

垄断违法行为属于主观上的明知故犯，如产生严重社会危害性，则无疑已构成犯罪。基于此，部分学者主张应将非法垄断入刑，如有学者建议设立"非法垄断罪"；① 有学者建议设立"垄断罪"；② 有学者建议增设"取缔企业罪"作为垄断犯罪的刑罚种类；③ 有学者认为具有严重社会危害性和刑罚无可避免性的垄断违法行为无疑应当入罪，但应坚持慎刑原则。④ 由于垄断犯罪属于我国《刑法》所规定的破坏社会主义市场经济秩序罪，对于相关罪名的规定，在总体引入"非法垄断罪"的前提下，⑤ 可以参照《刑法》第三章对其他经济类犯罪的叙述方式，根据《反垄断法》中四种不同类型的垄断行为及特征，将"非法垄断罪"设置为"垄断协议限制竞争罪""滥用市场支配地位罪""非法经营者集中罪""滥用行政垄断罪"等具体罪名。在将有关"非法垄断罪"具体条文写入《刑法》第三章的同时，在《反垄断法》中增设准用性条款，规定"违反本法规定构成犯罪的，依刑法等追究刑事责任"。

关于反垄断法中刑事责任的设置，有学者认为，应对反垄断法所规定的"垄断协议""滥用市场支配地位""经营者集中""行政垄断"四种垄断行为做出相应的规制。⑥

3. 行政诉讼

行政诉讼的健全与适用，对于反垄断法的实施有着极为重要的现实意义。在公用事业改革中，行政垄断是诸多垄断行为中最难以逾越的障碍。行政垄断涉及的不再是普通市场主体，而是拥有国家权力的政府机关、行政单位。仅仅依靠民事、刑事诉讼的制度安排，难以保障普通消费者、经营者等其他受害者权益在受到行政权力侵害时得到及时、全面的救济。因而，反垄断行政诉讼的有效安排，对遏止有行政权力背景的公用事业垄断

① 陈泽宪：《非法垄断罪初探》，《政法学刊》1991 年第 2 期。

② 郑鹏程：《垄断罪的依据、构成与刑事责任》，《河北法学》2003 年第 2 期。

③ 吴广海：《反垄断法中的刑事责任问题》，《安徽大学学报》（哲学社会科学版）2007 年第 3 期。

④ 董超：《垄断行为入罪之实体与程序问题研究》，《福建警察学院学报》2010 年第 6 期。

⑤ 由于某些垄断性经营具有自然垄断、法定垄断、许可垄断、特许垄断等特点，垄断本身就存在合法垄断与非法垄断之分，故垄断行为并非一定违法，更非一定构成犯罪；只有严重的非法垄断行为，才有可能构成犯罪。从罪名的逻辑性来看，"非法垄断罪"比"垄断罪"更为妥当。

⑥ 姜彦君：《中外行政性垄断与反垄断立法比较研究》，《政法论坛》2002 年第 3 期。

经营有积极作用。公用事业反垄断行政诉讼与一般行政诉讼并无特别之处，只是在具体适用中需要解决如下问题。

（1）适格的原告。考量行政诉讼原告因素之一就是利害关系。从利害关系的角度来看，公用事业反垄断行政诉讼的原告，可以是因行政行为造成或加重特定公用事业领域形成垄断经营状态，并使该公用事业领域上下游经营者、公众消费者正当权益受损，其他经营者、公众消费者均可提起公用事业反垄断行政诉讼。

（2）明确的被告。公用事业反垄断行政诉讼的被告是具体的行政机关，且因该行政机关的行政行为造成特定公用事业领域形成垄断经营状态，或助长了公用企业滥用市场支配地位，损害了该公用事业领域上下游经营者或公众消费者的正当、合法权益，或具有损害的可能性。

（3）具体的诉由。由于行政机关的行政行为造成特定公用事业领域形成垄断经营状态，或助长了公用企业滥用垄断经营权或市场支配地位的情形，既有如行政许可、行政审批、行政特许等具体行政行为，也有如行政规范性文件等行政决定或抽象行政行为，因此，建议修改现行《行政诉讼法》，确定抽象行政行为的可诉性。

（三）公用事业垄断经营损害的行政救济

政府对市场竞争有监管、对国家宏观经济有调控的法定义务和责任，目的是保障市场经济稳定发展和良好秩序，在公用事业领域亦如此。在对公用事业垄断经营损害进行救济时，必然要考虑到行政救济。行政救济的主体为掌握国家行政公权力的政府及政府机构。我国反垄断执法机构的主要任务就是启动反垄断调查程序、审理案件和对案件做出行政裁决。我国目前尚无统一的反垄断执法机构，有关反垄断执法在 2018 年 3 月前分散在国务院不同部委，如商务部下设的反垄断局、国家发展改革委员会下设的价格监督检查司、国家工商行政管理总局下设的反垄断与不正当竞争执法局等，分别履行反垄断某一方面职能。对此，垄断执法与实施机制的"三权分立"现象，学界提出过比较多的批评和改进意见。[①] 2018 年 3 月，这些

---

① 胡国梁：《从实然到应然：反垄断委员会的职能重构》，《武汉科技大学学报》（社科版）2017 年第 3 期。

机构被调整至国家市场监督管理总局，由其内设的反垄断专门机构统一行使反垄断调查、执法和处罚等职权与职责。兹分述如下。

1. 国务院反垄断委员会

依据《反垄断法》第9条、第10条规定，国务院设立反垄断委员会，负责组织、协调、指导反垄断工作。此外，《反垄断法》还规定，"国务院规定的承担反垄断执法职责的机构依照本法规定，负责反垄断执法工作"；"国务院反垄断执法机构根据工作需要，可以授权省、自治区、直辖市人民政府相应的机构，依照本法规定负责有关反垄断执法工作"。根据这些规定，2008年7月28日，国务院办公厅下发《关于国务院反垄断委员会主要职责和组成人员的通知》（国办发〔2008〕104号），决定成立国务院反垄断委员会；国务院反垄断委员会的具体工作由商务部承担。2018年7月11日，国务院办公厅发布《关于调整国务院反垄断委员会组成人员的通知》（国办发〔2018〕51号），对国务院反垄断委员会组成人员做了调整，国务院反垄断委员会办公室设在市场监管总局，承担国务院反垄断委员会的日常工作。

国务院反垄断委员会的主要职责为：（1）研究拟定有关竞争政策；（2）组织调查、评估市场总体竞争状况，发布评估报告；（3）制定、发布反垄断指南；（4）协调反垄断行政执法工作；（5）国务院规定的其他职责。国务院反垄断委员会作为统筹全国反垄断执法的核心部门，直接影响着行政救济的效果。国务院反垄断委员会虽然不直接受理受害主体的行政救济请求，但它通过授权省、自治区、直辖市人民政府的相应部门在反垄断执法中的职权范围的形式，将行政救济的工作分配给各个地方反垄断执行机构，这样既便于受害者申诉，提起行政救济，又节约了维权成本，大大提高了受害者对维权的期待性。目前，我国反垄断委员会在竞争政策、反垄断执法体制、反垄断执法规则方面的工作并未显示出明显的绩效，相应工作针对性不强，有学者建议改革现行反垄断委员会的组成，增设专职委员，按职责成立三个工作组，规范会议制度，促进办事机构有效运行，保障反垄断指南的统一制定权，并规范反垄断协调处理机制，如此才可充分发挥《反垄断法》授予的职权与职责。①

---

① 王炳：《论反垄断委员会制度的回应性、超越与改良》，《南京社会科学》2018年第10期。

2. 国家市场监督管理总局内设的反垄断执法机构

2018 年 3 月 15 日，十三届全国人大一次会议通过新的《国务院机构改革方案》，根据此《改革方案》，将国家工商行政管理总局的职责、国家质量监督检验检疫总局的职责、国家食品药品监督管理总局的职责、国家发展和改革委员会的价格监督检查与反垄断执法职责、商务部的经营者集中反垄断执法以及国务院反垄断委员会办公室等职责整合，组建国家市场监督管理总局，作为国务院直属机构。国家发展和改革委员会的价格监督检查与反垄断执法职责、商务部的经营者集中反垄断执法以及国务院反垄断委员会办公室、国家工商行政管理总局下设的反垄断与不正当竞争执法局等反垄断执法的分散机构和力量，统一整合到新成立的国家市场监督管理总局下设的反垄断局、价格监督检查和反不正当竞争局，由其集中、统一行使反垄断执法等职权和职责。

（1）反垄断局。反垄断局的基本职责范围为：负责反垄断统一执法；统筹推进竞争政策实施，指导实施公平竞争审查制度；依法对经营者集中行为进行反垄断审查，负责垄断协议、滥用市场支配地位和滥用行政权力排除、限制竞争等反垄断执法工作；指导企业在国外的反垄断应诉工作。承担国务院反垄断委员会日常工作。基本工作职责为：拟定反垄断制度措施和指南，组织实施反垄断执法工作，承担指导企业在国外的反垄断应诉工作；组织指导公平竞争审查工作；承担反垄断执法国际合作与交流工作；承办国务院反垄断委员会日常工作。

（2）价格监督检查和反不正当竞争局（规范直销与打击传销办公室）。价格监督检查和反不正当竞争局的基本职责范围为：负责监督管理市场秩序。依法监督管理市场交易、网络商品交易及有关服务的行为；组织指导查处价格收费违法违规、不正当竞争、违法直销、传销、侵犯商标专利知识产权和制售假冒伪劣行为；指导广告业发展，监督管理广告活动；指导查处无照生产经营和相关无证生产经营行为；指导中国消费者协会开展消费维权工作。基本工作职责为：拟定有关价格收费监督检查、反不正当竞争的制度措施、规则指南；组织实施商品价格、服务价格以及国家机关、事业性收费的监督检查工作；组织指导查处价格收费违法违规行为和不正当竞争行为；承担监督管理直销企业、直销员及其直销活动和打击传销工作。

　　此外，国家市场监督管理总局还设有执法稽查局，负责一般市场竞争秩序的监督管理工作，其主要职责为：拟定市场监管综合执法及稽查办案的制度措施并组织实施；指导查处市场主体准入、生产、经营、交易中的有关违法行为和案件查办工作。承担组织查办、督查督办有全国性影响或跨省（自治区、直辖市）的大案要案工作；指导地方市场监管综合执法工作。①

　　上述专门性反垄断行政机构的设置，无疑在公用事业反垄断规制的行政救济中也一体适用。

　　除司法救济、行政救济之外，公用事业垄断经营损害赔偿还可选择社会救济与私力救济等方式。如在社会救济中，基于反垄断争议的可仲裁性，可通过对《反垄断法》做出相应修改，引入反垄断争议仲裁解决机制；② 基于反垄断争议和解制度能够有效平衡效率价值和公平价值，可发挥反垄断和解在垄断损害赔偿中的更大作用。③ 至于公用事业垄断经营损害赔偿中的私力救济，虽然学者对此有深入研究和具体建议，④ 但因公用事业垄断经营损害赔偿涉及的受损利益，更多带有社会公益和群体利益的性质，如前所述，虽然私力救济可以在反垄断私人实施中，如在反垄断调查取证等方面发挥一定的作用，但总体而言，目前尚无明确的法律依据与体系化的制度安排，因此，私力救济作为公用事业垄断经营损害赔偿的主要救济途径或方式，尚有待实践。

四　公用事业垄断经营损害的团体救济

　　如前所述，公用事业领域垄断经营的损害，与一般领域的垄断违法损害不同，因该领域的基础性和产品的必需性，决定其垄断侵权与损害的广泛性、规模性和群体性，特别对上下游经营者与公众消费者的损害，已不是仅仅限于个体或少数受害主体，在更多情形下是以行业、社区、群体、

---

①　《中华人民共和国国家市场监督管理总局机构设置》，国家市场监督管理总局官网·机构·机构设置，http://www.samr.gov.cn/jg/#zjld，最后访问日期：2018年7月16日。

②　杜新丽：《从比较法的角度论我国反垄断争议的可仲裁性》，《比较法研究》2008年第5期。

③　刘桂清：《反垄断执法中的和解制度研究》，《当代法学》2009年第2期。

④　梁彗星：《民法总论》，法律出版社，1996，第252页；周林彬、王烨：《私力救济的经济分析》，《中山大学法律评论》2001年第1卷，第57~82页；徐昕：《论私力救济》，中国政法大学出版社，2005，第46~47页。

团体等集体面目和形式出现。因此，公用事业垄断经营损害带有明显的群体性、集体性、团体性。因此，靠传统独立个体或少数主体的力量，已无法有效解决如此具广泛性、规模性和群体性的损害赔偿问题，唯有依靠集体的力量和团体的介入，才能有明显效果。因此，从一定意义上讲，公用事业垄断经营损害的有效救济，应是团体力量介入下的团体救济。

（一）社会团体力量的积极抗争

社会团体是一种集合群体、集体力量，反映群体、集体成员整体意志与根本利益，并使所有成员目标明确化、纲领政策化、行动一致性、策略技术化的有效社会组织。社会团体在广泛意义上来说是介于国家政府与市场体系之间一类组织的核心构成代表。[①] 社会团体的优势是把公用事业市场中的弱势群体组织起来，依靠和扶持民众自己的努力，促进民众自我管理、自我决策、自我维权，通过社会团体力量的介入与支持，以寻求群体、集体、团体成员受损利益能在既有法律制度框架内得到更及时、更有效、更彻底的救济和解决。与公用事业垄断经营损害有关的团体，如消费者权益保护协会、社区组织、居民委员会、村民委员会、业主委员会等，其中，在我国公用事业转型时期，消费者协会和业主委员会，作为新的社会压力集团，在与公用事业垄断经营的抗争中，发挥着更为明显的作用。

1. 消费者协会的维权

消费者协会和其他消费者组织是依法成立的对商品和服务进行社会监督的保护消费者合法权益的社会组织，其基本职能就是维权。我国《消费者权益保护法》（2013 年修正）规定，消费者协会履行下列公益性职责：（1）向消费者提供消费信息和咨询服务，提高消费者维护自身合法权益的能力，引导文明、健康、节约资源和保护环境的消费方式；（2）参与制定有关消费者权益的法律、法规、规章和强制性标准；（3）参与有关行政部门对商品和服务的监督、检查；（4）就有关消费者合法权益的问题，向有关部门反映、查询，提出建议；（5）受理消费者的投诉，并对投诉事项进

[①] 郭于华等：《事业共同体——社会团体激励机制个案探究》，浙江人民出版社，1999，第 1 页；黎军：《行业组织的行政法研究》，载罗豪才主编《行政法论丛》（第 4 卷），法律出版社，2001，第 162 页。

行调查、调解；（6）投诉事项涉及商品和服务质量问题的，可以委托具备资格的鉴定人鉴定，鉴定人应当告知鉴定意见；（7）就损害消费者合法权益的行为，支持受损害的消费者提起诉讼或者依照本法提起诉讼；（8）对损害消费者合法权益的行为，通过大众传播媒介予以揭露、批评。各级人民政府对消费者协会履行职责应当予以必要的经费等支持。消费者协会应当认真履行保护消费者合法权益的职责，听取消费者的意见和建议，接受社会监督。依法成立的其他消费者组织依照法律、法规及其章程的规定，开展保护消费者合法权益的活动。① 在公用事业垄断经营损害的法律救济中，公众消费者可通过消费者协会按照上述方式进行维权，其维权和法律救济的效果，要比单一个体的维权和救济效果要大得多。更为重要的是，由于公用事业垄断经营损害中受损主体、受损范围、受损环节均具有广泛性，损害已经超出一般垄断侵权的特定个体范围，单一公众消费者的个别维权根本无济于事，唯有依靠消费者协会这一组织的力量，有些问题才能得到比较圆满、彻底的解决。

2. 业主委员会

业主委员会，是指由物业管理区域内业主代表组成，代表业主的利益，向社会各方反映业主意愿和要求，并监督物业管理公司管理运作的一个民间性组织。根据《物权法》（2007 年）和《民法典》（2020 年）的规定，特定建筑物区域内容的业主可以设立业主大会，选举业主委员会。② 《物业管理条例》（2018 修订）对业主委员会的产生、法律地位和职责有比较具体的规定。即特定物业管理区域内房屋的所有权人为业主，全体业主组成业主大会，业主大会应当代表和维护物业管理区域内全体业主在物业管理活动中的合法权益；一个物业管理区域成立一个业主大会，同一个物业管理区域内的业主，应当在物业所在地的区、县人民政府房地产行政主管部门或者街道办事处、乡镇人民政府的指导下成立业主大会，并选举产生业主委员会。业主委员会执行业主大会的决定事项，履行下列职责：（1）召集业主大会会议，报告物业管理的实施情况；（2）代表业主与业主大会选聘

---

① 《中华人民共和国消费者权益保护法》（2013 年修正）第 36 条、第 37 条。
② 《中华人民共和国物权法》（2007 年）第 75 条；《中华人民共和国民法典》（2020 年）第 277 条。

的物业服务企业签订物业服务合同；（3）及时了解业主、物业使用人的意见和建议，监督和协助物业服务企业履行物业服务合同；（4）监督管理规约的实施；（5）业主大会赋予的其他职责。① 在我国住房由传统单位供给制向商品住宅小区的转型过程中，业主委员会是一个非常重要的民间、社团组织，特别是在有关公用事业垄断经营损害的法律救济中，必将且也必须发挥越来越重要的作用。这是因为，在前述公用事业垄断经营损害中，其中有相当部分为供水、供电、供热、供气、网络、有线电视、公共交通等供给中的垄断侵权，而这些在多数情况下又是以商品住宅小区为供给单元的形式出现的，因此，公用事业垄断经营损害往往呈现典型的商品住宅小区的单元性、区域性和集中性特征，在此情形下，如沿用传统一家一户的维权和救济方式，显然已不能适用新的形势需要。此时，如由特定商品住宅小区的业主委员会作为代表，集中反映垄断侵权行为，其所发挥的组织、集体效应，无疑要优于一家一户或几家几户的维权和救济方式。

（二）公益诉讼制度的有效安排

反垄断公益诉讼源于美国司法部的反垄断诉讼。② 经营者竞争权益、消费者权益具有整体性和社会公共性，垄断行为对公用事业上下游经营者、消费者权益的侵害必然涉及对社会公共利益的侵害，自然，建立反垄断民事公益诉讼对上下游经营者、消费者权益予以救济具有正当性。③ 我国《反垄断法》第 1 条规定的立法宗旨是“为了预防和制止垄断行为，保护市场公平竞争，提高经济运行效率，维护消费者利益和社会公共利益，促进社会主义市场经济健康发展”，从中可以清楚地看出反垄断法的公益性定位。反垄断法被视为市场经济的基本法，以维护和促进市场竞争为直接目的，关注的是社会整体利益，涉及公共利益的追求，具有明显的社会性、公共性与公益性。由于垄断行为所侵害的法益具有公益性，侵害了市场的公平

---

① 国务院《物业管理条例》（2018 年修订）第 6~20 条。

② 张梓太、褚莹：《我国建立反垄断公益诉讼之初步制度构想》，《法学家》2006 年第 4 期；张明华：《我国反垄断立法中应建立公益诉讼制度》，《中国工商管理研究》2007 年第 8 期。

③ 陈云良：《反垄断民事公益诉讼：消费者遭受垄断损害的救济之路》，《现代法学》2018 年第 5 期。

竞争秩序、消费者的公平交易权和自主选择权等，这些法益的主体均是不特定的、多数主体，故这类法益应属于发散性公共利益的范畴。① 2012 年我国《民事诉讼法》修正案正式引入公益诉讼制度，该法第 55 条规定："对污染环境、侵害众多消费者合法权益等损害社会公共利益的行为，法律规定的机关和有关组织可以向人民法院提起诉讼。"此条规定为反垄断法公益诉讼提供了直接的法律依据。

关于反垄断公益诉讼的提起主体。2017 年 6 月，全国人大常委会同步对《民事诉讼法》第 55 条和《行政诉讼法》第 25 条作出修改，在《民事诉讼法》第 55 条增加一款，作为第 2 款，即："人民检察院在履行职责中发现破坏生态环境和资源保护、食品药品安全领域侵害众多消费者合法权益等损害社会公共利益的行为，在没有前款规定的机关和组织或者前款规定的机关和组织不提起诉讼的情况下，可以向人民法院提起诉讼。前款规定的机关或者组织提起诉讼的，人民检察院可以支持起诉。"从修改后的《民事诉讼法》第 55 条第 1 条、第 2 条规定的基本精神与条款文义来看，有权提起反垄断公益诉讼的主体应为消费者协会、行业协会等公众维权类组织和检察机关。虽然作为公众消费者、上下游经营者个人提起公益诉讼的诉权未在《民事诉讼法》中予以体现，但在程序上仍然可以设计为公众消费者个人、上下游经营者向检察机关或消费者协会、行业协会提出申请，检察机关或消费者协会、行业协会经过审查决定是否提起诉讼，相关政府部门应该协调配合检察机关或消费者协会、行业协会的审查起诉工作。当检察机关作出不起诉决定或消费者协会、行业协会不起诉时，公民认为仍应起诉的，有权直接向人民法院提起一般损害赔偿诉讼。这一点也与前文所述检察机关提起的民事、刑事公诉相衔接。

关于检察机关作为反垄断公益诉讼的提起主体，主要理由如下。（1）检察机关作为反垄断公益诉讼的原告，符合《宪法》的基本精神。依据《宪法》规定，检察机关是国家的法律监督机关，有权对一切国家机关、人民团体、企事业单位及公民个人是否遵守国家法律进行监督；检察机关作为

---

① 赵红梅：《论直接保护发散性正当竞争利益的集体维权机制——反不正当竞争法的社会法解读》，《政治与法律》2010 年第 10 期；赵红梅：《经济法的私人实施与社会实施》，《中国法学》2014 年第 1 期。

反垄断公益诉讼的原告，与检察机关的法律监督职能是相统一的。（2）检察机关不是具体的行政机关，不会为行政本位利益所左右，能够充当公共利益最后保护人的角色。检察机关依照法律规定独立行使检察权，由它提起反垄断公益诉讼，可以使国家利益、社会公共利益不因行业利益、地方利益、部门利益的影响而受损。（3）检察机关拥有一支具备相当法律知识水平和诉讼技巧的人才队伍。因此，在公用事业领域，由检察机关承担反垄断公益诉讼的原告，能使公众消费者、上下游经营者的受损权益得到一定的公权力支持与必要救济。[①]

关于消费者协会作为反垄断公益诉讼的提起主体，主要基于消费者社团具有与公众消费者单一个体无法比拟的团体力量、组织影响、专业能力、社会人脉、网络资源，特别是在涉及特定行业或领域，消费者协会具有明显的专业优势、组织优势和治理优势，它"不仅具备参与相关活动的能力，如专业的管理经验以及具有各种专业知识的从业人员、信息、精力，而且由于其成员的要求与组织的职责也存在参与相关活动的动力"。[②] 我国《民事诉讼法》第 55 条第 1 款赋予消费者协会可在"侵害众多消费者合法权益"类案件中，以消费者协会的名义提起消费者维权或反垄断公益诉讼。不仅如此，其他如公用事业上下经营者的行业协会，也有权以行业协会的名义，提起反垄断公益诉讼，以维护公用事业上下经营者的整体利益与行业集体利益。[③] 关于消费者、行业协会维权或反垄断公益诉讼的法律适用与具体制度，学界、业界已有深入讨论，在此不再赘述。

（三）代表诉讼（集团诉讼）方式的充分运用

集团诉讼一般由有相同利害关系的人以临时组织的集合体名义，形成特定的诉讼主体——一方当事人，并由其中的代表人代表集体或全体成员进行诉讼活动的一种诉讼制度。集团诉讼不仅一方当事人人数众多，而且

[①] 沈国婧：《反垄断民事公益诉讼的思考——赋予检察机关公诉权》，《黑河学刊》2015 年第 7 期；赵俊峰、毕金平：《关于检察机关提起反垄断公益诉讼问题的研究》，《长春理工大学学报》（社会科学版）2016 年第 2 期。

[②] 颜运秋：《公益诉讼理念研究》，中国检察出版社，2003，第 187 页。

[③] 白彦、杨兵：《我国民事公益诉讼的经济分析——基于理性的视角》，《北京大学学报》（哲学社会科学版）2013 年第 6 期。

诉讼标的相同或同类。只有他们的诉讼标的具有某种同一性或同类性，集团中的某些成员才可以代表其他成员参诉，法院才能在同一诉讼中审理集团所有人的请求，集团所有成员的利益才能通过同一诉讼得到保护。

在公用事业垄断经营损害赔偿中，由于单一个体，特别是公用事业上下游经营者、公众消费者一般为普遍性利益受损，期待单个受害者进行诉讼活动来维护权利，在理论上虽然可能，但缺乏现实操作性。因为存在经济上的不合算性，多数个体都不会为了那一点损害补偿，花费大量时间、金钱去起诉。所以，虽然大多数欧盟成员国的法院赋予了消费者提起诉讼的权利，但是不具有现实操作性。[1] 为了保护广大消费者的利益，欧盟借鉴美国集团诉讼制度的经验，在绿皮书中提出通过集团诉讼的条文。我国《民事诉讼法》第 53 条、第 54 条关于代表诉讼的规定，并没有发挥其在公共利益方面应有的作用，而美国集团诉讼的相关制度与规定值得我国学习借鉴。[2]

1. 发挥律师的专业优势启动集团诉讼

由于分散、弱小的受害者出于诉讼成本、时间、效率等因素考虑，一般不会主动起诉，因此，集团诉讼主要应由律师来征集集团诉讼的代表人，然后以代表人的名义发起集团诉讼，法院只审查起诉是否符合集团诉讼的条件，并决定是否受理。为调动律师代表诉讼的积极性，可对我国现有代表人诉讼制度进行必要的改造和完善。[3]（1）尝试建立律师"胜诉酬金制"。即由律师承担诉讼风险，由律师预先垫付诉讼费和调查取证等诉讼成本支出，胜诉后用赔偿金来补偿垫付的费用，并按一定比例分享赔偿金。为了避免律师分享赔偿金方面可能对当事人利益的侵蚀，赔偿金分配方案必须经法院认可。（2）确立法院审查集团诉讼的标准。符合条件的，必须按集团诉讼受理；当事人未以集团诉讼方式起诉的，法院不得主动将之作为集团诉讼案件来处理。

2. 建立默示同意规则，保障当事人的正当程序权利

集团诉讼提起、和解方案提出后，必须通知所有的受害人，告知诉讼

---

① 张舒：《反垄断视野下我国消费者集团诉讼制度研究》，《黑龙江省政法管理干部学院学报》2011 年第 3 期。

② 万宗瓒：《论反垄断民事诉讼中集团诉讼制度之构建》，《求索》2014 年第 3 期。

③ 李垚葳：《论反垄断法私人实施之集团诉讼制度——从"百度竞价排名"事件谈构建我国反垄断法领域中集团诉讼模式》，《重庆工商大学学报》（社会科学版）2010 年第 1 期。

事实及当事人的权利义务，特别要提醒所有参加集团诉讼程序的受害人均应受判决、和解协议约束。对于受害人是否参加受害者集团、是否同意和解，采用默示同意规则。凡是没有申明不参加集团的，视为参加集团；在接到和解方案时不申明退出集团的，视为接受和解方案。法院对代表人诉讼的判决以及经法院批准的和解协议，对所有参加集团的受害人产生约束力。明示不参加集团的或宣布退出集团的，不受判决或和解协议的约束，可以另行起诉，法院应当受理。

只要对现有代表诉讼制度作必要改进，就会大大提高集团诉讼在公用事业领域乃至整个公共利益保护的可操作性。如此，既可以通过"胜诉酬金制"激励律师来组织诉讼，积极参与公共利益保护，又能通过律师承担诉讼风险和先行垫付资金，大大减少受害者对诉讼成本的顾虑，从而推动集团诉讼朝着规范、理性的方向运行，有效维护如公用事业垄断经营损害赔偿类案件中的群体利益、集体利益和公共利益。

综前所述，公用事业垄断经营损害主要表现为对公用事业上下游经营者、公众消费者合法权益和全社会成员普遍福利的侵害，它具有广泛性、规模性、集中性和多样性。对公用事业垄断经营损害的法律救济，必须在认定公用企业垄断经营违法、确定受损类型与计算损害范围的基础上，借助于社会团体力量的积极抗争、公益诉讼制度的有效安排和代表诉讼（集团诉讼）方式的充分运用，以构建多层次、多权源的上下游经营者、公众消费者权益救济制度，彻底、有效地抑制公用企业垄断经营权的滥用，保护上下游经营者、公众消费者合法权益和社会普遍福利不受侵犯。

第十章　公用事业具体行业垄断经营的法律规制

一　电力业垄断经营的法律规制

（一）我国电力业垄断经营的规制现状

自 2002 年 2 月国务院发布《电力体制改革方案》（国发〔2002〕5 号）以来，我国电力行业经过多次改革，目前正在从全行业的纵向一体化垄断经营模式转为分环节逐步引入竞争的态势发展。但在这一转型过程中，电力行业的垄断经营状况仍未有根本性变化，深层次问题仍未得到彻底的解决，具体表现在发电环节的限制竞争协议、输电环节的滥用市场支配地位、配电环节的交叉补贴、售电环节的垄断价格等方面。可见，不管是发电领域的寡头垄断及滥用市场优势地位、关联企业间的限制竞争协议，还是输电环节的电网公司利用垄断经营地位的抵制行为、强制交易行为等，以及配电端与输电端业务的交叉补贴，或售电环节的垄断价格，都是典型的垄断表现形式，均属反垄断法的主要规制对象。既有的电力垄断经营格局不仅不利于电力市场的有效竞争和良性发展，也严重损害了公众消费者（电力用户）的权益。

1. 我国对电力业垄断经营法律规制的现状

目前，我国对电力行业垄断经营的法律规范大体可以分为以下几类：（1）以《反垄断法》（2007 年）、《反不正当竞争法》（2019 年修正）、《价格法》（1997 年）等为核心的旨在维护公平市场竞争秩序的法律规范；（2）以《电力法》（2018 年修正）、《电力供应与使用条例》（2019 年修订）、《电力监管条例》（2005 年）、《电力安全事故应急处置和调查处理条例》（2011 年修订）、《电力设施保护条例》（2011 年修订）为代表的、专门规制电力行业的法律、行政法规、部门规章等。这些规范性文件，虽然总体上解决了我国电力行业长久以来反垄断经营的无法可依状态，但仍然存在反垄断法缺乏操作性、行业立法严重滞后、电价定价机制不合理、执法主体权威不足等一系列问题。可见，正是规制电力行业垄断经营的法律尚存在比较大、比较多的问题和缺陷，导致电力行业各种与社会效益、经济效益要求不符的垄断现象大行其道，市场化改革停滞不前。

2. 我国电力投资与经营体制改革的沿革与评价

电力业（Electricity）垄断经营是一个世界性问题，也曾给西方发达市场经济国家的经济发展和社会生活带来很大负面影响。正因如此，自20世纪70年代开始，西方发达市场经济国家都纷纷对电力行业的垄断经营状况进行改革，其中的主要举措就是推行电力行业的市场化改革，健全相关法律制度，析分不同电力经营环节，明确执法监督机构，积累了比较宝贵的经验和教训，形成有鲜明国别特色的改革与规制模式。如全面推行不同电力经营环节市场化的美国模式、[1] 以电力行业分领域市场化改革取代原有垄断经营体制的英国模式、[2] 分环节实行自然垄断和竞争充分改革的日本模式、[3] 垄断性业务和非垄断性业务分离营运与分类监管的澳大利亚模式等。[4]各国电力行业反垄断规制与市场化改革带给我们的启示是，应区别对待电力行业的自然垄断性业务和非自然垄断性业务，应逐步渐进式地推进市场化改革，设立独立有效的电力运行与电价监管机构，行业立法和反垄断立法双管齐下进行规制。

---

[1] 任继勤、方春阳：《国外电力改革的经验与启示》，《北京交通大学学报》（社会科学版）2004年第2期。

[2] 鲁篱：《各国公用企业反垄断法律制度比较》，《中国经济信息》2001年第7期，第151页；王家伟：《英国电力市场化改革之路》，《现代电力》2004年第3期；魏纷、马莉：《欧盟电力市场化改革最新进展及启示》，《电力技术经济》2007年第2期；仲福森、刘云涛：《欧盟电力改革最新进展》，《电力技术经济》2008年第6期；晋自力、陈松伟：《英国电力市场化改革的启示》，《经营与管理》2010年第1期。

[3] 金洲：《自然垄断产业规制的国际比较研究》，《长江大学学报》（社会科学版）2004年第5期；李虹：《电力行业的市场化改革》，《经济理论与经济管理》2005年第3期；余炳雕、井志忠：《透视日本电力市场化改革》，《现代日本经济》2004年第5期；阙光辉：《日本电力市场化改革最新进展及启示》，《电力技术经济》2007年第3期。

[4] 张运洲：《澳大利亚电力市场化改革走向和经验》，《华北电力大学学报》（社会科学版）1996年第3期；徐新桥、张金隆：《澳大利亚电力市场化改革考察与借鉴》，《科技进步与对策》2002年第9期。

　　我国电力投资与经营体制改革始于 20 世纪 90 年代中期，之前我国电力行业实行的是以电（力）业局为载体的政资合一、政企合一模式；直至 2002 年之前，我国电力行业实行完全的政企合一建设、经营、管理体制，1997 年成立的国家电力公司，与 1993 年成立的电力工业部，实行的是两块牌子、一套班子的一体运行体制，是一个融发电、输电、配电、供电于一身的全环节、整产业链型全民所有制企业。为有利于转变政府职能、实行政企职责分开、深化电力工业体制改革，1996 年 12 月国务院发布《关于组建国家电力公司的通知》（国发〔1996〕48 号）、《国家电力公司组建方案》和《国家电力公司章程》，决定组建国家电力公司，正式开始对传统政资合一、政企合一的投资与经营体制改革。1998 年 12 月国务院办公厅转发国家经贸委《关于深化电力工业体制改革有关问题的意见》（国办发〔1998〕146 号），提出按"厂网分开，引入竞争""政企分开，省为实体""全国联网，优化配置"原则深化电力工业体制改革的初步意见。2000 年 10 月国务院办公厅发布新的《关于电力工业体制改革》方案，由国家计委牵头，按照政企分开原则，将电力局（公司）承担的行政管理职能移交给地方政府综合经济管理部门，并接受其指导与监督。2002 年 2 月 10 日国务院发布《电力体制改革方案》（国发〔2002〕5 号），对电力体制改革方案进行了全新的设计和安排；本着"打破垄断，引入竞争，提高效率，降低成本，健全电价机制，优化资源配置，促进电力发展，推进全国联网，构建政府监管下的政企分开、公平竞争、开放有序、健康发展的电力市场体系"的总体目标，实行以"厂网分开重组国有电力资产""上网实行电价新机制""设立国家电力监管委员会"为中心的重大改革。重组电网资产，组建国家电力监管委员会，按家授权履行电力监管职责，设立国家电网公司、南方电网公司，按现代企业制度设置区域电网公司。改革后，原国家电力公司分拆为两大电网（国家电网公司、南方电网公司）、五大发电集团（华能集团、大唐集团、华电集团、国电集团、电力投资集团）和四大辅业集团（水电规划设计院、电力规划设计院两个设计单位，葛洲坝集团、水利水电建设总公司两个施工单位）。2003 年 2 月国务院公布《关于组建中国电力投资集团公司有关问题的批复》（国函〔2003〕17 号）、《中国电力投资集团公司组建方案》和《中国电力投资集团公司章程》；2003 年 2 月国务院办公厅印发《国家电力监管委员会职能配置内设机构和人员编制规定》（国办发

〔2003〕7号），正式设立国家电力监管委员会。2002年，此轮改革任务基本完成。

2003年7月国务院办公厅公布《电价改革方案》（国办发〔2003〕62号），开始对电价实施市场导向的改革，电力行业改革进入深水区。2007年4月国务院办公厅转发电力体制改革工作小组《关于"十一五"深化电力体制改革实施意见》（国办发〔2007〕19号），重点就"厂网分开遗留问题，电网企业主辅分离改革""加快电力市场建设，优化调度方式""培育合格的市场主体""深化电价改革，逐步理顺电价机制""研究制定输配分开方案"等问题，提出新改革要求。2015年3月中共中央、国务院联合发布《关于进一步深化电力体制改革的若干意见》（中发〔2015〕9号），提出深化电力体制改革的总体目标是建立健全"有法可依、政企分开、主体规范、交易公平、价格合理、监管有效"的电力行业市场体制；改革的重点和路径是"在进一步完善政企分开、厂网分开、主辅分开的基础上，按照管住中间、放开两头的体制架构，有序放开输配以外的竞争性环节电价，有序向社会资本开放配售电业务，有序放开公益性和调节性以外的发用电计划；推进交易机构相对独立，规范运行；继续深化对区域电网建设和适合我国国情的输配体制研究；进一步强化政府监管，进一步强化电力统筹规划，进一步强化电力安全高效运行和可靠供应"。

上述由中共中央、国务院公布的一系列有关电力体制改革的方案，总的来看是朝着市场化方向改革，其主要特点为：（1）在体制上，以政资分开、政企分开为总的原则，实行电力经营与电力监管分离；（2）在产业政策上，借鉴发达国家的成功做法，把竞争性的发电环节（电厂）与自然垄断性的输配电（电网）分开，实现厂网分开、分离运行的经营体制；（3）在改革的技术路径上，在厂网分开的基础上，逐步推进电网企业主辅分离改革，为配电、售电环节的市场化改革做准备；（4）以发电价格市场化改革为切入点，逐步推动售电价格的改革。

上述改革方案和措施符合世界改革潮流，切合我国实际，基本方向无疑是正确的。但是，由于既有电力垄断经营者的阻碍，加上改革方案本身的保守，电力体制近30年的改革尚存在如下深层次问题。（1）改革的反垄断政策倾向不明显，有关改革只注重市场化，而对反垄断特别是反行政垄断、反行业垄断上没有针对性的措施，电力系统总的垄断经营格局尚未根本打破。（2）就电力经营的各个环节来看，发电环节基本尚处于寡头垄断的局面；输电虽有国家电网和南方电网双雄并存，但经营与监管的体制没有理顺，电网仍然是电网企业垄断的资本和载体，作为电力输送的公共平台功能尚未成就；配电、售电环节尚严重依赖电网企业，市场化进程十分缓慢。（3）电力价格改革严重滞后，只限于发电环节，且该环节的价格改革受既得利益集团和垄断经营者的阻力比较大，尚没有明显的进展。（4）电力企业特别是输、配、售电环节的企业，仍然延续着国家独资和国家控股的局面，企业形式、内部治理、经营体制尚不能适应市场改革的需要。（5）立法明显保守，与电力改革相关的法律、行政法规制定、修订，未起到引导、规范改革的作用。

（二）电力业垄断经营规制的改革路径及主要对策

1. 以"厂网分离""主辅分离"运行模式推进不同电力环节的市场化改革

针对我国目前电力体制改革中的上述缺陷，笔者认为，我国未来电力体制改革应从以下几个方面做重点攻关。

第一，应以反行政垄断、反行业垄断为改革的重点，整体设计今后的电力体制改革。重点应打破现有发电、配电、售电环节的垄断经营格局。

第二，彻底落实政资分开、政企分开，完善现有电力经营与电力监管的分离体制。

第三，以"厂网分离""主辅分离"的平台公共路径和分离运行模式，整体推动电力各个环节的市场化改革。具体而言：（1）打破发电环节的寡头垄断局面，把现有国有独资、国有控股的寡头垄断发电企业改造成为股份制、混合所有制企业；全面放开民间资本、社会资本和民营企业的发电准入，使发电环节真正步入充分竞争、竞价上网的发展模式和良性循环。（2）理顺输电经营与监管的体制，实行国家输电网的投资建设与经营分离制度，电网的投资和建设由国家通过招标、政府采购的形式进行统一规划、统一建设、统一管理；建设好的电网则通过特许经营招标的形式，由特定电网企业进行经营，把电网改造成为真正的电力输送公共平台。（3）全面推进、分步实施配电、售电的反垄断和市场化改革，以剥离现有国家电网和南方电网配电、售电业务使之独立营运为切入点，逐步引入民间资本、社会资本、民营企业进入配电、售电领域，积极推进配电、售电环节的市

公用事业垄断经营法律规制研究

场化进程。

第四，加快电力价格的改革步伐，全面放开发电环节的价格限制；有步骤地实施输电环节的政府统一定价；配电、售电定价的公开化、民主化和社会化。

第五，对电力企业特别是输、配、售电环节的国家独资和国家控股企业实施公司制改革。

第六，完善电力改革相关的立法，对《电力法》和相关行政法规进行及时、全面的修改、补充，使之有效引导、规范改革。

2. 完善电力立法体系

完善的法律法规是有效规制、监管的前提和基础，我国既有电力领域的法律、行政法规，绝大部分是在国有国营的国家垄断体制和计划经济条件下形成的；自 2002 年以来，如《电力法》等法律、《电力供应与使用条例》等行政法规，虽经多次修改，其中一些反映计划经济思维或体制的条文，基本被删除或修改。但是，由于包括《电力法》在内的修改，均是在国务院、国务院各部委主导下，提出修改草案或意见，在各种效力等级不同的法律规范性文本修改中，仍然带有明显的行政管理本位、部门利益本位、行业利益本位、既得经营者利益本位痕迹或印记，《电力法》等特别法与行业性行政法规、部门规章，仍然不能适应社会主义统一市场、开放经济大格局的需要。笔者认为，抓紧以《电力法》大修为中心，完善电力行业的立法体系，已十分必要。其中需要重点解决的问题如下。（1）立法理念与价值观的定位。包括《电力法》在内的修改，一定要贯彻尊重自由竞争、维护市场公平、保护公众利益、增进社会福利为主旨。（2）反映或固化既有改革成果。自 2002 年以来，我国电力行业的投资、经营、监管体制有幅度较大的改革，改革总体而言是适应市场需要、符合世界潮流、切合公众利益的，这些成功的改革经验和具体举措，应通过新订法条或旧法修改，予以法律化、制度化，避免因领导、个人、长官意志，而随意改变或反复。（3）应借鉴发达国家或地区既有成功、成熟的做法或经验，对我国既有电力行业的投资、经营、监管进行全方位调整和完善。（4）立法内容应做到全面、系统。特别是《电力法》的修改，应包括电力行业投资准入、不同环节、企业形式、治理结构、经营方式、监管体制、权利救济等一系列制度的顶层设计与整体考量。

3. 确立独立权威的电力监管机构

从国外经验和我国电力体制改革发展的实践来看，建立独立、中立、有效的专业电力监管机构，是确保电力行业反垄断和市场化改革成功的关键。① 我国电力行业的监管，在 2002 年之前，是实行电力生产、电力营运、电力监管一体化体制，国家独资电力企业中国电力公司与国家电力监管机构国务院电力部，是两块牌子、一套人马；2002 年电力体制改革后，新设立的国家电力监管委员会，与中国电力投资集团公司、国家电网公司、南方电网公司等新设电力企业分离运行，独立的电力监管体制得以形成。但是，由于电监会与新设的电力企业、发电企业、电网企业，均源于同一"母体"，机构、人员、业务、观念、情感上仍有着千丝万缕的联系，在其后的运行中，独立监管的效果并不明显。2013 年 3 月，根据全国人大通过的《国务院机构改革和职能转变方案》，电监会被整合到新组建的国家能源局，原有的电力监管职能被国家能源局内设的市场监管司接替，与国家能源局另一子局电力司（主要职责为拟订火电和电网有关发展规划、计划和政策并组织实施，承担电力体制改革有关工作，衔接电力供需平衡）分离运行；其具体职责为："组织拟订电力市场发展规划和区域电力市场设置方案，监管电力市场运行，监管输电、供电和非竞争性发电业务，处理电力市场纠纷，研究提出调整电价建议，监督检查有关电价和各项辅助服务收费标准，研究提出电力普遍服务政策的建议并监督实施，监管油气管网设施的公平开放。"②

诚然，2013 年国务院机构改革，虽然在总体上解决了电力监管的完全独立与分离运行问题，但要形成真正独立、中立、权威、高效的电力监管体制，不是仅仅设立一个新的机构就能一蹴而就的，因此，在既有体制的基础上，通过立法明确电力监管机构的具体职权与职责，建立监管信息公开、程序透明的严格监管程序，引入公众消费者与社会专家监督，构建公正有效的电力纠纷与投诉争端解决规则及机制，则是确保电力监管体制独立、中立、权威、高效运行的保障性条件，其在遏制、查处、惩罚电力行

---

① 张占江：《自然垄断行业的反垄断法适用——以电力行业为例》，《法学研究》2006 年第 6 期。

② 《国家能源局市场监管司具体职责》，国家能源局官网·国家能源局简介·市场监管司，http://www.nea.gov.cn/201812nyjjj.htm，最后访问日期：2018 年 7 月 26 日。

业违法垄断经营的监管功效才能显示出来。①

4. 重构电价形成与监督机制

电力行业垄断经营对上下游经营者与公众消费者的损害，集中是以电价为表征反映出来的，因此，对电力行业垄断经营的规制，就应以电价的形成、监督为重中之重。笔者认为，重构电价形成与监督机制，应集中解决如下问题。（1）如前文所述，应建立以政府、企业、消费者、专家多方代表组成的独立公用事业价格委员会，按照中共中央、国务院《关于推进价格机制改革的若干意见》（2015 年）和国家发改委《关于全面深化价格机制改革的意见》（发改价格〔2017〕1941 号）中所定"准许成本+合理收益"的原则，以独立、中立的价格决定机制，制定既能符合电力企业合理利润要求，又能满足公众消费者利益关切的电力价格。（2）建立电力价格激励制度。如发电环节的竞价上网，输电环节的统一定价，配电、售电环节的市场定价；电力消费环节的阶梯定价等。②（3）完善电力价格听证制度。

总之，选择稳健可行的改革路径，强化电力行业的立法体系，确立独立权威的电力监管机构，重构电价形成与监督机制，则可把电力行业垄断经营的负面效应控制在较小范围。

二　民航业垄断经营的法律规制

（一）我国民航业垄断经营的规制现状

民航业（Civil Aviation）是重要的基础产业与公用事业。在放松管制已成为世界民航业发展主潮流的今天，我国民航业也紧跟全球趋势，踏上了放松管制、不断市场化的历程。从 2002 年民航业重组至今，民航业改革中的诸多放松管制政策，从允许民间资本进入民航业，到外资资本投资民航业，再到扩大外资资本投资民航业的比例。尽管如此，在我国逐渐放松民

---

① 陶少刚：《完善我国电力监管体制》，《中国电业》2007 年第 1 期；王伟：《新电改下中国电力监管体制改革路径》，《中共中央党校学报》2016 年第 5 期；曹丽媛、贺运政：《中国电力监管体制改革的过去、现在与未来》，《华北电力大学学报》（社会科学版）2017 年第 2 期。

② 孙传旺：《阶梯电价改革是否实现了效率与公平的双重目标?》，《经济管理》2014 年第 8 期。

航业管制的步伐中，民航业中垄断经营状况仍无根本性改变，其集中表现在政企不分与市场主体缺位仍然存在、寡头垄断经营的格局仍然维持，航空公司规模小因而缺乏国际竞争力，[①] 经营粗放且成本居高不下，[②] 运力结构和航线结构不合理，缺乏有效收益管理系统导致价格机制僵化和落后等方面。足以说明，行业垄断所导致的限制甚至吞噬竞争，[③] 严重制约了我国民航业的发展。

1. 我国民航业垄断经营法律规制的现状及主要问题

目前，我国对民航业垄断经营的规制，表现在规范文件上，主要分为如下两大部分：（1）前文所述《反垄断法》（2007 年）等旨在维护公平竞争、市场秩序的法律规范；（2）以《民用航空法》（2018 年修正）、《民用航空器适航管理条例》（1987 年）、《民用航空运输不定期飞行管理暂行规定》（1989 年）、《搜寻援救民用航空器规定》（1992 年）、《民用航空器权利登记条例》（1997 年）、《民用航空器国籍登记条例》（2020 年修正）、《国家处置民用航空器飞行事故应急预案》（2006 年）、《民用航空安全保卫条例》（2011 年修订）、《外国民用航空器飞行管理规则》（2019 年修正）、《公共航空运输企业经营许可规定》（2018 年修正）、《中国民用航空局政府购买服务指导性目录》（2018 年）、《民用航空企业及机场联合重组改制管理规定》（2018 年修订）为代表的、专门规制民航业的法律、行政法规、部门规章等。总体而言，这些规范性文件的技术性规范能与国际民航业接轨，对民航业准入规制有所放松，符合世界民航业发展的趋势和我国民航业进一步发展的要求。但是，我国立法重在对民航业本身的规范，该行业又受到政府较为严格管控，因此有关垄断经营的规制则明显滞后，具体表现为因规制机构角色错位与监督缺位对维护消费者权益保护不力（没有体现强化消费者保护这一当代反垄断法的趋势[④]），基于行政垄断和自我封闭使航空业竞争严重不足，[⑤] 立法不完善致使监管行为

---

① 中华人民共和国国家统计局：《中国统计年鉴》，中国统计出版社，2012，第 644 页。
② 中研普华公司《2013—2017 年中国民航运输行业兼并重组深度调研咨询报告》，中国行业研究网·研究报告·民航运输行业研究报告，http://www.chinairn.com，2013 年 1 月 12 日，最后访问日期：2013 年 3 月 27 日。
③ 单飞跃：《经济法理念与范畴的解析》，中国检察出版社，2002，第 56 页。
④ 丹宗昭信、厚谷襄儿：《垄断禁止法的基础》，日本青林书院，1983，第 18 页。
⑤ 汪静：《中国民航在整合中充分竞争》，《中国经营报》2003 年 3 月 24 日，第 2 版。

带有随意性，国有航空企业的寡头垄断局面事实上形成对民间资本与民营航空业的准入阻挠等多个方面。①

2. 我国民航业准入、经营体制改革的沿革与评价

从世界范围来看，民航业的重资产、高门槛、高风险、恒市场等行业特征，使寡头垄断成为不同国家或地区民航业市场的共同现象，为引进竞争、规制垄断，不同国家或地区出台了一系列改革政策，如从严格规制到放松准入的美国民航业规制模式，② 以及对民航业限制垄断和适度竞争并重的欧盟规制模式等，③ 共同点均是由严格管制到放松管制。可见，打破民航业垄断，放开市场竞争，已成国际共识，也是民航业反垄断的基本趋势。

我国民航业改革始于 20 世纪 80 年代，之前民航业一直实行"空军代管、国有国营、管营合一"的体制。1980 年 5 月国务院、中央军委联合下发《关于民航管理体制若干问题的决定》，决定民航总局从 1980 年 3 月 15 日起不再由空军代管，民航总局作为国家管理民航事业的行政机构，统一管理全国民航的机构、人员和业务，逐步实现企业化的管理；民航业开始进入"政企合一、场机合一"的经营、管理体制时期。1984 年 2 月国务院批转中国民航局《关于成立民用机场管理委员会的请示》，决定所有民用机场均成立机场管理委员会，在当地人民政府直接领导下，对驻机场各单位实行统一管理。1985 年 1 月国务院批转中国民用航空局《关于民航系统管理体制改革的报告》（国发〔1985〕3 号），提出"政企分开、简政放权"的改革思路；民航局作为国务院主管民航事务的部门，行使行政管理职能，不再直接经营航空的运输业务；以北京、上海、广州、成都、西安、沈阳六个地区管理局为基础，实行政企分开，分别组建中国航空公司、中国东

---

① 陈新焱：《恩与仇：东星航空破产案再调查》，《南方周末》2014 年 3 月 21 日；江华：《春秋航空婉拒国航入股　民营航空夹缝里腾挪》，《南方都市报》2010 年 3 月 26 日，第 GC15 版。

② 丹尼尔·史普博：《管制与市场》，余晖等译，上海三联书店、上海人民出版社，1999，第 151 页；江可申、李文绅：《从美国航空市场的发展看市场竞争形态的演变》，《世界经济研究》2000 年第 4 期；丁春宇：《美国反托拉斯法对我国航空市场的启示》，《中国民用航空》2003 年第 6 期；李眺：《论可竞争市场与放松规制——以美国民航业为例》，《外国经济与管理》2002 年第 9 期；民航总局政策法规室：《美国航空运输业公平竞争与反垄断制度研究》，《民航管理》2005 年第 9 期。

③ 陈卫：《欧盟民航业政策法规体系及其借鉴意义》，《中国民用航空》2006 年第 1~3 期。

方航空公司、中国南方航空公司、中国西南航空公司等航空公司。[①] 1986 年
1 月国务院发布《关于通用航空管理的暂行规定》（2014 年修订），对通用
航空管理作出了具体规定。

1994 年，根据八届全国人大一次会议批准的《国务院机构改革方案》，
1994 年 6 月国务院办公厅印发《中国民用航空总局职能配置、内设机构和
人员编制方案》的通知（国办发〔1994〕77 号），"中国民用航空局"更名
为"中国民用航空总局"（以下简称民航总局），按照"政企分开、简政放
权"原则，民航总局作为国务院主管全国民航事务的职能部门，对全国民
航业实施行业管理，原主管的地区性管理和企业职责范围内的业务全部下
放、转移给地区管理局或企业。根据九届全国人大一次会议批准的《国务
院机构改革方案》，1998 年 6 月国务院办公厅印发《中国民用航空总局职能
配置内设机构和人员编制规定》（国办发〔1998〕71 号），中国民航总局调
整为国务院主管全国民航事务的直属机构，进一步实行政企分开，切实转
变职能。

2002 年开始，根据《民用航空法》和国务院《民航体制改革方案》
（国发〔2002〕6 号），对民航业经营和管理体制进行大幅度改革，为此，
2002 年 11 月国务院办公厅印发《中国民用航空地区行政机构职能配置、机
构设置和人员编制规定》（国办发〔2002〕63 号），决定按照"政企分开、
转变职能、加强监管、保证安全"的改制目标，建立与民用航空事业发展
相适应的民用航空地区行政管理机构，实行中国民用航空总局、中国民用
航空地区管理局（即民航地区管理局）两级行政管理体制。与此同时，2002
年 7 月 14 日国务院同时发布《关于组建中国航空集团公司有关问题的批复》
（国函〔2002〕62 号）、《关于组建中国东方航空集团公司有关问题的批复》
（国函〔2002〕67 号）、《关于组建中国南方航空集团公司有关问题的批复》
（国函〔2002〕68 号），决定由中国民航总局具体组织实施，对我国民航企业
实行大规模的重组，组建三大航空公司，实现公共航空全业务经营。

2003 年，国务院着手对地方民航机场管理体制进行改革。2003 年 9 月，
国务院下发《关于省（区、市）民航机场管理体制和行政管理体制改革实

[①] 《国务院批转中国民用航空局关于民航系统管理体制改革的报告的通知》（国发〔1985〕
　　3 号）。

施方案的批复》（国函〔2003〕97号），同意稳步实施"场机分离"的民航机场管理体制改革，彻底改变延续多年的"场机合一"体制。2008年，国务院进行以交通部为试点的大部制改革，根据《国务院关于部委管理的国家局设置的通知》（国发〔2008〕12号），2009年3月国务院办公厅印发《中国民用航空局主要职责内设机构和人员编制规定》（国办发〔2009〕20号），决定设立中国民航局（副部级），作为交通运输部管理的国家局。

2012年民航业按照深化市场经济体制改革的新思维，在政策上进行幅度较大的调整。2012年7月国务院发布《关于促进民航业发展的若干意见》，致力于"加强立法和规划""加大空域管理改革力度""完善管理体制机制"等方面的改革，并要求"加快航油、航材、航信等服务保障领域的市场开放，鼓励和引导外资、民营资本投资民航业"。

经过近30年的努力，我国民航业市场化改革取得了如下显著的成果：（1）在民航业领域基本实现了"政企分立"，即民航局主导的民航业管理与航空公司为主体的民航业企业化经营的完全分离运行；（2）在民航业内部，机场等基础设施的投资、建设、营运、管理与航空公司航线的设置、营运、管理基本实现了有效的分离，即所谓的"场机分离"；（3）在航空业务与航线营运上，基本实现了国内由中国（国际）航空、东方航空、南方航空三大企业并存的寡头垄断与竞争局面；（4）在民航业主业与辅助业务上，也开始走向市场化、专业化经营的轨道。

但是，由于既有计划经济思维和行政本位体制的惯性作用，民航业改革尚存在如下明显缺陷。（1）我国过去把民航业改革的主要任务放在政企分立、场机分离和理顺民航业管理体制上，未把民航业的垄断特别是行政垄断作为主要规制对象，导致目前国家垄断（典型的如三大国有航空公司的寡头垄断）和行政垄断（典型的如地方机场的垄断）比较明显。（2）民航业领域虽然基本实现了政企分立，但民航局与现有三大国有航空公司尚存在比较密切的利益关系和关联关系，严重影响了我国民航业的均等开放和公平监管。（3）在民航业内部，虽然初步实现了"场机分离"，但我国机场等民航基础设施的投资、建设、营运、管理体制尚未理顺，与民航总局、地方政府和特定航空公司存在利益关联；有些机场等民航基础设施部分与大的航空公司捆绑，如首都国际机场与中国（国际）航空、上海虹桥国际机场与东方航空、广州白云国际机场与南方航空之间就存在密切的总部所在地和航空港的关系，机场等民航基础设施尚未真正成为航空公司营运、共享和竞争的公共基础平台。（4）在航空业务与航线营运上，目前基本处于中国航空、东方航空、南方航空三大国有航空的寡头垄断控制局面，民间资本、社会资本和民营企业在此领域尚没有一席之地，航空公司与航线的有效竞争格局尚未真正形成。① （5）在民航业主业与辅助业务上，虽然市场化、专业化经营有了起步，但基本上被机场或中国航空、东方航空、南方航空三大国有航空公司控制、垄断，民间资本、社会资本和民营企业在此领域同样无所作为。

（二）民航业垄断经营规制的改革路径及主要对策

笔者认为，在基本完成政企分立、"场机分离"的情况下，我国民航业未来要想有结构性调整和快速有序发展，就应把反垄断特别是把打破国家垄断和限制行政垄断作为主要目标，具体改革思路及规制内容如下。

（1）在理顺政企分立、"场机分离"的民航业管理与经营体制的基础上，把民航业的垄断特别是国家垄断（典型的如三大国有航空公司的寡头垄断）和行政垄断（典型的如地方机场的垄断）作为主要规制的对象。

（2）彻底实现民航业领域的政企分立，严格控制和约束民航局、地方政府与现有三大国有航空公司、机场营运之间的不正当控制和干预行为，切断它们之间的利益链条和关联关系，为我国民航业的均等开放和公平监管创造行政制度方面的条件。

（3）在民航业内部，继续推进"场机分离"的改革。机场等民航基础设施，除可由国家或国家控股投资、建设之外，应平等、有序地向民间资本、社会资本和民营企业开放。机场等民航基础设施建设完成后，应通过特许经营的方式，向民间资本、社会资本和民营企业公开招标，由完全市场化的公司（企业）独立营运、管理。应切断民航总局、地方政府、特定航空公司与机场、机场经营者之间所存在的利益关联，特别是要打破既有首都国际机场与中国（国际）航空、上海虹桥国际机场与东方航空、广州白云国际机场与南方航空之间的捆绑利益关系，使机场等民航基础设施真正独立于民航总局、地方政府、特定航空公司，成为所有航空公司营运、

---

① 茅铭晨：《政府管制法学原论》，上海财经大学出版社，2005，第263页。

共享和竞争的公共基础平台。

（4）在航空业务与航线营运上，要打破和改变由中国航空、东方航空、南方航空三大国有航空的寡头垄断控制局面，路径之一是引进和吸纳民间资本、社会资本和民营企业，加快中国航空、东方航空、南方航空三大国有航空公司的混合所有制改革，以改变目前航空市场上的国家垄断经营局面；路径之二是航空业务与航线营运准入上对民间资本、社会资本和民营企业实行一体开放，为民间资本、社会资本和民营企业有序进入航空业务与航线营运领域创造公平、宽松的行政准入条件，使航空业务与航线真正形成公平、有效的竞争格局。

（5）在民航主业与辅助业务上，在进一步市场化、专业化经营的基础上，要全面打破现有机场或中国航空、东方航空、南方航空等三大国有航空公司对航空辅助业务的控制和垄断局面，使民间资本、社会资本和民营企业能有序、公平进入。[1]

（6）完善现有机场建设费与航空公司票价捆绑销售的做法，推进现有民航业价格的市场化、民主化、公开化和社会化决定机制，确保民航业客户的合法权益。[2]

三 铁路业垄断经营的法律规制

（一）我国铁路业垄断经营的规制现状

1. 我国铁路行业垄断经营的特性分析

铁路业（Railway）是典型的垄断行业，因对国民经济发展的支柱性作用，长期以来，中国铁路行业处于高度集中、统一运营的状态，也是所有垄断行业改革中进展较为缓慢的。[3] 与其他运输方式相比，铁路的基础特征是重资产、大投资、长回报、线路化，其技术经济特征是运量大、成本低、能耗小，在大宗货物、大量旅客的中长途运输中有很强的竞争优势；既属

---

① 吴弘、胡伟：《市场监管法论——市场监管法的基础理论与基本制度》，北京大学出版社，2006，第202页。
② 徐孟洲、谢增毅：《论消费者及消费者保护在经济法中的地位》，载吴志攀主编《经济法学家》（2004年卷），北京大学出版社，2005，第355页。
③ 戚聿东：《垄断行业改革报告》，经济管理出版社，2011，第229~230页。

典型的自然垄断行业（线路的唯一性），更属国民经济的基础行业，因此，我国对铁路行业的改革，一直十分谨慎。^① 在我国，铁路行业的垄断呈现自然垄断性和行政垄断性两大明显特征。铁路行业的垄断不是由竞争出现生产集中而形成垄断，而是由生产资料的公有制、铁道部的单独经营而形成的。我国铁路行业的垄断与政府部门结合得非常紧密，它不是靠经营形成垄断，而是由政企合一的铁道部体制形成行业、部门垄断，是具有行政垄断性和自然垄断性双重特征的垄断性行业。

目前，我国对铁路业垄断经营规制的立法文本，主要分为如下两大部分。（1）前文所述《反垄断法》（2007 年）等旨在维护公平竞争、市场秩序的法律规范。（2）《铁路法》（2015 年修正）等公用事业特别法；《国家处置铁路行车事故应急预案》（2006 年）、《铁路货物运输合同实施细则》（2011 年修订）、《铁路交通事故应急救援和调查处理条例》（2012 年修订）、《铁路安全管理条例》（2013 年）等铁路业行政法规；《铁路运输基础设备生产企业审批办法》（2013 年）、《铁路运输企业准入许可办法》（2017 年修正）、《铁路运输业信用管理暂行办法》（2018 年）、《铁路运输基础设备生产企业审批实施细则》（2018 年）、《铁路运输服务质量监督信息公开办法》（2018 年）、《铁路运输企业准入许可实施细则》（2018 年修订）等铁路业部门规章等。这些立法文本虽然有部分制定于计划经济年代，但绝大部分在2013 年铁路业大调整、大改革之后，进行了比较大的修改，基本能反映既有铁路业的规制现状。

2. 我国铁路垄断行业的改革历程及简要评价

中国铁路业体制改革始于 20 世纪 80 年代中期，历经放权让利阶段（1982—1985 年）、经济承包（大包干）阶段（1986—1992 年）、改革探索阶段（1993—2005 年）、政企分开阶段（2006—2012 年）、市场化改革阶段（2013 年至今）等几大阶段。^②

1986 年 3 月，国务院下发了《关于铁道部实行经济承包责任制的方案》，实行"投入产出、以路建路"的经济责任承包制。直到 20 世纪 90 年代以前，铁道部是一个集铁路建设、铁路运输、铁路管理于一体的政企联

① 迟福林：《以科学发展观为主导全面推进改革》，《中国集体经济》2008 年第 7 期。
② 戚聿东：《垄断行业改革报告》，经济管理出版社，2011，第 230~235 页。

合体。1989 年 7 月 1 日，根据铁道部《关于成立中国铁道建筑总公司的决定》（铁劳〔1989〕69 号），原"铁道部工程指挥部建筑工程处"（前身为中国人民解放军铁道兵独立建筑团）整体划离出铁道部，新成立中国铁道建筑总公司（现中铁建设集团有限公司），拉开了铁道部政企合一改革的序幕。1992 年 8 月 11 日，国务院批转国家计委、铁道部《关于发展中央和地方合资建设铁路的意见》（国发〔1992〕44 号），提出"统筹规划，条块结合，分层负责，联合建设"的加快铁路建设改革思路。2000 年铁道部提出"网运分离"的铁路改革思路。2005 年 3 月，全国 41 个铁路分局全部被撤销，铁路从"铁道部→铁路局→铁路分局→站段"的管理体制，直接进入"铁道部→铁路局→站段"的三级管理体制。2012 年 3 月，国务院转发《关于 2012 年深化经济体制改革重点工作的意见》指出，要按照政企分开、政资分开的要求，研究制订铁路体制改革方案。2013 年 3 月，根据第十二届全国人大一次会议审议通过的《国务院机构改革和职能转变方案》，铁道部实行政企分开，将铁道部拟定铁路发展规划和政策的行政职责划入交通运输部，组建国家铁路局，由交通运输部管理，承担铁道部的其他行政职责；组建中国铁路总公司，承担铁道部的企业职责；不再保留铁道部。2013 年 3 月 14 日，国务院下发《关于组建中国铁路总公司有关问题的批复》（国函〔2013〕47 号），同意组建中国铁路总公司；2013 年 3 月 17 日，中国铁路总公司（China Railway Corp）正式成立；2017 年 11 月 15 日，中国铁路总公司所属 18 个铁路局均已完成公司制改革工商变更登记；2019 年 6 月 18 日，经国务院批准同意，中国铁路总公司改制成立中国国家铁路集团有限公司，启动股份制改造。至此，延续几十年的铁路政企合一体制被正式打破。

2013 年 8 月 9 日，国务院发布《关于改革铁路投融资体制　加快推进铁路建设的意见》（国发〔2013〕33 号），对深化铁路投融资体制改革作出了总体性安排，主要内容为：（1）推进铁路投融资体制改革，多方式多渠道筹集建设资金；（2）不断完善铁路运价机制，稳步理顺铁路价格关系；（3）建立铁路公益性、政策性运输补贴的制度安排，为社会资本进入铁路创造条件；（4）加大力度盘活铁路用地资源，鼓励土地综合开发利用；（5）强化企业经营管理，努力提高资产收益水平；（6）加快项目前期工作，形成铁路建设合力。①

中国铁路经过几十年的改革发展，取得了可喜的成效，消费者福利增加、服务质量逐步提高，价格趋于合理。但铁路行业长期以来政企不分的经营方式，使铁路改革中仍然存在诸多问题。其中，最明显的不足包括：（1）铁路行业产权界定尚不清晰；（2）铁路行业监管尚不到位；（3）有效竞争的铁路投资、运输市场环境尚未形成；（4）铁路运输价格形成机制和铁路定价尚不合理；（5）有关铁路监管体制改革的立法尚严重滞后；（6）政企分开后存在的债务问题尚未清理。

（二）铁路业垄断经营规制的改革路径及主要对策

2013 年 3 月 14 日，中国铁路总公司的正式挂牌，只是实现铁道部政企分开、破除行政垄断、行业垄断的第一步，而要根本扭转既有铁路业的国家垄断、国企垄断、行政垄断、行业垄断局面，须从以下几个方面进行深度改革。

1. 放松行业管制、积极推进铁路准入制度改革

打破铁路业的既有垄断格局，准入环节的改革应是源头性的。② 笔者认为，对我国未来铁路准入制度的改革，可从以下六个方面进行。

（1）把铁路行业按其自然垄断属性，划分为自然垄断性环节和非自然垄断性环节。其中铁路道路、路轨的投资与经营应属自然垄断性环节，而铁路运输和辅助产业应属非自然垄断性或竞争性环节。借鉴英、美、日等国的"网运分离"营运体制和改革经验，③ 应本着"轮轨分离"的原则，分别适用不同的准入政策和准入管理。

（2）在"轮轨分离"的前提下，对属自然垄断性的铁路道路、路轨的投资与经营，应选择国家投资或特许招标投资的准入方式。其中涉及国家具有战略意义但营运效益不理想的铁路（如边疆铁路、骨干线路）应由国家投资

---

① 伍业君：《新中国铁路投融资体制发展改革：回顾与展望》，《理论学习与探索》2019 年第4 期。

② 肖翔：《新自然垄断理论在铁路运输业的研究与应用》，《数量经济技术经济研究》2003 年第 11 期。

③ 王俊豪：《英国政府管制改革研究》，上海三联书店，1998，第 191~196 页；杨斌：《日本铁路改革及启示》，《铁道经济研究》2000 年第 2 期。

建设；其他经济效益明显的铁路，应以独资、合资、股份等多种形式，充分吸收中央与地方、国家与民间、境内与境外、内资与外资的广泛、平等参与。

（3）逐步实行铁路的投资建设与铁路营运的适当分离，并在已建铁路的基础上组成铁路营运公司。铁路营运公司以铁路为营运对象，可广泛吸收民间资本、社会资本和民营企业的资本参与，经营内容主要是把已建铁路公平地出租给不同的铁路运输企业（公司）使用，把铁路经营成所有铁路运输企业（公司）可共同营运、共享和竞争的公共基础设施平台。

（4）在"轮轨分离"完成和铁路真正转型为公共基础设施平台之后，应打破现有国家铁路公司或个别地方铁路公司的垄断或寡头垄断经营格局，全面开放铁路运输市场，允许不同所有制背景企业、不同来源资本、不同形式的企业平等、自由进入铁路运输领域，开展公平竞争。

（5）对现有中国国家铁路集团有限公司实行公司化改革，吸收民间资本、社会资本和民营企业的资本参与和经营管理，把其改造为股份制企业和真正的市场法人实体。

（6）全面放开铁路辅助业务领域的准入管制，广泛吸收民间资本、社会资本和民营企业的资本参与和经营管理。

2. 加强铁路行业监管模式的改革

要实现铁路行业的有效竞争、维护公平的市场秩序，就必须有独立、权威、有效的铁路行业监管制度，就应当在以下几个方面进行深入改革：（1）建立独立于政府、铁路企业、公众消费者之间的铁路监管机构；（2）明确把限制竞争、垄断行为、价格行为作为铁路监管的重点；（3）完善铁路监管内容及监管制度法治化。

3. 加快铁路行业价格决定机制的改革

重点应解决如下问题。（1）建立新的铁路定价机制。即垄断性环节或普遍服务的铁路价格，应在前述公用事业委员会的定价机制下，解决铁路定价主体与定价机制问题；竞争性环节或非普遍性服务的铁路价格，采取循序渐进的方式，由市场竞争。[1]（2）全面、切实引入铁路价格决定的公开化、民主化和社会化机制。即在现有铁路价格由政府指导定价的过渡阶段，参考铁路建设、投资、运输经营中的成本和效益，广泛吸收消费者、专家、

---

[1] 欧国立：《中国铁路运价体制和运价政策的变迁》，《综合运输》2006 年第 2 期。

其他经营者等代表参与，以价格听证会等多种形式，使铁路行业的价格最终能为社会各界所广泛接受。①

总之，由于铁路行业的特殊性，对该行业实行反垄断经营规制的制度设计中，首先，应当把铁路行业按属性划分为自然垄断性环节和非自然垄断性环节，本着"轮轨分离"的原则，分别适用不同的准入政策和准入管理；其次，应加强铁路行业监管模式改革，以建立独立、权威、有效的铁路行业监管机制；最后，加快铁路行业价格决定机制改革步伐，使铁路价格能适用市场与社会需要。上述改革思路可以《铁路法》修改为契机，完善行业立法和其他相关立法，使之尽可能有立法依据和制度保障。

四　邮政业垄断经营的法律规制

（一）我国邮政业垄断经营的规制现状

1. 我国邮政业垄断经营的特性分析

邮政（Post）是国家重要的公用事业，作为一种公共服务已有两千多年的历史，它是一种兼具物流、信息流、资金流三合一的产业，并与国家政治、经济、军事、文化等紧密相连，发挥着通政、通民、通商的重要作用。随着网络与通信技术的发展，邮政已经不是简单地传递信件和包裹，它的服务范围已广泛分布于信函通信、快递、物流、金融等领域，在保障城乡居民的基本通信权利、保护国家信息安全、促进国民经济和社会发展等方面发挥了重要功能，特别是在完成政治任务、邮政普遍服务、抢险救灾和国防通信中，起着极其重要和不可替代的作用。20世纪60年代，以美国邮政实行商业化运作为开端，揭开了世界邮政改革的序幕。

我国邮政起源于古代的烽火通信与邮驿，迄今已有几千年的历史，经历了"烽火通信""置邮传命"的古代官方通信，到近现代的大清邮政、民国邮政，再到新中国邮政的发展历程。邮政行业具有自然垄断性的邮政通信网络、全程全网性生产方式、② 普遍服务性、成本沉淀性等技术经济特征。③

目前，我国对邮政业垄断经营规制的立法文本，主要分为如下两大部

---

① 何欣荣、贾远琨：《铁路改革循序渐进 难一蹴而就而需稳中求进》，《半月谈》2012年第12期。
② 杨海荣：《邮政概论》，北京邮电大学出版社，2002，第35页。
③ 戚聿东：《垄断行业改革报告》，经济管理出版社，2011，第184~185页。

分。(1) 前文所述《反垄断法》(2007 年) 等旨在维护公平竞争、市场秩序的法律规范。(2)《邮政法》(2015 年修正) 等公用事业特别法;《邮政法实施细则》(1990 年)、《快递暂行条例》(2019 年修订) 等邮政业行政法规;《邮政业标准化管理办法》(2012 年)、《快递市场管理办法》(2013 年)、《邮政行政处罚程序规定》(2013 年,2020 年修正)、《邮政管理部门行政处罚文书》(2013 年)、《邮政行业安全监督管理办法》(2013 年修正)、《寄递服务用户个人信息安全管理规定》(2014 年)、《邮政行业安全信息报告和处理规定》(2014 年)、《国家邮政局政府信息公开工作办法》(2014 年)、《邮政业用户申诉处理办法》(2020 年)、《快递业务经营许可注销管理规定》(2014 年)、《邮政行政执法监督办法》(2014 年,2020 年修订)、《经营邮政通信业务审批工作细则 (试行)》(2015 年)、《邮政普遍服务监督管理办法》(2015 年)、《禁止寄递物品管理规定》(2016 年)、《邮政管理部门随机抽查工作细则 (试行)》(2016 年)、《邮政普遍服务标准》(2017 年修订)、《快递业信用管理暂行办法》(2017 年)、《快递业务经营许可管理办法》(2019 年修正) 等邮政业部门规章等。这些立法文本绝大部分是关于邮政业的行业性规范,专门规制邮政业垄断经营权滥用的条文很少。

2. 我国邮政行业的改革历程及简要评价

1949 年以来,我国邮政业历经"邮电分设,政企合一"(1949 年)、"邮电合一,双重领导"(1950—1957 年)、"管理权下放与回收"(1958—1969 年)、"邮政局设立与邮电部恢复"(1970—1991 年)、"邮电政企分开改革"(1992—1997 年)、"邮电分立分营"(1998—2004 年)、"邮政政企分开与内部重组"(2005 年之后) 等几个不同发展阶段。① 真正意义上的改革是从 1998 年"邮电分立分营"开始的。

1998 年开始,根据《国务院关于部委管理的国家局设置的通知》(国发〔1998〕6 号),邮政与电信正式分离运行和管理。1998 年 6 月 26 日,国务院办公厅印发《国家邮政局职能配置内设机构和人员编制规定》(国办发〔1998〕97 号),决定设置国家邮政局,作为信息产业部管理的主管全国邮政行业以及管理全国邮政企业的机构。至 1998 年底,全国形成独立完整的

---

① 戚聿东:《垄断行业改革报告》,经济管理出版社,2011,第 186~187 页。

邮政体系。邮、电分立分营后，邮政开始独立运营，成为国民经济的一个独立部门，但邮政仍维持政企合一经营体制。邮政业的改革，也是本着先实现政企分离，在剥离国家邮政局企业职能的基础上，组建中国邮政集团公司，实施邮政主业（信件寄递业务等）、邮政储蓄（银行）、邮政物流（物流、速递、电子商务）分业经营，全面开放邮政普遍业务和邮政物流业务的准入环节。

2005 年 8 月国务院下发《邮政体制改革方案》（国发〔2005〕27 号），提出"实行政企分开，加强政府监管，完善市场机制""提高企业竞争力""建立企业独立自主经营、政府依法监管的邮政体制，进一步促进我国邮政事业的发展"的基本改革思路。该方案决定重组邮政监管机构，在剥离国家邮政局的企业职能、资产和人员的基础上重组国家邮政局，为国家邮政监管机构；组建中国邮政集团公司，赋予中国邮政集团公司信件寄递业务专营权，并通过立法明确邮政专营业务范围；对快递等邮政业务实行市场准入制度。2006 年 2 月国务院办公厅印发《国家邮政局主要职责内设机构和人员编制规定》（国办发〔2006〕7 号）和《省（区、市）邮政监管机构机构设置主要职责和人员编制规定》（国办发〔2006〕8 号），决定重组国家邮政局（副部级机构），作为信息产业部管理的国家邮政监管机构，实行政企分开，继续行使政府邮政监督管理职能，企业职能剥离给新组建的中国邮政集团公司。2006 年 6 月银监会批准《中国邮政储蓄银行筹建方案》；2007 年 3 月 20 日，中国邮政储蓄银行正式挂牌。2006 年 8 月国务院下达《关于组建中国邮政集团公司有关问题的批复》（国函〔2006〕79 号），原则同意《中国邮政集团公司组建方案》和《中国邮政集团公司章程》，决定组建中国邮政集团公司。中国邮政集团公司为大型国有独资企业，主要经营国内和国际邮件寄递、报刊等出版物发行、邮政汇兑、邮政储蓄、邮政物流、邮票发行等业务；公司注册资金为 800 亿元；2007 年 1 月 29 日，中国邮政集团公司正式挂牌；到 2007 年 9 月西藏自治区邮政公司挂牌，全国 31 个省（区、市）邮政公司都正式完成政企分开改革。2009 年 3 月根据《国务院关于部委管理的国家局设置的通知》（国发〔2008〕12 号），国务院办公厅印发《国家邮政局主要职责内设机构和人员编制规定》（国办发〔2009〕21 号），设立国家邮政局（副部级），并调整为交通运输部管理的国家局。2012 年 1 月 20 日，国务院办公厅下发《关于完善省级以下邮政监管体制的通知》（国办发〔2012〕6号），对完善省级以下邮政监管体制提出了新的要求，明确要求把快递业务纳入省级以下邮政市场的监管范围。经过改革，形成国家邮政局、中国邮政集团公司、中国邮政储蓄银行的政企分离体制，实现了除特定信件寄递业务之外邮政业的有效竞争局面。①

2005—2012年此轮邮政改革，是与1986年《邮政法》大幅度修订同时进行的，此轮改革的另一重要亮点就是速递物流的市场化改革。2005年国务院《邮政体制改革方案》就明确提出改革邮政主业，鼓励中国邮政集团公司根据现代邮政业发展需要，对企业进行重组，组建物流、速递、电子商务等专业公司，实行专业经营。在《邮政法》的修订过程中，立法机关并没有采纳社会舆论热议的"混业经营"模式；② 2009年《邮政法》修订案规定竞争性业务与普遍服务业务分业经营，以法律形式确立了邮政速递物流专业经营的改革目标，并顺势开放了邮政速递物流领域。2008年以来，中国邮政集团公司决定按照"业务整合，专业经营；代理结算，利益共享；合理兼职，双向考核"的改革思路，推进邮政速递物流的改革；2010年6月29日，中国邮政速递物流股份有限公司在京揭牌。与此同时，随着2009年《邮政法》修订案对邮政速递物流的准入开放，一大批民营资本背景的邮政速递物流公司如雨后春笋般地成长和崛起，其中快递业尤为引人注目，可以说，这是中国邮政体制改革最为成功的地方。

2015年10月，国务院发布《关于促进快递业发展的若干意见》（国发〔2015〕61号），要求按照"市场主导"，"遵循市场发展规律，进一步开放国内快递市场，用市场化手段引导快递企业整合提升"，培育壮大快递企业，加快形成若干家具有国际竞争力的企业集团。可见，邮政速递物流业的改革仍在继续。

（二）邮政业垄断经营规制的改革路径及主要对策

虽然2005—2012年此轮邮政改革，特别是2009年《邮政法》修改后对邮政业改革的推动，取得了明显成效，但国有邮政企业长期政企不分，经

---

① 吴建：《体制改革让传统邮政焕发生机》，《中国邮政》2018年第11期。
② 艾林：《邮政储蓄银行混业经营探讨》，《邮政研究》2008年第5期。

营机制僵化，致使邮政业经营中的垄断顽症仍然以惯性方式存在着，具体表现为中国邮政集团公司的产权多元化尚未形成，国有邮政企业的治理模式严重滞后，① 邮政普遍服务内容和边界仍不清晰，邮政专营业务种类与范围尚不明确，② 邮政定价成本核算体系不够完善，③ 邮政普遍服务补偿机制仍不完善，④ 分类邮政资费与价格改革尚未完成，⑤ 混业经营的模式尚有争议等多个方面。因此，加大改革特别是国有邮政企业的改革，是应对邮政业垄断经营的主要规制方向。

1. 国有邮政企业产权与治理的现代化

我国国有企业改革的实践证明，完善的公司治理结构之关键性前提是实现企业投资主体多元化，对于竞争性、营利性业务尤其如此。⑥ 2007 年中国邮政集团、中国邮政储蓄银行的成立，虽然解决了政企分开问题，但中国邮政集团、中国邮政储蓄银行仍为国有独资企业，今后的发展方向应是通过股份制改革，通过股东、股权多元化，把中国邮政集团、中国邮政储蓄银行改造成为国资控股、多元股权、产权明晰的现代企业。在中国邮政集团、中国邮政储蓄银行完成股份制改造后，应严格按照公司制，针对国有控股公司建立有效的企业内部治理机构和制度体系，通过股东（大）会、董事会、监事会的合理分权和职能分工，实现国有邮政企业内部治理民主化和法治化。同时按照垄断规制的需要，对应设置独立权力集中型的规制机构，做到规制机构与邮政企业机构分开、人员分开和财务分开。⑦

2. 邮政监管模式的独立性与针对性

强化邮政业的监管是应对邮政垄断经营的重要环节，而邮政业监管机制的法律定位与职能建设尤其迫切，⑧ 其目的就是要建立一个独立、中立、权威、有效的邮政业监管体制，以应对邮政业随时可能出现的各种垄断违

---

① 戚聿东、柳学信：《自然垄断产业改革：国际经验与中国实践》，中国社会科学出版社，2009，第 23 页。

② 马军胜：《中华人民共和国邮政法释义》，法律出版社，2010，第 5~10 页。

③ 张俭：《邮政专营应采用"重量+资费"标准》，《中国物流与采购》2009 年第 12 期；符炳：《基于上海邮政能耗大数据模型优化邮政企业运营研究》，《邮政研究》2019 年第 2 期。

④ 刘雅静：《完善我国邮政普遍服务补偿机制的思考》，《经济前沿》2008 年第 8 期。

⑤ 徐华：《我国自然垄断行业的价格规制》，《东南学术》2001 年第 6 期。

⑥ 郭海林：《关于邮政公司化改革的思考》，《邮政研究》2002 年第 6 期。

⑦ 贺一峰：《邮政体制改革的目标和思路》，《通信企业管理》2004 年第 7 期，第 38 页。

⑧ 王俊豪等：《中国垄断性产业管制机构的设立与运行》，商务印书馆，2008。

法行为和损害竞争者、消费者利益的其他违法行为。此项规制性改革包括以下要点。（1）独立、中立、权威、有效的邮政业监管机构的立法定位。目前国家邮政局隶属国务院交通运输部之下，属行政机构序列。鉴于行政机构与国有邮政企业尚存在各种亲缘、关联关系，不能确保邮政监管的独立性与中立性，应在国家邮政局内设一由政府代表、邮政企业代表、消费者代表、社会代表组成的专业监管委员会，赋予其重要的垄断性违法行为认定、裁决、监督之权。如此，才能解决目前邮政监管机构与体制的独立性问题。（2）完善邮政业普遍服务及相关法规的配套性规定，做到邮政监管有法可依。（3）完善邮政普遍服务与特殊服务的分类监管体系。（4）利用法律和经济手段完善对快递市场的监管。①

3. 邮政资费与价格决定机制的改革

邮政资费改革，可以从三个方面入手。（1）要制定并出台相关法律、行政法规，对邮政资费的制定机构、制定标准和目标有明确规定。（2）运用经济手段，对邮政行业资费进行相应的调节，对普遍性业务要根据国内生产总值的方法来制定具体的邮政资费标准，对于竞争性业务要根据价格上限规制的办法，将邮政资费控制在一定范围内，然后根据物价指数和人民消费水平的实际情况加以限制和有效调节，避免无序竞争和违法定价。（3）对普遍服务资费作明确规定，对竞争性业务限定价格范围，市场监管部门和邮政监管机构要强化对经营行为和市场准入中价格违法行为的监督。

4. 普遍服务业务与竞争性业务分业经营的改革

我国《邮政法》（2015年修正）第18条规定，邮政企业的邮政普遍服务业务与竞争性业务应当分业经营。分业经营有助于邮政业监管机构的分业监管。分业经营的本质是实现分账核算，目的是抑制邮政企业在业务内部的交叉补贴，以防止邮政企业借助普遍服务的政策优惠、政策平台，牺牲普遍服务质量换取竞争性业务的不当利润。加强分业监管，就必须针对普遍服务业务与竞争性业务进行分别监管，特别是分类监管的对象、重点、方法、标准、惩罚等，应有明显的针对性。我国邮政业分业监管体制还刚刚建立起来，需要在实际运行中不断完善。

---

① 尹少成：《邮政业监管的行政法研究》，中国政法大学出版社，2016，第10页以下。

5. 邮政专营业务范围的明晰与确定

2005 年国务院《邮政体制改革方案》就明确授予中国邮政集团公司以信件寄递业务的专营权。2009 年《邮政法》修订案第 5 条也规定，国务院规定范围内的信件寄递业务，由邮政企业专营。但到目前为止，邮政企业专营的信件寄递业务范围尚不能确定，特别是专营业务与普遍服务业务之间的范围、界限与划定，并不清晰。在理论上，专营（业务）与普遍服务（业务）的关系如下：专营是一种权利，普遍服务是一种责任和义务；普遍服务常常要通过专营来实现，专营的存在对普遍服务具有支撑作用；普遍服务业务不一定都作为专营业务，各国都强调普遍服务，但基本趋势是不断缩小专营范围甚至取消专营范围，目的在于实现邮政准入与竞争的自由化。[①] 邮政专营业务范围的过宽或过泛，无疑会扼杀邮政业的正常竞争，有悖于营业自由与竞争公平的基本原则，不利于我国邮政业的发展，更不利于普遍服务问题的彻底解决；不仅如此，有时还会影响以邮政投递作为送达方式的民事法律行为效力，[②] 可见，邮政专营业务范围的划定意义重大。

2015 年国家邮政局下发的《邮政企业停止办理或者限制办理邮政普遍服务业务和特殊服务业务管理规定》，所规定的邮政普遍服务业务，是指"信件、单件重量不超过五千克的印刷品、单件重量不超过十千克的包裹的寄递以及邮政汇兑"；而特殊服务业务，则为"国家规定报刊的发行，以及义务兵平常信函、盲人读物和革命烈士遗物的免费寄递等"。此《规定》中的特殊服务业务是否就是《邮政法》第 5 条所规定的"国务院规定范围内的信件寄递业务"，并不十分清晰。另，2015 年 10 月交通运输部发布修改后的《邮政普遍服务监督管理办法》第 2 条、第 3 条对邮政普遍服务的定义也比较模糊，即"邮政普遍服务，是指按照国家规定的业务范围、服务标准，以合理的资费标准，为中华人民共和国境内所有用户持续提供的邮政服务"。足见，既有立法文本对邮政普遍业务与专营业务的范围，未作明确、清晰的划定。而在邮政实务与司法实践中，又经常发生非中国邮政类信件投递遭拒或送达效力被法院否定的事例。如在"中国农行丹阳支行诉丹阳珍品八宝酒公司借款合

[①] 蒋慧玲、贺斌：《邮政普遍服务与邮政专营权》，《中国邮政》2001 年第 1 期；吴立峰：《论邮政专营权》，《西安邮电学院学报》2001 年第 4 期。

[②] 赵吟、黄忠：《违反邮政专营规定的快递合同效力之辨识——兼谈〈合同法〉第 52 条第 5 项及其解释的适用》，《私法研究》2012 年第 2 期。

同纠纷案"中，最高人民法院认为"顺丰公司并非邮局，仅是一般快递公司"，以"非邮政快递催收通知且无法确认送达，不产生诉讼时效中断效力"为由，认定中国农行丹阳支行以顺丰快递向保证人发出逾期贷款催收通知书的送达行为无效，在社会上饱受争议。① 因此，本着既有利于邮政公平竞争，又确保国家邮政通信安全的原则，由国务院尽早制定行政法规，划定"信件寄递业务"等邮政专营业务的具体、明确范围，是十分必要且紧迫的。

五　电信业垄断经营的法律规制

(一)　我国电信业垄断经营的规制现状

1. 我国电信业垄断经营的特性分析

电信（Telecom）是以电信号（电磁或光电）为基本载体的通信及相关产业之概称，我国《电信条例》（2016 年修订）第 2 条第 2 款规定，电信是指"利用有线、无线的电磁系统或者光电系统，传送、发射或者接收语音、文字、数据、图像以及其他任何形式信息的活动"。电信作为新型通信形式与新兴产业，源于 19 世纪中叶，1834 年美国人莫尔斯发明电报和 1876 年美国人贝尔发明电话之后，电信因为新技术长期被少数企业所垄断，再加上电信业需以最初的电线、电缆及后来的无线发射基站作为基础设施和硬件平台支撑，因此，在相当长时期，电信业被视为当然的自然垄断性产业。但是，随着电信技术的成熟、外溢、更新、换代，电信技术被独家或少数几家企业垄断的情况已不复存在，电信业也就经历了"完全垄断→寡头垄断→垄断竞争→完全竞争"几个发展阶段，呈现鲜明的由垄断走向竞争的演变轨迹。

关于电信业在当今是否仍属自然垄断性产业，有两种截然相反的观点。(1) 坚持论者认为，电信业属于自然垄断行业，特别在中国更是如此；② 或者认为，电信业本为自然垄断性产业，只是在全球范围内经历了由垄断到竞争的显著变化而已。③ (2) 否认论者认为，电信业之所以被认为属自然垄

---

① 中华人民共和国最高人民法院（2015）民申字第 134 号《民事裁定书》。
② 刘先华：《论中国自然垄断产业改革的趋势：以中国电信产业改革为例》，《经济评论》2003 年第 2 期。
③ 马志峰：《自然垄断产业的市场化改革：理论与实践——以电信行业为例》，《中南财经政法大学学报》2003 年第 3 期。

断性产业，只是因传统电信技术垄断所致，随着电信技术的外溢共享与更新换代，特别是互联网、移动通信时代，电信业根本不再具有自然垄断性质，属于完全竞争或至少属于寡头竞争的产业；① 更有学者以美国电信业的分拆与 20 世纪中叶以来电信技术的发展为例，认为电信业根本不具备自然垄断的任何特征。②

我国电信业垄断经营体制形成于计划经济时期，虽经多次改革、拆分，但仍然维持寡头垄断经营的市场格局；与其他国家电信垄断的成因与结构不同，它具有如下明显特征。（1）国家垄断。中国电信业由来已久的国家投资、国有国营、"一家独大"到后来的寡头垄断格局，根本不是市场竞争的结果，恰恰是以特定国家经济政策、产业政策、计划体制并以国家强制力彻底否定市场消除竞争的结果，这与欧美等电信业原发地在市场经济条件下基于技术独占形成的垄断有着根本不同。（2）行政垄断。我国电信的进入壁垒除因规模经济、沉没成本、差别化经营等市场因素外，更重要的是来自不合理的政府管制，电信垄断经营和政府管制的市场绩效具有高度的关联性，③ 表现出鲜明的行政垄断色彩。（3）国企垄断。即我国电信业的垄断，是以国有独资或国有控股企业在电信业中的优势、控制地位集中体现出来的，电信业垄断的形式就是国企垄断。（4）行业垄断。我国电信行业具有明显的前向纵向控制、限制或反竞争效应，④ 国有电信企业利用既有资本、技术、人员、市场优势，加上国家和政府在政策、法律、行政、经济等方面的倾斜，使电信业垄断具有全行业垄断的明显特征。（5）寡头垄断。中国电信行业作为公用企业从诞生之日就赋予自然垄断属性，但从中国电信业被分拆后，这一自然垄断属性也已不复存在；⑤ 尽管如此，由于电信行政许可，特别是电信营业牌照的发放，从 3G 时代的三张（中国电信、中国移动、中国联通）到 5G 时代的四张（中国电信、中国移动、中国联通、中国广电），呈现明显的寡头垄断特征。

---

① 汪向东：《深化电信改革必须彻底破除"自然垄断教条"》，《数量经济技术经济研究》1999 年第 7 期。
② 肖立武：《电信产业并非"自然垄断"——对美国电信业发展的历史考察及与中国的现实比照》，《中国工业经济》1999 年第 9 期。
③ 向俊波：《我国电信产业中的垄断经营和政府管制分析》，《经济问题》2001 年第 6 期。
④ 郑杰、易卫平、郁义鸿：《我国电信行业的主垄断效应研究》，《经济研究》2001 年第 6 期。
⑤ 义海忠：《对中国电信行业垄断现状的法律分析》，《甘肃政法学院学报》2003 年第 3 期。

电信业领域的反垄断立法，多数国家选择反垄断法、竞争法与电信法等公用事业特别法共同规制模式，如美国的《反垄断法》与《联邦电信法》、德国的《反限制竞争法》（CWB）和《电信法》（TKG）等。[①] 我国与美、德立法模式类似，即选择反垄断法与公用事业特别法的双重规制模式。[②] 目前，我国对电信业垄断经营规制的立法文本，主要分为如下两大部分。（1）前文所述《反垄断法》（2007 年）等旨在维护公平竞争、市场秩序的法律规范。（2）《电信条例》（2016 年修订）、《外商投资电信企业管理规定》（2016 年修订）等电信业行政法规；《电信业务经营许可管理办法》（2017 年修订）、《电信通信保密暂行规定》（1982 年）、《电信服务质量社会监督标准》（1995 年，1996 年修订）、《电信营业服务规范》（1995 年）、《电信服务质量通告制度》（2001 年）、《电信网间互联争议处理办法》（2001 年）、《电信建设管理办法》（2002 年）、《电信服务明码标价暂行规定》（2002 年）、《电信服务规范》（2005 年）、《公用电信网间通信质量监督管理办法》（2005 年）、《电信和互联网用户个人信息保护规定》（2013 年）、《电信服务质量监督管理暂行办法》（2014 年修正）、《电信网码号资源管理办法》（2014 年修正）、《电信设备进网管理办法》（2014 年修正）、《公用电信网间互联管理规定》（2014 年修正）、《电信用户申诉处理办法》（2016 年）等电信业部门规章等。这些立法文本除个别条款涉及禁止滥用电信垄断优势地位外，绝大部分是关于电信业的行业性规范。

2. 我国电信业的改革历程及简要评价

我国电信业改革始于 20 世纪 90 年代中期。90 年代以前的电信业与邮政混为一营，维持邮电一家、政企不分的经营体制，90 年代完成邮电分营、政企分离，21 世纪初的电信业重组与邮政业改革，最终初步打破了原有的邮电垄断经营格局，有效地促进了邮政和电信的快速发展。如1994 年 3 月，国务院要求进一步改革邮电管理体制，将邮政总局、电信总局分别改为单独核算的企业局；1994 年 7 月成立中国联合通信有限公

---

① H. J. 皮蓬布罗克、F. 舒斯特：《对立、分立抑或并立——评德国〈反垄断法〉与〈电信法〉》，董一梁译，《比较法研究》2005 年第 1 期。
② 王永强：《电信行业垄断的法律规制》，武汉大学出版社，2017，第 165～191 页。

司，打破电信的独家垄断经营局面；1997 年 1 月，邮电部作出实施邮电分营的决策；1998 年 3 月，国务院决定在邮电部和电子工业部的基础上，组建对电信业进行宏观管理的信息产业部，实施邮电分管、分营；1999年 2 月，国务院通过中国电信重组方案，中国移动集团、中国电信集团及中国卫通在 2000 年相继挂牌；1999 年 4 月，中国网络通信有限公司成立；2000 年 12 月，铁道通信信息有限责任公司成立；2001 年 1 月，中国铁通成立；这样，中国电信市场格局由过去中国电信一枝独秀，变成中国电信、中国联通、中国移动以及中国网通、中国铁通、中国卫通、中国吉通 "七雄并存"。[①]

2002 年 5 月 16 日，中国电信确定南北分拆方案：南方 21 个省（区、市）成为分拆后的中国电信集团，北方 10 个省（区、市）和中国网通、吉通重组为中国网通集团公司，新中国电信集团及中国网通集团正式挂牌成立。2003 年 6 月，依据国务院 36 号令，吉通并入网通集团；2003 年 11 月，网通国际公司挂牌；2004 年 1 月 9 日，网通北方公司成立，1 月 15 日，网通南方公司挂牌，网通重组加速；2004 年 1 月 29 日，铁通公司由铁道部移交国资委，更名为 "中国铁通"，作为国有独资基础电信运营企业运作。2008 年 5 月，工信部、国家发改委、财政部联合发布《关于深化电信体制改革的通告》，基本精神为：（1）以发展第三代移动通信（即 3G）为契机，合理配置现有电信网络资源，实现全业务经营，形成适度、健康的市场竞争格局；（2）发放三张 3G 牌照，支持形成三家拥有全国性网络资源、实力与规模相对接近、具有全业务经营能力和较强竞争力的市场竞争主体；（3）鼓励中国电信收购中国联通 CDMA 网（包括资产和用户），中国联通与中国网通合并，中国卫通的基础电信业务并入中国电信，中国铁通并入中国移动。通过此次改革，最终在电信业市场形成中国移动、中国电信、中国联通这一 "三雄并踞" 的寡头垄断竞争式格局，大大改善了电信业的经营环境和服务水平。[②]

2010 年 6 月国务院颁布《推进三网融合的总体方案》，提出组建国家级

---

① 杨秀玉：《转轨时期中国电信行业垄断问题研究》，中国社会科学出版社，2019，第 75～86 页。

② 石耀东等：《邮电行业改革历程回顾、分析与展望》，《调查研究报告》2019 年第 150 号。

有线电视网络公司的设想；2014 年 4 月 17 日，中国广播电视网络公司（简称中国广电）于北京注册成立，为国有独资公司；2016 年 5 月 5 日，中国广电取得《基础电信业务经营许可证》。2019 年 6 月 6 日，工信部向中国电信、中国移动、中国联通、中国广电发放 5G 商用牌照，电信业进入新的四雄并竞时代。[①]

我国电信业经邮电分立、政企分开、电信分拆、广电入局等多轮改革，彻底打破了原有电信业一家独大的垄断经营局面，引入适度竞争，促进了电信业的飞速发展。但是，前述我国电信业的国家垄断、行政垄断、国企垄断、行业垄断、寡头垄断的总体局面，仍未打破。

（二）电信业垄断经营规制的改革路径及主要对策

我国电信业与世界其他国家或地区的电信业垄断，虽然呈现的特征存在重大差异，但电信企业违法垄断的表现形式，并无太大的差异。我国电信业既有的寡头垄断格局，决定电信业垄断违法行为，在多数情形下，是以滥用市场优势地位，阻挠局外进入者竞争，以垄断性价格行为牟取垄断利润，损害公众消费者的利益。因此，对电信业垄断经营的规制，应着力从以下几个方面进行深度改革。

1. 电信业的有限开放与平等准入

电信业的反垄断公认是从美国分拆 AT&T 案开始的，之前电信业被视为自然垄断产业的神话为此案所刺破，随后 1934 年美国《电信法》（*The Communications Act of 1934*）和新成立的联邦通信委员会（FCC），电信企业援用自然垄断豁免规则进行反垄断调查或诉讼的抗辩归于无效。[②] 现代电信已经不再具有自然垄断特性，因此，在电信业放开准入、引入竞争，已成为不同国家或地区的共同选择。尽管如此，电信业又存在典型的规模经济效应，如无序竞争，则必然会损害效益。正因如此，世界上绝大多数国家或地区，电信业均是以寡头垄断或寡头竞争的形式出现。有学者从规模经济性、市场容量、国际竞争力提升、经济效率、企业间规模差异、企业间竞争关系

[①] 刁兆坤：《5G 牌照发放加速网络规划与部署进程》，《通信世界》2019 年第 19 期。

[②] 肖立武：《电信产业并非"自然垄断"——对美国电信业发展的历史考察及与中国的现实比照》，《中国工业经济》1999 年第 9 期。

等因素考察，认为构建 5 家以上多种所有制有机构成、规模相当的综合运营商进行垄断竞争，是我国电信业竞争模式改革的必然选择。① 事实上，我国《电信条例》（2016 年修订）第 4 条第 1 款也明确规定"电信监督管理遵循政企分开、破除垄断、鼓励竞争、促进发展和公开、公平、公正的原则"。

　　由于我国在电信业实行严格的许可证准入方式，尽管我国《电信业务经营许可管理办法》详细规定了基础电信业务和增值电信业务经营许可证的申请条件、审查程序、审批时限，这些规定也没有明显表现出对不同企业的歧视或差别待遇；② 但事实上工信部掌控着电信业经营许可证的审批权和发放权，能够取得电信业经营许可证的企业，只有国字号的国有企业。如此，就形成对民间资本、民营企业进入电信业的行政阻挠。因此，解放思想、更新观念，真正实现电信业的公平准入，就应给予民间资本、民营企业进入电信业的同等待遇，在电信业经营许可证的发放上，向民间资本、民营企业突破，如此，电信业的实质性竞争才有可能。

　　2. 建立电信公共基础平台以推进"网信分离"

　　目前我国虽然存在中国电信、中国移动、中国联通、中国广电"四雄并存"的寡头垄断局面，但并未形成平等、充分、有效的竞争。这是因为这四家均有各自的基础平台与硬件支撑，如中国电信独占固网优势，中国移动、中国联通有各自独立、系统的无线基站，中国广电有自己遍布全国各地的电视网络体系，有线、无线、电视线、网线等电信媒介互为独立，各不相通。这样，不仅造成巨大的基础设施重复建设和电信硬件资源的巨大浪费；而且不利于公众消费者的自由选择，往往因为各自电信媒介的区域划分，而人为地切分、分割市场和消费群体。虽然，名义上四大国企均是全业务型电信企业，但电信市场事实上被几大寡头切分为不同的市场区域与环节，电信业并未有平等、充分、有效的竞争。

　　基于前述弊端，笔者认为，应打破既有电信基础平台与硬件设施支撑为不同电信企业私有或专有局面，把分属不同电信企业的网络、线路、基站、台点等硬件设施、基础系统剥离或析分出来，设立一家类似于输电网

―――――――――――

① 范合君、戚聿东：《中国自然垄断产业竞争模式选择与设计研究——以电力、电信、民航产业为例》，《中国工业经济》2011 年第 8 期。

② 工业和信息化部：《电信业务经营许可管理办法》（2017 年修订）第 2～15 条。

络的电信基础设施经营公司，由其集中、统一经营，并把其建设成为一公共性的电信基础服务平台，面向包括既有四大国有电信企业和将来所有民资民营电信企业一体开放，推行"网信分离"营运新业态和新体制，电信基础设施经营公司只依照国家规定收取一定的租用费用。如此一来，一旦公共性电信基础平台建成并运行，既有各大国有电信企业的原有优势就将不复存在，在电信业向民间、民资、民企准入开放之后，电信企业之间的竞争将不是基础平台、硬件设施的竞争，而是服务种类、质量、态度的竞争，电信业的平等、充分、有效竞争时代，才可真正到来。

关于公共性电信基础平台建设的建议与设想，其实与国家倡导的"三网融合""多网融合""互联网融合"政策，也是完全契合的。2015 年 8 月国务院办公厅印发《三网融合推广方案》（国办发〔2015〕65 号），提出把"宽带通信网、下一代广播电视网和下一代互联网"整体融合的实施方案，2016 年 5 月国务院又发布《关于深化制造业与互联网融合发展的指导意见》（国发〔2016〕28 号），提出制造业与互联网整体融合的思路；有些地方甚至还提出"互联网、无线互联网（3G）、SNS 社区交友网、语音网、短信网"五网合一的设想。但是，限于既有各网分属不同电信企业专有，在垄断性利益的驱动下，前述"三网融合""多网融合""互联网融合"等各种前瞻性利国利民之举，因为受到既有各大电信企业的公开阻挠或暗中抵制，均出现雷声大而雨点小的现象，成效甚微。因此，只有如前所述，通过建设公共性电信基础平台，实现彻底的"网信分离""三网融合""多网融合""互联网融合"等各种利国、利企、利民的众网融合方案才可真正实现。2014 年 7 月 15 日在北京注册成立的中国铁塔股份有限公司（简称中国铁塔），为多网融合迈开了坚实的步伐。

3. 严厉禁止、查处各种形式的寡头联盟与垄断权滥用

我国电信服务市场虽经打破垄断、引入竞争机制等一系列改革，从表面上看已初步形成有效竞争格局，特别是电信企业重大重组和"全业务"竞争时代的开启，使三家国有电信垄断企业面临审视原有竞争模式和制定新型竞争策略的巨大压力；[1] 但实际上有效竞争机制尚未建立，电信服务市场垄断态势依然严峻，特别是市场分割导致既有中国电信、中国移动、中

---

[1] 廖红伟：《国有电信垄断行业寡占竞争策略分析》，《经济体制改革》2009 年第 6 期。

国联通在固话或固定网络、移动通信、专用通信等各自领域仍居市场支配地位。① 尽管我国《反垄断法》严禁经营者滥用市场支配地位，但因该法属反垄断一般法，难以对如电信业寡头垄断，特别在寡头各自分割市场情形下多种显性或隐性的滥用市场支配地位行为，作出具针对性的规制。如2011 年 11 月国家发改委就宽带接入问题对中国电信、中国联通展开反垄断调查案，就属典型利用自身具有市场支配地位阻碍影响其他经营者进入市场的违法垄断行为；② 该案的核心问题，本应是电信业互联网接入领域滥用市场支配地位的认定问题，③ 而且属于互联网骨干网接入环节的"接入歧视行为"，包括接入的价格或质量歧视，对上下游竞争者产生的圈定效应；④ 鉴于此案的典型性、特定性、严重性，如严格处理此案，采取具体合理的规制措施，以消除互联网接入市场的反竞争行为，无疑对电信业领域有极大的示范与震慑效应。但该案在调查中，电信、联通依据《反垄断法》第45 条，承诺整改并向国家发改委申请中止调查，国家发改委最后使用"反垄断承诺制度"，要求电信、联通进行"更为具体"的整改，而没有给予其更严厉的处罚，就饱受学者争议。⑤

随着中国电信产业竞争程度的不断提高，反垄断机构对电信产业的介入将逐渐加强，从而使电信产业管制机构与反垄断机构的协调问题逐渐凸显；⑥ 电信等互联网产业的双边市场特性给相关市场界定，带来概念混淆、举证不足、问题路径不明等问题，特别缺乏对平台两边基于互补性的相关市场界定提供为控辩双方均可接受的界定原则与方法。⑦ 尽管 2011 年电信反垄断调查案最终因两企业承诺整改而虎头蛇尾，但终究是我国电信业领

---

① 张庆元、刘山茂：《中国电信服务市场垄断的法律规制》，《武汉大学学报》（哲学社会科学版）2004 年第 2 期。

② 孟雁北：《我国垄断行业反垄断执法的若干思考——以中国电信、中国联通反垄断调查案为例》，《中国工商管理研究》2014 年第 6 期。

③ 丁国峰：《电信业滥用市场支配地位的法律规制——以电信联通涉嫌垄断为例》，《江淮论坛》2012 年第 3 期。

④ 白让让、王光伟：《结构重组、规制滞后与纵向圈定——中国电信、联通"反垄断"案例的若干思考》，《中国工业经济》2012 年第 10 期。

⑤ 焦海涛：《电信、联通垄断案中承诺的消极效应》，《法学》2012 年第 3 期。

⑥ 王俊豪、王慧：《中国电信产业管制机构与反垄断机构的协调博弈分析》，《经济与管理研究》2014 年第 8 期。

⑦ 陆伟刚、张昕竹：《双边市场中垄断认定问题与改进方法：以南北电信宽带垄断案为例》，《中国工业经济》2014 年第 2 期。

域反垄断第一案。事后，2012 年 2 月，北京电信、北京联通相继进行对应整改并对网络全面提速。此举说明，只要高举反垄断执法大棒，严查电信企业滥用市场支配行为，是完全可以把电信企业滥用垄断经营权抑制在概率很小状态的。

4. 经常、有效、严格的电信价格监管

垄断性违法定价历来是电信企业垄断经营的惯常行为，《反垄断法》出台后，电信运营商通过差别定价进行市场营销是否违反《反垄断法》，成为业界讨论的重点，更成为消费投诉的集中指向；[①] 其中，价格歧视行为又是电信企业被投诉或起诉的重点；[②] 更有学者认为，我国国有电信垄断企业属于高利润单位，电信行业利润上缴比例应在 40%~50%，[③] 足见电信利润空间之大。因此，防止电信企业滥用市场竞争地位，遏制电信企业的差别定价、歧视定价等价格违法行为，就需要同时将电信监管与反垄断监管结合起来，严格电信业的定价机制，强化电信资费的监管，共同监管电信企业利用垄断性定价的各种反竞争与损害消费者权益行为。

六　公共基础设施领域垄断经营的法律规制

（一）我国公共基础设施领域垄断经营的规制现状

1. 我国公共基础设施领域垄断经营的特性分析

公共基础设施（Public Infrastructure），是为公众设置、社会共享，不允许某个人或组织独占或排他性使用，为社会生活、经济发展提供基本生产、发展条件的生产性或服务性的各种建筑、结构、构件、设备或设施之总称；[④] 公共基础设施建设与营运是进行其他社会生产、社会活动的基础，在整个社会中具有极其重要的基础性地位；[⑤] 它具有公益性、垄断性、非竞争

[①] 何霞等：《电信市场差别定价中的反垄断问题》，《北京工商大学学报》（社会科学版）2010 年第 2 期。

[②] 叶高芬：《价格歧视行为的客观表现探究——从中国电信反垄断案说起》，《中国社会科学院研究生院学报》2012 年第 1 期。

[③] 杨兰品、唐留昌：《我国国有垄断行业收益分配问题研究——以电信行业为例》，《江汉论坛》2013 年第 9 期。

[④] 蒋时节：《基础设施投资与城市化进程》，中国建筑工业出版社，2010，第 29 页。

[⑤] 宋安平：《对湖南农村公共基础设施建设的思考》，《湖南社会科学》2010 年第 4 期。

性等特点。公共基础设施范围十分广泛，包括营利性（如公路、铁路、机场、港口、^① 桥梁、隧道、各种运输管线、城市管道、市政设施等）与非营利性（如政府办公楼、学校建筑物、公园）两大类。以下如无特别说明，均指营利性公共基础设施。

1949 年以来，特别是改革开放以来，我国基础设施领域取得了长足进步和快速发展，但基础设施领域仍然存在相当严重的垄断经营现象，其中一个重要原因就是我国政府在基础领域存在一个既要依赖政府的补贴性干预，又会使政府行为引发各种负面效应的"诺思悖论"。^② 具体表现为公共基础设施投融资主体单一和渠道狭窄，缺乏竞争机制使市场调节作用难以有效发挥、政府职能不明确导致监管错位，滥用基础设施垄断地位的各种违法现象屡禁不止等多个方面。

在公共基础设施领域反垄断、促竞争，是当前不少国家或地区的一种选择，我国也不例外。目前，我国对基础设施领域垄断经营规制的立法文本，主要分为如下两大部分。（1）前文所述《反垄断法》（2007 年）等旨在维护公平竞争、市场秩序的法律规范。（2）《铁路法》（2015 年修正）、《公路法》（2017 年修正）等公用事业特别法；《政府投资条例》（2019 年）等基础设施领域行政法规；《市政公用事业特许经营管理办法》（2015 年修正）、《基础设施和公用事业特许经营管理办法》（2015 年）、《天然气基础设施建设与运营管理办法》（2014 年）、《传统基础设施领域实施政府和社会资本合作项目工作导则》（2016 年）、《必须招标的基础设施和公用事业项目范围规定》（2018 年）、《高速铁路基础设施运用状态检测管理办法》（2018 年）等基础设施领域的部门规章等。这些立法文本均为基础设施领域的行业性规范，很少涉及基础设施领域的垄断经营规制问题。

2. 我国公共基础设施领域的改革历程及简要评价

改革开放前，我国公共基础设施领域投资、建设、经营基本是沿袭着国家投资、国家经营、行政管理和独家垄断的体制。该领域的开放首先不是面向内资，而是针对外资。如根据国务院批转国家计委《关于利用国外

---

① 沈晨光：《深化自然垄断行业改革研究：以港口业为例》，经济管理出版社，2011，第 27~56 页。

② 卢现祥：《论政府在我国基础设施领域促进竞争及反垄断中的"诺思悖论"》，《管理世界》2002 年第 2 期。

贷款工作分工的意见》（国发〔1986〕83 号）、国家计委《关于加强利用外国政府贷款项目计划管理的通知》（计外资〔1992〕52 号）、对外贸易经济合作部《关于利用外国政府贷款管理办法（试行）》（〔1995〕外经贸贷发第 305 号）、财政部《世界银行贷款项目管理暂行规定》（财世字〔1997〕43 号）、《中外合资经营企业法》等文件及法律的规定，在 1986—1997 年，我国城市市政公用设施建设利用外资建设了一批骨干项目，弥补了国内建设资金的不足，加快了城市市政公用设施建设步伐。1997 年 5 月，建设部印发《关于城市市政公用设施建设利用外资工作的意见（试行）》（建计〔1997〕97 号），提出积极稳妥地利用外资，进一步提高利用外资水平，加快我国城市市政公用设施的建设步伐；其中利用外资的方式主要包括借用国外贷款、吸收外商直接投资两种方式。① 2002 年 12 月，建设部印发《关于加快市政公用行业市场化进程的意见》（建城〔2002〕272 号），决定开放市政公用行业投资建设、运营、作业市场，建立政府特许经营制度，积极稳妥地推进市政公用行业市场化进程。2004 年 3 月，建设部颁布《市政公用事业特许经营管理办法》（建设部令第 126 号），对城市供水、供气、供热、公共交通、污水处理、垃圾处理等行业实施特许经营作出具体规定。

公共基础设施领域投资、建设、经营向内资开放，始于 2004 年 7 月国务院颁布的《关于投资体制改革的决定》（国发〔2004〕20 号），该《决定》明确规定"鼓励社会投资"，放宽社会资本的投资领域，允许社会资本进入法律法规未禁入的基础设施、公用事业及其他行业和领域。逐步理顺公共产品价格，通过注入资本金、贷款贴息、税收优惠等措施，鼓励和引导社会资本以独资、合资、合作、联营、项目融资等方式，参与经营性的公益事业、基础设施项目建设。② 2010 年 5 月，国务院《关于鼓励和引导民间投资健康发展的若干意见》（国发〔2010〕13 号）再次强调要加大公共基础设施领域向民间资本、民营企业的准入开放力度。2012 年 6 月，住建部印发《进一步鼓励和引导民间资本进入市政公用事业领域的实施意见》（建城〔2012〕89 号），提出"要进一步打破垄断，引入市场竞争机制，开放市政公用事业投资、建设和运营市场，鼓励民间资本参与市政公用设施

---

① 建设部《关于城市市政公用设施建设利用外资工作的意见（试行）》（建计〔1997〕97 号）。
② 国务院《关于投资体制改革的决定》（国发〔2004〕20 号）第六条第（五）项。

的建设和运营"。"鼓励民间资本以合资、合作等方式参与城市道路、桥梁、轨道交通、公共停车场等交通设施建设。鼓励民间资本通过政府购买服务的模式，进入城镇供水、污水处理、中水回用、雨水收集、环卫保洁、垃圾清运、道路、桥梁、园林绿化等市政公用事业领域的运营和养护。鼓励民间资本通过购买地方政府债券、投资基金、股票等间接参与市政公用设施的建设和运营。鼓励民间资本通过参与企业改制重组、股权认购等进入市政公用事业领域"。①

2013 年 9 月，国务院发布《关于加强城市基础设施建设的意见》（国发〔2013〕36 号），提出要"确保政府投入，推进基础设施建设投融资体制和运营机制改革"，即"建立政府与市场合理分工的城市基础设施投融资体制。政府应集中财力建设非经营性基础设施项目，要通过特许经营、投资补助、政府购买服务等多种形式，吸引包括民间资本在内的社会资金，参与投资、建设和运营有合理回报或一定投资回收能力的可经营性城市基础设施项目，在市场准入和扶持政策方面对各类投资主体同等对待"。② 之后，2014 年 11 月国务院《关于创新重点领域投融资机制鼓励社会投资的指导意见》（国发〔2014〕60 号）、2016 年 7 月国务院办公厅《关于进一步做好民间投资有关工作的通知》（国办发明电〔2016〕12 号）、2017 年 2 月国务院办公厅《关于创新农村基础设施投融资体制机制的指导意见》（国办发〔2017〕17 号）、2017 年 3 月国务院办公厅《关于进一步激发社会领域投资活力的意见》（国办发〔2017〕21 号）、2018 年 10 月国务院办公厅《关于保持基础设施领域补短板力度的指导意见》（国办发〔2018〕101 号）等系列文件，均一再强调基础设施投融资领域，继续加大向民间资本、民营企业的准入开放力度。

（二）公共基础设施领域垄断经营规制的改革路径及主要对策

1. 公共基础设施领域的有限开放与特许准入

公共基础设施领域对国民经济、国家安全、国民生活、社会稳定具有

---

① 住房和城乡建设部《进一步鼓励和引导民间资本进入市政公用事业领域的实施意见》（建城〔2012〕89 号）第二条。
② 国务院《关于加强城市基础设施建设的意见》（国发〔2013〕36 号）第五条。

基础性意义，特定的功能性与项目建设的不可重复性（如同一地域不可建设两套或多套同质、并行的基础设施），决定该领域不可能如一般竞争性领域，可实行自由放任、一体待遇的准入开放。① 但是，单靠政府对公共基础设施的单一投资，又不能解决国家、社会、公众对公共基础设施增长的日益需求；自然，此一领域对民间资本、民营企业的开放又具有必要性。此外，公共基础设施的自然垄断特征与准公共物品属性，又为有限开放与市场化营运提供了可能。② 因此，解决的最佳路径就是引入特许经营，以竞争式缔约方式，实现公共基础设施领域的有限开放。

目前我国《铁路法》关于地方铁路、专用铁路、铁路专用线建设，③《公路法》第六章关于"收费公路"建设，④ 均属于铁路、公路可以向民间资本、民营企业开放准入的法律依据；而近年兴起的公共基础设施投资、建设、经营 PPP 模式（Public-Private-Partnerships），更是公共基础设施领域向民资、民企有限开放的典型。⑤ 2015 年 4 月国家发改委等多部门联合颁发的《基础设施和公用事业特许经营管理办法》，更为公共基础设施领域的有限开放与特许准入提供了规范保障。今后需要做的是对此一制度的切实推行和及时完善。

2. 引入基础设施条款禁止特许运营商滥用基础设施优势

虽然特许经营准入能比较有效解决具自然垄断性质的基础设施领域的有限开放和公平准入问题，但经特许招标选定的基础设施运营商，也会产生特许期内的不良垄断或新垄断问题，而如何预防和抑制特许运营商在特许期内的不良垄断行为和各种新垄断问题，就需要政府创新管制方式。⑥ 对此，美国与欧盟反垄断法中基础设施条款的针对性规制模式，值得我国

① 李振军、李晔：《我国基础设施领域国有经济垄断问题的再思考》，《华东经济管理》2009年第 2 期。
② 袁新岭、徐海成：《自然垄断行业基础设施经营权流转问题研究——以收费公路为例》，《经济研究导刊》2009 年第 3 期。
③ 《中华人民共和国铁路法》（2015 年修正）第 34 条。
④ 《中华人民共和国公路法》（2017 年修正）第 58～68 条。
⑤ 何继新、吴限：《民间资本进入城市公共基础设施产业问题与对策》，《中州学刊》2010 年第 3 期；周龙：《PPP 模式在公共基础设施建设中的运用》，《河南师范大学学报》2010 年第 3 期；孙荣霞：《基于霍尔三维结构的公共基础设施 PPP 项目融资模式的风险研究》，《经济经纬》2010 年第 6 期。
⑥ 柯永建等：《基础设施特许经营中的"新垄断"问题分析》，《商业研究》2007 年第 5 期。

借鉴。

　　基础设施条款源于"美国诉圣路易斯终端铁路联盟案"，该案中铁路企业联合控制了出入圣路易斯所必须经过的铁路桥和停车场，并禁止其他服务商向圣路易斯或经过圣路易斯提供运输服务，被法院认为滥用基础设施地位限制了贸易活动，属试图谋取垄断地位的行为；之后美国高等法院在"联合通讯社诉美国案"中也作出了类似裁定。欧盟在"商业溶剂案"中也引入了基础设施条款。[①] 基础设施条款是对契约自由的限制，适用的基本条件是基础设施运营商不得不合理地拒绝其他企业以适当条件进入自己的网络或其他基础设施的义务；但该企业出于客观、合理原因而无法向其他企业提供基础设施时例外。基础设施条款为反垄断执法机构提供一种强制基础设施运营商允许竞争对手利用其设施的手段，能够防止基础设施运营商滥用基础设施市场支配地位行为的发生。[②] 我国《反垄断法》并无基础设施条款，应借鉴美国、欧盟的成功做法与立法经验，在滥用市场支配地位章节，通过立法修改适时引入此一制度。[③] 此一制度的引入，无疑可以推动基础设施企业的自律化改革以及此领域竞争秩序的有效建立。

　　此外，为有效遏制特许基础设施经营商，利用 PPP 协议，在取得后续垄断经营中，滥用基础设施优势地位，美国还在有关路桥基础设施建设项目的 PPP 协议中，设置有典型的限制竞争条款，包括不竞争条款、特许权二次招标与弹性特许期以及"州行为"豁免适用联邦反托拉斯法，以维持公共基础设施和 PPP 模式建设、营运的竞争中立。[④] 此制度模式与规制方案，也值得我国借鉴。

　　3. 建立严格的价格管制机制以抑制特许经营商价格垄断行为

　　由于公共基础设施行业具有自然垄断与弹性缺乏的特性，企业只需要提高价格就能获得丰厚利润，而不是通过创新以增进效率，这可能使基础设施市场化改革既不能提高效率，也不利于社会公平。[⑤] 为此，必须明确政

① 姚保松：《〈反垄断法〉中的基础设施条款探析》，《西南政法大学学报》2008 年第 4 期。
② 姚保松：《美国反垄断法基础设施条款对我国的启示》，《河南师范大学学报》（哲学社会科学版）2009 年第 4 期。
③ 姚保松：《论基础设施条款在公用企业中的适用》，《法学杂志》2009 年第 8 期。
④ 苏华：《PPP 模式的反垄断问题与竞争中立——基于美国路桥基础设施建设项目的分析》，《国际经济合作》2016 年第 9 期。
⑤ 张树全：《垄断、弹性缺乏与基础设施市场化改革的风险》，《改革与开放》2010 年第 24 期。

府的监督职责，创新政府价格监管方式，锁定公共基础设施领域价格监管的重点，特别应加强定价环节的规制和强化价格调整的监管，增加公众消费者在价格中的参与程度，使以特许经营准入方式引入的公共基础设施市场化改革，真正做到在提高有效竞争、增进营运效益的同时，又能有利于公众普遍福利的同步提高。

结　论

一　本研究成果论证思路的整理与解决问题的归纳

（一）本研究成果论证思路的整理

通过前述十章分层论述与具体分析，本成果针对我国转型时期"公用事业垄断经营"现状中所存在的国家垄断、行政垄断、国企垄断、行业垄断、独占或寡头垄断等问题，以转型期公用事业垄断经营行为的法律规制为目标，分别从公用事业的营业准入和公用企业的营业行为两个方面，综合利用法学、经济学、管理学等基本原理、研究方法和既有成果，对转型期公用事业垄断经营的主要成因、形成机制、结构特征、个案属性、经济社会效应等多个角度进行阐释和分析；通过比较不同国家或地区对公用事业垄断经营体制和公共产品供给机制的规制模式，本着"比较分析→现状抽象与成因探源→效应分析与评价→多层面对策法律规制方案的设计与论证→以设计的规制方案进行个案研究"的基本论证思路，从制度和法例的比较视角，分析我国转型期公用企业垄断经营的现状、成因，通过对公用事业垄断行为的效应分析，提出一套规制公用事业垄断行为的整体性制度方案。基于公用事业垄断经营的效应分析，跳出既有、纯粹从反垄断法域视角进行狭义规制的缺陷，着眼于宏观、顶层、整体、通盘的考量，分别从营业准入、缔约过程、经营环节、损害救济等不同营业环节的具体对应规制入手，提出一套完整、可行、有效的解决我国转型期公用事业垄断经营问题的政策建议和规制预案。

（二）本研究成果解决问题的归纳

此政策建议和规制预案的主要内容为：（1）以公用事业领域的分类改革与准入开放，来抑制公用事业垄断经营形成的概率；（2）以强制缔约和格式合同的制度安排，对公共产品交易做过程控制与权利限制，以实现规范公用企业垄断交易行为的目的；（3）通过公用企业经营环节与产品定价监督的社会化，即公共产品或服务质量的标准化，公用事业定价的公开化、民主化，来控制公用企业垄断经营权的滥用，解决公用事业垄断行为的任意性问题；（4）建立公用事业垄断经营损害的有效法律救济机制，借助社会团体力量、公益诉讼制度和民事代表诉讼制度等多元救济机制，有效保护公众消费者的合法权益和维护社会的普遍福利。然后通过此政策建议和规制预案，对电力、民航、铁路、邮政、电信、公共基础设施等领域垄断经营个案提出具体的规制对策。

二 本研究成果的主要观点与政策建议

（一）本研究成果的主要观点

（1）与西方发达市场经济国家不同，我国公用事业垄断经营具有普遍性，所涉产业领域具有广泛性，性质又呈显著的国家垄断、行政垄断、国企垄断、行业垄断、独占或寡头垄断等特征，这是我国转型期公用事业垄断经营法律规制所面临的现实问题，也是改革的主要对象。

（2）在发达市场国家或地区，公用事业垄断经营格局的形成是自由竞争、自然资源、市场失灵和国家投资等多方面因素作用的结果；而在我国，公用事业垄断经营则纯粹是由于计划经济体制下国家主导投资和行政控制经营的产物。

（3）我国公用事业垄断经营其格局形成有着特殊的制度背景，具有普遍性、广泛性和行政性等特点，因此，对公用事业垄断经营的法律规制，就不能拘泥于纯粹反垄断法的狭义规制，而必须从公用事业领域的营业准入、公共产品交易的具体过程、公用企业营业的多个环节、公用企业垄断损害的法律救济等多个方面，进行整体的立法安排和制度设计。

（4）我国公用事业垄断经营的初始原因是国家资本对公用事业领域经营的垄断和政府对民间、民资、民企进入该领域长期持限制或禁止的政策态度。因此，改革公用事业领域准入制度，可从源头上抑制相当一部分公用企业垄断现象。首先，对具营利性且具竞争性的公用事业领域，应对民间、民资、民企实行准入开放；其次，对非营利性或不具竞争性的公用事业领域，应通过特许经营制度，以公开招标的形式来确定特许经营者。

（5）公用企业提供公共产品或公共服务的过程，实质上就是公用企业与公众消费者的缔约过程，强制缔约理论排除了公用企业任意拒绝与公众消费者缔约、或怠于向社会公众提供公共服务的可能性，重在公共产品交易之前的防范；而格式合同规则又使公用企业单方面规定的、损害公众消费者利益的霸王条款归于无效，立意在于公共产品交易之后的补救，两者可谓相得益彰。

（6）公用事业垄断经营的负效应集中反映在公共产品质量和公共服务标准以及价格决定上。因此，政府首先应通过有关公共产品质量和公共服务标准方面的法律，对公共产品质量和公共服务标准进行规范，以有效地解决长期积累下来的公共产品质量不高和公共服务标准不到位的问题；其次，由于公共产品和公共服务的价格，属公用企业与公众消费者之间所订格式合同中的主要条款，基于合同订立中的平等、自愿、协商一致原则，公众消费者乃至全社会成员均有权参入定价，而公共产品定价的公开化、民主化和社会化（如价格听证会等），则可有效抑制处垄断地位的公用企业滥用定价权以损害公众消费者合法权益或降低全社会普遍福利水平的发生概率。

（7）公用事业垄断经营的反向效应主要是对公众消费者合法权益和全社会成员普遍福利的侵害，表现形式是公用企业的垄断性违约与侵权，它具有广泛性、规模性和集中性等特点。有效的法律救济必须借助于社会团体力量的积极抗争、公益诉讼制度的有效安排和代表诉讼（集团诉讼）方式的充分运用，以构建多层次、多权源的公众消费者权益救济制度，切实、有效地抑制公用企业垄断经营权的滥用，保护公众消费者合法权益、社会普遍福利不受侵犯。

（8）由于不同公用事业领域在资源禀赋、资本构成、市场结构、垄断程度、供给机制、内部治理、管理体制等多方面存在较大差异，因此，未来法律对公用事业垄断经营的规制和具体立法方案的选择，应因事制宜，而不能强求一致。

（二）本研究成果的政策建议与立法方案

1. 政策层面

党和国家应高度重视公用事业的普遍福利和社会保障功能，与公用事业反垄断经营规制有关的公用事业领域和垄断行业的一系列改革，均不应以降低社会公众的普遍福利或增加消费成本为代价。

2. 制度层面

对公用事业的投资与经营进行反垄断规制，不能只局限于反垄断立法，而应从营业准入、缔约过程、经营环节、损害救济四个方面做整体、通盘考虑。

3. 立法层面

应从公用事业投融资、强制缔约与格式条款、公共产品与服务质量、公共产品与服务定价、公用事业垄断损害赔偿等多个领域，对现有相关法律、行政法规、部门规章进行必要的修改和完善。

三　本研究成果的学术创新与问题展望

与既有相关研究相比，本成果在问题意识、研究视角、立论基点、论证思路、整体建构、制度构架及法律规制方案选择、具体制度层面设计等方面有一定的特色与创新。但限于论题宏大广泛、方案整体通盘的考量，文中所提的诸多制度构想和具体建议，有些因为有学者已做深入研究，没有赘述的必要；有些则因笔者研究深度不够、学识缺失或篇幅所限，没有具体、深入、细致地展开和讨论，这些均有待笔者的后续研究和学界、业界同人的共同努力。

后 记

本书是笔者主持 2007 年度司法部国家法治与法学理论研究课题一般项目"公用事业反垄断问题研究"（课题文号：07SFB2040；结题验收通过文号：司研科通〔2014〕73 号）之最终研究成果。本课题于 2007 年 12 月立项后，湖南大学社会科学处李连友处长、杨小俊老师、袁野老师、曾雁老师、杨唯老师等诸位领导和同人为课题组的工作和对外联络提供了不少帮助和便利；湖南大学法学院的李步云教授、刘定华教授、屈茂辉教授、陈宇翔教授、王远明教授、徐涤宇教授、郑鹏程教授、黎四奇教授以及湖南大学商事法与投资法研究中心、湖南大学法学院民商事法律科学研究中心的各位同事等，在本课题调研和课题结题报告的撰写过程中，在学术上和工作上给予我多方面的照顾和启发，使我能在几乎想放弃的情况下完成课题研究和结题书稿的写作。我谨向各位领导和同人表示深深的谢意。

本课题书稿的完成与课题组其他成员郑鹏程教授、陈晓春教授、王远明教授、李金泽教授、黎四奇教授、陈运来副教授、邓峰博士的大量前期研究和实证调查工作是分不开的；2008 级法学研究生乐小宁、禹新城、罗小红、何琛、周晓敏、丁中平、喻剑、张可洁、罗莉、侯怡等同学，参与了课题组在长沙、北京、上海、广州、深圳等部分城市的调查、调研工作；2011 级法学研究生李照星、鲁靖、吴绮、熊婷婷、谢琴等同学，2012 级法学博士生文宁同学，2012 级法学研究生袁洲、王亚男、王双霞、蔡达、刘倩、蔡盼、毛晶晶等同学，参与我组织的专题学术研讨会和研究报告的资料收集、整理等部分工作。在此，对他们阶段性的工作成果和辛勤付出，表示由衷的感谢。由于资料占有尚不十分充分，更囿于我国现行公用事业垄断经营规制立法的不完善，加之我阅历与学识有限，结题书稿中的观点和论证有遗漏和谬误之处，我谨代表课题组全体成员诚恳地希望各位学者和同人批评赐教。

本课题的实质性调查和文献研究已于 2009 年 6 月完成，结题书稿也在计划中的 2009 年 12 月完成部分初稿；但由于种种原因，结题工作一再延后。虽总体书稿于 2013 年之前就已经完成，但鉴于 2013 年 3 月以后，我国新一轮公用事业领域和商事制度领域改革大幕递次拉开，涉及公用事业方面的法律、行政法规、部门规章，绝大部分已做了修改或准备做大幅度修改，为及时把这些重大改革举措和立法修订精神比较全面地反映到本书之中，在后续的书稿修改与校正中，我对全书近 80% 的内容进行了重写或改写，如此反复拖延和一再折腾，至后记完成时，时间在不知不觉中已推进到 2019 年深秋时节。深感为事治学须一鼓作气，否则就可能半途而废。

本书忝列湖南大学法学院"岳麓法学文库"，得以出版，无疑要感谢湖南大学法学院领导班子成员屈茂辉院长、易骆之书记、黎四奇副院长、聂资鲁副院长、罗英副书记、喻玲副院长、湛建云副院长的长期关心、关爱、关怀、关照，没有他们的鞭策、督促、鼓励、支持，本书稿就可能仅仅作为"结题成果"而束之高阁。

在年复一年的书稿修改中，我每每以赶书稿为借口或由头，昼伏案、夜挑灯，把所有家务杂活和教育儿子瑞宁的重任，一概抛给了我夫人朱建云，没有她的理解支持和默默付出，本书说不定就会在烦琐的家务活中作罢。此书的完成，字里行间无不渗透着她的功劳、汗水。

社会科学文献出版社的诸位领导与编辑老师在本书出版、编校过程中提出很多中肯建议，学院主管科研的曾红强老师在出版联络和技术服务方面做了不少工作，在此一并表示衷心感谢！

肖海军　谨记

2012 年 10 月 17 日初稿于佳兴格林星城

2019 年 10 月 27 日定稿于岳麓科教新村

2020 年 12 月 1 日审定于湖南大学法学院

图书在版编目（CIP）数据

公用事业垄断经营法律规制研究／肖海军著． -- 北
京：社会科学文献出版社，2020.12
　（岳麓文库．法律系列）
　ISBN 978-7-5201-7398-8

　Ⅰ.①公… 　Ⅱ.①肖… 　Ⅲ.①公用事业-垄断经营-
法律-研究-中国 　Ⅳ.①D922.294.4

　中国版本图书馆 CIP 数据核字（2020）第 255758 号

岳麓文库·法律系列
公用事业垄断经营法律规制研究

著　　者／肖海军

出 版 人／王利民
责任编辑／张小菲　李正堂

出　　版／社会科学文献出版社·群学出版分社（010）59366453
　　　　　地址：北京市北三环中路甲 29 号院华龙大厦　邮编：100029
　　　　　网址：www.ssap.com.cn
发　　行／市场营销中心（010）59367081　59367083
印　　装／天津千鹤文化传播有限公司

规　　格／开本：787mm×1092mm　1/16
　　　　　印张：30　字数：491 千字
版　　次／2020 年 12 月第 1 版　2020 年 12 月第 1 次印刷
书　　号／ISBN 978-7-5201-7398-8
定　　价／198.00 元